Regine Reichwein

Lebendig sein

Das Phänomen der Selbstorganisation
und seine Konsequenzen für unser Zusammenleben
Strategien des Scheiterns und Gelingens

Regine Reichwein

Lebendig sein

Das Phänomen der Selbstorganisation
und
seine Konsequenzen für unser Zusammenleben

Strategien des Scheiterns und Gelingens

AMANI - VERLAG

Bibliographische Information der Deutschen Nationalbibliothek:
Die Deutsche Nationalbibliothek verzeichnet diese Publikation in der Deutschen Nationalbibliographie; detaillierte bibliographische Daten sind im Internet über http://dnb.ddb.de abrufbar.

Frankfurt am Main
Seckbacher Landstr. 16
D-60389 Frankfurt
E-Mail: info@amani-verlag.de
www.amani-verlag.de

ISBN: 978-3-86320-057-2
EAN: 9783863200572

Umschlaggestaltung: Suren Knolle-Akyüz, 60389 Frankfurt am Main
Foto: Hein Glück/pixelio.de

Inhaltsverzeichnis

Vorwort und Danksagung

In den folgenden Texten werde ich so weit wie möglich auf jede Auseinandersetzung mit anderen theoretischen Modellen verzichten, da es mir nicht darum geht, zu den vielen bereits vorhandenen Erklärungsmodellen menschlichen Verhaltens ein weiteres mit Wahrheitsanspruch hinzu zu fügen. Ich habe von den Modellen, die andere Menschen entwickelt haben, viel gelernt und bin ihnen für ihre Arbeiten dankbar. Soweit es mir nötig erscheint, werde ich über die Ergebnisse wissenschaftlicher Forschung zusammenfassend berichten oder sie zitieren, so dass mit Hilfe der angegebenen Literatur eine eigenständige weiterführende Erarbeitung erleichtert wird.

Ich habe mich gleichzeitig bemüht, die verschiedenen Wirklichkeiten meiner Mitmenschen, soweit sie mir Einblicke gewährt haben, in diese Darstellung mit einzubeziehen, und ich hoffe, dass viele Leserinnen und Leser ihr eigenes Erleben in den vorgestellten Strukturen und Mustern wiedererkennen und mit den vorgeschlagenen Strategien des Redens und Handelns ihr eigenes Potential erweitern können.

Die Aussagen in den folgenden Texten ergeben sich aus meinen persönlichen Erfahrungen, mit mir selbst und mit meinem Umfeld, und stellen – entsprechend den noch folgenden theoretischen Aussagen - ausschließlich meine eigene Wirklichkeit dar. Dabei habe ich manches stark vereinfacht, weil ich versucht habe, mich so verständlich, wie ich konnte, auszudrücken.

Mir geht es in diesem Buch vor allem darum, die Lesenden dazu anzuregen, mehr Bewusstheit für das eigene Leben zuzulassen, um damit unheilvolle Prozesse, die zurzeit noch von Generation zu Generation weitergereicht werden, aktiv unterbrechen zu können.

Meine eigene Bewusstheit verdanke ich unter anderem vielen anderen Menschen und dem, was sie gesagt, geschrieben oder auf andere Weise produziert haben und wie sie mit sich, mit mir und anderen Lebewesen umgegangen sind. Ich möchte mich daher an dieser Stelle bei diesen Menschen und auch bei all den Autorinnen und Autoren bedanken, deren geistige Arbeiten über die Jahrzehnte Eingang in mein Bewusstsein gefunden und mich bereichert haben, ohne dass ich heute noch im Einzelnen weiß, durch wen ich was gelernt habe. Immer dann, wenn ich mich erinnere, werde ich die Quelle nennen.

Besonders bedanken möchte ich mich auch bei den vielen Menschen, die – als Lehrende und als Lernende - mit mir gearbeitet haben und die mich an der Fülle ihres Innenlebens teilnehmen ließen. Durch sie habe ich viel gelernt.

Mein Dank gilt auch meinem Kater Valentino, der es mir durch seine Anwesenheit und die dadurch in mir entstehenden Fragen und Kommentare erleichtert hat, meine Widerstände zu überwinden und das Manuskript zu schreiben.
Und ich möchte mich vor allem und ganz besonders bei all den Menschen bedanken, die mich direkt oder indirekt bei dem Schreiben dieses Buches unterstützt und mir Anregungen und Kritik geschenkt haben oder einfach nur präsent und damit für mich herzerwärmend waren.

Verhängnisvolle Illusionen

Wie Menschen versuchen, sich Kontrolle und Herrschaft zu sichern

Valentino, mein silbergrauer Kater mit dem weichsten Fell, was ich jemals angefasst habe, beobachtet mich, wenn er nicht gerade schläft, mit seinen goldgelben Augen ganz genau und meistens kommentiert er anschließend das, womit ich gerade beschäftigt bin. Er sitzt auf meinem Schreibtisch, sieht auf den Bildschirm, liest die Überschrift und sagt: „Ich verstehe nicht, was du gegen Illusionen hast. Sie erleichtern das Leben doch einfach ganz ungemein. Ich mache mir jeden Tag neue." „Ich habe nichts gegen Illusionen", sage ich, „es gibt erst Probleme, wenn man sie für die Wahrheit hält." „Aber wer macht denn so etwas? Das Schöne ist doch, dass sie nicht wahr sind und man in ihnen herumträumen kann, wie man will. Und das geht doch nicht mehr, wenn man denkt, sie seien wahr." Valentino ist ganz irritiert. Ich sage: „Aber wenn man doch glaubt, dass man es dringend braucht, daran zu glauben, dass eine Illusion wahr ist, dann glaubt man es eben."

Valentino sieht mich an, als sei ich nicht ganz zurechnungsfähig. „Weißt du, wenn ich hungrig bin, brauche ich dringend etwas zum Fressen. Aber die Illusion, meine Schüssel sei voll gefüllt, wird mich nicht satt machen. Also, wenn ich etwas brauche, heißt das noch nicht, dass ich es mir einfach ausdenken kann und dass es dann auch so ist. Meine Schüssel ist trotz meiner phantasievollen Gedanken dann immer noch leer." Und mit einem Blick auf mich, den ich als sehr vorwurfsvoll empfinde, fügt er noch hinzu: „Und ich gucke hin und gucke hin, und sie bleibt auch leer, obwohl ich sehr phantasievoll bin. Das finde ich zwar ausgesprochen ärgerlich, aber daran kann ich nichts ändern." „Was ist es denn, was du jetzt gerade brauchst?" frage ich ihn und er sagt: „Hähnchenbrust in Gelee." Ich stehe auf, gehe in die Küche, um ihm eine Büchse aufzumachen und Valentino läuft laut schnurrend vor mir her. „Ich liebe es, wenn du tust, was ich will", sagt er dabei und ich sage: „Und ich liebe es, zu hören und zu sehen, dass du dich freust."

Die in unserer Kultur am weitesten verbreitete Illusion ist die Vorstellung, wir könnten unsere Umwelt kontrollieren und andere Menschen so manipulieren, dass sie das fühlen, denken oder tun, was wir von ihnen wollen.

Irgendwie haben wir immer schon geahnt, dass das nicht immer klappt, dass wir häufig nicht das erreichen können, wofür wir uns anstrengen, auch wenn wir das noch so gerne wollen. Immer wieder werden wir damit konfrontiert, dass unsere Vorstellungen über die Beeinflussbarkeit anderer Menschen nicht stimmen. Und trotzdem orientieren wir unser alltägliches

Verhalten in der Familie und im Beruf an der Phantasie, wir hätten solche Möglichkeiten.

„Wie wirke ich, und wie findet mich mein Gegenüber“ sind Fragen, die Menschen sich immer wieder stellen, und meistens wollen sie dabei gleichzeitig noch etwas anderes wissen: Wie kann ich Kontrolle über mein Gegenüber und dessen Gefühle, Gedanken und Handlungen erlangen? Wie kann ich mein Gegenüber dazu kriegen, das zu tun, was ich will: z. B. mich zu lieben, mir die Stelle zu geben, mich zu heiraten, mich zum Flughafen zu fahren, mir etwas zu schenken oder zu leihen, mich zum Essen einzuladen, mich ernst zu nehmen und dergleichen mehr.

Gleichgültig, wie banal oder existentiell das ist, was man will, stets ist damit die Frage verknüpft, was man tun kann, um zu erreichen, was man möchte. Dies ist an sich eine sehr sinnvolle Frage, wäre sie nicht mit der Vorstellung verbunden, dass man alles erreichen kann, was man möchte, wenn man nur die notwendigen Fähigkeiten und Mittel zur Verfügung hätte. Erst durch die Illusion der unbegrenzten Möglichkeiten werden viele Probleme produziert oder verstärkt, mit denen wir es in unserer Zeit zu tun haben.

Wie sehr wir uns mit den Wünschen, andere zu manipulieren, beschäftigen, merken wir an den Fragen, die wir uns selbst stellen: „Wie muss ich sein und mich verhalten, damit andere mir das geben, was ich brauche.“

Was ein Mensch „braucht“, ist von Person zu Person und von Situation zu Situation verschieden. Einer braucht Liebe, ein andere Hilfe und Unterstützung, einer braucht Geld und wieder ein anderer einen Platz zum Schlafen usw.

Was Menschen glauben zu brauchen, wird in unserer Kultur sehr stark von wirtschaftlichen Interessen bestimmt und unter anderem vor allem durch die Werbung in den Medien verbreitet. Die meisten solcher aus Profitgier künstlich erzeugten „Wünsche“ basieren letztlich auf ganz anderen Wünschen, nämlich den Wünschen, „dazu zu gehören“, „wertgeschätzt zu werden“, „eine Bedeutung zu haben“ und „eine Wirkung auf andere auszuüben“ usw.

Und da Menschen im Allgemeinen große Sehnsüchte danach haben, diese Wünsche erfüllt zu bekommen, kaufen sie die „Produkte“, mit deren Hilfe sie glauben, die zugehörigen Wunscherfüllungen zu erreichen. Die angepriesenen „Produkte“ sind vielfältiger Art, sie reichen von materiellen Gütern, über die Arten, sich zu kleiden und zu verhalten, zu wohnen, zu reisen usw. bis dahin, den eigenen Körper durch Trainings, Diäten und Operationen den jeweiligen gesellschaftlichen „Erwartungen“ und den darin verborgenen „Versprechungen“ anzupassen. Und gläubig unterwerfen sich viele Menschen diesen gesellschaftlichen Erwartungen, weil sie sich dadurch mehr Einfluss, Kontrolle und Macht über ihre Mitmenschen und damit die Erfüllung ihrer Wünsche erhoffen. Ihre eigene damit verbundene Unterwerfung verlieren sie dabei meist ebenso aus ihrer Wahrnehmung wie eventuelle Gedanken daran, wem ihr Gehorsam und ihre Unterwerfung nützt.

Es gibt Ratgeberbücher für alles. Viele Illustrierte sind voller Ratschläge und auch im Fernsehen und im Internet finden Menschen Vorschläge, wie sie mehr Einfluss, Kontrolle und Macht über sich und andere gewinnen können: Wie man sich gesund hält, wie man seine Kinder erzieht, wie man den Abbau von Fähigkeiten im Alter verhindert, wie man das Interesse, die Wertschätzung oder die Liebe von anderen aktiviert, wie man den perfekten Körper erzeugt, wie man seine Intelligenz vergrößert, wie man sich reizvoll anzieht, wie man seine sexuelle Anziehungskraft verbessert, wie man Freunde gewinnt, wie man erfolgreich im Beruf ist, usw.
Auch in den verschiedenen Bereichen von Wissenschaft und Technik sind Vorstellungen, wie mit Hilfe wissenschaftlicher Forschungsergebnisse in zunehmender Weise Kontrolle und damit auch Macht über körperliche und psychische Prozesse, über die Gestaltung des eigenen Lebens und der jeweiligen Umwelten erreicht werden können, weit verbreitet. Aber auch Fragen, wie mit Hilfe technischer Erzeugnisse und deren Möglichkeiten, wie mit Hilfe bilanztechnischer und anderer Methoden usw. Macht und Kontrolle über Unternehmen, über ganze Wirtschaftsbereiche, über Aktien- und Absatzmärkte, über politische Entscheidungen, das Wetter und vieles andere mehr erreicht werden können, stehen im Vordergrund der Diskurse. Macht und Kontrolle spielen in unserer Kultur bereits seit langer Zeit eine außerordentliche Rolle, unser Fühlen und Denken und unser gesamter Sprachgebrauch ist davon durchsetzt und unser Verhalten, sowohl uns selbst als auch unseren Mitmenschen gegenüber ist davon geprägt, meist ohne dass uns das bewusst ist. Von daher wird die Möglichkeit von Kontrolle und Macht im Allgemeinen auch nicht in Frage gestellt.
Es wird erwartet, dass man seine Gefühle im Zaum hält, sein Leben im Griff hat, dass einem die Kinder gehorchen, der Hund aufs Wort folgt, der eigene Körper funktioniert, die Medikamente wirken, die Freunde sich den Erwartungen entsprechend verhalten, das Berufsleben sich erfolgreich gestalten lässt, dass mit Hilfe gelernter Strategien die gewünschten Ziele erreicht werden, dass Mitarbeiter durch geschicktes Taktieren motiviert werden können, und dass man, wenn man nur in jeder Hinsicht gut genug ist, in seinem Leben alles erreichen kann, was man will.
Alle Berufszweige, nicht nur die, in denen Menschen mit anderen Menschen – Kindern, Jugendlichen oder Erwachsenen - arbeiten, sind betroffen von den Vorstellungen, es gäbe diese Möglichkeiten von Macht und Kon-

trolle. Denn die in den verschiedensten Bereichen arbeitenden Menschen glauben häufig, dass sie, wenn sie die gewünschten Ziele nicht erreichen, in verschiedenster Hinsicht einfach nicht gut genug waren, die anderen dazu zu bringen, das zu tun, wozu sie diese aufgefordert hatten oder die sonstigen angestrebten Ziele zu erreichen. Die entsprechende Fachliteratur unterstützt diese Interpretation. So sollen z. B. Lehrerinnen und Lehrer die Kinder motivieren, disziplinieren, belehren und wenn sie es nicht schaffen, die Kinder in der Klasse dazu zu bringen, ruhig zu sein und aufmerksam und interessiert mitzuarbeiten, dann haben sie angeblich versagt. Eltern sollen ihre Kinder gut erziehen, sie dazu bringen, ihre Zimmer aufzuräumen, pünktlich zu Schule zu gehen, ihre Hausaufgaben zu machen, freundlich zu ihren Geschwistern zu sein, ihre Vokabeln zu lernen und worauf es sonst so noch ankommt.

Ärzte und Therapeuten sollen ihre Patienten heilen und Sozialarbeiter ihre Klienten dazu bringen, ein selbstverantwortliches Leben zu führen; man sollte es schaffen, seine Kollegen von neuen Maßnahmen zu überzeugen und vieles andere mehr. Es ist durchaus sinnvoll, alle diese Ziele anzustreben, aber es bleibt die Frage offen, wer denn die Verantwortung hat dafür, dass diese Versuche erfolgreich sind.

„Ich schaffe es nicht, mein Baby dazu zu kriegen, abends einzuschlafen", klagt eine junge Mutter, eine andere darüber, dass sie es nicht hinkriegt, ihr Kind dazu zu bringen, soviel zu essen, wie sie es für richtig hält. Das Versagen, das Scheitern und die begleitenden Gefühle von Hilflosigkeit und Ohnmacht über die vergeblichen Versuche oder von Wut über das Misslingen sind nur die eine – die belastende - Seite dieser Überzeugung, es gäbe diese Möglichkeiten von Kontrolle und Macht. Die andere Seite ist erfreulicher, denn wenn man es geschafft hat, kann man sich das Gelingen als persönlichen Erfolg anrechnen:

„Stell dir vor, ich habe meinen Chef dazu gekriegt, mir eine Gehaltserhöhung zu geben."

„Ich bin so stolz. Ich habe meinen Mann dazu gebracht, doch mit mir in die USA zu fliegen."

„Also ich habe es endlich geschafft, die Klasse dazu zu bringen, konzentriert mitzuarbeiten." Usw.

Die selbstverständliche Annahme, man könne andere Menschen manipulieren und kontrollieren, ohne dass diese das wollen, der Glaube, man könne Macht über andere Menschen ausüben, ohne dass man deren Zustimmung braucht, hat noch eine weitere Seite: Das, was man glaubt, mit anderen machen zu können, können andere auch einem selbst antun. Damit ist man nicht nur der potentielle Täter mit der vermeintlichen Möglichkeit, andere zu kontrollieren und Macht über sie auszuüben, man ist auch das potentielle Opfer der vermeintlichen Kontrolle und der Macht von anderen. Und das hört sich dann so an:

„Sie haben mich völlig verunsichert."
„Er hat mich gezwungen, mich zu entschuldigen."
„Die Schüler haben mich mit ihrem Geschrei völlig fertig gemacht."
„Das Verhalten meiner Freundin hat mich sehr verletzt."
„Er hat mich durch seine Art einfach an die Wand gedrückt."
„Die Nachbarn ärgern mich von morgens bis abends."
„Sie hat mir mein Leben zerstört." Usw.

Diese beliebten Vorstellungen von unbegrenzter Macht und Kontrolle vergiften einerseits die zwischenmenschlichen Interaktionen ganz erheblich, scheinen aber so viele Vorteile zu bieten, dass Menschen auf diesen Glauben nicht verzichten wollen. Die meisten Menschen würden wahrscheinlich sogar bestreiten, dass es sich dabei um eine Illusion handelt und stattdessen behaupten, es handele sich um die Wahrheit. Dieses allerdings wird von den Ergebnissen der Forschungen über neuronale Prozesse, Selbstorganisation und nichtlineare dynamische Systeme nicht bestätigt, wie sich im Verlaufe dieses Buches noch herausstellen wird.
Ich möchte die bisher kulturell unterstützen Grundannahmen mit dem folgenden - ironisch übertriebenem – „Bekenntnis " verdeutlichen.

Das bisherige „Bekenntnis" zu unseren kulturellen Grundannahmen:

Wir glauben an eine einzige, gemeinsame,
von allen in gleicher Weise erkennbare Welt
und daran, dass Abweichungen von dieser
als richtig erkannten Wirklichkeit umgehend und im Zweifelsfalle
auch mit Gewalt korrigiert werden müssen.
Und wir glauben an das von uns erkannte
Richtige, Gute, Wahre und Schöne,
welches für immer getrennt ist
vom Falschen, Schlechten und Hässlichem
und wir glauben, dass wir stets das eine vom anderen
unterscheiden können.

Wir glauben an die Überlegenheit des Geistes über die Materie,
der Vernunft über die Gefühle,

der Kultur über die Natur
und des Mannes über die Frau
und daran, dass das Überlegene das Unterlegene
kontrollieren, beherrschen und ausbeuten darf.

Wir glauben an die Allmacht der Manipulation
Und die unbegrenzten Möglichkeiten der Kontrolle.
Und daran, dass wir andere zwingen können und zwingen dürfen,
zu fühlen, zu denken und zu handeln,
wie wir es wollen
und dass wir mit allen Mittel verhindern müssen,
dass die anderen das Gleiche mit uns tun.

Wir glauben daran, dass es notwendig ist,
zu allem, was existiert und geschieht,
Standpunkte, Meinungen und Überzeugungen zu haben.
Und daran, dass es wichtig ist,
diese mit aller Entschiedenheit gegenüber anderen zu verteidigen.
Die Auseinandersetzung mit Problemen
halten wir für meist für belastend
und die Entwicklung von Erkenntnissen und Möglichkeiten
durch Prozesse für Zeitverschwendung.
Jedenfalls meistens,
da wir sowieso schon wissen, dass wir im Recht sind.

Diesem „Bekenntnis“ und den darin ausgesprochenen Grundannahmen ist inzwischen einiges entgegenzusetzen, weil durch die wissenschaftliche Forschung der letzten Jahrzehnte eine Reihe von neuen Erkenntnissen zusammen getragen worden ist, die Anlass zu völlig neuen Überlegungen bietet. Aber die Aussichten, dass sich diese neuen Überlegungen ausbreiten und eine neue Basis für soziale Prozesse und gesellschaftspolitische Entscheidungen werden, sind nach Ansicht einer Reihe von Wissenschaftlern bisher sehr gering. So schreibt Rupert Riedel in „Evolution und Erkenntnis“:

„Und tatsächlich entsprechen unsere Ursachenvorstellungen nicht mehr der Komplexität unseres wissenschaftlich-technischen Milieus. Wir haben in unserem Glauben an lineare, unvernetzte Kausalität alles für machbar gehalten. Namentlich seit der GALILEIschen Wende zur Naturwissenschaft und beschleunigt seit der Aufklärung hat die Zivilisation der westlichen Prägung gemeint, alles zum Nutzen Denkbare auch zum Nutzen durchsetzen zu können. Immer tiefer hat sie in das Milieu des Menschen und in

seine Umwelt eingegriffen. Und sie ist in jenen Teufelskreis von Zugzwängen geraten, den sie sich in ihrer Schulweisheit nicht hat träumen lassen.
Wir hängen am Verursacherprinzip, konkurrieren mittels Wachstum, verpuffen unsere Reserven, überhitzen die Atmosphäre, untergraben die Innovation, verteilen mehr als wir geschaffen haben, werfen das Steuer der Ökonomie hin und her, pendeln zwischen Inflation und Arbeitslosigkeit, also zwischen schleichender Enteignung und Verhinderung von Wertschöpfung; kurz: Wir steuern in allem einen selbstmörderischen Kurs. (Riedl, 1990, S. 193)

Dieser selbstmörderische Kurs, von dem nicht nur Rupert Riedl spricht, ist heute - trotz vieler internationaler Anstrengungen – überall zu beobachten und sicher nicht so leicht zu unterbrechen. Trotzdem meine ich, dass sich jeder Versuch lohnt, sich die neuen Erkenntnisse anzueignen, soweit sie bisher bekannt sind. Deutlich geworden scheint allerdings schon, dass diese auf die Unmöglichkeit verweisen, subjektunabhängige „Wirklichkeit" erkennen zu können. Stattdessen sind die Erkenntnisprozesse solcher Systeme an die Produktion von Modellen in Bezug auf eine jeweils vermutete Wirklichkeit gebunden und damit immer auch abhängig vom jeweiligen Beobachter.

Damit hat „leider" bei diesen Forschungsergebnissen auch der Begriff der „objektiven Wahrheit" gelitten, so dass man heute von „Wahrheit" vielleicht eher im Sinne von „Evidenz" oder von „Stimmigkeit" im Rahmen eines Modells sprechen würde. Und da in der modernen Wissenschaft verstärkt mit Modellen gearbeitet wird und Wissenschaftler sich heute eher für das eine oder andere Modell entscheiden, als anzunehmen, sie würden sich sukzessive einer objektiv erkennbaren Wirklichkeit nähern, fallen für mich auch die neuen Erkenntnisse eher in den Bereich dessen, wofür man sich entscheidet oder wovon man überzeugt ist. In den individuellen Produktionen unserer Wirklichkeiten wirken jedoch unsere kulturellen Grundannahmen, die wir uns von klein auf zu Eigen gemacht haben und für die wir uns daher meist nicht bewusst entschieden haben.
Prozesse der Veränderung können daher dauern, manchmal über viele Generationen. Aber wir können antizipieren, wie die kulturellen Grundannahmen auf der Basis der neuen Forschungsergebnisse in der Zukunft aussehen könnten und damit beginnen, die bisherigen Annahmen zu bezweifeln.
Ich habe die neuen Tendenzen ebenfalls in einem „Bekenntnis" zusammengefasst, um die Unterschiede zwischen den alten „Grundsätzen" und den neuen, in die Zukunft weisenden Entwicklungen - um die es in diesem Buche geht - plakativ deutlich zu machen.

Das neue „Bekenntnis“:

Wir glauben an die Vielfalt der uns umgebenden Welt,
die von jedem Menschen in eine einzigartige,
ihm ganz allein gehörende Wirklichkeit entfaltet wird,
die sich von der aller anderen unterscheidet.

Wir glauben an die nicht auflösbare und sich ständig ändernde
Wechselwirkung zwischen dem, was wir für richtig oder falsch,
für gut oder böse, für gerecht oder ungerecht,
oder für schön oder hässlich halten
und dass das eine immer auch das andere bedingt
und dass sich immer wieder das eine im Verlauf der Zeit
in das andere verwandeln kann,
außer wir treffen bewusst die Entscheidung,
jedes Lebewesen und die Umwelt,
die es zum Überleben braucht,
wahrzunehmen, zu achten und zu schützen.

Wir glauben, dass jeder etwas anderes glaubt
und dass jede Person das Recht hat,
zu fühlen, zu denken, zu glauben und zu wünschen,
was sie möchte,
aber nicht einfach so handeln darf, wie sie will,
wenn sie anderen damit Schaden zufügt.
Stattdessen glauben wir, dass wir über Wunscherfüllungen
und deren Grenzen
miteinander reden können und müssen.
Und wir glauben, dass das Erleben
von Unterschieden und Differenzen
für die persönliche Entwicklung unerlässlich ist.

Wir glauben an die Wechselwirkung
zwischen Geist und Materie,
Vernunft und Gefühl,
Kultur und Natur,
und Mann und Frau und daran,
dass nicht das eine dem anderen
überlegen oder unterlegen,
sondern einfach nur anders ist,
und dass sich alles wechselseitig befruchtet.

Wir glauben daran, dass sich lebendige Wesen
prinzipiell nicht kontrollieren lassen,
und dass wir es besser auch nicht versuchen sollten,
wenn wir uns nicht in kleinere oder größere
Schwierigkeiten bringen wollen.

Wir glauben daran, dass unsere Gefühle
in unserem eigenen Inneren entstehen
und bedeutsame Informationen für uns bereithalten,
wenn wir uns die Zeit nehmen und die Mühe machen,
sie zu entschlüsseln
und wir glauben, dass jeder Mensch
nur für seine eigenen Gefühle, Gedanken und Wünsche
verantwortlich ist
und nicht für die Gefühle, Gedanken und Wünsche von anderen,
da es zwar zwischen dem,
was sich in einem anderen Menschen
und dem, was sich in einem selbst abspielt,
ununterbrochene Wechselwirkungen gibt,
wir aber keinen gezielten Einfluss
aufeinander haben können.

Und wir glauben, dass das Beharren
auf Standpunkten, Meinungen und Überzeugungen
unter der Annahme, es gäbe etwas Richtiges
und alles, was davon abweicht, sei falsch,
nur zu Kämpfen führt.
Und wir glauben, dass es sinnvoller ist,
sich darauf zu konzentrieren, welche Probleme
Menschen allein oder miteinander,
mit ihrer Umwelt,
oder in Bezug auf ihre Vergangenheit,
ihre Gegenwart oder ihre Zukunft haben,
und daran, dass Problemlösungen
nicht gegen die existentiellen Interessen anderer Lebewesen
durchgesetzt werden dürfen,
weil sonst Schaden für alle entsteht.

Und wir glauben, dass es wichtig ist,
sich wechselseitig
in der jeweiligen Andersartigkeit

zu akzeptieren,
und sich neugierig auf Prozesse des Erforschens
auf die in uns selbst und anderen
verborgenen
Wirklichkeiten und Möglichkeiten
einzulassen.

Die in diesem zweiten „Bekenntnis“ angesprochenen Überlegungen und deren Konsequenzen sind das Thema dieses Buches. Sie werden sukzessive deutlicher werden. Gleichzeitig wird auch beschrieben, welche neuen Herausforderungen durch diese neuen Forschungsergebnisse auf uns zu kommen und wie schwierig es ist, sich diesen wirklich zu stellen.
Dabei geht es mir insbesondere darum, herauszuarbeiten, was die neuen Erkenntnisse für das Verstehen von sich selbst und von anderen, sowie für den Umgang mit sich selbst und mit anderen und für die Strukturierung des eigenen Lebens bedeuten.
Der mit den neuen Erkenntnissen einhergehende notwendige Verzicht auf die Illusionen von Macht und Kontrolle wird dabei eine große Rolle spielen und dieser Verzicht wird leider zu dem Schwierigsten gehören, was die Menschen unserer Kultur tun können. Der Gewinn dabei wird allerdings eine Zunahme an persönlicher Freiheit sein.

Aber der Weg ist nicht leicht. Viele Menschen, darunter auch viele WissenschaftlerInnen, PolitikerInnen und BeraterInnen weisen seit längerer Zeit darauf hin, wie dringend ein Umdenken und eine Veränderung des Handelns erforderlich ist, um das Gesamtsystem Erde mit allem, was dazu gehört, nicht zugrunde zu richten.
Peter Senge, ein bekannter amerikanischer Unternehmensberater schreibt in einem seiner Bücher in Bezug auf die heute notwendigen Lernprozesse:

> „Heute stehen wir an einer Art Scheideweg, unsere Kultur sagt uns, dass die Menschheit den richtigen Weg gewählt hat: Wir sind die Krone der Schöpfung, dazu bestimmt, über die Welt zu herrschen. Aber immer mehr Anzeichen mehren sich, dass sich dieser Weg seinem Ende nähert. Wir haben gelernt, unsere Umwelt so weitgehend zu beeinflussen, dass heute unser Überleben als Spezies auf dem Spiel steht. Wir haben unser Ego so weitgehend entwickelt, dass wir heute meinen, unser persönliches Glück sei irgendwie losgelöst vom Glück unserer Mitmenschen. Wir haben uns selbst so weitgehend von der Natur getrennt, dass wir nicht nur unsere Ehrfurcht vor dem Geheimnis des Lebens verloren haben, sondern auch unser Gefühl von Zugehörigkeit zu etwas, das größer ist als wir selbst.“ (Senge, The Fieldbook, S. 650)

Vielen Menschen wird immer deutlicher, dass dieser Weg von Kontrolle und Herrschaft, Macht und unkontrollierter Ausbeutung mit Sicherheit zu

Ende ist, auch wenn wahrscheinlich die meisten es noch nicht gemerkt haben. Dabei will ich nicht von den Menschen sprechen, die aufgrund ihrer Lebensumstände kaum eine Chance haben, mehr zu tun als Möglichkeiten zum Überleben zu suchen. Aber in unserer Kultur verfügen die meisten über genügend freie Energie und Zeit, um über sich selbst und die Art, wie sie mit ihresgleichen und mit ihrer Umwelt umgehen, nachzudenken. Aber der neue Weg ist für uns auf Grund der einseitig entwickelten Gewohnheiten und Überzeugungen in unserer Kultur nur schwer zu erkennen und noch schwerer zu gehen. Denn ist geht darum, ein „Verstehen" für das, was man heute „Selbstorganisation" nennt, zu entwickeln. Ich schreibe deshalb „Verstehen", weil es sich um Prozesse des Wahrnehmens der ständigen Veränderungen innerhalb selbstorganisierender Systeme handelt, die kausal-logischen Erklärungsversuchen meist nicht zugänglich sind. Die Prozesse selbstorganisierender Systeme sind daher nur sehr eingeschränkt vorhersagbar und deshalb meist auch nur in Echtzeit beobachtbar.
Aber weder die Interpretationen unserer Wahrnehmungen, noch die unseres Fühlens und Denkens, weder unsere Problemlösungsstrategien noch unser spontanes Handeln sind den neuen Erkenntnissen, wie unser gemeinsames Überleben auf diesem Planeten zu organisieren ist, angemessen, weil wir aufgrund unserer Wünsche nach kontrollierter Gestaltung unserer Umwelt große Schwierigkeiten mit dem Phänomen der Selbstorganisation haben.
In diesem Buch geht es mir – wie gesagt - darum, Möglichkeiten zu zeigen, wie wir die neuen Erkenntnisse in Bezug auf Phänomene der Selbstorganisation in ein anderes miteinander Umgehen und in ein neues Handeln in unserem Umfeld umsetzen und damit längerfristig auch unser eigenes Leben erleichtern können.
Die neuen Erkenntnisse beziehen sich aber nicht nur auf persönliche Beziehungen, es geht um wesentlich mehr: Wir können es uns nicht mehr leisten, zugunsten der Illusionen von Kontrolle und Macht das eigenständige Leben unserer Kinder zu opfern, ihre Zukunft mit Füßen zu treten, indem wir die Ressourcen unseres Planeten verbrauchen und unsere Umwelt schädigen, ohne uns darum zu kümmern, wie unsere Nachkommen überleben können.

Aber wir opfern nicht nur die Zukunft, sondern auch die Qualität unserer Beziehungen in der Gegenwart. Wir gehen oft mit den Menschen, die wir lieben, am hässlichsten um und sind häufig höflicher und freundlicher zu Menschen, denen wir eher zufällig begegnen.
Wir verbergen unsere innersten Gefühle vor den Menschen, mit denen wir uns am intensivsten verbunden fühlen, weil wir solche Angst haben, uns ihnen auszuliefern, so als seien sie unsere schlimmsten Feinde.

So viele Menschen sind unglücklich. Und viele nicht allein deshalb, weil sie ein leidvolles Leben haben, sondern oft nur, weil sie an alten Illusionen hängen, die ihnen Sicherheit, Unabhängigkeit, Kontrolle und Macht versprechen, ohne dass diese Versprechen jemals eingelöst werden können.
Es gibt diese Sicherheit nicht, wir können andere nicht kontrollieren, wir sind nicht von anderen unabhängig und haben auch keine Macht über sie.
Und wegen aller dieser Gründe brauchen wir ein neues Denken, einen neuen Umgang mit unseren Gefühlen, eine neue Strukturierung dessen, was wir für wirklich halten und einiges mehr. Mit diesem Buch will ich versuchen, deutlich zu machen, was und wie dieses Neue sein könnte und was dieses Neue für unseren Umgang mit uns selbst, mit unseren Mitmenschen und mit unserer Umwelt bedeutet.

Selbstorganisation
Wie Menschen und andere Lebewesen ihre Lebendigkeit aufrechterhalten

Valentino, mein geliebter grauer Kater, sieht mich mit seinen goldgelben Augen an und fragt: „Wie willst du über etwas schreiben, was du gar nicht verstehst?" „Ich kann es ja wenigstens versuchen", sage ich. „Das kannst du zwar, aber solange du „Ich" sagst, ist es sehr schwierig, weil du dich dann immer als ein Zentrum begreifst, was denkt, plant, schreibt und kontrolliert, und weil du dir doch dann überhaupt nicht vorstellen kannst, wie das alles ohne dich ablaufen könnte." Ich möchte ihm gerne widersprechen, aber er sagt noch: „Gib doch zu, du glaubst doch, es käme nur Unsinn dabei heraus, wenn du ohne das Ich, was du bist, einfach darauf los schreiben würdest." Ich stimme ihm zwar zu, aber sage auch „Wahrscheinlich würde ich dann gar nicht schreiben." „Da hast du vielleicht recht", sagt er und schweigt. Aber seine Schwanzspitze bewegt sich von einer Seite zur anderen, ich bin mir ziemlich sicher, dass er noch etwas sagen will: „Weißt du, wir Katzen haben es viel einfacher als ihr Menschen, wir sind einfach da und das sind wir von einer Sekunde zur nächsten, und das Tag und Nacht, bis wir nicht mehr sind." Und dann kriegt er wieder seinen weisen Gesichtsausdruck und fügt noch hinzu: „Es ist, wie es ist, auch wenn es immer anders ist. Das ist eben so." Und mit diesen Worten schreitet er von dannen. „Na ja", denke ich, „wie sollte es auch anders sein?" Aber dann fällt mir ein, dass ich es doch sehr oft gern anders hätte, als es ist oder als es war, und wie viel Kraft ich oft investiert habe, um „es" – wenigstens in Gedanken – doch noch zu ändern.

Unser Fühlen und Denken ist so sehr auf Macht und Kontrolle ausgerichtet, dass es uns sehr schwer fällt, uns auch nur ansatzweise vorzustellen, was „Selbstorganisation" ist. Im Begriff der „Selbstorganisation" ist eine der wichtigsten neuen Vorstellungen enthalten. Heute wissen wir, dass alle lebendigen Wesen „selbstorganisierend" sind, und das bedeutet, dass ein lebendiges Wesen ununterbrochen sich selbst und alles, woraus es besteht, abbaut und aufbaut und sich dabei ununterbrochen selbst herstellt. Man konnte auch sagen: Lebendige Wesen sind sich ununterbrochen selbsterschaffende Wesen und werden deshalb auch „autopoietische" Systeme genannt (Siehe dazu Maturana / Varela, 1987). Das für uns Unvorstellbare dabei ist, dass diese Prozesse ganz von allein ablaufen, es gibt keine Zentrale, welche die Prozesse organisiert und koordiniert.
Und dies gilt auch für Gemeinschaften von Lebewesen. Ich habe mich schon oft gefragt, wie Ameisen oder Termiten es fertig bringen, so komplexe Aufgaben, wie Gärten anlegen, Pilze züchten, Blattläuse melken,

Brut versorgen, Bau erweitern, Temperatur und Feuchtigkeit ausgleichen usw. wahrzunehmen, ohne dass irgendeine zentrale Stelle, wie z. B. die Königin, den Insekten mitteilt, was sie jeweils zu tun und zu lassen haben. Inzwischen weiß man zwar, dass es vielfältige Kommunikationsprozesse gibt, mit deren Hilfe sich die beteiligten Lebewesen untereinander verständigen, aber man weiß auch, dass es keine zentrale Stelle gibt, die alles koordiniert. Ich konnte mir bisher nicht vorstellen, dass Lebewesen, ohne dass jemand oder etwas die Orientierungen vorgibt, nur auf der Basis verschiedener intensiver kommunikativer Prozesse kooperativ und konstruktiv handeln können und unter anderem hochkomplexe Gebilde herstellen, aber es scheint genau so zu sein und ich bin voller Bewunderung und Ehrfurcht, dass es so ist, wie es ist.

Seit mehr als 30 Jahren haben Wissenschaftler – auf der Basis einer Reihe von Experimenten und Berechnungen von Simulationen in Physik, Chemie, Biologie, Meteorologie, Neurobiologie, Ökologie usw. - an der Entwicklung von theoretischen Modellen für selbstorganisierende oder autopoietische Systeme bzw. für nicht-lineare dynamische Systeme gearbeitet.
Inzwischen gibt es eine Fülle von wissenschaftlichen Forschungsergebnissen und entsprechenden Veröffentlichungen zu diesen Fragestellungen.

Humberto Maturana, Francisco Varela, Stuart A. Kauffman, Erich Jantsch, Ilya Prigogine, Murray Gell-Mann und viele andere waren in den verschiedensten Disziplinen an der Erarbeitung dieser neuen Ansätze beteiligt.
So schreibt z. B. Stuart Kauffman:

> „Ich werde in diesem Buch die These verfechten, dass die natürliche Selektion, so wichtig sie auch ist, die großartigen Bauwerke der Biosphäre, von Zellen über Organismen bis hin zu Ökosystemen, nicht allein gestaltet hat.
> Die Urquelle der Ordnung ist vielmehr die Selbstorganisation. Ich bin zu der Überzeugung gelangt, dass die Ordnung in der biologischen Welt nicht nur das Ergebnis fortwährenden „Herumbastelns" ist, sondern aufgrund der Prinzipien der Selbstorganisation – der Komplexitätsgesetze, die wir gerade erst aufzudecken und zu verstehen beginnen – geradezu zwangsläufig und spontan entsteht." (Kauffman, 1996, S. 9)

M. Mitchell Waldrop hat den Prozess des Entstehens der neuen Forschungsergebnisse auf amüsante Art vorgestellt. Aber auch das Buch „Die Entdeckung des Chaos" von John Briggs und F. David Peat und das von James Gleick „Chaos - die Ordnung des Universums" sind gut lesbare Einführungen in die neuen Forschungsgebiete. In diesen Büchern finden sich auch noch weitere Literaturangaben.

Ich will nicht auf die Entwicklung dieser neuen Forschungsansätze eingehen, sondern nur die wichtigsten Ergebnisse in vereinfachter Form zusammenfassen:

Selbstorganisierende oder autopoietische Systeme sind offene Systeme, sie zeichnen sich durch einen hohen Durchfluss an Energie und Materie aus und sind – anders als geschlossene Systeme oder allopoietische Systeme, wie z. B. alle Arten von Maschinen – von außen nicht steuerbar oder kontrollierbar, eben weil sie „selbstorganisierend" sind und Eingriffe von außen die Selbstorganisation gefährden könnten.
Für diese Systeme gelten auch nicht mehr die gewohnten Vorstellungen des eineindeutigen Zusammenhangs zwischen Ursachen und Wirkungen. **Bei diesen Systemen können winzig kleine energetische oder materielle Einwirkungen große Wirkungen erzeugen oder aber auch umgekehrt, ohne dass man im Voraus sagen könnte, welche Ursache welche Wirkung hervorrufen wird.**

Diese Erkenntnis ist inzwischen aufgrund eines Vortrages des Meteorologen Edward Lorenz als Schmetterlingseffekt bekannt geworden. Edward Lorenz hat ihn bereits 1963 bei seinen Wetterberechnungen beobachtet, aber den Vortrag mit dem Titel „Predictability: Does the Flap of a Butterfly's wings in Brazil Set Off a Tornado in Texas?" über dieses zunächst sicher sehr irritierende Phänomen hielt er erst 1979, - wahrscheinlich aus guten Gründen - sechzehn Jahre später.

Alle lebendigen Systeme, vom Bakterium bis zum Menschen, sind solche selbst- organisierenden Systeme. Aber auch alle, die sich aus solchen Systemen zusammensetzen und damit größere Systeme bilden, gehören dazu. Dabei entwickeln sich beim Zusammenschließen meist auch neue Eigenschaften, die sich in den Einzelsystemen, aus denen sie bestehen, oft nicht finden lassen. Stuart Kauffman schreibt dazu:

> „Die grundlegende Schwierigkeit liegt darin, dass das komplexe Ganze unter Umständen Merkmale aufweist, die sich nicht ohne weiteres aus den Eigenschaften der Teile erklären. Das komplexe Ganze kann in einem völlig unmystischen Sinn „emergente" Merkmale zeigen, die für sich selbst gesetzmäßig sind." (Kauffman, 1996, S. 30)

Zu solchen Systemen gehören also nicht nur einzelne Lebewesen, sondern – wie schon gesagt - auch deren Zusammenschlüsse, wie z. B. ökologische Systeme, aber auch das Wetter, die Aktienmärkte, Institutionen aller Art, Wirtschaftssysteme, Gesellschaften, Kulturen usw.

Damit nun solche selbstorganisierenden Systeme überleben können, müssen bestimmte Prinzipien erfüllt sein, auf die ich erst später zu sprechen komme, weil das Verstehen dieser Prinzipien durch unsere kulturell erzeugten und favorisierten Denkmuster erschwert wird.
Vor vielen Jahren hat bereits Niklas Luhmann in seinem Buch „Ökologische Kommunikation“ auf die Notwendigkeiten neuen Verstehens und Lernens hingewiesen. Auf die Frage „Kann die moderne Gesellschaft sich auf ökologische Gefährdungen einstellen?“ antwortet er mit einem deutlichen „Nein“ und schreibt in bezug auf das seiner Ansicht nach notwendige Umdenken:

„Radikale theoretische Positionen in dieser Art liegen weit außerhalb dessen, was die soziale Kommunikation und das Alltagsbewußtsein heute akzeptieren. Ihre Konsequenzen würden ein Umdenken erfordern, dessen Folgen nicht vorauszusehen sind. Jedenfalls muß mit einer langen Sickerzeit gerechnet werden.“ (Luhmann, 1988, S. 30)

Einen Beleg ganz anderer Art für die Unzulänglichkeiten bisheriger Denkgewohnheiten im Umgang mit komplexen Situationen bzw. nicht-linearen dynamischen Systemen liefert Dietrich Dörner in seinem Buch „Die Logik des Mißlingens“ von 1992.
Dörner hat einer Reihe von unterschiedlich ausgebildeten Personen die Gelegenheit gegeben, sich im Rahmen von Computersimulationen als Entwicklungshelfer in dem fiktiven ostafrikanischen „Tanaland“ oder als Bürgermeister in der fiktiven Stadt „Lohhausen“ zu beweisen. Von den getesteten ManagerInnen, WissenschaftlerInnen und StudentInnen usw. hatten die meisten in einem fiktiven Zeitraum von 25 Jahren alles heruntergewirtschaftet, die ökologischen und ökonomischen Grundlagen nachhaltig zerstört und in Tanaland durch ihre Maßnahmen auch den Tod vieler Menschen hervorgerufen. Dörner analysiert, auf welche Weise die einzelnen Maßnahmen zum Misslingen der gutgemeinten Absichten und letztlich zum Zusammenbruch der Systeme führen. Zusammenfassend schreibt er:

„Wir haben festgestellt, daß Ziele nicht konkretisiert werden, daß kontradiktorische Teilziele nicht als kontradiktorisch erkannt werden, daß keine klaren Schwerpunkte gebildet werden, daß die notwendige Modellbildung nur unzureichend oder gar nicht erfolgt, daß Informationen nur einseitig oder unzulänglich gesammelt werden, daß falsche Auffassungen über die Gestalt von Zeitabläufen gebildet werden, daß falsch oder gar nicht geplant wird, daß Fehler nicht korrigiert werden.“ (Dörner, 1992, S. 288)

Meiner Erfahrung nach lernen sich solche Fähigkeiten nicht von alleine, sozusagen als Nebenprodukt einer schulischen oder universitären disziplinorientierten Ausbildung, wie viele meiner Kollegen teilweise immer noch meinen.

Denn die inzwischen zwar nicht mehr ausreichenden, aber dennoch weiterhin bevorzugten Denk- und Handlungsmuster sind als persönliche Alltagstheorien auf unterschiedliche Art Bestandteil der Erkenntnisprozesse in den Disziplinen geworden, d. h. sie sind fast so etwas wie „Kulturgut" und damit oft auch bereits von Kindheit an gelernt.
Wenn Niklas Luhmann dementsprechend von einem Umdenken spricht, das er allerdings nicht näher erläutert, in Bezug auf das aber in seinen Worten „mit einer langen Sickerzeit gerechnet werden" (Luhmann, 1988, S.30) muss, so ist mir ein passives Warten auf einen eventuell eintretenden Sicker-Effekt zu wenig.
Ich denke, dass es an der Zeit ist, ein solches Umdenken aktiv voranzutreiben und das bedeutet, sich auf einiges Neue einzulassen.
Da man bei selbstorganisierenden Systemen die Wirkung von Maßnahmen nicht mehr voraussagen kann, erfordert der Umgang mit solchen Systemen als erstes, sich auf „Unbestimmtheit" einzulassen. Diese Unbestimmtheit dauert jeweils so lange, bis die Wirkung einer Intervention beobachtet werden kann. In der Zwischenzeit herrscht eben diese „Unbestimmtheit" oder „Ungewissheit" bzw. „Unsicherheit", wenn man diesen Zustand als Erlebensqualität beschreiben will.
Anders gesagt: Solche Systeme lassen sich nur in Echtzeit – wie die Entwicklung eines Kindes oder das Wachsen eines Baumes - beobachten, ihre zukünftige Entwicklung ist nicht vorhersagbar.
Unbestimmtheit aber macht den meisten Menschen Angst. Wir füllen ganz oft die bei Unbestimmtheit entstehende Leere mit unseren Phantasien.

„Das stimmt, das machst du mit mir auch immer", sagt Valentino, „ich miaue in der Ferne, und du denkst sofort, es sei mir etwas passiert; ich liege in der Sonne auf dem Teppich vor der Terrassentür und du denkst, ich will in den Garten; ich sehe dich an und du meinst, ich will etwas zu essen haben. Ihr Menschen seid Bedeutungstiere, nichts geschieht, ohne dass Ihr dem nicht eine Bedeutung zuweist." Ich fühle mich erwischt. „Das mache ich doch nur, weil du im Allgemeinen nicht mit mir redest", versuche ich mich zu rechtfertigen. „Du machst es auch mit deinen Mitmenschen und die machen es auch mit dir, ich habe euch beobachtet", sagt Valentino. Ich gehe zum Gegenangriff über: „Du machst das doch bestimmt auch."
Valentino ist ganz erstaunt: „Warum sollte ich das tun? Ich weiß doch, dass ich nicht weiß, was du oder die anderen denken, wieso sollte ich mich anstrengen und herumraten? Ich kann doch abwarten, bis du oder bis die anderen es mir sagen oder selber nachfragen."
Ich werde ein bisschen ärgerlich: „Du weißt wieder einmal alles besser", sage ich. „Siehst du", sagt Valentino, „du machst es schon wieder und mir

missfällt deine Bemerkung. Wie gut, dass ich weiß, dass nur ich weiß, was ich denke. Und jetzt will ich wissen, weshalb du das gerade gesagt hast?" *„Bitte verzeih mir", sage ich, „ich glaube, ich kann noch viel von dir lernen."*

Neben der Unbestimmtheit und der damit oft einhergehenden Unsicherheit fällt es uns im Umgang mit selbstorganisierenden Systemen schwer, uns daran zu gewöhnen, dass es keine Möglichkeit gibt, die Wirkung einer wie auch immer gearteten Intervention mit Sicherheit vorauszusagen. Daran sind wir aber ziemlich gewöhnt. Wir sagen etwas und erwarten, dass es gehört wird. Wir sprechen eine Erwartung aus und gehen davon aus, dass sie erfüllt wird. So wird es uns von klein auf beigebracht und wenn es nicht so klappt, wie wir uns das so gedacht haben, sind wir empört, ärgerlich, wütend oder enttäuscht. Wie schon im Teil „Verhängnisvolle Illusionen" erwähnt wurde, erwarten wir die Erfüllung unserer Erwartungen:
Wie schon gesagt: Kinder müssen gehorchen, ein Hund aufs Wort hören, Freunde müssen die für selbstverständlich gehaltenen Erwartungen erfüllen, Kollegen sich so, wie es üblich ist oder wie wir es wollen, verhalten; kurzum, die uns umgebenden selbstorganisierenden Systeme sollen so funktionieren, wie wir es wollen. Erst dann, so glauben wir, können wir uns sicher fühlen. Die Vorstellung, wir könnten das Verhalten von anderen Menschen in keiner Weise gezielt beeinflussen, ist für uns nur schwer erträglich, hinterlässt sie uns doch in einem Zustand von Hilflosigkeit angesichts der freien Entscheidungsmöglichkeiten einer anderen Person. Und diese Einschränkung gilt keineswegs nur für Menschen, sondern für alle Lebewesen. Den Menschen, die sich um Tiere kümmern, ist dies meist sehr bewusst: Wenn das Nilpferd oder der Elefant im Zoo sich nicht dahin bewegen will, wo sie sich hinbewegen sollen, hilft meist nur – und das wissen alle TierpflegerInnen - abzuwarten und mit Futter oder anderen Reizen zu locken. Zwingen kann man die Tiere nicht, außer man ist größer, schneller, kräftiger und wendet die notwendige Gewalt an. Ohne Gewalt oder Betäubung gilt: Wenn die großen Tiere das tun, was wir von ihnen wollen, tun sie es freiwillig. Für kleine Tiere gilt das selbstverständlich auch, aber da achten wir nicht so darauf, weil wir wissen, dass wir sie im Zweifelsf alle aufgrund unserer Überlegenheit auch zwingen können.
Auch bei Menschen achten wir nicht so darauf, obwohl für sie das Gleiche gilt wie für die Tiere im Zoo. Wir möchten am liebsten die Kontrolle über unsere gesamte Umwelt haben und behalten.

Gegen diesen Wunsch ist nichts zu sagen, im Gegenteil: Er ist einer der wichtigsten Wünsche, dessen immer wieder neue Realisierung uns unser

Überleben zu sichern scheint. Jedes Lebewesen möchte die größtmögliche Kontrolle über sein eigenes Leben und seine Umwelt haben. Das Problem in Bezug auf unsere Mitmenschen fängt immer erst an der Stelle an, an der wir glauben, eine solche Kontrolle über andere Lebewesen sei ohne deren - bewusste oder unbewusste – Zustimmung möglich. Kontrolle und damit auch Macht über andere sind uns so wichtig, dass wir uns meist keine Gedanken darüber machen, wie oft wir das gewünschte Ergebnis durch indirekte und direkte Gewaltanwendung und der damit hervorgerufenen Angst unserer Mitmenschen erhalten. Wir sollten uns deshalb nicht täuschen, sondern uns bewusst machen, wie oft wir versuchen, uns andere Menschen - große und kleine - durch Drohungen, Erpressungsversuche, Täuschungen oder Gewalt mit ihren jeweiligen Varianten in Form von Machtspielen, wie in einem späteren gleichnamigen Kapitel beschrieben wird, gefügig zu machen.

Neben Unbestimmtheit und fehlender Kontrolle im Umgang mit selbstorganisierenden Systeme aller Art gibt es noch weitere Prinzipien, die den von uns gelernten Vorstellungen widersprechen, auf die ich im Verlaufe des Buches noch eingehen werde.
Zunächst einmal ist es wichtig, sich bewusst zu machen, wie viele Überzeugungen wir verinnerlicht haben, die uns den angemessenen Umgang mit selbstorganisierenden Systemen erschweren.
So haben wir z. B. gelernt,

> die einfachste und bequemste Lösung ist die beste,
> was stört, muss beseitigt werden,
> je mehr man sich anstrengt, desto mehr erreicht man,
> viel hilft viel,
> große Veränderungen brauchen große Maßnahmen,
> Ursachen und Wirkungen liegen räumlich und zeitlich immer nah beieinander,
> usw.,

aber alle diese Vorstellungen treffen auf selbstorganisierende Systeme nicht zu.

Es gibt noch mehr kulturelle Überzeugungen, die im Umgang mit selbstorganisierenden Systemen hinderlich sind, auf die ich erst später eingehen will. Aber eine Überzeugung ist hier noch von besonderer Bedeutung:
Wir stellen uns immer wieder vor, dass es jeweils die handelnden Personen sind, welche eine Wirkung hervorrufen und formulieren es auch so: Ein Mann verführt eine Frau, ein Lehrer motiviert die Kinder, ein Arzt oder Therapeut heilt seine Patienten, ein Mensch ärgert seinen Nachbarn, eine

Frau verletzt ihre Freundin usw. Wir glauben daran, dass uns unsere Mitmenschen schlimme Dinge, wie ärgern, verunsichern, beleidigen, kränken usw. antun können und dass wir dies auch mit anderen machen können. Es ist für die Beteiligten schwer, auf die damit einhergehende Illusion von Macht zu verzichten, obwohl diese Illusion bedeutet, dass jedes Scheitern zum Beispiel als „persönliches Versagen" oder auch als „besondere Gemeinheit von anderen" verbucht wird. Irgendwer oder irgendetwas muss – in diesem Denken - schließlich schuld sein.

Alle diese Vorstellungen gelten nicht mehr im Umgang mit selbstorganisierenden Systemen, aber sie wirken - solange wir an sie glauben - nach wie vor auf unsere Art zu reden und zu handeln und richten in den verschiedensten gesellschaftlichen Bereichen und in den dort handelnden Personen teilweise großen Schaden an, wie sich im Folgenden noch zeigen wird.
Zwar kann man in Bezug auf selbstorganisierende Systeme nicht mehr so einfach von Ursache-Wirkungs-Zusammenhängen sprechen, aber immer dann, wenn ein selbstorganisierendes System seine Verhaltensweisen im Rahmen eines Musters organisiert und das Muster erkennbar wird, kann man in beschränktem Maße das Verhalten des Systems antizipieren. Trotzdem haben solche Antizipationen immer noch hypothetischen Charakter. Die Mutmaßungen über den momentanen Bewusstseinszustand einer anderen Person oder die Absichtsvermutung, die man einer anderen Person unterstellt, bilden die Grundlage für das, was eine Reihe von Wissenschaftlern, unter anderem von Michael Moskowitz „Theories of Mind" oder kurz „ToMs" nennen. Mit diesen „ToMs" versuchen Menschen – und wahrscheinlich nicht nur diese, denn es wurde zuerst im Rahmen von Tierversuchen davon gesprochen - sich das Verhalten anderer zu erklären oder zumindest zu verstehen bzw. zu antizipieren. Von diesen ToMs wird immer wieder die Rede sein, denn sie entstehen auf der Basis unserer persönlichen Erfahrungen in einem kulturell geprägten sozialen Umfeld und können sowohl zum wechselseitigen Verstehen von Menschen beitragen, aber auch zu sich sehr destruktiv auswirkenden Missverständnissen führen. Hier soll zunächst nur von den in einer Person entstehenden Mustern und Dynamiken die Rede sein und nicht davon, wie diese mit Hilfe von ToMs von anderen interpretiert werden. (Siehe dazu: Michael Moskowitz, Gedanken lesen. Erkennen, was andere denken und fühlen, München und Zürich 2008)

Muster spielen in selbstorganisierenden Systemen eine herausragende Rolle. Mit ihrer Hilfe wird die Komplexität des Umweltfeldes so reduziert,

dass das selbstorganisierende System sich innerhalb seines Umweltfeldes orientieren und seinen Notwendigkeiten entsprechend handeln kann.
Als meine Tochter noch sehr klein war, sah sie in unserer Wohnung auf einer Pflanze einen Marienkäfer herumkrabbeln. Sie hatte so etwas zuvor noch nicht gesehen und nahm höchst interessiert zur Kenntnis, dass das Marienkäferchen dunkle Punkte auf dem Rücken und Beine hatte, mit denen es laufen konnte. Als sie ein paar Tage später in Dänemark auf einer Wiese weiße Kühe mit dunklen Flecken grasen sah, zeigte sie auf die Kühe und rief entzückt: „Marienkäferchen!“ Die Kühe hatten die entscheidenden Merkmale: Sie bewegten sich, hatten dunkle Flecken und Beine, auf denen sie herumlaufen konnten.
Seitdem hatte ich viele Gelegenheiten zu beobachten, wie Menschen und offensichtlich auch andere selbstorganisierende Systeme, wie Hunde und Katzen usw., ihre Umwelt mit Hilfe von Mustern wahrnehmen, sich orientieren, Situationen bewerten und vieles andere mehr. „Vor-Urteile“ sind dabei nur eine Sorte von Mustern.
Aufgrund der inzwischen zur Verfügung stehenden wissenschaftlichen Forschungsergebnisse könnte man verallgemeinernd sagen: Selbstorganisierende Systeme haben die Tendenz, ihre Beziehungen innerhalb von sich und zu sich selbst und zu dem sie umgebenden Feld in Mustern zu strukturieren, die ihnen erlauben, auf ähnliche Situationen oder ähnliche Umweltbedingungen ähnlich zu reagieren. Dies ermöglicht z. B. Menschen, die eigene und die Komplexität des umgebenden Feldes sehr schnell so zu reduzieren, dass nur noch anhand struktureller Merkmale daraufhin überprüft werden muss, welches der bereits gespeicherten Muster auf die im Moment vorliegende komplexe Situation passt.
Passt keines der bisherigen Muster, wird im Zweifelsfalle ein neues Muster entwickelt. Das System Mensch hat dann gelernt, mit einer neuen Situation fertig zu werden und verfügt nun für die Zukunft über Verhaltens- oder Handlungsmuster, welche für weitere zukünftige strukturell ähnliche Situationen verwendet werden können.
Verhaltens- und Handlungsmuster werden – soweit man heute weiß - in den so genannten Spiegelneuronen gespeichert, die sich genau dann aktivieren, wenn man ein strukturell ähnliches Verhaltensmuster beobachtet oder selbst danach handelt. Darauf werde ich im Teil „Mehr über das Gehirn – Empathie und Spiegelneurone“ näher eingehen.
In andern Worten: **Lebendige Systeme sind lernende Systeme und sie lernen – immer auf der Basis der bisherigen Erfahrungen – meistens auf die ökonomischste Weise, d. h. mit dem geringsten Verbrauch an Materie, Zeit und Energie und auf eine möglichst einfache Weise.**

Dadurch entsteht zumindest für Menschen auch ein Problem, denn gelernte Muster bleiben im Gehirn gespeichert. In den Zeiten oder an den Orten, in denen oder wo sich das Umweltfeld während eines Menschenlebens kaum verändert, bleiben auch die gelernten Muster meist hilfreich, sofern sie dieses bereits am Anfang waren. Ändert sich das Umweltfeld jedoch schnell und zwar so, dass bisher gelernte Muster keine Hilfe mehr sind, sondern sich eher destruktiv auswirken, dann kommt es darauf an, wie schnell ein Mensch neue Muster lernen kann und wie schnell er es schafft, die alten Muster in ihren Wirkungen zu stoppen oder wenigstens zu reduzieren.
Wenn ich z. B. gelernt habe, Vater und Mutter zu gehorchen, dann würde das Muster, „Autoritätspersonen muss man gehorchen" dazu führen, allen Autoritätspersonen allein wegen der strukturellen Ähnlichkeit zu gehorchen. Und das kann man in der Tat bei manchen Menschen beobachten.
Wenn also ein gespeichertes Muster durch eine strukturelle Ähnlichkeit in einer Situation aktiviert wird, die Person selbst aber in und zu dieser Situation inzwischen eine ganz andere Beziehung hat als zu der Zeit, als das Muster entwickelt wurde, dann besteht eine große Wahrscheinlichkeit dafür, dass das Muster nicht mehr passend ist.

Habe ich mir z. B. wegen meines aggressiven Vaters in meiner Kindheit angewohnt, nicht mehr zuzuhören, wenn jemand anfängt, laut zu sprechen, und setze ich das im Berufsleben in Bezug auf meinen lauten Chef fort, dann schade ich mir selbst.
Eine Reihe der Muster, die wir - freiwillig oder um uns zu schützen - als Kinder gelernt haben, sind für unser Erwachsenenleben nicht mehr angemessen und dann ist es notwendig, deren Wirkungen zu verringern und neue, besser passende Verhaltensmuster dazuzulernen. Allerdings bleiben gelernte Muster weiterhin im Gehirn gespeichert und können in „Krisenzeiten" wieder aktiviert werden. Wenn man lesen und schreiben gelernt hat und wie man schwimmt, Fahrrad fährt oder kämpft usw., dann bleiben diese Handlungsmuster genau so erhalten, wie andere Muster, welche die Überzeugungen beinhalten, die anderen seien immer schuld, man müsse immer alles allein machen, man habe stets die Erwartungen von anderen zu erfüllen oder man müsse perfekt sein usw.
Mit Hilfe verschiedener „Theories of Minds" kann man nun zwar versuchen, die Muster, die Absichten und die Erwartungen anderer Menschen herauszufinden. Das bedeutet jedoch nicht, dass es einem auch gelingt. Viele Menschen versuchen jedoch trotzdem ununterbrochen, mit Hilfe ihrer eigenen Phantasien herauszufinden, was sich im Bewusstsein einer anderen Person abspielt, sozusagen „Mind reading" zu betreiben. Nach Moskowitz können Menschen offensichtlich nur sehr schwer ertragen, nicht zu wissen,

was in anderen vor sich geht, es gibt sogar eine bestimmte Hirnregion - der anteriore paracinguläre Cortex - , die in einer Person immer dann aktiv wird, wenn diese sich damit beschäftigt herauszufinden, was ihr Gegenüber gerade denkt oder will. (Moskowitz, 2008, S. 45)

„So einfach scheint das aber nicht zu sein", sagt Valentino, während er die Innenseiten seiner Vorderpfoten beleckt. „Wie meinst du das", frage ich zurück. „Was machst du denn, wenn dir ein selbstorganisierendes System wie ich begegnet und du erkennst keine Muster? Dann hast du doch keine Ahnung, wie ich bin." Valentino wirkt sehr beunruhigt. „Aber ich kenne dich doch von klein auf." „Nein", widerspricht er mir, „du kennst nur ein paar meiner Muster, und das auch nur, weil sie sich in für dich aufdringlicher Weise wiederholt haben. Mich kennst du nicht. Ich kenne mich ja selbst nicht, wie solltest du mich dann kennen? Von mir kennst du nur, was ich dir erzähle." Jetzt widerspreche ich ihm: „Ich sehe dich doch, ich höre dich, ich streichele dich, ich rieche an deinem Fell, ich denke darüber nach, was du sagst, und ich frage nach. Dabei lerne ich dich doch kennen." „Na ja, wenn du es so ausdrückst, trotzdem, du entwickelst nur Vorstellungen darüber, wie ich sei", Valentino zögert, dann fährt er fort: „Im Prinzip gibt es in selbstorganisierenden Systemen kein Ich, im Sinne: Ich und meine Selbstorganisation. Mein „Ich" ist ja – wie bei dir - eigentlich nur ein Geschenk meiner Selbstorganisation." Und dann fügt er hinzu, „ich glaube, du hast immer noch keine Idee davon, was Selbstorganisation ist. Du brauchst wenigstens ein Beispiel, damit du dir zumindest mal eine bildliche Vorstellung davon machen kannst. Und ich würde es auch gern genauer wissen. Sonst ist mir das irgendwie unheimlich." Er geht in den Garten, kommt aber gleich wieder zurück und fragt: „Meinst du, man kann seiner eigenen Selbstorganisation vertrauen?" „Es wird uns wohl nichts anderes übrigbleiben", sage ich und frage mich anschließend, was ich da eigentlich sage.

Ich merke, wie schwierig die Vorstellung von selbstorganisierenden Systemen ist und mir fällt ein eindrucksvolles Beispiel aus dem Buch von Bill Bryson „Eine kurze Geschichte von fast allem" (Hamburg, 2003) ein. Es ist zu lang, um es vollständig zu zitieren, daher werde ich es teilweise in eigenen Worten zusammenfassen. Bill Bryson weist im Kapitel „Zellen" zunächst darauf hin, dass sich fast alle Zellen unseres Körpers in ihrem Aufbau ähneln, auch wenn sie verschieden geformt und unterschiedlich groß sind. Wir besitzen unvorstellbar viele davon, allein unser Gehirn enthält ungefähr 100 Milliarden Nervenzellen. In seiner Beschreibung von einer Zelle hat Bryson diese mitsamt ihrem Gerüst aus Tragbalken, dem Cytoskelett, auf 800 Meter Durchmesser vergrößert und beschreibt, wie man sich dann die Prozesse, die sich dort abspielen, vorstellen kann:

„In ihrem Inneren würden Millionen und Abermillionen von Gegenständen – manche so groß wie ein Basketball, andere mit den Ausmaßen eines Autos – hin und herflitzen wie Gewehrkugeln. Wir könnten nirgendwo stehen, ohne dass wir in jeder Sekunde aus allen Richtungen Tausende von Stößen und Stichen erhielten. Auch für ihre ständigen Bewohner ist die Zelle ein gefährlicher Ort. Jeder DNA – Strang wird durchschnittlich alle 8,4 Sekunden – 10 000 mal am Tag – angegriffen oder geschädigt: Chemische Substanzen und andere Objekte prallen mit ihr zusammen oder durchtrennen sie einfach. Und jede derartige Verletzung muss schnell wieder geflickt werden, damit die Zelle nicht zugrunde geht. Besonders lebhaft sind die Proteine: Sie rotieren, pulsieren und stoßen rund eine Milliarde Mal in der Sekunde zusammen.[18] (Fußnote von Bryson mit einem Hinweis auf Guy Brown, The Energy of Life, London 2000, S. 80)
Die Enzyme, auch sie Proteine, sausen überall herum und führen in einer Sekunde bis zu 1000-mal ihre Aufgaben aus. Wie stark beschleunigte Ameisen bauen sie eifrig Moleküle auf und um, trennen von diesem ein Stück ab, fügen an jenes ein Stück an. Andere überwachen vorüberkommende Proteinmolekül e und markieren solche, die irreparabel beschädigt oder fehlerhaft sind, mit einer chemischen Substanz. Die so gekennzeichneten Moleküle sind zum Untergang verdammt und gelangen in das Proteasum, eine Struktur, in der ihre Bausteine auseinander genommen und zum Aufbau neuer Proteine wieder verwendet werden. Die Proteine mancher Typen bleiben noch nicht einmal eine Stunde erhalten, andere überleben mehrere Wochen." (Bryson, 2003, S. 485)

Er schreibt, es gäbe in einer Zelle Millionen von Objekten, die sehr unterschiedliche Aufgaben erfüllen: sie zerlegen Nährstoffe, um Energie zu gewinnen und Abfallstoffe, um Baumaterial zu gewinnen, sie transportieren ab, was nicht mehr gebraucht werden kann, bekämpfen Eindringlinge, tauschen Informationen aus und reparieren Schäden. In jeder Zelle leben Mitochondrien, wahrscheinlich frühere Bakterien, die möglicherweise vor langer Zeit in die Zellen eingelagert wurden. Er weist darauf hin, dass diese Mitochondrien Nährstoffe und den gesamten Sauerstoff, der in die Zellen transportiert wird, zu „Adenosintriphosphat", dem sogenannten ATP verarbeiteten, der „Substanz, die uns am Leben erhält." (Bryson, 2003,S. 487)

Weiter schreibt er:

„ATP-Moleküle sind eigentlich kleine Batterien: Sie wandern durch die Zelle und liefern die Energie für fast sämtliche Vorgänge, das heißt, sie werden in großer Zahl umgesetzt. Eine typische menschliche Körperzelle enthält in jedem Augenblick rund eine Milliarde ATP- Moleküle;[21](Fußnote von Bryson mit einem Hinweis auf Bruce Alberts et al, Lehrbuch der molekularen Zellbiologie, Weinheim 2001) sie alle sind nach zwei Minuten verbraucht, und eine neue Milliarde ist an ihre Stelle getreten."

Und etwas später fährt er fort:

„Wenn eine Zelle nicht mehr gebraucht wird, stirbt sie, und zwar auf eine Weise, die man nur als äußerst würdig bezeichnen kann. Sie baut alle Streben und Stützen ab, die sie zusammenhalten, und löst ihre Bestandteile in aller Stille auf – ein Vorgang, den man als programmierten Zelltod oder Apoptose bezeichnet. Jeden Tag opfern sich viele Milliarden Zellen zum Nutzen des Gesamtorganismus, und Milliarden weitere beseitigen den Abfall. Zellen können auch eines gewaltsamen Todes sterben – beispielsweise wenn sie mit Krankheitserregern infiziert sind - , aber meist gehen sie zu Grunde, weil sie den Befehl dazu erhalten. Sie töten sich sogar selbst, wenn sie nicht zum Weiterleben aufgefordert werden – wenn sie nicht irgendeine aktive Anweisung von irgendeiner anderen Zelle erhalten. Zellen brauchen viel Bestätigung."(Bryson, 2003, S. 487)

Und er weist in seinem Text auf folgendes hin:

„Das Erstaunliche an den Zellen ist nicht, dass gelegentlich etwas schief geht, sondern dass alles jahrzehntelang so reibungslos funktioniert. Zu diesem Zweck tauschen sie mit dem gesamten Organismus ständig eine ununterbrochene Folge - und ein riesiges Durcheinander – von Nachrichten aus: Anweisungen, Anfragen, Korrekturen, Hilferufe, Aktualisierungen, Befehle zur Teilung oder zum Absterben. Die meisten derartigen Signale werden durch Kuriere übermittelt, die wir als Hormone bezeichnen, chemische Substanzen wie Insulin, Adrenalin, Östrogen oder Testosteron. Solche Botenmoleküle übermitteln Informationen von weit entfernten Orten wie der Schilddrüse oder anderen endokrinen Drüsen. Andere Nachrichten treffen telegraphisch vom Gehirn oder von nahe gelegenen Befehlszentren ein. Und schließlich kommunizieren die Zellen unmittelbar mit ihren Nachbarn, um ihre Tätigkeiten zu koordinieren.
Am bemerkenswertesten ist vielleicht, dass es sich bei alledem um zufällige, hektische Abläufe handelt, um eine endlose Folge von Zusammenstößen, die durch nichts anderes gesteuert wird als durch die Grundprinzipien von Anziehung und Abstoßung. Hinter sämtlichen Tätigkeiten der Zellen steht eindeutig keine denkende Kraft. Alles geschieht in ständiger Wiederholung reibungslos und so zuverlässig, dass es uns nur in den seltensten Fällen bewusst wird, und gleichzeitig erzeugt das alles nicht nur eine raffinierte Ordnung in der Zelle, sondern auch eine vollkommene Harmonie im gesamten Organismus." (Bryson, 2003, S.488)

„Bist du mit diesem Beispiel zufrieden", frage ich Valentino. „Ja", sagt er, „ich hätte auch eines ausgesucht, was ich nur zu zitieren brauche; selber nachforschen, bedenken, bewerten und dann auch noch schreiben wäre mir zu anstrengend." Ich bin etwas beschämt, es stimmt, ich habe es mir einfach gemacht, denke ich, aber bevor ich noch etwas „Rechtfertigendes" sagen kann, redet Valentino weiter: „Weißt du, was mich wirklich wundert?" Ich schüttele den Kopf und er sagt: „Diese ganze Idee mit der Selbstorganisation ist so selbstverständlich und so einleuchtend, die Menschen brauchten doch nur sich selbst, die Tiere und die Pflanzen, einfach ihre gesamte Umgebung zu beobachten, dann kann man es doch gar nicht übersehen, dass Selbstorganisation der Prozess des Lebens ist." „Du hast

ja recht" stimme ich ihm zu, „aber wenn man doch gern die Kontrolle über diesen Prozess des Lebens hätte?" Valentino sieht mich kopfschüttelnd an, als könne er nicht fassen, was ich da gerade gesagt habe.
„Ich würde gerne fliegen können", sagt er, dann rollt er sich zusammen und schließt die Augen. Stimmt, ich auch.

Besonders schwierig wird die Situation für unser bisheriges Denken, wenn z. B. zwei selbstorganisierende Systeme, wie z. B. zwei Menschen, aufeinander treffen. Es bildet sich dann daraus ein neues Gesamtsystem. Dieses kann, darauf hat u. a. Stuart Kauffman hingewiesen, über Eigenschaften verfügen, die sich in keinem der Einzelsysteme und in dem Falle, in dem es sich um Menschen handelt, in keiner der beteiligten Personen wieder finden lassen. Auch hier gilt: Das Ganze ist mehr als die Summe seiner Teile. Allerdings haben wir aufgrund unserer bisherigen Denkgewohnheiten die Tendenz, die neuen Eigenschaften nicht dem neuen Gesamtsystem, sondern dem jeweiligen Gegenüber oder uns selbst zuzuschreiben.
Gerade Führungskräfte der verschiedensten Bereiche sind dieser Versuchung ausgesetzt und dies ist unter anderem auch gut beobachtbar in den verschiedenen Erziehungs- und Bildungsinstitutionen.
Da gibt es angeblich einen Konkurrenten, der einem das Geschäft kaputt macht, ein Kind, welches die ganze Familie zerstört, entweder einen Schüler oder eine Clique, die den Unterricht unmöglich machen. Oder den begabten Lehrer, der eine ganze Klasse motivieren kann, usw.
Nach den bisherigen neuen Kenntnissen ist es jedoch das Zusammenspiel aller, welches die neuen - durch das Zusammenspiel der beteiligten Systeme emergierenden - Fähigkeiten oder Schwierigkeiten entfaltet und nicht die Leistung einzelner Beteiligter.

„Irgendwie ist das ja aufregend mit diesen Systemen. Also, ich allein bin schon ein System und wir beide bilden zusammen ein neues System und mit jedem, der dazu kommt, bildet sich ein weiteres größeres System." „Ja", sage ich, „und so ist das überall auf der Welt. Manche Systeme haben mehr und andere haben weniger miteinander zu tun, und manche bekämpfen sich sogar. „Wie wollen die sich denn jemals auf etwas einigen?", fragt Valentino. „Ich glaube, dass das vielleicht nur in den Fällen möglich ist, in denen man sich auf eine gemeinsame Grundlage des Handelns einigen kann", sage ich, „und zu dieser gemeinsamen Grundlage muss dann auch gehören, die jeweiligen Unterschiede bzw. die verschiedenen Wirklichkeiten zu akzeptieren."
„Ich glaube nicht, dass Menschen dazu in der Lage sein werden, sie haben so oft in der Vergangenheit gezeigt, wie grausam sie - nur wegen Anders-

artigkeit - mit ihresgleichen und anderen Lebewesen umgehen können. Wir Katzen können dir ganz furchtbare Geschichten erzählen, was sie früher mit uns gemacht haben und teilweise immer noch tun. Als ob sie solche Taten genießen würden." Valentino ist empört und sehr skeptisch und ich gebe ihm innerlich Recht. Menschen haben einander und anderen Lebewesen furchtbare Dinge angetan und tun es immer noch. „Wir können nicht wissen, wie sich die Menschen in Zukunft entwickeln, wir können es nur abwarten", sage ich. „Da hast du auch wieder recht", sagt Valentino, aber er klingt nicht überzeugt.

Diese neue Sichtweise erschwert es, einzelnen die Schuld zuzuweisen und unterstützt die Haltung, beim Arbeiten mit Menschen auf das Zusammenspiel aller zu achten, einschließlich von sich selbst.
Wenn sich z. B. eine Beziehung zwischen zwei Menschen als „nicht tragfähig" erweist, dann ist es sinnvoll, nicht die Schuld bei dem einen oder dem anderen zu suchen, sondern zu erforschen, auf welche Weise das System, welches sich zwischen den beiden etabliert hat, aus der Balance geraten ist und ob und wie sich die Balance wieder herstellen lässt.

So war z. B. eine Bekannte von mir erbost darüber, dass ihr neuer Freund an jedem Wochenende in ihrer Wohnung das von ihr gekochte Essen, den Wein usw. zwar sichtlich genoss, sich aber überhaupt nicht an den Kosten beteiligte, obwohl sie zusammen einkaufen gingen.
Das gemeinsame System war auf der Ebene des Gebens und Nehmens in ein für sie zu starkes Ungleichgewicht geraten.
Da sie den Mut hatte, dieses Ungleichgewicht anzusprechen und er sie um Entschuldigung bat, ihr eine Wiedergutmachung anbot, die sie auch annahm und er sich von da an den gemeinsamen Kosten beteiligte, war das Spiel um das symbolische „Gleichgewicht" wieder hergestellt. Bei den selbstorganisierenden Systemen handelt es sich jedoch niemals wirklich um ein echtes Gleichgewicht, sondern um wechselnde Ungleichgewichte, die immer wieder neu ausbalanciert werden müssen, damit das gemeinsame System überleben kann. Wenn das Ungleichgewicht allerdings zu groß wird, kann man damit rechnen, dass das gemeinsame System wieder in seine Einzelsysteme zerfällt.
Ich möchte an dieser Stelle darauf hinweisen, dass das Wiederherstellen eines angemessenen Gleichgewichts-Ungleichgewichts eines solchen Systems auf sehr vielfältige Weise geschehen kann. Häufig reicht es sogar aus, dass eine der beiden beteiligten Personen darauf hinweist, dass ihr bewusst ist, dass es ein zu großes Ungleichgewicht gibt, dass sie dankbar für die Unterstützung ist und dass sie gerne auch etwas für die andere Person tun

würde, damit anschließend bei der anderen Person das Gefühl entsteht, alles sei wieder im Lot.
Wichtig ist es dabei zu begreifen, dass solche Systeme nur dadurch überleben, dass sie sich ständig um ein „ gedachtes Gleichgewicht“ herum bewegen, welches allerdings nie erreicht wird., d. h. sie geraten von einem Ungleichgewicht in das nächste und jedesmal setzen sich Prozesse in Gang, durch die die jeweiligen Ungleichgewichte wieder kompensiert werden. Damit gerät das System in ein neues Ungleichgewicht, in dem das System allerdings auch nicht verharrt. Es schließen sich immer wieder neue Prozesse an, durch die das System immer wieder neu in Ungleichgewichte gerät, an die sich weitere kompensatorische Prozesse anschließen usw.
Anders ausgedrückt: Solche Systeme pendeln um „gedachte Gleichgewichtszustände“ herum, es gibt immer wieder eine neue Differenz in Bezug auf einen vorhergehenden Zustand.
Selbstorganisierende Systeme gehen immer wieder durch neue Ungleichgewichtszustände hindurch, weil bereits ein neues Ungleichgewicht darauf wartet, ausgeglichen zu werden.
Man könnte auch sagen, dass es gerade die immer wieder neuen Differenzen zum „gedachten Gleichgewichtszustand“ sind, durch die der Prozess des Lebens sich ausdrückt und fortsetzt.

Selbstorganisierende Systeme brauchen Differenzen in ihrem Inneren und zwischen sich und ihrem Umweltfeld, sie brauchen Differenzen zum Überleben. „Differenz“ ist hier zunächst nur im Sinne von „Unterschied“ zu verstehen, die Unterschiede können jedoch von kleinen Variationen bis hin zu krassen Gegensätzen reichen.
Fehlen solche Differenzen, gerät das zugehörige System in Schwierigkeiten.
Befindet sich z. B. ein Mensch in einer reizarmen Umgebung ohne wahrnehmbare Differenzen, so beginnt sein Organismus Differenzen zu produzieren. In einem solchen Falle beginnen Menschen sogar zu halluzinieren.

Zusammengefasst, kann man sagen: **Wenn es keine Differenzen gibt, werden welche produziert, wenn es Differenzen gibt, werden sie reduziert und diese beiden Prozesse setzen sich ununterbrochen fort. Werden die Differenzen jedoch zu groß, dann zerbricht das Gesamtsystem – wie gesagt - wieder in seine vorherigen Einzelsysteme.**

Dieses kann man leider in unserer Gesellschaft allüberall beobachten: Freundschaften zerbrechen, Paare gehen wieder auseinander, Parteifreunde beginnen, sich zu bekämpfen, Kinder und Eltern versuchen, sich gegenseitig zu beherrschen und Lehrerinnen und Lehrer verzweifeln im Unterricht, Jugendliche werden gewalttätig und Politiker verschiedener Länder erklären sich gegenseitig den Krieg usw. In vielen Fällen wird leider dabei deutlich, dass oft schlichte Unkenntnis u. a. darüber, wie selbstorganisierende Systeme funktionieren und welches die Grenzen menschlichen Handelns sind, zu Eskalationen in den Auseinandersetzungen und zum Zerbrechen zwischenmenschlicher Beziehungen führen. In den folgenden Kapiteln will ich versuchen, das, was die neuen wissenschaftlichen Erkenntnisse zu bieten haben und was durch sie als kulturelle Illusionen entlarvt wird, so zu beschreiben, dass sich daraus Erleichterungen für unser zwischenmenschliches Zusammensein ableiten lassen.

„Ich will dir noch etwas zu dem Beispiel sagen“, meldet sich Valentino von der Fensterbank, „ich finde ja absolut eindrucksvoll, was der Bill Bryson da schreibt. Wenn ich mir vorstelle, ich stehe dicht an dicht mit anderen in einer großen Kugel - dieser Vergrößerung einer Zelle - und dann passieren diese unglaublichen Dinge. Ich habe mich gefragt, wie die – teilweise ja riesigen Moleküle - trotz der Zusammenstöße überhaupt noch aneinander vorbeikommen, wie sich die Einzelteile zusammen finden, die für die neuen Moleküle oder die Reparaturen gebraucht werde? Und dazwischen schwirren dann noch diese vielen Batterien herum, die auch noch immerzu neu hergestellt werden müssen. Und das spielt sich in jeder einzelnen Zelle meines Körpers ab. Unglaublich. Ehrlich gesagt, ich kann mir nicht vorstellen, wie das ohne irgendeine organisierende Instanz gehen soll.“
„Ehrlich gesagt, ich auch nicht“, sage ich. „Und warum willst du, dass die Leute begreifen, was „Selbstorganisation ist““, fragt er weiter. „Eigentlich nur, damit deutlich wird, dass wir unsere Umwelt nicht kontrollieren können“, sage ich.
Valentino denkt nach. „Ich denke, wir sind überhaupt nicht in der Lage, zu begreifen, dass sich solche komplexen Prozesse ohne zusätzliche Organisationshilfen von außen einfach „selbstorganisiert“ produzieren.“ Ich schweige und denke auch nach. Nach einer Weile sagt Valentino:„Ich glaube, ich will gar nicht verstehen, ich merke, ich fühle mich voller Bewunderung.“ Und als ich annehme, er sei bereits eingeschlafen, teilt er mir noch mit: „Weißt du, ich will es einfach noch einmal sagen: Ich bewundere mich, jede Zelle von mir bewundere ich und überhaupt. Bewunderung ist ein wunderbares Gefühl, du solltest es auch einmal versuchen.“ Und damit rollt er sich wieder zusammen zu einer so kleinen Kugel, dass ich mich wieder einmal wundere, wie der ganze Kater da hineinpasst.

„Bewunderung“, ich sollte es nach Valentinos Empfehlung auch einmal damit versuchen? Merkwürdigerweise fällt es mir leichter, ihn zu bewundern als mich selbst. Auch wenn die Selbstorganisation dessen, was mich ausmacht, wirklich bewundernswert ist.

Mehr über Selbstorganisation

Wie Menschen und andere Lebewesen trotz ihrer Getrenntheit miteinander verbunden sind

„Ich will noch einmal nachfragen: Warum ist es dir eigentlich so wichtig, dass Menschen mehr über Selbstorganisation wissen?", fragt mich Valentino, „es ist doch auch nur ein Modell unter vielen, die von den Wissenschaften im Verlaufe der Jahrhunderte entwickelt worden sind." „Ja, das stimmt, aber ich finde, es ist ein besonderes Modell, es hat besonders wichtige positive Konsequenzen. Ich denke, dass die Zukunft des Lebens auf diesem Planeten wesentlich davon abhängt, ob Menschen sich damit auseinandersetzen und sich nach den entscheidenden Prinzipien richten werden." „Du glaubst doch nicht im Ernst, dass die Kenntnis eines theoretischen Modells Menschen dazu bringt, sich anders als bisher zu verhalten?" Valentino ist sehr skeptisch. Ich bin auch skeptisch. „Aber allein das Phänomen ist faszinierend. Alles organisiert sich auf wunderbare Weise selbst, wenn die Prozesse nicht durch uns Menschen gestört werden", sage ich, „und selbstorganisierende Prozesse zu beobachten, ist faszinierend, wenn der Blick nicht mehr durch die „Illusionen" getrübt sind." „Aber bis jetzt glauben doch die meisten Menschen an diese Illusionen", sagt Valentino, „und es dauert sicher noch lange, bis sie diese aufgeben." „Ist dir schon einmal aufgefallen, das inzwischen sogar im Fernsehen manchmal von solchen Prozessen die Rede ist?", frage ich Valentino. Valentino schwingt seinen Schwanz langsam von einer Seite zur anderen, erhebt sich und sagt im Weggehen: „Weißt du, was gut ist und Sinn macht, wird sich durchsetzen. Früher oder später. Vielleicht eben auch eher später." „Ich wünschte, ich hätte deine Geduld und deine Gelassenheit", sage ich eher zu mir als zu ihm, aber Valentino hat es doch gehört. „Sei froh, dass du oft ungeduldig mit deiner Umwelt bist und dich getrieben fühlst, sonst hättest du nicht einmal angefangen zu schreiben." Wie so oft, hat er Recht. Ich hätte mir wahrscheinlich sonst einen Krimi genommen, mich in die Sonne gesetzt und gelesen oder... oder ..., aber geschrieben hätte ich keine Zeile.

Bereits 1980 hat eine Gruppe von Wissenschaftlern sich an Entscheidungsträger in Wirtschaft und Wissenschaft gewandt, um sie dazu zu bewegen, systemische Überlegungen verstärkt in ihre Denk – und Planungsprozesse einzubeziehen und sich mehr an den Prinzipien, die für selbstorganisierende Systeme gelten, zu orientieren. Frederic Vester, der an dieser Initiative wesentlich beteiligt war, schreibt dazu:

„Man kann nur hoffen, daß es immer mehr solche Vorstöße geben wird, die mithelfen, die Einheit von Mensch und Umwelt und ein neues Verständnis ihrer Wechselwirkungen möglichst rasch immer weiteren Kreisen bewusst zumachen.
Selbst in so fachübergreifenden Bereichen wie der Wirtschaft und der Ökologie faßt ja eine systemische Betrachtung und Vorgehensweise nur sehr zögernd Fuß." (Vester, 1995, S. 65)

Aber es gibt nach Vesters Ansicht mehr und mehr Menschen, die sich mit den neuen Denkweisen auseinandersetzen. Trotzdem bleibt angesichts der ökologischen, wirtschaftlichen und politischen Entwicklungen und Entscheidungen offen, ob diese Anzahl schnell genug wächst. Vester schreibt:

„Die Frage, die mir meist gestellt wird, ist lediglich, ob erstens die Zahl der einsichtigen Menschen noch rechtzeitig genügend anwachsen könne, um das Steuer herumzureißen, und zweitens, ob die Situation nicht schon zu sehr verfahren sei, als daß selbst mit dem besten Willen noch etwas auszurichten wäre. Die Notwendigkeit einen neuen Denkens *selbst* wird dagegen dort, wo man einmal damit in Berührung gekommen ist, kaum noch bestritten. Ich bin daher nicht ohne Hoffnung. Doch sie kann sich wohl nur erfüllen, wenn wir den Prozeß der Erneuerung auf allen Ebenen angehen und voranzutreiben versuchen. Hier muß sich jeder Einzelne engagieren, sei es in seinem privaten Bereich, sei es innerhalb von Bürgerinitiativen, sei es innerhalb seines beruflichen Tätigkeitsfeldes." (Vester, 1995, S.64)

Das Wissen über die vielfältigen und verflochtenen Abhängigkeiten nimmt immer mehr zu, aber Wissen allein ändert noch nicht die Haltung und beeinflusst auch nicht notwendigerweise die eigenen Entscheidungen in Bezug auf das eigene Verhalten. Aber Wissen kann auch nicht schaden und da die Prinzipien für selbstorganisierende Systeme mehr oder weniger auch für Menschen und Menschengruppen gelten, finde ich es wichtig, sich mit diesen Prinzipien zu beschäftigen. Allerdings führt die oft nicht vorhandene Bewusstheit von Menschen in Bezug auf ihre lebensgeschichtlichen Erfahrungen zu zusätzlichen Schwierigkeiten, die hier jedoch zunächst unberücksichtigt bleiben sollen.

Es gibt aufgrund der abstrakten Betrachtung nur wenige Prinzipien, deren Erfüllung für das Überleben eines lebendigen Wesens oder - anders ausgedrückt – eines sich selbstorganisierenden Systems notwendig sind. Als erstes braucht jedes Lebewesen zum Überleben eine ausreichende Versorgung mit Materie und Energie. Selbstorganisierende Systeme sind offene Systeme mit einem hohen Durchfluss an Materie und Energie, wenn auch die Materie und die Energie, welche die verschiedenen Lebewesen brauchen, von sehr unterschiedlicher Art sein können. Wo auch immer es auf dieser Erde wenigstens ein Minimum an Wasser gibt, haben sich Lebewesen entwickelt und angesiedelt. Leben findet sich dabei in der Tiefsee und im

Hochgebirge, in Wüsten und in Gestein, unter den extremsten Bedingungen von Hitze und Kälte und von periodisch auftretender Nahrungs – und Energieknappheit und hat bei den verschiedenen Lebewesen zu den erstaunlichsten Anpassungsprozessen an die jeweiligen Umweltbedingungen geführt. Allerdings ist es von großer Bedeutung, dass alle damit verbundenen Prozesse jeweils mit den momentanen Zuständen der beteiligten Lebewesen rückgekoppelt werden. Lebewesen existieren trotz ihrer hohen Anpassungsfähigkeiten jeweils nur innerhalb bestimmter Rahmenbedingungen, sie können nicht beliebig ihre Körpertemperatur durch Energiezufuhr oder Energieabgabe erhöhen oder erniedrigen, ohne Schaden zu nehmen. Sie können auch nicht beliebige Mengen an Nahrung und Wasser aufnehmen oder beliebig lange darauf verzichten, ohne krank zu werden oder zu verhungern beziehungsweise zu verdursten. Zwar können manche Tiere, wie z. B. Wale, lange ohne Sauerstoffzufuhr auskommen, aber Menschen eben nicht. Wenn wir die Luft anhalten, gibt es einen Prozess – die sogenannte „negative Rückkopplung“ – mit dessen Hilfe wir wieder anfangen müssen zu atmen. Würde beim Luftanhalten eine „positive Rückkopplung“ stattfinden, dann würden wir immer weiter die Luft anhalten. Die beiden Begriffe – positive und negative Rückkopplung – sind in keiner Weise wertend gemeint. Positive Rückkopplung bedeutet nur, dass ein angefangener Prozess weiter verstärkt wird, während negative Rückkopplung bewirkt, dass der entsprechende Prozess reduziert wird. So bewirkt das Gefühl, satt zu sein, eine negative Rückkopplung in Bezug auf den Prozess der Nahrungsaufnahme: Wir essen nicht weiter.
Selbstorganisierende Systeme sind für ihr Überleben auf positive und negative Rückkopplungen angewiesen, und deshalb kann man die Notwendigkeit von Rückkopplungsprozessen als eines der grundlegenden Prinzipien des Funktionierens solcher Systeme auffassen. Positive Rückkopplungen sind notwendig, damit Prozesse überhaupt in Gang kommen, aber negative Rückkopplungen sind den positiven stets übergeordnet, weil ohne diese sich das selbstorganisierende System zerstören würde.
Mit Hilfe des **Prinzips der Notwendigkeit positiver und negativer Rückkopplungen** ist es möglich, den materiellen und energetischen Durchfluss und die notwendigen Wechselwirkungen mit der Umwelt zu strukturieren. Dabei ist die materielle Versorgung der einzelnen Lebewesen so organisiert, dass sich die Lebewesen diese wechselseitig zur Verfügung stellen. Die verschiedenen Lebewesen töten und fressen sich nicht nur, auch der „Abfall“, den sie hinterlassen, dient anderen als Nahrung.

Da Lebewesen also auf ein ausreichendes Angebot an Materie und Energie für ihr Überleben angewiesen sind, die sie in vielfältiger Form ihrer Umwelt entnehmen, müssen sie dieser Umwelt auch etwas zurückgeben. Sie müssen sich zusätzlich auch immer wieder neu an die Veränderungen ihrer Umwelt – z. B. des Klimas, des Nahrungsangebots, der Schutzmöglichkeiten usw. - anpassen. Umwelt in diesem Sinne ist alles, was ein Lebewesen, also auch uns, umgibt, so wie wir auch Umwelt für andere Lebewesen sind. Auf diese Weise hängt alles miteinander zusammen: Viren, Bakterien, Pilze aller Art, Insekten und alle anderen kleineren und größeren an Land und im Wasser lebenden pflanzlichen und tierischen Wesen, ebenso wie das Klima, vulkanische Tätigkeiten und andere geologische Veränderungen, die Weltmeere und ihre Strömungen, die Sonne, der Mond usw.

Selbstorganisierende Systeme hängen auf die vielfältigste Weise untereinander zusammen. Es gilt für sie **das Prinzip der radikalen Wechselwirkung** und diese Wechselwirkungen werden mehr und mehr erforscht und geben Anlass zu immer größerer Vorsicht im Umgang mit der auch unser Überleben – zumindest bisher noch - sichernden Umwelt.
Die wechselseitigen Abhängigkeiten werden - entsprechend dem **Prinzip des Recycling** - unter anderem dadurch aufrechterhalten, dass die einen Lebewesen Nahrung, Schutz oder Energieversorger usw. für die anderen sind oder solche Ressourcen anderen zur Verfügung stellen oder sie bei deren Herstellung oder Beschaffung unterstützen. Und da dies für alle gilt, sind die Lebensprozesse aller Lebewesen miteinander verwoben und keines kann sich diesem Gewebe entziehen. Gleichzeitig müssen sich alle Lebewesen wieder und wieder auf die wechselseitigen Bedürfnisse einstellen, um sich – auch wenn sie sich voneinander oder von ihren jeweiligen Abfällen ernähren – gegenseitig ihr Überleben zu sichern.

Aber auch die Energiebilanz zwischen den sich in einem Umweltfeld befindenden Lebewesen muss so niedrig wie möglich sein. Bei genauer Analyse der Lebensprozesse einzelner Lebewesen oder entsprechender Gemeinschaften hat sich immer wieder herausgestellt, dass sie - energetisch gesehen – außerordentlich ökonomisch organisiert sind. Dabei werden die in der Umwelt vorhandenen Energien, wie Licht, Wärme, Bewegungen durch Wind und Wasser, Gravitation usw. von den einzelnen Lebewesen so sinnvoll und so ökonomisch wie möglich benutzt.
Das bedeutet, das Lebewesen die Kräfte der Umwelt für sich verwenden und keineswegs gegen sie ankämpfen. Vester nennt dieses Prinzip daher in Anlehnung an asiatische Kampftechniken, bei denen die Energien des Gegners für den eigenen Erfolg genutzt werden, **das Jiu-Jitsu-Prinzip** (Vester, 1995, S. 86)

Da diejenigen Lebewesen, die in engerem Rahmen zusammenleben, sehr direkt von einander abhängig sind, suchen sie sich in ihrem Überleben zu unterstützen. Dabei geht es nicht um bewusste Prozesse, sondern um schlichte Notwendigkeiten des Überlebens. Was dem einen Lebewesen zum Überleben fehlt, muss ein anderes Lebewesen zur Verfügung stellen, damit die gemeinsame Basis nicht gefährdet wird. Menschen haben sich allerdings meist nicht genügend Gedanken darüber gemacht, dass sie sich an dieser Aufgabe genau so beteiligen müssen, wie alle anderen Lebewesen. Und zwar nicht nur im Umgang mit ihrer nichtmenschlichen Umwelt, sondern auch – und vielleicht zunächst einmal sogar vorrangig – im Umgang mit ihren Mitmenschen.
Stattdessen behandeln sie oft genug ihre Mitmenschen auf destruktive Weise und greifen aufgrund kurzfristiger, meist profitorientierter Ziele in die Umwelt von anderen selbstorganisierenden Systemen ein und richten dabei häufig großen Schaden an. Sie entziehen nicht nur ihrer Umwelt lebenswichtige Grundlagen, sondern auch ihren Mitmenschen das, was diese zu einem befriedigenden Leben brauchen, d. h. sie verweigern ihnen die Erfüllung existentieller Wünsche, auf die ich später noch zu sprechen komme. Sie bevorzugen positive Rückkopplungen unter dem Aspekt der Befriedigung ihrer eigenen Interessen, wie z. B. der Konkurrenz mit anderen, der Unterstützung ständigen Wachstums und der ununterbrochenen Profitmaximierung usw. Das bedeutet, dass es dringend erforderlich ist, zu begreifen, dass in solchen Zusammenhängen negative Rückkopplungen wichtiger sind als positive Rückkopplungen, weil die letzteren meist – kurz- oder langfristig – nur zerstörerische Folgen haben.
Vester schrieb dazu vor mehr als 25 Jahren:

> „Da man annehmen kann, daß kaum jemand bewußt ein profitables System zerstören will, in dem er selbst lebt, ist es im allgemeinen Unwissenheit und auch Bequemlichkeit und manchmal ein Sich-nicht-informieren-Wollen darüber, was überhaupt ein Eingriff ist, wo er eingreift und was er anrichtet." (Vester, 1995, S.67)

Es gibt viele Beispiele für menschliche Eingriffe in Ökosysteme, die sich katastrophal ausgewirkt haben und bei denen die Beteiligten empörender weise dieses bereits im Vorfeld wussten, aber es gibt auch viele Eingriffe, die gut gemeint waren, und durch die nur ein vorhandener Schaden begrenzt werden sollte, die aber trotzdem unvorhergesehene Auswirkungen hatten. Und das gilt leider für alle diese selbstorganisierenden Systeme: Es ist auch bei vermeintlich kleinen Eingriffen im Allgemeinen nicht abschätzbar, welche Auswirkungen diese auf das System haben werden.

So wurde in einem Beispiel von Mark Buchanan in Südengland eine Kaninchenplage mit dem Myximitosis-Virus bekämpft. Dieses Virus tötet die Kaninchen nicht, sondern reduziert nur ihre Lebensäußerungen, wie z. B. ihre sexuelle Aktivität, so dass sich die Anzahl der Kaninchen schnell reduzierte. Gleichzeitig wurde die Nutzung der landwirtschaftlichen Flächen geändert, von Ackerland über Weideland zu unbewirtschaftetem Land. Während die Kaninchen die Nutzung als Ackerland störten, fehlten sie später ebenso wie das weidende Vieh, um das Gras kurz zu halten.
Buchanan schreibt dazu:

„Das klingt noch nicht besonders dramatisch. Nun gibt es aber eine Ameise namens *Myrmica sabuleti,* die zwar in Wiesen mit kurzem Gras gut gedeiht, nicht aber, wenn das Gras zu hoch wird. Also ging die Zahl der *Myrmica* stark zurück. Diese Ameisenart unterhält wiederum eine seltsame Beziehung zu einer Schmetterlingsart, dem großen blauen *Maculina arion.* Wenn ein Schmetterlingsweibchen seine Eier legt, so werden sie von den Ameisen in ihren Bau geschleppt. Die Larven werden von den Ameisen gehegt und gepflegt, bis die Schmetterlinge ausschlüpfen. Die Anzahl der *Maculina arion* war schon in den späten siebziger Jahren stark zurückgegangen, und als nun noch die Zahl der Ameisen sank, verschwanden die Schmetterlinge fast ganz. Die Verbreitung des *Myximitosis* –Virus in England führte somit zu höherem Gras, zu weniger Ameisen und zum Verschwinden eines wunderschönen blauen Schmetterlings." (Mark Buchanan, 2001, S. 138ff)

Ein weiteres Prinzip selbstorganisierender Systeme – das **Prinzip der Mehrfachnutzung oder der funktionellen Diversität** - besteht darin, dass viele „Produkte", die im Rahmen der Selbstorganisation einen Rolle spielen – z. B. Enzyme, Sinnesorgane, Fortbewegungsmöglichkeiten, Prozesse der Fortpflanzung usw. – für verschiedene Funktionen mehrfach nutzbar sind. Diese „funktionelle Diversität" ist ökonomischer als für jede Funktion ein eigenständiges „Produkt" zu verwenden.
So kann innerhalb eines Lebewesens ein bestimmtes Hormon, ein Botenstoff oder ähnliches verschiedene Aufgaben übernehmen, oder es kann bei verschiedenen Lebewesen die Konstruktion eines Sinnesorgans ähnlich sein. Es scheint so, als würden diejenigen „Muster", die sich im Verlauf der Evolution bewährt haben, bei selbstorganisierenden Lebewesen bevorzugt verwendet. Ervin Laszlo schreibt dazu:

„Lebewesen zeichnen sich sowohl durch ihre Übereinstimmung untereinander als auch durch ihre Vielfalt aus. So zeigen z. B. die Flügel der Vögel und Fledermäuse eine deutliche Übereinstimmung mit den Flossen der mit ihnen phylogenetisch nicht verwandten Seehunde und mit den vorderen Gliedmaßen der ebenso wenig verwandten Amphibien, Reptilien und Wirbeltiere. Während die Form und Größe der Knochen sehr unterschiedlich sind, ist die Anordnung der Knochen untereinander und im Verhältnis zum Körper sehr ähnlich. Man findet auch eine übereinstimmende Anordnung von Körperorganen bei unterschiedlichen Tieren, so z. B. bezüglich des Herzens und des Nervensystems. Bei Tierarten mit Innenskelett befindet sich das Nervensystem an der Rückseite und das Herz an der Vorderseite, bei Tieren mit Außenskelett ist die Lage der Organsysteme genau umgekehrt. Darüber hinaus werden einige hochspezifische anatomische Eigenschaften von Tierarten geteilt, die eine völlig unterschiedliche Entwicklungsgeschichte haben. Ein treffendes Beispiel ist das Auge: seine Grundstruktur scheint unabhängig voneinander von nicht weniger als vierzig phylogenetisch nicht miteinander verwandten Arten erfunden worden zu sein." (Ervin Laszlo, 1997, S. 118)

Im Verbund mit den bereits vorgestellten Prinzipien muss noch ein weiteres Prinzip berücksichtigt werden, nämlich **das Prinzip der Vereinbarkeit oder das Prinzip der Kompatibilität**. Das bedeutet: Alle im Rahmen der Selbstorganisation verwendeten „Produkte" oder „Muster" müssen mit den bereits vorhandenen Strukturen kompatibel sein. Das ist im Grunde selbstverständlich, wird aber gerade dann oft nicht berücksichtigt, wenn Menschen in selbstorganisierende Subsysteme eingreifen. Auch hier geschehen solche Missachtungen dieses Prinzips meist aus Unkenntnis oder weil das Prinzip der Vereinbarkeit anderen Zielen, z. B. der Erhöhung von Profit, untergeordnet wird.
Langsam spricht sich die Notwendigkeit dieses Prinzips jedoch auch in der Wirtschaft herum, so wird z. B. inzwischen diskutiert, ob es nicht sinnvoll sei, europaweit ein und dasselbe Ladegerät für die verschiedenen Handys unterschiedlicher Hersteller zu produzieren und ähnliches mehr.

Ein lebendiges Wesen baut zwar seine Handlungen auf dem auf, was es bisher erfahren und gestaltet hat und was seiner Situation im jeweiligen Moment entspricht, aber es gibt immer auch ein in seiner Selbstorganisation liegendes Ziel, zu dem es sich hin entwickelt: In einer Zelle, die sich selbst repariert, in einem Samen, der zu einer Pflanze wird, in einer Larve, in der ein Insekt wächst, in einem Embryo, der zu einem ausgewachsenen Menschen wird, in ihnen allen gibt es offensichtlich ein „Ziel", gibt es eine „Formvorstellung" – wie auch immer vorgegeben – in das hinein sich das Lebewesen entwickelt.
Aus diesem **Prinzip der intentionalen, lebendigen Organisation** lässt sich – darauf weist auch Vester hin - etwas Wichtiges lernen: Menschen neigen dazu, wenn in einer Situation Probleme auftauchen, nach kurzfristigen Lösungen zu suchen, sie versuchen sozusagen, Reparaturen im Rahmen des Möglichen in Gang zu setzen. Aber es geht nicht nur darum, von der Gegenwart ausgehend zu versuchen, etwas wieder in Ordnung zu bringen oder in unserem Sinne zu verändern, wie wir es meistens tun.
Das Prinzip der intentionalen, lebendigen Organisation aber bedeutet, davon auszugehen, dass es eine Zielvorstellung gibt, der man eine deutliche

Existenzform zuweisen kann, um dann - von dieser zukünftigen Existenzform ausgehend – zu überlegen, welche Schritte ihre Existenz ermöglichen. Wenn man ein Haus entwirft, wird man sich auch überlegen, welche potentiellen Probleme die Realisierung stören oder sogar verhindern könnten und sich Schritte überlegen, wie sich die Probleme vermeiden oder lösen lassen, so dass der Entwurf Wirklichkeit wird.
Das bedeutet im Grunde, sich eine Zielvorstellung, eine Vision in der Zukunft oder eine Problemlösung vorzustellen und dann zu überlegen und zu planen, wie man sie in einzelnen Schritten von der Zukunft zurück in die Gegenwart erreichen kann, um dann schließlich diese Schritte von der Gegenwart aus in die Zukunft zu realisieren. (Siehe dazu Vester, 1995 S. 88ff)
In immer mehr Fällen wird dieses Vorgehen inzwischen bereits praktiziert, z. B. beim Wiederherstellen einer verzweigten Flusslandschaft durch den Rückbau eines begradigten Flusses usw.
Aber es lassen sich auch andere Beispiele vorstellen. Wenn es z. B. um die Kompetenzentwicklung von Kindern geht, ist es zunächst wichtig, Vorstellungen darüber zu entwickeln, welche Kompetenzen Kinder besitzen sollten, um sich dann zu überlegen, welche einzelnen Schritte dazu notwendig sind, diese zu lernen. Ähnliches gilt z. B. auch für die Entwicklung der Erziehungsfähigkeit von Eltern usw. Auch hier gilt es, erst einmal Visionen darüber zu entwickeln, wie sich erziehungsfähige Eltern eigentlich ihren Kindern gegenüber verhalten sollten, um dann die Wege zu finden, wie Eltern ihre bisherigen Verhaltensweisen in die neuen verwandeln können.
Statt der oft üblichen kleinschrittigen und von der jeweiligen beobachteten Gegenwart ausgehenden Korrekturen werden in vielen, sehr unterschiedlichen Projekten solche Vorgehensweisen inzwischen bevorzugt, aber leider noch nicht in ausreichendem Maße.

Grundlegend für alle Überlegungen in Bezug auf selbstorganisierende Systeme ist auch **das Prinzip des begrenzten Wachstums**. Kein selbstorganisierendes System kann beliebig wachsen, es würde sonst - wegen der wechselseitigen Abhängigkeiten - zunächst anderen und dann sich selbst die Basis des Überlebens entziehen. Stabilität, Kommunikation und Lebensfähigkeit müssen auch bei begrenztem Wachstum gesichert bleiben, deswegen bilden sich bei starken Wachstumsprozessen in sich vernetzte Teilstrukturen, die miteinander verbunden sind, d. h. es bilden sich strukturierte Netze. Das bedeutet gleichzeitig folgendes:
Differenzierung dient der Stabilität selbstorganisierender Systeme eher als Gleichförmigkeit. Differenzierung ist aber nur möglich, wenn die einzelnen Teilsysteme miteinander kommunizieren können.

So sind z. B. die Gehirne von Säugetieren in der Form strukturierter Netze gebildet, ebenso wie viele andere organische Strukturen. Solche Formen lassen sich in vielfältiger Weise in der Natur finden und sie dienen meist nicht nur der Stabilität, sondern haben noch andere Funktionen. Familien, Freunde, Schulklassen, Vereine, Parteien usw. sind solche strukturierten Netze zwischen Menschen und auch hier haben diese – neben der Stabilisierung - eine Fülle von weiteren Wechselwirkungsaufgaben.

Alle diese –und weitere, hier nicht erwähnte – Prinzipien sind miteinander verknüpft und entfalten erst durch ihre gleichzeitige Wechselwirkung ihre Bedeutung für das Überleben des jeweiligen Organismus. Sie sind unabdingbar für den Austausch einer lebendigen Organisation mit ihrer Umwelt und für ihre Entwicklungsprozesse in dieser Umwelt. Oder anders gesagt: Das Überleben eines Organismus und die Entfaltung seines Potentials sind darauf angewiesen, dass diese Prinzipien – auch in seinem Umfeld - nicht verletzt werden. Und selbstverständlich gilt dieses auch für Menschen und deren Entwicklungen während ihres Lebens.

Zumindest in den westlichen Kulturen leben wir aber - seit mehreren Jahrhunderten und teilweise noch sehr viel länger - mit Überzeugungen und zugehörigen Verhaltensweisen, mit denen wir die Notwendigkeit, diese Prinzipien des Lebendigen zu achten, verleugnen und verdrängen. In Bezug auf die Ausbeutung der natürlichen Schätze der Erde, die Verschmutzung von Erde, Luft und Wasser und die bereits beobachtbaren Klimaveränderungen gibt es zwar ein wachsendes Bewusstsein für die Bedingungen, die voneinander abhängige, selbstorganisierende Systeme – und damit auch wir Menschen - brauchen, um zu überleben. Aber noch allzu häufig ist uns nicht bewusst, dass wir selbst auch selbstorganisierende Systeme sind, deren physisches und psychisches Überleben ebenfalls von den genannten grundlegenden Prinzipien und damit nicht nur von allen anderen selbstorganisierenden Systemen, sondern von der gesamten Umwelt abhängig sind. Was das im Einzelnen bedeutet, werde ich in den folgenden Kapiteln versuchen, in kleinen Schritten deutlich zu machen.

Sonne und Mond

Wie Menschen ihre Beziehung zu ihrem Umfeld wahrnehmen

Valentino kommt ganz langsam aus dem Garten zur Terrassentür und geht an mir vorbei in die Richtung der Küche. „Warum kommst du erst jetzt, ich habe dich schon vor einer halben Stunde immer wieder gerufen und du hast überhaupt nicht reagiert", sage ich zu ihm. „Ich hatte keine Lust, zu tun, was du wolltest, weißt du, ich tue immer lieber das, was ich will." „Hast du denn keine Angst, dass ich ärgerlich auf dich werde und böse mit dir bin?", frage ich ihn. „Warum solltest du böse auf mich sein, nur weil ich das tue, was ich will. Du tust doch auch immer nur das, was du selber willst", sagt Valentino. „Ach, weißt du", sage ich, „ich glaube, bei Menschen ist das komplizierter. Viele Menschen wissen gar nicht, was sie wollen, sie tun ganz oft das, was sie denken, das sie es tun sollen. Und manche denken dann sogar, dass sie das wollen, was sie sollen." Valentino guckt mich an, als würde er mir nicht glauben. „Das ist ja furchtbar", sagt er, „ich mag mir das gar nicht vorstellen. Wenn ich tun müsste, was ich soll, und würde es noch nicht einmal merken", dann stutzt er, grinst ein bisschen auf seine unnachahmliche Art und fügt hinzu, „na ja, wenn ich es nicht merken würde, wäre es ja auch nicht schlimm." Dann fragt er noch: „Weißt du denn immer, was du willst?" „Wenn ich möchte, dass du kommen sollst, dann schon", sage ich. „Du weißt genau, dass das keine Antwort auf meine Frage ist", sagt Valentino, „aber ich verzeihe Dir." Dann geht er weiter in die Küche und verkündet auf dem Wege:"Ich bin hungrig und möchte etwas anderes als das Trockenfutter. Mach mir doch bitte eine Dose Thunfisch auf."

„Wie gut, dass du immer genau weißt, was du willst", sage ich und tue, was er möchte. Freiwillig.

Selbstorganisierende Systeme, wie z. B. Lebewesen produzieren und reproduzieren sich ständig selbst, aber auch die Art, wie sie ihrer Umwelt begegnen, entsteht in ihnen selbst und ist von Lebewesen zu Lebewesen verschieden.

So weist Michael Moskowitz in seinem Buch „Gedankenlesen" wiederholt darauf hin, dass sowohl Menschen als auch Tiere sich ihrer Umwelt absichtsvoll nähern und schreibt in diesem Zusammenhang:

„Wir gehen davon aus, dass Menschen und Tiere bei ihren Aktivitäten eine Zielvorstellung oder eine Absicht verfolgen und dass die Art und Weise, wie sie das tun, bedeutsam ist. Der von Moskowitz erwähnte Darwinforscher Daniel Denett nannte diese Annahme *intentional stance* („Absichtsvermutung", „intentionale Einstellung", oder „grundlegende Gerichtetheit"). Er stellte die These auf, dass es ein wichtiger Teil der menschlichen Natur geworden sei, das Handeln anderer als vorsätzlichen, zweckbestimmten und sinnvollen Akt zu begreifen. Diese Einstellung habe uns einen enormen evolutionären Vorteil beschert und neue Sichtweisen für das Verständnis der sozialen Umgebung eröffnet. Die Absichtsvermutung stellt das Fundament für die Aufstellung einer ToM dar, und die Evolution hat sie uns ins Gehirn eingebaut." (Moskowitz, 2008, S.43)

Hierbei ist „ToM" die Abkürzung für „Theory of Mind" und diese entspricht – wie schon gesagt - der jeweiligen Hypothese, die wir entwickeln, um uns das Verhalten anderer zu erklären oder zu versuchen, ihre Absichten vorherzusehen, um uns darauf einstellen zu können. Es ist wichtig, erkennen zu können, ob ein anderes Lebewesen aggressiv oder ängstlich ist, uns gleich angreifen oder fliehen wird usw. Ohne solche Vermutungen in Bezug auf die Aktionen der uns umgebenden Lebewesen wären wir sicher schon ausgestorben. Tiere haben oft ein ebenso sichereres Gespür für das, was sie selbst wollen und was andere Lebewesen beabsichtigen und auch ihr Verhalten wird - wenn es nicht genetisch festgelegt ist - durch ihre Erfahrungen geprägt. Menschen haben durch Erziehungsprozesse und weitere persönliche Erlebnisse bestimmte Verhaltens- und Reaktionsweisen entwickelt, die sich innerhalb von Kulturen oder kleineren Gemeinschaften ähneln können. Dadurch wird zwar die Trefferquote von ToM´s erhöht, aber sie behalten ihren hypothetischen Charakter.

Es gibt jedoch grundlegende Herausforderungen und entsprechende Verhaltensweisen für alle Lebewesen und damit auch für Menschen:
Eine davon ist die Art, wie wir mit unseren Intentionen umgehen: Sind wir uns unserer Intentionen bewusst, folgen wir unseren Impulsen und greifen wir damit in das uns umgebende Feld ein. Wir tun dieses jedoch nicht oder nur in eingeschränktem Maße, wenn uns unsere Erfahrungen dazu geführt haben, dass wir den Kontakt zu unseren Impulsen und Intentionen reduzieren mussten und deshalb oft nicht wissen, was wir eigentlich wollen.

Aufgrund ihrer unterschiedlichen Erfahrungen erleben daher Menschen die sie umgebende Umwelt auf sehr verschiedene Weise. Manche erleben sich selbst als aktiv, sie haben den Eindruck, dass sie auf ihre Umwelt zugehen und sie gestalten, dass sie Einfluss auf ihre Umgebung haben und auf die Personen in ihrem Umfeld einwirken können.
Diese Menschen verhalten sich - könnte man sagen - wie Sonnen, sie greifen mit ihren Worten und Handlungen wie mit den Strahlen einer Sonne in ihre Umwelt ein.
Manche von ihnen sind liebevoll, fürsorglich und erzählen einem nette Sachen über einen selbst, sie machen einem Komplimente und man hat den

Eindruck, sie wärmen einem das Herz und man fühlt sich wohl in ihrer Gegenwart.
Aber auch diejenigen, die anderen Menschen sagen, was sie tun oder lassen sollen und die aktiv versuchen, in das Leben von anderen einzugreifen, verhalten sich wie Sonnen. Sie wissen meist genau, was sie wollen und teilen dieses auch den anderen mit. Sie versuchen, anderen ihre eigenen Vorstellungen zu vermitteln und nicht nur die eigene, sondern auch die Wirklichkeit für die Menschen ihrer Umgebung zu strukturieren. Im Zweifelsfalle versuchen sie, ihre Interessen rücksichtslos gegen die anderer Menschen durchzusetzen und andere zu dominieren.

Andere Menschen dagegen haben den entgegen gesetzten Eindruck, sie denken, sie würden von ihrer Umwelt beeinflusst, Menschen in ihrer Umgebung würden auf sie einwirken, ihre Gedanken und Gefühle manipulieren und ständig Erwartungen an sie haben. Sie haben oft den Eindruck, die Aufmerksamkeit der anderen richte sich auf sie, und sie fühlen sich leicht von der Außenwelt unter Druck gesetzt. Und häufig glauben sie, sie müssten tun, was andere Menschen oder die Gesellschaft von ihnen erwarten.
Diese Menschen verhalten sich - symbolisch gesprochen - wie Monde, ihre eigenen -bewussten oder unbewussten - Intentionen sind ihnen weniger wichtig als die Wünsche Erwartungen oder Forderungen anderer Menschen.
Man kann sich das Umweltfeld eines Menschen auch einmal so vorstellen, als ob es ein Feld mit gerichteten Pfeilen sei und so aussähe wie ein Vektorfeld. Wenn jemand sein Umweltfeld so erlebt, als kämen die Pfeile auf ihn zu, nimmt dieser Mensch in diesem Moment die „Mondposition“, wie ich sie von nun an nennen möchte, ein. Erlebt sich eine Person aber so, als gingen die Vektoren von ihr aus, ist sie für diesen Moment in der „Sonnenposition“. Beide Begriffe möchte ich im Folgenden benutzen, um deutlich zu machen, wie die jeweilige Strukturierung des Umweltfeldes eines Menschen zu einem bestimmten Zeitpunkt aussieht.

Menschen in der Sonnenposition sagen: „Stell dir vor, was ich gemacht habe.“, diejenigen in der Mondposition reden anders. Sie sagen stattdessen: „Stell dir vor, was mir passiert ist!“ oder aber sie denken und sagen Sätze wie z. B.:
„Das muss mir doch gesagt werden.“
„Mir fällt nichts dazu ein.“
„Ich weiß nicht, was ich dazu sagen soll.“
„Wie soll ich denn das bloß machen.“
„Immer muss ich tun, was du willst“.

„Ständig kontrollierst du mich."
„Wie kannst du mich so verletzen."
„Du ärgerst mich, wenn du dich so verhältst." Usw.
Aber es gibt noch andere Möglichkeiten, mit dieser Vorstellung, die Pfeile kämen auf einen zu, umzugehen. Wenn man etwas lernen will, ist es wichtig, das Neue auf sich zu kommen zu lassen. Wenn ein anderer Mensch spricht, ist es wichtig, ihr oder ihm zuzuhören. Es gibt viele Situationen, in denen es wichtig ist, die Mondposition einzunehmen und das Leben in seinen vielfältigen Erscheinungen auf sich einwirken zu lassen.
Ebenso wichtig ist es, selbst auf das Leben einzuwirken und sich bewusst zu sein, dass wir selbst die eigene Umwelt weitgehend gestalten. Das bedeutet, die Vorstellung zu haben, die Vektoren gingen von einem selbst aus bzw. sich in die Sonnenposition zu begeben.
Menschen in der Sonnenposition drücken sich in ähnlichen Situationen ganz anders aus als Menschen in der Mondposition.
In der Sonnenposition sagen sie Sätze, wie:
„Ich habe vergessen, dich zu fragen."
„Ich will noch länger darüber nachdenken."
„Ich bin im Moment sprachlos."
„Ich weiß nicht, wie ich das machen kann."
„Ich will das nicht."
„Das tut mir weh."
Und sie sagen nicht: „Du ärgerst mich", sondern „Ich bin ärgerlich auf dich."

Die Sonnenposition und die Mondposition können leicht unterschiedlich bewertet werden und es könnte der Eindruck entstehen, die Sonnenposition sei besser als die Mondposition. Aber dieser Eindruck täuscht, keine von beiden ist besser oder schlechter als die andere, die eine ist einfach nur anders als die andere und beide Positionen haben unterschiedliche Konsequenzen.

Wenn ich überwiegend in der Sonnenposition bin, dann versuche ich, meine Vorstellungen, Wünsche und Interessen durchzusetzen. Ich versuche, die anderen Menschen in die Mondposition zu drängen und bin dann selbst meist nicht in der Lage, anderen Menschen zuzuhören, von anderen Menschen etwas zu lernen oder sie sogar als mir gleichrangig wahrzunehmen.
Um etwas zu lernen, muss ich das, was mir von anderen entgegengebracht wird, auch annehmen können. Dies bedeutet, dass ich mich für den Zustand des Lernens - des Zuhörens und Aufnehmens – in die Mondposition begeben bzw. in einen Mond verwandeln muss. In der Sonnenposition bzw. als

Sonne kann ich nur bei meinen eigenen Vorstellungen bleiben, weil ich nicht bereit bin, etwas von dem, was mir entgegenkommt bzw. entgegengebracht wird, entgegenzunehmen. Dazu müsste ich wieder Mond werden. Sonne zu sein ist hilfreich, aktiv die eigene Umwelt zu gestalten. Mond zu sein hilft, diese Umwelt kennen zu lernen. Beides ist unerlässlich, denn es scheint wenig sinnvoll zu sein, etwas gestalten zu wollen, was man nicht kennt.
Ich glaube, es wird deutlich, dass es am sinnvollsten ist, zwischen beiden Positionen hin und her zu wechseln und in Abhängigkeit von den jeweiligen Situationen, Erfordernissen und Intentionen abwechselnd sowohl Sonne als auch Mond zu sein.

Es ist sicher schnell erkennbar, wer in den folgenden Dialogen miteinander spricht: Sonne und Sonne, Mond und Sonne oder Mond und Mond.

„Warum hilft mir eigentlich keiner von Euch?"
„Woher soll ich denn wissen, was du willst?"

„Hol mir doch bitte den Ordner von meinem Schreibtisch."
„Ich bringe erst noch den Müll weg, dann kriegst du ihn."

„Ich will mir nachher den Krimi ansehen."
„Lass mich doch auch einmal aussuchen, was wir uns ansehen."

Problematisch kann es nun genau dann werden, wenn z. B. Eltern, ErzieherInnen, LehrerInnnen usw. sich als Mond an Kinder und Jugendliche wenden, wenn sie etwas von ihnen wollen.
Das hört sich dann etwa so an:

„Könnt Ihr denn nicht mal leise sein."
„Ihr macht mich ganz nervös?"
„Lasst doch endlich den Unsinn."
„Müsst Ihr eigentlich immer aufeinander herumhacken?"
„Warum hört Ihr mir nicht endlich einmal zu?
„Kannst du nicht mal aufpassen?
„Müsst Ihr Euch eigentlich immer hauen."

Wünsche an andere – Kinder, Partner, Kollegen oder Mitmenschen ganz allgemein usw. - sollte man als Sonne äußern und nicht als Mond, weil sonst die Wünsche leicht als Vorwürfe ankommen.

Mit Wünschen greifen wir aus in unsere Umwelt. Wünsche zu äußern, sind Versuche, in die Umwelt gestaltend einzugreifen. Wünsche drücken unsere Intention aus, mit der Welt - und eben auch mit dem Gegenüber - etwas zu tun haben zu wollen.
Äußern wir jedoch Wünsche aus der Mondposition, dann hört sich dies etwa so an:

„Könnt Ihr nicht mal still sitzen?"
„Müsst Ihr denn immer so übertreiben?"
„Ihr macht mich wirklich ärgerlich."
„So kann ich nicht unterrichten."
„Ihr solltet wenigstens ein Minimum an Interesse und Konzentration aufbringen."
„Lass doch deine Sachen nicht einfach überall liegen, ich muss ständig hinter dir her räumen."
„Wo sollen wir denn hingehen zum Essen."
„Ich weiß nicht, was ich anziehen soll.
„Muss ich denn überhaupt mitgehen?"

Die Chancen, dass diese Art Mitteilungen als Wünsche erkannt und auch erfüllt werden, sind ziemlich gering. Dazu kommt, dass die Mondposition, solange sie unbewusst eingenommen wird, mit einer niedrigen Energie einhergeht. In der Sonnenposition verfügt man zwar über mehr Energie, aber auch hier gilt, solange diese Position unbewusst eingenommen wird, kann sie sich als erschöpfend erweisen. Ein Mensch in der unbewusst eingenommenen Sonnenposition überfordert sich leicht, weil er die Grenzen seiner Belastbarkeit nicht wahrnimmt und wenn er dann völlig erschöpft in eine ebenfalls unbewusst eingenommene Mondposition fällt, dann fühlt er sich von anderen ausgenutzt und seine Anstrengungen nicht ausreichend gewürdigt.
Diese energetische Situation ändert sich meist erst, wenn die entsprechenden Positionen bewusst eingenommen werden. Voraussetzung dazu ist, erst einmal zu erkennen, welche Positionen man wann, wie lange und aus welchen Gründen bevorzugt.

Beide Positionen drücken sich auch in entsprechenden Körperhaltungen aus. Man kann nicht zurückgelehnt in einem Sessel sitzen und gleichzeitig seine Umwelt gestalten wollen, aber man kann in dieser Haltung zuhören oder etwas anderes auf sich wirken lassen, weil man das auch gut in einem niedrigen Energiezustand tun kann. Will man dagegen aktiv zuhören, wird man sich meist aufrichten und dann wahrscheinlich auch ab und an in der

Sonnenposition aktiv werden. Sowie man beginnt, das Gegenüber etwas zu fragen und etwas wissen will, geht man – vorausgesetzt, man bleibt in einer aufgerichteten Körperhaltung – bereits in die Sonnenposition.

Leider werden in unserer Kultur Kinder so erzogen, dass sie unbewusst überwiegend die Mondposition einnehmen. In hierarchisch strukturierten Gesellschaften kann man Menschen, die sich häufig in der Sonnenposition aufhalten, nicht gut gebrauchen. Sie sind nicht so gehorsam und unterwürfig, wie es Menschen in der Mondposition sein können. Deswegen werden schon die Kinder in eine Mondposition gedrängt. „Fass das nicht an", „geh da nicht hin", „sitz still", „sei ruhig", „mach, was ich dir sage", sagen wir den Kleinen. Und wenn sie nicht gehorchen, dann signalisieren wir ihnen mit Sätzen wie „ mach mich nicht ärgerlich", „quäle mich nicht", „hör auf, mich zu provozieren" usw., dass sie böse Kinder sind, die böse Sachen machen, die ihre Eltern drangsalieren, ihnen auf den Nerven herumtrampeln und vieles andere mehr. Oft werden Kinder allein dafür bestraft, dass sie etwas so tun, wie sie selbst es wollen.
Systematisch wird den Kindern in Elternhaus, Kindergarten und Schule die eigene Intentionalität, Spontaneität und Kreativität abgewöhnt und dies nicht etwa, weil sich die Erwachsenen keine Mühe gäben, diese Fähigkeiten in den Kindern zu entwickeln. Im Gegenteil, sie bemühen sich oft intensiv darum, die Kinder entsprechend zu fördern.
Es steht ihnen etwas ganz anderes im Wege, und zwar die kulturhistorisch gewachsene Überzeugung, man könne lebendige Wesen aktiv gezielt fördern und kontrollieren, wenn man nur gut genug ist.

Das bewirkt, das die betreuenden Erwachsenen jedes Scheitern ihrer Erziehungsbemühungen als Kränkung ihres Selbstwertes erleben können, sie denken, sie seien – wenn die Kinder nicht wunschgemäß funktionieren – nicht klug genug, nicht gut genug vorbereitet, nicht angemessen ausgebildet, nicht diplomatisch genug, nicht „Sonne" genug und fühlen sich dann oft von den Kindern nicht akzeptiert, sondern abgelehnt.
Weil wir glauben, wir hätten die Kontrolle über die Kinder, denken wir nur all zu schnell, ihre Erfolge seien durch unsere Einwirkungen erzeugt. Eine Sozialpädagogin erzählte mir auf einem Workshop, sie sei müde, weil sie es am Abend vorher erst etwa um zwölf Uhr geschafft habe, ihren kleinen Sohn dazu zu bringen, im Bett zu bleiben. Dabei war es der Entschluss ihres kleinen Sohnes, ab zwölf Uhr im Bett zu bleiben, aber ihre Mutter konnte es ihm nicht danken, weil sie davon ausging, sie hätte ihr Kind dazu bringen müssen zu gehorchen. Als ich ihr das sagte, wurde sie ärgerlich auf mich und meinte, wenn sie das Kind nicht immer wieder zurück ins Bett

gebracht und energisch darauf bestanden hätte, dass es im Bett bleiben müsse, wäre der Kleine noch um zwei Uhr nachts herumgeturnt. Sie wollte es weiter als ihre Leistung ansehen, dass das Kind schließlich im Bett geblieben ist. Aber Lebewesen sind autonom, man kann sie zu gar nichts zwingen, wenn sie nicht wollen.
Anders ausgedrückt, in unserer Kultur haben wir gelernt, uns die Leistungen unserer Kinder anzueignen. Weil wir denken, wir seien es, die ihnen beibringen, aufs Töpfchen zu gehen, sie Lesen, Rechnen und Schreiben zu lehren, und dazu Tischmanieren, Fremdsprachen und weitere Kenntnisse, Fähigkeiten und Fertigkeiten aller Art, können wir die eigene Leistung der Kinder nicht mehr erkennen, geschweige denn wertschätzen. Natürlich versuchen wir, ihnen alle diese Dinge beizubringen und das ist auch sehr entscheidend. Wir lehren, und die Kinder lernen. Dabei handelt es sich um zwei verschiedene Prozesse. Wir machen ihnen die Angebote, auf Grund derer sie diese Lernprozesse bei sich in Gang setzen können und selbstverständlich sind diese Angebote von großer Wichtigkeit, aber es bleiben die Kinder, die sie ablehnen oder annehmen können. Es ist nicht die Leistung des Erwachsenen, wenn ein Kind seine Angebote annimmt, es bleibt die Leistung des Kindes. Im Grunde wissen wir dies und die meisten von uns kennen den Spruch „Man kann ein Pferd zum Wasser führen, aber trinken muss es allein.“ Nur sind wir aufgrund eigener, meist nicht bewusster Schwierigkeiten nicht bereit, diese Erkenntnis auch auf Kinder zu beziehen.

Noch deutlicher gesagt, wir haben in unserer Kultur die Tendenz, unsere Kinder zu enteignen. Enteignungen aber tun weh, fehlende Wertschätzung unserer Person, unserer Fähigkeiten oder unserer Leistungen tun weh. Wir lernen als Kinder schnell, uns im Zweifelsfalle lieber zurückzuhalten oder sogar so zu tun, als hätten wir mit dem, was geschieht, nichts zu tun. „Ist mir doch egal“ ist der passende Ausdruck dafür.
Sonne zu sein, ist daher häufig für unsere Kinder ein ähnlich schmerzhafter Prozess, wie er es auch für uns Erwachsene sein kann, und das bedeutet, dass wir oft auch als Erwachsene die Mondposition als die ungefährlichere Position bevorzugen, oder aber versuchen, uns ganz und gar gleichgültig zu machen.

Aber warum erscheint die Mondposition als die ungefährlichere Position. Dafür gibt es mehrere Gründe, die später deutlicher gemacht werden. Ein wichtiger Grund besteht jedoch darin, dass in der Mondposition die Ursachen für mein Verhalten außerhalb von mir zu liegen scheinen, die Anderen oder die Umstände werden von mir als verantwortlich für meine Gefühle, meine Gedanken und meine Handlungen angesehen. Ich kann in dieser

Position unschuldig am Fortgang der Ereignisse erscheinen, man kann mich eigentlich nicht verantwortlich machen, ich signalisiere meiner Umwelt, ich sei es nicht gewesen.

Wenn also die eigenen Kinder sich nicht so verhalten, wie sie sollen, wenn die Kinder im Kindergarten so gar nicht gehorchen wollen und wenn die Kinder und Jugendlichen in der Schule undiszipliniert, rebellisch und aggressiv sind, dann verhalten sich viele der Erwachsenen, die mit ihnen zu tun haben, so, als seien die Kinder die Sonnen und sie die von ihnen beschienenen Monde. Die Erwachsenen sind enttäuscht, dass die Kinder sich offensichtlich ihrer Kontrolle entziehen und tun, was sie wollen, obwohl die Erwachsenen doch angeblich die Kontrolle haben oder zumindest haben sollten.

Wenn also eine Person bei einer anderen nicht das erreichen kann, was sie will, wird dieses nicht als Begegnung mit der Autonomie und den Selbstbestimmungswünschen der anderen Person interpretiert, sondern als Versagen auf der eigenen Seite oder als unangemessene Verweigerung auf der anderen Seite.

Irgendjemand oder irgendetwas muss für das Scheitern verantwortlich sein, und wenn man es nicht selbst sein will, müssen die anderen oder die Umstände schuldig sein. Im Zweifelsfalle die Eltern der Kinder in der Schule, das Schulsystem, das Fernsehen, Computerspiele usw. oder die Kinder selbst .

Beispiele gibt es viele:

Ein Kind soll einen neuen Pullover anziehen und will das nicht. Die Mutter muss zur Arbeit, das Kind in den Kindergarten. Schließlich wird die Mutter wütend, warum schafft sie es nicht, das Kind dazu zu kriegen, den Pullover anzuziehen. Sie spürt ihre Hilflosigkeit - wenn überhaupt - nur kurz, die Wut ist viel größer. Sie muss sich beherrschen, das Kind nicht zu schlagen. Sie tut es nicht, aber sie ist stärker als das Kind. Sie zwingt das Kind mit körperlicher Gewalt, den Pullover anzuziehen. Ähnliche Szenen können sich selbstverständlich auch mit dem Vater abspielen. Das Kind macht in solchen Fällen die Erfahrung, dass sein eigenes Wünschen und Wollen zu einer für es gefährlichen und emotional bedrohlichen Situation führt und dass es beim nächsten Mal besser keine eigenen Wünsche mehr hat und lieber das tut, was Mama oder Papa erwarten.

Die andere Möglichkeit für das Kind liegt darin, schon im Vorfeld der beabsichtigten Aktionen zu schreien, wegzulaufen oder sich sonst wie zur Wehr zu setzen, aber es wird sicher bald begreifen, dass solche Verhaltensweisen meist nur zu stärkeren Unterwerfungsversuchen von Seiten der

Erwachsenen führen. Wie es in der Botschaft der Borg in der SF-Serie „Enterprise“ heißt: „Sie werden assimiliert. Widerstand ist zwecklos.“ Manchmal allerdings bevorzugen die Erwachsenen ein „Schonprogramm“, sie geben auf, setzen sich nicht weiter mit dem Kind auseinander und beginnen zu klagen. Sie werden zum Opfer ihrer Kinder.

Ich *beuge mich hinunter zu Valentino, um ihn auf den Arm zu nehmen, aber Valentino fängt sofort an, kläglich zu miauen. Ich lasse ihn los und frage ihn, warum er so miaut. „Irgendwie muss ich doch dafür sorgen, dass du nicht mit mir etwas machst, was ich nicht will“, sagt er und fügt hinzu, „und ich bin sehr froh, dass du dich meist durch mein Miauen abhalten lässt, mich einfach hochzunehmen.“ „Und wenn ich es aber trotzdem tue?“ „Dann solltest du dir im Klaren darüber sein, dass du gerade sehr gewalttätig mit mir umgehst, und mich dafür um Verzeihung bitten.“ Ich bin betroffen. „Ich habe das schon oft getan“, sage ich, „und ich habe Dich nicht dafür um Verzeihung gebeten.“ „Ich weiß“, sagt Valentino sehr gelassen, „Menschen sind so, und du bist auch nicht besser. Noch nicht“, fügt er noch hinzu, „aber du bist ja lernfähig. Hoffentlich.“ Und damit schreitet er langsam von dannen. Ich bleibe etwas nachdenklich zurück.*

Solange die Eigenständigkeit von Kindern und Jugendlichen von uns nicht anerkannt ist, sondern die Lernprozesse und die Verhaltensweisen als durch die Kontrolle der Erwachsenen – also von uns - hervorgerufen und damit als die Leistung der Erwachsenen angesehen werden, solange werden wir die Kinder enteignen und werden uns das aneignen, was eigentlich ihre Leistung ist.
Solche Enteignungsprozesse sind nicht sehr motivierend, sich der eigenen Umwelt aktiv, sozusagen als Sonne, zuzuwenden und sie zu erforschen. Im Zweifelsfalle kommt ein Erwachsener in der Form eines Elternteils oder einer Erziehungsperson herbei und versucht, einen Enteignungsprozess in Gang zu setzen und das Kind oder den Jugendlichen damit wieder in die Mondposition zu schicken.

Aber nicht nur diese Form der Enteignung kann die Initiative - und damit die Wünsche und die Kreativität eines Kindes – hemmen, sondern auch die wohlmeinende Hilfe von den „erziehenden Personen“.
Ich kenne eine junge Frau, deren Eltern – beide unterrichteten an einer Schule – sich ihr von Kindheit an fast jedes Mal, wenn sie etwas getan hatte, durchaus liebevoll zuwendeten und ihr zeigten, wie sie ihr Handeln noch verbessern könnte. Beide haben sich gegenüber ihrem Kind überwiegend als Sonne verhalten und die Intentionen des Kindes dabei missachtet. Diese

junge Frau kann bis heute ihre eigenen Leistungen nicht anerkennen, sie ist überzeugt davon, für keine Aufgabe gut genug zu sein und quält sich mit massiven Selbstzweifeln bis zur Selbstvernichtung. Sie ist gleichzeitig bis zur Selbstaufgabe bereit, die Erwartungen von anderen zu erfüllen, in der Hoffnung, dann von diesen anerkannt und wertgeschätzt zu werden. Sie hat sich zu einer Person entwickelt, die sich überwiegend in der Mondposition aufhält, unter anderem auch, weil dies die Position war, die ihre Eltern – als Sonnen – ihr, sozusagen als passende Ergänzung ihrer eigenen Position, zugewiesen haben.

Es ist wichtig, sich bewusst zu machen, dass man jedes Mal, wenn man sich als Sonne verhält, von den Menschen der eigenen Umgebung erwartet, dass sie sich in die Mondposition begeben. Tun sie dies nicht, haben wir leicht den Eindruck, sie würden sich für uns nicht interessieren und fühlen uns dementsprechend oft nicht akzeptiert oder sogar abgelehnt. Menschen sind dabei so empfindsam, dass sie meist sofort bemerken, wenn sie nicht die volle Aufmerksamkeit des Gegenübers erhalten. Sie machen sich dabei leider oft nicht bewusst, dass bereits ein Nachdenken des Gegenübers über etwas Gesagtes diesen Fluss der Aufmerksamkeit bei ihr oder ihm reduziert.

Aber auch in der Mondposition hat eine Person Erwartungen, sie möchte - auch wenn es ihr nicht bewusst ist – dass die andere Person sich ihr gegenüber als Sonne verhält. Tut sie das aber nicht, dann fühlt sie sich vielleicht allein und im Stich gelassen, oder wird ärgerlich bzw. wütend, weil ihr dieser Wunsch nach einem bestimmten Verhalten von der anderen Person nicht erfüllt wird.
Warum die Sonnenposition und die Mondposition sich fast ohne Bewusstheit der zugehörigen Personen wechselseitig aktivieren und warum sich zwischen den beteiligten Personen eine entsprechende Dynamik ausbildet, wird später deutlicher werden.

Aber weil sich eine entsprechende Dynamik ausbildet, ist es wichtig, sich bewusst zu machen, in welcher Position man sich gerade befindet und ob es sich dabei um die gewünschte Position handelt. Ebenso wichtig ist allerdings, daran zu denken, dass das Gegenüber weiterhin die Freiheit hat, unabhängig von unseren Erwartungen die von ihr gewollte Position einzunehmen. Man kann dies z. B. beobachten, wenn eine Person redet und eine andere sie unterbricht und sich die Diskussion darüber entzündet, ob man überhaupt und wer wann wen unterbrechen darf.

Valentino spricht nur selten, nur wenn, dann mit großer Bestimmtheit. Er sagt:
„Sonne ist gut, ich liege so gerne in der Sonne und lasse mich bescheinen, mir wird dann immer so angenehm warm", dann schreitet er langsam aus der Sonne in den Schatten und fügt hinzu, „manchmal aber auch zu heiß." Und nachdem er sich mit zierlichen Bewegungen auf dem Sessel niedergelassen hat, fügt er noch hinzu: „Aber in der Dämmerung und nachts, wenn es nicht so hell ist, kann ich alles besser wahrnehmen und darauf lege ich großen Wert. Du solltest auch einmal darüber nachdenken", und damit schließt er die Augen, um noch ein bisschen zu dösen. Worüber ich nachdenken soll, habe ich nicht mehr erfahren, Valentino macht immer sehr deutlich, wenn er nicht mehr gestört werden will. Er reagiert einfach nicht mehr, so als würde er sich zum Schlafen auf einen anderen Planeten zurückziehen.

Ich nehme an, dass Valentino mich darauf aufmerksam machen wollte, dass man sowohl Sonnen als auch Monde braucht. Es ist einfach ganz angenehm, wenn sich jemand einem selbst gegenüber als Sonne verhält und einen bescheint, einem nette Dinge sagt, einen Tee kocht und einen fragt, ob man noch etwas braucht. Aber auch ein Mond ist manchmal sehr angenehm als Gegenüber, wenn man sich z. B. einmal aussprechen möchte. Beide sind wichtig, beide braucht man, je nachdem, wie es einem geht oder wie die Situation ist.

Wir leben aber in einer patriarchalen, hierarchisch strukturierten Kultur und das bedeutet u.a., dass wir darauf eingestellt sind, entweder die Erwartungen von anderen zu erfüllen oder unsere Erwartungen erfüllt zu bekommen. Die Möglichkeit, einander zwar die Erwartungen mitzuteilen, aber auch akzeptieren zu können, wenn sie nicht erfüllt werden, wird meist nicht in Betracht gezogen. Dazu müsste man die Entscheidungen von Menschen, Erwartungen von anderen zu erfüllen oder nicht zu erfüllen, als autonome Entscheidungen ansehen, die nichts mit dem jeweils anderen zu tun haben.

So erwarten z. B. Eltern, dass ihre Kinder ihnen gehorchen, und werden wütend, wenn diese das nicht tun, anstatt zu sehen, dass die Kinder, wenn sie denn tun, was ihre Eltern wollen, dieses freiwillig tun. In einer Untersuchung in zwölf Kulturen, darunter so verschiedene wie Kenia und Japan, hat sich ergeben, dass Mütter und Väter erwarten, dass die Kinder – je nach Alter – 70 und 85% der Gebote und Verbote befolgen.
Christoph Kucklick schreibt in seinem Artikel „Der schwierige Balanceakt":

„Zwangsprozesse aber sabotieren den Gehorsam. Denn sie funktionieren nur vorübergehend, und langfristig wirken sie verheerend. Stetig mehr Aggression ist nötig, um sich durchzusetzen, die Familien tappen in die Eskalationsfalle. In manchen Haushalten kommt es alle fünf Minuten zum Streit, in Extremfällen sogar jede Minute. Kinder, die in solchen Verhältnissen groß werden, haben bereits Zehntausende von Nahkämpfen hinter sich, ehe sie in den Kindergarten oder die Schule kommen – sie sind Veteranen der Familienfront."
(Kucklick, Nr.17, S. 139)

In seinem Artikel finden sich viele Hinweise in Bezug auf sinnvolles elterliches Verhalten, aber der Autor macht auch deutlich, dass eine Veränderung des Verhaltens der Erwachsenen sich als durchaus schwierig für diese erweisen kann, es sich jedoch lohnt, ein entsprechendes Elterntraining wie z. B. Triple P zu machen.
Denn der Umgang zwischen Eltern oder anderen Erwachsenen und den Kindern könnte anders ablaufen als häufig üblich. Dabei gibt es zunächst einmal zwei Möglichkeiten:

Die erste ist die, die wir alle bevorzugen würden: Die Eltern wünschen sich etwas von ihren Kindern, ihre Kinder erfüllen die Wünsche und die Eltern danken den Kindern für die Wunscherfüllung und alle sind zufrieden.
Als Empfehlung gilt dieses für alle Menschen, die mit Kindern zu tun haben und die Empfehlung gilt auch für den Umgang von Erwachsenen miteinander.

Die zweite, die unerwünschte, ist die, welche für die Beteiligten eine große Herausforderung an ihre Bewusstheit, ihren Umgang mit ihren Gefühlen, ihre Akzeptanz dessen, was gerade geschehen ist - ohne dass es ihnen gefallen muss - und ihre Kreativität stellt: Die Eltern wünschen sich etwas von ihren Kindern, ihre Kinder erfüllen die Wünsche nicht und die Eltern sind jetzt erst einmal mit ihrer Hilflosigkeit konfrontiert.

Lebewesen kann man nur mit „Gewalt" zwingen, etwas zu tun, was sie nicht wollen. „Gewalt" aber kann für verschiedene Menschen sehr unterschiedliches bedeuten. Entscheidend ist das Ausmaß der erzeugten Angst. Während für die eine Person bereits von großer Bedrohlichkeit ist, wenn eine geliebte Person böse und kalt guckt oder sich schweigend abwendet, gerät eine andere Person erst dann in Todesangst, wenn sie angeschrien und ihr mit Prügel gedroht wird. Was einen Menschen in Todesangst versetzt und was er deshalb als „Gewalt" erlebt, ist individuell so verschieden, dass es manchmal nur schwer verständlich ist. Manche Menschen können es z.

B. nicht ertragen, wenn man versucht, ihnen deutlich zu machen, dass man sie liebt.
Viele Erwachsene wissen sehr genau – meistens noch aus ihrer eigenen Kindheit - wie man Kinder in Angst und Schrecken versetzt, um sie mit Hilfe der ausgelösten Angst dazu zu bringen, das zu tun, was die Erwachsenen wollen.
Dies kann zwar kurzfristig zu Erfolgen führen, ist aber langfristig nicht zu empfehlen. Es ist allgemein bekannt, dass Angst kein guter Lernmeister ist. Sinnvoller ist es, wenn es darum geht, Schaden von den Kindern abzuwenden, ohne Drohung einfach darauf zu bestehen, dass das Kind dem folgt, was der Erwachsene will, einfach weil der Erwachsene die Verantwortung für die Unterstützung und den Schutz des Kindes hat.
Sollte das Beharren des Erwachsenen darauf, dass das Kind tut, was er will, erfolglos bleiben, kann man entweder beginnen, mit dem Kind nach einem Kompromiss zu suchen, oder dem Kind – sofern es alt genug dafür ist – die Verantwortung für seine Entscheidung und für die damit zusammenhängenden Konsequenzen bewusst zu machen und eventuell die Verweigerung des Kindes zu akzeptieren.

Aber es ist sehr schwer, dieser Empfehlung zu folgen. Viele Erwachsenen geraten in große Wut, wenn die Menschen in ihrer Umgebung nicht das tun, was sie wollen. Sie können die eigene Hilflosigkeit nicht ertragen, von der sie erfasst werden, wenn sie sagen, was sie wollen, die anderen aber nicht oder abweisend darauf reagieren. Und für solche Reaktionen reichen bereits Kleinigkeiten aus.
Andere erleben diese Hilflosigkeit, wenn die anderen ihnen nicht „gehorchen", so intensiv, dass sie in Verzweiflung geraten und nicht mehr ein und aus wissen. Sie gehen in die Mondposition und erwarten, dass ihre oder die ihnen anvertrauten Kinder sich in Sonnen verwandeln, die ihnen das Gewünschte ohne weiteren Widerstand geben und sie retten.

Ein Lehrer erzählt mir z. B., er sei von einem Schüler geschlagen worden. Folgendes war passiert: Der Lehrer steht an der Tafel und schreibt. Ein Schüler filmt ihn dabei mit dem Handy. Auch als der Lehrer mehrfach sagt, er möge damit aufhören und das Gefilmte wieder löschen, filmt der Schüler weiter. In dem Moment, so erzählt er, habe er sich daran erinnert, dass er nun anwenden könnte, was er in meinem Workshop gelernt habe und sagt dazu, seine Wut sei zu groß gewesen, er habe es nicht geschafft. Er habe – wider besseres Wissen – dem Schüler das Handy aus der Hand gerissen, daraufhin habe dieser ihn gegen die Tafel geschubst, dann habe es ein Handgemenge gegeben.

Dies zeigt, wie unerträglich das Gefühl von Hilflosigkeit auch für erwachsenen Menschen sein kann und wie schnell es deshalb verdrängt oder übersprungen und in Wut umgewandelt wird. Aber das ändert nichts daran, dass es grundlegend ist, zu begreifen, dass Hilflosigkeit als Gefühl nicht von tödlicher Bedrohung ist, wie viele von uns in ihrer Kindheit gelernt haben, sondern uns nur darauf hinweist, dass wir im Moment keine Möglichkeit kennen, die bestehende Situation zu unseren Gunsten zu ändern.

„Das hast du aber schön ausgedrückt", meint Valentino, „aber ich kann dir gleich sagen: So, wie du denkst, so geht es nicht. Hilflosigkeit ist immer von tödlicher Bedrohung, das ist einfach so. Ein Tier in einer hilflosen Situation ist seiner Umwelt ausgeliefert und das kann sehr gefährlich sein, und deshalb verstecken sie sich, flüchten oder fangen auf der Stelle an zu kämpfen, genau wie dein Lehrer mit dem Schüler. Denkst du wirklich, ein Mensch sei kein Tier? Menschen haben die gleichen Ängste wie die anderen Tiere, wenn sie hilflos sind. So einfach ist das nicht mit dem Nachdenken, wenn man hilflos ist." „Aber Valentino, der Lehrer war nicht hilflos, er hat sich nur hilflos gefühlt." „Und du glaubst ernsthaft, das würde einen Unterschied machen", sagt Valentino, „du solltest noch einmal gründlich darüber nachdenken." Und damit wendet er sich seinem Fressnapf zu.
„Er ist leer", sagt er vorwurfvoll.
„Und wenn ich dir jetzt nichts gebe, bist du oder fühlst du dich dann hilflos?" „Na ja, beides, weil ich allein nicht an das Futter komme." „Und musst du jetzt flüchten oder mit mir kämpfen", frage ich ihn. „Natürlich nicht", sagt er fast beleidigt, „du kannst das doch nicht mit einer echten Bedrohung vergleichen." „Natürlich nicht", sage ich, „aber du merkst, es gibt Unterschiede".
Valentino ist immer sehr fair, er dehnt und streckt sich und sagt dann: „OK. Ich denke auch noch einmal nach." Und dann grinst er und sagt noch: „Und du weißt, wenn ich schlafe, denke ich immer am besten." Mit diesen Worten begibt er sich auf die Fensterbank und rollt sich da zusammen. Ich fülle inzwischen seinen Fressnapf mit seinem Lieblingstrockenfutter und sehe an seinen sich bewegenden Ohren, dass er es – hoffentlich zufrieden – zur Kenntnis nimmt. Dann schreibe ich den letzten Satz:

Die Botschaft, die das Gefühl von Hilflosigkeit für uns bereit hält, bedeutet, dass alles, was wir bisher versucht haben, nicht zum gewünschten Ergebnis geführt hat, und dass es an der Zeit ist, kreativ zu werden und sich etwas Neues auszudenken.

Abwehr und Neugier

Wie Menschen sich ihrer Umwelt nähern

Valentino sieht mich mit seinen großen, heute eher bernsteinfarbenen Augen an und sagt: „Ich bin sehr neugierig, ich will alles immer genau hören, hören ist besonders wichtig, aber auch sehen, riechen und damit spielen, aber wenn ich meine Ruhe haben will, dann will ich meine Ruhe haben. Und ich brauche viel Ruhe und will dann nicht gestört werden." Dann macht er seinen grauen Körper ganz lang, streckt sein Hinterteil und seinen Schwanz hoch empor und zeigt mir alle seine Krallen. „Hast du schon mal gemerkt, wie lang und scharf meine Krallen sind, nur dass du es weißt, für alle Fälle." Dann rollt er sich zusammen, um zu schlafen. Ich will ihn noch fragen: „Für welche Fälle", aber dann denke ich an seine Krallen und lasse es lieber sein.

Üblicherweise neigen Lebewesen – als selbstorganisierende Systeme – dazu, sich mit ihrer Umwelt in eine radikale Wechselwirkung einzulassen, weil sie in Bezug auf ihr Überleben auf ihre Umwelt angewiesen sind. Dazu gehört auch, dass sie alles versuchen zu vermeiden, was ihnen gefährlich werden könnte. Und dieses Vermeidungsverhalten haben wir uns aufgrund unserer kulturellen Prägungen und unserer persönlichen Erfahrungen ebenfalls angeeignet.
Und deshalb wehren viele Menschen die meisten Angebote ab, die aus ihrer Umwelt auf sie zu kommen.
Um bei dem Bild mit den Vektoren zu bleiben: Wir tun häufig so, als würden die Vektoren wie Pfeile auf uns zu kommen, aber wir halten ihnen einen Schild entgegen. Die vielen negativen Erfahrungen, die wir von klein auf gemacht haben, mahnen uns zur Vorsicht. Aber auch dann, wenn jemand anderes uns deutlich signalisiert, dass er in Ruhe gelassen werden möchte, wollen wir das meist nicht einfach so akzeptieren und wehren auch dass ab.
Es fällt uns deshalb im Allgemeinen sehr schwer, akzeptierend mit den Impulsen, die aus unserer Umwelt auf uns zu kommen, umzugehen.

Dabei sind alle kommunikativen Prozesse nur aufrechtzuerhalten, wenn wir akzeptierend mit den verbalen Angeboten unseres Gegenübers umgehen können.
Bei den folgenden Beispielen wird deutlich, dass sich die erste Person anstrengen muss, um das Gespräch in Gang zu halten. Sie muss wieder neu ansetzen, einen zweiten Anlauf nehmen, um eine für sie angenehme Reaktion des Gegenübers zu erreichen:

„Ich muss dir unbedingt etwas erzählen."
„Muss das jetzt sein?"

„Das war wirklich sehr nett von Dir."
„Ach, das war doch nichts."

„Das Kleid steht dir wirklich gut."
„Das ist doch schon uralt."

„Was hast du denn am Wochenende vor?"
„Nichts."

Beim Training zum Improvisationstheater gibt es viele Übungen für die Schauspieler, in der es nur um das Akzeptieren geht. Nur, wenn man das, was die andere Person sagt und tut, annimmt und fortführt, können die Szenen sich unter Beteiligung aller Mitspieler weiterentwickeln. Viele solcher Übungen finden sich mit entsprechenden Kommentaren in dem Buch von Keith Johnstone „Improvisation und Theater", Berlin 1993. Allein beim Lesen der Beispiele werden die Wirkungen von Abwehr, Neugier und Akzeptanz sehr deutlich. Noch größer allerdings werden die Lernerfolge, wenn man die Übungen in einer Gruppe – eventuell unter Anleitung – selber macht.

Aber die Abwehr geht meist viel tiefer und ist durch Übungen dieser Art nicht einfach aufzuheben. Wir haben aufgrund unserer Erfahrungen ganz oft Angst vor der Ablehnung durch andere Menschen und vor unseren eigenen Gefühlen, die dabei in uns auftauchen. Wenn unser Gegenüber die Inhalte dessen, was wir gerade sagen oder tun, abwehrt, dann merken wir dies meist sofort an einem aufkommenden Gefühl von Ärger. Wir haben - als sozial lebende Wesen - alle den Wunsch, als gesamte Person, mit unseren Gefühlen, Gedanken, Impulsen und Handlungen, von unserem Gegenüber akzeptiert zu werden und erleben im Zweifelsfalle sogar als schmerzhaft, wenn dies nicht der Fall ist, wie entsprechende Experimente zeigen.

Joachim Bauer weist auf ein solches Experiment im Magnet-Resonanz-Tomographen (f-MRT) hin: Dabei wird die untersuchte Person plötzlich aus für sie unerfindlichen Gründen aus einem zuvor auf einem Bildschirm mit Hilfe eines Joysticks stattfindendem Ballspiel von zwei fiktiven anderen Mitspielern ausgegrenzt. Im f-MRT war daraufhin die Aktivierung von

Arealen im Gehirn der ausgegrenzten Person zu beobachten, die sonst nur aktiv sind, wenn jemand Schmerzen empfindet. (Bauer, 2005, S. 108)
Menschen spüren es schmerzhaft, wenn sie das Gefühl haben, nicht dazuzugehören, nicht wahrgenommen zu werden, keine Bedeutung für andere oder keine Wirkung auf sie zu haben. Sie fühlen sich verletzt. Es ist sehr sinnvoll, dass es uns weh tut, wenn die Qualität der sozialen Beziehungen nicht gut ist, weil wir dadurch erstens darauf aufmerksam gemacht werden und uns zweitens aufgefordert fühlen, aktiv etwas zur Verbesserung der sozialen Beziehungen zu tun. Menschen leben in sozialen Gruppen, sie entwickeln sich von klein auf nur mit Hilfe der Kontakte zu anderen und bis heute können Menschen nur schwer allein ohne die Einbettung in ein soziales Feld leben. Aber früher konnten Menschen ohne den Schutz und die Unterstützung einer Gruppe nicht einmal überleben und mussten deshalb darauf achten, nicht aus der Gruppe ausgegrenzt zu werden, sondern sich um möglichst große Akzeptanz und einen hohen Status in der Gruppe bemühen. Heute gibt es solche massiven realen Gefährdungen durch den Ausschluss aus einer sozialen Gruppe nicht mehr, trotzdem erleben wir solche Prozesse als schmerzhaft und belastend.
Vielleicht liegt dies nicht nur an unserer genetischen Ausstattung, sondern auch an den Erinnerungen aus unserer Kindheit. Fast jeder Mensch hat bereits als Kind die Erfahrung machen müssen, dass andere Kinder es nicht haben mitspielen lassen, dass es nicht zum Geburtstag eingeladen wurde, dass die beste Freundin plötzlich nichts mehr mit einem zu tun haben wollte und ähnliches mehr. Die schmerzhaften Ereignisse von damals wollen Menschen nicht noch einmal erleben und tun deshalb – ähnlich wie Tiere auch – alles dazu, die Wiederholung solcher Erlebnisse zu vermeiden. Es gibt allerdings Ausnahmen solchen Vermeidungsverhaltens, nämlich dann, wenn Menschen immer wieder eine für sie schmerzhafte Situation - eine sogenannte Wiederholungssituation - aufsuchen oder herstellen, um endlich eine alte, damals für sie unerträgliche Beziehungsstruktur aufzulösen oder erfolgreich zu beenden.
Wenn eine Person dazu neigt, sich immer wieder auf gewalttätige Männer oder lieblose Frauen einzulassen, immer wieder einen Alkoholiker von seiner Sucht retten will, sich wieder und wieder von geschickten Charmeuren männlichen oder weiblichen Geschlechts finanziell ausnehmen lässt usw., dann kann man vermuten, dass sich diese Person immer wieder in eine Wiederholungssituation begibt und entweder die warnenden Anzeichen nicht wahrnimmt oder aber Heilung dadurch sucht, dass sie die strukturell ähnliche schwierige Situation aus der eigenen Vergangenheit in der Gegenwart erfolgreich beenden möchte. Dann wird sie das Verhalten und die Ansinnen ihres Gegenübers nicht abwehren, wie sie es zu ihrem eigenen

Schutz vielleicht hätte tun sollen, sondern versuchen, immer wieder das „Beste" daraus zu machen, um endlich eine offene Gestalt aus der Vergangenheit zu schließen. Leider gibt es in solchen Wiederholungssituationen meist keinen „Erfolg", sondern - trotz aller Akzeptanz der belastenden Dynamik - nur ein Scheitern, wie schon in der Vergangenheit.
Aber in vielen anderen Fällen neigen wir oft eher dazu, das Entgegenkommende abzuwehren, statt uns darauf einzulassen und das bedeutet gleichzeitig, dass wir uns ebenso häufig von andern Menschen abgewehrt fühlen.

Treffen wir auf eine Abwehr der Inhalte, die wir vertreten, so hat dies häufig zur Folge, dass wir uns als gesamte Person abgewehrt und manchmal auch abgewertet fühlen. Und dann kann es zur Aktivierung des zum Überleben notwendigen Abwehrsystems kommen, so dass wir viel intensiver reagieren, als es dem Anlass angemessen wäre.
So kämpfen wir z. B. darum, dass das Gegenüber dasselbe wahrnimmt wie wir, die gleichen Intentionen oder Wünsche entwickelt, das gleiche bevorzugt wie wir oder dass sich das Gegenüber unserer Meinung anschließt.
In unserer Kultur – allerdings nicht nur in unserer – fühlen wir uns bedroht, wenn die Menschen, die eine Bedeutung für uns haben, abweichende Wahrnehmungen, Gefühle, Gedanken, Impulse, Phantasien haben oder anders handeln wollen als wir. In manchen Fällen sind Menschen sogar bereit, diejenigen zu töten, die andere Ansichten haben oder auf irgendeine Weise anders sind als sie selbst, selbst wenn es Familienmitglieder sind, wie unter anderem aus den sogenannten „Ehrenmorden" zur Genüge bekannt ist. Auch viele Terroranschläge werden damit begründet, dass das jeweils Andersartige als „abartig", „böse" oder „nicht lebenswert" definiert und daraus das Recht zu töten abgeleitet wird.

Theoretisch könnten wir uns durch die Andersartigkeit einer anderen Person auch angeregt fühlen und neugierig werden. Aber meistens werden wir leider nicht neugierig und dafür gibt es nicht nur persönliche, sondern auch kulturhistorische Gründe.

Bis heute gehen wir in unserer Kultur überwiegend davon aus, dass wir in ein und derselben Wirklichkeit leben und diese entsprechend wahrnehmen.
Viele unserer Abwehrbewegungen entstehen, weil wir die Wirklichkeit einer anderen Person nicht zulassen wollen, wenn sie von unserer abweicht, gleichgültig, worum es dabei geht.
Wir wehren dann, statt nachzufragen, einfach ab, was die andere Person sagt, wie in den folgenden Beispielen:

„Mir gefällt das Restaurant nicht."
„Was hast du denn jetzt schon wieder, es ist doch wirklich sehr nett hier"

„Ich bin wirklich müde und möchte zuhause bleiben."
„Du kannst doch gar nicht müde sein, du hast doch den ganzen Tag nichts getan."

„Ich liebe Regen."
„Wie kann man so ein Sauwetter gut finden."

„Mich hat der Film richtig beeindruckt."
„ Das war doch ein sentimentaler Langweiler."

Leider gehen wir auch meist davon aus, dass Veränderungen unserer inneren Zustände von außen verursacht werden bzw. dass wir Veränderungen innerer Zustände bei anderen hervorrufen können. Anders ausgedrückt: Wir glauben daran, dass wir uns wechselseitig manipulieren und kontrollieren und letztlich auch beherrschen können usw. Dies ist jedoch aufgrund der neueren Forschungsergebnisse der Hirnforschung ausgeschlossen. Wir haben eine solche Macht über andere nicht und diese haben auch keine Macht über uns. Darauf habe ich schon öfter hingewiesen und werde es auch im weiteren Verlauf des Buches immer wieder tun, weil die Überzeugung, wir hätten diese Macht, so fest sitzt und sich so schwer auflösen lässt. Beispiele dafür hören sich dann so an:

„Du hast mich so verletzt."
„Aber du hast mich auch ziemlich geärgert."

„Mit dieser Einladung hast Du mich richtig glücklich gemacht."
„Dich kann man aber leicht zufrieden stellen."

„Du lässt mir keine Luft zum Atmen, ständig kontrollierst Du mich."
„Das stimmt doch überhaupt nicht, du traust dich nur nicht, einmal etwas allein zu machen."

„Mit deiner Kritik hast du mich total verunsichert."
„Das tut mir leid, das wollte ich wirklich nicht." Usw.

Nicht nur, dass wir daran glauben, wir können aktiv die inneren Zustände anderer Menschen herstellen, wir glauben zusätzlich auch daran, dass wir die inneren Zustände anderer Menschen von außen erkennen können, und fühlen uns manchmal sogar irritiert, wenn die anderen uns widersprechen, wie z. B. in den folgenden Beispielen angedeutet wird.

„Du siehst ja so traurig aus."
„Gar nicht, ich habe Zahnschmerzen."
„Na, das ist doch traurig."
„Nein, ich bin eher wütend."

„Guck mich nicht so böse an, ich habe dir nichts getan."
„Ich gucke gar nicht böse, ich mache mir nur Sorgen wegen des Kredits."

„Du strahlst ja so, du musst ja unheimlich glücklich sein."
„Mein Freund hat mich gerade verlassen, und ich bin so froh, gerade dich jetzt zu treffen."

„Du solltest nicht immer so unzufrieden sein."
„Wie kommst du denn darauf, dass ich unzufrieden bin?"
„Du guckst so."
„Nein, ich brauche bloß eine neue Brille."

Zusätzlich bevorzugen wir eine zweiwertige Kodierung von Wirklichkeit. In dieser Denkart gibt es jeweils nur zwei Möglichkeiten: Entweder ist etwas richtig oder es ist falsch. Wenn ich etwas denke, und mein Gegenüber denkt etwas anderes, dann muss eines davon falsch sein. Manche Menschen denken stets, dass das, was sie denken, richtig sei. Andere beginnen sofort an sich selbst zu zweifeln. Sie denken schnell, sie hätten sich geirrt, wenn jemand behauptet, im Recht zu sein.

Sowie man bereit ist, außer der zweiwertigen Strukturierung „richtig – falsch" oder „entweder – oder" auch eine dreiwertige zuzulassen, so dass man „sowohl – als auch" – Annahmen und statt zwei nunmehr drei Wahrheitswerte, nämlich „richtig", „falsch" und „unbestimmt" zugrunde legen kann, muss man nicht mehr nur Positionen verteidigen. Stattdessen kann man sich neugierig durch wechselseitiges Befragen prozessorientiert von einem Unbestimmten zum nächsten Unbestimmten bewegen und dadurch wirklich etwas voneinander erfahren.
Nur wenn wir das Unbestimmte, Ungewisse in Bezug auf unser Gegenüber zulassen, können wir wirklich aufeinander neugierig sein.

Aber leider scheint es in unserer Kultur, weil das zweiwertige Denken vorherrschend ist, nur zwei Orte zu geben: Einen hellen, schönen, angenehmen

Ort, wo sich die Menschen versammeln wollen, die davon ausgehen, dass sie richtig denken, gut und unschuldig, gerecht, schön, reich, stark oder beliebt usw. sind oder sein möchten und den anderen Ort, wo keiner hinwill. Man könnte sich vorstellen, er sei dunkel, nass, kalt und ungemütlich und deshalb wolle jeder so schnell wie möglich von dort wieder weg. Denn dort finden sich – so glauben wir oft - die Menschen wieder, die selbst glauben oder denen zugeschrieben wird, dass sie falsch denken, böse und schuldig, ungerecht, hässlich, arm, schwach oder unbeliebt usw. sind.
In einer dualen oder binär strukturierten Welt gibt es nur ein „richtig oder falsch", alles wird in „entweder - oder " eingeteilt und dadurch kann man nur entweder an den einen oder an den anderen Ort kommen. Und wenn es um Ansichten, Meinungen, Einschätzungen, Bewertungen oder ähnliches geht und einer der beteiligten Personen glaubt, sie solle an den finsteren Ort des Unrechts verwiesen werden, dann gibt es auf der Stelle Streit. Keine Person will sich an diesem Ort aufhalten, jede will an den anderen, hellen, heiteren, wo man sich für gut und im Besitz der Wahrheit halten kann. Die folgenden kleinen Interaktionen sind Beispiele dafür, wie schnell das gehen kann:

„Griechisches Essen ist viel zu fett."
„Das stimmt gar nicht. Indisches ist viel fetter."
„Du behauptest so etwas einfach, Du kannst es überhaupt nicht beweisen."
„Das muss ich auch nicht, ich habe einfach Recht."
„Warum musst Du immer recht haben, kannst Du mir nicht einfach einmal zustimmen?"
Usw.

„Man muss die Jugendlichen einfach schneller und konsequenter bestrafen."
„Wie kannst Du nur so hart sein, Strafen helfen überhaupt nicht."
„Aber ohne Strafe gehen die Täter einfach nach Hause und ihr Handeln hat gar keine Konsequenzen, da muss man einfach mal hart durchgreifen."
„Härte kennen die doch schon, die sind doch zuhause schon meistens geprügelt worden."
„Wahrscheinlich werden sie es auch verdient haben."
Usw.

„Wenn man sich wirklich liebt, streitet man sich nicht."
„Das ist Quatsch, Streit verbindet. Du bist einfach nur konfliktscheu."
„Das kannst Du doch so einfach nicht behaupten."
„Willst Du etwa abstreiten, dass Du harmoniesüchtig bist?"

„Also, wenn Du so mit mir redest, dann liebst Du mich wirklich nicht."
Usw.

„Ich gehe nicht mehr in die Schule."
„Das kommt gar nicht in Frage, selbstverständlich gehst Du."
„Du kannst mich nicht zwingen."
„Das werden wir noch sehen."
Usw.

Valentino kommt langsam hereingeschritten. Es ist wirklich eindrucksvoll, er schreitet genau so wie ein großer Tiger. Als er bei mir ankommt, dehnt und streckt er sich noch einmal wie nach einem langem Schlaf und dann teilt er mir mit: „Ich habe noch einmal nachgedacht: Es muss doch so etwas wie „richtig" und „falsch" geben" „Wie meinst du das", frage ich. „Also", sagt er, „Solange ich allein lebe und niemand anderes betroffen ist, solange kann ich denken und sogar tun, was ich will. Aber ich lebe ja nicht allein und im Zusammenleben ergibt sich doch, dass etwas richtig ist oder falsch." „Wenn du meinst, dass es unterschiedliche Meinungen gibt, das ist doch klar." „Nein", sagt er ganz ungeduldig, „"ich meine etwas anderes. Also wenn ich auf dein Bett gepinkelt hätte – was ich natürlich nie tun würde oder wenigstens nicht mit Absicht – und würde dann behaupten, ich sei es nicht gewesen, dann ist das doch falsch." „Da hast du recht, und wenn es jemand gesehen hat oder jemand untersucht die Flüssigkeit und stellt fest, dass es dein Pipi ist, dann kann man sogar beweisen, dass deine Behauptung falsch ist."
„Siehst Du, das meine ich. Es gibt doch so etwas wie richtig und falsch."
„Ja", sage ich, „und es ist wichtig, auch zu sagen, wenn man etwas falsch findet." „Du verstehst mich nicht", sagt Valentino, „es geht nicht nur darum, dass man etwas falsch ***findet****, sondern dass es falsch* ***ist****, sozusagen richtig falsch ist", und er redet gleich weiter: „Ja, Ja, ich weiß schon, was Du sagen willst. Man muss auch die Macht haben, das „Richtige" oder das „Falsche" jeweils auch durchzusetzen." „Leider", denke ich und laut sage ich: „Aber immer öfter bemühen sich Menschen darum herauszufinden, was in solchen Fällen das „Richtige" und was das „Falsche" für das Verhalten in Situationen oder für die Lösung von Problemen ist." „Aber wenn sie keine Macht und auch sonst keinen Einfluss haben", sagt Valentino, „dann nützt es ihnen nichts."*
Jetzt denke ich es nicht nur, sondern sage laut: „Leider."

Valentino hat natürlich recht. Wir können feststellen, ob eine Behauptung oder eine Handlung richtig ist oder falsch, wenn wir Randbedingungen,

einen Rahmen, Methoden, Zeugen, intersubjektive Zustimmungen oder ähnliches als Grundlagen für unsere Entscheidungen zur Verfügung haben. Entweder tropft der Wasserhahn oder er tropft nicht. Allerdings kann dann immer noch jemand behaupten, man habe den Hahn nicht fest genug zugedreht, der Wasserdruck sei einfach zu hoch, dass Wasser käme zwar aus dem Hahn, aber nicht weil der Hahn kaputt sei, tropfe er, sondern nur, weil die Dichtung zu trocken oder undicht sei, usw. In manchen Fällen gibt es nicht genug Beweise dafür, dass eine Behauptung richtig ist, und auch nicht dafür, dass sie falsch ist. Dann bleibt die Frage danach, was richtig sei und was falsch, unbeantwortbar.
Aber in den zwischenmenschlichen Auseinandersetzungen geht es meist nicht um solche Frage, sondern um Streitereien, in denen es um Ansichten und Meinungen geht, wie in den obigen Beispielen.
Streitgespräche dieser Art finden in der Familie, in der Schule, im Betrieb, unter Freunden und Feinden, unter Kindern, Politikern, Wissenschaftlern, kurzum, wenn es hart auf hart kommt, überall statt. Sie gehören zu den sogenannten „Machtspielen“, auf die ich in dem gleichnamigen Kapitel näher eingehen werde und dienen der Vermeidung unangenehmer innerer Zustände.
Da wir in unserer Kultur nun auch noch an eineindeutige Beziehungen zwischen Ursachen und Wirkungen glauben und daran, dass man, wenn man die Ursache kennt, auch die Wirkung beeinflussen kann, kommen zu den bisherigen Missverständnissen noch weitere hinzu.
Anders ausgedrückt: Wir glauben daran, dass wir, wenn wir nur genug über Ursachen und die zugehörigen Wirkungen wissen, unsere „gemeinsame Wirklichkeit“ kontrollieren und beherrschen können.
Interaktionen verlaufen dann etwa so:

„Warum hast Du das gemacht?“
„Ich weiß es nicht.“
„Du musst doch wissen, warum du das getan hast. Du willst es nur nicht sagen.“
„Nein, ich weiß es wirklich nicht.“
„Lüg mich nicht an.“
„Aber ich weiß es doch wirklich nicht.“
Usw.

Es wird in solchen Fällen deshalb so insistiert, weil man glaubt, wenn man wüsste, was einen beim ersten Mal dazu getrieben hat, dann könnte man es beim zweiten Mal sein lassen. Warum tötet eine Mutter ihre Kinder, warum vergewaltigt und mordet ein Mann kleine Jungen, warum schlägt ein Mann

seine Frau und seine Kinder, warum rettet ein Mensch einen anderen aus einem brennenden Haus oder aus eiskaltem Wasser, warum hassen und lieben sich Menschen. Viele Menschen beschäftigen sich seit vielen Jahrhunderten und auf unterschiedliche Arten und Weisen mit den vielfältigen beobachtbaren und den möglich erscheinenden – bewussten und unbewussten – Motiven und Hintergründen, die Menschen dazu bringen können, etwas zu tun oder zu lassen.
Und meistens denken und glauben wir, wenn wir denn die Gründe wissen, dann können wir frühzeitig eingreifen, können wir das Schreckliche verhindern und das Gute fördern. Nur solange wir nach den Gründen fragen, ist unsere Neugier auf die Vergangenheit gerichtet, auf etwas, was schon geschehen und nicht mehr zu ändern ist. Und ob die gleichen Ursachen in einem anderen Fall oder bei einem anderen Menschen in der Zukunft eine ähnliche Wirkung hervorrufen können, bleibt – jedenfalls bei selbstorganisierenden Systemen – offen.

Denn nach den neuen wissenschaftlichen Erkenntnissen scheint dies für den Einzelfall solcher Systeme nicht zuzutreffen. Es gibt nur die Möglichkeit, statistische Aussagen auf einem überpersönlichen und sehr abstrakten Niveau und unter Berücksichtigung von großen Anzahlen zu machen. Eine definitive Aussage über die Wirkung einer Ursache bei einem einzelnen Lebewesen oder größeren selbstorganisierenden Systemen ist ausgeschlossen. Nassim Nicholas Taleb hat diese Aussage in seinem Buch „Der schwarze Schwan" auf eine Reihe von unterschiedlichen Bereichen ausgedehnt und dabei immer wieder darauf hingewiesen, dass die Existenz schwarzer Schwäne – Ereignisse, mit denen niemand gerechnet hat, weil sie eben nicht im Voraus berechenbar sind, sondern überraschend auftreten – immer wieder geleugnet wird, weil Menschen es vorziehen zu glauben, ihre Welt sei berechenbar und dadurch auch kontrollierbar. Im Zusammenhang mit dem Glauben an die Möglichkeit von Kontrolle stellen sich allerdings auch immer wieder Fragen danach, wer in einer Gesellschaft wen oder was kontrollieren will, darf, kann oder soll.

Seit vielen Jahrhunderten glauben wir daran, dass es Teile unserer angeblich „gemeinsamen Wirklichkeit" gibt, die mehr wert sind als andere und deshalb die Aufgabe haben, die weniger wertvollen zu kontrollieren. So soll etwa der Geist die Materie, die Kultur die Natur, der Verstand das Gefühl und der Mann die Frau unter Kontrolle halten usw.
Mit diesen Themen haben sich viele Wissenschaftlerinnen beschäftigt und eine Fülle interessanter Bücher dazu geschrieben. Engagierte Menschen haben sich seit langer Zeit dafür eingesetzt, der „Natur" und den nicht-

menschlichen Lebewesen ebenso wie den Frauen und Kindern, den Ausgegrenzten, den Unterdrückten und den auf verschiedene Arten und Weisen Benachteiligten zu mehr Rechten zu verhelfen. (Siehe dazu Carolyn Merchant, Evelyn Fox Keller, Genevieve Lloyd, Donna Haraway, Susan Griffin, Helen E. Longino, Nancy Cartwright u.a.)

Die neuen Forschungsergebnisse in Bezug auf selbstorganisierende Systeme, Beobachtungen realer Katastrophen, wie Überschwemmungen, Erdbeben, Vulkanausbrüchen usw. und entsprechender Prozesse in verschiedenen gesellschaftlichen, sowie in ökologischen und ökonomischen – lokalen und globalen - Bereichen machen deutlich, dass es allerhöchste Zeit ist, sich auf das radikale Umdenken – von dem Luhmann spricht – einzulassen.

Abwehr ist nicht geeignet, ein neues Umdenken in Gang zu setzen.
Aber aufgrund der verschiedenen kulturell gewachsenen Vor-Urteile, die bei einer Reihe von Menschen zu Denk- und Verhaltensgewohnheiten geworden sind, ist das Verhältnis zwischen Neugier und Abwehr in ein Ungleichgewicht geraten. Abwehrendes Verhalten ist viel mehr verbreitet als neugieriges Verhalten. Neugier und die sie begleitende Akzeptanz der Realität dessen, was gerade geschieht, sind jedoch von großer Bedeutung, denn ohne Neugier könnte und würde man sich dem noch Unbekannten nicht nähern. Allerdings fällt dieses vielen Menschen schwer. Jedoch nur dann, wenn man sich auf das Unbekannte, auf das noch Fremde, das noch nicht Bestimmte und Ungewisse zubewegt und sich bemüht, mehr darüber zu erfahren; wenn man bereit ist, sich auf das Neue einzulassen und etwas Unerwartetes zu erleben, nur dann kann man wachsen, für sich selbst und andere neue Wege erschließen und sich weiter entwickeln.
In Bezug auf zwischenmenschliches Verhalten entziehen sich das Unbekannte beim Gegenüber, das einem selbst Fremde, das Neue und das Unerwartete jeder Kontrolle. Plötzlich hat man es mit etwas noch Unbestimmten zu tun und es gibt keine Gefühle von Sicherheit mehr in Bezug auf das, was geschehen wird, weil man es einfach noch nicht weiß. Wir haben nur unsere Phantasien darüber, was geschehen könnte, mehr nicht und das erleben viele Menschen als sehr bedrohlich. Eine Möglichkeit, die Bedrohung zu reduzieren, besteht darin, die eigenen Phantasien in Bezug auf das noch Unbekannte einfach für wahr zu halten.
Aber wenn man diese seinem Gegenüber mitteilt – in einer Formulierung mit Wahrheitsanspruch - dann fühlt sich dieses Gegenüber nicht als eigenständige Person wahrgenommen, sondern abgewehrt und eventuell sogar abgewertet und reagiert dementsprechend.

Möglicherweise kommt man aus dem Problem, nicht neugierig zu sein, weil man das „Noch-nicht-Bekannte“ und die darin möglicherweise verborgenen Ablehnungen, Angriffe oder Übergriffe fürchtet, nur heraus, wenn man sich bewusst macht, wie viele solcher Ereignisse - obwohl sie vielleicht irritierend, enttäuschend oder schmerzhaft waren – man schon lebend überstanden hat und höchstwahrscheinlich auch beim nächsten Mal überleben wird.
Es ist außerordentlich bedeutungsvoll, neugierig sein zu können, denn Abwehr verhindert den Kontakt zur Umwelt und es wird im Verlauf des Buches deutlich werden, wie wichtig Kontakt dafür ist, uns selbst lebendig zu fühlen und uns weiter zu entwickeln.

In diesem Sinne ist Kontakt gerade auch für Kinder so außerordentlich notwendig und der Mangel an Kontakt wird als sehr schmerzlich von ihnen erlebt. Sie werden zu Opfern des Abwehrverhaltens ihrer Umgebung und die Erwachsenen sind meistens – vereinfacht gesagt – in dieser Dynamik die Täter. Nicht jede Interaktion zwischen Menschen ist auch eine Kontaktsituation, die meisten Interaktionen sind nur Austausch von Informationen und oft sind diese Interaktionen zwischen Menschen von Abwehr und Ablehnung geprägt. Denn Abwehr kann sehr verschiedene Formen annehmen, auch symbiotisches Verhalten – welches nicht nur bei Paaren, sondern auch zwischen Eltern und Kindern sehr verbreitet ist – ist eine Form der Kontaktvermeidung und dient damit auch der Abwehr. (siehe dazu auch den Teil „Symbiose und Autonomie“)

Um es noch einmal zusammenzufassen:
Jedes Lebewesen ist zunächst neugierig und intentional und will etwas von seinem Umweltfeld erfahren oder sich aneignen, d. h. strukturiert mit seiner Neugier sein Wirklichkeitsfeld so, dass die Vektoren von ihm ausgehen. Aber in unserer Kultur wird dies den Kindern eher abgewöhnt (geh da nicht hin, fass das nicht an, lass das in Ruhe usw.)
Dazu kommen die Vorstellungen, andere Menschen können uns psychisch etwas antun (wir denken, sie können uns ärgern, verunsichern, verletzen, beleidigen usw.). Deswegen sind wir eher auf der Hut und wehren die vermeintlichen Angriffe oder Bedrohungen der anderen ab.
Die meisten Menschen haben als Kinder so schmerzhafte Erfahrungen gemacht, dass sie diese abwehren mussten, um sich zu schützen und um weiter am Leben teilnehmen zu können. Diese Schutz- und Abwehrmechanismen sind gut bekannt, aber bei sich selbst kann man sie nur schwer erkennen. Es ist daher gut, etwas über sie zu wissen und im Verlaufe des Buches

werde ich auf einige der Schutz-und Abwehrmechanismen genauer eingehen.
In gewisser Weise bedeutet „Abwehr“, dass man sich nicht im Licht einer Person befinden möchte, die für einen selbst in der Sonnenposition ist. Entweder man benutzt sofort einen Sonnenschirm gegen das auf einen scheinende Licht, beziehungsweise man begibt sich so schnell wie möglich in den Schatten oder man versucht, eine noch viel heller strahlende Sonne zu werden und das Gegenüber irgendwie zu übertrumpfen oder es mit den eigenen sengenden Strahlen in den Schatten zu jagen.

Valentino hat mitgelesen. „Das hört sich ja schaurig an und irgendwie kann ich es auch nicht verstehen“, sagt er. „Ich meine es doch nur bildlich“, sage ich. „Man kann es mit den Bildern aber auch übertreiben“, meint er, „ ich mag alles, was sich bewegt, was riecht und schmeckt und was freundliche sanfte Worte sagt und dich natürlich auch, das alles habe ich lieber als solche Bilder, in denen so wunderbare Dinge wie Licht und Schatten, Sonnenschirme und eine hell strahlende Sonne mit Drohungen wie „Versengt und gejagt werden“ zusammen auftauchen.“ „Valentino“, sage ich zu ihm, „leider hat das Schöne, wie z. B. die Sonne, oft auch eine andere, zerstörerische Seite, man kann das Eine – was immer es auch ist - meist nicht von seinem Gegenteil trennen.“ „Denkst du, ich weiß das nicht“, sagt Valentino, „aber niemand verpflichtet mich, immer auch beides gleichzeitig zu denken oder mir vorzustellen.“ „Da hast du recht“, sage ich und mir wird bewusst, wie oft ich mir das für mich Negative zusammen mit dem Positiven vorstelle, anstatt abzuwarten, was wirklich geschehen wird.

Aktiv und Passiv
Wie Menschen sich in ihre Umwelt einbringen

Valentino neigt dazu, dass, was er für Weisheiten hält, vor allem bei unpassenden Gelegenheiten, dafür aber mit sanfter Stimme, zu äußern. „Man muss die Dinge auf sich zukommen lassen, bis sie nahe genug sind, gefangen und gefressen zu werden." Dann macht er eine lange Pause, so dass man denken könnte, er sei wieder einmal eingeschlafen, und fährt dann fort: „ Manchmal aber macht es auch Spaß, selber auf die Jagd zu gehen, sich anzuschleichen und dann unverhofft zuzuschlagen." Bevor er wirklich einschläft, sagt er noch: „ Es kommt ganz darauf an." Und als ich frage: „Worauf denn?", sagt er: „Das kann man immer erst wissen, wenn es soweit ist."

Sicher ist es inzwischen deutlich geworden, dass die Sonnenposition mit verstärkter Aktivität und die Mondposition meist mit größerer Passivität einhergehen. Und keine ist zunächst schlechter oder besser als die andere, es gibt nur Unterschiede und jeweils verschiedene Konsequenzen.
Ich kann beide Verhaltensweisen als Waffe gegen mich selbst oder gegen andere benutzen. Aktivität kann ich für die Gestaltung meines Umfeldes verwenden oder mein Umfeld schnell und hektisch damit in ein Chaos verwandeln, ich kann mich oder andere damit durch den Tag hetzen, ich kann mich damit energetisch aufladen oder vollständig erschöpfen, ich kann mir eine soziale Wichtigkeit damit verschaffen, und ich kann mit ihrer Hilfe die wirklich wichtigen Aspekte meines Lebens verpassen. Ich kann versuchen, damit Macht über andere zu gewinnen oder meinen sozialen Einfluss zu vergrößern, ich kann die emotionale und kognitive Intensität meines Lebens damit vergrößern oder verkleinern und vieles andere mehr.

Auch für Passivität gilt, dass ich unterschiedliche Ziele damit verfolgen kann, die dann entsprechend verschiedene Konsequenzen haben können.
Ich kann durch Passivität erreichen, dass die anderen zuerst handeln, um sie dann dafür zu loben oder anzugreifen, ich kann mich durch Nichthandeln vor „Fehlern" und „Enttäuschungen" schützen, ich kann versuchen, Veränderungen zu vermeiden und „Unruhe" aus meinem Leben zu verbannen. Ich kann mich schonen und die anderen die Arbeit tun lassen, ich kann mit ihrer Hilfe auf den Wunsch nach Macht und Einfluss verzichten und versuchen, damit das Konfliktpotential und die Intensität in meinem Leben zu reduzieren. Ich kann versuchen, die Welt mehr aus der Beobachterperspektive wahrzunehmen, mich möglichst wenig von meiner Umwelt berühren zu lassen und nur wenige Wünsche an diese zu haben. Ich kann mich um

Gelassenheit bemühen und versuchen, wenn auch vergeblich, mich möglichst unverwundbar zu machen.

Welche Wahl ich auch immer treffe in Bezug auf „Aktivität“ oder „Passivität“, stets werde ich gute Gründe dafür haben. Meine bewusste oder unbewusste Wahl wird – sofern sie nicht genetisch bedingt ist – so ausfallen, dass ich dadurch den größtmöglichen Schutz gewinne und dafür den geringsten Preis aufbringen muss.
Auch Kinder treffen auf der Basis ihrer Selbstorganisation solche „Entscheidungen“ und dies manchmal schon, bevor sie ein Jahr alt sind. Und sie haben dann - von ihnen aus gesehen - gute Gründe dafür. Je nach dem, was dies für Gründe sind, können Passivität oder Aktivität ein Kind während seiner Kindheit durchaus schützen, aber bereits in der Pubertät erweisen sich die bisherigen Schutzfunktionen oft als hinderlich für die weitere Entwicklung und werden als störend erlebt, wenn die Person erwachsen ist und ein Leben unabhängig von den Personen ihrer Kindheit lebt. Denn leider wirken – einmal gelernt – diese Schutzfunktionen weiter, auch wenn man sie überhaupt nicht mehr gebrauchen kann.

Nur wenn man beginnt, Neues dazu zu lernen und schafft, die bisherigen Muster des Verhaltens durch andere Muster zu ergänzen, hat man irgendwann die Wahl zwischen einem alten und einem neuen Muster.
Die Schutz- und Abwehrmechanismen der uns umgebenden Personen werden von uns jedoch häufig als Abwehr interpretiert und aktivieren dann unsere eigenen Dynamiken. Kommt uns Abwehr entgegen, haben wir meist die Tendenz, die Abwehr überwinden zu wollen. Solche Formen der wechselseitigen Ergänzung von Dynamiken sind weit verbreitet. Sie sind wahrscheinlich für viele Prozesse des Überlebens im Verlaufe unserer Evolution unerlässlich gewesen und sind es möglicherweise immer noch.
So nehmen wir häufig den Raum ein, den eine andere Person durch Zurückweichen zur Verfügung stellt; wir werden oft aktiv – zum Beispiel als Retter - oder sogar aggressiv, wenn sich uns jemand als passives hilfloses Opfer präsentiert; wir fangen meistens an nachzubohren, wenn jemand ein Geheimnis vor uns verbergen will, und so weiter. Aber auch, wenn wir den Sog spüren, der sich als Antwort auf eine bestimmte Dynamik des Gegenübers in uns aktiviert, ist es nicht immer sinnvoll, diesem Sog nachzugeben. Auf diese Zusammenhänge zwischen den Dynamiken von sich begegnenden Menschen werde ich ausführlicher im letzten Kapitel eingehen.
Auf jeden Fall gilt: Es ist sehr unklug, einen Kampf zu beginnen, den man wahrscheinlich nicht gewinnen kann. Denn es sind unter anderem die Kämpfe mit den Schutz – und Abwehrmechanismen einer anderen Person,

die man meist schon deshalb nicht gewinnen kann, weil bei Angriffen das Gefühl der Bedrohung stärker wird und die betroffene Person dann versuchen wird, sich mehr und mehr zu schützen. Dadurch kommt es zu einem eskalierenden Prozess, dessen Ausgang ungewiss ist.
Leider tun dies aber die meisten Erwachsenen. Sie kämpfen auch mit den Schutz - und Abwehrmechanismen der ihnen anvertrauten Kinder, verlieren diese Kämpfe und fühlen sich dann hilflos. Viele Erwachsene können das Gefühl von Hilflosigkeit nicht ertragen und werden entweder verzweifelt oder wütend, drücken diese Gefühle meist unkontrolliert aus und behandeln dann die Menschen in ihrer Umgebung häufig unangemessen. Das bedeutet, dass die Prozesse zwischen ihnen und den anderen eskalieren.

Neben der Frage, wie man mit den Schutz–und Abwehrmechanismen anderer Menschen, insbesondere mit denen von Kindern und Jugendlichen, umgeht, bleibt die Frage, wieso es kommen kann, dass Aktivität und Passivität überhaupt Schutzfunktionen haben können.
Aktivität wird in unserer Kultur sehr leicht mit Aggressivität gleich gesetzt und unter diesem Aspekt versuchen bereits viele Eltern, die Aktivität ihrer Kinder zu reduzieren. In diesem Sinne kann die nicht zu bremsende Aktivität von Kindern auch verstanden werden als eine Botschaft an die Eltern, dass sie sich den Forderungen der Erwachsenen nicht unterwerfen werden. Damit wird „Aktivität“ zu einem Schutz vor den von außen kommenden Geboten und Verboten der Erwachsenen, zu einem Schutz vor dem Verlust bzw. der Übereignung der eigenen Identität an die Erwachsenen.
Aktivität kann auch davor schützen, sich mit den eigenen schmerzhaften Gefühlen und Gedanken auseinanderzusetzen, in diesem Falle vor den von innen kommenden Bedrohungen.

„Meine Frau kann einfach nicht still sitzen“, sagt mir ein Ehemann, „Kaum hat sie sich hingesetzt, um mit mir einen Kaffee oder einen Wein zu trinken, springt sie schon wieder auf und muss irgendetwas erledigen. Blumen gießen, Glühbirne einschrauben, Zahlkarte ausfüllen, Kartoffeln aufsetzen, Wäsche aufhängen, irgendetwas ist immer. Nie kann man einmal in Ruhe mit ihr sitzen.“ Was der Ehemann dabei nicht berücksichtigt, ist sein eigenes fast aggressives Schweigen, sein Nichtreagieren, wenn seine Frau erwähnt, dass noch die Geschirrspülmaschine ein – oder ausgeräumt oder irgendetwas anderes im Haushalt gemacht werden muss. Er bietet ihr keine Hilfe an, er sitzt und schweigt. Sie wird wütend, aber sie sagt es nicht, sie springt auf und tut etwas. Aber sie tut ihm nichts an, und er merkt nicht, wie sehr er an dieser Dynamik beteiligt ist. Er denkt irrigerweise, sie sei nicht in Ordnung und habe ein Problem und er würde darunter leiden und sei ihr Opfer.

Passivität dagegen kann z. B. davor schützen, etwas zu tun, was den Mitmenschen nicht gefällt oder was diese falsch, unangebracht, anormal oder verrückt usw. finden. Dadurch kann man vermeiden, sich ihren eventuellen Vorwürfen oder anderen Aggressionen auszusetzen. Passivität kann davor schützen, schuldig gesprochen oder auf andere Weise zur Verantwortung gezogen zu werden, weil Passivität verhindern kann, überhaupt etwas zu tun. „Ich habe doch gar nichts getan", ist die dazu passende Haltung. Keine Aktivität, keine Verantwortung, keine Schuld, keine Strafe.

Wenn man mit Kindern und Jugendlichen spielt und arbeitet, wird man konfrontiert mit ihrer unterschiedlichen Aktivität oder Passivität, die sich möglicherweise störend auf die jeweiligen Vorhaben des Erwachsenen auswirken können.
Unabhängig davon, ob es sich bei der Tendenz eines Kindes, sich eher aktiv oder eher passiv zu verhalten, um einen Schutz – und Abwehrmechanismus handelt oder nicht, bleibt dieses Kind ein selbstständiges Lebewesen, welches seine Handlungen ausschließlich aus seinem Inneren heraus bestimmt und welches nicht durch gezielten Einfluss von außen beeinflussbar ist. Das bedeutet, dass die Erwachsenen tun und lassen können, was sie wollen, sie können – außer durch körperliche Gewalt – ein Kind nicht zwingen, das zu tun, was sie wollen. Ein Kind wird möglicherweise in der Wahrnehmung der Erwachsenen „gehorchen", aber es wird dieses freiwillig tun, z. B. um unangenehme oder schmerzhafte Konsequenzen zu vermeiden oder um Zuneigung, Anerkennung, Wertschätzung, Liebe oder materielle Vorteile zu gewinnen.
Leider werden in unserer Kultur immer noch Vorstellungen vermittelt, nach denen die Erwachsenen in der Lage sein müssten, Kinder zu allem möglichen zu motivieren.
Lehrerinnen und Lehrer sollen die Kinder dazu bringen, leise zu sein, still zu sitzen oder sich in Zweierreihen vor der Tür aufzustellen, sich lebhaft, aber diszipliniert am Unterricht zu beteiligen, konzentriert allein zu arbeiten, in Gruppen Ergebnisse zu entwickeln, sich zu melden, bevor sie etwas sagen, nicht mit den Nachbarn zu reden und schon gar nicht irgendwelche Konflikte anzuzetteln, zu treten, zu kneifen, zu spucken oder anderen etwas wegzunehmen, ihre Schularbeiten zu Hause zu machen und sie zusammen mit den anderen Schulsachen mit in die Schule zu bringen, Ordnung in ihren Schulsachen zu halten, und vor allem: Interessiert an den schulischen Aktivitäten teilzunehmen und alles, was die Erwachsenen von ihnen wol-

len, auch zu tun. Aber die Erwachsenen können nur es nur versuchen, ob ihre Versuche gelingen, entscheiden die Kinder.

Valentino ist kaum zu stoppen, so eilig hat er es mich zu unterbrechen. „Kleine Katzen ebenso wie große machen, was sie wollen. Deswegen probieren wir es auch nur selten, sie zu irgendetwas zu zwingen. Aber wenn, werden wir auch etwas, wie soll ich sagen, „körperlich“: Ein bisschen mit den Zähnen knabbern, ein bisschen mit den Pfoten schubsen, ein bisschen grollen, aber nur ein bisschen. Nur zum zeigen, was wir wollen, wo es lang geht und um sie vor Gefahren zu schützen. Weißt du, Nachwuchs ist für uns das Wichtigste. Bei Euch Menschen scheint das leider nicht zu gelten. Na ja, ich finde kleine Katzen auch niedlicher als kleine Menschen, und ihr Menschen offensichtlich auch. Weißt du, wie viele Menschen im Tierschutzverein sind und wie viele sich für den Kinderschutz engagieren?“ Ich schüttele den Kopf, ich weiß es nicht. „Ich auch nicht“, sagt Valentino, „aber auf jeden Fall sind viel, viel mehr Menschen im Tierschutzverein.“ Und dann fügt er noch hinzu: „Aber es gab früher viele Menschen, die nicht nur Kinder, sondern auch Katzen gequält haben, heute tun das meistens nur noch Wissenschaftler.“ „Es tut mir leid, Valentino“, sage ich. Aber er reagiert nicht mehr auf mich, er geht durch die offene Tür in den Garten. Ich bin nachdenklich, irgendwie hat Valentino Recht, wir gehen nicht gut mit unseren Kindern um. Und auch nicht mit denen, die sich von Berufs wegen mit Kindern beschäftigen.

Von allen, die mit Kindern und Jugendlichen arbeiten, wird erwartet, dass sie in der Lage sind, in unterschiedlicher Weise gezielt Einfluss auf diejenigen auszuüben, die sie „erziehen“ und denen sie etwas „beibringen“ sollen.
Das bedeutet, dass die Aktivität, die von PädagogInnen aller Art erwartet wird, geprägt ist durch Vorstellungen von Macht - und Kontrollmöglichkeiten, die sich allerdings inzwischen wegen der Selbstorganisation von Lebewesen als Illusion erweisen. In diesem Sinne zeigt sich diese „pädagogische Aktivität“ auch als Schutz–und Abwehrmechanismus: Es soll – aus welchen Gründen auch immer – geleugnet werden, dass es keine Möglichkeit gibt, gezielt Einfluss auf andere zu nehmen oder sie in irgendeiner Weise zu kontrollieren.
Die einzigen Ausnahmen treten vielleicht im Rahmen von Hypnose auf, aber auf die möglichen gezielten Beeinflussungen von hypnotisierten Personen will ich in diesem Zusammenhang nicht eingehen. Aber ansonsten gilt: **Lebewesen beeinflussen sich zwar wechselseitig ununterbrochen, aber gezielte Beeinflussungen sind wegen der Selbstorganisation von**

Lebewesen nicht möglich, es handelt sich bei dieser Vorstellung nur um eine - wenn auch sehr geschätzte – Illusion.

Diese Illusion soll vor dem Gefühl von „Hilflosigkeit" schützen. Wir wollen anderen Menschen gegenüber nicht hilflos sein, wir wollen nicht, dass andere Menschen über die Erfüllung unserer Wünsche entscheiden. Wir glauben, wenn wir nur gut genug sind, dann klappt es auch mit der Wunscherfüllung.
Unsere „Aktivitäten" müssen angeblich nur gut genug durchdacht und ausreichend geplant sein, zum richtigen Zeitpunkt, unter den richtigen Umständen, mit der richtigen Stimme, dem richtigen Körper, dem richtigen „Outfit", der richtigen Präsentation usw. erfolgen, dann – glauben wir - wird sich der Erfolg schon einstellen.

Das Gegenüber wird in diesem Falle als passiver Empfänger unserer körperlichen, emotionalen, sozialen und kognitiven Verführungskünste wahrgenommen und interpretiert und wenn es nicht zur Wunscherfüllung kommt, beziehen wir die Ablehnung oft so auf uns, das wir uns als ganze Person abgelehnt fühlen.
Das aber aktiviert nicht nur unsere Hilflosigkeit, sondern auch den Schmerz und die Wut über die vielen existentiell wichtigen, aber abgelehnten Wünsche unserer Kindheit.
Haben wir es mit Kindern und Jugendlichen zu tun, sind es häufig unsere Ängste, die uns aggressiv werden lassen. Und während wir uns bei Erwachsenen vielleicht daran hindern, unsere Wut an ihnen auszulassen und sie anzugreifen, weil nicht sicher genug ist, dass wir auch gewinnen werden, ist die Befürchtung zu unterliegen häufig bei Kindern nicht groß genug, um uns zu hemmen.
Erwachsene schlagen und quälen ihre Kinder auf verschiedene Arten und Weisen: Sie sperren sie ein, in die Toilette, in den Schrank, in den Kaninchenstall, in den Keller oder was sonst so zur Verfügung steht; sie zwingen sie mit Gewalt, das zu essen, was die Kinder nicht essen wollen oder sie lassen sie hungern und dürsten; sie missbrauchen die Kinder physisch und psychisch, kurzum, sie tun ihnen Dinge an, die sie sich nicht trauen würden, einem anderen Erwachsenen zuzumuten, höchstens, wenn sie in der Überzahl sind. Kinder sind kleiner und schwächer als Erwachsene und sie lieben ihre Eltern, sie verhalten sich meist solidarisch und „verraten" ihre Eltern nicht, in vielen Fällen nehmen sie sogar für das menschliche Versagen der Eltern alle Schuld auf sich und tragen diese Last oft ihr ganzes Leben. Sie waren – in ihrer Selbsteinschätzung – nicht liebenswert genug, nicht gut genug, nicht klug genug, sie haben sich nicht genug angestrengt,

sie waren eben nicht das Kind, was sich der Vater oder die Mutter gewünscht hat, es war ihr Versagen, nicht die Unfähigkeit, Unmenschlichkeit, Gewalttätigkeit oder Grausamkeit ihrer Bezugspersonen. (Siehe dazu: Alice Miller, Katharina Rutschky, Lloyd deMause, Philippe Ariès, Waltraud Falardeau, Wolfgang Bergmann u. a.)
Das gilt manchmal auch in der umgekehrten Richtung. Dann ist die Hemmung bei den Kindern und Jugendlichen nicht groß genug, um sie am Agieren ihrer Wut zu hindern.
Es gibt Jugendliche, die ihre Eltern oder andere Menschen unterschiedlichen Alters zusammenschlagen, anderen sexuelle Gewalt antun, das Eigentum von anderen stehlen oder zerstören oder alles daran setzen, sich selbst durch Drogen oder mit Hilfe anderer Methoden zu vernichten. In manchen Fällen scheint es so zu sein, als ob die Jugendlichen die von ihren Bezugspersonen begonnenen und an ihnen begangenen destruktiven und grausamen Handlungen aktiv selbst zu einem Ende bringen und sich selbst vernichten wollten, so als könnten sie das für sie immer noch offene Ende – die offene Gestalt – nicht ertragen.
Aber wenn Menschen noch nicht in Kontakt mit ihrem Schmerz, ihrer Frustration oder ihrer Wut und der zugehörigen Hilflosigkeit sind, sondern sich immer noch gefangen fühlen in der Falle, die sinnlosen Versuche ihrer Kindheit und Jugend fortzusetzen, um gerade von denen wahrgenommen, wertgeschätzt oder sogar geliebt zu werden, die das nicht getan haben, dann haben sie sich meist eine unlösbare Aufgabe aufgeladen. In vielen Fällen werden die eigentlichen Bezugspersonen später durch andere Menschen oder auch andere Gruppen ersetzt, und die Bemühungen, endlich akzeptiert zu werden, richten sich dann an diese Ersatzpersonen. Damit ist die Gefahr verbunden, sich immer wieder in solche Wiederholungssituationen zu begeben.

Für die meisten Menschen, insbesondere aber für Kinder und Jugendliche, ist diese Illusion, wir könnten, wenn wir nur schön, schlank, klug, gebildet, reich, kreativ, angepasst, richtig angezogen usw. wären, bei anderen erreichen, was wir wollen, eine zu große Bürde. Sie lehnen so vieles an und in sich ab, dass ihnen diese Aufgabe als zu schwer erscheint. Sie akzeptieren dann ihr potentielles Scheitern ohne vorherige Aktivitäten, sie entwickeln eventuell die Haltung, dass alles sowieso sinnlos ist, dass alles umsonst sein wird, dass man sowieso nichts machen kann, und sich Anstrengungen deshalb auch nicht lohnen. Passivität bietet sich als der Ausweg an, der ihnen Hilflosigkeit, Enttäuschungen, Wut und Verzweiflung ebenso zu ersparen scheint wie Erfahrungen des Scheiterns zu machen.

Wir sind es, die ihnen diese Bürde zusammen mit unseren illusionären Vorstellungen über die Manipulationsmöglichkeiten von Menschen, zusammen mit unseren Wünschen nach Kontrolle und unserer geleugneten oder verdrängten Hilflosigkeit und unserer Wut aufbürden. Nur um unsere eigenen schmerzhaften Erfahrungen nicht noch einmal wahrzunehmen, opfern wir unsere Kinder und Jugendlichen und wundern uns noch darüber, dass diese „Opfer" die zwischenmenschlichen Interaktionen eskalieren lassen. Aber es gibt noch andere Möglichkeiten der Vermeidung, aktiv sich selbst zu leben.

So sind auch die Überanpassungen an gesellschaftlich vorgegebene Erwartungen dafür geeignet und sie sind sehr vielfältig. Manche Kinder und Jugendliche glauben z. B., sich nur auf bestimmte Weise kleiden zu können beziehungsweise bestimmte modische, technisch neue oder sonst wie angesagte Artikel unbedingt besitzen zu müssen, nur noch bestimmte Sprech– und Verhaltensweisen verwenden zu dürfen und andere Ausdrucksweisen abzulehnen oder zu verachten, oder bestimmte Vorstellungen in Bezug auf die eigene Zukunft zu entwickeln, für die – ohne dass sie es wissen, weil niemand ihnen ihre Grenzen bewusst gemacht hat - die eigenen Möglichkeiten oder Kompetenzen nicht ausreichen. Viele Eltern und andere Bezugspersonen nehmen diese Überanpassungen der jungen Menschen nicht sehr ernst. Auch wenn sich Eltern unter Druck gesetzt fühlen, die Wünsche ihrer Kinder nach bestimmten prestigeträchtigen und teuren Markenartikeln zu erfüllen, oder irritiert registrieren, dass ihre Kinder stundenlang Computerspiele machen, exzessiv Musik hören oder vor dem Fernseher sitzen, unternehmen sie nicht viel. Sie wollen von ihren Kindern akzeptiert und geliebt werden und scheuen deshalb die vielleicht auftauchenden Konflikte. Sie glauben eventuell, ihre Kinder nicht enttäuschen zu dürfen und wollen ihnen das Beste geben, was der Markt zu bieten hat. Sie haben möglicherweise auch Schuldgefühle, weil sie wenig Zeit – aus welchen Gründen auch immer - mit ihren Kindern verbringen. Oder aber sie fühlen sich von ihrem familiären und beruflichen Alltag so schwach und ausgelaugt, dass sie glauben, nicht genug Kraft zu haben, sich den Forderungen ihrer Kinder zu widersetzen. Schließlich wollen oder tun angeblich fast alle anderen Kinder das, was ihre eigenen Kinder wollen oder tun, und die Eltern wollen nicht, dass ihre Kinder Außenseiter werden. Die beobachtbare Überanpassung, mit deren Hilfe viele Kinder und Jugendliche Anerkennung und Wertschätzung von anderen erreichen wollen, ist nicht unbedingt das, was den Eltern oder den anderen Bezugspersonen besondere Sorgen bereitet.

Das „nichtangepasste" Verhalten ist es, was die Aufmerksamkeit der Erwachsenen auf sich zieht. Die Kinder und Jugendlichen, die ihnen unangenehm auffallen, sind diejenigen, die sich nicht konzentrieren, die „offen-

sichtlich“ nicht lernbereit sind, die andere Kinder misshandeln und versuchen zu erpressen, die nicht „gehorchen“, sondern verbale und körperliche Angriffe starten usw..
Da wissen wir häufig nicht weiter.

Was also können wir tun, wenn wir eine Klasse von schwierigen und nicht zu bändigenden Kindern, eine Gruppe von frustrierten, gewaltbereiten und kaum zugänglichen Jugendlichen vor uns haben?
Wenn es erst einmal so weit ist, braucht es Geduld und Zeit, die inzwischen eingefahrenen Muster wieder aufzulösen und Möglichkeiten kooperativen Verhaltens einzuüben.

Vor allem ist es wichtig, sich dabei bewusst zu machen und bewusst zu halten, dass wir nicht über Macht und Kontrolle in Bezug auf andere Lebewesen verfügen und dass es so, wie es uns in der Familie, in der Schule und Hochschule, in den meisten Büchern und durch die Medien immer noch beigebracht wird, wegen der Selbstorganisation von Lebewesen nicht ist und nicht sein kann.

Um es noch einmal deutlich zu sagen, wir sind es nicht, die Kinder dazu bringen können, still zu sitzen, nicht zu reden, sich diszipliniert zu verhalten, konzentriert zu arbeiten, interessiert zu sein, aktiv mitzumachen, sich konstruktiv und sozial zu verhalten und das aufzunehmen und zu verarbeiten, was sie lernen sollen. Wenn die Kinder sich so verhalten, tun sie dieses, weil sie sich dazu entschieden haben, aus welchen Gründen auch immer.
Das einzige, was wir neben dem Äußern von Wünschen tun können, ist, den Kindern und Jugendlichen Angebote zu machen, und zwar möglichst kompetente, an der Lebenswelt der Kinder und Jugendlichen orientierte und zu Problemlösungen herausfordernde Angebote und immer wieder sie und ihr Verhalten zu spiegeln, so dass sie lernen können, sich selbst zu kontrollieren, sich konstruktiv und sozial zu verhalten, und alles das zu lernen, was sie für ein erfülltes Leben in einer sozialen Gemeinschaft brauchen.
(Siehe dazu Kurt Singer: Die Schulkatastrophe, Weinheim-Basel 2009 und als Kurzinformation dazu: GEO kompakt Nr.17, „Kindheit“ usw.)

Wenn die Kinder und Jugendlichen diese Angebote nicht annehmen, kann und muss dies als Herausforderung verstanden werden, sich neue und vielleicht passendere Angebote auszudenken und wenn sie auf die Spiegelungen ihres Verhaltens nicht eingehen, versucht man es weiter, denn es kann

immer interne Gründe geben, die es einem Kind erschweren können, die Angebote seiner Umwelt wahrzunehmen und zu verarbeiten..
Wenn sie die Angebote dagegen annehmen, kann dies von den Erwachsenen dankbar zur Kenntnis genommen werden, und zwar deshalb, weil die Kinder und Jugendlichen dem jeweiligen Erwachsenen den Wunsch, sie mögen sich doch bitte auf seine Angebote einlassen, erfüllen. Und ich denke, es ist wichtig, diese Dankbarkeit deutlich zu zeigen.

Und wenn die Kinder und Jugendlichen auf der Basis der Angebote etwas dazu lernen, besteht Anlass, sich zu freuen, und zwar sowohl darüber, das man selber kompetente und professionelle Angebote erarbeitet oder ausgewählt hat und darüber, dass sie hilfreich für die Entwicklung und den Lernfortschritt der Kinder und Jugendlichen waren. Und auch in diesem Falle ist es wichtig, diese Freude deutlich zu zeigen.
Wenn Menschen auf diese Art mit ihren kleinen und großen Mitmenschen in Wechselwirkung gehen, trägt diese zur inneren Zufriedenheit und Stärke bei.

Täter und Opfer
Wie Menschen ihre Beziehung zu ihren Mitmenschen wahrnehmen

„Wenn ich etwas gefangen habe, ist das dann mein Opfer oder meine Beute", fragt Valentino. „Eines steht fest, du bist der Täter", sage ich, „aber ob das Opfer dein Opfer oder deine Beute oder etwas anderes ist, entscheidet das Opfer." „Das verstehe ich nicht, wieso kann eine Maus entscheiden, ob sie mein Opfer, meine Beute oder etwas anderes ist?" „Weil sie ein von dir unabhängiges Wesen ist", sage ich, „sie entscheidet selbst, wie sie sich fühlt." „Du hast Recht", sagt Valentino, „manche Mäuse sterben, auch wenn sie meine Beute und mein Opfer sind, als Helden." Dabei leckt er sich genüsslich über sein kleines Schnäuzchen, das er zu einem so großen Maul aufreißen kann, dass eine ganze Maus hineinpasst.

Sich als Sonne oder Mond zu verstehen, sich neugierig oder abwehrend, aktiv oder passiv zu verhalten, ist zunächst einmal nicht an bestimmte Gefühle oder Bewertungen gebunden. Die Begriffe „Mond" und „Sonne" sollen in diesem Zusammenhang nur deutlich machen, ob sich ein Mensch im Zustand des Aufnehmens, des Eindrücke Sammelns und Lernens oder ob er sich im Zustand des Gestaltens und Strukturierens befindet, ob er etwas vermeiden will und ausweichend ist oder sich aktiv auf etwas Unbestimmtes hinbewegt.
Diese Haltungen beziehungsweise Verhaltensweisen stehen hier – vereinfacht und wertneutral gemeint – für Prozesse des Gebens und Nehmens.
Letztlich lassen sich solche Polarisierungen nicht aufrechterhalten, weil allein schon „Geben" und „Nehmen" stets in einer Wechselwirkung stehen, aber hier will ich aus analytischen Gründen diese Polarisierungen erst einmal bestehen lassen und auf die Wechselwirkungen zwischen Geben und Nehmen eingehen.

Geben und Nehmen sind grundlegende Prozesse des Lebens, jedes Lebewesen nimmt aus seiner Umwelt das, was es für die Aufrechterhaltung seiner Selbstorganisation und damit für sein Leben braucht und gibt das in seine Umwelt zurück, was es nicht mehr braucht. Und da das Entnommene und das Zurückgegebene von Lebewesen zu Lebewesen verschieden ist und das, was für das eine Lebewesen Abfall ist, für das andere Grundlage des Lebens sein kann, lassen sich zwei grundlegende Prinzipien der Evolution formulieren: **Lebewesen leben von einander und Lebewesen leben für einander und die Bedingungen ihrer Existenz sind untrennbar miteinander verbunden.**

Gleichzeitig bedeuten diese beiden Prinzipien zusammengenommen, dass ein Lebewesen – wie schon gesagt - nicht beliebig viel aus seiner Umwelt entnehmen kann, wenn es sich nicht selbst der Grundlage seiner eigenen Existenz berauben und sein eigenes Überleben gefährden will.

Leider sind diese Prinzipien nicht allen Menschen bewusst und wenn doch, werden sie meist nicht auf zwischenmenschliche Beziehungen angewendet und schon gar nicht auf die Beziehungen zwischen Kindern und Erwachsenen.
Zwischen diesen gibt es seit vielen Generationen Prozesse, in denen das „Geben" der Erwachsenen an die Kinder häufig ein „Nehmen" ist, und das „Nehmen" der Kinder von den Erwachsenen eigentlich ein „Geben".
Hier will ich versuchen, diese Prozesse auch auf die Gefahr unzulässiger Vereinfachungen möglichst nachvollziehbar vorzustellen.

Alle Erwachsenen waren einmal Kinder und haben vielfältige Erfahrungen mit ihren Eltern und anderen Erwachsenen gemacht. Viele Kinder wurden als Babys angeekelt berochen, weggestellt, gefüttert, wenn die Erwachsenen es für richtig hielten, beknuddelt, wenn Erwachsenen es brauchten, und durften auch schon mal viele Stunden hintereinander schreien, ohne das jemand kam.
Viele Kinder wurden, wenn sie ungehorsam waren, geschlagen, eingesperrt, ausgesperrt, gequält, niedergeschrien, mit Nichtachtung bestraft und mussten „ohne Essen ins Bett". Sie wurden ausgelacht, vorgeführt, mussten sich küssen, abkitzeln und in die Backen kneifen lassen, ihre Leistungen wurden verbessert oder gar nicht erst als eigenständig anerkannt, in Bezug auf ihre Impulse und eigenständigen Orientierungen waren die Erwachsenen meist schneller, haben ihre Gedanken „gelesen", ihnen die Welt erklärt und ihnen Vorschriften gemacht. Viele Kinder wurden sexuell oder emotional missbraucht und misshandelt oder mussten dazu herhalten, unwillkommene Gefühle der Erwachsenen, wie z. B. Hilflosigkeit, unter Kontrolle und unangenehme oder schmerzhafte Erinnerungen unbewusst zu halten.
Anders ausgedrückt: Fast jeder in dieser Kultur aufgewachsene Erwachsene hat in seiner Kindheit traumatisierende Erfahrungen gemacht:
Einige haben sich allein gelassen, verlassen und ausgeliefert gefühlt und von einem Baby kann das Alleingelassenwerden als lebensbedrohlich erlebt werden. Andere haben sich nicht wahrgenommen, nicht ernstgenommen oder unwichtig gefühlt oder glaubten, keine oder nur eine geringe Bedeutung zu haben, wirkungslos oder abstoßend zu sein. Manche fühlten sich ungeliebt, abgelehnt, nicht gut genug oder schlicht ungenügend oder sie dachten, sie müssten sich das Recht auf Existenz erst verdienen, erst

einmal alle Erwartungen der Erwachsenen erfüllen und auf alle eigenen Wünsche und Vorstellungen verzichten. Und viele haben kein oder nur ein geringes Gefühl des eigenen Wertes entwickelt.

Die begleitenden Gefühle der Kinder umfassen Schmerz, Angst, Trauer, Wut, Entsetzen, Verzweiflung und vor allem Hilflosigkeit, denn sie konnten und können am Verhalten der Erwachsenen nichts ändern. Zusätzlich haben sie oft niemanden auf der Welt, der Mitgefühl mit ihnen hat oder der sie trösten könnte, denn ihre Eltern kommen dafür im Allgemeinen nicht in Frage. Diese Gefühle der Kinder sind meist sehr stark und damit die Kinder nicht unter ihnen zerbrechen, sondern weiterleben können, bewirken schützende innere „Mechanismen", die sogenannten Schutz – und Abwehrmechanismen, dass sie diese Gefühle, wenn sie zu intensiv sind, verdrängen oder abspalten können.
Dazu kommt noch, dass Kinder abhängig sind von ihren Eltern, viele lieben oder idealisieren sie und verteidigen sie gegenüber Angriffen von anderen. Auch als Erwachsene leiden diese traumatisierten Menschen, wenn sie sich eingestehen, dass ihre Eltern bestimmte Verhaltensweisen hatten, unter denen sie als Kinder gelitten und die ihnen damals und später das Leben erschwert haben.
Viele Erwachsene erinnern sich nicht, sie glauben, sie hätten eine schöne Kindheit gehabt, nur das Gefühl von Hilflosigkeit können sie nicht ertragen, denn dies könnte die furchtbaren Gefühle ihrer Kindheit wieder wach rufen. Und das wollen sie nicht. Im Zweifelsfalle können sie sich noch nicht einmal an das frühere Gefühl von Hilflosigkeit erinnern, weil diese Erinnerungen, wenn sie verdrängt worden sind, nicht mehr bewusst abgerufen werden können.
Alice Miller schreibt dazu:

„Wir meinen häufig, im Interesse der Kinder zu handeln, und merken nicht, daß wir das Gegenteil tun, nur weil wir die diesbezügliche Gefühllosigkeit so früh erlernt haben, daß sie stärker ist als alles später Dazugelernte. Das läßt sich am Beispiel der Gesetzgebung erläutern. Seit September 2000 hat das deutsche Parlament den leiblichen Eltern das Züchtigungsrecht ausdrücklich abgesprochen. Doch noch im Jahre 1997 wurde es ihnen zugestanden. Verweigert wurde dieses Recht nur fremden Personen, wie Lehrern, Meistern, Pflegeeltern etc. Die Mehrheit, etwa vier Fünftel, der Parlamentarier war fest davon überzeugt, daß die von den leiblichen Eltern verabreichten körperlichen Strafen in bestimmten Fällen positive Resultate erzielen können. In diesem Zusammenhang wurde immer wieder das Argument vorgebracht, man müsse dem Kind mit Gewalt die Gefahren des Straßenverkehrs klarmachen, damit es lerne, sich zu schützen.
Ein aus diesem Grunde geprügeltes Kind lernt aber nicht, sich vor Autos zu schützen, sondern die Eltern zu fürchten. Es lernt auch, die eigenen Schmerzen zu bagatellisieren, sie gar nicht zu spüren und sich schuldig zu fühlen. Da es schutzlos war, als es angegrif-

fen wurde, lernt es zu glauben, daß ein Kind keinen Schutz und keinen Respekt verdiene. Die falschen Botschaften werden in seinem Körper als Information gespeichert und bestimmen sein Weltbild und später seine Haltung anderen und sich selbst gegenüber. Dieses Kind wird weder imstande sein, sein Recht auf Würde zu verteidigen, noch den körperlichen Schmerz als Gefahrensignal zu erkennen und sich daran zu orientieren. Infolgedessen kann sein Immunsystem leiden. Wenn es keine anderen Vorbilder hat, wird das Kind die Sprache der Gewalt und der Heuchelei als das einzig wirksame Kommunikationsmittel begreifen und davon Gebrauch machen, denn das einst verdrängte Gefühl der Ohnmacht will der Erwachsene gewöhnlich in der Verdrängung halten. Viele Menschen verteidigen daher das alte Erziehungssystem mit allen ihnen zur Verfügung stehenden Mitteln." (Alice Miller, 2001, S. 67 ff)

Diese Erwachsenen sind als Kinder die Opfer ihrer Eltern geworden. Ihre Eltern haben ihnen nicht das gegeben, was sie gebraucht hätten, stattdessen haben sie ihren Kindern unter dem Vorwand, ihnen etwas zu geben, etwas genommen. Sie sind die Täter in dieser Wechselwirkung von Geben und Nehmen geworden.
Gleichzeitig sind solche Eltern ein Vorbild für machtvolles Handeln. Ihre damaligen Verhaltensweisen haben, zusätzlich zu den traumatisierenden Gefühlen, dazu geführt, dass die Kinder ihre Hilflosigkeit und Ohnmacht gegenüber diesen Verhaltensweisen gespürt haben und seitdem wissen, wie wirkungsvoll und mächtig diese Verhaltensweisen sind, denen sie ausgesetzt waren.
Und das bedeutet, dass die traumatisierten Kinder wissen, wenn sie sich denn erinnern können, wie sie eine Wiederholung der Traumata verhindern können: Sie brauchen in kritischen Situationen nur diese machtvollen Verhaltensweisen ihrer Eltern anderen gegenüber anwenden. Wie sehr sie selbst darunter gelitten haben, das haben sie meistens vergessen, aber sie wissen oft noch, dass und wie sie funktioniert haben.
Diesen Vorgang nennt man „Identifikation mit dem Aggressor" und man kann ihn Tag für Tag in vielen alltäglichen Situationen beobachten.
Auf diese Weise geben die ehemaligen Opfer, ohne es zu wissen, die Qualen ihrer eigenen Kindheit an andere Menschen, unter anderen an ihre PartnerInnen, FreundInnen und ihre Kinder weiter und so setzt sich dies, mit einigen kulturhistorischen Variationen, von Generation zu Generation fort. Aber wir opfern nicht nur die Kinder in unserer eigenen Kultur, sondern wir opfern aktiv durch die Ausbeutung der Ressourcen anderer Kulturen auch die dort lebenden Kinder und ihre Familie und schaffen damit neues aggressives Potential auch außerhalb unserer direkten Einflussbereiche.

Philipp Aries mit seinem Buch „Geschichte der Kindheit" und Lloyd deMause mit „Hört ihr die Kinder weinen", aber auch Katharina Rutschky mit „Schwarze Pädagogik" haben die historische Entwicklung der „Erzie-

hung“ in unserer Kultur mit ihren schrecklichen Auswüchsen beschrieben. Und viele andere wie Morton Schatzmann mit „Die Angst vor dem Vater“ und Alice Miller mit „Du sollst nicht merken“ haben auf die unterschiedlichen Aspekte und Konsequenzen der Grausamkeit gegenüber Kindern hingewiesen. Aber es reicht jedoch nicht aus, dass darüber geforscht und geschrieben und darüber gelesen wird. Es muss sich auch im konkreten alltäglichen zwischenmenschlichen Verhalten und in konkreten politischen Entscheidungen etwas ändern. Aber die Abwehr ist intensiv und die Verdrängungen sind stark.
Alice Miller schreibt dazu:

> „Es war schon immer so, daß nicht Grausamkeit Empörung in der Öffentlichkeit hervorruft, sondern die Hinweise auf die Grausamkeit. Baudelaire schrieb über das, was jeder wußte, aber sein Buch, *Die Blumen des Bösen,* durfte zunächst gerade deshalb nicht erscheinen. Die Opferung des Kindes ist nirgends verboten, verboten ist vielmehr, darüber zu schreiben. Je einseitiger die Gesellschaft darauf aufgebaut ist, strenge moralische Prinzipien wie Ordnung, Sauberkeit, Triebfeindlichkeit zu verwirklichen, je gründlicher sie die andere Seite des Menschen: Lebendigkeit, Spontaneität, Sinnlichkeit, Kritikfähigkeit und innere Unabhängigkeit des Individuums fürchtet, um so mehr wird sie bestrebt sein, ihre verborgenen Enklaven der anderen Seite des Menschlichen zu hüten, mit Schweigen zu schützen oder sie zu institutionalisieren. Die Prostitution, das Pornogeschäft und die beinahe obligatorische Obszönität in Männergesellschaften, wie z. B. im Militär, gehören zu den legalen, ja notwendigen Kehrseiten dieser Sauberkeit und Ordnung. ... Obszönität und Grausamkeit sind keine wirkliche Befreiung von Zwängen, sondern ihr Nebenprodukt. Freie Sexualität ist niemals obszön, und der freie Umgang mit eigenen aggressiven Regungen, das Zulassenkönnen von Gefühlen wie Zorn und Wut als Reaktionen auf reale Frustrierungen, Kränkungen und Demütigungen führt niemals zu Gewalttätigkeit.“ (Miller, 1981, S. 243ff)

Heute scheinen an die Stelle der Sauberkeit – sie wird inzwischen eher als selbstverständlich angesehen – der Wunsch nach Kontrolle getreten zu sein, man kann zwar tatsächlich in besonders schlimmen Fällen von Missbrauch, Vernachlässigung und der Tötung von Kindern das Aufflackern öffentlicher Empörung beobachten, aber sonst hat sich nicht viel geändert. Nach wie vor geht der Wechsel von Opfern zu Tätern und wieder zu Opfern von einer Generation zur anderen vor sich, wir leben in einer „Kinder – Opfer – Gesellschaft“. In den reicheren Ländern entziehen wir den Kindern die notwenige psychische Nahrung, in den ärmeren verweigern wir ihnen auch – u. a. durch Entscheidungen auf der Basis von Unwissenheit, Kurzsichtigkeit und vor allem von Kapitalinteressen - durch den Entzug von realer Nahrung und medizinischer Versorgung die physische Unterstützung.
Am 10. Dezember 1948 wurde in Paris die Allgemeine Erklärung der Menschenrechte von der Generalversammlung der Vereinten Nationen ohne

Gegenstimmen mit 48 Zustimmungen und acht Enthaltungen verabschiedet. In Artikel 1 wird festgehalten: „Alle Menschen sind frei und gleich an Würde und Rechten geboren...." Und in Artikel 2 heißt es: „Jeder hat Anspruch auf alle in dieser Erklärung verkündeten Rechte und Freiheiten, ohne irgendeinen Unterschied, etwa nach Rasse, Hautfarbe, Geschlecht, Sprache, Religion, politischer oder sonstiger Anschauung, nationaler oder sozialer Herkunft, Vermögen, Geburt oder sonstigem Stand. ...."
Sechzig Jahre später schreibt Caroline Fetscher in dem Artikel „Die Würde des Kindes ist unantastbar" (Tagesspiegel, 7. 12. 2008, S. 8) folgendes dazu:

„Menschenrechte waren zunächst Männerrechte, dehnten sich allmählich auf das andere Geschlecht aus und erfassen erst heute, mit zögerlichen kleinen Schritten, auch die „Zwergenpopulation" des Planeten, die Kinderbevölkerung. Nur 23 von 192 Staaten haben das Recht von Kindern auf gewaltfreie Erziehung ins Gesetz aufgenommen. In Deutschland geschehen im Dezember vor acht Jahren. Mit Leichtigkeit springen spektakuläre Fälle von Kühlschrankbabys und Kinderschändern in die Schlagzeilen. Zäh wehren sich hingegen Politik und Medien auch in Deutschland gegen die Aufnahme von Kinderrechten in die Verfassung. Menschen– als Männerrechte sind jung. Frauenrechte noch jünger. Kinderrechte kommen eben erst zur Welt. Und doch tun wir so, als seien Menschenrechte eine nachgerade langweilige, tautologische Selbstverständlichkeit. Aber sie verstehen sich gerade nicht von selbst."

Und weiter schreibt sie:

„Wo von Menschenrechten die Rede ist, da ist es meist ein Katzensprung zum Entsetzen. Hört man das Wort, tauchen vor dem inneren Auge sofort negative Szenarien von Angst, Bedrohung, Flucht und Kerkern auf. Mit dem Dilemma dieser Bildproduktion haben es die Verfechter der Menschenrechte zu tun, deren Broschüren und Informationsmaterial sich einer ikonografisch eingeschränkten, visuellen Ästhetik bedienen. Auf Abbildungen finden sich Gitterstäbe, Stacheldraht und karge Haftzellen, ernste oder lachende Kinder in ärmlicher Umgebung, zerfurchte Greisengesichter, ins Leere greifende Hände oder, zur Not, abstrakte Symbole. Oft werden so, zwischen Opferkitsch und forciertem Optimismus, vor allem ambivalente Emotionen geweckt, Abscheu, Verstörung und Widerwillen ebenso evoziert wie Empörung und Voyeurismus. Auch dieser Cocktail, der in sich ein Symptom für die ethische Unreife der globalen Gesellschaft ist, trägt dazu bei, dass Menschenrechte keine etablierten Fernsehformate auf den Plan gerufen haben, keine regelmäßigen Sonderseiten in den Gazetten, keinen Einzug in die Pflichtcurricula aller Schulen. Was mit solcher Selbstverständlichkeit abgetan werden darf oder konsumiert zu werden scheint, das ist in Wahrheit in seiner Dynamik und Tragweite kaum bekannt." (Fetscher, 2008, S.8)

Der Prozess der Verdrängung greift bei vielen Menschen, sie wollen - und das ist manchmal sogar eine bewusste Entscheidung – nicht an eigene vergangene Schmerzen erinnert werden, sie wollen das sie Verstörende und sie mit Entsetzen anfüllende Schreckliche nicht in ihr Bewusstsein aufnehmen. Sie sagen:

„Rede bloß nicht weiter, ich kann dann nachts nicht schlafen."
„Ich will das überhaupt nicht wissen, ich werde die Bilder in meinem Kopf nicht mehr los."
„Ich kann solche Nachrichten nicht ertragen, dann werde ich meines Lebens nicht mehr froh." Usw.

Solche Leugnungen und Verdrängungen halten sich oft über viele Jahre. Am 26. 11. 2008 hat laut Tagesspiegel der Petitionsausschuss seine zweijährige Arbeit mit einem Bericht über das Schicksal von Heimkindern abgeschlossen. In einem Artikel von Tissy Bruns mit dem Titel „Parlament bedauert Heimkinder–Leid" wird daraus zitiert:

„Der Petitionsausschuss sieht und erkennt erlittenes Leid, das Kindern und Jugendlichen in verschiedenen Kinder–und Erziehungsheimen in der alten Bundesrepublik in der Zeit zwischen 1945 und 1970 widerfahren ist und bedauert das zutiefst." Weiter heißt es in dem Artikel:
„Der Petitionsausschuss hat sich seit November 2006 mit dem Schicksal von Heimkindern im Nachkriegsdeutschland befasst. Auslöser der Debatte war das Buch des „Spiegel" – Autors Peter Wensierski mit dem Titel „Schläge im Namen des Herrn". Danach sind bis in die 70er Jahre in staatlichen und kirchlichen Heimen Hunderttausende Kinder und Jugendliche durch Kinderarbeit und drakonische Strafen schikaniert worden." (Tissy Bruns, 2008, S. 4)

In einem weiteren Artikel von Tissy Bruns vom gleichen Tage steht:

„Diese Parlamentarier haben zugehört, sich in aller Härte konfrontieren lassen mit Zuständen, die im Gedächtnis des Landes seit Ende der 70er verdrängt worden sind: Wie nämlich im aufstrebenden Wirtschaftswunderland Kinder und Jugendliche in Heime gesperrt wurden, deren Makel uneheliche Geburt oder Aufmüpfigkeit waren, kleine und kleinste Abweichungen von dem, was als Normal galt. Wie Kindern, die oft nicht wussten, warum sie in ein Heim geraten waren, jahrelang die Briefe ihrer Eltern vorenthalten wurden, wie die Aufsicht gegenüber den Heimen versagt hat und wie eine schwarze Pädagogik weitergeführt wurde, die ihre Legitimation schon vor 1933 verloren hatte. Wie Prügel und Demütigungen das ganze Leben zeichnen können – und umso mehr, wenn darüber ein Schweigeverdikt hängt." (Tissy Bruns, 2008, S. 8)

Es gibt also Menschen, die hinsehen und hinhören, aber es ist nicht zu bezweifeln, dass es hart ist, sich mit dem Leid anderer Menschen zu konfrontieren. Noch härter kann es sein, sich dem eigenen vergangenen Leid und den eigenen schmerzlichen Erinnerungen zu stellen und dadurch – in gewisser Weise - noch einmal zu erleben. Die meisten Menschen wollen sich nicht erinnern: Es tut zu weh.

Aber der Wandel vom Opfer zum Täter und dessen Wiederholung in der nächsten Generation kann nur von den Erwachsenen unterbrochen werden, die sich entschließen und sich bemühen, sich zu erinnern. Denn erst dadurch wird ihnen vielleicht ihr eigenes bisheriges Verhalten so bewusst, dass sie es nicht in gleicher Weise fortsetzen müssen, weil sie wissen, dass ein solches Verhalten ihrer Eltern ihnen als Kind sehr weh getan hat. Dann wird es für sie möglich, die Traumatisierungen ihrer eigenen Kindheit nicht mehr an die ihnen anvertrauten Kinder weiter zu reichen.
Ein Schlüssel dazu liegt darin, das Gefühl von Hilflosigkeit nicht mehr so schnell wie möglich zu verdrängen oder in Wut darüber auszubrechen, sondern als ein zum menschlichen Leben dazugehöriges Gefühl zu betrachten, welches immer dann wieder auftritt, wenn man Wünsche an andere hat und diese sich weigern, die Wünsche zu erfüllen.
In diesem Sinne weist uns das Gefühl der Hilflosigkeit auch immer auf die zwischen Lebewesen bestehende Grenze hin, die nicht auflösbar ist, denn die Kontrolle von Lebewesen ist prinzipiell unmöglich und Lebewesen lassen sich nicht gezielt beeinflussen
Die Schwierigkeit hier liegt hierbei darin, dass es sich nicht um die „normale“ Hilflosigkeit handelt, die man bei der Nichterfüllung von kleinen, im Alltag auftretenden Wünschen fühlt, oder wenn man keine Möglichkeit sieht, sich durchzusetzen oder zu bekommen, was man möchte, sondern um die Aktivierung einer sehr schmerzlichen Hilflosigkeit, die auf eine Fülle von abgelehnten Wünschen verweist. Es ist die Art von Hilflosigkeit, welche man erlebt, wenn man dem Zugriff anderer Menschen wieder und wieder ausgeliefert ist, die Art von Hilflosigkeit, die man als Kind spürt, wenn man sich der Macht und der Kontrolle der Erwachsenen nicht entziehen kann und man sich massiv bedroht fühlt, weil man das Opfer der Erwachsenen ist.

Vereinfachend lässt sich also sagen, dass Täter überwiegend als Kinder selbst Opfer waren und das Kinder, die Opfer solcher Täter werden, auf unterschiedliche Weise leicht selbst wieder Täter werden. Leider kann dies aber auch bedeuten, dass das ehemalige Opfer zum Täter gegenüber sich selbst wird. Während männliche Kinder, Jugendliche und Erwachsene eher zum Täter gegenüber anderen werden, richten Mädchen und Frauen häufiger die Aggressionen gegen sich selbst.
Sie kritisieren ihr Aussehen, ihre Persönlichkeit, ihre Leistungen, ihren Körper, ihre Bewegungen, sie hungern, erbrechen und verwunden sich, sie

lassen sich operieren, sie passen sich mehr an, als ihnen gut tut, sie lassen sich schlecht behandeln, quälen und schlagen und sind so wenig mit den Täterstrategien der Täter ihrer Kindheit in Kontakt, dass sie nicht wissen, wie sie sich selbst behaupten, sich zur Wehr setzen oder andere angreifen können. Sie haben sich dann in gewisser Weise in einem Leben als Opfer eingerichtet. Sie bleiben in allen oder in Teilen ihres Lebens in der Mondposition und warten darauf, dass andere in ihrem Leben die Sonnenposition einnehmen und sie retten werden. Man darf dabei nicht vergessen, dass auch das Leben als „Opfer“ seine Vorteile haben kann. In der Opferposition braucht man keine Verantwortung zu übernehmen, man ist „fremdbestimmt“. Dadurch glaubt man, „unschuldig“ bleiben zu können. Man braucht oft auch nicht mit seiner eigenen, „gefährlichen“ Aggression in Kontakt zu kommen, sie kann durch andere intensive Gefühle, wie Bitterkeit und Verzweiflung ersetzt oder hinter Resignation verborgen werden. Menschen in der „Opferposition“ hoffen oft, statt der Aggression von anderen deren Mitgefühl auf sich zu ziehen und sie brauchen sich nicht allein zu fühlen, weil sie sich der großen Gemeinschaft von „Opfern“ zugehörig fühlen können. In der Opferposition kann man nicht persönlich scheitern oder versagen, man ist in seinem Bemühen „behindert“ worden. Jede einzelne Person wird ihre eigenen Vorteile in der Opferposition finden und nicht umhin können, auf diese zu verzichten, wenn sie sich aus dieser Position heraus bewegen will.

Aber inzwischen wählen auch Mädchen häufiger die Täterrolle. Gewalt kann berauschend wirken, und viele Täterstrategien scheinen Macht über die eigene Umwelt und über andere Menschen zu versprechen, auch wenn es sich bei dieser Macht um eine Illusion handelt. Die Täter werden nur dadurch mächtig, dass sie Gewalt ausüben und sich ihre Opfer dieser Gewalt unterwerfen.

Unabhängig davon, ob nun aber Täter auf Täter, Täter auf Opfer oder Opfer auf Opfer treffen, stets führen die jeweiligen Verhaltensweisen zu einer sukzessiven Zerstörung des gemeinsam gebildeten Systems, weil sie eskalierend sind.
Zwei oder mehr Täter eskalieren die zwischen ihnen herrschende Gewalt. Hooligans sind dafür ein gutes Beispiel.
Zwei oder mehr Opfer stabilisieren sich gegenseitig in ihrer Passivität und Stagnation. Die eine Person ist ihrer Lebenssituation oder einer anderen Person ausgeliefert und die andere findet auch keine Auswege. Beide bestätigen sich mehr und mehr darin, dass es keinen Weg zu einer Veränderung ihrer Situationen gibt.

Zwischen einem Täter und einem Opfer verschieben sich die Grenzen zwischen beiden zugunsten des Täters, der Täter wird sukzessive immer mächtiger und das Opfer immer ohnmächtiger. Das liegt daran, dass das Opfer immer weiter zurückweicht und sich immer mehr unterwirft, und der Täter den freiwerdenden „Raum“ einnimmt und das Opfer immer stärker dominiert wird, weil es sich nicht wehrt.
Diese Prozesse, die zu Eskalation, zu Stagnation oder zu sich verstärkenden Ungleichgewichten führen, sind sowohl in den evolutionären Prozessen selbstorganisierender Systeme als auch in solchen Systemen selbst, wie einzelnen Organismen, Menschen und Menschengruppen, ökologischen und ökonomischen Systemen zu beobachten, wie später noch weiter verdeutlicht werden wird.
In zwischenmenschlichen Interaktionen sind diese Prozesse noch nicht hinreichend erforscht. Hier spielen sie aber ebenfalls eine wichtige Rolle, insbesondere, weil diese nicht nur zwischen einzelnen Individuen, sondern auch in den von diesen gebildeten Gemeinschaften - lokal und global - von Bedeutung sind.

Die folgenden Dialoge zeigen diese Prozesse und es wird auch bei diesen einfachen Beispielen deutlich, welche Person sich eher als Opfer und welche sich eher als Täter verhält, und wie schnell man von einer Rolle in die andere wechseln kann:

„Du hast wieder vergessen, die Briefe einzustecken.“
„Ständig machst Du mir Vorwürfe, steck sie doch selbst ein, schließlich sind es Deine Briefe.“

„Du hast wieder vergessen, die Briefe einzustecken.“
„Verdammt, ich weiß auch nicht, wo ich wieder meinen Kopf gelassen habe. Ständig vergesse und verlege ich die Sachen.“

„Ich schaffe es heute nicht, die Briefe einzustecken, ich habe einfach zu viel zu tun, schon der Gedanken daran lässt mich völlig erschöpft zurück.“
„Das kenne ich, ich bin heute auch völlig fertig, manchmal schaffe ich es nicht einmal, mir die Zähne zu putzen.“

Alle diese Prozesse lassen sich in Bezug auf Kinder und Jugendliche in Familien, Kindertagesstätten und Schulen beobachten, und sie sind – wenn sie sich als Rolle verfestigen - durchweg nicht erfreulich. Eskalation, Stagnation und zunehmendes Ungleichgewicht zwischen den Beteiligten sind kurz–und langfristig schädlich für die Entwicklung der betroffenen Personen.

Um eine konstruktive Entwicklung zu gewährleisten, sind de-eskalierende Prozesse notwendig. Dabei ist es wichtig, größere Ungleichgewichte und Stagnation zu vermeiden.
Wie diese aussehen, wird sich im Folgenden noch zeigen.

Einige der Grundvoraussetzungen für De-eskalation sind sowohl die Vermeidung von Gewalt und anderen Täterstrategien, als auch die Anerkennung, dass sich Menschen nicht kontrollieren lassen und vor allem der Respekt vor den freien Entscheidungen aller am Prozess beteiligten Personen, solange diese andere nicht schädigen.

Was also hätte der Lehrer, der seine Interessen mit Gewalt durchsetzen wollte und dem Schüler das Handy wegnahm, stattdessen tun können, um die Situation zu de-eskalieren?
Es gibt eine Reihe von Möglichkeiten, keine davon kann man als richtig bezeichnen, sie haben nur alle dieselbe übergeordnete Strategie: Akzeptieren und Re-definieren, wie folgende Beispiele zeigen.

Akzeptieren und Redefinieren:
1.
Wenn der Schüler sich weigert, mit dem Filmen aufzuhören, ist der Lehrer, wenn er nicht gewalttätig werden will, hilflos. Wenn er das akzeptiert, dann kann er das genau so dem Schüler mitteilen und ihn anschließend fragen, wie er denn einen solchen Interessenskonflikt, wenn er ihn selbst hätte und Gewalt ausgeschlossen sein sollte, lösen würde. Geht der Schüler auf die Frage nicht ein, könnte der Lehrer die ganze Klasse in eine Diskussion über Gewalt und gewaltfreie Lösungen und persönlichen Erfahrungen einbeziehen. Eventuell kann der Lehrer auch von dem persönlichen Konflikt abstrahieren und darauf verweisen, dass Konflikte aufgrund widersprechender Interessen auf der ganzen Welt, u. a. in Wirtschaft und Politik, vorkommen und es von großer Bedeutung ist, nach gewaltfreien Lösungen zu suchen und diese dann mit der ganzen Klasse zu diskutieren.
2.
Eine andere Möglichkeit nach der Weigerung des Schülers könnte darin bestehen, nach technischen Einzelheiten des Handys zu fragen, wie lange man filmen kann, ob auch der Ton mit aufgenommen wird und nach den Plänen des Schülers zu fragen, was er mit einem solchen Film aus dem Unterricht anfangen möchte. Daran anschließend kann man vielleicht auch mit

der Klasse über mögliche Veränderungen des Internetauftritts der Schule sprechen.

3.

Aber der Lehrer kann auch – ohne vorher ein Gebot oder ein Verbot auszusprechen - die technischen Möglichkeiten von Handys vergleichen lassen, auf verschiedene Kompetenzen im Umgang damit eingehen, entstehende Kosten usw. erörtern, aber auch die grundlegenden Kenntnisse, die man braucht, um einen guten, spannenden Film herzustellen, besprechen usw.

4.

Der Lehrer kann versuchen, es erst gar nicht zu dem Konflikt kommen zu lassen. Er kann gleich, - vor einem Verbot- , fragen, welche Ziele der Schüler mit dem Filmen verfolgt und dann mit der Klasse verschiedene Aspekte diskutieren, die in einem solchen Zusammenhang auftauchen können, wie z. B.: In welchen Situationen darf man einen Menschen filmen und wann nicht? Gibt es rechtliche Bestimmungen oder Beschränkungen? Wer hat wann ein Recht am eigenen Bild. Welche kulturellen Unterschiede gibt es für das Herstellen und den Umgang mit Bildern oder Filmen von Personen? Welche Sanktionen gibt es, wenn man sich nicht an persönliche Wünsche, gesellschaftliche Erwartungen oder rechtliche Bestimmungen hält? Wie kann man gute und spannende Visualisierungen herstellen. Usw.

In all diesen Beispielen geht es darum, die Situation, und damit alles, was dazu gehört, als Basis für das eigene Verhalten zu nutzen. Fühlt man sich hilflos, so ist das eben so. Weigert sich der Schüler, so ist das eben auch so, daran kann man nichts ändern, man kann nur sein eigenes Verhalten darauf aufbauen. Es geht darum, die Situation oder die andere Person oder sich selbst, so wie sie oder man selbst gerade ist, zu akzeptieren, und sich dann zu überlegen, wie man weiter mit der Situation umgehen und wie man darauf aufbauen will.

Akzeptieren bedeutet in diesen Beispielen nicht, dass man sich mit dem Verhalten der anderen Person einverstanden erklärt, sondern nur, dass man akzeptiert, dass der andere sich gerade so verhalten hat, wie er sich eben verhalten hat. Etwa so, wie man akzeptiert, dass es regnet, wenn es regnet.

Es ist, wie es ist, und man kann es, ab dem Moment, in dem es geschehen ist, nicht mehr ändern und in der Vergangenheit schon gar nicht

Für alle selbstorganisierenden Systeme gilt: Es ist immer der für dieses System im Moment vorhandene Zustand, der die Basis aller weiterer Prozesse bildet. Jeder Prozess führt wegen der durch ihn hervorgerufenen Veränderungen zu einer neuen Basis und auf dieser bauen sich die nachfolgenden Prozesse auf und so weiter.

In diesem Sinne stößt man bei der Begegnung mit einem anderen selbstorganisierendem System an die Grenzen des eigenen Einflusses und ist hilflos. Aber es ist sehr schwer, dieses Gefühl zuzulassen. Denn leider werden durch das Gefühl von Hilflosigkeit bei traumatisierten Menschen die alten Traumata aktiviert und damit auch die alten Gefühle von Wut, Verzweiflung oder Entsetzen in Bezug auf die damaligen Täter.
Damit aber wird es fast unmöglich, in einer solchen Situation eine Haltung von Akzeptanz in dem Sinne von „Es ist, wie es ist" einzunehmen, denn ein „Opfer" kann diese Haltung gegenüber dem „Täter" nicht einnehmen, wenn es glaubt, durch ihn in höchster Bedrohung oder sogar in Lebensgefahr zu sein. Und das gilt unabhängig davon, ob ein Beobachter die Situation von außen als harmlos oder bedrohlich wahrnimmt und bewertet.

Natürlich ist man nicht wirklich bedroht, geschweige denn in Lebensgefahr, wenn man - auch wenn man es nicht will - mit einem Handy gefilmt wird. Aber unser Gehirn agiert auf der Basis strukturähnlicher Informationen.

Als „strukturähnlich" kann man solche Phänomene und Situationen ansehen, die in den Struktur bestimmenden Merkmalen ähnlich sind. Jede Pyramide ist einer anderen Pyramide in diesem Sinne strukturähnlich, gleichgültig, wie klein oder wie groß sie ist und unabhängig davon, aus welchen Materialien sie besteht.

Dass unser Gehirn auf der Basis strukturähnlicher Situationen - oft, ohne dass uns dieses bewusst wird – unser Handeln bestimmt, ist ganz im Sinne unseres Überlebens. Wir können es uns nicht leisten, immer wieder heiße Kochtöpfe anzufassen oder durch eine geschlossene Glastür zu laufen und dergleichen mehr, es ist wichtig, dass wir - wenn wir uns einmal an einer Glastür gestoßen haben – von da an alles, was wir als gläsern wahrnehmen, für undurchdringlich halten, sofern wir es nicht zerschlagen. Sinnliche Erfahrungen mit Materialien aller Art, zum Anfassen, Riechen, Schmecken, Sehen, Essen, zum Basteln und Bauen, zum Kämpfen und zum Genießen sind nicht unsere einzigen Erfahrungen, die wir strukturähnlich verarbeiten, es sind auch unsere zwischenmenschlichen Erfahrungen und diejenigen, die wir im Verlaufe unseres Lebens mit uns selber machen. Auch hierbei spielen die jeweiligen Strukturähnlichkeiten eine bedeutende Rolle und sie können sich als Erweiterungen der Kompetenzen einer Person, aber ebenso auch als Einschränkungen der bisherigen Möglichkeiten auswirken.

Erlebt eine Person von klein auf Enteignungen aller Art, dann werden auch später solche Situationen, die einer Enteignung strukturähnlich sind, als bedrohlich erlebt.
Gibt es z. B. im Kindergarten ein Kind, dem ein anderes immer dann das Spielzeug wegnimmt, wenn es gerade angefangen hat, damit zu spielen; trifft dieses Kind später in der Schule auf andere Kinder, die ihm das Taschengeld wegnehmen; kommt es - stolz über die gute Klassenarbeit in Mathematik – nach Hause und sagt ihm der Vater dann: „Das hast Du nur meinen Erbanlagen zu verdanken", dann erlebt dieses Kind auf Grund der Strukturähnlichkeit dieser Situationen jeweils ein ähnliches Gefühl, nämlich Schmerz. Es tut weh, wenn man enteignet wird. Denn es bedeutet, dass man nicht als eigenständige Person mit eigenen besonderen Fähigkeiten und den gleichen Rechten wie das Gegenüber wahrgenommen wird, sondern vom Gegenüber für dessen Zwecke nur benutzt wird. Als erwachsene Person wird man dann vielleicht alle Situationen, in denen eine Enteignung als möglich erscheint, mit Misstrauen oder Angst erleben oder anderen Menschen unterstellen, diese hätten die Absicht, einen zu enteignen und diese Interpretation nur allzu leicht für wahr halten und im Einzelfall nicht mehr überprüfen.

Auch das Erleben von Ausgrenzungen kann auch später noch belastende und einschränkende Auswirkungen haben.
Wenn man als Kind z. B. nicht zum Geburtstag eingeladen wird, während die eigenen Freundinnen und Freunde hingehen oder wenn man nicht zu der Clique gehören darf, weil einige das nicht wollen, oder wenn man später - in Ausbildung oder Beruf – nicht aufgefordert wird, mit den anderen in die Kantine zu gehen oder dort allein an einem Tisch sitzt, während sich die anderen an den Nebentisch setzen, dann sind diese Situationen ebenfalls strukturähnlich: Man wird ausgegrenzt. Und es tut weh, nicht dazu zu gehören. Denn das bedeutet, dass die anderen uns nicht die Bedeutung zumessen, die wir gerne hätten, und da wir sozial lebende Wesen sind, ist es für unser Wohlbefinden außerordentlich wichtig, bedeutungsvoll für andere Menschen zu sein. Wenn nun ein Mensch solche Erfahrungen von Ausgrenzungen hat, dann überprüft er häufig soziale Situationen daraufhin, ob es Anzeichen von Ausgrenzungen gibt und unterstellt dann anderen Menschen leicht, sie würden ihn ausgrenzen, obwohl diese vielleicht gar nicht die Absicht haben, das zu tun.
Situationen und damit auch zwischenmenschliche Interaktionen werden strukturähnlich verarbeitet, weil eine solche Verarbeitung die Komplexität unseres Lebens reduziert und uns damit unterstützt, schnelle und auf unseren vergangenen Erfahrungen basierende Entscheidungen zu treffen. Viele

davon erweitern unser Potential und unsere Kompetenzen, manche engen unser Leben ein, weil wir – ohne Überprüfung und meist ohne, dass es uns bewusst ist– schmerzhafte Erfahrungen unserer Kindheit auf strukturähnliche Situationen übertragen und diese dann auf die eine oder andere Weise vermeiden oder frühere Strategien verwenden, die inzwischen ineffektiv geworden sind.

Damit man nun nicht jedesmal in kritischen, strukturähnlichen Situationen auf der Basis der eigenen kindlichen Gefühle reagiert, ist es notwendig zu lernen, zwischen den Erlebnissen von früher und den gegenwärtigen zu unterscheiden.
Es bedarf dabei der bewussten Unterscheidung zwischen der im Rahmen der frühen Traumatisierungen entstandenen Hilflosigkeit und der im Rahmen alltäglicher Situationen auftretenden Hilflosigkeit angesichts verweigerter Wunscherfüllung.

Es ist sehr sinnvoll, wenn sich eine Lehrerin oder ein Lehrer bewusst machen, dass es sich bei unerwünschten Verhaltensweisen von Seiten der Kinder oder Jugendlichen für sie nur um fehlende Wunscherfüllung handelt und dass es leider keine angemessenen Maßnahmen gibt, um diese zu zwingen, die Wünsche doch noch zu erfüllen. Selbst Drohungen und Erpressungsversuche von Seiten der Erwachsenen greifen nur, wenn die Kinder bereit sind, zu gehorchen und sich zu unterwerfen. Wenn die Kinder oder die Jugendlichen die Wünsche nicht erfüllen wollen, sind die Erwachsenen zunächst einmal hilflos. Wenn diese Hilflosigkeit in Bezug auf die Erfüllung konkreter Wünsche nicht unterschieden wird von der Hilflosigkeit, die im Zusammenhang mit früheren eigenen Traumatisierungen erlebt worden ist, wird es schwer, kreativ und innovativ mit dieser situativ entstandenen Hilflosigkeit umzugehen. Allzuschnell wird man gegenüber denjenigen, welche die Wunscherfüllung verweigern, aggressiv und eventuell sogar gewalttätig.
Man bleibt dabei als Opfer im alten Täter-Opfer-System stecken und glaubt, sich nur als „Täter" daraus befreien zu können. Dadurch wird aber das Täter-Opfer–System weiter stabilisiert und wird, wenn sich diese Prozesse im Umgang mit Kindern und Jugendlichen abspielen, an die nächste Generation weitergegeben.

Es gibt viele alltägliche Situationen, in denen aufgrund der Strukturähnlichkeit die alte schmerzhafte Hilflosigkeit und die Wut über die schon damals nicht erfüllten Wünsche sich wieder ins Bewusstsein drängen.

Die Eltern wollen, dass die Kinder ihr Zimmer aufräumen, den Müll wegbringen, die Schularbeiten machen, pünktlich nach Hause kommen und ähnliches und die Kinder gehorchen nicht. Die Eltern werden damit konfrontiert, dass ihre Wünsche keine Bedeutung haben, oder dass ihre Handlungsimpulse keine Wirkung zeigen, oder dass ihre wiederholten Argumente und Aufforderungen keine Spuren bei ihren Kindern hinterlassen. Das tut weh, keine Frage, aber können Erwachsene mit diesen Schmerzen ein wütendes Ausrasten auf ihrer Seite rechtfertigen? Sicherlich nicht, denn solche Verhaltensweisen führen dazu, dass die Konflikte eskalieren und wirken sich deshalb nur destruktiv aus.
In solchen Fällen sind andere Strategien des Umgangs gefragt. Grundlage dieser anderen Strategien ist, den Kindern und Jugendlichen zuzugestehen, dass sie erstens eine eigenständige Entscheidung getroffen haben oder treffen werden, zweitens, dass man als Erwachsener hilflos in Bezug auf ihre Entscheidung ist, weil man sie, außer mit massiver Gewalt, nicht zwingen kann. Drittens ist es wichtig, den Kindern und Jugendlichen - sofern sie alt genug sind - deutlich mitzuteilen, dass jede selbstverantwortlich getroffene Entscheidung Auswirkungen auf andere Menschen hat und viertens, ihnen die Konsequenzen ihrer Weigerung so authentisch wie möglich zu spiegeln.
Ein Jugendlicher, der – statt um zehn Uhr abends - erst um ein Uhr nachts nachhause kommt, wird beim nächsten Mal wahrscheinlich nicht pünktlich kommen, wenn er dafür beschimpft wird, außer er will z. B. solche Auseinandersetzungen vermeiden
Es ist sinnvoller, dass seine Eltern ihm mitteilen, dass sie sich große Sorgen um ihn gemacht haben, als er nicht pünktlich kam, und Angst hatten, ihm sei etwas passiert, weil sie davon ausgegangen sind, dass ihr Sohn zu seinem Wort steht, in dem Sinne, dass er sich bemüht, die Zusage, um zehn Uhr zuhause zu sein, auch einzuhalten. Ebenso wichtig ist, dass die Eltern die Autonomie ihres Sohnes respektieren, dadurch, dass sie ihm mitteilen, dass sie seiner Entscheidung und seinem Verhalten hilflos ausgeliefert sind, weil sie ihn nicht zwingen können, aber auch, weil sie sowohl respektieren als auch erwarten, dass er sich selbstverantwortlich verhält. Dazu gehört jedoch ebenso, dass die Eltern deutlich machen, dass sie diesen Respekt und die zugehörige Rücksichtnahme nicht nur bereit sind, ihrem Sohn zu erweisen, sondern dass sie dieses auch von ihrem Sohn erwarten. Und dass sie erwarten, dass ihr Sohn, wenn er durch irgendetwas Unvorhersehbares daran gehindert wird, sein Wort zu halten, sie anruft und Bescheid sagt, damit sie sich nicht unnötig Sorgen machen.
Die Selbstverständlichkeit, mit der viele Eltern erwarten, dass ihre Kinder ihnen gehorchen, ist unangemessen. Sie versuchen damit, ihre Kinder zu

enteignen, weil sie so tun, als seien es ihre Fähigkeiten als Vater oder Mutter, dass die Kinder gehorchen. Es ist aber der Entschluss ihrer Kinder, dass zu tun, was ihre Eltern wollen und die Eltern sollten dieses Entgegenkommen ihrer Kinder auch entsprechend honorieren.

In einem Interview sagte Stuart Kauffman: „Das Lebendige bringt autonom handelnde Wesen hervor." (Spiegel 1/2010, S. 121). Diese Fähigkeit der Autonomie ist neben der Reproduktionsfähigkeit und der Begrenztheit eines der entscheidendsten Kennzeichen des Lebens und bedingt unter anderem, dass lebende Systeme in Wechselwirkung mit ihrer Umwelt treten und auf der Basis der resultierenden Erfahrungen Entscheidungen treffen und eigenständig handeln können. Menschen jeden Alters reagieren sehr empfindlich darauf, wenn sie spüren, dass ihre Autonomie nicht respektiert wird, sondern eingeschränkt werden soll und beginnen sich zu wehren. Viele offenen und viele unterschwelligen Konflikte in zwischenmenschlichen Beziehungen aller Art, zwischen einzelnen Personen, Gruppen, Parteien, Kulturen und größeren politischen Gruppierungen sind darauf zurückzuführen und führen oft zu ungewollten Eskalationen bis hin zu wechselseitigen Vernichtungsversuchen.

Solche Prozesse beginnen meist erst einmal in kleinen Rahmen, wie z. B. in der Familie und breiten sich in den zugehörigen Umwelten immer weiter aus. Umso wichtiger ist es meiner Ansicht nach, die neuen wissenschaftlichen Erkenntnisse ernst zu nehmen und sich die zur Lebendigkeit gehörende Autonomie von selbstorganisierenden Systemen immer bewusst zu halten und zu respektieren.

Dazu gehört insbesondere ein neuer Umgang mit unseren Kindern, um die Missachtung ihrer Souveränität und die Weitergabe destruktiv wirkenden Verhaltens von einer Generation zur nächsten zu unterbrechen.

Valentino sitzt in der Fensterbank und putzt sich. Er unterbricht sich und fragt: „Erwartest du von mir auch, dass ich dir gehorche?" „Also, ich erwarte schon, dass du das tust, was ich Dir sage, sonst könnte ich es mir ja sparen, es überhaupt auszusprechen", antworte ich ihm. „Aber wenn ich es dann tue, hältst du es dann auch für selbstverständlich?", fragt er weiter. Ich zögere, ich weiß, dass ich manchmal ärgerlich werde, wenn ich ihn rufe und er kommt nicht, aber dann denke ich, dass Ärgerlichwerden auch mich nur darüber informiert, dass ich gerade nicht bekomme, was ich will und sage: „Es wäre schon ganz schön, wenn ich nur etwas sagen oder wünschen müsste, und du tust genau das, was ich will. Aber wenn ich mir überlege, dass Gehorchen wirklich eine Selbstverständlichkeit für alle wäre, dann würde das auch für mich gelten und das fände ich furchtbar. Dann könnte ich ja nicht mehr das tun, was ich selber will." Valentino möchte mich beruhigen: „Du bist ja erwachsen. Menschen glauben, nur Kinder und Jugendliche müssen gehorchen und da fällst du nicht mehr drunter." Aber dann zögert er etwas und fügt hinzu: „Aber du bist eine Frau und viele Männer glauben, eine Frau muss auch gehorchen." „Woher weißt du das denn?" „Aus dem Fernsehen", sagt er, „und viele Frauen glauben das auch. Aber ich muss dir leider sagen, ich verstehe nicht, wie Menschen glauben können, Gehorchen sei etwas Selbstverständliches. Ich jedenfalls tue alles, was ich tue, absolut freiwillig." „Ich weiß, Valentino", sage ich, „deswegen freue ich mich ja auch immer so, wenn du tust, was ich mir wünsche. Vielen Dank dafür." Valentino schnurrt und scheint sehr zufrieden zu sein. Dann sagt er noch: „Wenn du dich darüber freust und sogar noch danke sagst, dann tue ich gerne, was du willst, weil ich mich dann darüber freue, dass du dich freust." Ich sage zu ihm: „Du bist ein richtiger Schatz." Und er sagt: „Ja, ich weiß." Und dann macht er es sich in der Fensterbank bequem und zeigt durch das Schließen seiner Augen deutlich, dass das Gespräch nun beendet ist.

Macht und Ohnmacht

Wie Menschen ihre Wirkungen in Bezug auf ihre Umwelt empfinden

„Habe ich Macht über dich?" fragt mich Valentino. Ich bin etwas erstaunt über die Frage, aber ich sage ganz ernsthaft: „Ja, immer, wenn ich dich gern auf den Arm nehmen und streicheln möchte, und du entscheidest, ob ich das darf oder nicht. In dem Moment hast du Macht über mich, weil ich mich in Bezug auf meinen Wunsch von dir und deiner Entscheidung abhängig fühle."
„Das ist gut", sagt Valentino zufrieden und deshalb füge ich schnell hinzu: „Aber wenn ich mich erinnere, dass du deine eigenen Wünsche hast, die für dich genau so wichtig sind wie meine für mich, dann kann ich verzichten und dann hast du keine Macht mehr über mich." „Aber hilflos und ohnmächtig fühlst du dich dann schon, oder?" fragt er weiter. „Sag mal, Valentino, macht dir das Spaß?" Aber er antwortet nicht, sondern schreitet, seinen Schwanz rhythmisch von einer Seite zur anderen wedelnd, von dannen.

Wenn wir keine Macht über andere Menschen haben, wenn es keine Möglichkeit gibt, Kontrolle über andere auszuüben, warum glauben trotzdem so viele Menschen daran und machen sich selbst und andere – im Falle ihres Scheiterns - damit unglücklich und verzweifelt?
Einer der Gründe ist – neben den schon erwähnten - unsere jahrhundertelange kulturelle Erfahrung, dass eine solche Kontrolle über mechanische Systeme - wenn man Verschleißerscheinungen, sowie Ermüdungs- und Alterungsprozesse außer acht lässt - weitgehend möglich ist.
Auch Lebewesen wurden häufig mit mechanischen Systemen entweder verglichen oder sogar gleichgesetzt und Erfolge in medizinischen und biotechnologischen Bereichen haben die Sichtweise unterstützt, Lebewesen seien ähnlich zu behandeln wie mechanisch-technische Systeme.
So wird unser Gehirn häufig mit einem Computer verglichen und es gibt inzwischen eine Reihe technischer Unterstützungen für neuronale Prozesse, mit deren Hilfen Menschen besser hören, sehen, Prothesen bewegen können und vieles andere mehr. Die Entwicklung in diesen Bereichen wird mit der weiteren Verkleinerung von Mikrochips und ihrer zunehmenden Speicherfähigkeiten fortschreiten und es wird sicher in der Zukunft weitere erstaunliche und hilfreiche Ergebnisse geben.

Nur haben sich inzwischen nicht nur die Technologien, sondern auch – wie bereits anfangs beschrieben - die Wissenschaften weiterentwickelt und neue Konzepte und theoretische Ansätze hervorgebracht. Chaostheorie,

Theorie der komplexen, nicht-linearen dynamischen Systeme, Autopoiesis und Selbstorganisation sind die Stichworte, mit deren Hilfe man sich diese neuen Erkenntnisse zusammensuchen kann. Letzeres ist leider eher wörtlich gemeint, denn die entsprechenden Forschungsergebnisse sind über viele Fachgebiete verteilt. Dies liegt daran, dass diese Konzepte nicht nur für alle Lebewesen, für alle Gruppen von Lebewesen, für ökologische Systeme, und auch für biologische Prozesse, die sich in diesen Lebewesen abspielen, gelten, sondern auch für Wirtschaftssysteme, Aktienmärkte, das Wetter und vieles andere mehr.
Hier will ich auf das Konzept der Selbstorganisation bzw. der komplexen, nicht-linearen dynamischen Systeme nur insoweit noch einmal eingehen, als es mir im Zusammenhang zwischenmenschlicher Beziehungen wichtig erscheint.
So schreibt Wolf Singer, Direktor am Max – Planck – Institut für Hirnforschung in Frankfurt am Main in Bezug auf diese Systeme:

„Die Analyse komplexer nicht-linearer Systeme hat uns gelehrt, dass deren Entwicklung prinzipiell nie mit Sicherheit, sondern bestenfalls mit begrenzter Wahrscheinlichkeit, und nur über kurze Zeiträume hinweg prognostizierbar ist. Lebewesen und die von ihnen gebildeten Gemeinschaften sind Systeme dieser Art. Es ist also prinzipiell unmöglich, selbst wenn die Ausgangsbedingungen und die Entwicklungsgesetze vollständig bekannt sind, die zukünftigen Trajektorien solcher Systeme vorauszuberechnen. Damit wird es auch unmöglich die Konsequenzen von Eingriffen in solche Systeme mit Sicherheit vorauszusagen. Wenigstens also ist jetzt beweisbar, dass wir, was wir immer schon ahnten, nicht in die fernere Zukunft würden sehen können.
Selbst wenn es uns also gelänge, unter Ausnützung aller, während unserer kulturhistorischen Entwicklung gemachten Erfahrungen einen Konsens darüber zu finden, wohin wir wollen und was aus uns werden soll, bliebe da die prinzipielle Unmöglichkeit, die gewünschte Entwicklung durch gezielte Eingriffe festzulegen."
(Singer, Wolf, 2002, S.198)

Diese prinzipielle Unmöglichkeit, von der Wolf Singer hier spricht, ist schwer zu akzeptieren. Es muss doch irgendeine Möglichkeit geben, denken viele, doch noch irgendeine Form von Kontrolle über andere Menschen oder über die eigenen Lebensumstände usw. herzustellen. Die Vorstellung, dass man nichts gezielt und mit Erfolgsgarantie tun kann, um z. B. die Liebe eines anderen Menschen zu gewinnen, eine erneute Krebserkrankung zu verhindern, ein schreiendes Kind zu beruhigen, Zahnschmerzen – ohne Tabletten – zum Verschwinden zu bringen, oder ein Machtspiel zu beenden oder einen Stalker zu stoppen, ist für die meisten Menschen sehr bedrohlich und wird von ihnen deshalb auch nicht geglaubt.

Zu verbreitet sind die Vorstellungen, man könne bei sich und anderen alles Mögliche erreichen. Grenzen werden nicht wahrgenommen, als störend empfunden oder missachtet.
Dabei sind selbstorganisierende Systeme operational bzw. neuronal geschlossen, sie sind nur offen für Materie und Energie. Sie zeichnen sich sozusagen dadurch aus, dass sie einen hohen Durchfluss an Materie und Energie haben, dass aber alles andere nicht in seiner ursprünglichen Form von außen in sie eindringen kann, sondern auf der Basis von Wechselwirkungen mit der Umwelt für den persönlichen Gebrauch intern hergestellt wird. Insofern kann man nicht „hören", was gesagt wird und auch nicht „sehen", was zu sehen ist. Die sprechende Person produziert Schallwellen, die bei der hörenden Person ankommen und erst im Gehirn der hörenden Person zu Worten zusammengesetzt werden. Ähnliches gilt für das Sehen. Elektromagnetische Wellen unterschiedlicher Frequenzen und in unterschiedlicher Strukturierungen treffen auf die Augen und werden im Gehirn von vielen Neuronen, die jeweils für verschiedene Aspekte des Gesehenen, wie vertikale oder horizontale Linien, Tiefenschärfe, Farben usw. zuständig sind und sich etwa 300 Mal pro Sekunde miteinander austauschen, so in allen Einzelheiten verarbeitet, dass die sehende Person z. B. den Eindruck gewinnt, sie betrachte gerade einen gelben Liegestuhl mit blauer Liegefläche.
Man hört also nur das, was man hört und nicht das, was gesagt wird und sieht auch nur das, was man selbst sieht, und nicht unbedingt das, was für andere zu sehen ist. In dieser Weise stellt jedes Lebewesen ununterbrochen seine eigene Wirklichkeit her.
Gerhard Roth schreibt in seinem Buch „Das Gehirn und seine Wirklichkeit":

> „Unter der Voraussetzung, dass die realen Gehirne, welche die Wirklichkeit hervorbringen, *individuelle* Gehirne sind, bringen sie auch individuelle Wirklichkeiten hervor. Insofern gibt es ebensoviele individuelle Wirklichkeiten, wie es reale Gehirne gibt." (Roth, 1995, S. 297)

Roth unterscheidet zwischen Wirklichkeit und Realität, wobei Wirklichkeit in seiner Begrifflichkeit jeweils ein Konstrukt des Gehirns ist, und Realität das ist, in dem sich dieses Gehirn befindet, also die zugehörige Person mitsamt allem, was sich um sie herum befindet, wobei diese Person auf der Basis dieser Realität wiederum mit Hilfe ihres Gehirn ihre Wirklichkeit herstellt. (Roth, 1995, S. 288 ff)
Diese „Realität" ist, da sie von den Lebewesen ununterbrochen in deren eigene Wirklichkeiten umgewandelt wird, von eben diesen Lebewesen nicht erkennbar.

Allerdings ist es notwendig, diesen Satz zu ergänzen, es ist nicht nur die Person, sondern es ist vor allem die Selbstorganisation des jeweiligen Lebewesens, welche die Wirklichkeit herstellt. Menschen verfügen jedoch aufgrund ihrer Bewusstheit über Möglichkeiten, diese Wirklichkeit bewusst wahrzunehmen und gestaltend auf sie einzuwirken.

Valentino sagt: „ Weißt Du, es gibt etwas, was ich überhaupt nicht verstanden habe. Wenn Du sagst, jeder lebt und gestaltet seine eigene Wirklichkeit und nimmt dazu aus dem Potential seines Umfeldes das, was er - aufgrund seiner Selbstorganisation - dafür braucht. Und das ist bei jedem Lebewesen verschieden. Wie kommen dann Übereinstimmungen zustande und wie kann man sich dann auf etwas einigen, was alle für wahr halten oder was sogar für alle wahr ist?" „Das ist eine komplizierte Frage", sage ich. Aber Valentino hat schon eine Antwort:„Es geht auch ganz einfach. Ich sage zu dir, meine Schüssel sei leer und du guckst hin und sagst: „Das ist wahr, deine Schüssel ist leer, es wird Zeit, sie wieder zu füllen." Wie kommt es, dass es für uns beide wahr ist, obwohl wir doch beide in verschiedenen Wirklichkeiten leben?"
„Ich glaube, das liegt daran, dass Fressen sowohl in deiner wie auch in meiner Wirklichkeit wichtig ist." „Du meinst also, dass es nur dann so etwas wie eine gemeinsame Wahrheit gibt, wenn das, worum es geht, für alle Beteiligten bedeutungsvoll ist, wie Essen, Trinken, Schlafen, Denken, Reden, Schmusen usw.", fragt Valentino. „Ja", sage ich, „ich könnte es nicht besser ausdrücken." „Heißt das, wenn Menschen unterschiedliche Dinge für wichtig halten, dann können sie keine gemeinsame Wahrheit finden?", fragt Valentino weiter nach. „Auf jeden Fall wird es dann schwieriger", sage ich.
„Ich bin so froh, dass wir diese Schwierigkeiten nicht haben, Du findest alles wichtig, was ich auch wichtig finde und wenn ich etwas behaupte, widersprichst Du mir nicht, das macht alles viel einfacher", sagt Valentino und schmiegt seine Wange an meine Hand und fängt an zu schnurren. „Was würdest du denn machen, wenn ich dir widersprechen würde?", frage ich ihn. „Na ja", meint er, „Ich würde eben denken, dass du es einfach ganz anders siehst als ich, schließlich bin ich ein Kater und du bist ein Mensch, wir sind eben sehr verschieden." Ich sage: „Menschen sind auch sehr verschieden von einander, aber oft wollen sie so schrecklich gerne genau so sein wie die anderen und wenn sie dann merken, wie verschieden sie fühlen und denken und wie unterschiedlich die Dinge sind, die sie wollen, fangen sie manchmal an zu streiten." „Komisch", sagt Valentino, „das kann ich gar nicht verstehen. Ich möchte auf keinen Fall so sein wie ein

anderer Kater, ich will einmalig und besonders sein.“ „Valentino, das bist du auch“, sage ich. Und er grinst ein bisschen und sagt dann: „Du auch.“ Und merkwürdigerweise bin ich berührt und freue mich, obwohl ich weiß, dass es eine Selbstverständlichkeit ist. Jedes Lebewesen ist einmalig und besonders, sogar jede Schneeflocke unterscheidet sich von allen anderen, wie immer behauptet wird. Aber es ist schön, wenn es von jemand anderem auch bemerkt wird. Und deshalb sage ich zu Valentino: „Danke, dass du das gesagt hast.“ „Na ja, was wahr ist, sollte auch einmal ausgesprochen werden“, sagt er. „Auch wieder wahr“, sage ich und streichele ihn ungefragt über seinen weichen Rücken. Er lässt es sich gefallen und fängt an zu schnurren.

Die gestaltenden Einwirkungen haben jedoch Grenzen, die durch die Gestaltungswünsche anderer Lebewesen gegeben sind. Wir können - wie schon gesagt – andere Lebewesen nicht gezielt so beeinflussen, dass sie das tun, was wir wollen, wenn sie nicht wollen. Sie leben in ihrer eigenen Wirklichkeit und sie tun, was sie wollen und manchmal gibt es Übereinstimmungen und manchmal sind sie auch bereit, uns entgegenzukommen, uns eine Freude zu machen und das zu tun, was wir wollen. Das ist ein Geschenk und die Beschenkten können sich darüber freuen und dankbar sein, denn es ist keine Selbstverständlichkeit. Grenzen unterschiedlicher Arten spielen gerade für Lebewesen eine große Rolle. **Zwischen allen Lebewesen gibt es eine Grenze, an dieser Grenze können sie Kontakt miteinander aufnehmen, aber keine Gedanken, keine Empfindungen, keine Gefühle, nicht einmal Worte können diese Grenze überschreiten, sie werden jeweils intern in für die anderen verstehbare Signale umgewandelt.** Dabei spielen die schon erwähnten ToM´s - die Hypothesen über den jeweiligen Zustand und die jeweiligen Absichten des Gegenübers – eine bedeutsame Rolle.

Wir können die Gefühle der anderen nicht fühlen, die Gedanken nicht lesen, die Erwartungen nicht wissen. Wir können sie nur auf der Basis unseres eigenen Erlebens, unserer eigenen Erfahrungen, unseres eigenen Wissens und unserer eigenen Wünsche und Erwartungen raten – sozusagen eine ToM entwickeln - oder das Gegenüber dazu befragen.

Richard David Precht erzählt, wenn auch in einem etwas anderen Zusammenhang, folgende Anekdote, in der dieses Nichtwissen über das, was in einer anderen Person vor sich geht, auf prägnante Weise formuliert wird:

„Meister Tschuang-Tse wandert mit seinem Freund Hui-Tse über eine Brücke, die über den Fluss Hao führt. Tchuang-Tse blickt ins Wasser und sagt zu seinem Freund: „Sieh, wie die schlanken Fische umherschnellen, so leicht und frei. Das ist die Freude der Fische.“ „Du bist kein Fisch“, sagt daraufhin Hui-Tse, „wie kannst du wissen, dass sich die Fische freuen?" „Du bist nicht ich", antwortete daraufhin Tschuang-Tse, „wie kannst du wissen, dass ich nicht weiß, dass sich die Fische freuen?" (Precht, 2007, S.215f)

Nun haben wir aber die Tendenz, uns Gedanken über die anderen Personen zu machen, Phantasien über sie zu entwickeln, alle möglichen eigenen Prozesse auf sie zu projizieren und davon auszugehen, dass sie unsere Erwartungen erfüllen. Nichterfüllung unserer Wünsche interpretieren wir als Mangel an Respekt, als Mangel an Zuneigung, als Mangel an Solidarität oder schlicht als Unverschämtheit.
Die eigentlichen Probleme aber tauchen dann auf, wenn wir unsere Wünsche und Erwartungen nicht mehr direkt aussprechen, sondern versuchen, sie indirekt durch Vorwürfe, durch geheime Erwartungen und unterschwellige Aggressionen deutlich zu machen.
Beispiele dafür sind:

Vorwurfsvolle Fragen:
„Kannst Du nicht endlich auch mal den Müll wegbringen?"
„Musst du immer soviel Zeit mit deinen Freunden verbringen?"
Usw.

Vorwurfvolle Aussagen:
„Du bist heute zum drittenmal in dieser Woche zu spät gekommen!"
„Du hast schon wieder dein Zimmer nicht aufgeräumt!"
Usw.

Geheime Erwartungen:
„Gehst Du heute schon wieder zum Sport?"
„Fällt dir denn gar nichts auf?"
Usw.

Unterschwellige Aggressionen:
„Dir ist wohl alles andere wichtiger als dein Schulabschluss?"
„Du denkst ja immer nur an Dich."
„Wie kannst du nur so dumm und unsensibel sein!"

Man kann solche „Ansprachen" an Kinder, Schülerinnen, PartnerInnen usw. auch als Eröffnungen zu einem Machtspiel ansehen, einer Interaktionsform, in der es nicht mehr um wichtige Fragen, Inhalte oder Probleme, sondern nur noch um Macht und Ohnmacht geht. Denn wenn das Machtspiel zu Ende ist, kann sich meistens keiner der Beteiligten mehr daran er-

innern, worum es eigentlich ging, wie in dem Teil „Machtspiele“ deutlich wird.
Machtspiele sind nur möglich, wenn abwechselnd eine Person eine andere mit Macht ausstattet und dann selbst ohnmächtig zurückbleibt, wie die folgenden Beispiele zeigen:

„Du kümmerst Dich ja nur noch um Dein Auto!“
„Wenn Du nicht soviel Geld für Deine Klamotten ausgeben würdest, könnte ich das Auto auch in die Werkstatt bringen.“
„Als ob Du kein Geld ausgeben würdest.“
„Aber nicht für einen solchen Firlefanz wie Du.“ Usw.

„Was soll bloß aus Dir werden, wenn Du immer schlechter in der Schule wirst?“
„Das ist mir doch egal.“
„So kannst Du doch nicht reden, Du musst doch was lernen.“
„Wofür denn, es hat doch sowieso alles keinen Zweck!“ Usw.

„Warum kannst Du eigentlich nie das tun, worum ich Dich bitte?“
„Ich bin doch nicht Dein Sklave.“
„Darum geht es doch gar nicht, ich brauche nur ein bisschen Hilfe.“
„Ich könnte auch Hilfe gebrauchen und muss auch alles alleine machen.“ Usw.

In diesen Dialogen sagt niemand, was er oder sie will, alle fühlen sich angegriffen und reagieren aggressiv und es scheint keine Lösung zu geben.
Und dahinter steckt ein anderer Prozess, auf den ich hier kurz eingehen will.

Wenn ein Mensch glaubt, ein anderer Mensch könne ihn glücklich oder unglücklich machen oder ein anderer Mensch verfüge über Mittel und Wege, ihm das zu geben, was er glaubt, dringend zu brauchen oder würde Möglichkeiten besitzen, ihm das eigene Leben zu erleichtern, dann gibt er diesem anderen Menschen Macht über sich.
Glaube ich daran, dass ich ohne einen anderen Menschen nicht leben kann, dass ich einen Abend allein nicht überstehen werde, dass ich Ablehnung nicht ertragen kann, und dass Kritik mir den Boden unter den Füßen wegziehen wird, dass ich begehrt werden muss, um mich lebendig zu fühlen und Bewunderung brauche, um mich wohlfühlen zu können, dann mache ich mich abhängig von anderen, und zwar stärker, als mir gut tut. Ich gebe ihnen die Macht, darüber zu bestimmen, ob ich mein Leben lebenswert fin-

de, ob ich mein Leben genießen und mich wohlfühlen kann und ähnliches mehr.
Es ist immer so: Wer Wünsche an andere Personen hat, ist abhängig davon, ob und wie die anderen Personen die Wünsche erfüllen. Wer zu den Wünschen einer anderen Person „Nein“ sagen kann, hat für diesen Moment „Macht“, sie kann zugunsten des Wunsches der anderen Person oder dagegen entscheiden.
Nur hält diese Macht einer anderen Person über einen selbst nur solange an, wie man selbst daran festhält, dass es genau diese Person sein muss, die den Wunsch und zwar genau diesen Wunsch erfüllen muss. Und genau so lange fühlt man sich ohnmächtig und abhängig. Dies wiederum ist ein Gefühl, welches die meisten Menschen nicht leiden können. Sie werden oft ärgerlich oder wütend auf die Person, die ihnen die Wunscherfüllung verweigert, entweder weil sie annehmen, sie hätten ein Recht auf die Wunscherfüllung, oder weil sie annehmen, die Wunscherfüllung sei doch eine Kleinigkeit für die andere Person und diese würde die Wunscherfüllung nur versagen, um sie zu ärgern, oder weil sie die Nichterfüllung eines Wunsches als Ablehnung ihrer ganzen Person verstehen. Es gibt eine ganze Reihe von Möglichkeiten, die Ablehnung eines Wunsches zu den eigenen Ungunsten zu interpretieren. Je negativer diese Interpretationen für einen selber sind, desto größer ist meistens das Gefühl von Ohnmacht und Hilflosigkeit.
Irgendetwas muss doch mit mir nicht in Ordnung sein, denken viele, sonst würden die anderen mir doch meine Wünsche erfüllen und tun, was ich möchte: Entweder bin ich nicht gut genug, nicht attraktiv, nicht schlagfertig, witzig, charmant, begeisternd, intelligent, vorausschauend, vorbereitet usw. genug oder die anderen wollen mich nur ärgern bzw. mir schaden, weil ich etwas falsch gemacht oder etwas missverstanden habe, ihre Erwartungen nicht erfüllt oder ihren Vorstellungen nicht entsprochen habe, weil ich mich dumm angestellt oder einfach nicht verstanden habe, was sie von mir wollten usw.

Wünsche und Wunscherfüllungen sind jedoch zwei völlig getrennte Prozesse. Es gibt eine Person, die einen Wunsch hat und an eine andere Person richtet, und es gibt diese andere Person, die darüber entscheidet, ob sie diesen Wunsch erfüllt oder nicht. Der eine Prozess hat wegen der Autonomie lebendiger Wesen und der zwischen ihnen bestehenden Grenze mit dem anderen Prozess nichts zu tun. Beide sind jeweils Ausdruck innerer Prozesse der beteiligten Personen. Probleme entstehen bei den beteiligten Personen vor allem dadurch, wie diese mit der Nichterfüllung der Wünsche umgehen.

Bin ich bereit, einer anderen Person zuzugestehen, dass sie darüber entscheiden kann, ob sie mir meinen Wunsch erfüllt oder nicht? Und ist mir bewusst, dass die andere Person sowieso frei beziehungsweise aus ihrem eigenen Inneren heraus entscheidet, ob sie mir den Wunsch erfüllt oder nicht und dass die Gründe für die Entscheidung vollständig aus dem selbstorganisierenden System der anderen Person stammen und nicht von mir beeinflusst werden können?

Wenn ich einen Wunsch an jemand anderen habe, dann bin ich abhängig davon, was die andere Person in Bezug auf den Wunsch entscheidet, und lehnt sie die Wunscherfüllung ab, bin ich hilflos und kann daran nichts ändern.

Macht hat die andere Person nicht über mich und ich bin dieser vermeintlichen Macht auch nicht ohnmächtig ausgeliefert, ich habe nur einen Wunsch, der mir nicht erfüllt wird und habe keine Möglichkeit, gegen den Widerstand einer anderen Person dafür zu sorgen, dass sie mir den Wunsch doch noch erfüllt, außer ich wende Zwang und Gewalt an. In diesem Sinne bin ich hilflos und ohnmächtig.

Die Intensität, mit der viele Menschen erleben, dass andere Macht über sie haben, und sie ihnen ohnmächtig ausgeliefert sind, weist darauf hin, dass es nicht nur die Unkenntnis neurophysiologischer Prozesse oder der grundlegenden Prinzipien selbstorganisierender Systeme ist, sondern dass es tiefergehende Erfahrungen sind, die an der Entstehung dieser intensiven Gefühle beteiligt sind.

Und damit komme ich wieder auf die Erfahrungen zurück, die viele kleinere und größere Kinder in unserer auf Herrschaft und Kontrolle aufbauenden Kultur mit Erwachsenen gemacht haben. Ihr Wünschen und Wollen war oft nicht gefragt, ihr Gehorchen wurde als selbstverständlich vorausgesetzt, die Erwachsenen erwarteten, eine Wirkung auf die Kinder zu haben, waren aber meist selbst nicht bereit, auch den Kindern eine Wirkung zuzugestehen. Wenn Kinder eine Wirkung bei den Erwachsenen erzielen, gebärden sich die Erwachsenen häufig als deren „Opfer“, ansonsten verhalten sie sich überwiegend als „Täter“ und die Kinder fühlten sich den Erwachsenen hilflos ausgeliefert.

Aber es gibt nicht nur die offensichtlichen Handlungen der Erwachsenen, die den Kindern schaden können. Kinder haben, genau wie die Erwachsenen auch, Wünsche an ihre Umwelt, deren Erfüllungen für ihre Entwicklung genau so wichtig sind, wie materielle Nahrung. Es gibt etwas, was in unserer Kultur vielen Kindern verweigert wird: Es ist das Mitgefühl. Damit meine ich hier, dass die Gefühle des Kindes von den Bezugspersonen wahrgenommen und zumindest als existent akzeptiert werden. Ein trauriges Kind braucht zunächst einmal keinen „Trost“ durch Beschwichtigungen oder Ablenkungen, sondern es braucht, das der Erwachsene seine Traurigkeit mitfühlend mit ihm „teilt“. Das bedeutet, dass der Erwachsene dem Kind mit Worten und Gesten zeigt, dass er die Traurigkeit des Kindes bemerkt hat. Und dann sollte er Verständnis dafür äußern, dass der Verlust, den das Kind gerade erlebt hat, schmerzhaft ist und zu Recht Gefühle von Traurigkeit hervorruft. Eine solche Form von Mitgefühl ist sehr selten, sowohl zwischen Eltern bzw. anderen Bezugspersonen und Kindern als auch zwischen den Erwachsenen selbst und in Stresssituationen sicher auch sehr schwierig. Michael Winterhoff empfiehlt möglicherweise deshalb den Eltern bei einer emotionalen Überreaktion eines Kindes folgendes:

> „Verweigerungshaltungen oder freches Verhalten sind ja nicht per se pathologisch. Sie resultieren aus einer natürlichen Anspannung, die sich im Laufe eines Tages aufbaut, bei Schulkindern etwa durch Erlebnisse in der Schule. Aufgabe der Eltern ist es, dem Kind beim Abbau dieser Spannungen behilflich zu sein. Das funktioniert mit dem einfachen Mittel, das Kind bei Fehlverhalten aufs Zimmer zu schicken, sehr gut. Die räumliche Trennung ist hierbei das Prinzip. Bildlich gesprochen schicke ich in diesem Moment weniger das Kind selbst, als vielmehr die Spannung bzw. die Aggression aufs Zimmer und separiere diese damit. Das Kind, welches für einen kurzen Zeitraum mit der Aggression alleine ist, verliert diese fast automatisch. Eine Anspannung fällt ab, wenn man alleine ist. Anstatt mit immer neuen Diskussionen in der Familie also eine ständige Ausweitung der Kampfzone zu betreiben, tun Eltern gut daran, jene Zone gar nicht erst entstehen zu lassen, sondern grundsätzlich auf ein Konzept der Deeskalation zu setzen.“ (Winterhoff, 2009, S. 156f)

Winterhoff empfiehlt auch an anderer Stelle Kontaktunterbrechungen als Möglichkeit, Anpassungsprozesse bei den Kindern in Gang zu setzen. Wenn ein Kind sich z. B. beim Anziehen total verweigert, schlägt Winterhoff in Bezug auf elterliches Verhalten folgendes vor:

> „Ein Elternteil, der das Kind als Kind sieht hingegen, würde sich entsprechend dem Verhalten des Kindes anpassen. Er würde die Verweigerung als solche spüren und beispielsweise intuitiv aus dem Konflikt herausgehen, indem er das Zimmer verlässt und dem Kind damit signalisiert, dass er sich für dieses Verhalten nicht zur Verfügung stellt, sich also nicht steuern lässt.“ (Winterhoff, 2009, S. 139f)

Kontaktunterbrechungen oder Kontaktabbrüche aber sind nicht nur für Kinder, sondern auch für Erwachsene schwer zu ertragen, insofern kann ein solches Vorgehen wegen der dabei entstehenden Ängste durchaus erfolgreich sein. Ich denke aber nicht, dass diese Methode geeignet ist, die nicht nur von Winterhoff erwünschte psychische Reifung der Kinder zu unterstützen.

Ich denke, es ist angemessener, dass sich der Erwachsene mit der Verweigerung des Kindes und der Wut des Kindes darüber, dass es nicht tun kann, was es will, auseinandersetzt. Nicht dadurch, dass der Erwachsene mit dem Kind anfängt zu diskutieren und sich mit ihm in Machtkämpfe verwickelt – da stimme ich Winterhoff uneingeschränkt zu - sondern anders:
Es geht darum, dass der Erwachsene als ältere und erfahrenere Person mit dem Hinweis auf seine Verantwortung für den Schutz des Kindes sowohl ganz bewusst eine „alpha- Position" einnimmt und darauf besteht, dass das Kind tut, was er oder sie verlangt, als auch Mitgefühl mit den Gefühlen von Ärger und Wut des Kindes äußert, weil es seinen Willen nicht durchsetzen kann, weil es eben noch ein Kind ist. Um zu konkretisieren, was ich meine, will ich an dieser Stelle zwei kurze Beispiele formulieren. Je nach Alter des Kinds und in Abhängigkeit von den jeweils gezeigten Gefühlsregungen könnte man z. B. einem eher ärgerlichen Kind sagen:

„Ich kann verstehen, wenn Du jetzt sehr ärgerlich bist, weil Du nicht tun kannst, was Du willst, sondern tun sollst, was ich will. Jede Person wird ärgerlich oder wütend, wenn sie ihren Willen nicht durchsetzen kann oder nicht bekommt, was sie will. Das musst Du jetzt leider aushalten. Und nun zieh dich an. Und wenn Du dich angezogen hat, werde ich mich sehr darüber freuen, dass du getan hast, was ich von dir möchte."

Wenn das Kind dagegen eher unglücklich zu sein scheint, sollte der Erwachsene zeigen, dass er dieses Gefühl wahrgenommen hat und auch ernst nimmt. Und dementsprechend könnte er dann sinngemäß sagen:

„Schätzchen, ich habe dich sehr lieb. Das ändert jedoch nichts daran, dass ich will, dass du dich jetzt anziehst. Auch wenn du sehr unglücklich darüber bist, dass du jetzt nicht machen kannst, was du willst, und du hast jedes Recht, darüber unglücklich zu sein, bleibt es doch dabei, dass ich will, dass du dich jetzt bitte anziehst. Und wenn du damit fertig bist, werde ich mich freuen und zu dir sagen: „Vielen Dank dafür, dass du getan hast, worum ich dich gebeten habe." Und nun zieh Dich bitte an."

In manchen Fällen, wenn die Kinder nicht tun, was man ihnen sagt, kann man sich als Erwachsener entscheiden, auf die Durchsetzung der eigenen Wünsche zu verzichten, aber die Konsequenzen der Verweigerung deutlich zu machen. Manche Kinder allerdings nehmen jede Konsequenz in Kauf, weil ihnen nichts wichtiger ist als ihre eigene Autonomie. Dann geht es darum, sukzessive die Bedeutung des sozialen Miteinander, der wechselseitigen Verantwortlichkeiten und Unterstützungen, des Gebens und Nehmens deutlich zu machen, und dem Kind zu ermöglichen, Erfahrungen von Glück und Freude dadurch zu machen, dass es einem anderen Lebewesen etwas „gibt".

Aber leider ist die Gefühlswelt der Kinder für viele Erwachsene irrelevant. Meistens ist es so, dass Kinder aufgefordert werden, ihre Gefühlsäußerungen so schnell wie möglich wieder zu beenden. Sie sollen nicht aggressiv sein, nicht herumbrüllen, nicht schreien, nicht weinen, meistens noch nicht einmal herumrennen bzw. hüpfen, trampeln oder treten oder solche Verhaltensweisen meist umgehend beenden. Die Erwachsenen tun häufig nicht viel dazu, dass die Kinder solche Verhaltensweisen als einen Ausdruck ihres eigenen Selbst begreifen, mit dessen Hilfe sie lernen können, sich selbst besser zu verstehen und sich selbst steuern zu können.
Kinder, bei deren Empfindungen und Gefühlen die Bezugspersonen nicht verweilen, sondern sie möglichst schnell übergehen oder sie ändern wollen, werden von diesen Bezugspersonen emotional verlassen.
Katrin Asper schreibt in diesem Zusammenhang:

> „Emotionale Verlassenheit des Kindes bedeutet eine Gefühlsverunsicherung, die sich bis in das Erwachsenenalter erstreckt und sich dort zu einer mangelhaften Gefühlslizenz erweitert, mit anderen Worten: Man hat sich das Fühlen abgewöhnt und darf die wahren Gefühle nicht mehr wahrnehmen. Die daraus entstandene innere Leere wird durch andere Ausdrucksmöglichkeiten kompensiert, was dem einzelnen erlaubt, wenigstens zu funktionieren. In diesem Sinne kann auf erwachsener Ebene von einem Sich-selber Verlassen gesprochen werden. Wer nicht mehr geortet ist in der Lebendigkeit seiner Gefühle, tendiert zu starker Kopflastigkeit und passt sich übermäßig an kollektive Werte an."
> (Asper, 2003, S. 37)

Und leider ist es so, dass jedes Mal, wenn ein Mensch dem anderen sein Mitgefühl verweigert, er nicht nur ihn, sondern auch sich selbst emotional im Stich lässt. Und das tun wir sehr oft, wir merken es meistens nicht einmal. Wir verweilen nicht mit unserem Mitmenschen in seinem Unglücklichsein, wir versuchen ihn sofort zu „trösten" unter dem Motto „Es wird schon wieder besser werden" oder ähnlichem und lassen ihn damit in seinem Schmerz allein. Oder wenn wir miterleben, wie ein Mensch schlecht behandelt wird, identifizieren wir uns meist schneller mit der Position des Täters und fragen das Opfer eher, warum es sich denn nicht zur Wehr setze, als dass wir gemeinsam mit dem Opfer seine Gefühle von Demütigung und Ausgeliefertsein antizipieren und sie wenigstens so lange mitfühlen, dass wir Zeit genug haben, unser Mitgefühl mitzuteilen. Arno Gruen hat die zugrunde liegenden Prozesse für den Mangel an Mitgefühl in seinem Buch „Der Verlust des Mitgefühls" beschrieben. Emotionale Verlassenheit kommt wegen dieses Mangels an ausgedrücktem Mitfühlen in

allen sozialen Schichten vor und auch Kindergärten und Schulen sind von diesem Mangel betroffen.
Kinder brauchen aber für ihre psychische Entwicklung die Wahrnehmung des Ausdrucks ihrer Empfindungen und Gefühle und deren Spiegelungen durch andere Menschen. Kathrin Asper weist in diesem Zusammenhang noch auf folgendes hin:

„Ist der Spiegel nicht rein, das heißt psychologisch gesprochen, will die Mutter ein bestimmtes Bild darin sehen, das meist mit ihren Wertvorstellungen zu tun hat, so erfährt sich das Kind als verzerrt wahrgenommen, und sein Selbstbild erscheint als ein ihm Entfremdetes." (Asper, 2003, S.134)

Kinder aber geben nicht so schnell auf, wenn es um ihre Wünsche geht. Wer einmal gehört und gesehen hat, wie intensiv ein Baby vor Hunger schreien kann, bekommt eine gewisse Vorstellung, welche Energien es entwickeln kann. In ähnlicher Weise versuchen Kinder immer wieder und auf die unterschiedlichsten Arten und Weisen – wenn sie nicht resignieren - ihre Wünsche von ihren Bezugspersonen doch noch erfüllt zu bekommen. Und wenn diese ihnen ihre Wünsche nicht erfüllen, suchen sie sich manchmal Ersatzpersonen dafür.
Wenn es sich bei den Wünschen darum handelt, von den Bezugspersonen geachtet und wertgeschätzt zu werden, bedeutungsvoll für sie zu sein und eine Wirkung auf sie ausüben zu können, und werden diese nicht erfüllt und gibt es auch keine Ersatzpersonen, dann kann das fatale Folgen haben. Die Kinder brauchen die Wunscherfüllung dieser für sie existentiellen Wünsche und geben sich in vielen Fällen große Mühe, diese Wünsche doch noch erfüllt zu bekommen.
Und da diese Wünsche und deren Erfüllungen im Erleben der Kinder häufig an ihr Überleben gekoppelt zu sein scheinen, verlieren sie die Fähigkeit, sich von ihren Tätern abzuwenden oder sich gegen sie zur Wehr zu setzen. Werden die Täter zusätzlich von den Opfern idealisiert, dann können die Opfer manchmal nicht einmal erkennen, dass und was ihnen angetan wird. Stattdessen fühlen sie sich schuldig und glauben, die Täter seien die Opfer und es sei ihre Aufgabe, den Tätern zu helfen. Eine solche Dynamik zwischen Tätern und Opfern wird manchmal auch als „Stockholm-Syndrom" bezeichnet.
Die Nichterfüllungen dieser existentiellen Wünsche - Wünsche danach, wahrgenommen und ernst genommen zu werden, eine Bedeutung für andere und eine Wirkung auf andere zu haben, wertgeschätzt und geliebt zu werden – hinterlassen schmerzhafte Spuren bei den Kindern, insbesondere wenn sich solche Nichterfüllungen häufen.

Es sind solche Erfahrungen der Kinder, die auf sie traumatisierend wirken können und die sie dann später, wenn sie bereits erwachsen sind, diese intensiven Empfindungen von Macht und Ohnmacht erleben lassen. Auf der Basis der durch sie bewirkten Dynamiken versuchen sie dann, immer wieder neue Opfer zu finden oder sich immer wieder neuen Tätern anzub ieten. Sie bleiben dabei gleichzeitig selbst Opfer und Täter in einer Person und suchen entweder immer wieder eine Position der Macht oder aber verharren in Gefühlen von Hilflosigkeit, Ohnmacht und Ausgeliefertsein, und diese Dynamiken können ein Leben lang anhalten und sich von Generation zu Generation fortsetzen.
Gerade deshalb ist es so entscheidend, diese Wiederkehr des Gleichen bzw. Ähnlichen in den nachfolgenden Generationen zu verhindern und eine Unterbrechung herbeizuführen.
Eine Hilfe für uns als die Erwachsenen ist, dass wir uns zunächst auf einer rationalen, kognitiven Ebene bewusst machen, dass niemand unsere Selbstorganisation gefährden kann. Nur Materie und Energie kann in unser Inneres eindringen, nichts sonst. Andere Menschen können uns nicht gezielt beeinflussen. Es sind nur die bereits in früher Kindheit gelernten Muster und unsere Wünsche, die uns anfällig für die manipulativen Versuche anderer machen.
Alles andere stellt unsere Selbstorganisation für uns her, in diesem Sinne lebt jeder Mensch in seiner eigenen Wirklichkeit, jede Person in ihrer eigenen und wir haben keinen gezielten Einfluss auf die Wirklichkeit anderer und sie haben keinen gezielten Einfluss auf uns.

Valentino sagt: „Ich verstehe nicht, weshalb du das extra und immer wieder erwähnst, das ist doch eine Selbstverständlichkeit. Wusstest du das etwa nicht. Du kennst mich doch schon so lange, du hättest das eigentlich wissen sollen." „Dass du in einer ganz anderen Welt lebst als ich, das weiß ich tatsächlich schon ganz lange, weil du ein Kater bist und ich ein Mensch. Hier sind aber die unterschiedlichen Wirklichkeiten von Menschen gemeint." „Wieso soll es denn da einen Unterschied geben? Lebewesen sind Lebewesen und die sind immer verschieden, egal, ob von einer Sorte oder von verschiedenen. Wie du sagst, es ist ja noch nicht einmal eine Schneeflocke so wie eine andere." „Du hast ja recht, aber es geht noch um mehr", sage ich, „es geht darum, zu begreifen, dass es eine nicht überschreitbare Grenze des Verstehens und Beeinflussens zwischen Lebewesen gibt." Valentino gibt nicht auf, er sagt: „Aber das ist doch auch schon seit langem klar. Du wirst nie begreifen, wie es ist, so gut hören zu können wie ich. Ich lebe in einer Hörwelt und du in einer Sehwelt, und die ist bei dir auch noch farbig, was immer das auch heißt. Und du wirst nie

das Gefühl kennen lernen, was ich habe, wenn ich eine Maus mit einem einzigen Biss töte."
„Das ist sicher richtig", sage ich, „aber viele Menschen sind sich da nicht so sicher wie du. Sie glauben, sie wüssten ganz genau, was sich im Inneren einer anderen Person abspielt und können es oft nicht ertragen, wenn die andere Person sagt, das, was sie meinen, würde nicht stimmen."
„Komisch", sagt Valentino, „manchmal verstehe ich die Menschen nicht, aber ich kann damit gut leben." „Manche Menschen können das nicht so leicht wie du", sage ich und Valentino streckt seinen Schwanz hoch in die Luft und sagt ganz stolz: „Ja, ich bin richtig gut."

Ergebnisse der Hirnforschung

Wie Menschen ihre persönliche Wirklichkeit herstellen

Valentino springt auf den Schreibtisch und sagt: „Jetzt erkläre mir doch noch mal, wieso ich niemanden kontrollieren oder sonst wie von außen manipulieren kann. Aber bitte nicht so kompliziert. Die wirklich wichtigen Dinge sind immer sehr einfach." „Valentino", sage ich, „ob du etwas kompliziert oder einfach findest, das kannst nur du entscheiden, das kann ich nicht wissen, aber ich werde mich bemühen, es für mich möglichst einfach zu machen und dann kann ich nur hoffen, dass es für dich genau so ist." „Du willst nicht damit sagen, dass du mich für dumm hältst, oder", fragt er. „Nein, ganz bestimmt nicht, wir sind nur beide sehr verschieden", sage ich, „und darüber bin ich sehr froh."

Die für die zwischenmenschliche Kommunikation entscheidenden Ergebnisse der Hirnforschung sind mit wenigen Sätzen zusammenfassbar: Jeder Mensch lebt in seiner, von seinem Gehirn und seiner Selbstorganisation erzeugten Wirklichkeit. Jede dieser Wirklichkeiten ist verschieden, ebenso, wie sich auch die biologischen Gehirne und die Lebenserfahrungen eines jeden Menschen von denen anderer unterscheiden. Als selbstorganisierendes System ist jedes dieser Gehirne nur offen für einen Durchfluss von Energie und Materie, aber ansonsten operational geschlossen. Wir können also niemals wirklich wissen, was ein anderer Mensch fühlt oder denkt, und wir haben, auch wenn wir als soziale Wesen ununterbrochen wechselseitig auf uns einwirken, keinen gezielten Einfluss auf die Empfindungen, Gefühle, Gedanken oder Handlungen eines anderen Menschen, wenn diese – bewusst oder unbewusst – innerhalb ihres eigenen Systems nicht zustimmen. Es gibt zwischen uns und jedem anderen Menschen eine unüberbrückbare Grenze des Verstehens und des Beeinflussens und es fällt uns schwer, diese zu akzeptieren.

Was uns die Forschungen über das Gehirn und seine Arbeit heute zu sagen haben, ist für die meisten Menschen zunächst einmal nicht wirklich zu begreifen. Wir können zwar kognitiv akzeptieren, dass es wohl so ist, wie die Forschungsergebnisse uns mitteilen, aber es wird sicher noch lange brauchen, bis diese in unser alltägliches Denken, Sprechen und Handeln Eingang gefunden haben.

Aber wir können heute schon anfangen, uns darüber Gedanken zu machen, weil diese neuen Forschungsergebnisse einige unserer Vorstellungen über die Möglichkeiten von Kontrolle und Herrschaft von Menschen über Menschen verändern.

Die wichtigsten Informationen über unser Gehirn verdanken wir den Menschen, die an Verletzungen, Schlaganfällen, Tumoren oder anderen Krankheiten des Gehirns gelitten haben.
Phineas Gage war einer der ersten Patienten, dessen Hirnverletzung im Jahr 1848 die enge Verknüpfung zwischen Gehirn und Persönlichkeit aufzeigte. Gage war nach seinem Unfall, - ihm war eine Eisenstange durch den Kopf gedrungen - ein ganz anderer Mensch als davor. Inzwischen gibt es eine Vielzahl von Menschen, bei denen der Zusammenhang zwischen Hirnverletzungen und Veränderungen ihrer persönlichen Fähigkeiten untersucht wurde und die dadurch geholfen haben, dass eine Fülle von Erkenntnissen über das Gehirn zusammengetragen werden konnten. Nicht nur WissenschaftlerInnen, sondern auch SchriftstellerInnen haben über die in solchen Zusammenhängen für alle Beteiligten entstehenden Probleme geschrieben. (Siehe dazu: Oliver Sacks, Richard Powers, u.a.)
In all diesen Fällen wird deutlich, dass es eine unauflösbare Beziehung gibt zwischen dem Gehirn und der Art und Weise, wie ein Mensch sein Umfeld wahrnimmt, organisiert und strukturiert und wie er handelt, aber auch, wie er seine eigenen und die Handlungen anderer interpretiert und bewertet.
Dadurch wird die Schlussfolgerung nahe gelegt, dass es vor allem das Gehirn ist, welches die Wirklichkeit eines Menschen herstellt.

Das Gehirn verarbeitet dabei ununterbrochen energetische und materielle Signale des eigenen Körpers und des Umfeldes auf der Basis aller eigenen, bereits gemachten und gespeicherten Erfahrungen, d. h. es ist über den Körper und dessen Sinnesorgane in ununterbrochener Wechselwirkung mit dem Umfeld verbunden und dieses mit ihm.

In dem Buch von Ulrich Schnabel und Andreas Sentker: „Wie kommt die Welt in den Kopf", findet sich eine Reihe von Beispielen für merkwürdige Ausfälle, die mehr oder weniger alle belegen, dass die eigene Wirklichkeit im und durch das Gehirn hergestellt wird.
Besonders eindrucksvoll zeigt sich dies am Beispiel des Neglect-Syndroms, dem scheinbaren Verschwinden einer Welthälfte (Schnabel/Sentker, 1998, 156ff). Dieses kann bereits durch eine kleine Blutung im hinteren Teil der rechten Großhirnrinde oder durch ähnliche Läsionen entstehen. Bei bestimmten Schädigungen in der rechten Hirnhälfte einer Person verschwindet für diese die linke Welthälfte, sowohl in ihrer Außenwelt als auch in

ihrer Vorstellungswelt, sowohl in Bezug auf ihre Körper- als auch in Bezug auf ihre Raumwahrnehmung.

„Sie schminken oder rasieren nur die rechte Gesichtshälfte, das groteske Bild, das sie danach abgeben, wird ihnen beim Blick in den Spiegel nicht bewußt, denn sie sehen die ungeschminkte Hälfte nicht. Sie lassen die Hälfte des Essens auf dem Teller und erbitten hungrig eine weitere Portion. Einigen erscheint ihr halber Körper fremd. Sie können zwar Arme und Beine ganz normal bewegen, doch sind sie unfähig, die linke Körperseite zu kleiden oder zu waschen. Ihr Denken zerbricht an einer einzigen Koordinate im Raum.“ (Schnabel/Sentker, 1997, S. 158)

Bei Wegbeschreibungen gibt es für sie nur Rechtsabbiegungen, außer die betreffende Person wird aufgefordert, sich im Raume oder in der Vorstellung zu drehen, usw. Dann wird das, was vorher links war und damit nicht existent, zu rechts und wieder gibt es dann nur Rechtsabbiegungen.
Werden solchen Patienten jedoch einfache visuelle Reize in dem beeinträchtigten Gesichtsfeld angeboten, und das andere von solchen Reizen freigehalten, dann können sie diese manchmal durchaus wahrnehmen.

Ein weiteres verblüffendes Beispiel, auf das Schnabel und Sentker hinweisen, ist die Anosognosie. Diese tritt manchmal bei linksseitig gelähmten Personen und einer - wie bei den Neclect – Patienten - ebenfalls rechtsseitigen Schädigung des Gehirns auf. Diese Menschen haben dann oft kein Bewusstsein ihrer Lähmung, sie behaupten, obwohl z.B. der linke Arm gelähmt nach unten hängt, sie könnten ihn, ihre Hände und ihre Finger bewegen. Sie produzieren Bilder ihrer Gliedmaßen, mit denen sie die entsprechenden Handlungen vollziehen. Ein Patient mit Anosognosie wird z.B. behaupten, er könne in die Hände klatschen und es voller Überzeugung vorführen, dadurch, dass er mit einer Hand eine Klatschbewegung vollzieht. (Ramachandran / Blakeslee, 2007, S. 212-259)
Manche leugnen auch einfach nur ihre Lähmung und behaupten, sie hätten eine schwere Arthritis und könnten ihren Arm deswegen nicht bewegen.
Andere Patienten greifen bei einem schweren Tablett mit der Hand ihres nicht gelähmten Armes meist auch nur nach der rechten Seite statt der Mitte des Tabletts, weil sie glauben, beide Hände zu benutzen, und wundern sich, wenn das Tablett nach links wegkippt und alles zu Boden fällt. (Schnabel /Sentker, 1997, S.163)

Eine Erklärung könnte darin liegen, dass trotz intensiven Austausches zwischen den beiden Gehirnhälften jede Hälfte besondere Aufgaben hat.
Die linke Seite hat wahrscheinlich die Aufgabe, aus der Fülle von Informationen die bedeutenden auszuwählen und daraus ein konsistentes Bild der

Außenwelt zu konstruieren und möglichst aufrechtzuerhalten, während die rechte Seite dazu da ist, Abweichungen zu wahrzunehmen. (Siehe dazu Schnabel / Sentker, 1997, S. 161ff und Ramachandran / Blakeslee, 2007, S. 196 ff)

Das würde nach den Überlegungen des Forschers Vilajanur Ramachandran auch das Neglect-Syndrom erklären. Dabei versucht offensichtlich die linke Gehirnhälfte erfolgreich das Modell eines heilen, voll funktionsfähigen Körpers aufrechtzuerhalten und gegen die andersartigen Eindrücke der rechten Gehirnhälfte zu verteidigen.

Mancher dieser Patienten hat auch das, was man eine Spiegelagnosie nennt. In einem Experiment von Dr. Ramachandran wird deutlich, wie tiefgehend sich eine solche Störung auswirken kann:

Wenn Dr. Ramachandran auf der linken Seite der Patientin steht, nimmt sie ihn nicht wahr, aber wenn er ihr rechts einen Spiegel hinstellt, kann sie ihn darin sehen. Dann hält er ihr von links einen Stift hin und fragt sie, ob sie den Stift sehen könne. Die Antwort ist „Ja" und auf die Frage, ob dies ein realer Stift sei, verneint die Patientin und weist darauf hin, es sei das Spiegelbild eines Stiftes.
Soweit ist die Wahrnehmung der Patientin also völlig intakt. Doch nun kommt die entscheidende Frage, was die Patientin macht, wenn sie gebeten wird, den Stift zu ergreifen?
Eigentlich müsste sie, wie jeder normale Mensch, nach links greifen. Sie weiß ja dass sie rechts nur das Spiegelbild des Stiftes sieht. Aber da diese linke Seite aufgrund der Läsion in der rechten Gehirnhälfte und dem resultierenden Neglect-Syndrom gewissermaßen nicht vorhanden ist, greift die Patientin nach rechts, prallt mit der Hand gegen den Spiegel und versucht dann, an der Oberfläche des Spiegels zu kratzen, weil sie annimmt, der Stift befände sich im Inneren des Spiegels. Oder sie versucht, um den Spiegel herum zu greifen.
Auch als Dr. Ramachandran sie danach fragt, wo der echte Stift sei, bleibt sie dabei, dass er im Spiegel sein müsse, da er sich ja nicht hinter dem Spiegel befinden würde. (Ramachandran / Blakeslee, 2007, S. 191 – 211)
Ramachadran und Blakeslee schreiben dazu:

„Es ist schon erstaunlich, dass die bloße Konfrontation mit einem Spiegel diese Patienten in einen Grenzbereich versetzt, sodass sie nicht in der Lage – oder nicht willens – sind, den einfachen logischen Schluss zu ziehen, dass der wirkliche Gegenstand auf der linken Seite sein muss, da sich das Spiegelbild rechts befindet. Es ist, als hätten sich für diese Patienten sogar die optischen Gesetze verändert, zumindest in diesem kleinen Teil ihres Universums. Gewöhnlich sind wir der Meinung, dass unser Verstand und unser Wissen „höherer Ordnung" – zum Beispiel die Gesetze der geometrischen Optik – unabhängig von den Zufällen des sensorischen Inputs sind. Doch diese Patienten lehren uns, dass es sich durchaus nicht immer so verhält. Bei ihnen ist es genau umgekehrt. Nicht nur die Welt ihrer Sinneswahrnehmungen zeigt Verwerfungen, sondern auch ihre Wissensbasis ist verzerrt, um sich dieser seltsamen neuen Welt anzupassen." (Ramachandran / Blakeslee, 2007, S. 210)

Dieses Krankheitsbild zeigt, wie groß unsere Anpassungsfähigkeit ist, wenn sich unser Umweltfeld in unserer Wahrnehmung ändert, wir finden neue Erklärungsmuster, um uns in einer - als welchen Gründen auch immer - veränderten Welt zurechtzufinden.
In diesem Krankheitsbild wird aber auch sehr deutlich, dass es offensichtlich das Gehirn ist, welches die Wirklichkeit für die Person herstellt und die bisherigen Vorstellungen, dass das Gehirn Informationen aus der Außenwelt aufnimmt und dann verarbeitet, die Außenwelt sozusagen nur im Gehirn abgebildet wird, nicht aufrechterhalten werden können. Viele von uns haben noch in der Schule gelernt, dass Reize aus der Außenwelt auf die Lebewesen einwirken - dass Lebewesen sozusagen passive Empfänger äußerer Reize sind - und diese dann auf diese Reize reagieren. Heute weiß man, dass jedes Lebewesen aktiv in seiner Umwelt nach Wechselwirkungen sucht, mit deren Hilfe es seine Bedürfnisse befriedigen und ein stimmiges Bild seiner Umwelt für sich entwickeln kann.
Unsere gesamten Wahrnehmungen, unsere Vorstellungen von der Welt, in der wir leben, werden ebenso wie unsere Gefühle und Gedanken, unsere Wünsche und Bewertungen, unsere Ablehnungen und Hinwendungen, unsere Lust und unsere Aktivitäten, alles wird von uns mit Hilfe bewusster und unbewusster Prozesse und in ununterbrochener Wechselwirkung mit unserer Umwelt und auf der Basis von ständiger Kommunikation intern produziert.

Ich möchte in diesem Zusammenhang weder auf den Aufbau des Gehirns, noch auf spezifische Funktionsweisen des Gehirns eingehen. (Siehe dazu: Gerhard Roth, Antonio R. Damasio, Gerald Hüther, Sandra Aamodt und Samuel Wang, Louann Brizendine u.a.)
In diesem Zusammenhang ist mir vor allem wichtig, auf drei Aspekte einzugehen: Auf die Komplexität, die Selbstorganisation und die Bedeutung der interaktiven bzw. der kommunikativen Prozesse für unser Bewusstsein.

Die Komplexität des gesamten menschlichen Nervensystems, einschließlich des Gehirns ist ungeheuer groß. Allein das Gehirn besteht aus über 100

Milliarden Neuronen und jedes Neuron ist mit über bis zu zehntausend Synapsen mit anderen Neuronen verbunden, also nicht alle mit allen.
Stattdessen bilden die Neuronen lokale Zusammenhänge, denn sie haben mit den jeweils benachbarten, bis zu einigen Zentimetern entfernten Neuronen Kontakt. Da sich diese Bereiche aber auch immer überschneiden, sind letztlich alle auf irgendeine Weise miteinander verbunden. Jedoch lässt sich die Komplexität durch die Betrachtung kleiner und kleinster lokaler Bereiche und sogar der Aktivität einzelner Neurone etwas reduzieren und damit kann dann auch die Hirnforschung von den Vorteilen reduktionistischer Wissenschaft profitieren.
Insgesamt ist jedoch das Gehirn in gewisser Weise ein Supersystem von Systemen von Untersystemen usw. und dieses Zentralnervensystem ist über weitere Nerven mit jedem Teil des Körpers „neuronal" verknüpft. Diese Nerven bilden das periphere Nervensystem und mit dessen Hilfe werden elektrische und chemische Impulse vom Gehirn an den Körper und vom Körper ans Gehirn übertragen.
Und dieses periphere ist zusammen mit dem zentralen Nervensystem, dem Gehirn, ebenso wie der gesamte Mensch, ein selbstorganisierendes System, welches – wie schon gesagt - nur offen für Materie und Energie und für alle anderen Einflüsse nach außen hin geschlossen ist. Auch unsere wahrnehmenden Oberflächen - mit deren Hilfe wir sehen, hören, riechen, schmekken, tasten, empfinden und uns in Raum und Zeit orientieren können – nehmen nur Materie und Energie in ihren verschiedenen Erscheinungsformen auf, und diese werden mit Hilfe unseres gesamten Nervensystems in unterschiedlicher Weise gefiltert und in für uns lebenserhaltende Nahrung und Energie und in für uns bedeutsame Informationen umgewandelt, so dass das entsteht, was wir unsere – allerdings von Person zu Person verschiedene – Wirklichkeit nennen.
Es geht also darum zu begreifen, dass wir sowohl von innen heraus als auch über unsere wahrnehmenden Oberflächen ununterbrochen unsere eigene Wirklichkeit produzieren und dass nicht nur wir das tun, sondern alle Lebewesen auf unterschiedliche Weise.
Aber neben der Komplexität ist es die Selbstorganisation unseres Gehirns, durch die unsere bisherigen Vorstellungen, wie unser Bewusstsein funktioniert, erschüttert werden.
Tor Nörretranders schreibt in seinem Buch „Spüre die Welt – Die Wissenschaft des Bewußtseins" auf der Basis vielfältiger Forschungsergebnisse folgendes:

„Das Bewußtsein präsentiert dem Menschen ein Bild der Welt und ein Bild seiner selbst als handelndem Subjekt in dieser Welt. Beide Bilder aber sind stark redigiert. Das Bild der Sinneswahrnehmung ist es insofern, als Teile des Organismus bereits bis zu einer halben Sekunde lang von ihr beeinflußt wurden, bevor das Bewußtsein davon erfährt. Es verbirgt die eventuell vorhandene subliminale Wahrnehmung – und Reaktionen darauf. Entsprechend ist auch das Bild der eigenen Handlungen des Subjekts verzerrt. Das Bewußtsein stellt sich selbst als Initiator vor, was es jedoch nicht ist, da die Ereignisse bereits im Gange sind, ehe es selbst auftritt. Das Bewußtsein ist eine Täuschung, bei der allerlei buchhaltungstechnische Mühen bezüglich der Zeitfolgen und der Initiativen aufgewendet werden müssen. Doch genau darum geht es beim Bewußtsein: Große Mengen Informationen werden aussortiert, und präsentiert wird genau das, was relevant ist." (Nörretranders, 1997, S. 349ff)

Dadurch aber entsteht für unser bisheriges Denken ein Problem. Wer entscheidet, was relevant ist? Es ist offensichtlich nicht das bewusste Ich, sondern etwas, was manche das Selbst nennen. Aber es scheint so zu sein, dass auch das Selbst abhängig ist von den Prozessen, die sich im Rahmen der Selbstorganisation - nicht nur des Gehirns, sondern der gesamten Person - abspielen.

An anderer Stelle schreibt er:

„Der Mensch ist nicht in erster Linie bewußt, sondern vor allem nichtbewußt. Die Vorstellung eines bewußten Ich, dem alles untersteht, was die Person aufnimmt oder von sich gibt, ist eine Illusion, vielleicht eine nützliche, aber doch immer noch eine Illusion. Die Erkenntnis der Ohnmacht des Ich und der Macht des Selbst kann Verstörung hervorrufen. Wer bin ich dann? Auf was für Einfälle könnte ich kommen? Das Ich ist darüber beunruhigt, das es etwas außerhalb von ihm, aber innerhalb der Person gibt, mit der es sich identisch glaubt.
Das Ich kann nicht akzeptieren, daß in der Person Kräfte wirken, die ihm unzugänglich sind. Will es aber an dieser Einstellung festhalten, muß es der Tatsache ins Auge sehen, daß die Person, von der es spricht, keinen freien Willen hat. Beharrt das Ich auf seiner Allmacht über die Person, bedeutet dies deren Ohnmacht: Vom freien Willen kann dann nicht die Rede sein. ...Wir müssen erkennen, daß wir mehr sind, als wir glauben; daß wir über mehr Ressourcen verfügen, als wir selbst erleben; dass wir mehr von der Welt spüren, als wir bemerken."(Nörretranders, 1997, S. 372ff)

Es sind unter anderem die Forschungen von Benjamin Libet und seinen Kollegen, die zu diesen Schlussfolgerungen führen. Bei ihren Experimenten hat sich herausgestellt, dass das Gehirn einer Person bereits etwa eine halbe Sekunde mit entsprechender neuronaler Aktivität beginnt, bevor die Person selbst den bewussten Entschluss gefasst hat, zu handeln. Fasst z. B. eine Person den Entschluss, den rechten Arm zu heben, so sind die entsprechenden - für motorische Prozesse zuständigen - Nervenzellen im Gehirn bereits etwa eine halbe Sekunde vorher aktiv.
Das bedeutet, – wie schon gesagt - dass sich Prozesse im Gehirn abspielen, die nicht mit Hilfe des Ich-Bewusstsein gesteuert werden, sondern Ergebnisse der Selbstorganisation sind.

Selbstorganisation aber ist nur möglich, wenn alle Subsysteme des Systems - und seien sie so klein wie die Einzelbestandteile einer Zelle – miteinander „kommunizieren".

Aber wie sieht das im Einzelnen aus?

Unser Wahrnehmungssystem versorgt unser Gehirn mit Hilfe von etwa zwei bis drei Millionen Nervenfasern, die von den Sinnesorganen zum Gehirn führen, mit materiellen oder energetischen Informationen und mit Hilfe jeder dieser Nervenfasern und der zugehörigen Synapsen können die einzelnen Nervenzellen des Gehirns mit bis zu 300 Impulsen pro Sekunde „befeuert" werden. Und Gehirn und Körper sind ebenso wie die einzelnen Zellen und deren Bestandteile nicht nur über elektrische Impulse, sondern auch über chemische Stoffe wie Hormone und Peptide miteinander verbunden. Allein die Bestandteile einer Zelle umfasst- neben vielen anderen Einzelteilen – den Zellkern mit dem gesamten Erbgut der jeweiligen Person, das sind ungefähr 35 000 Gene. Das heißt, es gibt eine ungeheure Anzahl von einzelnen Bestandteilen, die - selbstorganisierend – miteinander „kommunizieren", dabei sehr verschiedene Aufgaben wahrnehmen und aktiv für alle möglichen Reparaturen, Erneuerungen und das Überleben des Gesamtsystems sorgen.

Dabei gibt es neben den Zellen oder Zellbestandteilen, die flexibel verschiedene Aufgaben übernehmen können, auch ausgesprochene Spezialisten: So gibt es in den verschiedenen visuellen Zentren – wie schon erwähnt - Neuronen für waagerechte, für senkrechte und für geschwungene Linien, Neuronen für schnelle und welche für langsame Bewegungen, für hell oder dunkel und für die verschiedenen Wellenlängen des Lichtes, so dass wir Farben unterscheiden können

Es gibt Nervenzellen, die zuständig sind für räumliche Eindrücke, für Winkel, Formen oder Kontraste, aber es gibt kein Zentrum, an dem alle diese verschiedenen Eindrücke zusammengeführt werden. Stattdessen gibt es offensichtlich eine ununterbrochene, etwa dreihundert Impulse pro Sekunde umfassende „Konversation" zwischen den Neuronen der visuellen Zentren und diese „Unterhaltungen sind es, die zur visuellen Erkenntnis werden." (Oliver Sacks, zitiert nach Ulrich Schnabel / Andreas Sentker, 1998, S. 132)

Ich möchte an dieser Stelle den Neurobiologen Gerhard Roth zitieren:

„Es gibt kein Neuron oder Neuronenverband, die ein Objekt wie einen Stuhl in all seinen Details und in seinen verschiedenen Bedeutungen repräsentieren können. Die Wahrnehmung eines konkreten Objektes erfordert die simultane Aktivität vieler Zellverbände, die jeweils nur sehr begrenzte Aspekte kodieren, seien es Detailaspekte oder Kategorienaspekte, und diese Zellverbände sind weit über das Gehirn verstreut. Nir-

gendwo gibt es ein einzelnes Zentrum, in welchem alle diese Informationen zusammenlaufen.
Dies widerspricht nun eklatant unserer subjektiven Empfindung. Wir nehmen *nicht* die Umrisse eines Stuhls getrennt von seiner Farbe wahr, die Farbe getrennt von der Helligkeitsverteilung und – wenn wir ihn bewegen – getrennt von seiner Bewegung. Erst recht nehmen wir nicht die Bedeutung „Stuhl" getrennt von den anderen Aspekten wahr. Diese Komponenten des Wahrnehmungsaktes bilden vielmehr eine *Wahrnehmungs- und Bewusstseinseinheit.*" (Hervorh. von Roth). (Roth, 1995, S.233)

Die für die unbewusste und bewusste Wechselwirkung zwischen einer Person und ihrer Umwelt notwendige Konversation zwischen den Neuronen findet über die Synapsen statt, und zwar entweder auf elektrischem oder auf chemischen Wegen mit Hilfe verschiedener Botenstoffe, auch Neurotransmitter genannt. Diese sind Glutamat, Glycin, GABA, Dopamin, Noradrenalin, Adrenalin, Serotonin, Histamin, Acetylcholin. Dazu kommen noch etwa 50 neuroaktive Peptide. Dabei stellen die meisten Neuronen mehrere Transmitter her und sie haben auch selbst entsprechende Rezeptoren und sogenannte Ionenkanäle, mit deren Hilfe interaktive Prozesse gefördert oder gehemmt werden.
Klaus Grawe beschreibt ein erstaunliches Beispiel für solche Hemmprozesse und ich möchte dieses deshalb hier zitieren:

„Ein besonders eindrucksvolles Beispiel zur Demonstration solcher Hemmprozesse hat der Psychologe Daniel Simons in Form eines kurzen Films entwickelt. Der Film zeigt ein Basketballspiel. Die Spieler der beiden Mannschaften sind weiß und schwarz gekleidet. Der Betrachter sieht, wie die Spieler sich gegenseitig den Ball zuspielen. Es bekommt nun die Aufgabe mitzuzählen, wie oft die Spieler der weißen Mannschaft sich gegenseitig den Ball so zuspielen, dass er zwischendrin den Boden berührt. Das ist gar nicht so leicht mitzuverfolgen, weil es sehr schnell geht und viel Bewegung im Spiel ist. Man muss sich sehr konzentrieren, um kein Mal zu verpassen, wie der Ball den Boden berührt. Wenn der Film zu Ende ist, wird man als Versuchsperson nach der Anzahl der Bodenberührungen gefragt. Man ist fast sicher aber nicht ganz und entscheidet sich für eine Zahl. Derjenige, der einem den Film gezeigt hat, wiegt den Kopf und sagt, das könne stimmen, aber man wolle sich den Film lieber noch einmal gemeinsam ansehen. Diesmal solle man nicht zählen, sondern nur einfach hinschauen, was geschieht.
Und jetzt traut man seinen Augen nicht: Mitten durch die Spieler marschiert unübersehbar eine als Gorilla verkleidete Person, bleibt stehen, trommelt sich wie ein Gorilla auf die Brust und verlässt dann die Szene. Nichts davon hat man beim ersten Male gesehen, obwohl das klar erkennbar und völlig offensichtlich ist. Man glaubt es nicht, dass das angehen kann, und verdächtigt den anderen erst einmal, er habe einem das zweite Mal einen anderen Film gezeigt. Aber es stimmt: Die Aufgabe, den Ball genau zu verfolgen, hat die Aufmerksamkeit beim ersten Ansehen so gebunden, dass man den Gorilla, der mit der Aufgabe nichts zu tun hat, glatt übersehen hat. Seine Wahrnehmung ist vom Gehirn aktiv unterdrückt worden. Er hat wohl die Ganglienzellen auf der Netzhaut stimuliert und diese Signale sind auch an den visuellen Cortex weitergeleitet worden, aber auf dem Weg von dort zu den Arealen, die mit bewusster Aufmerksamkeit verbunden

sind, sind diese Signale blockiert worden. Die Bewertung eingehender Signale nach ihrer Bedeutung und die aktive Hemmung der im Moment als nicht wichtig bewerteten, ist eine der Hauptfunktionen des Thalamus. Er hat mit fast allen Hirnarealen **Verbindungen** (Hervorh. Grawe) ist so etwas wie eine Schaltzentrale."
(Grawe, 2004, S. 59)

Solche fördernden oder hemmenden Prozesse laufen unbewusst ab, bewirken aber unter anderem, dass das, was ein Mensch wahrnimmt, sich von dem unterscheiden kann, was alle anderen um ihn herum wahrnehmen. Diese Prozesse sind neben vielen anderen daran beteiligt, dass sich die Wirklichkeiten von Menschen voneinander unterscheiden und jeder Mensch in seiner eigenen Wirklichkeit lebt.

Gerhard Roth wirft in diesem Zusammenhang in seinem Buch „Das Gehirn und seine Wirklichkeit" die folgende wichtige Frage auf:

„Wie aber wird die im „Normalzustand" subjektiv empfundene Einheit der Wahrnehmung im Gehirn hergestellt? Diese Frage ist identisch mit der Frage nach der Konstitution von Objekten und Szenen überhaupt. Die Regeln, nach denen dies geschieht, können nicht aus den Nervenzellen oder gar Synapsen selber stammen, denn Neurone und Synapsen wissen nichts; was sie tun, sind neutral gegenüber der Bedeutung ihrer Aktivität." (Roth, 1995, S. 235)

Roth ist der Ansicht, dass es die Vorerfahrungen der jeweiligen Person sind, mit deren Hilfe die Bewertungen und damit die Entscheidungen, was für die Person relevant ist und was nicht, getroffen werden. Viele Faktoren gehören zu diesen „Vorerfahrungen", für Roth zählt „natürlich zuallererst die Grundorganisation des Gehirns, wie sie sich in der Stammesgeschichte herausgebildet hat, also die Tatsache, dass unser Gehirn ein typisches Wirbeltier-, Säugetier- und Primatengehirn ist."
Aber auch die beobachtbare Tatsache, dass „sich Sinnesorgane im Normalfall bei allen Angehörigen der Art, Gattung usw. in gleicher Weise mit bestimmten Hirngebieten geordnet verknüpfen, und dass dann diese Hirngebiete sich untereinander in eben so geordneter Weise verbinden", gehört dazu. (Roth, 1995, S. 235)
Gleichzeitig werden - unter den gegebenen, auch den genetischen, Rahmenbedingungen– alle Erfahrungen des Lebewesens gespeichert und untereinander vernetzt, und damit bildet sich auf der Basis der Selbstorganisation die strukturelle Ordnung des Gehirns heraus.
Diese Grundausrüstung bestimmt weitgehend, welche Bedeutungen wir dem Wahrgenommenen geben, was dadurch gehemmt oder gefördert wird und wie wir dementsprechend etwas wahrnehmen.

Grawe schreibt dazu:

„Die von Roth aufgeführten Sachverhalte sind die Grundlagen unseres Realitätskontaktes mit der Umgebung und auch die Grundlage dafür, dass wir uns über unsere Umwelt, ja sogar über unsere subjektiven Erfahrungen, miteinander verständigen können. Wir können wegen dieser Sachverhalte davon ausgehen, dass die anderen Menschen auch ein rot sehen, wenn wir es sehen und das sich ihre Wut so ähnlich anfühlt, wie wir selbst uns fühlen, wenn wir wütend sind. Inwieweit das wirklich so ist, werden wir nie erfahren....“ (Grawe, 2004, S. 69)

Auf jeden Fall steht fest, dass unser Gehirn ein selbstorganisierendes System ist, welches zwar offen ist für Energie und Materie, aber ansonsten geschlossen ist. Das bedeutet, dass jede Information über unser Umfeld intern von unserem Gehirn hergestellt wird und dass es so etwas wie eine Abbildung der Außenwelt in unser Inneres nicht gibt. Ich wiederhole es einfach noch einmal, weil es für viele Menschen doch sehr schwierig ist, etwas bereits Gelerntes zugunsten von etwas Neuem aufzugeben:
Wir sehen nur das, was wir sehen und nicht das, was z.B. für andere zu sehen ist. Wir hören nur das, was wir hören und nicht, was z. B. für andere zu hören ist. Eine gemeinsame Wirklichkeit für alle Beteiligten gibt es nicht, jede Person lebt in ihrer eigenen Wirklichkeit.

Mehr über das Gehirn - Empathie und Spiegelneurone

Wie Menschen Informationen über die Wirklichkeit ihres Gegenübers erhalten

„So ganz begreife ich das nicht", sagt Valentino, „ich bin doch mit dir in einem Raum und in derselben Zeit, du gibst mir ein Leckerchen und im selben Moment nehme ich es dir aus den Fingern und habe es im Mund, das ist doch ein und dieselbe Wirklichkeit, wo ist denn der Unterschied zwischen deiner und meiner? Und überhaupt, ich finde, wir verstehen uns beide wunderbar, das kommt doch auch nicht von allein. Und wie soll das gehen, wenn du in deinem Universum sitzt und ich in meinem, und ich höre und sehe noch nicht einmal dasselbe, wie du?" „Valentino, das ist eine sehr wichtige Frage. Manche meinen, dass wir zwar in der gleichen Realität leben, und da gehört das Leckerchen dazu, aber gleichzeitig in verschiedenen Wirklichkeiten. Aber da schon das Leckerchen für dich und für mich jeweils etwas anderes ist und wir nicht wissen können, was es unabhängig von mir und von dir ist, kann ich nur sagen: So ganz genau weiß man es nicht." „Da bin ich aber froh, ich hatte schon Angst, wenn du erst einmal eine Erklärung dafür hast, weshalb wir uns so gut verstehen, dann interessiere ich dich vielleicht nicht mehr." „Ach Valentino, eine Erklärung ist immer nur vorläufig, aber meine Zuneigung zu dir dauert, so lange ich lebe." „Bestimmt?" „Bestimmt!"

Wenn wir nur hören, was wir hören und nicht, was gesagt wurde, wenn wir nur sehen, was wir sehen und nicht, was vorhanden ist, wie kommt es dann, dass wir in der Lage sind, unser Gegenüber gefühlsmäßig und kognitiv einzuschätzen?
Warum reagieren wir so empfindlich auf das Verhalten und die Stimmungen unseres Gegenübers und lassen uns so leicht anstecken von der schlechten bzw. guten Laune einer anderen Person? Dieses Phänomen ist überkulturell beobachtbar und wird im englischen Sprachraum „emotional contagion" genannt
Warum haben wir die Tendenz, Haltungen oder Bewegungen eines Gegenübers spontan und meist unbewusst zu imitieren? Überall auf der Welt kennen Menschen auch dieses Phänomen der „joint attention".
Man spricht dabei von Resonanzphänomenen oder intuitiver Übertragung. Dabei handelt es sich nun keineswegs um ein esoterisches Phänomen, sondern um die Leistung bestimmter Neurone im Gehirn, die „Spiegelneurone" oder auch „mirror neurons" genannt werden.
Die Spiegelneurone wurden von Giacomo Rizzolatti und seinen Kollegen entdeckt. Sie stellten fest, dass diese Neurone sowohl aktiv sind, wenn ein

Lebewesen – im ersten Falle war es ein Affe – etwas Bestimmtes tut, als auch, wenn es ein anderes Lebewesen bei dem gleichen Tun beobachtet, z. B. eine Nuss zu ergreifen.
Das neue Buch von Giacomo Rizzolatti und seinem Kollegen Corrado Sinigaglia heißt „Empathie und Spiegelneurone. Die biologische Basis des Mitgefühls". (2008)
Diese Prozesse des „Mitfühlens" werden uns dadurch ermöglicht, dass die Spiegelneurone in unserem eigenen Gehirn eine Simulation des Zustandes des Gegenübers produzieren. Sehen wir einen anderen Menschen weinen, dann simulieren unsere Spiegelneurone auf der Basis unserer eigenen Erfahrungen, die wir mit „Weinen" haben, einen inneren Zustand, so dass wir emotional verstehen, was die andere Person tut, beziehungsweise wie es der anderen Person geht.
Je nach unseren Erfahrungen werden wir – wenn wir einen anderen Menschen weinen sehen - sehr unterschiedliche Simulationen erleben und verschiedene Handlungsimpulse verspüren: Wir könnten selber traurig werden; Tränen in die Augen bekommen; Schuldgefühle entwickeln; uns unter Druck gesetzt fühlen; ärgerlich werden und abwehren oder beschwichtigen; wir könnten die Tränen übersehen; versuchen zu trösten oder die andere Person auffordern, mit dem Weinen aufzuhören, sich nicht anzustellen, sich zusammen zu nehmen oder allmählich wieder fröhlich zu sein usw., je nach dem, welche Erfahrungen wir mit „Weinen" in sozialen Situationen gemacht haben oder welchen Umgang wir mit eigenen oder fremden Tränen gelernt haben.
Meist werden uns die Simulationen unserer Spiegelneurone noch nicht einmal bewusst. Wenn wir z. B. durch eine stark frequentierte Fußgängerzone gehen, weichen wir den uns entgegen Kommenden ohne nachzudenken nach rechts oder links aus oder gehen einfach weiter gerade aus, weil wir - meist unbewusst – merken, ob und wie die andere Person ausweichen wird. Während der Annäherungsphase werden sehr schnell wechselseitige, im Allgemeinen unbewusst bleibende Informationen ausgetauscht, welche die Simulationen aktivieren.
Joachim Bauer hat sich in seinem Buch „Warum ich fühle, was du fühlst" ausführlich mit den Forschungsergebnissen in Bezug auf Spiegelneurone auseinandergesetzt. Allerdings ist der Titel etwas irreführend, wir können nicht wirklich fühlen, was ein anderer Mensch fühlt, aber unsere Spiegelneurone können uns mit Simulationen eine Ahnung davon verschaffen.
Spiegelneurone sind also solche Nervenzellen,

> ...„die im eigenen Körper ein bestimmtes Programm realisieren können, die aber auch dann aktiv werden, wenn man beobachtet oder auf andere Weise miterlebt, wie ein anderes Individuum dieses Programm in die Tat umsetzt,..." (Bauer, 2005, S. 23)

Spiegelneurone sind demnach handlungssteuernde Nervenzellen. Diese...

„...werden nicht nur aktiv, wenn die entsprechende Handlung bei einem anderen beobachtet wird, Sie funken auch dann, wenn man der Testperson sagt, sie möge sich die betreffende Handlung vorstellen. Am stärksten feuern sie allerdings, wenn eine Person gebeten wird, eine beobachtete Handlung simultan zu imitieren." (Bauer, 2005, S. 25)

Es gibt sehr viele verschiedene Spiegelneurone, aber besonders interessant scheint zu sein, dass es sogenannte „strict congruent mirror neurons" - mit einem Anteil von etwa 30% der bisher entdeckten Spiegelneurone - und „broad congruent mirror neurons, die mit etwa 60% den größeren Anteil ausmachen, gibt.
Die letzteren feuern auch, wenn die beobachteten Verhaltensweisen nur ähnlich sind. Nadia Zaboura schreibt in diesem Zusammenhang:

„Lediglich ein *logischer oder kausaler Zusammenhang* der Handlung in Bezug auf die Zielgerichtetheit ist vonnöten. Das hieße, dass für die kategorisierende Zuordnung visueller Wahrnehmungen lediglich ein grobes Handlungsmuster ausschlaggebend wäre. Das Besondere ist folglich, das die *broad concruent mirror neurons* zu einer *Generalisierung* verschiedener motorischer Möglichkeiten verhelfen, um ein und das selbe Ziel zu erreichen, da nicht nur eine strikte, sondern eine breiter gefasste Kongruenz die Spiegelneurone aktiviert." (Zaboura, 2009, S. 70)

Und etwas später schreibt sie:

„Von herausragender Bedeutung ist weiterhin, dass sich eine Aktivierung der Spiegelneurone ausschließlich bei zielgerichteten Handlungen feststellen lässt. Ein neurologisches Feuern findet also nur dann statt, wenn die gesehenen Handlungssequenzen einen *sinnvollen Zweck* darstellen, präziser: wenn die Neurone vor dem Hintergrund individueller Erfahrungen bestimmte Handlungsweisen beim anderen antizipieren: So führen Experimente mit Primaten, die nicht auf ein Zielobjekt ausgerichtet sind, nicht zu einer Resonanzreaktion ...
Der Griff ins Leere wird im Gehirn also keine motorische Entsprechung aktivieren, wie es beispielsweise ein Griff zu einer Erdnuss täte. Fraglich ist, wie genau die Unterscheidung einer sinnhaften Handlung auf zellulärer Mikroebene vonstatten geht. Schließlich kann nicht von „intelligenten Neuronen" gesprochen werden, die im Einzelfall „entscheiden", ob die Handlung des Gegenübers einen Sinn ergibt oder eben nicht." (Zaboura, 2009, S.71f)

Diese Beobachtungen und die sich daran anschließenden Fragen sind außerordentlich irritierend und es gibt zur Zeit keine Erklärung dafür, wie einzelne Neurone „wissen" könnten, ob das „zugehörige" Lebewesen eine Intention verfolgt oder nicht.

Die Schlussfolgerungen aus diesen Versuchsergebnissen hängen davon ab, auf welcher wissenschaftstheoretischen Basis man die Forschungsergebnisse diskutieren will.
Zumindest scheinen die Forschungsergebnisse darauf hinzuweisen, dass Intentionalität bzw. Zielgerichtetheit ein Kennzeichen lebendiger Prozesse ist.

Neben den Spiegelneuronen, die Handlungen oder Verhaltensweisen als Programm speichern und die sich bei Bedarf aktivieren, gibt es auch Spiegelneurone für die Vorstellungen von Körperprozessen und anderen Empfindungen und Gefühlen, damit wir uns beim Handeln nicht selbst gefährden, sondern die entstehende Situation in physischer und psychischer Hinsicht antizipieren können. D. h., handlungssteuernde Spiegelneurone und diejenigen für die Vorstellung von Empfindungen und Gefühlen müssen zusammenarbeiten, damit es zu Vorstellungen, Planungen und Ausführungen von Handlungen ohne Selbstgefährdung kommen kann.
Die neuen bildgebenden Verfahren, funktionelle Kernspintomographie (f-NMR) und die Positronen-Emissions-Tomograhie (PET), haben dies nachgewiesen, denn sie können zeigen, welche Nervenzellnetze bei bestimmten Gedanken, Vorstellungen, Handlungen oder Gefühlen aktiv sind.

Es sind demnach nicht die Handlungs- oder Verhaltenssequenzen speichernden Spiegelneuronen allein, die bei der Speicherung und Realisierung eines Verhaltens oder einer Handlung eine Rolle spielen.
Keine Handlung und kein Verhalten lässt sich isoliert von den körperlichen, empfindenden und emotionalen Prozessen vollziehen. Empfinden, Fühlen, Wollen, Denken und Handeln bilden einen raumzeitlich integrierten Prozess.

Bauer weist in diesem Zusammenhang ausdrücklich darauf hin, dass wir nicht einfach etwas tun können, was wir beobachtet haben, ohne eine Vorstellung davon zu haben, wie sich unser Handeln auf unseren Körper auswirkt und wie sich dieses Handeln anfühlen wird.
Er schreibt:

„Es zeigte sich, dass jede avisierte Handlung nicht nur bewegungssteuernde Nervenzellen aktiviert, sondern simultan auch die sensiblen Netzwerke, die das eigene Körperbefinden registrieren. Genau wie bei Handlungsneuronen der prämotorischen Hirnrinde ist auch die Aktivierung der Nervenzellen für die Vorstellung von Empfindungen ein implizites, das heißt: Was die sensiblen Systeme für die Handlungsplanung an Informationen beisteuern, ist der Grund dafür, dass wir uns im Alltag intuitiv nur auf solche Bewegungen und Handlungen einlassen, die wir uns körperlich auch zumuten können, ohne hinterher ein orthopädischer Notfall zu sein." (Bauer, 2005, S. 43)

Für die Simulationen der beim anderen erwarteten Verhaltensmuster stehen ausschließlich die eigenen bisher gemachten Erfahrungen des Beobachters zur Verfügung und diese gehen in die – unbewussten oder bewusst werdenden – Simulationen ein.
Die innere Welt eines anderen Menschen, seine Gefühle, Gedanken, Motive oder Handlungsimpulse können wir nur dadurch kennenlernen, dass wir danach fragen oder dass er uns etwas darüber erzählt. Nur wenn wir seine Muster schon kennen, haben wir manchmal im Vorfeld Hinweise darauf, wie er sich vielleicht in strukturähnlichen Situationen verhalten wird, ansonsten sind wir auf die Simulationen unserer Spiegelneuronen angewiesen.
Weitere Kenntnisse über andere Menschen können wir uns wegen ihrer und unserer Selbstorganisation nicht verschaffen.

Das allerdings widerspricht – wie schon im Kapitel „Verhängnisvolle Illusionen" deutlich gemacht wurde - den von uns in unserer Kultur gelernten Grundsätzen.
Wir glauben bisher überwiegend daran, dass das, was wir hören und sehen oder sonst wie wahrnehmen, nicht nur für uns persönlich, sondern auch für alle anderen wahr ist und wir verteidigen dies auch gegenüber anderen, wenn diese etwas anderes wahrgenommen haben. Wir glauben bisher auch häufig daran, das es eine einzige Wahrheit gibt, und wenn jemand etwas anderes wahrnimmt als wir selbst, dann ist die andere Person entweder im Unrecht und es gibt Streit, oder wir zweifeln an unserer eigenen Wahrnehmung und untergraben damit unser eigenes Selbstwertgefühl, weil wir plötzlich den anderen mehr glauben als uns selbst.

Und weil es angeblich nur eine einzige Wirklichkeit für alle gibt, drehen sich unsere Gespräche meist um Daten und Fakten. Gleichzeitig sehnen wir uns nach Übereinstimmung, denn mit wechselseitigen Übereinstimmung können wir vermeiden, dass wir von anderen ins „Unrecht" gesetzt werden, angegriffen oder sonstwie in Konfliktsituationen geraten.
Es ist allerdings durchaus möglich, dass unsere Sehnsucht nach Übereinstimmung sich eigentlich auf emotionale Verbundenheit richtet, und wegen der damit verbundenen „Gefahren" – Ablehnung und Abwertung - nur auf die eher mentale Ebene von Daten, Fakten und Meinungen verschoben worden ist.
Auf jeden Fall aber empfinden wir Andersartigkeit und Abweichungen von dem, was wir persönlich für richtig halten, häufig als Bedrohung.

Dies allerdings ist nicht nur im Umgang mit Familienmitgliedern, Freunden und Bekannten, sondern auch im Umgang mit Angehörigen anderer Religionen und Kulturen sehr problematisch. Zwar ist jeder Mensch anders als jeder andere und die Unterschiede zwischen Menschen verschiedener Kulturen können auf Grund sehr unterschiedlicher persönlicher Erfahrungen manchmal größer als bei Menschen aus dem gleichen kulturellen Umfeld und mit ähnlichen Lebenserfahrungen. Aber es kann genauso gut auch umgekehrt sein. In jedem Fall ist es wichtig, Andersartigkeit nicht nur - wie so häufig - als Bedrohung, sondern vor allem als potentielle Bereicherung zu begreifen.

Die neurobiologischen Forschungsergebnisse sind natürlich genau so nur Modelle unserer Realität, wie unsere gesamten anderen Erfahrungen. Das bedeutet zwar, dass diese neuen Interpretationsmuster oder theoretischen Konstrukte oder wie man sie auch nennen will, nunmehr zu der von uns - bzw. einer Gruppe von WissenschaftlerInnen - „hergestellten" Wirklichkeit gehören und damit zu persönlichen Wahrheiten werden können und dann auch durchaus konstruktive Wirkungen wie Akzeptanz von Andersartigkeit und die Entwicklung von Neugier und Kontaktbereitschaft entfalten können.
Aber es bleibt zunächst einmal ein Problem, dass diese neuen Erfahrungen all unseren bisherigen Erfahrungen widersprechen.
Dadurch ergeben sich neue Herausforderungen und die Notwendigkeit, neue Kommunikationsstrukturen, neue Umgangsformen und neue Problemlösungsstrategien zu entwickeln. Von diesen wird im Verlaufe dieses Textes immer wieder die Rede sein.

Bisher glaubten wir, das andere Menschen unsere Gefühle beeinflussen, das sie uns ärgern, verletzen, beleidigen, erfreuen, lähmen, verrückt, krank oder glücklich machen können. Nach den neuen Erkenntnissen ist dieses aus neurophysiologischen Gründen unmöglich, wir sind – wie gesagt - als selbstorganisierende Systeme nur offen für Materie und Energie, aber gegenüber allen anderen direkten Einflüssen geschlossen. Und das bedeutet, andere Menschen können uns keineswegs ärgern, verletzen, beleidigen, krank oder glücklich machen usw. Alle diese Empfindungen und Gefühle entstehen in den entsprechenden Situationen und in Abhängigkeit von der wahrgenommenen Art und Qualität der Wechselwirkungen in uns selbst.
Aber da sich das noch nicht herumgesprochen hat, nehmen wir unangenehme interne Zustandsveränderungen immer noch den angeblichen Verursachern übel.

Aber auch, wenn die andere Person gar nichts tut, sondern nur selbst traurig ist, schlechte Laune hat oder wegen anderer Ereignisse immer noch verärgert ist, und wir mit Hilfe unserer Spiegelneuronen eine Simulation der möglichen inneren Zustände unseres Gegenübers in unserem eigenen Bewusstsein erleben, sind wir bereit, der anderen Person vorzuwerfen, sie würde uns unsere Laune verderben.
Wir nutzen die Simulationen in unserem Bewusstsein genau so wenig als Informationen wie unsere Gefühle. Wir könnten ein viel freieres und selbstverantwortlicheres Leben führen, wenn uns bewusst wäre, dass nur wir für unsere Gedanken und Gefühle, unsere Fantasien und Wünsche verantwortlich sind, und dass nicht jemand anderes daran schuld ist, wenn sich unsere inneren Zustände ändern.
Die erwähnten Simulationen können sich aber trotzdem unangenehm auswirken, wenn man sich nicht bewusst macht, dass es sich nur um eine Information handelt.
Die schlechte Laune meines Gegenübers, die ich zwar ebenfalls als eine Verschlechterung meiner Laune bemerke, muss nicht als schlechte Laune in mir fortdauern. Ich kann die Information empathisch und mitfühlend nutzen und die andere Person fragen, wieso es ihr schlecht geht und ob ich etwas für sie tun könne. Wenn ein Nein kommt, lässt man die andere Person einfach erst einmal in Ruhe.
Es gibt natürlich auch Menschen, die ihre eigenen Gefühle ungebremst agieren, indem sie herumschreien, Türen schlagen, unruhig hin und her gehen und dabei laut stöhnen oder schimpfen. Das kann sich als durchaus belastend für einen selber erweisen, weil die eigenen Spiegelneuronen einem immer wieder eine Simulation produzieren, mit der man erst einmal fertig werden muss.
Auch davon muss man sich nicht anstecken lassen. Auch da kann man fragen, ob man etwas tun kann und bei einem Nein die andere Person in Ruhe lassen und seine eigenen Sachen machen. Wenn die andere Person weiterhin ungebremst ihre eigenen inneren Zustände der Außenwelt zumutet, statt sich mit sich selbst etwas konstruktiver auseinander zu setzen, kann man entweder gehen oder im Zweifelsfalle die andere Person auch darauf aufmerksam machen, dass ihr ungehindertes Agieren einen stört - ebenso wie z. B. sehr laute Musik einen stören kann - und dass man sie bittet, etwas in Bezug auf ihren eigenen Zustand zu unternehmen oder sonst wie Rücksicht zu nehmen. Natürlich gibt es immer auch innere Zustände, für die ein deutlicher Selbstausdruck nicht nur erforderlich, sondern sogar unerlässlich ist. In solchen Fällen finden länger andauernde Ansteckungsprozesse meist nicht statt, weil sehr schnell deutlich wird, dass sich eine Person in einer Notsituation befindet und Hilfe braucht.

Wenn wir die Verhaltensweisen anderer Menschen jeweils als einen Ausdruck ihrer selbst begreifen und unsere eigenen Empfindungen und Gefühle als Informationen über unsere momentane Beziehung zu unserer Umwelt oder über den Zustand unseres jeweiligen Gegenübers verstehen, dann löst sich die „Ansteckung“ wieder auf und wir fühlen wir uns nicht mehr als Opfer und auch nicht schuldig an den Zuständen der anderen.

Stattdessen könnten wir in ganz anderer Weise als bisher das Wunderwerk unseres Gehirns und seine absolut erstaunlichen Leistungen bewundern, anstatt wie so häufig unter seinen Prozessen zu leiden.

Wenn sich nun die Spiegelneurone sowohl beim bloßen Vorstellen, beim Beobachten, beim Imitieren und Simulieren - aber auch beim eigenen Handeln - aktivieren, wie unterscheidet das Gehirn, ob das zugehörige Individuum nur beobachtet oder selber handelt?

Eine Forschergruppe um Jean Decety hat herausgefunden, dass das Gehirn eigenes Handeln in der linken Gehirnhälfte unterbringt, während Vorstellungen über andere Personen sich in der rechten Gehirnhälfte befinden.
In der rechten Gehirnhälfte ist allerdings auch der eigene Körper repräsentiert, aber nur solange die zugehörige Person nicht handelt.
Sowie eine Person beginnt selbst zu handeln, werden wieder die Neurone der linken Gehirnhälfte aktiv. Dies geschieht offensichtlich auch dann, wenn die betreffende Person eine andere nachmacht.
Bauer weist darauf hin, dass das System der Spiegelneurone einerseits in jedem Individuum präsent sei, es bilde aber zugleich ein *gemeinsames Vielfaches* (ein Begriff von Vittorio Gallese in „The Shared Manifold“, a. a. O.), eine Art Pool, in dem die Programme für alle Handlungs- und Erlebnismöglichkeiten gespeichert sind, die innerhalb des jeweiligen sozialen Gefüges prinzipiell möglich und gangbar sind.
Spiegelneurone stellen demnach einen gemeinsamen sozialen Resonanzraum bereit, weil das, was ein Individuum empfindet oder tut, bei den anderen, unmittelbar beobachtenden Individuen zu einer spiegelnden Aktivierung ihrer neuronalen Systeme führt, so als würden sie selbst das Gleiche oder etwas Ähnliches empfinden oder die gleiche oder strukturell ähnliche Handlung ausführen, obwohl sie tatsächlich nur Beobachter sind. (Bauer, 2005, S. 106 und Zaboura, 2009,S. 70)

Problematisch kann es allerdings werden, wenn eine Person mehrere Personen bei Handlungen beobachtet, in denen es Täter und Opfer gibt:

Wenn nämlich eine Person durch die Spiegelneuronen etwas mitempfindet, was einem anderen geschieht und die dabei auftretenden Gefühle für die beobachtende Person sehr schmerzhaft sind, so kann es sein, dass die beobachtende Person sich eher mit dem Aggressor und nicht mit dem Opfer identifiziert. Obwohl die Simulationen der Spiegelneurone automatisch ablaufen und unbewusst sind, bemerken wir relativ häufig deren Auswirkungen in Form von Empfindungen und Gefühlen, denen wir uns zunächst meist ausgeliefert fühlen.
Um so wichtiger ist es, die durch die Simulationen auftretenden eigenen Gefühle in ihrer Funktion, Informationen über die Prozesse der beobachteten Personen zu liefern, zu verstehen und nicht eine projektive Identifikation zu entwickeln und darin stecken zu bleiben.

Sehr deutlich wird dieser Abwehrprozess, wenn Menschen, denen man etwas Trauriges erzählen will, deutlich machen, dass sie es nicht wissen wollen, weil es sie auch traurig mache, dass sie sich nicht damit auseinandersetzen wollen, weil es sie nur belaste usw.. Manche Menschen lesen deshalb keine Zeitungen mehr, schalten bei entsprechenden Nachrichten den Fernseher oder das Radio aus usw.
Vielleicht liegt es unter anderem auch an solchen und anderen Vermeidungsreaktionen, wenn Menschen anderen bei gewalttätigen Angriffen und anderen Notsituationen nicht zu Hilfe kommen. Es ist auch vorstellbar, dass manche Menschen in einen Schockzustand geraten, wenn sie beobachten, dass eine andere Person bedroht wird. Sie reagieren so, als würden sie selbst bedroht und werden dadurch, dass sie sich „totstellen“, selbst handlungsunfähig.
Arno Gruen weist in „Der Verlust des Mitgefühls – Über die Politik der Gleichgültigkeit“ auf die Wirkungen der in solchen Zusammenhängen auftretenden Gleichgültigkeit oder der Identifikationen mit den jeweiligen Aggressoren hin, durch die jegliches Mitgefühl verhindert wird.

Im Zusammenhang mit den Forschungen zu den Spiegelneuronen wird auch sehr deutlich, dass Menschen auf eine wechselseitige Resonanz durch ihre jeweiligen Spiegelneurone angewiesen sind. Wird einer Person die soziale Resonanz entzogen, z. B. durch Mobbing, werden diejenigen Zentren im Gehirn dieser Person aktiviert, die sich auch aktivieren, wenn ihr Schmerzen zugefügt werden würden.

Naomi Eisenberger u.a. berichten über ein entsprechendes Experiment (Eisenberger u. a., 2003. S. 290-292). Wegen der mit Ausgrenzung und anderer Formen von Missachtung verbundenen Schmerzen sind Menschen auf

wechselseitiges Interagieren, auf verstehendes oder zumindest um Verstehen bemühtes Miteinander angewiesen, sonst geraten sie unter Stress oder werden langfristig krank.
Beim Mobbing versuchen die mobbenden Personen, ihrem Gegenüber diese wechselseitige Resonanz zu verweigern. Sie grüßen nicht, verweigern den Blickkontakt, diffamieren, diskriminieren usw. die betroffene Person, kurzum, sie reagieren nicht mehr oder in sehr unangemessener Weise auf ihr Gegenüber und versuchen, die gemobbte Person aus dem sozialen Netz auszuschließen.
Wenn die sozialen Spiegelungsprozesse ausfallen, fällt auch das Orientierungssystem für das soziale Umfeld aus, und das kann sich auf die einzelne Person sehr destabilisierend auswirken.

Da die Simulationen der Spiegelneurone stets auf den eigenen Erfahrungen beruhen, sind diese Simulationen für das Verstehen der Verhaltensweisen anderer Menschen nur dann hilfreich, wenn diese zumindest ansatzweise auf ähnlichen Erfahrungen beruhen, denn nur dann wird auch unsere interne Simulation dem Zustand des Gegenübers einigermaßen ähneln..
Dieses ist z. B. bei Vertretern unterschiedlicher Kulturen im Allgemeinen nicht der Fall, obwohl wir häufig davon ausgehen, es sei so. Auf jeden Fall liegt hier ein weites Feld für interkulturelle Trainings.
Aber auch, wenn Menschen der gleichen Kultur miteinander umgehen, sind die Unterschiede der in den Spielneuronen gespeicherten Verhaltens- und Handlungssequenzen der einzelnen Personen oft sehr viel größer als diese annehmen und die damit einhergehende Leugnung von Andersartigkeit führt häufig zu destruktiven Auseinandersetzungen und dann auch wieder zu Speicherungen destruktiver Verhaltensweisen in den Spiegelneuronen. Diese können, sofern sie nicht gestoppt werden, bei der nächsten Gelegenheit in Verhalten umgesetzt werden. „Machtspiele“ sind deutliche Beispiele dafür, wie in dem entsprechenden Teil deutlich wird.

Die Art bzw. Qualität des jeweiligen persönlichen sozialen Orientierungssystems kann noch zu weiteren Problemen führen, denn wenn die einzelnen Personen nicht genügend eigene Vorstellungen empathischer Art besitzen, haben sie keine Probleme, anderen Menschen oder Tieren Grausames und Zerstörerisches anzutun. Dabei ist es in diesem Zusammenhang ganz besonders wichtig zu begreifen, dass das Verhalten biologischer Systeme, in unserem Fall das Verhalten von Menschen, nicht durch das Wirken von äußeren Ursachen zustande kommt, sondern stets das Ergebnis eines inneren Selbstorganisationsprozesses ist. Das bedeutet gleichzeitig, dass es auch auf Grund äußerer Einflusse – Argumente, Vorwürfe, Beschimpfun-

gen, Drohungen oder Gewalt – nicht geändert werden kann. Verhalten ändert sich aufgrund innerer Prozesse, z. B. durch intensive emotional getönte Erlebnisse, und damit ist in allen Fällen die Kooperation des Gegenübers erforderlich, welches man beeinflussen möchte.
Um es noch einmal mit den Worten von Bauer zu sagen:

„Die Beobachtung eines handelnden anderen aktiviert im Gehirn des Beobachters – im selben Moment – nicht nur die gleichen, sondern teilweise dieselben Netzwerke, die in Aktion träten, wenn der Beobachter selbst die Handlung vollzöge, die soeben vom Beobachteten vollzogen wird. Entsprechende Resonanzen zeigen auch die für Körperempfindungen und Emotionen zuständigen neurobiologischen Systeme.
Dies bedeutet, dass sich das Gehirn eines inneren Simulationsprogramms bedient, wenn es einen anderen Menschen wahrnimmt. Er wird mit den gleichen Systemen modelliert wie die eigene Person. Dieser durch Spiegelnervenzellen vermittelte Vorgang läuft vorgedanklich, vorsprachlich und spontan ab. Er ist die neurobiologische Grundlage für intuitives Wahrnehmen und Verstehen.
Da dieser Mechanismus allen Menschen eigen ist, stellt das System der Spiegelnervenzellen ein *überindividuelles neuronales Format* dar, durch das ein *gemeinsamer zwischenmenschlicher Bedeutungsraum* erzeugt wird. (Hervorh. von Bauer)
Da der Inhalt dieses gemeinsamen menschlichen Bedeutungsraumes Programme für alle typischen, erfahrungsgemäß auftretenden Sequenzen des Handeln und Empfindens innerhalb der eigenen Spezies enthält, bildet er zugleich auch die intuitive Basis für das Gefühl einer – im großen Ganzen - berechenbaren, vorhersagbaren Welt. Da darin auch die Vorhersagbarkeit und Berechenbarkeit des Verhaltens anderer Menschen eingeschlossen ist, stellt der durch das System der Spiegelneurone gebildete „shared meaningful intersubjective Space" auch die Basis dessen dar, was wir (Ur-)Vertrauen nennen." (Bauer, 2005, S.166)

Das alles bedeutet, dass wir umlernen müssen:
Alles, was wir glauben, was in einem anderen Menschen vor sich geht, alles, was er denkt oder fühlt, was er sich wünscht oder was er nicht will, was er vorhat oder was seine Motive sind, können wir – wie schon gesagt - nicht wirklich wissen.
Es sind nur unserer eigenen Erfahrungen, die uns zur Verfügung stehen, unsere geerbten, gelernten und verinnerlichten Muster, alle unsere Erinnerungen an Dinge, an Situationen aller Art , an Menschen und ihre Verhaltensweisen usw., der ganze Schatz dessen, was wir erlebt und gespeichert haben. Das sind die Wirklichkeiten, in denen wir leben, jede und jeder für sich allein in dem jeweiligen persönlichen Universum.

Aber wir haben die Möglichkeit, das Universum eines anderen Menschen kennen zu lernen und zwar dadurch, dass wir neugierig nachfragen, was in unserem Gegenüber vor sich geht, welche Gedanken, Empfindungen und Gefühle, welche Wünsche und Phantasien unser Gegenüber hat.

Denn wenn wir annehmen, wir wüssten es, begegnen wir nur uns selbst und nicht der anderen Person.
Was immer eine Person sagt oder tut, es ist immer nur ein Selbstausdruck dieser Person, und sie hat für sich sehr gute Gründe dafür, die alle nur aus ihrem eigenen Universum stammen. Das Handeln einer Person hat mit dem jeweiligen Gegenüber zunächst nichts zu tun, dieses spürt nur die Konsequenzen. Aber die Konsequenzen können unangenehm sein oder sogar weh tun. Denn wir haben als soziale Wesen Wünsche aneinander und wollen diese Wünsche von den anderen auch erfüllt bekommen. Und über diese Wünsche aneinander und die Hoffnungen auf Wunscherfüllungen fühlen wir uns wechselseitig voneinander abhängig. Wenn wir uns von anderen missachtet oder verachtet fühlen, wenn andere uns nicht beachten oder unserer Ansicht nach nicht ernst nehmen, wenn wir glauben, dass sie uns oder unsere Arbeit usw. nicht wertschätzen oder uns nicht lieben, obwohl wir uns das so wünschen, dann werden für uns existentielle Wünsche nicht erfüllt und das tut uns weh.

Anstelle des Ratens und Überlegens, wie man eine andere Person dazu kriegt, dass sie tut, was man will, was nach den neuen Erkenntnissen der Gehirnforschung ja nun leider nicht geht, kann ich nur empfehlen, sich nicht mehr so anzustrengen, um sich selbst und andere zu versuchen zu manipulieren, sondern sich einfach von den anderen das zu wünschen, was man jeweils möchte.
Das Leben wird dadurch viel einfacher.
Aber der Weg dahin ist sehr schwierig, denn in unserer Kultur haben wir nicht gelernt, deutlich zu sagen, was wir uns vom anderen wünschen. Was wir gelernt haben, um unsere wichtigsten Bedürfnisse erfüllt zu bekommen, sind Machtspiele. Mit den verschiedenen Arten von Machtspielen wollen wir andere Menschen manipulieren, indem wir versuchen, sie auf Entzug zu setzen, sie zu verunsichern und einzuschüchtern, sie zu bedrohen und zu erpressen, sie herunter zu machen und sich über sie zu stellen, ihnen Vorwürfe zu machten, sie zu kontrollieren und zu zensieren, sie verächtlich oder wie Sklaven zu behandeln, oder aber all dies mit uns selbst machen zu lassen.

„Was habt ihr für eine komische Kultur", fragt Valentino, „so etwas macht ihr, um eure Wünsche erfüllt zu bekommen, um etwas vom Anderen zu kriegen? Das ist ja kaum zu glauben. Wir machen auch so etwas, aber nicht um einen Wunsch erfüllt zu bekommen. Wir machen so etwas nur, wenn es wirklich um einen Kampf geht, wenn ich verhindern will, dass die Anderen das bekommen, was ich will, z. B. die anderen Kater die redselige

Siamesin. Du glaubst kaum, wie ich da drohen und auch kämpfen kann, richtig unfair, immer gleich drauf auf die empfindlichsten Stellen." Das Fell auf Valentinos Schwanz stellt sich auf, er macht einen Buckel und fängt an zu grollen, um mir zu zeigen, wie gut er drohen kann. Ich denke, Recht hat er, Machtspiele sind schon merkwürdig und sicher nicht wirklich geeignet, damit andere einem Wünsche erfüllen und um zu bekommen, was man möchte.

„Mir hast du noch nie gedroht", sage ich und er meint: „Du willst ja auch nicht etwas, was ich auch will. Du willst mir nichts wegnehmen, was mir wichtig ist und wenn ich..." – dabei fängt er richtig an zu grinsen, wie nur er das kann – „so denken würde, wie die Menschen, von denen du redest, dann würde ich sagen: Du gibst mir ja alles, was ich will, also muss ich so ein Spiel gar nicht mit dir anfangen." „Da hast du auch wieder Recht", sage ich, „aber vielleicht sollte ich dir mal ein klein bisschen vorenthalten?" Valentino beguckt sich offensichtlich fasziniert die Krallen seiner rechten Vorderpfote und sagt, mit einem sehr kurzen Seitenblick auf mich: „Ich glaube, meine Krallen sind inzwischen noch länger geworden." „Ich werde daran denken und dir weiterhin alles geben, was du haben willst", sage ich. „Siehst du, es geht doch", sagt er und geht zufrieden in den Garten. Ich blicke hinter ihm her und fühle mich auch zufrieden.

Machtspiele

Wie Menschen versuchen, andere zu manipulieren

„Ich lasse mich nicht immer dann von dir streicheln, wenn du das willst", sagt Valentino. „Aber Valentino, das weiß ich doch. Du lässt dich nur streicheln, wenn du das willst", erwidere ich. „Könnten wir nicht ein Spiel daraus machen", fragt Valentino, „Du machst mir die Dose mit dem Hähnchenfilet auf, und dann lasse ich mich von dir streicheln." „Aber dann willst du doch zwei Sachen, Hähnchenfilet und gestreichelt werden." „Aber wir tun doch nur so, als ob." „Gut", sage ich, „aber dann machen wir es anders. Ich streichele dich, und anschließend mache ich dir zur Belohnung die Dose auf."

„Spielverderberin", sagt Valentino und fügt hinzu: „Das ist doch nicht dasselbe."

„Wieso eigentlich nicht", frage ich ihn, „es gibt Streicheln und Hähnchenfilet." „Du verstehst es nicht", sagt Valentino, „es kommt darauf an, wer die Bedingungen stellt."

„Ich verstehe es wirklich nicht. Wenn es darum geht, was du willst und was du tust, stellst doch immer du selbst die Bedingungen", sage ich.

„Das musst du doch nicht so laut sagen. Und außerdem gilt das ja auch für dich." Und dann sagt er noch: „Und jetzt lass uns das Spiel spielen."

Selbstorganisierende Systeme brauchen neben der Sicherung ihrer Grenzen und damit ihrer Autonomie Wechselwirkungen mit ihrer Umwelt, um ihre Wünsche, zu überleben, auf jeweils angemessene Weise zu leben und sich fortzupflanzen, zu verwirklichen. Und das gilt auch für Menschen. Sie wollen ihre Intentionen und Vorstellungen möglichst ohne Widerstände von Seiten ihrer Umwelt realisieren und haben in den verschiedenen gesellschaftlichen Gruppen unterschiedliche Strategien dafür entwickelt, um ihre Interessen – möglichst ohne sich selbst dabei zu gefährden - durchzusetzen. Und Menschen haben – als soziale Wesen – viele Wünsche und Bedürfnisse, deren Befriedigung ihnen wichtig ist.

Wenn ich mich z. B. bedürftig fühle, Aufmerksamkeit, Interesse, Anerkennung oder Zärtlichkeit und Liebe brauche, wenn ich möchte, dass eine andere Person Zeit mit mir verbringt, mir aufmerksam zuhört und mir hilft, meine Probleme durchzusprechen und zu lösen, wenn ich möchte, dass eine andere Person mich attraktiv und begehrenswert, klug, kreativ, belesen und erfolgreich findet, dann möchte ich das gleichzeitig meist nicht so deutlich zeigen. Denn es könnte sein, dass meine Wünsche abgelehnt werden, dass andere versuchen, mich für meine Bedürftigkeit versuchen, zu beschämen oder zu demütigen usw.

Wenn das so ist, werde ich Ängste oder entsprechende Abwehr in Bezug auf das Äußern meine Wünsche entwickeln und versuchen, meine Bedürftigkeit vor den anderen Menschen zu verschleiern, selbst wenn mir diese deutlich machen, dass sie gern bereit sind, auf meine Wünsche einzugehen. Gleichzeitig werde ich möglicherweise jede Abwehr – und in vielen Fällen sogar jede vermuteten Abwehr meiner Wünsche und Bedürfnisse als einen Angriff auf meinen Selbstwert oder andere Aspekte meines Selbst interpretieren und direkt oder unterschwellig aggressiv werden.
Wie die meisten von uns wissen, helfen rationale Überzeugungen meist nicht weiter, wenn es um Gefühle geht. Und es sind vor allem die Gefühle, die sich auf irgendeine Weise z. B. mit dem eigenen Selbstwert verknüpft haben, die sich mit beschwichtigenden Gedanken rationaler Art nicht zur Ruhe bringen lassen.

Man versucht dann seine Wünsche möglicherweise indirekt, mit kleinen Andeutungen, dem anderen Menschen mitzuteilen. Leider werden diese oft nicht verstanden, und wenn man jetzt der anderen Person unterstellt, sie würde die Andeutungen mit Absicht nicht verstehen, weil man denkt, „jeder normale Mensch muss das doch mitkriegen" oder annimmt, die andere Person wolle einen ärgern, sozusagen „am ausgestreckten Arm verhungern lassen", und ähnliches mehr, dann beginnt man häufig ein Machtspiel.
Ob eine Aussage als eine Machtspieleröffnung interpretiert wird oder nicht, ist nicht eine Frage des Inhalts der Aussage, daran ist eine Machtspieleröffnung nicht abzulesen. Es ist ausschließlich eine Frage der Interpretation. Wird eine Aussage aber als Machtspieleröffnung interpretiert, dann kann dies entsprechende Aktionen beim Gegenüber auslösen und die gemeinsame Interaktion wird möglicherweise auf sehr destruktive Art und Weise eskalieren.
Man kann Machtspiele auf verschiedene Weisen spielen, man kann immer lauter oder immer leiser werden, sich immer mehr zurücknehmen und abgrenzen, sachlicher und sachlicher werden oder auf andere Arten eskalieren. Wenn eine Person das Machtspiel fortsetzen möchte, kann die andere Person es nicht einseitig beenden. Erst wenn beide der Beteiligten bereit sind, wieder kontaktorientiert miteinander zu reden, kann das Machtspiel aufhören.
Ein Beispiel für ein Machtspiel ist das folgende:
„Du musst dich wohl immer durchsetzen."
„Nein, ich habe doch nur einen Einwand geäußert."
„Wenn du Einwände hast, dann ist doch klar, dass alle anderen keine Chance mehr haben."
„Das stimmt doch nicht, ich gebe viel öfter nach als du."

„ Jetzt drehst du schon wieder alles um und ich bin wieder der Böse."
„Bitte lass uns doch vernünftig miteinander reden."
„Als wenn das mit dir möglich wäre!" Usw.
So könnte es immer weiter gehen. Ein Machtspiel wird immer mindestens zu zweit gespielt und ist unabhängig davon, welchen Kommunikationsstil man wählt.

Ein Beispiel für ein Machtspiel mit wechselseitiger „Eskalation" ist das Folgende zwischen zwei Personen, die zusammen an einem Projekt arbeiten:

„Ich warte jetzt schon fast eine Stunde auf dich, ich habe keine Lust, weiter mit dir zusammen zu arbeiten, wenn du immer zu spät kommst."
„Wenn du mich gleich so anmachst, nur weil ich mal eine halbe Stunde zu spät komme, dann scheint dir ja auch nicht viel an der Zusammenarbeit zu liegen."
„Du drehst mir aber auch alles im Munde um, statt einfach einmal pünktlich zu kommen. Aber anscheinend ist dir alles andere wichtiger als ich."
„Nun sei doch nicht gleich so sauer, so ein bisschen zu spät kommen kannst du mir wirklich nachsehen, statt gleich so ein Theater zu machen."
„Ich, Theater?"
„Ja du, und das wegen so einer Kleinigkeit."
„Kleinigkeit? Ich nenne das beschissen, wie du dich mir gegenüber verhältst."
„Na, denn kann ich ja gehen."
„Das ist typisch für dich, immer wenn dich jemand kritisiert, haust du ab. Dann geh doch."
„Mach ich auch."
„Und warum bist du dann noch nicht draußen."
„Du hättest mich wenigstens mal fragen können, warum ich zu spät gekommen bin."
„Nur damit ich nicht sauer bin, ich kenne doch deine Ausreden. Mit mir gehst du nicht mehr so um."
„Dann will ich jetzt meine Bücher zurück."
„Ich denke ja gar nicht daran, nur weil du beschlossen hast, nicht mehr mit mir zusammen zu arbeiten."
„Du hast das doch gesagt."
„Nein, ich habe nur gesagt, dass ich allmählich die Lust verliere."
„Du musst wohl immer das letzte Wort haben."
„Weiß ich, dass du nichts mehr sagen kannst."

Und so könnte es immer weiter gehen. Nur wenn die eine vielleicht doch einlenkt, könnte nach einer Pause der nächste Satz vielleicht „Es tut mir leid, dass ich zu spät gekommen bin“ oder „Na gut, dann koche ich jetzt erst einmal Kaffee“, oder „Lass uns einfach anfangen zu arbeiten“, oder „Nächstes Mal bin ich pünktlich“ sein und beide könnten das Machtspiel beenden. Die Empfindlichkeiten der Beteiligten sind dann noch nicht ausgesprochen und jeweils nur den einzelnen Beteiligten bekannt, aber man kann mit ziemlicher Sicherheit davon ausgehen, dass beide unterschiedliche existentielle Wünsche, wie z. B. ernst genommen zu werden, bedeutungsvoll oder wirkungsvoll zu sein, aneinander hatten, die sie sich wechselseitig nicht erfüllt haben.

Weitere kleine Beispiele für Machtspiele sind:

„Du kriegst aber auch nie mit, wie es mir geht.“
„Warum machst du mir eigentlich ständig Vorwürfe?“
„Solange ich freundlich mit dir rede, hörst du mir doch nicht zu.“
„Soviel wie du redest, da weiß man doch nie, was wichtig ist.“
Oder
„Kannst du bitte die Briefe mit zur Post nehmen?“
„Du brauchst wohl ständig jemanden, der deine Sachen für dich erledigt?“
„Also wenn du das denkst, dann frage ich dich eben nicht mehr.“
„Das ist auch besser so.“
Oder
„Warum bist du eigentlich nie da, wenn ich dich brauche?“
„Woher soll ich wissen, wann du mich brauchst, du schweigst dich doch nur aus und bist beleidigt.“
„So was spürt man doch, wenn einem der andere wichtig ist.“
„Ich aber nicht und ich war noch nie gut im Raten.“
Oder
„Warum unternehmen wir eigentlich nie mehr was miteinander?“
„Du musst doch nur sagen, was du willst.“
„Also wenn ich dir das erst sagen muss. Ich möchte, dass du von dir aus Lust hast, was mit mir zu unternehmen.“
„Mein Gott, bist du kompliziert.“
Usw.

Solche und ähnliche Unterhaltungen sind sicher vielen Menschen bekannt. Meist sind sie viel unerfreulicher und haben kein einlenkendes Happyend. In vielen Fällen verwickeln sich Menschen in Machtspiele und es ist ihnen nicht bewusst, dass sie es tun, aber es gibt auch Menschen, welche die für

Machtspieleröffnungen notwendigen Strategien ganz bewusst einsetzen und hoffen, auf diese Weise Macht über andere zu gewinnen und damit ihre Interessen durchzusetzen. Im Folgenden möchte ich auf fünf verschiedene Strategien eingehen, mit denen man Machtspiele eröffnen und fortsetzen kann.

Machtspiele mit Hilfe künstlicher Verknappung

Eine ganze Reihe von Machtspielen im persönlichen und im beruflichen Bereich ist dadurch gekennzeichnet, dass von einer Person eine künstliche Knappheit erzeugt wird. Darauf hat bereits Claude M. Steiner in seinem Buch „The other side of power“ (Steiner, 1981, S. 87ff) hingewiesen. Künstlich verknappen kann man alles, was Menschen glauben zu brauchen. Wenn z. B. eine Person Zeit, Anerkennung, Zuwendung, Streicheleinheiten, sexuelle Begegnungen, Raum, Geld usw. gegenüber einer anderen Person künstlich knapp hält, diese Person aber das Gefühl hat, darauf angewiesen zu sein, hat die erstere die Möglichkeit, Machtspiele mit der künstlich zu einer „bedürftig“ gemachten Person anzufangen, um damit Nachgiebigkeit oder sogar die Unterwerfung des Gegenüber zu erreichen.

Die Person, der die Erfüllung von Bedürfnissen und Wünschen verknappt wird, hat nur die Möglichkeit, auf die Erfüllung ihrer Erwartungen zu verzichten, wenn sie sich in das Machtspiel nicht verwickeln will. Glaubt sie jedoch, nicht verzichten zu können, dann hat die andere Person Macht über sie gewonnen.

D. h., diese Art von Machtspielen arbeitet mit der Furcht, etwas nicht zu bekommen oder zu verlieren, was man glaubt zu brauchen. Z. B.:

„Ich rede nicht weiter mit dir, wenn du mich so anbrüllst.“
„Ich gehe wieder, wenn du hier weiter so schlechte Laune verbreitest.“
„Geh doch alleine dahin, ich lass mich doch von dir nicht unter Druck setzen.“

In abstrakter Form sehen Machtspiele mit künstlicher Verknappung etwa so aus:

„Wenn du mir nicht gibst, gebe ich dir auch nichts.“
„Wenn ich von dir nicht bekomme, was ich will, bekommst du von mir auch nichts.“

„Entweder du tust, denkst, fühlst, was ich will, oder ich entziehe dir, was du brauchst.“
„Wenn du nicht tust, was ich will, tue ich auch nicht, was du willst.“ Usw.

Dies kann auf ganz unterschiedliche Weise geschehen. Aber es geht immer darum, der anderen Person genau das vorzuenthalten, was diese Person glaubt zu brauchen, um zu erreichen, dass die andere Person das tut, was man selber will. Dabei wird meist auch noch versucht, die künstliche Knappheit als eine „natürliche Knappheit“ darzustellen. Zugehörige Machtspieleröffnungen können z. B. sein:

„Jetzt hab ich keine Zeit, ich stehe nicht immer zur Verfügung, wenn du es gerade willst.“
„Ich habe einfach zu viel zu tun, ich kann mich nicht immer um dich kümmern, nur weil du das gerade willst. Du musst dich schon an meine Termine halten.“
„Ich fühle mich einfach nicht gut genug, um das jetzt mit dir zu besprechen.“
„Ich bin im Moment zu nervös, um mich darauf einzulassen.“
„Wenn du dich nicht sofort anziehst, kommen wir viel zu spät und dann brauchen wir gar nicht erst loszufahren“
„Wir haben nur noch dieses eine Exemplar, wenn Sie es wirklich wollen, sollten Sie sich jetzt dafür entscheiden, später ist es eventuell weg.“ Usw.

In allen diesen Beispielen gilt – ich möchte es einfach noch einmal wiederholen – , dass ein Satz, den eine Person ausspricht, nur dann als Machtspiel-eröffnung wirkt, wenn er als solche interpretiert wird. Und dann kann man sich der Fortsetzung als Machtspiel kaum noch entziehen. Sowie man aber eine solche Aussage nur als Selbstausdruck interpretiert, hat die entsprechende Aussage mit einem selbst nichts zu tun, sie enthält für einen selbst nur noch die Botschaft, dass die Erfüllung der eigenen Wünsche von seiten der anderen Person wahrscheinlich nicht stattfindet.
Interpretiert man die obigen Sätze nur als Selbstausdruck, dann antwortet man – statt zu eskalieren - möglicherweise auf eine de-eskalierende Weise, wie ich in drei Beispielen zeigen will:

„Jetzt hab ich keine Zeit, ich stehe nicht immer zur Verfügung, wenn du es gerade willst.“
„Das ist doch in Ordnung, ich will mich gerne nach dir richten.“ Oder:
„Das kann ich verstehen, mir geht es auch öfter so.“ Oder…

„Ich fühle mich einfach nicht gut genug, um das jetzt mit dir zu besprechen."
„ Wir können das gerne verschieben, bis es dir wieder besser geht." Oder
„Kann ich etwas dazu tun, damit es dir besser geht?" Oder...

„Ich bin im Moment zu nervös, um mich darauf einzulassen."
„Weshalb bist du denn so nervös, kann ich dir irgendwie helfen?" Oder:
„Das kenne ich, es hat ja auch noch Zeit." Oder...

„Wenn du dich nicht sofort anziehst, kommen wir viel zu spät und dann brauchen wir gar nicht erst loszufahren."
„Ich kann gut verstehen, dass du nicht zu spät kommen willst, ich werde mich beeilen." Oder:
„Fahr doch einfach schon los, ich komme hinterher, so schnell ich kann." Oder...

„Wir haben nur noch dieses eine Exemplar, wenn Sie es wirklich wollen, sollten Sie sich jetzt dafür entscheiden, später ist es eventuell weg."
„Es ist in Ordnung, wenn es eventuell weg ist, ich brauche noch Zeit zum Überlegen." Oder:
„Das finde ich sehr freundlich von Ihnen, mich darauf aufmerksam zu machen." Oder...

Aber das sind immer nur Versuche, wenn die anderen weiter eskalieren wollen, werden sie es tun und man kann sich manchmal außer durch inneres oder tatsächliches „Weggehen" nicht entziehen. Und selbst das letztere funktioniert genau dann nicht mehr, wenn die andere Person hinterher kommt. Dies ist durch das Phänomen des Stalkens sehr deutlich geworden. In den USA mussten manche Menschen in das Zeugenschutzprogramm aufgenommen werden, um wieder einigermaßen sicher leben zu können. Wie gesagt, man kann ein Machtspiel nicht einseitig beenden, wenn die andere Person das nicht will.

Natürlich gibt es auch im Berufsleben Machtspiele mit Hilfe künstlicher Verknappung. Der bekannte Dienst nach Vorschrift gehört sicher dazu und wird eingesetzt, um bestimmte Ziele zu erreichen. Aber es gibt auch die heimliche Verknappung des Engagements, ebenso wie die Reduktion der eingesetzten Intelligenz und Kompetenz. Man kann auch die eigene Effizienz – und das auf sehr unterschiedliche Weise – verknappen, ganz zu schweigen von der Arbeitszeit. Künstliche Verknappung kann aber auch stattfinden, wenn man anderen die Redezeit verknappt, ihnen Informatio-

nen und Kontakte vorenthält oder ihnen Verantwortungsbereiche entzieht und dergleichen.
Die zugehörigen verbalen Äußerungen können dabei zwischen ausgesuchter Höflichkeit und krassen Pöbeleien liegen. Etwas künstlich verknappen kann man auf vielerlei Weise.
Entsprechende „Unterhaltungen“ sind sicher vielen Menschen bekannt. Sie leiden darunter und können sich ihnen gleichzeitig nicht entziehen. Man kann in manchen Fällen trotz dieser Schwierigkeit versuchen, ein Machtspiel zu beenden, wenn man Vermutungen darüber entwickeln kann, welches „Geheimnis“ hinter der Machtspieleröffnung des Gegenübers stecken könnte. Aber auch das bleiben Versuche. Auf diese „Geheimnisse“ werde ich später noch eingehen.

Machtspiele mit Hilfe von Einschüchterungen, Drohungen und Erpressungsversuchen

Die Steigerung der Machtspiele mit Hilfe künstlicher Verknappung sind diejenigen mit Hilfe von Einschüchterungen, Drohungen, und Erpressungsversuchen. Bei dieser Art der Machtspiele (Siehe dazu auch Robert Ringer: Winning Through Intimidation, New York 1974) arbeitet die Person, welche das Machtspiel eröffnet, auch mit künstlicher Verknappung, aber zusätzlich damit, dass sie signalisiert, die andere Person sei schuld daran, dass sie nicht bekommt, was sie möchte. Z. B.:
„Du kannst doch nicht erwarten, dass ich freundlich zu dir bin, wenn du den ganzen Tag mit so einer Fresse rumläufst.“
„Wie kannst du mich denn so etwas fragen, du bist dich sonst so sensibel.“
„Du kannst doch nicht im Ernst annehmen, dass ich das akzeptiere, solange du keine Zugeständnisse machst.“
„Wenn du mir nicht das Taschengeld erhöhst, tue ich auch nichts für die Schule.“
„Ich fange erst an, wenn du versprichst, mir dabei zu helfen.“
„Das glaubt doch kein Mensch, was du da behauptest.“
„Das ist doch völlig irrational, was du da vorhast.“
„Du kannst dir in Zukunft dein Essen selber kochen, wenn du weiter so herummeckerst.“
„Du kannst dir eine neue Freundin suchen, wenn du mich immer so warten lässt.“
„Entweder Ihr seid jetzt leise, oder Ihr schreibt eine Klassenarbeit.“
„Wenn du jetzt nicht endlich aufisst, dann gibt es heute kein Fernsehen mehr.“

Dabei kann auch hier der Inhalt beliebig variieren, aber die Struktur bleibt immer die gleiche. In allgemeinerer Form hört sich eine Machtspieleröffnung mit Hilfe von Einschüchterung usw. etwa so an:

„Wenn du nicht das tust, was ich will, dann hat das ganz bestimmte, für dich sehr negative Konsequenzen und die willst du doch sicher nicht."
„Wenn du nicht tust, was ich will, dann wirst du es bitter bereuen, und das willst du sicher nicht."
„Wenn du nicht fühlst oder denkst, wie ich es erwarte, dann bist du schuld an dem, was dann passiert."
„Wenn du nicht das tust, was ich will, dann kannst du doch nicht von mir erwarten, dass ich das akzeptiere und das musst du doch einsehen, oder?"
„Wenn du nicht tust, denkst, fühlst oder ich nicht kriege, was ich will, dann wirst du schon sehen, was du davon hast und dann wirst du bitter bereuen, das du einen eigenen Willen hattest, statt meinen zu erfüllen, und das willst du doch sicher nicht."

Es gibt eine Fülle von Variationen, mit denen man einen anderen Menschen einschüchtern und bedrohen kann, und dabei sind hier böse Blicke, laute Stimme, abfällige oder drohende Mimik und Gestik und die Androhung von Gewalt noch gar nicht berücksichtig.
Bei dieser Sorte von Machtspielen wird mit Angst - und Schuldgefühlen gearbeitet. Die Person, die die Äußerung einer anderen Person als Machtspieleröffnung interpretiert und dann darauf eingeht, hat nicht nur Angst, etwas nicht zu bekommen oder zu verlieren, was sie glaubt zu brauchen, sondern sie glaubt auch noch, sie wäre selbst daran schuld, wenn das Befürchtete eintrifft.
Machtspiele, die auf Versuchen, das Gegenüber einzuschüchtern, beruhen, werden oft sehr subtil eingefädelt, so dass man leicht darin verwickelt werden kann.
Man kann z. B. dem anderen signalisieren, dass er nicht ernst zu nehmen sei und deswegen besser auf das Vorhaben verzichten sollte; man unterstellt dem Anderen, dass er nicht beweisen kann, was er meint; dass er nicht tun kann, was er tun will, indem man die Quellen, auf die er sich bezieht, diskreditiert, usw.
Und die Einschüchterung kann, wie schon gesagt, schließlich auch auf massive Drohungen, Erpressungsversuche und physische Gewalt erweitert werden, wobei die machtspieleröffnende Person dann behauptet, die andere Person hätte einen so weit gebracht.

Auch hier kommt es darauf an, wie das jeweilige Gegenüber auf eine vermeintliche oder beabsichtigte Machtspieleröffnung antwortet. Es ist wichtig, eine Eskalation zu vermeiden, aber auch das kann man nur versuchen. Ob das gelingt, entscheidet das Gegenüber. Wenn die andere Person auf eine machtspielorientierte Auseinandersetzung aus ist, kann man sie nicht stoppen, auch wenn man selbst versucht, sich so abgegrenzt wie möglich zu verhalten, wie das folgende Beispiel zeigt:

„Du glaubst doch nicht im ernst, dass du deinen Vortrag so machen kannst."
„Wieso denn nicht?"
„Du hättest ihn mit mir durchsprechen sollen, dann wäre wenigstens die Gliederung klarer geworden, aber so …"
„Ich finde sie ziemlich klar."
„Und diese amerikanische Literatur, die du verwendet hast, die hat doch nun wirklich kein wissenschaftliches Niveau, du wirst dich blamieren, wenn du nicht auf mich hörst…"
„Es sind Berichte aus der Praxis."
„Du hättest wenigstens noch die psychoanalytische Literatur zur Entwicklungspsychologie heranziehen sollen…"
„Das will ich nicht, dann wird der Vortrag zu lang."
„Also, wenn du meinen Rat nicht annehmen willst, musst du eben sehen, wie das ausgeht."
„Ja."
„Und das sagst du so in aller Ruhe. Ich investiere einen ganzen Nachmittag, um dir zu helfen, die Beispiele auszudenken, und jetzt das. Du kannst nicht erwarten, dass ich dir noch einmal helfe, wenn du alles in den Wind schlägst, was ich dir sage."
„Ich bin dir durchaus dankbar, dass du das für mich getan hast."
„Dann musst du doch einsehen, was ich sage, du wirst dich sonst nur blamieren, wenn du so unwissenschaftlich ´rangehst."
„Ich sehe das anders."
„Mit dir kann man wirklich nicht reden, du brauchst dich nicht zu wundern, wenn andere Schwierigkeiten mit dir haben."
„Es tut mir leid, dass du im Moment Schwierigkeiten mit mir hast. Ich möchte den Vortrag trotzdem so zu Ende schreiben, wie ich es mir vorgenommen habe."
„Na, du wirst schon sehen, was du davon hast." …Usw.

Bei diesem Beispiel wird deutlich, dass sich das Machtspiel fortsetzt, obwohl die eine der beiden Beteiligten versucht, sich abzugrenzen und es

nicht zu einer Eskalation kommen zu lassen. Deshalb möchte ich an dieser Stelle noch einmal darauf hinweisen, dass Machtspiele immer wenigstens zu zweit gespielt werden. Man kann also nicht einer anderen Person vorwerfen, sie spiele Machtspiele mit einem. Man spielt also immer zusammen – egal, wie man mit der anderen Person redet - und, was noch wichtiger ist, man kann auch nicht allein aussteigen. Ein Machtspiel lässt sich – wie ich hier wiederholen möchte - nur von allen beteiligten Personen gemeinsam beenden.
Gerade das Letzte ist besonders wichtig zu begreifen, denn deswegen sind Machtspiele so gefährlich. Das Phänomen des Stalkens macht – wie gesagt - dies besonders deutlich.

Machtspiele mit Hilfe von Lügen und Desinformationen

Eine weitere Möglichkeit, ein Machtspiel mit einer anderen Person zu eröffnen, liegt darin, zu lügen und Informationen vorzuenthalten oder den Informationen andere Bedeutungen zu unterlegen, als sie ursprünglich hatten.
Lügen und die verwandten Formen haben sehr erhebliche Wirkungen. Sie können uns von unserer Realität trennen, unsere Wahrnehmungen einschränken, unsere Gefühle uns selbst gegenüber unglaubwürdig erscheinen lassen und schließlich können wir uns darüber fast verrückt machen, wenn wir den Lügen von anderen mehr glauben als unserer eigenen Wahrnehmung und unserer eigenen Wahrheit, d. h. uns selbst.
Die Fähigkeit von Menschen, sich in ihrer Umwelt zurechtzufinden und effektiv zu handeln, kann daher durch die Begegnung mit Lügen und Desinformationen eingeschränkt oder sogar vernichtet werden, wenn diese Menschen aufgrund ihrer früheren Erfahrungen anfällig dafür sind, an sich selbst zu zweifeln.
Bestimmte Arten des Mobbings fallen in diese Kategorie von Machtspielen. Aber auch Theaterstücke wie „Othello", Filme wie „Mitternachtsspitzen" und „Vertigo", Bücher wie „Gefährliche Liebschaften" und viele andere haben solche Machtspiele als Basis.

Da diese dritte Art von Machtspielen vor allem darin besteht, anderen Personen Informationen vorzuenthalten oder ihnen falsche Informationen zukommen zu lassen, sind diese sehr beliebt in Wirtschaft und Politik, aber auch in anderen Bereichen, z. B. in wissenschaftlichen und anderen Institutionen, sowie in allen möglichen gesellschaftlichen Gruppen beobachtbar.

Diese Art von Machtspielen lässt sich jedoch nicht nur in diesen Bereichen, sondern überall in menschlichen Gemeinschaften, sogar bei einigen Säugetierarten und Vögeln, vorfinden.
Ungenaue, unvollständige oder falsche Informationsweitergabe dient allerdings bei Tieren wohl weniger der direkten Manipulation anderer, sondern vor allem dazu, sich selbst - im Verhältnis zu anderen - einen Vorteil zu verschaffen. Bei Menschen sind wohl beide Motivationsarten anzutreffen, sowohl das Gefühl von Macht über andere genießen zu wollen als auch zu versuchen, Vorteile bei der Durchsetzung der eigenen Interessen zu gewinnen.
Sich selbst durch ein Spiel mit Wahrheit und Lüge Vorteile und manchmal in diesem Zusammenhang auch Macht über andere zu verschaffen, ist zwar – wie schon gesagt - oft auch Thema literarischer bzw. anderer künstlerischer Produktionen, aber auch strukturierendes Element in den Medien, vor allem in der Werbung. Und es wird vor allem von solchen Personen bevorzugt, die außer über Informationen über nichts anderes verfügen, was sie anderen Personen entziehen können und die auch keine Möglichkeiten haben, womit sie anderen drohen können - wie bei den beiden ersten Arten von Machtspielen - oder die nur indirekt agieren können, weil sie nicht erwischt werden wollen.

Kinder haben nur wenig, was Erwachsenen wichtig ist und was die Kinder ihnen entziehen können, und drohen können sie ihnen im allgemeinen auch nicht, aber sie können Geheimnisse vor ihnen haben. Sie können die Erwachsenen anlügen und sie betrügen und sie tun es auch, wenn auch meist in einem ganz kleinen Maßstab. Sie erzählen zuhause nicht, wo sie hingehen, mit wem sie sich treffen, sie ziehen sich auf dem Schulweg um, weil sie sich mit den Sachen, die ihre Mütter gut finden, nicht vor den anderen zeigen wollen, sie machen sich Spickzettel, schreiben kleine Liebesbriefe, die sie blitzartig verschwinden lassen, und wenn sie gefragt werden, was denn los sei, sagen sie oft , es sei nichts, es sei alles in Ordnung, sie hätten nichts gehört, nichts gesehen, nichts getan, seien nicht dabei gewesen und hätten auf keinen Fall etwas mit irgendetwas zu tun.
Und die Eltern oder die Lehrerinnen und Lehrer können nicht viel dagegen tun, sie sind hilflos, weil sie die Kinder zu nichts zwingen können, was diese nicht wollen.

Die normale, kaltblütig bewusst geäußerte Lüge hängt in Bezug auf ihre Effektivität davon ab, wie vertrauensvoll das Gegenüber ist, aber auch, wie schwer zu beschaffen oder wie umfangreich bzw. komplex die Informationen sind, die geeignet sind, die Lügen zu widerlegen.

Sehr viele Menschen verwenden Halbwahrheiten, Geheimnisse oder Schweigen, um andere Personen zu manipulieren und es ist wichtig, wenn man mit diesen Menschen zu tun hat, gut auf sich aufzupassen. Märchen und Geschichten mit dem „Blaubart- Motiv" machen deutlich, dass man sich auf bestimmte Angebote, wie z.B. ein Geheimnis zu erfahren und zu hüten, nicht einlassen sollte.
In der Symbolik dieser Märchen gesagt: Einen Schlüssel zu einer Tür, die man nicht öffnen darf, sollte man nicht annehmen, sondern sofort zurückgeben.

Trotzdem, es ist sehr schwierig, mit Lügen umzugehen und es ist sehr schwer, Machtspielen, die auf Lügen usw. beruhen, zu entgehen. Niemand mag es, ein Lügner genannt zu werden, also scheut man sich, eine andere Person als Lügner zu bezeichnen. Wir tendieren eher dazu, etwas zu glauben, um uns damit die Harmonie in unserer Umgebung zu erhalten. Dies ist viel einfacher, statt unserer Intuition zu folgen und das Risiko einzugehen, eine Lüge als Lüge zu identifizieren und damit auch die andere Person als Lügner zu betrachten.
Man kann nur versuchen, sich nicht in ein solches Machtspiel zu verwickeln, dadurch, dass man sich möglichst umfassend informiert, so viele Fragen wie möglich stellt und die Antworten genau überprüft.
Zu dieser Sorte von Machtspielen gehören auch Versprechen, bei denen nicht beabsichtigt wird, sie einzuhalten, Verallgemeinerungen, die nicht zutreffen, sowie Intrigen und Klatsch in den verschiedenen Formen.

Machtspiele mit Hilfe von Mystifizierungen

Zu den problematischsten Machtspielen gehören diejenigen mit Hilfe von Mystifizierungen.
Den Begriff „Mystifizierung" hat Ronald D. Laing – ein bekannter, inzwischen leider verstorbener Psychoanalytiker - von Karl Marx übernommen und er versteht darunter folgendes:

> „Mystifizierung ist eine Form der auf den Anderen gerichteten Handlung, die der Verteidigung, der Sicherheit der eigenen Person dient. Will jemand etwas nicht wissen oder sich nicht daran erinnern, so ist es für ihn nicht damit getan, dass er es verdrängt (oder es sonst wie „in" sich selbst abwehrt); er darf auch nicht durch den Anderen daran erinnert werden. Eine Person kann etwas selbst verleugnen; dann muss sie aber den Anderen dazu bringen, es ebenfalls zu verleugnen." (Laing, 1969, S. 282)

Und weiter schreibt er:

"Der Mystifizierte ist jemand, dem man zu verstehen gibt, dass er sich glücklich oder traurig fühlt, ohne Rücksicht darauf, wie er fühlt, dass er sich fühlt; jemand, den man für dieses oder jenes verantwortlich macht oder nicht, ohne Rücksicht darauf, welche Verantwortung er übernommen oder nicht übernommen hat. Es werden ihm Eigenschaften oder ein Mangel an bestimmten Eigenschaften zugeschrieben, ohne dass man sich auf ein gemeinsames empirisches Kriterium bezieht, mit dem sich diese Eigenschaften näher bestimmen ließen. Seine eigenen Motive und Absichten werden herabgesetzt bzw. verkleinert und durch andere ersetzt. Sein Erleben und seine Handlungen werden grundsätzlich ohne Bezug zu seinem eigenen Standpunkt ausgelegt. Man unterlässt es überhaupt, von seiner Selbstwahrnehmung und Selbstidentität Notiz zu nehmen." (Laing, 1969, S. 284)

Mystifizierungen spielen sich oft, aber nicht nur, zwischen Menschen ab, die in relativ enger Beziehung miteinander leben und arbeiten. Wichtig ist dabei, dass eine Person sich das Recht herausnimmt, Aussagen über das Innenleben einer anderen Person zu machen und zu behaupten, dass sie mit ihren Aussagen im Recht ist.
Beispiele dafür sind z.B.:

„Das bildest du dir nur ein."
„Das musst du geträumt haben."
„Ich bin überzeugt davon, dass du dass nicht wirklich willst."
„Ich weiß am besten, was gut für dich ist."
„Das sind nicht deine wahren Gefühle, ich kenne dich doch, in Wirklichkeit bist du doch ganz lieb."
„So etwas würdest du nicht tun, das entspricht dir nicht."
„Ich weiß genau, dass du das nicht so meinst, auch wenn du es so sagt."
Usw.

Durch Mystifizierung kann man das Vertrauen eines Menschen zu sich selbst, zu seinen eigenen Gefühlen, Gedanken und Handlungen und sein Vertrauen in seine Wahrnehmung der Wirklichkeit genau dann reduzieren, wenn dieser Mensch den Botschaften glaubt. Mystifizierungen wirken sich in solchen Fällen sehr viel schlimmer aus als Lügen und Desinformationen.

In der massiven Ausbildung dieser Art von Machtspielen handelt es sich um die Erzeugung von „double- binds". Eine Person in einem „double-bind" hat das Gefühl, das alles, was sie tut oder tun kann, falsch ist. Watzlawick hat ein schönes Beispiel für ein double-bind formuliert:

„Kaufen Sie Ihrem Mann zu Weihnachten zwei Hemden. Wenn er das eine zum ersten Mal anzieht, brechen Sie in Tränen aus und sagen Sie zu ihm: „Wie schade, das andere gefällt Dir nicht?“ (Watzlawick, 1990)

Das Konzept des „double-binds“ stammt von Bateson. (Siehe dazu: Gregory Bateson/Don. D. Jackson/Jay Haley/Weakland, John. H.:„Auf dem Wege zu einer Schizophrenie- Theorie” und John H. Weakland: „“Double-Bind“ – Hypothese und Dreierbeziehung“, beide in: Bateson/Jackson/Laing/Lidz u.a., 1969, S. 11 ff und S. 221ff)
Das Konzept der Mystifizierung und das des double–binds überschneiden sich teilweise. Das heißt, mit jedem double bind ist eine Mystifizierung verbunden, aber nicht jede Mystifizierung ist ein double-bind.

Das folgende Machtspiel mit Hilfe von Mystifizierung zeigt ein relativ harmloses Beispiel, aber im Umgang mit Kindern wirken sich Mystifizierungen häufig katastrophal aus, wie sich später noch zeigen wird. Bei dem folgenden Beispiel versucht die eine Person, sich möglichst klar auszudrücken und sich immer wieder abzugrenzen, aber es hilft ihr nicht viel. Die mystifizierende Person mystifiziert einfach immer weiter.

„Du hast doch Geburtstag und ich habe ein Geschenk für dich, du wirst selig sein, es ist genau das Richtige für dich, so was Schmusiges, Schnurriges.“
„Sag bloß, du willst mir eine Katze schenken?“
„Ja, du brauchst eine für deine Seele.“
„Vielen Dank, aber ich will keine Katze.“
„Ich weiß, du lässt dir nur ungern etwas schenken, aber ich weiß doch, wie gerne du eine Katzen willst.“
„Nein, wirklich, ich will keine Katze.“
„Du musst dieses Spiel nicht mit mir machen, ich habe sie doch schon längst bestellt, so eine graue Katze, genau so, wie du sie dir wünscht.“
„Nein, ich wünsche mir keine Katze, ich bin zuviel weg, ich muss zuviel arbeiten, ich kann kein Tier versorgen.“
„Das ist ja das Tolle an Katzen, du musst dich kaum kümmern, du stellst ihnen einfach nur das Futter hin. Ich weiß, eigentlich hättest du wegen Deiner Gesundheit lieber einen Hund, um mit ihm spazieren zu gehen, aber das ist ja wirklich zeitaufwendig…“
„Also, einen Hund will ich auch nicht und spazieren gehe ich auch nicht gern.“
„Deshalb schenke ich dir ja auch keinen Hund, sondern eine Katze.“
„Also ich verstehe nicht, dass du nicht hörst, was ich sage: Ich will keine Katze.“

„Du brauchst nicht so zu protestieren, ich weiß, du willst nicht, dass ich soviel Geld für dich ausgebe, aber für eine Perserkatze war sie wirklich nicht teuer.“
„Aber ich kann das Tier doch gar nicht versorgen und ausgerechnet eine Perserkatze, die man ständig bürsten muss. Und wer soll für sie da sein, wenn ich verreisen muss?“
„Das übernehme ich gern, das macht mir überhaupt nichts aus. Ich weiß, auch wenn es für mich anstrengend wird, dass ich dir damit eine Freude mache und dir zu Liebe tue ich das doch gern.“
„Ich will nicht, dass du das für mich tust. Ich will weder, dass du die Katze für mich versorgst, noch will ich, dass du mir überhaupt eine schenkst.“
„Ich weiß ganz genau, dass du immer solche Schwierigkeiten hast, etwas anzunehmen, aber die brauchst du bei mir nicht zu haben.“
„Also gut.“
„Na siehst du, ich wusste doch, dass du dich freust.“

Natürlich hätte die beschenkte Person auch sagen können, sie würde die Katze ins Tierheim bringen, sowie die Katze bei ihr auftaucht, aber sie kann nicht sicher sein, dass dieser Versuch, ihr etwas aufzuzwingen, der letzte Versuch ist.
Bei Mystifizierungen bleibt die mystifizierende Person ausschließlich bei ihren eigenen Phantasien, mit deren Hilfe sie versucht, ihre Verdrängungen zu schützen. Erwachsene können das nach einiger Überlegung wahrscheinlich erkennen und ihre eigene Wirklichkeit gegenüber den Einredungen von anderen aufrechterhalten. Kinder sind in ganz anderer Weise auf die Spiegelungen durch ihr soziales Umfeld angewiesen, um ein stabiles Verständnis von sich selbst und ihrer Umwelt zu entwickeln. Ich kenne eine Reihe von erwachsenen Personen, die in ihrer Kindheit durch Mystifizierungen so verunsichert wurden, dass diese Verunsicherungen sich weit in ihr erwachsenes Leben hineinziehen oder dass sie es selbst nur mit Mühe schaffen, nicht selber nunmehr die aktive Rolle zu übernehmen und die Menschen in ihrer Umwelt zu mystifizieren.

Die Machtspieleröffnungen mit Hilfe von Mystifizierungen sind diejenigen, welche die potentiell destruktivsten Wirkungen entfalten können.
Einen anderen Menschen zu mystifizieren, ist deshalb so problematisch, weil die existenziellen Bedürfnisse der mystifizierten Person nach Achtung, Respekt, Bedeutung und Wirkung usw. nicht beachtet werden. Dadurch werden Nervenzellen im Gehirn der mystifizierten Person aktiviert, die sich auch aktivieren, wenn die betreffende Person Schmerzen hat.

Wie schon in dem Zitat von Ronald D. Laing deutlich wird, hat aber auch die mystifizierende Person in ihr wirkende Gründe, ihr Gegenüber nicht als die Person, die sie ist, wahrzunehmen oder die Motive, Gefühle und Handlungsimpulse ihres Gegenübers nicht zur Kenntnis zu nehmen.
Die mystifizierende Person schützt sich davor, dass ihre Verdrängungen durch Mimik, Gestik, Worte oder Handlungen einer anderen Person aktiviert werden. Deswegen unterlegt sie allem, was ihr begegnet, ihre eigenen Interpretationen und nimmt von den Gründen der anderen keine Notiz.
Ob etwas eine Mystifizierung zum Schutze der eigenen Verdrängungen ist oder eine schlichte Phantasie über die andere Person, lässt sich nicht durch Beobachtung entscheiden. Nur die betroffene Person selbst kann – vielleicht – sich darüber Klarheit verschaffen.
Deshalb sind die Beispiele nicht eindeutig als Mystifizierungen zu bezeichnen, es können auch einfach nur Phantasien sein, welche die „phantasievolle“ Person über andere Menschen ausbreitet und einfach nur davon ausgeht, sie würden zutreffen, ohne gleichzeitig eigene Verdrängungen damit schützen zu müssen.
Entscheidend ist jedoch, wie die betroffene Person die Zuschreibungen erlebt. Deren Empfindungen und Gefühle können Unsicherheit, Angst, Empörung, Ärger, Wut, Verzweiflung und Irritationen bis hin zu Realitätsverlust, aber auch Freude und Glück umfassen, sie kann sich beleidigt, verletzt oder gedemütigt, aber auch geliebt oder verehrt fühlen.
Gerade bei Kindern ist es besonders wichtig, sie in ihrer Besonderheit wertzuschätzen und nicht die eigenen Verdrängungen dadurch zu schützen, dass man die persönlichen Wirklichkeiten der Kinder missachtet und die eigene Wirklichkeit an die Stelle ihrer Wirklichkeiten setzt.
Wenn eine Lehrerin sagt: „Was träumst Du denn schon wieder Schönes, Peter?“, nur weil Peter aus dem Fenster schaut, dann stülpt sie ihre Wirklichkeit über die von Peter. Sie weiß nicht, was in Peter vor sich geht, während er aus dem Fenster sieht. Sie weiß nicht, ob er ängstlich, glücklich oder traurig ist, ob er an seine Ferien oder an die nächste Mathematikarbeit, an andere Personen oder an das Universum denkt oder intensiv versucht, die Lösung des von der Lehrerin gestellten Problems zu finden.

Wenn ein Lehrer zu den Kindern sagt: „Jetzt werdet Ihr etwas sehr Spannendes erfahren, Ihr seid bestimmt ganz neugierig und könnt es kaum erwarten“, dann spricht er nur seine eigenen Erwartungen und Wünsche aus, mit den Kindern hat das gar nichts zu tun. Er bezieht sie einfach in seine Wirklichkeit ein, nach der Wirklichkeit der verschiedenen Kinder wird gar nicht gefragt. Ob die einzelnen Kinder müde, desinteressiert, oder heiter gestimmt sind, neugierig werden oder das Angebotene spannend finden

werden, ist völlig unbestimmt. Der Lehrer kann höchstens sagen, dass er selbst dass, was er den Kindern erzählen möchte, spannend findet und dass er hofft, dass sie neugierig sein werden. Er kann sagen, er habe die Phantasie, sie könnten es kaum erwarten, bis sie es erfahren. Aber über die inneren Prozesse der einzelnen Kinder, die außerdem von Kind zu Kind variieren, kann er außer Behauptungen aufzustellen, keine Aussage machen.
Leider interpretieren Erwachsene Kinder sehr schnell:
Sie sagen so etwas, wie:

„Das machst du doch nur, um dich vor den Hausaufgaben zu drücken."
„Du hast doch nicht wirklich vor, mir zu helfen."
„Dir sind doch die Videospiele wichtiger als alles andere."
„Dir tut doch in Wirklichkeit gar nichts weh."
„Ich bin dir doch völlig gleichgültig." Usw.

Kinder können sich meist nicht wehren, sie glauben den geliebten, wichtigen und übermächtigen Elternfiguren und den anderen bedeutsamen Erwachsenen. Was diese sagen, wird meist - jedenfalls in bestimmten Altersstufen - nicht bezweifelt und die Kinder verzichten ihnen zuliebe oft viel zu leicht auf ihre eigenen Wirklichkeiten.
Sie geben den Erwachsenen die Definitionsmacht über sich, weil sie in ihrer Abhängigkeit das Gefühl haben, nicht anders zu können, und die Erwachsenen ergreifen diese Macht und benutzen sie.

Mystifizierungen werden auch im weiteren Verlauf des Textes immer wieder eine Rolle spielen, weil mit ihrer Hilfe insbesondere das Gefühl von Hilflosigkeit verdrängt bleiben kann und dadurch Illusionen von Macht und Kontrolle weiter aufrecht erhalten bleiben können.

Passive Machtspiele

Neben den vier bereits beschriebenen Machtspielen sind auch passive Machtspiele in privaten und beruflichen Bereichen von großer Bedeutung. Sie verursachen Jahr für Jahr immense Schäden in der Wirtschaft und kosten sowohl in Ausbildungsstätten aller Art als auch in Familien und anderen zwischenmenschlichen Beziehungsgeflechten Energie und Kraft.
Passive Machtspiele erfreuen sich vor allem bei den Menschen großer Beliebtheit, die sich leicht als Opfer anderer Menschen oder als Opfer von Umständen aller Art fühlen, weil sie dabei eine erkennbare Täterrolle vermeiden können. Das bedeutet allerdings nicht, dass sie wirklich Opfer sind,

ihr eigenes Verhalten als „Täter“ und ihre Aggressivität sind ihnen häufig noch nicht einmal bewusst.
Passive Machtspiele können in Gang gesetzt werden, indem die Wünsche, die Erwartungen und das Verhalten oder sogar die Existenz der anderen Person nicht interpretiert werden, wie bei den Mystifizierungen, sondern negiert werden. In den folgenden Beispiel-Interaktionen zwischen zwei Personen soll dieses gezeigt werden:

„Seit drei Tagen bitte ich dich, die Flaschen wegzubringen.“
„Ich hatte einfach keine Zeit“
„Kannst du dann bitte die Flaschen jetzt wegbringen?“
„Ja, gleich.“
„Wann kommst du denn nun endlich?“
„Was ist denn jetzt schon wieder?“
„Du wolltest doch die Flaschen wegbringen.“
„Mach ich ja auch.“
„Muss ich dir denn alles dreimal sagen?“
„Ich muss doch nicht sofort springen, nur weil du was willst.“
„Ehe ich mir dein Theater weiter anhöre, bringe ich sie lieber selbst weg.“

Oder:
„Hast du die Briefe eingesteckt?“
„Kannst du deinen Kram nicht mal selbst erledigen?“
„Ich will doch nur wissen, ob du Sie eingesteckt hast.“
„Du musst doch selbst wissen, wo du sie hingelegt hast.“
„Kannst du mir nicht einmal eine einfache Frage beantworten?“
„Ich verstehe gar nicht, wieso du dich jetzt schon wieder aufregst.“ Usw.

Allgemeiner ausgedrückt können unter passive Machtspiele folgende Verhaltensweisen fallen:
Einfach nicht zuhören
das Thema wechseln
Zeitung weiter lesen, während der Andere spricht
Weiter schreiben, während eine andere Person eine dringende Auskunft braucht
Aus dem Fenster gucken, während eine andere Person etwas von einem will
Sich dumm stellen
Verabredungen nicht einhalten
Unausgesprochene Regeln nicht einhalten
Zu spät kommen

Ablehnungen einer anderen Person einfach ignorieren
Verharmlosen, bagatellisieren, beschwichtigen.
Die andere Person in ihrer Besonderheit und ihren Wünschen einfach nicht anerkennen
Sich die andere Person ohne deren Einverständnis verpflichten
Gezielt Privilegien verteilen und andere Personen dabei übergehen. Usw.

Ich möchte allerdings an dieser Stelle darauf hinweisen, dass solche Verhaltensweisen von der betreffenden Person nicht immer als Machtspieleröffnung gemeint sind. Menschen leben in ihren eigenen Wirklichkeiten und sind häufig mit ihren eigenen Gefühlen und Gedanken so beschäftigt, dass sie in ihren Wahrnehmungen der Außenwelt eingeschränkt sind oder alte Verhaltensmuster, ohne weiter darüber nachzudenken, einfach nur fortsetzen, ohne irgendeinen Einfluss ausüben zu wollen.
Auch wenn ein Verhalten so aussieht wie eine passive Machtspieleröffnung, ist es nicht wichtig, herauszufinden, ob es wirklich eine ist oder nicht. Denn entscheidend ist, wie man selbst damit umgeht.
Bei vermeintlichen oder tatsächlichen passiven Machtspieleröffnungen ist es ratsam, immer so zu tun, als verhalte sich das Gegenüber ganz normal. Will man z. B. mit einer anderen Person ein bestimmtes Thema besprechen, dann bleibt man einfach bei dem, was man möchte. Wechselt die vermeintlich ein Machtspiel eröffnende Person das Thema, kommt man auf das eigene Thema zurück; liest sie in der Zeitung, erwähnt man z. B., dass man auch ganz gefesselt von den heutigen Ereignissen sei und kommt auf das eigene Thema zurück.
Sieht die andere Person aus dem Fenster, macht man z. B. eine kurze Bemerkung über das Wetter und kommt auf das eigene Thema zurück. Hält sie Verabredungen nicht ein, erinnert man sie z. B. telefonisch kurz vorher noch einmal daran. Lässt sie einen warten, verabredet man sich an einem für einen selbst angenehmen Ort und nimmt sich etwas zum Lesen oder zum Arbeiten mit. Werden eigene Ablehnungen ignoriert, zeigt man Verständnis dafür, dass die andere Person gern eine Zustimmung möchte und wiederholt die Ablehnung. Usw.

Kurzum: Es ist wichtig, die Verhaltensweisen der anderen Person kurzfristig zu akzeptieren, in dem Sinne, wie man auch das Wetter akzeptiert, und anschließend noch einmal zu wiederholen, was man selbst will. Dazu kann auch gehören, die eigenen Gefühle deutlich zu machen, die Bedeutung dieser Gefühle für die momentane Qualität der Beziehung auszusprechen, die resultierenden eigenen Wünsche zu formulieren und im Zweifelsfalle zu wiederholen.

Das folgende Beispiel macht jedoch deutlich, dass in manchen Fällen gar nichts hilft, ein solches Machtspiel zu unterbrechen, auch wenn man sich noch so strategisch verhält:

„Du hast dir doch die Jung- Ausgabe gekauft, kannst du sie mir für eine Woche leihen, ich muss wegen meiner Dissertation etwas nachsehen?“
„Wegen deiner Dissertation habe ich neulich mit Ingrid gesprochen und sie hat gesagt, du sollst sie unbedingt anrufen.“
„Mache ich, aber kannst du mir die Bücher leihen?“
„Welche Bücher?“
„Die Jung-Ausgabe, die du dir neu gekauft hast.“
„Ich habe sie mir nicht neu gekauft, es war ein günstiges Angebot.“
„Gut, aber kannst du wie mir leihen, ich muss etwas über Animus und Anima nachlesen.“
„Ach, da fällt mir ein, kennst du schon das Buch von Verena Kast über Beziehungen?“
„Nein, aber....“
„Also, dass musst du unbedingt lesen, da ist eine gute Zusammenfassung über Anima und Animus drin.“
„Danke, ich möchte es aber im Original lesen.“
„Du nimmst es immer so genau, du wirst Dich noch überarbeiten. Willst du einen Kaffee?“
„Nein danke, ich möchte nur die Jung-Ausgabe für ein paar Tage.“
„Oder etwas essen, ich habe ausnahmsweise ein paar ganz tolle Kekse da. Ach nein doch nicht, ich habe sie gestern aufgegessen, vor lauter Frust über Fred.“
„Sag mal, kannst du mir jetzt die Jung-Ausgabe für ein paar Tage leihen?“
„Ich weiß im Moment überhaupt nicht, wo ich sie hingetan habe.“
„Sie steht doch sicherlich irgendwo im Regal, ich kann sie mir ja selber suchen.“
„Nein, dass möchte ich dir nicht zumuten, in meinem ganzen Bücherchaos.“
„Gut, dann suche du sie mir doch heraus.“
Ach du lieber Gott, ich wollte ja meine Mutter anrufen, na ja, nun ist es zu spät, jetzt ist sie schon weg.“
„Suche doch jetzt bitte nach den Büchern.“
„Ich werde sie bestimmt nicht finden, wahrscheinlich habe ich sie wieder verliehen und weiß nicht mehr an wen. Sag mal, hast du eigentlich noch den Lacan von mir?“
„Nein, ich habe ihn nie gehabt.“
„Bestimmt hast du ihn, wir haben doch neulich erst über ihn gesprochen.“

„Nein, wirklich nicht, bitte könntest du jetzt nicht die Bücher…."
„Wie spät ist es denn jetzt, was, schon sechs Uhr. Und ich wollte um halb sechs bei Sybille sein. Ich muss sofort weg."
„Kann ich dann vielleicht morgen…."
„Nein, morgen bin ich nicht da."
„Dann am Wochenende?"
„Da kommt meine Mutter, du weißt ja. Aber du kannst ja mal anrufen. Jetzt muss ich aber weg."
„Ach guck mal, da stehen die Bücher doch."
„Was? Komisch, und ich dachte, ich hätte sie verliehen."
„Kann ich sie mir denn jetzt mitnehmen?"
„Also, ich würde dir die Bücher lieber erst nächste Woche geben, weil ich selber noch etwas darin nachsehen will."
„Das hättest du mir auch von Anfang an sagen können."
„Es ist mir aber erst jetzt eingefallen." (Dieses und das Beispiel mit der geschenkten Katze haben sich Ulrike Strate -Schneider und ich vor vielen Jahren gemeinsam ausgedacht.

Dieses ist ein irreales Beispiel, aber es soll deutlich machen, dass Personen, die passive Machtspiele in Gang setzen, vermeiden, Position zu beziehen, sie sind ausweichend und fürchten klare Stellungnahmen. Sie erscheinen harmonisierend und sind unterschwellig aggressiv.
In manchen Fällen ist es sehr sinnvoll, Menschen mit einer solchen Tendenz mit ihrem Verhalten und der darin verborgenen Aggression zu konfrontieren, aber wenn man dieses tut, sollte man sich aus strategischen Gründen gleichzeitig zugewandt und freundlich verhalten, weil das Motiv für diese Art des Machtspiels häufig Angst ist. Aber Strategien verbessern höchstens Wahrscheinlichkeiten, sonst nichts. Wenn eine andere Person - aus welchen Gründen auch immer – nicht will, kann man sie – außer vielleicht mit Gewalt - nicht zwingen.

Es gibt allerdings auch Menschen, die sich mit Machtspielen gut auskennen, die wissen, welche destruktiven Wirkungen sie entfalten können, und die sie bewusst und gezielt zur Manipulation anderer Menschen einsetzen. Und wenn diese keine Möglichkeiten mehr haben, sich zu entziehen und sich notgedrungen darauf einlassen, läuft das Spiel zunächst einmal weiter.

Das bedeutet, dass man, auch wenn man sich bemüht, auf eine Machtspieleröffnung nicht einzugehen, es meist nicht vermeiden kann, trotzdem verwickelt zu werden. Und deswegen ist es wichtig, zu wissen, welche Prozesse in der Kindheit und Jugend die Anfälligkeit für Machtspiele begünstigen. Darauf werde ich in einem späteren Kapitel eingehen.

Um noch einmal auf passive Machtspiele zurückzukommen:
Diese sind eine erfolgreiche Art von Machtspielen für die „Schwachen“ oder die vorgeben, „schwach“ zu sein, denn sie basieren nicht auf direkten Angriffen, sondern auf Verweigerung, Vermeidung, Sabotage und passiven Ausweichmanövern. Die zugehörigen Machtspieleröffnungen können zum Beispiel die folgenden sein:

„Ich kann das nicht.“
„Ich weiß nicht, wie das geht.“
„Das muss man mir noch einmal erklären.“
„Das kann ich doch nicht wissen.“
„Dafür kann ich doch nichts.“
„Das habe ich vergessen.“
„Ich kann mich nicht erinnern.“
„Wie soll ich denn das machen.“
„Das hast du nicht gesagt.“
„Ja, ich mache es gleich.“
„Ich werde es genau so machen, wie du sagst.“
„Bestimmt, ich tue es nie wieder.“
„Ich werde mich ändern, ich verspreche es.“ Usw.

Das Gegenüber kann mit passiven Machtspieleröffnungen – wie schon gesagt - auf sehr verschiedene Weisen umgehen, je nach dem, ob es enttäuscht, wütend, traurig, resigniert oder hoffnungsvoll usw. ist. Aber es ist nicht möglich, die machtspieleröffnende Person zu zwingen, mit dem angefangenen Machtspiel aufzuhören und die Verweigerungen, die Sabotage oder das passive Verhalten zu beenden. Darauf hat man keinen Einfluss, deswegen sind Machtkämpfe aller Art so sinnlos.
Leider ist dies den wenigsten bewusst, und wenn sie es wissen, ist die im Zusammenhang mit Machtspieleröffnungen einhergehende Hilflosigkeit so außerordentlich schwer zu ertragen, so dass meistens der Kampf aufgenommen wird, auch wenn man ahnt, dass man ihn nicht gewinnen kann.

Alle diese verschiedenen Arten von Machtspielen treten meist nicht isoliert, sondern in gemischter Form auf. Es geht auch nicht darum, sie im Einzelfall zu unterscheiden, sondern die Dynamiken zu kennen, auf denen sie beruhen: Abhängigkeit von der gewünschten Bedürfnisbefriedigung, Angst, nicht zu bekommen, was man glaubt zu brauchen, Vermeidung von Angst und Strafe, Abwehr oder Akzeptanz von Schuldzuweisungen und ähnlichem. Denn erst dann begreift man, wie man sich den psychischen

Wirkungen dieser Dynamiken wieder entziehen kann, selbst wenn das Machtspiel nicht zu beenden ist.

Wenn in einem Machtspiel Erwachsene gegen Erwachsene antreten, sind die Chancen meistens etwas gleichmäßiger verteilt, aber das Ergebnis ist trotzdem immer ähnlich: Entweder wird der Kampf immer weiter geführt, meist ohne das die Beteiligten noch wissen, worum es geht oder einer der Beteiligten gibt auf und ist dann der „Verlierer". Schließlich gibt es noch die Pattsituation, dann ist nicht mehr feststellbar, wer „Gewinner" und wer „Verlierer" ist.
Im Verlaufe dieses Buches wird es immer wieder auch um Machtspiele gehen, da sie zu unseren bevorzugten Kommunikationsmustern gehören, obwohl die Beteiligten meistens aus vielfältigen Erfahrungen wissen, wie erfolglos und quälend solche Interaktionen sind.

Abhängigkeit oder wie man lernt, Machtspiele zu spielen
Wie Menschen lernen, ihre Verantwortung an andere zu delegieren

„Ich bin abhängig von Dir", sagt Valentino. „Wieso das denn?", frage ich. „Ich kann die Dosen nicht aufmachen", antwortet er. Ich merke, ich fühle mich verletzt und bin enttäuscht, dass es nur die Dose ist. „Na, warte", denke ich und sage zu ihm: „Und wie du abhängig von mir bist! Ich gebe dir zu essen, zu trinken, eine von mir jeden Tag gesäuberte Katzentoilette, Streicheleinheiten und ein richtiges Zuhause. Ohne mich könntest du überhaupt nicht überleben." Er guckt mich auf seine bekannte unnachahmliche Art an und sagt: „Wenn du dich da mal nicht täuschst."
Dann dreht er sich um und geht. Das habe ich verdient, denke ich.

Einen großen Teil meines erwachsenen Lebens habe ich damit verbracht, „unabhängig" zu werden und ich habe für dieses Ziel viel Geld für Therapie ausgegeben, bis mir so allmählich deutlich wurde, dass es sich bei diesem Ziel um den Versuch einer Vermeidung handelt. „Unabhängigkeit" in dem Sinne, wie ich sie haben wollte, gibt es offensichtlich nicht.
Aber nicht nur ich hatte dieses Ziel, ich habe viele Menschen getroffen, für die Unabhängigkeit das wichtigste Ziel war und teilweise immer noch ist. Eine Freundin erzählte mir, dass ihr neuer Partner ihr eine Karte geschrieben habe, auf der stand: „Ich liebe Dich, aber ich werde es Dir nie sagen." „Was hat er denn?", fragte sie sich. Und nach einer Reihe weiterer Botschaften unterschiedlicher Art wurde es ihr immer klarer: Er hatte Angst vor jeder Art von Abhängigkeit und nichts schien ihm wichtiger zu sein als seine Unabhängigkeit. Selbst Wünsche und Vorschläge erlebte er als einen Angriff auf seine Autonomie. Es gibt viele Menschen, die ausgesprochen empfindlich auf die Erwartungen von anderen reagieren und sich sehr schnell unter Druck gesetzt fühlen und dann entweder nachgeben und die Erwartungen erfüllen oder aber heftig, gereizt, wütend oder sonst wie aggressiv beginnen, sich gegen den vermeintlichen Zwang zur Wehr zu setzen, obwohl sie eigentlich nur „'Nein" sagen könnten. Selbst auf eine freundlich gemeinte Frage, ob sie vielleicht einen Kaffee oder etwas anderes möchten, können sie gereizt mit der Bemerkung reagieren, sie würden schon selbst etwas sagen, wenn sie etwas wollten.
Der vermeintliche Zwang fühlt sich für sie allerdings sehr real an, meistens haben sie schon als Kinder entsprechende Erfahrungen gemacht, sie haben sich aufgrund ihrer eigenen Bedürftigkeit und der manipulativen Strategien der Erwachsenen gezwungen gefühlt und hatten kaum eine Chance, sich den Ansprüchen zu verweigern. Die Antwort, dass sie nicht tun möchten,

was die andere Person erwartet, scheint ihnen nicht möglich oder emotional sehr belastet zu sein.
Vielleicht waren sie als Kinder solchen Botschaften ausgesetzt, wie in den folgenden Beispielen:
„Wenn du mich lieb hast, räumst du jetzt du jetzt dein Zimmer auf."
„Das kannst du mir doch nicht antun, damit machst du mich sehr traurig."
„Was sollen denn die Nachbarn denken, du machst uns doch bei allen unmöglich."
Usw.
Vielen Kindern wird in dieser Weise signalisiert, dass sich ihre Eltern von ihnen und ihrem Verhalten abhängig fühlen. Die Eltern oder andere Bezugspersonen versuchen auf diese Weise - bewusst oder unbewusst - die Kinder dazu zu bringen, dass sie das tun, was die Erwachsenen wollen.
Sie übergeben den Kindern eine Verantwortung, die diese nicht tragen können und belasten sie mit einer Abhängigkeit, die sie möglicherweise ihr Leben lang vor jeglicher Art von Abhängigkeit zurückschrecken lassen. Im Folgenden möchte ich verschiedene Arten vorstellen, wie man Kinder mit Verantwortungen belasten kann, und damit deutlich machen, wie dadurch gleichzeitig die Anfälligkeit für Machtspiele entsteht.
Die verschiedenen Arten sind hier nur deshalb getrennt aufgeführt, damit sie sich besser in ihren einzelnen Wirkungen erkennen lassen, in realen Interaktionen zwischen Erwachsenen und Kindern treten sie meistens in gemischter Form auf.

Erwachsene übergeben Kindern die Verantwortung für ihre persönlichen Zustände

Wenn Eltern ihren Kindern die Verantwortung für ihren seelischen und körperlichen Zustand übergeben wollen, dann hört sich das etwa so an:

„Du machst mich ganz nervös mit deinem Gezappel."
„Du machst mich krank mit deinem Krach."
„Du bringst mich noch um mit deinem Geschrei."
„Du machst mich wirklich unglücklich mit deiner Lügerei."
„Du könntest mich so glücklich machen, wenn du mehr für die Schule arbeiten würdest."
„Papa kriegt noch einen Herzanfall, nur weil du abends nicht pünktlich sein kannst."
„Du machst mich rasend." Usw.

Oder abstrakter formuliert: Du tust mir etwas an. Du bist einTäter/eine Täterin und ich bin dein Opfer."

Die Eltern stellen sich damit also, wie sich nicht übersehen lässt, als Opfer der Kinder dar.
Damit geben sie ihren Kindern sehr viel Macht. Diese Macht können die Kinder aber nicht genießen. Im Gegenteil: Ein Kind, welches solche Sätze öfter hört, wird sich, wenn seine bisherige Lebensgeschichte entsprechend ist, schuldig und schlecht fühlen. Dieses Kind wird es schwer haben, sich für liebenswert zu halten und es wird vielleicht weniger und weniger daran glauben können, dass sein Vater und seine Mutter es lieben.
Aber es kann zumindest weiter an seine Bedeutung und seine Wichtigkeit glauben, denn immerhin kann es die Mutter oder den Vater ärgern, nervös und krank machen oder sogar sterben lassen.
Allmählich glaubt dieses Kind vielleicht, dass es die Macht hat über die seelischen und körperlichen Zustände seiner Eltern. Und später glaubt es, es hätte diese Macht auch über andere Menschen. Aber diese Macht ist meist nur eine Last, eine solche Abhängigkeit ist für ein Kind im Allgemeinen nicht zu ertragen, da das Kind keinerlei reale Möglichkeiten hat, den körperlichen oder seelischen Zustand seiner Eltern zu beeinflussen. Solche Zustände entstehen nicht durch gezielte äußere Einflussnahmen und sind genau so wenig durch gezielte äußere Einflussnahmen zu verändern oder zu beseitigen. Sie entstehen innerhalb der Personen, und verändern sich auch nur mit den Prozessen innerhalb der Personen. Die Kinder bekommen zwar die Verantwortung zugeschoben, haben aber keine Chance, diese wahrzunehmen. Auch wenn sie es versuchen würden, ist es aus neurophysiologischen Gründen nicht möglich. Lebewesen sind – wie schon gesagt – selbstorganisierend, und das bedeutet, sie sind nur offen für Energie und Materie, aber ansonsten, so weit man heute weiß, geschlossen.

Natürlich sind es nicht nur die Eltern, die ihre Kinder verantwortlich machen, das können auch alle anderen Erwachsenen, mit denen die Kinder zu tun haben, und viele beteiligen sich durch entsprechende Bemerkungen an der Verfestigung der Vorstellung, die Kinder hätten die Verantwortung für die Verfassung der sie umgebenden Personen:

„Du kannst doch deine Mutter nicht so traurig machen."
„Mach doch die Leute nicht so verrückt mit deinem Geschrei."
„Du kannst den anderen doch nicht die ganze Laune verderben." Usw.

Wer immer so etwas sagt, signalisiert dem Kind, dass es sie oder andere Menschen glücklich, zufrieden, sicher, gesund, usw. machen könnte, wenn es nur anders sein, anders denken, anders fühlen und sich anders verhalten würde, als es gerade der Fall ist. Das Kind gerät durch diese Signale in eine schwierige Situation. Einerseits erhält es die Botschaft, wie mächtig es ist in Bezug auf den vergangenen, gegenwärtigen oder zukünftigen persönlichen Zustand der Erwachsenen, wenn es nur anders wäre als es ist; andererseits wird ihm deutlich, wie ohnmächtig es gleichzeitig ist, denn wenn es sich nicht aufgeben will, kann es die indirekt signalisierten Bedürfnisse seiner Eltern und anderer Personen, anders zu sein als es ist, nicht erfüllen. So kann bei dieser Interaktion eine Kopplung von Macht- und Ohnmachtsgefühlen entstehen, obwohl meist nur das Ohnmachtsgefühl bewusst ist. Dieses Gefühl von Hilflosigkeit und Ohnmacht ist nur schwer zu verkraften und das Kind wird versuchen, sich davor zu schützen. Eine Möglichkeit des Schutzes besteht darin, dafür zu sorgen, dass es den Eltern „gut" geht, denn wenn es ihnen „schlecht" geht, fühlt sich das Kind schuldig und nimmt sich selbst als ein „böses", als ein „unerträgliches" Kind wahr, welches seine Eltern quält und ihnen schadet. Und da es den Eltern genau dann gut geht, wenn ihre Bedürfnisse befriedigt werden, sind solche Botschaften auch hervorragend geeignet, das Kind dazu zu bringen, „gehorsam" zu sein.

Eine andere Möglichkeit, sich vor dem Gefühl der Ohnmacht und Hilflosigkeit zu schützen, besteht darin, sich selbst gleichgültig zu machen, d. h. sich das Mitgefühl abzugewöhnen.

„Lass die Alten doch rumjaulen, das geht mir doch am Arsch vorbei"
„Die Alten zicken doch immer rum, davon lass ich mir doch die Laune nicht verderben."
„Wenn meine Olle nichts zu jammern hat, dann geht es ihr nicht gut." Usw.

Diese Möglichkeit wird häufig von Jungen gewählt. Später als Männer werden sie dann leicht in der Lage sein, zugeschobene oder reale Verantwortlichkeiten von sich zu weisen, unter dem Motto „Ich kann doch nichts dafür." Sie übernehmen in gewisser Weise das Verhalten ihrer Eltern, die ihre eigene Verantwortung für sich selbst früher an sie abgeschoben haben. Nun schieben sie selbst ihre eigene Verantwortung an andere ab. Machtspiele sind besonders gut geeignet, Verantwortung von sich zu weisen und anderen zuzuschieben.

Die Mädchen dagegen entlasten sich meist von dem Gefühl der Hilflosigkeit und Ohnmacht durch Unterwerfung und Anpassung oder aber durch besondere Verantwortungsübernahme, indem sie versuchen, durch Voraussicht, Planung und Kontrolle ihre Eltern in „gutem“ Zustand zu halten. Ein solches Kind wird auch als erwachsene Person sehr schnell die Schuld, die ihm jemand zuschieben will, übernehmen und versuchen, verantwortungsbewusst alles wieder in Ordnung zu bringen, um damit die Angst, abgelehnt zu werden, zu verkleinern. Das bedeutet: Diese Person wird sich leicht in Machtspiele verwickeln lassen, weil sie dazu neigt, die Verantwortung, die ihr Gegenüber ihr während eines Machtspiels zuschiebt, zu ergreifen, um sich dann vielleicht auch unter Druck gesetzt oder schuldig zu fühlen.

Bei dieser und allen anderen Verschiebungen oder Übertragungen von Verantwortung geht es nicht um die Bedürfnisse des Kindes, sondern nur um die Bedürfnisse der Bezugspersonen, die das Kind nicht erfüllt bzw. nicht erfüllen kann, aber erfüllen soll.

Erwachsene übergeben den Kindern die Verantwortung für den Ausdruck und die Erfüllung ihrer Wünsche

Manchmal versuchen die Bezugspersonen dem Kind auch die Verantwortung für ihre eigenen Erwartungen, Wünsche und Sehnsüchte dadurch zuzuschieben, dass sie dem Kind vorwerfen, dass das Kind hätte wissen müssen, was sie wollen. Sie geben ihren Kindern damit die Verantwortung für den Ausdruck ihrer eigenen Wünsche und Bedürfnisse.
Sie erwarten vom Kind, dass es die Gedanken der Eltern lesen kann und werden ärgerlich und vorwurfsvoll, wenn das Kind die Wünsche und Bedürfnisse nicht oder nicht richtig geraten hat. Beispiele dafür sind:

„Du kriegst aber auch nie mit, wenn mich etwas stört.“
„Das hättest du aber wissen müssen, dass ich das so nicht will.“
„Warum kannst du eigentlich nie von allein darauf kommen, mir mal zu helfen.“
„Wenn ich dir erst sagen muss, wie ich das will, dann mache ich es lieber allein.“
„Nie denkst du daran, was ich eigentlich möchte.“ Usw.

Sie versuchen dem Kind, Schuldgefühle zu machen, und ihm beizubringen, die Wünsche und Erwartungen anderer Menschen zu erfüllen, ohne das diese explizit ausgesprochen werden müssen. Wenn diese Kinder später erwachsen sind, werden sie oft schon beim kleinsten Anzeichen, dass irgendjemand etwas will, versuchen, dessen Wünsche zu erfüllen.

Wenn z. B. ein Vater zu seinem dreijährigen Sohn mit vorwurfsvoller und anklagender Stimme sagt:
„Kannst Du denn nicht endlich mal den Fernseher ausmachen“ statt
„Bitte mache den Fernseher aus“,
so vermittelt er seinem Sohn gleichzeitig folgende Botschaften, die durch häufige Wiederholungen Regelcharakter annehmen können:

1. Wünsche äußert man nicht selbst und nicht direkt
2. Man muss Wünsche anderer erraten, bevor sie ausgesprochen werden, sonst leiden die anderen oder werden ärgerlich oder beides.
3. Wer Wünsche nicht errät, bekommt zu Recht Vorwürfe, denn er ist schuldig.
4. Wessen Wünsche nicht erraten werden, macht zu Recht Vorwürfe.

Kurz: Wer die Wünsche anderer nicht errät, ist „nicht in Ordnung“ und hat selbst Schuld, wenn die anderen ärgerlich oder enttäuscht sind.

Aber auch Fragen, aus denen das Kind nicht ablesen kann, was die Mutter oder der Vater eigentlich meint oder will, die jedoch in einem vorwurfsvollen Tonfall ausgesprochen werden, sind geeignet, im Kind die Vorstellung hervorzurufen, dass es etwas eigentlich hätte wissen müssen, was es aber nicht weiß und dass es deshalb dumm, unfähig und schuldig am Ärger oder der Enttäuschung der anderen ist. Fragen, wie die Folgenden machen dies deutlich:

„Warum kriegst du eigentlich nicht mit, wie sehr du mir auf die Nerven gehst? Warum gehst du nicht mal in dein Zimmer?“ Sinnvoller wäre es, zu sagen:
„Bitte gehe in dein Zimmer und spiele da. Ich brauche jetzt meine Ruhe.“
oder

„Merkst du eigentlich nie, wie peinlich es mir ist, wie du rumläufst? Warum ziehst du nie das neue Kleid an, was ich dir gekauft habe?“ Verständlicher wäre:
„Bitte ziehe heute das neue Kleid an, es kommt Besuch, und ich möchte, dass du etwas anhast, was mir besonders gut gefällt.“

Ein Kind, von dem erwartet wird, dass es die Gedanken seiner Mutter oder seines Vaters liest, um deren nicht ausgesprochene und manchmal ihnen erst durch die Enttäuschung und den Ärger bewusst werdende Wünsche und Erwartungen zu erfüllen, wird es schwer haben, ein Gefühl von Kompetenz zu entwickeln. Wahrscheinlicher wird es sich für dumm, gefühllos und unfähig halten, auch nur die einfachsten Dinge zu begreifen. Auch wenn es später – als erwachsene Person - begreift, dass das intuitive Erfassen der inneren Welten einer anderen Person nicht in den Möglichkeiten selbstorganisierender Systeme liegt und damit Gedankenlesen unmöglich ist, werden die schmerzhaften Gefühle und destruktiven Selbstbewertungen aus der Kindheit nicht so einfach verschwinden.

Die Vorstellung, den eigenen Eltern nicht zu genügen, ist sehr schmerzhaft und ein Kind wird versuchen, sich vor diesem Schmerz zu schützen. Es wird sich entweder um die Wünsche und Erwartungen anderer nicht mehr kümmern unter dem Motto „ist mir doch egal“ oder es wird versuchen, auch noch als Erwachsene, überfürsorglich in bezug auf mögliche Wünsche und Erwartungen von anderen zu sein.
Unter Erwachsenen allerdings wird ein solches Verhalten der Überfürsorge oft als lästig oder sogar als Bevormundung empfunden und abgewehrt.
Die Angst, nicht zu genügen, die dahinter steht, wird dabei meist nicht gesehen. Und es ist diese Angst, die Menschen mit diesem Muster anfällig für Machtspiele macht.

Erwachsene übergeben Kindern die Verantwortung für ihre Entscheidungen

Auch wenn Eltern die Verantwortung für ihre Entscheidungen an das Kind abgeben, stellen sie sich als Opfer ihrer Kinder dar. Ich will dies zunächst an ein paar konkreten Beispielen deutlich machen:

„Du zwingst mich ja dazu, solche Maßnahmen zu ergreifen.“
„Wenn du dich so verhältst, kann ich nicht anders, als dich zu bestrafen.“
„Deinetwegen habe ich Krach mit Papa.“
„Wegen dir kann ich abends nicht mal mehr weggehen.“
„Deinetwegen komme ich immer zu spät zur Arbeit.“ Usw.

Eric Berne hat diese Art der Abgabe von Verantwortung für eigene Entscheidungen in seinem Buch „Spiele der Erwachsenen“ als das Spiel „Wenn du nicht wärest...“ beschrieben.

Ein Kind, dem häufig die Verantwortung in dieser Weise zugeschoben wird, lernt, dass seine Eltern seine Opfer sind und es selbst ein „böser Täter“.
Es beginnt zu glauben, dass es seine Eltern daran hindert, so zu leben, wie diese es wollen und dass es sie zu Handlungen zwingt, die diese nicht wollen.
Es beginnt vielleicht zu glauben, wenn es nicht da wäre, oder zumindest anders wäre, dann hätten seine Eltern weniger Probleme. Da es nun einmal da ist, nimmt es sich leicht wahr als ein Kind, welches allein durch sein Da- und Sosein andere unterdrückt, behindert und erpresst und dafür abgelehnt wird. Es wird Ängste vor der Wiederholung solcher Situationen entwickeln, in denen es wieder einmal „Täter“ ist, und versuchen, diese z. B. durch eine ständige Rechtfertigungsbereitschaft abzuwehren.:

„Ich habe das doch nicht gewollt.“
„Ich kann doch nichts dafür.“
„Du hast es mir doch nicht gesagt
„Woher sollte ich das denn wissen?“

Und wenn es wichtig zu sein scheint, werden die Rechtfertigungen auch sehr ausführlich. Menschen, die sich vor anderen rechtfertigen, wollen so schnell es geht, in den Augen der anderen wieder unschuldig sein. Leider leben wir in einer Kultur, in der daran geglaubt wird, dass jemand entweder unschuldig oder schuldig ist. Während also die eine Person versucht, mit wenigen oder vielen Worten wieder unschuldig zu erscheinen, glaubt häufig die andere Person, dass nunmehr ihr die Schuld zugeschoben werden soll. Dies geschieht umso leichter, je mehr die Schuldfrage schon am Anfang im Vordergrund gestanden hat.

Die Ängste davor, in den Augen der anderen ein „Täter“ zu sein, wird eine solche Person auch noch als Erwachsene eventuell daran hindern, aktiv gestaltend – sozusagen als Täter - in die Umwelt einzugreifen und sie wird sich wegen ihrer Ängste leicht in Machtspiele verwickeln.

Erwachsene übergeben ihren Kindern die Verantwortung für ihre Wert- und Normvorstellungen

Eltern - aber auch andere Erwachsene - übergeben ihren Kindern auch gerne die Verantwortung für ihre Wert- und Normvorstellungen. Das können sie z. B. dadurch tun, dass sie in den Erziehungsprozess eine anonyme Autorität oder eine andere Autorität, als sie selbst es sind, einführen und damit versuchen, ihre Kinder zu erziehen. Ich will mit ein paar Beispielen deutlich machen, wie ich das meine. In den folgenden Aussagen geht es um eine anonyme Autorität:

„Das macht man nicht."
„Wenn das jeder tun würde."
„So was darf man nicht denken."
„Das muss man so machen."
„Darüber spricht man nicht."
„Wenn du so weiter machst, wird das böse enden."
„Du machst dich damit nur lächerlich."

Es macht einen großen Unterschied für das Empfinden eines Kindes, ob es mit Hilfe des „man" erzogen wird, oder ob sich die Mutter und der Vater direkt mit dem Kind auseinandersetzt.
Aber auch andere Autoritäten werden von den Eltern als Ersatz für ihre eigene Autorität herangezogen. Ob das nun Gott ist oder der schwarze Mann, der Teufel oder die Nachbarn oder schlicht nur „die Anderen" sind, der Effekt ist meist der gleiche: In allen Fällen wird dem Kind suggeriert, es gäbe eine über Vater, Mutter und Kind stehende Autorität, die mächtiger ist als diese und besser weiß, was „gut" und „richtig" und was „falsch" und „böse" ist. Diese Autorität kann alle bestrafen und alle können Opfer eben dieser Autorität werden.
Beispiele dafür sind:

„Was wird wohl der liebe Gott dazu sagen."
„Kinder, die lügen, die holt der schwarze Mann."
„Was sollen denn die Nachbarn denken."
„Die Lehrer würden das gar nicht gerne sehen."
Usw.

Das Kind lernt also, seine Eltern und eventuell auch andere, vor allem aber sich selbst, als Opfer dieser Autorität zu sehen.
Von nun an lebt es in einer ständigen Bedrohung. Es lebt in der Angst, nicht zu genügen und nicht zu denjenigen, die sind, wie man zu sein hat, nicht dazu zu gehören bzw. von den anderen ausgegrenzt oder sogar verstoßen zu werden. Diese Tendenz wird durch die weitere Umwelt und vor allem durch Medien aller Art zusätzlich verstärkt. Dort erfahren die Kinder und Jugendlichen ebenfalls und ohne dass es für sie deutlich zu erkennen ist, was von ihnen erwartet wird, wie man zu sein hat, wie man reden muss,

was man anziehen darf und was nicht, was man besitzen muss usw., um „in“ zu sein und damit „dazu zu gehören“.
Die teils oder vollständig anonymisierten Regeln, Rituale und Tabus, die das Kind zunächst gar nicht durchschauen kann, mit denen es sich aber eingegrenzt, beschränkt und kontrolliert fühlt, können in dem Kind Angst hervorrufen davor, „anders“ zu sein als die anderen, und Schuldgefühle entstehen lassen, weil es sich als „anders“ wahrnimmt, als man zu sein hat. Gleichzeitig entwickeln sich häufig auch Ängste vor denjenigen, die tatsächlich anders sind, als sie selbst, denn diese gefährden die eigenen Verdrängungen. Diese Ängste wiederum erhöhen meist den Anpassungsdruck der Kinder und Jugendlichen an ihre jeweilige Umgebung und können dazu führen, dass sie Menschen, die in irgendeiner Weise „anders“ sind, ablehnen oder diese sogar aktiv bekämpfen.
Ein Kind, welches durch seine Bezugspersonen so unter Druck gesetzt wird, beginnt wahrscheinlich, sich selbst zu kontrollieren, um der angeblich seine Identität bedrohenden Fremdkontrolle zu entgehen, und trägt von da an seinen eigenen „Richter“ bzw. „Tyrannen“ in seinem eigenen Bewusstsein mit sich herum.
Dieser innere „Richter“ oder „Tyrann“ sagt erst dem Kind und später auch der erwachsenen Person, wie sie sich zu verhalten hat, was sie gerade wieder falsch gemacht hat, was sie in Zukunft zu tun hat oder auf keinen Fall tun darf, aber auch, was sie für eine Person ist, wie ihre Verhaltensweisen zu bewerten sind und was die Zukunft für sie bereit hält, wie in den folgenden wahllos zusammengestellten Beispielen deutlich werden soll. So hören viele Menschen eine innere Stimme, die sie mit „Du“ anredet, und ihnen z.B. folgendes sagt:

„Jetzt musst du aber aufstehen, sonst kommst du zu spät.“
„Du solltest weniger essen, sonst nimmst du nie ab.“
„Den Schlips kannst du nicht nehmen, der hat Flecken.“
„Das kriegst du schon hin.“
„Das wird schon glatt gehen.“
„Das steht dir wirklich gut.“
„Du siehst ja furchtbar aus.“
„Das schaffst du nie.“
„Da fällt dir bestimmt nichts zu ein.“
Usw.

Diese innere Stimme kann unterstützend, zerstörerisch, freundlich, zynisch, verächtlich, entmutigend usw. oder abwechselnd das eine oder das andere sein, das hängt von den Erfahrungen ab, welche die Kinder mit ihren Bezugspersonen gemacht haben. Die innere „Stimme“ kann man zunächst einmal als die gesammelten und verinnerlichten, ehemaligen Botschaften der Bezugspersonen ansehen und manchmal erinnert man sich bei bestimmten Botschaften daran, wer in der eigenen Kindheit diese häufiger ausgesprochen hat. Kinder übernehmen die Botschaften aus der Außenwelt als interne Du-Stimme entweder, um sich einen Rest an Autonomie zu erhalten, weil sie sich dann vorgeblich selber sagen können, was sie zu tun oder zu lassen haben, oder um Schmerz und Enttäuschung zu lindern, weil sie mit der internen Du-Botschaft etwas vorwegnehmen können, was ihnen zu weh tun würde, wenn es ihnen ein anderer Mensch sagen würde.

Manchen Menschen ist zunächst nicht bewusst, dass eine Stimme in ihrem Bewusstsein sie immer noch erzieht, sie gut oder schlecht behandelt, sie bewertet und ihnen ihre Zukunft vorhersagt.
Wenn man versucht, einmal bewusst wahrzunehmen, was sich im eigenen Bewusstsein abspielt, oder den eigenen Sprachgebrauch aufmerksam beobachtet, dann erkennen sicher manche, dass sie eine solche Stimme im eigenen Bewusstsein haben, die sie mit „Du“ anredet und ihnen Vorschriften macht, sie unterstützt oder entmutigt.
Man kann das Vorhandensein einer solchen Stimme u. a. daran merken, dass man selbst einer anderen Person Sätze, wie z. B. einer der folgenden, sagt:

„Und dann habe ich zu mir gesagt, dir fällt doch sowieso nichts ein.“
„Nun spiel dich doch nicht so in den Vordergrund, habe ich mir gedacht.“
„Das kannst du doch nicht machen, da werden die nur ärgerlich, habe ich mir gesagt.“
„Ich habe gedacht, damit machst du dich nur lächerlich.“
„Ich habe mich gefragt, was hast du eigentlich den ganzen Tag getan?“
„Und dann habe ich gedacht, was bist du aber auch für eine blöde Ziege.“
„Und dann habe ich mich nur noch gefragt, wie konntest du bloß so dumm sein?“
„Ich treibe mich immer so an, jetzt musst du dich aber beeilen, sage ich mir.“
„Und dann denke ich immer, das schaffst du nie.“

Stellt man fest, dass man öfter Dialoge mit einer Du-Stimme führt, verfügt man über eine zusätzliche Information darüber, wie man seine eigene Wirklichkeit strukturiert. Man hat nämlich zusammen mit der Du-Stimme auch noch ein Herrschaftsverhältnis in seinem eigenen Bewusstsein verankert, welches massive Auswirkungen in Bezug auf den Umgang mit sich

selbst und anderen haben kann. Rebellion und Sabotage, aber auch Störungen im Selbstwertgefühl, Passivität, Orientierungslosigkeit und der Eindruck, ständig ein Opfer von anderen oder fremdbestimmt zu sein, können im Zusammenhang mit diesem, aus der Kindheit stammenden Herrschaftssystem auftreten. Die Ironie dabei ist, dass Kinder dieses Herrschaftssystem wahrscheinlich verinnerlichen, um sich noch einen Rest an Unabhängigkeit zu sichern. Es macht einen Unterschied, ob man sich selbst sagt: „Du bist einfach nicht intelligent genug" oder „Jetzt musst du deine Schularbeiten machen", oder ob man dieselben Sätze von einer anderen Person hört. Es tut entweder weniger weh oder man fühlt sich etwas selbstbestimmter, wenn man so etwas zu sich selber sagt. Dieser kindliche Versuch, ein bisschen des eigenen Selbstwertgefühls und der eigenen Autonomie zu behalten, führt später dazu, dass sie ihre Autonomie derselben Stimme opfern, die sie damals vor den Stimmen der Erwachsenen hatte retten sollen.
Denn wenn man als Kind ständig Vorschriften, Gebote und Verbote, Unterstellungen und Zuschreibungen aller Art hört, dann ist jedes dieser Erlebnisse emotional schwierig. Wenn jemand zu einem sagt „Du bist zu dick", dann tut das weh; guckt man sich aber selbst im Spiegel an und stellt fest – bevor es die anderen wieder sagen – „Du bist zu dick", dann tut es nicht ganz so weh. Und wenn die anderem es einem wieder und wieder sagen, kann man ihnen immer innerlich zuvorkommen und sagen „Das weiß ich". Auf diese Weise kommt die Stimme mitsamt ihren Sätzen in das Bewusstsein der Kinder. Sie nehmen einfach die schmerzhaften Interaktionsprozesse mit ihren Bezugspersonen innerlich vorweg, und schützen sich damit davor, von einem Angriff der Erwachsenen überrascht zu werden. Ich werde auf die Wirkungen dieses Herrschaftssystem später zurückkommen, wenn es verstärkt um Unabhängigkeit und um Gehorsam geht,

Aber es gibt nicht nur solche Du-Stimmen mit ihrem sie begleitenden Herrschaftssystem, es gibt dasselbe auch in der Ich-Form, dann hat man die teilweise sehr bösen Stimmen von früher stärker verinnerlicht, und glaubt inzwischen selbst daran. Beispiele dafür sind solche Art von Sätzen, wie die folgenden:

„Mein Gott, bin ich blöd."
„Ich denke oft einfach nicht nach."
„Ich bin so was von faul."
„Ich vergesse aber auch alles."
„Nie kann ich die Sachen pünktlich fertig haben."
„Immer mache ich alles kaputt."
„Mir fällt sowieso nichts ein."

„Auf mich kommt es doch nicht an."
„Ich bin doch unwichtig."

Solche Sätze würde man sich wahrscheinlich von anderen Personen nicht ohne Widerspruch gefallen lassen, man würde solche Aussagen, wie „Du bist doch unwichtig", wenn sie einem ins Gesicht gesagt würden, für eine Unverschämtheit, eine Beleidigung halten oder als einen feindseligen Angriff ansehen. Aber wenn man mit sich selbst so umgeht, - unabhängig davon, ob man „Ich" oder „Du" sagt - fällt einem die Aggressivität solcher Aussagen meist nicht einmal auf. Man hält sie für angemessene Beschreibungen der eigenen Person, leidet aber unter ihren Wirkungen.
Auch hier kann es wichtig sein, herauszufinden, wer von den vielen Erwachsenen in der eigenen Kindheit so mit einem umgegangen ist, und ob man diesen Behauptungen heute noch glauben will.
Hans war ein Schüler einer achten Klasse, die ich vor vielen Jahren in Mathematik unterrichtete. Hans war in allen Fächern gut und teilweise sehr gut, nur in Mathematik schrieb er eine unzureichende Arbeit nach der anderen. In einem Gespräch, in dem ich ihn fragte, ob er sich an irgendetwas erinnern könne, wodurch er auf die Idee hätte kommen können, Mathematik nicht zu verstehen, sagte er, er wisse von nichts. Ich bat ihn, weiter darüber nachzudenken, ob ihm nicht doch irgendetwas einfallen würde, womit sich erklären ließe, dass er in allen Fächern so gut sei und nur in Mathematik nicht, weil ich das nicht verstehen könnte. Der Unterricht ging über Wochen weiter, Hans schrieb weiter eine schlechte Klassenarbeit nach der anderen, aber zu Beginn der zweiten Halbjahres schrie Hans mitten in der Mathematikstunde plötzlich laut: „Diese alte Ziege, diese alte Ziege." Und dann erzählte er, dass er eine Lehrerin in der ersten und zweiten Klasse hatte, die immer wieder zu ihm gesagt hätte, er würde Mathematik sowieso nicht verstehen. Von diesem Tag an schrieb Hans fast nur noch sehr gute Klassenarbeiten, er verstand alles sehr schnell und es war, als hätte er die ganzen Jahre innerlich mitgearbeitet und alles verstanden und hätte seine mathematischen Erkenntnisse nur nicht benutzen können. Es war schwierig, in der Klassenkonferenz die Zustimmung für ein „Gut" im Jahreszeugnis zu erhalten, weil die in der Klasse Lehrenden eine Differenz um drei Noten zunächst nicht akzeptieren konnten. Aber nachdem sie sich mithilfe seiner Klassenarbeiten überzeugt hatten, dass seine Leistungen im zweiten Halbjahr „sehr gut" gewesen waren, erklärten sie sich einverstanden.

Nicht immer sind die Wirkungen der „Einflüsterungen“ der Erwachsenen so schnell zu erkennen und durch Erinnerungen und neue eigene Überzeugungen wieder aufzuheben.

Man findet es meist erst langsam – wenn überhaupt - heraus, dass es sich bei diesen inneren Vorwürfen, Beschimpfungen, Zuschreibungen und Verhaltensvorschriften um einen inneren Herrscher handelt, dessen einziger Untertan man selbst ist. Häufiger ist zu beobachten, dass diese Menschen lernen, mit ihrer imaginären Herrschaftsfigur zu leben und sich ihr weitestgehend anzupassen und zu unterwerfen. Aber ein Leben nur als Untertan ist auch unbefriedigend, ab und an probt der Untertan den Aufstand und sabotiert die Verhaltensvorschriften des Tyrannen. Darüber will ich in den Überlegungen zu Unabhängigkeit bzw. Gehorsamkeit näher eingehen.

Erwachsene übergeben den Kindern die Verantwortung für den als aktiv definierten Teil einer Handlung

Eltern können ihrem Kind aber auch die Verantwortung für den als aktiv definierten Teil der Interaktion übergeben. In unserer deutschen Sprache haben wir die Möglichkeit zu unterscheiden, wer etwas tut, und wem etwas getan wird. Es gibt nur wenige Verben, die es, wenn sie auf Personen angewendet werden, nur im „Aktiv“ gibt, wie z. B. schwimmen, singen, usw. Ich kann zwar schwimmen oder singen, aber nicht geschwommen oder gesungen werden. Mit den meisten Verben aber kann man sich entscheiden, ob man sich als handelnde oder als behandelte Person begreift. Wenn man nicht handelt, sondern nur behandelt wird, kann man sich alle die Vorteile sichern, die man als Opfer haben kann, und dass mag einer der Gründe sein, dass viele Eltern sich scheuen, sich ihre eigenen Handlungsimpulse bewusst zu machen und selbstverantwortlich damit umzugehen. Stattdessen übergeben sie ihrem Kind den „aktiven“ Teil ihrer Interaktion und behalten den passiven Teil für sich selbst. Ich will dies an einigen Beispielen deutlich machen.
Wenn Eltern z .B. zu ihrem Kind sagen:

„Wie kannst du nur so böse sein und deine Schwester schlagen?“
statt
„Ich bin ärgerlich auf dich und will, dass du sofort aufhörst, deine Schwester zu schlagen.“
Oder
„Du setzt mich unter Druck, nur um zu erreichen, was du willst.“

statt
„Ich möchte das jetzt nicht machen.“
Oder
„Wie bringst du es nur fertig, mir eine solche Unordnung zu machen?“
statt
„Ich will, dass du das wieder aufräumst.“
Oder
„Du quälst mich mit deinem ewigen Jammern.“
statt
„Ich will dir diesen Wunsch jetzt nicht erfüllen.“
Oder
„Immer musst du dich mir gegenüber durchsetzen.“
statt
„Ich möchte, dass du jetzt machst, was ich dir sage.“
Oder
„Wie redest du eigentlich mit deiner Mutter?“
statt
„Ich bin ärgerlich über deinen Ton und ich möchte, dass du höflich sagst, was los ist.“
Oder
„Ich kann es nicht mehr ertragen, wie du dich benimmst.“
statt
„Ich möchte, dass du auf der Stelle aufhörst mit....“.

Eltern, die sich in dieser passiven Weise äußern, fühlen sich ihren Kindern hilflos ausgeliefert. Sie sind wieder einmal die Opfer der Kinder geworden. Dabei geht es mir nicht darum zu kritisieren, dass Eltern sich hin und wieder als Opfer der Kinder fühlen und dies dann auch entsprechend genervt zum Ausdruck bringen. Denn wir sind in schöner Regelmäßigkeit Opfer der Handlungen von anderen, auch von unseren eigenen Kindern, einfach weil sie etwas tun, wovon wir betroffen sind. Es geht mir um eine innere Haltung. Wenn Eltern oder andere Erwachsene nicht mehr in Kontakt mit ihrer eigenständigen Aktivität sind, sondern sich regelmäßig in dieser Weise äußern, wenn sie sozusagen in einer Position des „Opfer-Seins“ verharren, dann geben sie die Verantwortung für ihre eigenen Handlungen an ihre Kinder ab. Wir werden im Alltag immer wieder Opfer der Verhaltensweisen und Handlungen von anderen, aber wir können in den meisten Situationen anschließend wieder aktiv werden, „tätig“ bzw. „Täter“ werden.

Anders gesagt: Wir können gar nicht vermeiden, immer wieder Opfer zu werden, entscheidend ist, dass wir es nicht leugnen, sondern merken und anschließend wieder versuchen, selbstbestimmt zu handeln. Wenn man es

aber nicht merkt, dass man in einer Interaktion gerade etwas Unangenehmes, Enttäuschendes, Schmerzliches erlebt, an dem auch das Gegenüber mit seinen Verhaltensweisen beteiligt ist, dann kann man nicht mehr gut für sich sorgen. Dann besteht die Gefahr, in der Opferposition stecken zu bleiben. Man kann allerdings auch in der Täterposition steckenbleiben, wie man bei manchen Jugendlichen beobachten kann.
Ein Kind, welches spürt, wie intensiv ihm seine Mutter oder sein Vater oder beide eine „Täterrolle" zuschieben, wird kaum umhin können, sich bald selbst so zu sehen und sich in der Täterposition einrichten oder aber sich für die zugeschobene „Täterrolle" selbst ablehnen und sich schuldig dafür fühlen, dass es seinen Eltern oder anderen Bezugspersonen so viel „Kummer", „Ärger" oder was auch immer gemacht hat.
In diesem Falle wird es sich möglicherweise auch noch als Erwachsener sehr schnell schuldig fühlen, denn wenn es die Verantwortung für den aktiven Teil einer Handlung hat, hätte es durch ein anderes Verhalten ja auch den Verlauf der Ereignisse ändern können. Deshalb fühlt sich eine solche Person auch schuldig, wenn der reale Verlauf einer Handlung nicht den eigenen Vorstellungen oder den Erwartungen von anderen entspricht, sondern „misslingt". Sie erlebt möglicherweise das Misslingen als bedrohlichen Kontrollverlust, der mit unerträglich scheinender Hilflosigkeit einhergehen kann.
Um den Preis ständiger Schuldbereitschaft belastet sich eine solche Person möglicherweise mit dem Zwang, rücksichts- und verständnisvoll zu sein. Denn sie muss - so hat sie das gelernt – die möglichen negativen Konsequenzen ihres Handelns für die anderen antizipieren, um möglichst wenig zu scheitern und damit „schuldig" zu werden. Sie wird dann vielleicht öfter, als ihr gut tut, bereit sein, sich zurückzunehmen bzw. sich selbst zu reduzieren, wenn ihr andere die entsprechenden Signale geben.
Sie wird möglicherweise das Muster eines „Retters" oder das eines schuldbereiten, „hilflosen Helfers" entwickeln. (Siehe dazu auch das Buch von Wolfgang Schmidbauer : Die hilflosen Helfer, Reinbek 1977)

Oder aber das Kind lernt, mit Hilfe von Leugnung und Verdrängung seinen Schmerz aufgrund der empfundenen Ablehnung und seine Hilflosigkeit angesichts der zugewiesenen Verantwortung „loszuwerden". Das kann es dadurch erreichen, dass es die Täterrolle annimmt. Es identifiziert sich mit dem Aggressor, beginnt, jede Verantwortung abzulehnen, und spricht nun seinerseits die Umwelt schuldig für alles, was eigentlich in seinem eigenen Verantwortungsbereich liegen würde. (Zum Abwehrmechanismus" Identifikation mit dem Aggressor siehe: Anna Freud, 1964, S.85ff und Arno Gruen, Der Verlust des Mitgefühls, München 2001)

Ein solches Kind wird möglicherweise ein „aufgeblasenes Ich" entwickeln und seine Eltern ebenso wie andere Menschen als seine potentiellen Opfer behandeln. (Siehe dazu auch: Petermann, Frank, 1988)
Und damit wird es als erwachsene Person eine Tendenz entwickeln, sich in Machtspiele zu verwickeln.

Erwachsene übergeben den Kindern die Verantwortung für ihre eigenen psychischen Schwierigkeiten

Aber am schwierigsten scheint es für Kinder zu werden, wenn die Eltern ihnen die Verantwortung für ihre eigenen psychischen Schwierigkeiten und Phantasien, oder für die Aufrechterhaltung ihrer Verdrängungen wie beim „Mystifizieren" übergeben
In solchen Fällen fragen sich die Eltern nicht, ob sie nicht auch einen Anteil an entstehenden Spannungen oder an den Kommunikationsschwierigkeiten zwischen ihnen und ihren Kindern haben, sie übernehmen keine Verantwortung für ihre ihnen oft auch nicht bewussten Schwierigkeiten. Auch nicht in dem Sinne, dass sie zumindest annehmen, dass sie selbst auch – ebenso wie andere Menschen – eigene Probleme haben könnten, die ihnen den Blick für die Andersartigkeit oder die Bedürftigkeit ihrer Kinder verstellen. Sie entwickeln stattdessen Phantasien, die ihre Probleme verschleiern oder aber die Unbewusstheit dieser Probleme aufrechterhalten sollen. Diese Phantasien übertragen sie dann auf das Kind, so als ob sie „in Wirklichkeit" dem Kind zu Eigen wären.

Solche Eltern verlangen nicht, dass das Kind ihre Gefühle und Gedanken liest. Stattdessen lesen sie die Gedanken und die Gefühle des Kindes unter dem Motto „Ich weiß doch, was in meinem Kind vor sich geht."
Ein Kind, dem aufgrund der Phantasien seiner Eltern mitgeteilt wird, was es fühlt und denkt und warum es so und nicht anders handelt oder gehandelt hat oder handeln wird, hat es schwer, sich seiner eigenen Motive, seiner eigenen Gefühle und Gedanken sicher zu werden und zu bleiben.

Die Eltern projizieren ihre eigenen Vorstellungen in das Kind und sind sich dabei der Grenzen zwischen sich selbst und dem Kind nicht bewußt. Statt dessen tun sie so, als existiere diese Grenze nicht. Sie sind nicht in der Lage, die Eigenständigkeit und Andersartigkeit ihres Kindes zu erkennen, geschweige denn zu akzeptieren und wertzuschätzen.

Ich möchte ein paar einfache Beispiele anführen, um zu verdeutlichen, was ich damit meine:

Wenn ein Kind hinfällt und anfängt zu schreien, dann reagieren der Vater oder die Mutter häufig mit Sätzen wie
„Es ist doch gar nicht schlimm"
„Stell dich doch nicht so an"
„Es tut doch gar nicht weh, du hast dich nur erschrocken."
Wenn sie so auf das weinende Kind reagieren, dann hat das Kind meist nur zwei Möglichkeiten: Entweder es widerspricht und sagt, es täte doch weh, um dann vielleicht noch zu hören, „das bildest du dir nur ein", oder es vermeidet den Konflikt und gibt dem Erwachsenen unter Verzicht auf die eigene Wahrnehmung recht.

Der Vater oder die Mutter übertragen in einem solchen Fall die Verantwortung dafür, dass Schwierigkeiten haben, mit ihrer eigenen Hilflosigkeit angesichts des weinenden Kindes fertig zu werden, auf das Kind. Sie wollen diese Hilflosigkeit nicht ertragen und entledigen sich dieses Gefühls auf Kosten des Kindes. Dabei ist ihnen dieser Abwehrmechanismus des „Ungeschehenmachens" meist nicht bewusst. (Siehe dazu auch Anna Freud, 1964, S. 35ff)

Manche Eltern glauben tatsächlich, sie könnten mit einem solchen Verhalten den Schmerz des Kindes lindern und merken nicht, wie sie sich selbst auf Kosten des Kindes schonen und das Kind zusätzlich zu dem empfundenen Schmerz auch noch in eine Konfliktsituation bringen. Man könnte stattdessen auch mitfühlend fragen: „Hast du dir sehr weh getan" oder angesichts eines blutenden Knies auf eigene Erfahrungen zurückgreifen und antizipieren: „Das tut dir sicher sehr weh." Manche Eltern behaupten in Bezug auf solche Vorschläge allerdings, dass das Kind nur noch mehr weinen oder schreien würde, wenn man „mitleidig" mit ihm umgeht. Aber nach meiner und der Erfahrung von anderen ist dies nicht der Fall.

Oder, ein Kind kommt aus der Schule und sagt zu seinem Vater oder seiner Mutter: „Die Lehrerin kann mich nicht leiden."
Wenn nun einer der Erwachsenen sagt: „Das bildest du dir nur ein, die Lehrerin hat dich bestimmt gern.", so kommt das Kind in Schwierigkeiten. Seine Einschätzung ist in Bezug auf die Lehrerin ist nach Ansicht der Eltern nur Einbildung. Ist es nun Einbildung oder nicht, haben die Eltern recht oder stimmt die eigene Wahrnehmung und Interpretation des Verhaltens der Lehrerin?

Die Eltern versuchen möglicherweise das Kind vor der Vorstellung, nicht gemocht zu werden, zu schützen. Vielleicht denken sie auch, dass das Kind nicht mehr gut lernt, wenn es sich nicht akzeptiert fühlt und versuchen deshalb dem Kind einzureden, es werde doch gemocht.
Es kann auch sein, dass sich die Eltern unbewusst mit dem sich abgelehnt fühlenden Kind identifizieren und versuchen, die damit verbundenen schmerzhaften Gefühle durch „Leugnung" abzuwehren. Deshalb sagen sie ihrem Kind, es würde sich irren.

Mit großer Wahrscheinlichkeit wehren die Eltern in diesen beiden Beispielen eigene schmerzhafte Gefühle ab und wollen diese auch nicht durch das Leid des Kindes wieder aktivieren. Diese Gefühle sollen unbewusst bleiben, und deswegen muss auch das Leid und der Schmerz des Kindes verleugnet werden.
In solchen Prozessen mystifizieren die Eltern das Kind und das Kind muss dafür herhalten, den Eltern zu ermöglichen, dass sie ihre eigenen Verdrängungen aufrechterhalten können. Weitere Beispiele für Mystifizierungen der vielleicht harmloseren Art sind die folgenden Beispiele:

„Ich weiß doch, dass du Schokolade eigentlich gar nicht magst, also leg sie wieder hin."
„Du warst doch gerade auf der Toilette, du musst bestimmt noch nicht wieder, du willst uns nur aufhalten."
„Ich weiß ja, dass du das nicht so gemeint hast, in Wirklichkeit tut es dir jetzt schon leid, was du gemacht hast."
„Du hast das bestimmt nicht mit Absicht getan, so böse kannst du doch gar sein."
„Ich weiß genau, du bist einfach nur müde und willst ins Bett"
„Ich bin sicher, du bist nur so gereizt, weil du hungrig bist."

Alle diese Sätze können, wenn die Eltern entsprechende Erfahrungen mit ihren Kindern gemacht haben, auch zutreffen, und sicher reden viele Eltern häufig so mit ihren Kindern. Hier geht es mir um einen inneren Prozess der Eltern, der sich an den ausgesprochenen Sätzen nicht ablesen lässt. Benutzen sie solche Aussagen, um eigene Wünsche, eigene Schwierigkeiten zu vermeiden und eigene Verdrängungen aufrechtzuerhalten oder nicht.
Meistens gilt jedoch, dass Eltern, die in dieser oder in ähnlicher Weise die Wahrnehmungen, die Gefühle, die Gedanken und Vorstellungen ihres Kindes abwehren, negieren und durch eigene ersetzen, damit ihnen meist nicht bewusste eigene schmerzhafte oder angstbesetzte Prozesse zu Lasten des Kindes abwehren und ihnen damit schaden.

Es geht mir hier nicht darum, ein solches Verhalten der Eltern genau zu analysieren oder sogar zu verurteilen, denn diese haben ihre Schutz- und Abwehrmechanismen selbst auf schmerzhafte Weise gelernt und versuchen auch nur, sich zu schützen.
Es geht mir darum, darauf hinzu weisen, dass auf diese Weise die nicht bewussten Schwierigkeiten der Eltern an die Kinder weitergereicht werden und bei diesen ebenfalls eine unheilvolle Wirkung entfalten können.

Die einzelnen Beispiele mögen harmlos wirken, es kommt auf die Häufung an und darauf, ob die Eltern oder andere Bezugspersonen bei diesen Zuschreibungen einen eigenen Zustand oder ein eigenes Problem verbergen wollen oder müssen oder nicht.
Man kann einem Kind, wenn man sein Verhalten schon länger beobachtet hat, durchaus manchmal ansehen, dass es müde oder hungrig ist, aber wenn die Erwachsenen dies nur behaupten, weil sie selbst ihre Ruhe haben wollen, sich dies aber nicht eingestehen dürfen, oder wenn sie selbst hungrig sind, dies aber nicht merken, weil sie keine eigenen Bedürfnisse haben dürfen, dann benutzen sie ihre Kinder, um weiter mit ihren Schwierigkeiten leben zu können, ohne sich diese bewusst machen zu müssen.
Ronald D. Laing gibt in diesem Zusammenhang einen Dialog zwischen Mutter und Tochter wieder, in dem der mystifizierende Prozess sehr deutlich wird.

„Mutter: Ich bin nicht böse, dass Du so redest. Ich weiß ja, Du meinst es nicht so.
Tochter: Aber ich meine es so.
Mutter: Nun Liebes, ich weiß, Du meinst es nicht so. Du kannst Dir nicht selber helfen.
Tochter: Ich kann mir selber helfen.
Mutter: Nein, Liebes, Du kannst es nicht, denn Du bist krank. Würde ich einen Augenblick vergessen, dass Du krank bist, dann wäre ich sehr wütend auf Dich." (Laing, 1969, S. 283)

Hier schützt sich die Mutter vor den sie bedrohenden Gefühlen von Ärger und Wut, ohne sich dessen voll bewusst zu sein, und schiebt der Tochter gleichzeitig durch die Mystifizierung die Aufgabe zu, dafür zu sorgen, dass die Mutter die Leugnung und Verdrängung ihrer eigenen Aggressionen aufrechterhalten kann.

Die Wirkungen, die solche mystifizierenden Prozesse auf ein Kind haben können, sind erheblich, weil es durch die mystifizierenden Aussagen seiner

Bezugspersonen jeweils einem Angriff auf seine Wahrnehmung, seine Gefühle, seine Gedanken und die Motive seiner Handlungen ausgesetzt ist.
Ein möglicher Schutz, den das Kind solchen Angriffen gegenüber entwickeln kann, ist, die Wahrnehmung seiner eigenen Impulse, seiner eigenen Gefühle und Gedanken weitgehend zu reduzieren und eine Haltung des „Ich weiß nicht , was ich fühle, denke, will und sagen soll, mach du es für mich“ zu entwickeln.
Anders ausgedrückt: Das Kind kann versuchen, seine Identität zu erhalten, indem es die Äußerungen seines Selbst betäubt und sich selbst inaktiviert. Das mystifizierte Kind wird möglicherweise als erwachsene Person Schwierigkeiten entwickeln, sich selbst wahrzunehmen, sich selbst als anders zu erleben als andere, sich selbst gegenüber anderen Menschen abzugrenzen und sich selbst als eigenständige Person zu verhalten.
Möglicherweise sucht sie nach Menschen, die ihr sagen, wer sie ist, was sie fühlt und denkt und die ihr Grenzen von außen setzen, um eventuell auch gleichzeitig dagegen zu rebellieren. Sie wird vielleicht unter Gefühlen von Hilflosigkeit, Ohnmacht und Ausgeliefertsein wegen des mit diesem Prozess einhergehenden Identitätsverlustes leiden und sich gleichzeitig gegen die Bestimmung von außen wehren, auch wenn sie sich diese zuvor gewünscht hat.
Eine solche Person hat gelernt: So, wie ich bin, darf ich nicht sein. So, wie die anderen denken, dass ich wäre, so bin ich nicht. Wenn ich wirklich so wäre, wie ich bin, dann wäre ich nichts als eine Illusion, denn ich weiß nicht, wie ich wirklich bin. Eigentlich existiere ich nicht, ich bin nicht real, ich darf es nicht sein.
Dies ist eine schwierige Basis für ein selbstverantwortliches Leben und deshalb sind Personen mit diesen Erfahrungen sehr anfällig für Machtspiele, weil in diesen die Verantwortlichkeiten immer hin und her gereicht werden.

Eine andere Schutzmöglichkeit gegen die schädlichen Auswirkungen von Mystifizierungen ist die „ Identifikation mit dem Aggressor“. Das Kind übernimmt dabei die von außen kommenden Angriffe sozusagen in eigene Regie, es hat diese Angriffe auf seine Identität und verinnerlicht und führt auch als erwachsene Person den Kampf in seinem Inneren weiter, indem es sich zwar einerseits die Wahrnehmung seiner Empfindungen, seiner Gefühle und Gedanken, seiner Wünsche und Erwartungen noch erlaubt, diese aber sofort in Zweifel zieht, entwertet, unterbricht oder sie als „unmöglich“ erlebt und dadurch versucht, die Ergebnisse der eigenen Wahrnehmung und des eigenen Fühlens und Denkens wieder zum Verschwinden zu bringen. Oder aber es richtet die verinnerlichen Angriffe mit demselben Schutz- und

Abwehrmechanismus „Identifikation mit dem Aggressor" nicht gegen sich selbst, sondern gegen die Menschen in der eigenen Umgebung.
Personen mit einer solchen Dynamik werden auch häufig selbst Opfer von Machtspieleröffnungen oder setzen welche in Gang, um sich zu schützen. Alle Menschen mit einer Anfälligkeit für Machtspiele fühlen sich von anderen Personen abhängig und versuchen dieses vor den anderen zu verbergen. Sie haben sehr schmerzhafte Erfahrungen damit gemacht, dass ihnen Verantwortungen zugeschoben wurden, die sie nicht übernehmen konnten, und sind deshalb als Erwachsene sehr sensibel, wenn eine Wiederholung desselben von anderen Menschen droht. Die ihnen als Kind zugemutete Abhängigkeit ihrer Bezugspersonen bewirkt sehr häufig, dass sie eigene Abhängigkeit als unerträglich erleben. Sie vermeiden und leugnen ihre eigene Bedürftigkeit und Abhängigkeit und wehren deshalb manchmal auch die Bedürftigkeit und Abhängigkeit von anderen ab.
In manchen Fällen allerdings sind die Gefühle von Bedürftigkeit und Abhängigkeit so groß, dass sich die betroffenen Personen kaum ein eigenständiges Leben zutrauen. Häufiger ist allerdings, dass man anderen kein eigenständiges Leben zutraut und sich als Retter und Helfer durch die Welt bewegt oder dass man jegliche Verantwortung für andere weit von sich weist.

„Ich kann das nicht nachvollziehen, was du da über die Weitergabe von Verantwortung schreibst", sagt Valentino, „Verantwortung für sich und alles, was so zu einem gehört, kann man doch nicht einfach einem anderen Menschen übergeben. Die wird man doch überhaupt nicht mehr los. Man wird damit geboren und von da an hat man sie, da kann man gar nichts gegen machen."
„Wenn ich es aber einfach behaupte, z. B. dass du mich unglücklich machst", frage ich. „Und glaubst du dann wirklich, dass ich dich dann auch wieder glücklich machen kann", fragt Valentino zurück. „Darauf kommt es nicht an", sage ich, „Du sollst es glauben und dich schuldig fühlen und dir dann große Mühe geben, alles wieder gut zu machen."
„Das hast du dir aber fein ausgedacht", sagt Valentino, „du tust so, als hätte ich die Verantwortung dafür, dass du unglücklich bist und du musst noch nicht einmal selbst daran glauben. Hauptsache, ich nehme es dir ab und strenge mich anschließend richtig an, um dich wieder zufrieden zu stellen." „Genau so ist es meistens beabsichtigt, auch wenn es den Menschen nicht immer bewusst ist", sage ich.
Valentino meint: „Das finde ich aber richtig gemein. Gemein von der einen Seite und dumm von der anderen." Er schüttelt seinen Kopf, als würde es ihm in den Ohren jucken und murmelt, während er von dannen schreitet.

„Menschen, nein wirklich, Menschen, also nein." Ich denke auch, manchmal kann man sich schon wundern.

Nach einer Weile kommt Valentino zurück und meint, irgendetwas würde nicht stimmen. Er meint, dass das Verhalten der Eltern, sich als Opfer ihrer Kinder darzustellen, dadurch, dass sie versuchen, ihre Kinder für ihre diversen inneren Prozesse verantwortlich zu machen, noch einen weiteren Effekt hat.

„Es ist doch verständlich, dass man nach solchen massiven Manipulationsversuchen Probleme mit Abhängigkeit hat oder mit allen Mitteln versucht, unabhängig zu sein. Aber was ist denn mit der Abhängigkeit, die immer da ist, von der wir gar nicht unabhängig werden können", fragt Valentino. „Wie meinst du das denn", frage ich ihn zurück. „Ganz einfach, wir können nur von Katzen lernen, wie es ist, eine Katze zu sein und wie man als Katze überleben und mit anderen Katzen leben kann. Und ich nehme an, das gilt auch für Menschen." Und als ich nicke, fügt er noch mit Nachdruck und einem leichten Grinsen hinzu, „diese Art von Abhängigkeit ist für alle überlebenswichtig und - wenn ich so an manche besonderen Wechselwirkungen denke – auch außerordentlich lebensbereichernd." Und damit schreitet er wieder von dannen. So wie es aussieht, bleibt er diesmal wahrscheinlich die ganze Nacht weg.

Nicht nur Valentino hat recht, viele Menschen weisen seit langer Zeit auf die wechselseitige Abhängigkeit nicht nur der Menschen, sondern aller Lebewesen voneinander hin und auch die theoretische Auseinandersetzung hat sich seit einiger Zeit in diese Richtung entwickelt. So schreibt z. B. Jessica Benjamin in ihrem Buch „Die Fesseln der Liebe" in Bezug auf zwischenmenschliche Abhängigkeiten:

> „Die intersubjektive Theorie dagegen sieht die Beziehung zwischen dem Selbst und der Anderen, mit ihrer Spannung zwischen Gleichheit und Unterschied, als ständige wechselseitige Beeinflussung." (Benjamin, 1993, S. 51)

Und etwas später ergänzt sie:

> „In der wechselseitigen Anerkennung akzeptiert das Subjekt die Grundbedingung, daß der andere von ihm getrennt ist und doch die gleichen Gefühle und Intentionen mit ihm teilen kann: Für den Verlust an Souveränität wird das Subjekt durch die Lust der Gemeinsamkeit mit dem anderen entschädigt." (Benjamin, 1993, S. 55)

Heute weiß man durch die Forschungsergebnisse in Bezug auf die Spiegelneurone zwar, dass wir keineswegs die Gefühle und Intentionen mit einer anderen Person teilen. Jede Person hat ihre eigenen Gefühle und ihre eigenen Intentionen, trotzdem können wir aufgrund unserer biologischen Ähnlichkeiten und der in uns mit Hilfe der Spiegelneurone ablaufenden Simulationen teilweise sehr zutreffende Vorstellungen davon entwickeln, was sich vielleicht gerade bei unserem Gegenüber abspielt. Aber die Basis für diese Simulationen sind offensichtlich ausschließlich unsere eigenen Erlebnisse und Erfahrungen und eben keineswegs die der anderen Personen. Zusätzlich können wir theoretische Vermutungen, die sogenannten ToM´s, - ebenfalls auf der Basis unserer bisherigen Erfahrungen - in Bezug auf die von uns beim anderen vermuteten Gefühle und Intentionen entwickeln, die häufig auch eine hohe Trefferquote haben können. (Siehe dazu auch: Moskowitz, 2008)
Obwohl diese Entwicklungen in der Hirnforschung noch nicht absehbar waren, begann sich langsam die wissenschaftliche Theoriebildung von einigen der illusionären Vorstellungen von Macht und Kontrolle zu lösen, wie sie noch von Hegel und Sartre in ihren Überlegungen zu der „Herr – Knecht –Problematik“ vertreten wurden. So schreibt Jessica Benjamin etwas später im Text:

> „Weil das Subjekt seine Abhängigkeit von einer anderen Person, die es nicht kontrollieren kann, nicht akzeptieren will, bietet sich als Lösung an, diese andere zu unterjochen und zu versklaven. Es zwingt also den anderen, das Subjekt anzuerkennen, ohne ihn seinerseits anzuerkennen. Die Folge solcher Unfähigkeit, Abhängigkeit und Unabhängigkeit miteinander zu versöhnen, ist die Verwandlung des Bedürfnisses nach dem Anderen in Herrschaft über ihn.“ (Benjamin, 1993, S. 55)

Abhängigkeit und Unabhängigkeit auf konstruktive Weise miteinander zu versöhnen, aber eben gerade nicht zu versuchen, diese in „Herrschaft“ zu verwandeln, ist eine wichtige Fähigkeit des Konfliktlösens, ohne die in Konfliktsituationen die Notwendigkeiten und Interessen der Beteiligten nicht angemessen berücksichtig werden können.
Aber solche Prozesse sind sehr schwierig, denn Machtspiele werden meistens von einer Person nur dann angefangen, wenn diese Person in ihr aufsteigende Ängste abwehren und ein „Geheimnis“ daraus machen muss. Diese Ängste und die hinter ihnen verborgenen Geheimnisse können nun sehr unterschiedlich sein:

1. Je nach Art der eigenen Erfahrungen können in bestimmten Situationen Menschen Angst vor Vernichtung entwickeln, Angst vor dem Verlust der eigenen Existenz oder Angst davor, kein Recht auf Leben zu haben und

nicht gut genug zu sein, sich dieses Recht zu verdienen. Die Bedrohung, die durch eine solche Befürchtung ausgelöst wird, versuchen sie dann häufig durch die Eröffnung eines Machtspiels aus der eigenen Wahrnehmung wieder zu entfernen.

2. Menschen können auch Angst davor haben, ihre eigene Wahrnehmung und damit ihre persönliche Wirklichkeit zugunsten der Wirklichkeit einer anderen Person zu verlieren. Ihre eigenen Empfindungen und Gefühle, ihre eigenen Gedanken und Wünschen scheinen plötzlich für sie keinen Wert mehr zu haben, weil sie vom Gegenüber in Frage gestellt werden. In einer solchen Situation versucht die betroffene Person dann, diese Angst mithilfe der Eröffnung eines Machtspiels wieder in den Hintergrund ihrer Bewusstheit zu drängen.

3. Eine Person kann auch plötzlich Angst davor haben, in ihrer Identität, Integrität und Intentionalität angegriffen zu werden und diese dem Gegenüber nicht aufrechterhalten zu können. Dann wird sie möglicherweise ein Machtspiel beginnen, um diese Angst zu reduzieren und um zu versuchen, beim Gegenüber um die Akzeptanz der eigenen Person zu kämpfen.

4. Eine Person kann in bestimmten Situationen auch Angst vor dem Verlust der eigenen Autonomie bekommen, weil sie sich in ihrer Selbstständigkeit eingeschränkt fühlt und fürchtet, nicht mehr tun und lassen zu können, was sie selber will. Sie wird dann möglicherweise ihr Gegenüber als kontrollierende Instanz wahrnehmen und befürchten, sich nicht zur Wehr setzen zu können. Mit der Eröffnung eines Machtspiels soll dann der Versuch der Kontrolle und damit auch die Angst vor dem Kontrolliertwerden zurückgedrängt werden.

5. Man kann auch Angst davor haben, das Gegenüber als „Beziehungsobjekt" zu verlieren, man fürchtet, verlassen zu werden und beginnt, diese Angst mit der Eröffnung eines Machtspiels zu verdecken.

6. Man kann aber auch befürchten, die Wertschätzung des Gegenübers zu verlieren. Wenn man diese Angst verbergen möchte, wird man wahrscheinlich ein Machtspiel beginnen.

Machtspiele haben – wenn sie nicht bewusst und gezielt eingesetzt werden - vor allem die Funktion, in bestimmten Situationen aufsteigende Ängste wieder zu verbergen, wenn nicht vor sich selbst, dann vor allem vor dem Gegenüber. Man möchte dem Gegenüber nicht zeigen, wie bedürftig oder abhängig man sich fühlt oder welche Wünsche man an sein Gegenüber und welche Ängste man vor ihm hat. Dabei versucht man, sowohl den Kontakt zu sich selbst als auch zum Gegenüber zu unterbrechen, damit man nicht von den Gefühlen, die sich hinter der Angst und der Hilflosigkeit verbergen können, wie Schmerz, Wut, Trauer, Verzweiflung usw., überwältigt wird. Wenn man also glaubt, die andere Person würde ein Machtspiel beginnen, ist es sehr sinnvoll, sich Zeit zu lassen und zu überlegen, welche Art von Angst sich beim Gegenüber aktiviert haben könnte und dann das Gegenüber auch danach zu fragen. Sowie man dabei dem „Geheimnis" der anderen Person auf der Spur ist und diese bereit ist, ihre eigene Angst und Bedürftigkeit auch zu zeigen, ist es möglich, dass das Machtspiel sich einfach auflöst. Damit wird der Kontakt zwischen den Beteiligten wieder möglich.

Die verborgenen Botschaften der Gefühle
Wie Menschen lernen, ihre Gefühle auf neue Art als bedeutungsvoll zu erleben

„Was machst du eigentlich, wenn du an deinem Schreibtisch sitzt und nachdenkst", fragt Valentino, „und warum brauchst du immer solange, bevor du dann etwas tust?" Und bevor ich antworten kann, sagt er, „Ich glaube, das liegt daran, dass du das, was du dann tust, nicht wirklich willst. Wenn du etwas wirklich willst, dann brauchst du nicht solange darüber nachzudenken, dann weißt du es einfach. Du willst und du tust es. Keine Zeit dazwischen."
„Du hast Recht, ich weiß oft nicht, was ich will. Aber darüber denke ich auch nicht nach." Jetzt ist Valentino sehr erstaunt: „Du meinst, man kann über etwas anderes nachdenken als nur darüber, was man gewollt hat, was man will und was man wollen könnte. Das ist für mich sehr schwer zu begreifen. Und ich kann darüber nur nachdenken, wenn ich es wirklich verstehen will. Und das weiß ich noch nicht, darüber will ich jetzt erst einmal schlafen." Und dann legte er sich in die Fensterbank, um ein bisschen zu dösen. Ich denke, auch Valentino weiß manchmal nicht, was er will, obwohl er das Gegenteil behauptet. Aber plötzlich hebt er seinen Kopf und sagt: „Also, so ganz stimmt das nicht, was ich gesagt habe. Das Wort „Nachdenken" passt nicht, ich glaube, ich bin kein „Nachdenker" und auch kein „Vordenker", ich bin ein Fühldenker, wenn du weißt, was ich meine?" Jetzt sage ich zu ihm, das sei schwierig für mich zu begreifen. „Musst du doch auch nicht, mach es einfach, es ist ganz leicht", sagt Valentino und legt sich wieder zurecht, um weiter zu dösen. „Fühldenken", denke ich, „klingt irgendwie gut, was immer das auch im Einzelnen ist."

Machtspiele wirken deshalb so zerstörerisch auf zwischenmenschliche Beziehungen, weil es für den Zeitraum des Machtspiels keinen Kontakt zwischen den Spielern gibt. Alle Beteiligten sind nur dabei, sich zu schützen und ihre eigentlichen Gefühle, Gedanken, Bedürfnisse und Wünsche zu verbergen, manchmal auch vor sich selbst. Vereinfacht gesagt: Von den Beteiligten sagt niemand, was sie oder er will.
Gleichzeitig sind Machtspiele auch unbefragter Bestandteil nicht nur unseres persönlichen, sondern auch unseres beruflichen Lebens und ich kenne niemanden, der nicht ab und an zu diesem Mittel greift – bewusst oder unbewusst - , um zu versuchen, damit sich oder die eigenen Interessen durchzusetzen oder sich zu schützen.
Es ist jedoch wichtig, sich bewusst zu halten, dass die Beteiligten ihre eigentlichen Motive voreinander geheim halten und sich davor schützen, ihre

Gefühle zu zeigen. Die meisten Menschen in unserer Kultur befürchten, sich bedürftig und abhängig zu zeigen und wollen dem anderen keine Gelegenheit geben, die vermeintliche eigene Schwäche ausnutzen zu können. Da wir gelernt haben, dass unsere Gefühle anderen etwas über uns verraten, wir aber nicht gelernt haben, zu entschlüsseln, was unsere Gefühle uns selbst verraten, können wir die Energien und die Informationen unserer Gefühle nicht so einfach konstruktiv für uns nutzen. Wissenschaftler haben inzwischen eine Menge über Gefühle herausgefunden, wie sie entstehen und was sie bedeuten und sind sich über Einzelheiten dabei nicht immer einig.

Hier will ich – vereinfachend – behaupten: Gefühle informieren eine Person schneller als jedes Denken über ihre momentanen Zustände in ihrem Umweltfeld. Insofern gehören „gefühlsmäßige" Informationen zu der Ausstattung, die ein selbstorganisierendes System mitbringen muss, um sein Überleben zu sichern. Selbst Bakterien ziehen sich von für sie giftigen Stoffen zurück und bei den uns umgebenden Tieren kann man gut beobachten, wie schnell sie auf Anziehendes oder Bedrohliches reagieren. Bei Menschen ist es nicht viel anders.

Dass unser Wahrnehmungssystem uns mit Antworten über unseren momentanen Zustand in unserem Umweltfeld ausstattet, ist uns durchaus bewusst. Wir erhalten Informationen darüber, wo sich unser Körper im Verhältnis zu diesem Umweltfeld befindet, wie unsere Körperhaltung ist, was wir empfinden, sehen, hören, riechen, schmecken und nehmen diese Informationen ziemlich selbstverständlich entgegen. Und es wäre sehr erstaunlich, wenn nicht auch die Gefühle eine informative Bedeutung für unser Leben – insbesondere auch in sozialen Zusammenhängen - hätten.

Es gibt eine Fülle neuer wissenschaftlicher Auseinandersetzungen über die Entstehung, die Bedeutung oder die Funktion von Gefühlen bzw. Emotionen, über die Definitionen der Begriffe „Affekt", „Emotion", „Gefühl" usw. und über ihre Zusammenhänge mit kognitiven Prozessen bzw. Denken. Wenn wir davon ausgehen, dass es sich jeweils nur um Modelle handelt und keineswegs um „wahre" Erkenntnisse, die sich auf eine für alle gleichermaßen erkennbare Wirklichkeit beziehen, dann bedeutet dies, dass es sich bei der Wahl eines Modells um eine Entscheidung handelt, bei der unter anderem die Konsequenzen eines Modells berücksichtigt werden können. Mir gefallen die Konsequenzen der hier von mir vorgestellten Modelle besser als die der anderen, die ich hier vernachlässige. Im Anhang befinden sich jedoch Literaturhinweise, mit deren Hilfe man sich auch mit anderen als den hier vorgestellten Modellen auseinandersetzen kann.

So schreibt z. B. Joseph LeDoux, Professor am Center for Neural Science an der New York University in seinem Buch „Das Netz der Gefühle“:

„Wir kennen unsere Emotionen dadurch, dass sie (willkommen oder nicht) in unser Bewusstsein dringen. Doch entwickelt haben sich die Emotionen nicht als bewusste Empfindungen. Sie entwickelten sich als verhaltensmäßige und physiologische Spezialisierungen, als vom Gehirn gesteuerte körperliche Reaktionen, die den Organismen, von denen wir abstammen, erlaubten, in einer feindlichen Umgebung zu überleben und sich fortzupflanzen.“ (LeDoux, 2006, S. 46)

In diesem Sinne hat Emotion immer Vorrang vor Kognition. Emotionen können unabhängig von Denkprozessen existieren, umgekehrt scheint es schwieriger zu sein. Deswegen aber sind Emotionen zu großen Teilen unbewusst und der bewussten Wahrnehmung nicht immer und nicht immer ganz leicht zugänglich.
Da offensichtlich eine der Hauptaufgaben der Emotionen ist, das Überleben der Lebewesen und das der Art zu sichern, stehen sie ihnen blitzschnell zur Verfügung.
LeDoux schreibt:

„Die Tatsache, dass Emotionen, Einstellungen, Ziele und dergleichen automatisch aktiviert werden, bedeutet, dass ihre Präsenz im Geist und ihr Einfluss auf Denken und Verhalten nicht angezweifelt werden. Man vertraut ihnen genau so, wie man jeder anderen Art von Wahrnehmung vertraut.“ (LeDoux, 2006, S. 69)

Diese automatische Aktivierung und dieses „Nichtbezweifeln“ sind von außerordentlicher Wichtigkeit. Ein Lebewesen muss bei Gefahr schnell und effektiv reagieren, jedes „Nachdenken“ kann zu lebensbedrohlichen Verzögerungen der für das Überleben notwendigen Reaktionen führen. Deshalb sind diese automatischen Aktivierungen im Zusammenhang mit dem für das Überleben notwendige Abwehrsystem sehr verständlich, aber sie scheinen auch für alle anderen Emotionen zu gelten:

„Durch Wechselwirkungen zwischen dem Abwehrsystem und dem Bewusstsein entstehen Gefühle der Furcht, doch die Funktion des Abwehrsystems im Leben – zumindest die Funktion, für deren Erfüllung es entwickelt wurde – ist das Überleben angesichts von Gefahr. Furchtgefühle sind ein Nebenprodukt der Evolution zweier neuraler Systeme, von denen das eine Abwehrverhalten und das andere Bewusstsein erzeugt. Keines von beiden kann allein subjektive Furcht erzeugen. Es kann sehr hilfreich sein, sich zu fürchten, aber das ist nicht die Funktion, welche die Evolution in das neurale Abwehrsystem programmiert hat.“ (LeDoux, 2006, S. 139)

Dies wird auch daran deutlich, dass das im Verlaufe der Evolution entwickelte Abwehrsystem sich bei vielen Tieren ähnlich äußert wie beim Menschen: Die Reaktionen bei Gefahr umfassen „Flucht“ (Rückzug oder Vermeidung), „Regungslosigkeit“ (Erstarren oder Totstellen), „Angreifen“ (auch Warnen oder Drohen) und „Unterwerfung“ (Beschwichtigen oder sich ergeben)

Während man bei diesem - sich bei Gefahr und Bedrohung automatisch aktivierenden - Abwehrsystem wahrscheinlich nur im Nachhinein versuchen kann, die Wirkungen abzumildern, ist dies mit anderen gefühlsmäßig erlebten Prozessen anders. Denn wenn die Emotionen - auch durch ihre körperlichen Begleiterscheinungen – bewusst wahrgenommen werden, werden sie oft von Gedanken und meist auch von Bewertungen begleitet und diese sind bio-sozio-kulturell beeinflusst. Emotionen müssen nicht einfach „agiert“ werden, sondern können – wenn sie bewusst wahrgenommen werden - durch kognitive Prozesse in ihrem Ausdruck gestaltet werden. Es besteht jedoch auch die Möglichkeit, mit Hilfe von bewertenden Gedanken – also kognitiven Prozessen – emotionale Prozesse in Gang zu setzen, aber auch diese können in ihrem Ausdruck gestaltet werden. So können sich z. B. intensive Gefühle allein dadurch entwickeln, dass man sich vorstellt, von einer geliebten Person betrogen zu werden. Solche durch mentale Prozesse entstandenen Gefühle können durch andere Vorstellungen wieder relativiert und dadurch in manchen Fällen auch leichter gesteuert, kontrolliert und gestaltet werden als diejenigen, die Informationen in Bezug auf die Umwelt enthalten.

Aber der emotionale Ausdruck von Gefühlen, die in einer Bedrohungssituation entstehen, ist sehr schwer zu gestalten, solche Gefühle scheinen uns eher zu überwältigen.

Jeder Mensch kennt solche Reaktionen bei Gefahr: Bei einem Streit mit dem Partner verlassen wir häufig die bedrohliche Situation, oft schmeißen wir noch die Türen hinter uns zu, oder nachts, bei einem unbekannten Geräusch hören wir auf zu atmen und horchen regungslos in die Dunkelheit. Wie oft haben wir, wenn wir uns hilflos oder wütend gefühlt haben, einem anderen Menschen gedroht oder den Wunsch gehabt, ihn zu schlagen oder es sogar getan oder Angst gehabt, der andere würde es tun.

Und wir alle wissen, wie blitzartig, sozusagen aus heiterem Himmel, diese Gefühle über uns hereinbrechen können.

Ich erinnere mich z. B. an folgende Situation: Ein Freund kochte und als ich gerade mit dem Putzen der Edelstahlspüle fertig war, legte er den tropfenden Kochlöffel auf die inzwischen makellos glänzende Ablagefläche. Das war der Moment, in dem ich in einen Zustand großer Wut geriet und kurz davor war zuzuschlagen. Mir war sofort klar, dass meine Wut völlig unangemessen war und mir wurde nach einigem Nachdenken bewusst, dass es die Nichtachtung meiner Arbeit war, die mich in so große Wut versetzt

hatte. Meine Arbeit war von klein auf, solange ich mich erinnern kann, nie in für mich erkennbarer Weise gewürdigt worden. Die Nichtachtung hat mir jedes Mal wehgetan und ich fühlte mich jedes Mal hilflos und voller Wut, weil ich nichts dagegen machen konnte. Meine maßlose Wut war das Resultat aller dieser schmerzhaften Erfahrungen und des jeweiligen ohnmächtigen Zorns.
Als ich mich daran erinnerte, wurde ich traurig, die Wut war verflogen. Die Wut hatte offensichtlich nur die Funktion, mich an die vielen abgeschlagenen Wünsche zu erinnern und mich mit der notwendigen Energie zu versorgen, die für einen weiteren Versuch, die Wunscherfüllung zu erreichen, notwendig gewesen wäre. Gleichzeitig war dieses Gefühl so im Vordergrund meiner Wahrnehmung, dass der Schmerz und die Trauer über die vergeblichen Wünsche in der Vergangenheit im Hintergrund meiner Wahrnehmung bleiben konnten.

Ich will damit sagen, dass wir unsere Erinnerungen und unser analytisches Denkvermögen brauchen, um uns nicht von unseren Gefühlen überwältigen zu lassen, sondern um unsere Gefühle als unser schnelles Informationssystem nutzen zu können.
Fühlen und Denken gehören zusammen, wenn wir konstruktiv mit uns selbst und mit anderen Menschen umgehen wollen.
Dazu ist es allerdings wichtig, sich erst einmal eine Orientierung darüber zu verschaffen, welche Botschaften die verschiedenen Gefühle beinhalten können. Denn, wenn wir davon ausgehen, dass Emotionen uns über unsere momentane Situation in unserem Umweltfeld informieren, sollten wir eine ungefähre Ahnung davon haben, welche das sein könnten. Allerdings sind unsere bisherigen – bewussten oder unbewussten - Erfahrungen in Bezug auf strukturell ähnliche Situationen ebenfalls in den entsprechenden gefühlsmäßigen Botschaften enthalten. Ich wurde nur so wütend, weil schon früher das, was ich gearbeitet hatte, nicht wahrgenommen oder wertgeschätzt wurde. Jemand anderes, mit anderen Erfahrungen, hätte den Kochlöffel vielleicht gar nicht wahrgenommen oder einfach nur gesagt: „Und wisch die Kleckse nachher wieder weg."
Jede Person lebt in ihrer eigenen Wirklichkeit, wie im Verlaufe des Textes immer wieder betont wird, aber das entbindet niemanden von der Verpflichtung, zu versuchen, sich im eigenen Universum sukzessive besser auszukennen und auch die Universen der anderen Menschen – und die anderer Lebewesen – kennenzulernen, sie in ihrer Andersartigkeit zu akzeptieren und wertzuschätzen.

Die Kenntnis der allgemeinen Botschaften der Gefühle gehört dazu. Was sie im Einzelfall bedeuten, kann man nur durch einen persönlichen Prozess des Nachdenkens auf der Basis der eigenen Erfahrungen herausfinden, aber es gibt auch ein paar strukturelle Ähnlichkeiten, die uns mit Orientierungen in Bezug auf die Botschaften der verschiedenen Gefühle versorgen können. So macht uns das Gefühl von Ärger darauf aufmerksam, dass uns das, was gerade aus der Umwelt auf uns zukommt, überhaupt nicht gefällt und wir uns stattdessen etwas anderes wünschen. In dieser Weise gehören „Unzufriedenheit", „Ärger" und „Wut" zu den von mir „Wunschgefühle" genannten Gefühlen. Sie machen uns aufmerksam, dass wir es mit unerfüllten Wünschen zu tun haben. Diese sind aber häufig noch diffus. Bei Unzufriedenheit weiß man häufig zunächst überhaupt nicht, was die Unzufriedenheit auslöst. Erst wenn einem das bewusst ist, kann man sich auf die Suche nach dem verborgenen Wunsch machen. Ähnliches gilt allerdings auch häufig bei Ärger und Wut. Ich werde später noch einmal auf diese Gefühle eingehen.

Zunächst möchte ich an dieser Stelle noch einmal auf die Prozesse, welche die emotionale Reaktion bei Bedrohung aktivieren, zurückkommen. Wir erleben diese emotional als Angst, Furcht, Panik oder Entsetzen, und ich möchte verdeutlichen, was dabei – soweit man weiß - im Körper geschieht: Sowie im Gehirn in irgendeiner Form das Signal einer Gefahr ankommt, schickt es über das autonome Nervensystem regulierende Signale zu den verschiedenen Organen des Körpers, wie Herz, Darm, Blutgefäße usw. und veranlasst die Hirnanhangdrüse, das adrenokortikotrope Hormon auszuschütten, welches ein Steroidhormon in der Nebenniere freisetzt. Dieses wandert dann zurück zum Gehirn. Alles das geschieht, damit der Körper vorbereitet ist, die in der Abwehrreaktion gespeicherten möglichen Reaktionen zu realisieren.
Abwehrreaktionen können dabei vielfältiger Art sein und LeDoux weist in diesem Zusammenhang auf Folgendes hin:

> „Innerhalb der allgemeinen Klassen von Abwehrreaktionen gibt es große Variationen. Man muss sich die Abwehrreaktionen sogar als in ständigem Wandel befindlich vorstellen, als dynamische Lösungen für das Problem des Überlebens. Es sind keine statischen Strukturen, die sich, bei fernen Vorläuferarten entstanden, unverändert erhalten hätten. Sie ändern sich mit der Welt, in der sie wirksam sind."(Ledoux, 2006, S. 144)

Sowie wir jedoch dazu übergehen, nicht mehr die Programme der Abwehrreaktion unreflektiert ablaufen zu lassen, sondern ergänzend auch darüber nachdenken, gewinnen wir mehr Freiheit in Bezug auf unsere Entscheidungen. Wir reagieren dann nicht nur, wir können - nach der Wahrnehmung

der ersten Impulse - auch bewusst mit der Situation umgehen und zwar deshalb, weil wir meist in der Lage sind, unsere Handlungen zu stoppen. Wir merken den wütenden Impuls, rennen aber trotzdem nicht aus dem Raum, schmeißen nicht die Tür, die Flasche oder den schweren Aschenbecher, greifen nicht zum Messer und beginnen keine Schlägerei.
In Bezug auf Angst, Furcht, Panik und Entsetzen allerdings sind unsere Möglichkeiten etwas eingeschränkt, auch wenn wir feststellen, dass es keine beobachtbaren Gründe als Anlass für diese Gefühle gibt, denn das Programm für unser Überleben läuft automatisch weiter, wenn es einmal in Gang gesetzt wurde. Aber es ist nach den bisherigen Kenntnissen nach etwa zwanzig Minuten zu Ende.

Es geht bei diesen Gefühlen also im Zweifelsfalle darum, sich bewusst zu halten, dass es keinen realen Anlass dafür gibt und gleichzeitig zu wissen, dass die körperlichen Symptome des Abwehrprogramms, wie z. B. Herzrasen usw., noch weiter anhalten, dass man aber nicht daran stirbt.

Mit den anderen Gefühlen ist es etwas einfacher, den Zugang zur kognitiven Analyse zu finden, sofern diese nicht zu sehr mit dem Abwehrsystem, von dem eben die Rede war, verknüpft sind bzw. das Überleben der entsprechenden Person nicht wirklich gefährdet ist
Natürlich können Unzufriedenheit, Ärger und Wut im Zusammenhang mit der genannten Abwehrreaktion auftreten und in einem Angriff agiert werden, aber sie können auch anders, nämlich als Anzeichen für nicht erfüllte Wünsche bewertet werden. Sich diesen Unterschied bewusst zu machen, ist deshalb so wichtig, weil nur dann diese Gefühle auf konstruktive Weise in de-eskalierende Prozesse eingebracht werden können, wie sich noch zeigen wird.

Unzufriedenheit

Wenn sich eine Person unzufrieden fühlt, bedeutet dies, dass die momentane Situation Aspekte enthält, die nicht zufriedenstellend sind und besser geändert werden sollten. In diesem Sinne ist Unzufriedenheit ein Gefühl, welches eine Person auffordert, zunächst herauszufinden, welcher Aspekt der momentanen Situation ihr nicht gefällt, zweitens, wie sie diese zu ändern wünscht und drittens, wie diese Änderung zu realisieren ist.
Das folgende Beispiel aus der Schule zeigt, was gemeint ist:

Die meisten Schüler einer sechsten Klasse hatten, fünf Monate vor dem Übergang in das Gymnasium, bereits innerlich gekündigt und wirkten dem-

entsprechend desinteressiert, arbeiteten im Unterricht kaum mit, erledigten aufgetragene Arbeiten nicht und verhielten sich unruhig und laut. Die Lehrerin war unzufrieden.
Sie hätte ein Machtspiel eröffnen können, z. B.: „Jetzt nehmt Euch `mal zusammen, so geht das nicht weiter. Wenn ihr jetzt nicht mitarbeitet, dann macht Ihr es eben alles schriftlich."

Aber das tat sie nicht. Stattdessen sagte sie den Kindern, dass sie unzufrieden mit ihnen sei, dass sie gerne Spaß mit ihnen hätte, dass dies aber eine Entscheidung der Kinder sei. Und dann fragte sie die Kinder, was diese sich für die verbleibenden fünf Monate in Bezug auf die gemeinsame Arbeit wünschen würden. Als sie mir später davon erzählte, sagte sie, sie sei erstens erstaunt gewesen über die Wünsche und Vorschläge der Kinder und darüber, dass diese überwiegend mit ihren eigenen Ideen übereingestimmt hätten. Und zweitens hätte sie sich nicht vorstellen können, wie gut sie und die Kinder in den anschließenden Monaten zusammen gearbeitet hätten.

Abstrakt formuliert geht es um die folgende Strategie: Man äußert die wahrgenommenen eigenen Gefühle und anschließend formuliert man die herausgefundenen eigenen Wünsche, die in den Gefühlen verborgen waren, und teilt sie dem Gegenüber mit.
Danach sagt man dem Gegenüber auf direkte oder indirekte Art, dass man selbst für die Wunscherfüllung nichts tun kann, sondern dass das Gegenüber darüber entscheidet, ob es den Wunsch erfüllen will oder nicht.

Gerade das letzte ist von besonderer Wichtigkeit. Vor vielen Jahren beklagte sich eine Kollegin bei mir, dass ihr Mann, ebenso an der Universität tätig wie sie, nicht bereit war, wenigstens einen Nachmittag in der Woche mit den Kindern zu verbringen. Sie erzählte mir, dass es heftige Auseinandersetzungen gäbe über die Wichtigkeit ihrer jeweiligen wissenschaftlichen Arbeit, über die Notwendigkeit, dass auch Väter Zeit mit ihren Kindern verbringen sollten und darüber, dass sie als die Mutter auch einmal Zeit für sich brauche usw.
Ein Argument nach dem anderen wurde ausgetauscht, aber eine Einigung war nicht in Sicht. Am Ende einer solchen Diskussion waren nur beide sehr ärgerlich aufeinander. Die Kollegin folgte meinem Vorschlag, zwei Wochen verstreichen zu lassen und dann nur zu sagen: „Ich wünsche mir wirklich sehr von dir, dass du einen Nachmittag in der Woche mit den Kindern verbringst, am liebsten Dienstags. Ich möchte dies nicht mit dir diskutieren, bitte denke darüber nach und sage mir morgen, wie du dich entschieden hast." Sie sagte mir, sie habe diesen Wunsch auch nicht mit ihrem Mann

diskutiert, obwohl er das unbedingt wollte und es ihr sehr schwer fiel, nicht auf seinen Wunsch einzugehen. Am nächsten Morgen habe er dann zu ihr gesagt: „ Also gut, ich mache es. Dienstags“. Die Situation, mit der meine Kollegin unzufrieden war, hatte sich dadurch aufgelöst, dass sie aufgehört hatte zu kämpfen, sich die Lösung gewünscht und ihm gesagt hatte, er möge entscheiden.
Wichtig ist dabei, dass man dem jeweiligen Gegenüber ausdrücklich sagt, es möge und könne entscheiden. Im Grunde ist eine solche Aussage überflüssig, selbstverständlich hat jede Person die Entscheidung über das, was sie selber tun will und was nicht. Aber da unsere Illusionen uns immer wieder vorgaukeln, wir könnten die anderen Menschen manipulieren, und diese das umgekehrt auch denken, ist es von Bedeutung, auf die Autonomie und die Selbstverantwortung des Gegenübers - ebenso wie auf die des eigenen Selbst – immer wieder hinzuweisen.

Ärger

Oft hört man „Mein Freund oder mein Nachbar usw. hat mich so geärgert“, „Meine Freundin hat mich so gekränkt“, oder ähnliche Aussagen, in denen sich Menschen darüber beklagen, das andere sie in unangenehme emotionale Zustände gebracht haben. Das ist physiologisch nicht möglich und erinnert an magische Vorstellungen. Es kann nicht oft genug wiederholt werden: Alle Gefühle entstehen im Inneren einer Person. Sagt man aber z. B.: „Ich ärgere mich darüber, dass du....“, dann bleibt man zwar dabei, dass das Gefühl zu einem gehört, wählt aber für den Ausdruck und das Ziel dieses Gefühls das ungefährlichste Subjekt, welches im Moment zur Verfügung steht, nämlich sich selbst. Die mit dem Gefühl des Ärgers einhergehende Energie kann damit nicht mehr für die Wunscherfüllung eingesetzt werden. Denn eigentlich „ärgert“ man sich nicht selbst – wozu sollte man das tun? - man ist ärgerlich auf die andere Person und es ist wichtig, dieses auch so zu sagen: „Ich bin ärgerlich auf dich!“
Denn **Ärger** entsteht – wie schon gesagt - in einer Person, wenn ihr das, was ihr gerade aus dem Umfeld bzw. von anderen Personen entgegengebracht wird, nicht gefällt und sie stattdessen etwas anderes möchte.

Es gibt jeden Tag sehr viele Gelegenheiten, ärgerlich zu werden: Der Besuch, der zu spät kommt; der Bus, der gerade wegfährt; die Rechnung, die unerwartet hoch ist; der Fernseher, der während des Fußballspiels kaputt geht; der Freund, der mit einer anderen flirtet; das Essen, welches versalzen ist; das Kleid, welches nur noch eine Nummer zu klein zu kaufen ist, und vieles andere mehr.

Meist merkt man zunächst nur, dass man das, was man will, nicht bekommt, oder das, was man gerade bekommen hat, nicht will, aber häufig weiß man dann noch nicht, was man sich stattdessen wünscht. In unserer Kultur haben wir nicht viel Übung, aus dem Gefühl von Ärger einen darin verborgenen Wunsch herauszuarbeiten. Stattdessen beklagen wir uns häufig bei den anderen Menschen, sie hätten uns geärgert und fühlen uns dann entsprechend als deren Opfer und betrachten die anderen als Täter oder hadern mit den Umständen.

Oder aber wir glauben es, wenn andere uns vorwerfen, wir hätten sie geärgert, denn immerhin hatten wir dann die Macht, etwas in ihnen auszulösen. Wir hatten eine Wirkung in der Welt, das ist gut, denn das kommt sonst so selten vor. Auch wenn wir Vorwürfe kriegen, nehmen wir sie meist entgegen, denn wir waren immerhin wichtig genug, etwas in anderen zu bewirken. Wir übernehmen die illusionäre Vorstellung von Macht und glauben, etwas in einer anderen Person angerichtet zu haben – obwohl es nicht geht - und rechtfertigen uns anschließend für unser Verhalten. Letzteres ist zwar nicht so gut für unser Selbstwertgefühl, aber das ist meistens sowieso nicht sehr gut entwickelt.

Aber es geht eben nicht nur darum, auf diese Illusion zu verzichten, sondern bei dem Gefühl von Unzufriedenheit, Ärger und Wut auch noch darum, herauszufinden, was es ist, was einem gerade überhaupt nicht gefällt und was genau man stattdessen möchte.

Aber selbst, wenn man weiß, was man will, bekommt man es nicht immer. Das Essen ist fertig, der Besuch noch nicht da. Das kann man nicht ändern. Aber was könnte man wollen? Eine Erklärung; eine Entschuldigung; die Versicherung, dass „Das-zu-spät-Kommen“ nichts mit fehlender Achtung oder fehlendem Respekt zu tun hat; eine Kompensation für die Enttäuschung, dass das Essen verkocht ist, und wenn ja, welche?; Rache für das unangenehme Warten; eine Menge an Zuwendung als Pflaster für die Sorgen, die man sich gemacht hat und für die Angst, es könnte etwas passiert sein. Es gibt viele Möglichkeiten, was man „wollen“ könnte, aber was es jeweils ist, das kann nur jede Person für sich selbst entscheiden.

Nehmen wir einmal folgendes Beispiel:

Der Bus ist weg und der nächste kommt erst in zwanzig Minuten. Also, was könnte man in diesem Falle wollen? Sich ein Taxi rufen, Bescheid sagen, dass man später kommt, die Zeit für ein paar sportliche Übungen im Stehen und Gehen nutzen, ein paar Telefongespräche mit dem Handy erledigen, das Gesicht in die Sonne, den Wind oder den Regen halten und meditieren, eine Einkaufsliste aufstellen und memorieren, Gedanken einsammeln für anstehende Herausforderungen und in das kleine Buch in der Tasche schreiben oder sich eingestehen, dass der Wunsch, pünktlich wie vorgesehen in den Bus einzusteigen, nicht erfüllt wurde und sich im Verzichten üben?

Was macht man z. B. mit dem Ärger über die Rechnung, die unerwartet hoch ist? Dieser Ärger ermöglicht sogar, etwas dazu zu lernen: Beim nächsten Mal schon vorher nach dem Preis fragen oder im Nachhinein noch einmal zu verhandeln; oder versuchen, eine Ratenzahlung zu vereinbaren? Man kann sich auch prüfen, weshalb man so ärgerlich wird, wenn andere eine hohe Rechnung stellen. Hat man vielleicht Schwierigkeiten, die eigene Leistung angemessen honorieren zu lassen. Ist der verborgene Wunsch vielleicht, dass man selber lernen möchte, hohe Ansprüche zu stellen? Oder mehr Geld zu verdienen, damit einem hohe Rechnungen nicht soviel ausmachen? Sowie man anfängt, sich mit den eigenen verborgenen Wünschen zu beschäftigen und sie entweder denjenigen, an die sich diese Wünsche richten, mitteilt, oder versucht, diese sich auf andere Weise zu erfüllen, reduziert sich das Gefühl von Ärger.

Ähnlich ist es in Bezug auf den Fernseher, der während des Fußballspiels kaputt geht, den Freund, der mit einer anderen flirtet, dem Essen, das versalzen ist, und dem Kleid, das es nur eine Nummer zu klein zu kaufen gibt. Diese und andere „Ärgersituationen" sind gut geeignet, die Suche nach den verborgenen Wünschen zu üben.

Selbstverständlich unterscheiden sich die verschiedenen „Wunschgefühle" voneinander. Unzufriedenheit ist zwar weniger intensiv als Ärger, kann einem aber trotzdem „den ganzen Tag" oder länger verderben, wenn man sich nicht um den verborgenen Wunsch kümmert und sich nicht darum bemüht, ihn erfüllt zu bekommen oder eben auch nicht bewusst auf die Wunscherfüllung verzichtet.

Wut

Unzufriedenheit und Ärger können schwächer oder stärker ausgeprägt sein, aber Wut ist von den drei „Wunschgefühlen" am intensivsten.
Wut ist das Gefühl, welches uns drauf aufmerksam macht, dass wir den Wunsch, den wir spüren oder auf den wir durch die Wut aufmerksam gemacht werden, schon früher hatten und nicht erfüllt bekamen. Die Intensität des Gefühls kann uns einerseits behilflich sein, die Wunscherfüllung doch noch zu erreichen, ist aber andererseits meist ein Zeichen für einen sehr weit zurückliegenden Mangel in Bezug auf die Erfüllung existentieller Be-

dürfnisse. Diese Bedürfnisse sind in der Kindheit eng an die Entwicklung des eigenen Selbstwertgefühls gekoppelt. Ein Kind braucht es, von seiner Umgebung wahrgenommen zu werden, für die mit ihm zusammenlebenden Personen wichtig zu sein, eine Bedeutung und eine Wirkung auf sie zu haben. Die Nichterfüllung dieser Bedürfnisse wird nicht nur von Erwachsenen, sondern vor allem auch vom Kind als schmerzhaft erlebt. Und, was noch viel schlimmer ist, es beginnt, da es die Bezugspersonen für sein Überleben braucht und deshalb nicht angreifen kann, sich selbst die Schuld dafür zu geben, dass es für die Erwachsenen offensichtlich ohne Bedeutung und ohne Wirkung ist, und zweifelt mehr und mehr an seinem eigenen Wert. Sein Selbstwertgefühl kann sich nicht entwickeln oder erleidet großen Schaden.

Es sind – neben Körperhaltungen, Mimik und Gestik – oft unbedacht hingeworfene oder aber auch mit Absicht ausgesprochene Sätze, die manche Menschen ihr Leben lang nicht vergessen und die ihnen noch im Alter, wenn sie sich daran erinnern, die Tränen die Augen treiben, wie z. B.:
„Das ist nichts für Mädchen“ oder „Dafür, dass du nur ein Mädchen bist, bist du eigentlich ganz gut“ oder „Wie schade, dass aus dir kein Junge geworden ist.“ Und ähnliches.
„Du wirst aber auch immer dicker“ oder „Du ziehst dich immer so unvorteilhaft an“ oder „Mit deiner Figur solltest du so etwas überhaupt nicht tragen“ oder „Du musst eben mit deinem Aussehen leben, andere haben viel schlimmeres zu ertragen.“ Oder ähnliches.
„Wie kannst du nur so dumm sein“ oder „“Du kriegst aber auch gar nichts auf die Reihe“ oder „Nachdenken ist wirklich nicht deine Stärke“ oder „Du wirst das sowieso nicht schaffen.“ Menschen können sehr erfinderisch sein, wenn es darum geht, andere Menschen anzugreifen, wie z. B.:
„So wie du ist doch kein richtiger Junge“ oder „Du bist ein Versager“ oder „Besser, ich hätte dich abgetrieben“ oder „Aus dir wird nie ein richtiger Mann.“ Diese Reihe lässt sich beliebig fortsetzen. Fast jede erwachsene Person kann sich an solche schmerzhaft wirkenden Ablehnungen, Bewer tungen, Beschimpfungen und Beleidigungen erinnern.
Erwachsene können den Kindern ihre Anerkennung für ihre physische und psychische Existenz, für ihre Person, ihren Körper, ihre Fähigkeiten, ihre Leistungen und die Berechtigung ihrer Wünsche usw. verweigern, und das hat Konsequenzen für die betroffenen Kinder und deren zukünftiges Verhalten. Bewusst oder unbewusst nehmen sie sich vor, nie wieder zuzulassen, dass sie in so schmerzhafte Situationen kommen, wie sie sie schon kennen; nie wieder einem anderen Menschen soviel Macht zu geben, dass er ihnen die Befriedigung ihrer existentiellen Bedürfnisse verweigern kann.

Sie werden deshalb vielleicht nie wieder anderen Menschen zeigen, wie „bedürftig" sie sind.

Wenn wir nun einem anderen Menschen zeigen, dass wir ärgerlich oder sogar wütend sind, zeigen wir ihm auch, dass er Macht über uns hat. Er hat uns etwas Falsches angeboten und uns das, was wir wollten, nicht gegeben. Er hat uns das, was wir glauben zu brauchen oder wovon wir annehmen, wir können nicht darauf verzichten, einfach verweigert. Wir wollen etwas von ihm und er hat die Macht, einfach „Nein" zu sagen.

Wir werden also im Zusammenhang mit Wünschen nicht nur mit unserer Angst vor Ablehnungen und Enttäuschungen, sondern sofort auch mit unserer Angst vor Abhängigkeit konfrontiert. Und die wollen wir meistens – wie schon gesagt - einem anderen Menschen nicht zeigen. Deswegen versuchen wir oft, die Gefühle von Ärger und Wut zu verbergen. Viele haben leider mit dem Zeigen dieser Abhängigkeit schlechte Erfahrungen gemacht, haben sich abgewehrt, abgewertet und gedemütigt gefühlt oder hatten den Eindruck, lächerlich gemacht oder verhöhnt worden zu sein. Und in manchen Fällen war ihr Eindruck sicher auch zutreffend.

Dazu kommt noch, dass Ärger und Wut als sozial nicht akzeptable Gefühle gelten. „Nun sei doch nicht ärgerlich!" „Werde doch nicht gleich wütend." Kannst Du Dich nicht mal beherrschen?" Die meisten Menschen haben außerdem die Erfahrung gemacht, dass Ärger und Wut, wenn sie nicht in Bezug auf die ihnen innewohnenden Wünsche reflektiert, sondern einfach nur agiert werden, schnell in Gewalt umschlagen können – in eigene und in fremde - und fürchten sich deshalb davor.

Nur, wenn eine Person sich ihrer Intentionen bewusst ist, wenn sie weiß, was sie will und mit Hilfe ihrer Wünsche in Kontakt mit ihrem Umweltfeld bleiben will, dann wird sie auch ihre Gefühle von Unzufriedenheit, Ärger und Wut relativ angstfrei erleben und deren Energie für sich und ihre Wunscherfüllungen nutzen. Denn erst diese drei „Wunschgefühle" zeigen einem Menschen, dass er bisher unerfüllte Wünsche hat und nur mit der Hilfe dieser Gefühle wird er feststellen können, welche Wünsche das sind und mit welcher Intensität er versuchen will, seinen Teil für die Wunscherfüllung zu tun.

Hilflosigkeit

Während Unzufriedenheit, Ärger und Wut eng mit Bedürfnissen und Wünschen verbunden sind, ist „Hilflosigkeit“ das Gefühl, welches zeigt, dass es zurzeit keine Wunscherfüllung gibt und dass es nicht möglich zu sein scheint, daran irgendetwas zu ändern. Hilflosigkeit weist uns darauf hin, dass alles, was wir bisher versucht haben, um das zu erreichen, was wir wollen, erfolglos war und wir uns entweder damit abfinden oder etwas Neues erfinden müssen.
Hilflosigkeit fordert uns also auf, mit der zunächst als sehr unangenehm oder sogar schmerzhaft erlebten Situation fehlender Wunscherfüllung kreativ und innovativ umzugehen oder auf die Wunscherfüllung zu verzichten.

Hilflos sind wir öfter, als uns bewusst ist, aber nicht immer ist dies an das Gefühl von Hilflosigkeit gekoppelt, Hilflosigkeit als Gefühl tritt nur auf, wenn wir etwas wollen, aber zunächst nicht oder nicht mehr daran glauben, dass wir einen Einfluss auf die Wunscherfüllung haben.
Wir können z. B. das Wetter nicht ändern und nicht verhindern, dass es abends dunkel wird. Aber wir fühlen uns im Allgemeinen in diesem Zusammenhang nicht hilflos. Erst wenn wir etwas wollen und nicht erreichen und uns nicht wehren können oder uns bedroht fühlen, wird uns unsere Hilflosigkeit als ein sehr unangenehmes Gefühl bewusst. Natürlich können wir uns auch im Zusammenhang mit Wetter hilflos fühlen: Wenn wir z. B. bei Schnee nicht weiterfahren können oder wenn bei einer Überschwemmung das Wasser ins Haus läuft usw. Aber meistens entwickeln wir Gefühle von Hilflosigkeit im Zusammenhang mit unseren Wünschen an andere Menschen und an unsere Umwelt oder mit Wünschen in Bezug auf unsere eigenen Zustände, wie Krankheit oder unterschiedliche körperliche oder seelische, eigene oder fremde Einschränkungen. Nun können wir aber lebendige Wesen, wie z. B. andere Menschen, nicht gezielt beeinflussen und wir können uns selbst und unsere biologischen Grenzen nicht ohne weiteres – beziehungsweise nur begrenzt mit technischen Hilfen – überschreiten und das bedeutet, dass es viele Wünsche gibt, angesichts derer wir uns hilflos fühlen, weil es zunächst keine Wunscherfüllung zu geben scheint.
Allerdings ist das Gefühl von Hilflosigkeit so unangenehm, dass Menschen versuchen, dieses Gefühl so schnell wie möglich wieder los zu werden. Sie müssen sich also etwas einfallen lassen oder das Gefühl weiter ertragen. Es ist gut, dass sich Hilflosigkeit so unangenehm anfühlt, ansonsten wären die Menschen wahrscheinlich schon ausgestorben. So aber fühlen sie sich aufgefordert, kreativ zu werden, um das Gefühl wieder zum Verschwinden zu bringen.
Jährlich wiederkehrendes Hochwasser ist ein gutes Beispiel für die vorhandenen Möglichkeiten: Entweder nehmen die Menschen eine Haltung von

Hilflosigkeit ein und nehmen das Hochwasser Jahr für Jahr hin. Sie bleiben dann die Opfer des Hochwassers und halten die Hilflosigkeit mit der Überzeugung aus, sie können ja sowieso nichts machen. Oder aber die Menschen machen sich Gedanken, wie sie dem Gefühl, sich dem Hochwasser ausgeliefert zu fühlen, entgehen können, werden innovativ und beginnen, ihre Häuser auf Pfähle oder künstliche Aufschüttungen zu setzen, Dämme zu bauen oder Wasserauslaufgebiete anzulegen oder was ihnen neben Gebeten zu hilfreichen Göttinnen und Göttern sonst noch so einfällt.
Wäre Hilflosigkeit für Menschen nicht ein so unangenehmes Gefühl, hätten sie meiner Ansicht nach viele Erfindungen nicht gemacht. Es gibt aber auch Hilflosigkeit als ein gelerntes inneres Muster, aber darauf will ich in diesem Zusammenhang nicht eingehe, denn in solchen Fällen ist es meist notwendig, psychotherapeutische Hilfe zu suchen.
Das Gefühl von Hilflosigkeit, welches uns als Erwachsene so häufig ergreift und oft schlagartig in Wut umgewandelt wird, hängt eng mit unseren kindlichen Erfahrungen zusammen. Diese Hilflosigkeit aktiviert sich in strukturähnlichen Situationen, die bei gelassener Betrachtung nur wenig Anlass bieten, unter der aktivierten Hilflosigkeit wirklich so zu leiden, dass sie mit intensiven Wutanfällen abgewehrt werden muss. Aber Hilflosigkeit wirkt oft deshalb so außerordentlich bedrohlich, weil sie meist zusätzlich durch kindlichen Traumata belastet ist. Und diese sind eben nicht nur mit Gefühlen von Ausgeliefertsein, sondern auch mit starken Ängsten und anderen Gefühlen verbunden, eben weil Kinder kleiner, körperlich schwächer und in Bezug auf ihr Überleben abhängiger sind als Erwachsene.
Im Zusammenhang mit dem Gefühl von Hilflosigkeit aktivieren sich also meist zusätzlich – wenn sie nicht verdrängt oder abgespalten bleiben - alle anderen mit den Traumata verbundenen schrecklichen Gefühle, wie Schmerz, Entsetzen, Verzweiflung, Todesangst usw. so dass das Gefühl von Hilflosigkeit auch aus diesem Grund möglichst schnell verleugnet, verdrängt oder in Wut umgewandelt wird.

Hier will ich zunächst nur von der geleugneten oder verdrängten Hilflosigkeit der Erwachsenen reden, die gegenüber Kindern in aggressiver Form zum Ausdruck kommt.
Wenn Eltern ausrasten, weil ihre Kinder ihnen nicht gehorchen; wenn Lehrerinnen und Lehrer ironisch, zynisch oder verächtlich werden, weil die Kinder nicht tun, was sie sollen, dann liegt dies meist daran, dass die Erwachsenen ihre eigene Hilflosigkeit nicht ertragen können.

Aber auch wenn Erwachsene sich anderen Erwachsenen gegenüber hilflos fühlen, geben sie dieses nur selten zu. Die meisten gehen stattdessen zum

Angriff über, außer sie haben sowieso schon die Tendenz, sich in der Opferposition aufzuhalten. Genau dieses aber erschwert aufgrund der entstehenden Täter-Opfer-Dynamik, dass die Beteiligten einander wechselseitig Respekt erweisen. Dadurch aber wird auch verhindert, sich bewusst zu machen, wer eigentlich einen Wunsch hat oder wer einen Wunsch äußert und wer über die Wunscherfüllung entscheidet.
So hat eine Lehrerin im Umgang mit einer lauten Klasse zwei Möglichkeiten: Sie kann mit Bitten, Anweisungen, Befehlen oder Drohungen versuchen, die Klasse ruhig zu kriegen. Dabei bleibt unklar, wer über die Wunscherfüllung entscheidet und damit bleibt auch die Antwort auf die Frage ungeklärt, wer für welche Prozesse die Verantwortung hat.
Die andere Möglichkeit besteht darin, dass sie an die Kinder die Bitte richtet, sie mögen bitte leise sein und zuhören und anschließend deutlich sagt, dass jedes einzelne Kind selbst entscheidet, ob es den Wunsch der Lehrerin erfüllen will oder nicht, unter dem Motto „Nur wer den Krach macht, kann auch damit aufhören." Mit einer solchen Ansage wird allen Beteiligten bewusst werden, wer wofür verantwortlich ist.
Ich möchte an dieser Stelle sehr deutlich machen, dass Menschen – auch Kinder – sich lieber für etwas verantwortlich fühlen und danach handeln, als auf Anweisungen, Befehle und Drohungen nur zu reagieren. Aber zu dieser Strategie gehört das Eingeständnis, dass es für den Einfluss auf andere Menschen – Kindern wie Erwachsenen - Grenzen gibt, vor denen man hilflos stehen bleiben muss, wenn einem das jeweilige Gegenüber nicht entgegenkommt und wenn die geäußerten Wünsche nicht erfüllt werden.

Insbesondere Eltern sollten sich diese Strategie, deutlich zu machen, wer einen Wunsch hat und wer ihn erfüllen kann, zu Eigen machen. Das bedeutet nicht nur, entsprechende Sätze im Umgang mit den Kindern zu verwenden, sondern auch eine andere Haltung sich selbst und den Kindern gegenüber einzunehmen. Diese Haltung zeichnet sich durch die Achtung vor den Kindern als eigenständige, selbstorganisierende Lebewesen aus.

Freude

Während Unzufriedenheit, Ärger und Wut diejenigen Gefühle sind, in denen Wünsche verborgen sind und Hilflosigkeit einer Aufforderung zu Kreativität und Innovation entspricht, dieses also Gefühle sind, die zusätzliche kognitive Auseinandersetzungen erfordern, um auf sozial angemessene, konstruktive Weise gelebt zu werden, ist dies bei dem Gefühl der Freude anders. Dieses Gefühl erschließt sich unmittelbar. Wir fühlen das Gefühl „Freude", wenn wir das, was wir uns wünschen, auch bekommen oder wenn etwas, was wir bekommen, uns so gut gefällt, als wenn wir es uns gewünscht hätten. Wenn wir uns freuen, sind wir erst einmal für eine Zeit wunschlos. Sozusagen wunschlos glücklich.

„Warum schreibst du so viel über Ärger, Hilflosigkeit und so und so wenig über Freude", fragt Valentino. „Ich weiß nicht, was ich darüber schreiben kann und vor allem nicht, wie", sage ich. „Das ist aber traurig", meint Valentino, „vielleicht solltest du dich erst ein bisschen freuen und dann darüber schreiben." Und als ich etwas resigniert frage: „Worüber denn freuen?", bekommt er einen mir noch unbekannten Ausdruck ins Gesicht und sagt mit einer Stimme, die ich auch noch nicht gehört habe: „Natürlich über mich". Ich bin ganz erschrocken. Ich hatte vergessen, wie oft ich voller Entzücken zugesehen habe, wie er sich bewegt, wie er sich putzt und wie weich sich sein graues Fell anfühlt; wie er aussieht, wenn er zusammengerollt schläft und eine Pfote über sein kleines Gesichtchen gelegt hat; wie er sich an mir hochreckt, wenn ich am Schreibtisch sitze und mir mit einer seiner Vorderpfoten auf den Oberarm tippt und mit seinen goldgelben Augen ansieht, um mir damit zu zeigen, dass er etwas von mir will.
„Verzeih mir, mein Silberprinz mit den goldenen Augen, dass ich für einen Moment vergessen hatte, welche große Freude du für mich bist. Jedes Mal, wenn ich dich sehe, höre, rieche und anfasse; wenn du kommst, um mich zu begrüßen oder um mir irgendetwas zu sagen, freue ich mich." Valentino ist plötzlich wieder wie verwandelt. Er fängt an zu schnurren und streichelt mit seinem Kopf meine hingehaltene Hand. Und ich fühle mich gerührt und glücklich.

Leider stimmt es, Freude als Gefühl tritt viel schneller in den Hintergrund unserer Bewusstheit als diejenigen, die ich „Wunschgefühle" genannt habe. Das mag genau damit zusammenhängen, dass letztere uns auf unsere Intentionen hinweisen; dass sie uns Informationen über die Qualität unserer sozialen Beziehungen liefern und uns darauf aufmerksam machen, wenn es notwendig wird, etwas für ihre Verbesserung zu tun. Und sie weisen uns – manchmal auch mit Hilfe von Hilflosigkeit - auf unsere Wünsche in bezug auf die Gestaltung unserer Umwelt, einschließlich des Verhaltens der dazu gehörenden Personen, hin. Anders ausgedrückt, sie weisen uns auf etwas hin, was noch nicht abgeschlossen ist, was noch weiterer Handlungen bedarf. Sie entsprechen unabgeschlossenen, offenen Gestalten, während Freude auf eine geschlossene Gestalt verweist: Es ist gut so, wie es ist. Nichts fehlt, nichts wird noch erwartet, das Gefühl von Freude ist sozusagen eine „runde" Sache, während die erwähnten anderen Gefühle darauf

verweisen, das noch etwas fehlt, noch etwas offen ist: Die Intention ist zwar da, aber die Erfüllung fehlt noch.
Und Lebewesen sind intentionale Wesen, sie wollen - bis auf die kurzen Zeiten von Zufriedenheit, Freude und Glück – immer irgendetwas. Wir können dieses am Verhalten von Tieren, aber auch von kleinen Kindern, sehr deutlich beobachten. Wenn sie ihre Intentionen vergessen würden, bevor sie sich für deren Erfüllung eingesetzt hätten, wäre ihr Überleben in Gefahr. Wahrscheinlich bleiben deshalb die Gefühle von Unzufriedenheit, Ärger und Wut im Gedächtnis, sie erhalten unsere Intentionen am Leben.
Andererseits sind Glück und Freude außerordentlich erstrebenswerte Gefühlszustände. Also bleibt die Frage offen, weshalb wir die Informationen, die wir aus den „Wunschgefühlen" extrahieren können, nicht verstärkt verwenden, damit unsere Wünsche erfüllt werden.
Das liegt wahrscheinlich daran, dass wir Angst vor Ablehnung oder Angst davor haben, Verpflichtungen einzugehen, weil wir glauben, damit unsere Autonomie zu verlieren.
Wir haben möglicherweise schon sehr früh gelernt, dass „nichts" umsonst ist, dass man, wenn man sich etwas wünscht, auch etwas dafür hergeben muss; dass ein Gefallen, um den man jemanden bittet, dem anderen angeblich das „Recht" gibt, nun seinerseits einen Gefallen zu verlangen, den man dann glaubt, nicht ablehnen zu können. Ein Grund dafür mag sein, dass in unserer Kultur nicht genau unterschieden wird, ob eine Person etwas mit mir tauschen will oder ob sie mir ein Geschenk machen möchte. In beiden Fällen gibt es Erwartungen dahingehend, dass etwas zurückgegeben wird, aber diese sind – nicht nur von Mensch zu Mensch, sondern auch von Kultur zu Kultur - voneinander sehr verschieden. Wenn ein Mensch einem anderen Menschen etwas schenkt, möchte er in seinem Inneren – mit Hilfe seiner Spiegelneurone – spüren, dass sein Gegenüber sich freut, man spürt dies an der Simulation von Freude durch die eigenen Spiegelneurone und das heißt: Man spürt selber Freude, wenn man einen anderen Menschen dabei beobachtet, wie dieser sich freut.

Dankbarkeit

Aber schon lauert die nächste Falle. Wir haben oft Schwierigkeiten, uns zu freuen, weil wir Schwierigkeiten mit Dankbarkeit haben. Erst wenn wir ein Gefühl von Dankbarkeit in uns zulassen können, sind wir auch in der Lage, uns über das Geschenk, was wir bekommen haben, zu freuen.
Dankbarkeit aber wird als Gefühl meist nicht zugelassen, weil es uns, während dieses Gefühl in uns auftaucht, oft schmerzhaft bewusst wird, wie selten wir etwas für uns Bedeutsames geschenkt bekommen haben. Und bevor

wir diesen Schmerz oder das sich traurig-freudig anfühlende Gefühl von Rührung wirklich zulassen, lächeln wir lieber etwas oberflächlich und äußern ein belangloses „vielen Dank", ohne uns wirklich zu freuen. Damit fehlt auch der schenkenden Person etwas. Die zwischenmenschliche Wechselwirkung ist unterbrochen, weil eine der beteiligten Personen etwas in sich selbst unterdrückt.

Da nun aber Dankbarkeit und Bedürftigkeit einander bedingen, ist es entscheidend, ob man sich die eigene Bedürftigkeit eingestehen kann oder will oder ob man sie – mit „guten" inneren Gründen, die auf den eigenen Erfahrungen beruhen – unterdrückt, weil sich sonst das erlebte Defizit zu schmerzhaft anfühlt oder weil man glaubt, sich durch Zeigen der eigenen Bedürftigkeit an das Gegenüber auszuliefern.
Dabei kann ein Teufelskreis entstehen: Durch die Haltung des „Ich brauche nichts" bekommt man weniger von anderen und wenn man das Wenige nicht annehmen kann, wird das bereits in der Kindheit entstandene Defizit immer größer. Der dadurch im eigenen Innern verborgene Schmerz wird ebenfalls immer größer und damit auch die Angst davor, er könnte bewusst werden. Menschen, die in diesem Teufelskreis leben, müssen sich ernsthaft die Frage stellen, wie lange sie noch als „verhungernde Babys" durch die Welt laufen wollen und sich möglichst schnell dazu entscheiden, diesen Teufelskreis zu durchbrechen. Das können sie einfach dadurch tun, dass sie sich selbst und anderen gegenüber zugeben, wie „hungrig" sie sind.

Trotzdem ist das Problem sehr komplex, weil der ganze Bereich des Gebens und Nehmens des Schenkens und Verpflichtens, des Kaufens und Verkaufens bzw. des Umgangs mit Geschenken und Waren kulturell eingebettet ist. Tor Nörretranders hat in seinem Buch „Homo generosus" ein ganzes Kapitel über „Ware und Geschenk", (S.191 – 219) geschrieben, das viele interessante Beispiele aus verschiedenen Kulturen enthält.
Nörretranders schreibt dazu:

„Der radikale Unterschied zwischen Geschenken und Waren ist, dass der Austausch von Geschenken auf eine Weise aneinander bindet. Verkauft man einander Waren, so hat man einen Preis bezahlt und schuldet niemandem irgendetwas. Man ist im Prinzip fertig miteinander (fürs Erste). Geschenke haben dagegen etwas Verbindendes an sich." (Nörretranders, 2004, S. 194)

Und er fährt fort:

„In unserer modernen Überflussgesellschaft, wo der Geschenkaustausch zu Weihnachten den Charakter eines Rituals ohne materielle Bedeutung hat, weil man in Wirklichkeit nur für die jeweils anderen einkauft, spüren wir ständig die Macht der Geschenke. Es bringt angeblich Unglück, wenn man empfangene Geschenke weitergibt. Das Geschenk ist ein kostbares Signal dafür, dass man in eine Beziehung miteinander treten will. Geschenke bauen Beziehungen auf. In einer Gesellschaft ohne Marktwirtschaft bauen Geschenke die Gesellschaft auf." (Nörretranders, 2004, S. 195)

In der Maorisprache wird die „Macht" eines Geschenks sein „Hau" genannt. „Hau" ist bei den Maori der „Geist" in den Dingen, im Wald und in den Tieren des Waldes und eben auch der „Geist" in den Geschenken. Nörretranders schreibt:

„Durch das *Hau* hat der Schenkende den Empfänger in der Hand: Der Geist will zurück. Er wohnt in den Dingen und das bedeutet, dass man den Schenkenden nicht loswird. Er ist als Schenkender ein Teil der Welt des Empfängers geworden, weil sein *Hau* in dem Geschenk ist. Das *Hau* zieht mit um. Sollte man also jemals ein Geschenk (von einem Maori) bekommen, hat man ein Problem: Man bekommt gleichzeitig auch sein *Hau.* Wie wird man es nun wieder los? Indem man ihm auch etwas schenkt." (Nörretranders, 2004, S.193)

Wichtig ist dabei, dass es eine zeitliche Differenz zwischen Geschenk und Gegengeschenk gibt, denn wenn auf ein Geschenk unmittelbar ein Gegengeschenk erfolgt, käme dies einer Zurückweisung des Geschenkes gleich. Aber trotz des „Hau" geht es bei Geschenken und Gegengeschenken nicht um Tauschgeschäfte. Geschenke schaffen Beziehungen und diese sind stets nur als persönliche Wechselwirkung vorstellbar, das ist bei Tauschgeschäfte allgemeinen nicht der Fall.
Die Fragen des Gebens und Nehmens und die Formen der zugehörigen Dankbarkeit sind vielfältiger Art und sehr stark kulturell geprägt. Auf diese will ich hier jedoch nicht weiter eingehen.
Hier geht es eher um persönliche Erfahrungen: Um Gewohnheiten, Vermeidungen, emotionale Defizite und die sie begleitenden psychischen Schmerzen, um Ängste und Vorlieben, und um die Versuche, sich diese bewusst zu machen. Dies ist ein sehr individueller Prozess, für jeden Menschen unterschiedlich und häufig braucht man für diese Prozesse der Bewusstwerdung ein die eigenen Prozesse spiegelndes Gegenüber.

Ängste spielen bei dem Prozess der Bewusstwerdung eine ähnlich große Rolle wie bei der Unterdrückung von Bewusstheit und oft sind es nur Ängste davor, dass angstbesetzte Situationen wieder bewusst werden. Es handelt sich dabei sozusagen um die „Angst vor der Angst", die auch sekundäre Angst genannt wird. Ängste sind genau so wichtig wie die anderen Gefühle. Alle Gefühle enthalten bedeutsame Informationen, ohne die das Überleben gefährdet wäre. In diesem Sinne verfügen alle Lebewesen über

„Gefühle", nämlich sehr schnelle Informationsmöglichkeiten in Bezug auf alles, was ihr Leben gefährdet oder seiner Sicherung dient. Andreas Weber geht in seinem Buch „Alles fühlt" ausführlich auf dieses Konzept ein. Und ich erinnere mich, in irgendeinem Spiegelartikel vor langer Zeit die Aussage gelesen zu haben: „Säugetiere sind Gefühlsmenschen".

Angst, Furcht und Entsetzen

Die Gruppe der Gefühle „Angst", „Furcht" und „Entsetzen" sind nun die Gefühle, die – wie schon anfangs beschrieben wurde - mit realen oder phantasierten Gefahren einhergehen. Wenn man diese Gefühle etwas von dem genannten Abwehrsystem abkoppelt, dann mahnt Angst ganz allgemein zur Vorsicht und Furcht fordert zur Vorsicht in Bezug auf etwas Bestimmtes auf. Dabei sind die Grenzen schwimmend. Entsetzen dagegen tritt auf, wenn die Bedrohung für einen selbst real geworden ist und das eigene oder auch ein fremdes Leben in Gefahr zu sein scheint und ist verbunden mit den bekannten Abwehrreaktionen „angreifen", „flüchten", „sich totstellen" oder „sich unterwerfen.

Sowie eines dieser Gefühle sehr stark wird, kann es auch zu schweren Traumatisierungen kommen und diese wiederum können sehr unterschiedliche, meist sehr gravierende Konsequenzen haben. Traumatisierte Menschen zeigen manchmal Verhaltensweisen, die von anderen als Spinnerei oder schlimmeres abgestempelt werden, und das kann die bereits vorhandenen Traumatisierungen noch weiter verstärken.

Verachtung und Ekel

Andere Gefühle, wie „Verachtung" und „Ekel", enthalten die Aufforderung, Abstand zu gewinnen und zu halten. Mit „Verachtung" kann man eine vertikale Distanz, in dem man auf den anderen „herabsieht", zu dem Verachteten herstellen und damit versuchen, die eigene Aggression nicht zu agieren. In diesem Sinne mag „Verachtung" schon so manchen Totschlag verhindert haben, aber auch die verachtende Person davor geschützt haben, angegriffen oder zusammengeschlagen zu werden, weil ihm seine Verachtung behilflich war, die eigene Aggression nicht zu zeigen, sondern sich z. B. abzuwenden.

„Ekel" bringt uns dazu, horizontale Distanz zu entwickeln und hilft eventuell, Vergiftungen oder Infektionen, aber auch Situationen und Menschen, die einem schaden könnten, zu vermeiden. Allerdings kann ein Lebewesen auch dadurch, dass es versucht, beim Gegenüber ein Gefühl des Ekels zu aktivieren, sich selbst vor dem Gefressenwerden retten. Als ich zum ersten Mal beobachtet habe, wie ein Gecko seinen Kopf und seinen ganzen Körper hin und her schüttelte, nachdem er versucht hatte, eine grüne Blattwanze zu fressen, sie aber sofort wieder ausgespuckt hatte, zweifele ich nicht mehr daran, dass er sich furchtbar geekelt hat und auch ich kann seitdem diese Wanzen nicht mehr ohne Ekelgefühle betrachten, während ich vorher nur ihren Geruch ekelhaft fand.

Hass

Aber auch „Hass" hat meiner Ansicht nach eine wichtige soziale Funktion, die leider meist nicht vollständig verstanden wird. Wenn man „Hass" fühlt, möchte man etwas vernichten, aber es ist die Frage, was man denn vernichten möchte. Man sagt z. B. „Ich hasse Rassisten" und denkt, man möchte die Rassisten vernichten, was man aber eigentlich vernichten will, ist der Rassismus, weil die rassistischen Überzeugungen zwischen einem selbst und dem Gegenüber stehen.
Wenn man die Frau oder den Mann hasst, von denen man verlassen wurde, dann will man die Gleichgültigkeit vernichten, die statt der Liebe zwischen einem selbst und dem Gegenüber getreten ist. Wenn ich denke, ich hasse mein Kind oder meinen Mann, weil sie Drogen nehmen, dann will ich nicht sie vernichten, sondern die Drogen, die eine akzeptierende Beziehung verhindern. Hass ist das Gefühl, welches die Aufforderung enthält, das Trennende zwischen den Menschen zu vernichten. Wenn ich diese Interpretation von Hass in meinem Bewusstsein behalte, werde ich mit einem Rechtsradikalen sicher anders sprechen, als wenn ich das Gefühl – statt nur auf das Trennende – auf die gesamte Person richte. Leider versteht man diese Aufforderung meist so, dass man die Vernichtungswünsche gleich auf das gesamte Gegenüber mit ausdehnt.

Während Verachtung und Ekel Trennungen herbeiführen, ist Hass das Gefühl, wodurch Trennungen wieder aufgehoben werden können, wenn es einem mit der Energie des Hasses gelingt, das Trennende zu vernichten. Das Trennende kann allerdings in manchen Fällen doch eine ganze Person sein, und zwar dann, wenn ein Mensch den Eindruck hat, eine andere Person würde zwischen einem selbst und einem anvisierten Ziel stehen und einen von der Zielerreichung trennen. Ansonsten kann „das Trennende" in vielfältiger Gestalt auftreten.
Wenn angeblich durch den kläffenden Hund in der Wohnung der geliebten Person eine gerade aufblühende Liebe bedroht wird; wenn das schreiende

Baby zwischen einem selbst und dem dringend erwünschten Schlaf steht, usw., dann wird die Frage wichtig, welche anderen Lösungsmöglichkeiten außer der „Vernichtung des Trennenden" einem einfallen oder inwieweit man ertragen kann, dass etwas Trennendes zwischen einem selbst und der Wunscherfüllung steht und dort eventuell auch bleibt.
Oder anders ausgedrückt: Inwieweit kann ein Mensch es ertragen, dass er hilflos ist, wenn er etwas, was ihn und sein Gegenüber trennt, vernichten will, und er selbst oder auch das Gegenüber dies aber nicht zulassen möchten. Anders gesagt, wie kann ein Mensch mit seinem Hass umgehen, wenn er feststellt, dass er das Trennende nicht vernichten kann? Auch hier bleibt ihm nichts anderes übrig, als entweder kriminell zu werden oder aber die immer wieder erwähnte Grenze zu akzeptieren, die es uns unmöglich macht, einen gezielten Einfluss auf andere auszuüben: Wir können andere nicht zwingen, das Trennende von sich aus zu eliminieren. Wir sind in solchen Fällen hilflos.
Aber leider werden Menschen durch solche Situationen immer wieder vor die Fragen gestellt, ob sie überhaupt oder ab wann sie gewalttätig werden wollen oder wie sie es schaffen, sich davon abzuhalten, gewalttätig zu werden.
Ich möchte an dieser Stelle ganz deutlich sagen, dass ich keineswegs der Ansicht bin, wir seien durch unsere neurophysiologischen Prozesse determiniert. Allein die Beobachtung, wie oft wir uns bewusst werdende Prozesse auch bewusst hemmen können, weist uns darauf hin, dass wir selbstverantwortliche Entscheidungen treffen können, allein dadurch, dass wir uns in unseren Handlungen stoppen, um noch einmal neu nachzudenken, um dann vielleicht eine neue, eine andere Entscheidung zu treffen. Schon einfaches „Luftanhalten" kann ein auftauchendes Gefühl in seiner Intensität reduzieren, so dass wir spüren können, dass wir es nicht mehr agieren müssen oder wollen.

Trauer, Bitterkeit und Verzweiflung

Ganz anders fühlen wir uns, wenn wir traurig sind. Dann haben wir den Eindruck, es würde uns etwas fehlen. Das heißt: Traurig sind wir, bzw. „Trauer" empfinden wir, wenn wir jemanden oder etwas verloren haben oder zumindest glauben, wir hätten jemand oder etwas verloren. Man kann auch traurig sein, wenn man eine Illusion verliert oder eine Enttäuschung erlebt, und damit die Täuschung verliert.
Verzweiflung und Bitterkeit scheinen aus mehreren Gefühlen zusammengesetzt zu sein

Bitterkeit aus den beiden Gefühlen „Wut“ und „Trauer“, Verzweiflung aus den drei Gefühlen „Wut“, „Trauer“ und „Hilflosigkeit“.
Das hat bestimmte Konsequenzen in bezug auf den bewussten Umgang mit diesen Gefühlen. Denn es ist wichtig, sich genau so wenig von den Gefühlen von Bitterkeit und Verzweiflung überwältigen zu lassen, wie von den anderen Gefühlen. Fühlt man z. B. Verzweiflung, ist es wichtig, die Gefühle, aus denen sich Verzweiflung zusammensetzt, einzeln und voneinander getrennt zu betrachten: In Bezug auf die Traurigkeit sich zu fragen, was man verloren hat, in Bezug auf die Wut, welche unerfüllten Wünsche es in diesem Zusammenhang gibt, und im Zusammenhang auf die Hilflosigkeit, in welcher Hinsicht man hilflos ist und welche kreativen Lösungen möglich sein könnten.
Ähnliches gilt für Bitterkeit: Worüber ist man traurig bzw. was hat man verloren oder glaubt, verloren zu haben, und worüber ist man wütend bzw. welches sind die dahinter stehenden unerfüllten Wünsche und was kann man selbst für deren Erfüllung tun?

Es gibt noch mehr Gefühle, wie z. B. Neid, Eifersucht, Missgunst und mehr kognitiv getönte Gefühle, wie Ehrgeiz, Stolz, usw.

Neid, Eifersucht und Missgunst

Neid signalisiert einer Person, dass andere etwas haben oder bekommen, was man selbst gerne haben möchte. Insofern sind Neid und Eifersucht einander ähnlich. Neid kann sich allerdings auf alles Mögliche beziehen, auch auf materielle Dinge, während Eifersucht sich eher im Zusammenhang persönlicher Beziehungen entwickelt. Neid kann eine treibende Kraft sein, sich selbst aktiv darum zu bemühen, selber das zu erreichen, um das man die anderen beneidet und insofern konstruktive Wirkungen haben. Ähnliches gilt auch für Eifersucht. Missgunst dagegen bedeutet, dass man das, worauf man neidisch ist, den anderen nicht gönnt. Das kann dazu führen, dass die missgünstige Person versucht, das Begehrte zu zerstören: Wenn sie selbst das Begehrte nicht erreichen kann, soll es auch niemand anderes bekommen.
Insofern führt Missgunst zu einer Reduktion der eigenen Möglichkeiten, während Neid und auch Eifersucht die Chancen beinhalten, diese zu erweitern und etwas für die eigenen Wunscherfüllungen zu tun. Neid, Eifersucht und Missgunst können schwächer oder stärker ausgeprägt sein und erhebliche destruktive Wirkungen entfalten. Aber da sich im Verlauf der Evolution auch diese Gefühle offensichtlich als Möglichkeiten entwickelt haben, müssen sie auch sie wichtige Botschaften auch für das Überleben eines sich

selbstorganisierenden Systems enthalten und transportieren können. So könnten Formen von „Neid“ auf Möglichkeiten oder Notwendigkeiten hinweisen, das eigene Revier zu verteidigen oder zu erweitern, Formen von „Eifersucht“ könnten im Zusammenhang mit der Partnersuche wichtig geworden sein, um Nebenbuhler auszuschalten und Formen von „Missgunst“ könnten sich als Kombination von Neid und Eifersucht als Basis für potentiell tödliche Kämpfe im Zusammenhang mit der Erhöhung der Chancen, sich mit seinen eigenen Genen fortzupflanzen, entwickelt haben, bis sie schließlich ihre menschlichen Ausprägungen als „Gefühle“ erhielten.
Eine Reihe von Wissenschaftlern vertritt – wie schon gesagt- die Ansicht, dass Menschen über „Gefühle“ sehr viel schneller Informationen über ihre Wechselwirkungen mit ihrer Umwelt erhalten als über kognitive Prozesse. Es ist allerdings notwendig, diese in den Gefühlen verborgenen „Informationen“ erst einmal zu entschlüsseln, um sie sinnvoll und konstruktiv verwenden zu können.

In diesem Sinne ermöglicht das Nachdenken über die möglichen Botschaften in den eigenen Gefühlen, die eigene Wirklichkeit bewusster zu gestalten und zu erweitern. Wenn wir Gefühle allerdings nur agieren, werden wir und unsere Mitmenschen unter ihnen leiden. Wenn wir sie dagegen ebenso wie die Botschaften unserer Spiegelneurone entschlüsseln und ihre Bedeutungen für einen zugewandten und konstruktiven Umgang mit uns selbst und anderen nutzen, werden unser eigenes Leben und unsere sozialen Beziehungen leichter, erfüllter und freudevoller.

Mir fällt auf, dass Valentino, obwohl er sich den Text angesehen hat, lange nichts gesagt hat. „Was sagst du denn dazu?“ frage ich ihn. „Ich finde es langweilig“, sagt er, „ich weiß doch, was meine Gefühle mir mitteilen, wozu soll ich das noch einmal nachlesen?“ Wahrscheinlich haben Katzen es mit ihrem Gefühlsleben leichter als Menschen, denke ich, aber das Wort „langweilig“ hat mich doch getroffen, ich fühle mich etwas verletzt, aber ich habe ja etwas gelernt. Deswegen sage ich zu ihm: „Ich fühle mich ein bisschen verletzt, ich wünsche mir so von dir, dass du spannend findest, was ich schreibe.“ „Aber du wünschst dir nicht von mir, dass ich dir zuliebe lüge“, fragt er zurück. „Natürlich nicht“, sage ich und weiß nicht so genau, was ich von seinem Satz halten soll. „Darf ich nun etwas langweilig finden, was du produziert hast oder nicht“, fragt Valentino noch einmal nach. „Nein, eigentlich darfst du das nicht“, sage ich etwas lauter als sonst und er legt die Ohren zurück, „aber seit wann hast du dich darum gekümmert, was du – von mir aus gesehen – darfst oder nicht darfst. Du machst doch immer, was du willst“, füge ich noch hinzu.

„Selbstverständlich mache ich, was ich will, aber manchmal will ich auch nett zu dir sein und dann würde ich vielleicht auch ein klein bisschen die Unwahrheit sagen", sagt er, auch schon ein bisschen gereizt, zu mir. Ich fange, wenn auch etwas verspätet, an nachzudenken. „Entschuldige mich bitte", sage ich, „ich würde jetzt doch gerne wissen, warum du den Text langweilig findest." Und Valentino grinst ein bisschen, so wie nur er das kann und sagt: „Weißt du, es ist einfach so, dass wir Katzen über Gefühle gar nicht nachdenken, wir sind sie, wenn wir sie fühlen und sie sind wir. Irgendwie stimmen wir mit ihnen überein und deswegen habe ich mich für das Kapitel nicht begeistert. Ich kann nichts damit anfangen." „Ach so", sage ich. Und dann versuche ich zu verstehen, was er gesagt hat. Wie fühlt es sich wohl an, ein Gefühl zu sein? Vollständig davon erfüllt zu sein? Vollständig erfüllt von Trauer oder Freude, Wut, Angst oder Entsetzen? Plötzlich denke ich, dass der Unterschied zwischen Valentino und mir vielleicht doch nicht so groß ist. Aber als ich ihn genauer befragen will, sehe ich gerade noch, wie er auf den Gartenzaun springt und dann auf der anderen Seite verschwindet.

Mehr über Gefühle

Wie Menschen lernen, Fühlen und Denken wieder zu verbinden

„Wieso schreibst du mehr und mehr über Gefühle, ich finde das überflüssig“, sagt Valentino, „es ist doch so einfach.“ „Wieso denkst du das“, frage ich. „Also“, sagt Valentino, „es geht doch nur um Geben und Nehmen. Wenn ich nicht bekomme, was ich will oder jemand mir etwas gibt, was mir nicht gefällt, dann werde ich ärgerlich oder wütend. Wenn ich wieder verliere, was ich wollte, bin ich traurig und wenn ich bekomme, was ich will, dann freue ich mich.“ Und dann fügt er noch fragend hinzu: „Willst du mir nicht jetzt eine Freude machen?“ „Warum sollte ich das wollen?“ frage ich zurück. Valentino ist irritiert und etwas ärgerlich, „Ich hoffe, das weißt du. Wenn du mich gern hast, dann willst du mir, so oft es dir möglich ist, eine Freude machen.“ „Und machst du mir dann auch eine Freude und lässt dich von mir streicheln.“ „Ich wollte kein Geschäft mit dir abschließen“, sagt er, wendet sich ab und will gehen. „Warte“, sage ich, „bitte entschuldige, ich habe das nicht ernst gemeint.“ „Ich mag es nicht, wenn du Sachen zu mir sagst, die du nicht ernst meinst“, sagt Valentino. Ich bitte ihn noch einmal um Verzeihung und frage ihn: „Womit kann ich dir jetzt eine Freude machen?“ „Mach mir doch die kleine Dose Thunfisch auf, darüber würde ich mich sehr freuen. Und ich hoffe, dass es dir Freude macht, weiter über Gefühle zu schreiben“, sagt Valentino. Und während ich die Büchse aufmache und den Inhalt in eine kleine Schüssel tue, fügt er noch hinzu: „Und es würde mich auch freuen, wenn du mich ein bisschen streicheln würdest.“ Und ich lasse mir die Gelegenheit nicht entgehen, denn Valentino hat das weichste Fell, was ich kenne.

Über Gefühle ist viel nachgedacht und auch geforscht worden. Und so allmählich beginnen einige Wissenschaftler verstärkt zwischen Emotionen und Gefühlen begrifflich zu unterscheiden und eine Verbindung zwischen Fühlen und Denken herzustellen. Dahinter steht die Vorstellung, dass Lebewesen „Emotionen“ brauchen, um schnell auf „Anziehendes“, wie Nahrung, Sicherheit, potentielle Partner usw. oder , „Abstoßendes“, z. B. alles, was das Lebewesen in innere oder äußere Schwierigkeiten bringen kann, also auf „Befriedigendes“ und „Bedrohliches“, reagieren zu können. Dieses „Reagieren“ ist allerdings als aktives Suchen und nicht als ein passives Abwarten zu verstehen. Lebewesen gebrauchen ihre Wahrnehmungsmöglichkeiten, um sich mehr oder weniger ununterbrochen aktiv und so intensiv, wie es geht, über ihre Umwelt zu informieren.

Auch Antonio R. Damasio weist auf diese Aktivität der Lebewesen in ihrem Umweltfeld hin. Während man früher über längere Zeit den Organis-

mus als den passiven Empfänger von Reizen aus der Außenwelt ansah - bekannt als das Reiz–Reaktions–Schema - , sieht man heute Lebewesen als sich aktiv über ihr Umweltfeld informierende Organismen an. Dabei arbeiten die Sinnesorgane nicht – wie früher angenommen – unabhängig voneinander, sondern es ist immer das gesamte Wahrnehmungssystem, mit dessen Hilfe sich ein Lebewesen über seine Umwelt informiert.
Damasio weist in diesem Zusammenhang ebenfalls darauf hin, dass Organismen selbstorganisierende Systeme sind, die sich unter anderem mit Hilfe ihrer Wahrnehmungssysteme aktiv um die für ihr Überleben notwendigen Zustände herum bewegen:

„Der Körper im engeren Sinne ist nicht passiv. Vielleicht nicht weniger wichtig: Die meisten Interaktionen mit der Umgebung finden statt, weil der Organismus sie braucht, um die Homöostase aufrechtzuerhalten, den Zustand eines funktionellen Gleichgewichts. Fortwährend *wirkt* der Organismus auf seine Umgebung *ein* (Handeln und Exploration waren zuerst da), so dass er günstige Voraussetzungen für die Interaktionen schaffen kann, die er zum Überleben braucht. Doch wenn es ihm gelingen soll, Gefahr zu vermeiden, Nahrung zu finden, sich fortzupflanzen und einen Unterschlupf zu finden, dann muss er die Umwelt spüren(riechen, schmecken, tasten, hören, sehen), damit seine Handlungen angemessene Reaktionen auf das darstellen, was er spürt. Die Wahrnehmung dient nicht weniger dazu, auf die Umwelt einzuwirken, als Signale von ihr zu erhalten." (Hervorheb. von Damasio) (Damasio, 1998, S.300f)

Emotionen bündeln in gewisser Weise die Ergebnisse eines solchen aktiven Suchprozesses und reduzieren damit für den Organismus die Komplexität der erhaltenen Signale.
Emotionen könnte man daher so verstehen, dass mit ihrer Hilfe sich für das Lebewesen die Vielfalt und Komplexität ihrer Umwelt in orientierende Informationen strukturieren. Diese orientierenden inneren Impulse nennt Antonio Damasio „Emotionen" (Damasio, 2002, S. 337 ff) und diese können sich für das Lebewesen in ihrer verhaltensteuernden Wirkung auch entfalten, wenn sie dem Lebewesen nicht bewusst werden.
Erst wenn dem Lebewesen bewusst wird, dass es etwas fühlt, also die Emotion bewusst wird, kann man nach Damasio von Gefühlen sprechen. In diesem Sinne kann ein Mensch nur ein Gefühl haben, wenn diesem eine Emotion vorausgegangen ist.
Interessanterweise unterscheidet Damasio nun noch einmal zwischen „ein Gefühl haben" und „ein Gefühl erkennen", wobei letzteres die Reflexion über das Gefühl einschließt.
Er schreibt:

„Gefühle zu haben, ist von außerordentlichem Wert für die Organisation des Überlebens. Emotionen an sich sind nützlich, gewiss, aber der Prozess des Fühlens macht den

Organismus aufmerksam auf das Problem, mit dessen Lösung die Emotion begonnen hat. Der einfache Prozess des Fühlens liefert dem Organismus einen *Anreiz*, auf die Ergebnisse des emotionalen Prozesses Acht zu geben. (Leiden beginnt mit Gefühlen, obwohl es durch Erkennen verstärkt wird, und das Gleiche lässt sich von der Freude sagen). Das Vorhandensein von Gefühlen ist auch der Ausgangspunkt für die nächste Entwicklung – *das Gefühl des Erkennens, dass wir Gefühle haben*. Dieses Erkennen ist seinerseits der Ausgangspunkt für die Planung spezifischer und nicht stereotyper Reaktionen, die entweder eine Emotion vervollständigen oder dafür sorgen, dass der unmittelbare Nutzen, der durch eine Emotion erzielt wird, über längere Zeit bewahrt wird, oder beides.
Mit anderen Worten, das „Fühlen" von Gefühlen erweitert die Wirkung von Emotionen, indem es die Planung von neuen spezifischen Anpassungsreaktionen fördert." (Hervorheb. von Damasio) (Damasio, 2002, S. 342)

Es geht also nicht nur darum zu fühlen, sondern dieses „Fühlen" zu erkennen und zu reflektieren, denn erst dann kann ein Mensch seine Aktionen auch planen.

Um es mit einem Beispiel deutlich zu machen:
Wenn ein Vater oder eine Mutter wütend auf ein Kind sind, dann kann das dazu führen, dass sie anfangen, das Kind zu beschimpfen oder zu schlagen. Sie „haben das Gefühl" von Wut, man könnte auch sagen, das Gefühl hat sie im Griff und dann ist in diesem Moment für sie das Gefühl stärker als andere inneren Prozesse. Wenn dagegen in dem Moment, in dem die Emotion als Gefühl von Wut bewusst wird und sich der Erkenntnisprozess „Ich bin wütend" anschließt, dann kann der begleitende Reflexionsprozess auch hilfreich sein, die verborgene Intention bewusst werden zu lassen. Sei es, dass der Erwachsene so wütend ist, weil sich das Kind verweigert und er sich hilflos fühlt, weil er sich nicht durchsetzen kann, oder weil er die Verweigerung des Kindes, das zu tun, was der Erwachsene will, als persönliche Kränkung erlebt oder, oder. Mit Hilfe von Reflexionsprozessen kann man ein Agieren des Gefühls durch Aggression und Gewalt vermeiden und sein eigenes Verhalten auch im Interesse langfristiger Ziele steuern.
Wenn die Eltern ihre Wut in diesem Sinne nicht agieren, sondern in die Interaktion mit dem Kind einbringen, dann könnten sie z. B. sagen: „Ich bin wütend auf dich. Du hast die Schuhe immer noch nicht angezogen, obwohl ich dich schon dreimal gebeten habe. Wie fühlst du dich denn, wenn du mich dreimal um etwas bittest und ich würde überhaupt nicht reagieren?" Und wenn das Kind Zeit genug hat, darüber nachzudenken und die entsprechende Schlussfolgerung zu ziehen, kann man die Bitte wiederholen: „Also bitte, tue es jetzt gleich."
Wenn die Eltern so oder so ähnlich mit dem Kind umgehen, teilen sie dem Kind sowohl mit, dass man wütend sein kann, ohne gleich auszurasten,

dass „wütend sein“ etwas mit unerfüllten Wünschen zu tun hat, und dass Menschen gerne eine Wirkung auf ihr Gegenüber haben wollen.
Zwischen „Gefühle haben“ und „Gefühle erkennen und reflektieren“ besteht also ein großer Unterschied. Wenn man nur wahrnimmt, dass man ein Gefühl hat, liefert man sich leicht diesem Gefühl aus und gibt damit auch die Kontrolle und damit auch die Verantwortung für sich selbst auf.
Damasio weist selbst darauf hin, dass seine Sichtweise zurzeit nur von wenigen Wissenschaftlern geteilt wird und meint, sein Verständnis von Emotion, Gefühl und Erkennen sei unorthodox. Und damit hat er sicher Recht, nichtsdestoweniger finde ich seinen Ansatz sehr bemerkenswert, enthält er doch den Versuch, die seit Jahrhunderten bestehende Spaltung zwischen Denken und Fühlen aufzulösen und beides wieder miteinander zu vernetzen.
Aber dies ist sicher noch ein längerer Weg, denn in der Forschung wurde das Schwergewicht eher auf kognitive als auf emotionale Prozesse gelegt, oder es wurde nur die emotionale Seite eines Prozesses untersucht, nicht aber deren Verknüpfungen mit Denkprozessen.
Damasio schreibt dazu:

„Die geringe Aufmerksamkeit, die man im 20. Jahrhundert der Neurowissenschaft den Emotionen geschenkt hat, konzentriert sich auf die Grundtypen der Emotionen, die Darwin untersucht hat. Furcht, Ärger, Traurigkeit, Ekel, Überraschung und Glück haben sich, wie die Arbeiten von Ekman und anderen gezeigt haben, in Hinblick auf Gesichtsausdruck und Erkennbarkeit als universelle Emotionen erwiesen. Infolgedessen werden vor allem die Gefühle betrachtet, welche die bewusste Ausgabe dieser Basisemotionen sind.“ (Damasio, 2002, S. 342)

Das hat sich in den letzten Jahren geändert. Damasio schreibt:

„Eine neue Generation von Wissenschaftlern hat die Emotion zu ihrem bevorzugten Forschungsgegenstand erkoren.[3] Mehr noch, der vermeintliche Gegensatz von Emotion und Vernunft wird nicht mehr fraglos hingenommen. Beispielsweise haben Arbeiten in meinem Labor gezeigt, dass die Emotion unter günstigen wie ungünstigen Bedingungen ein integraler Bestandteil von Denk–und Entscheidungsprozessen ist.[4] Das mag zunächst etwas überraschend klingen, doch es gibt Belege dafür. Die Ergebnisse stammen von Studien an mehreren Personen, die ein vollkommen vernünftiges Leben geführt haben, bis sie aufgrund einer neurologischen Schädigung bestimmter Gehirngebiete eine bestimmte Art von Emotionen einbüßten und parallel dazu die Fähigkeit verloren, rationale Entscheidungen zu treffen. Diese Menschen können die Werkzeuge ihrer Vernunft noch immer verwenden und ihr Weltwissen abrufen. Ihre Fähigkeit, die Logik eines Problems zu erkennen, ist unbeeinträchtigt geblieben. Trotzdem sind viele ihrer persönlichen und sozialen Entscheidungen irrational – für sie selbst und andere häufiger nachteilig als vorteilhaft. (Damasio, 2002, S. 55f)

Die Schlussfolgerung, die er zieht, ist eindeutig:

„Offenbar ist vernünftiges Denken ohne den Einfluß der Emotion nicht möglich. Wahrscheinlich leistet die Emotion einen wesentlichen Beitrag zum Denken, besonders wenn es um persönliche und soziale Probleme geht, die mit Risiko und Konflikt zu tun haben. Ich meine, dass bestimmte Ebenen der emotionalen Verarbeitung wahrscheinlich in den Bereich der Entscheidungsfindung hineinragen, in denen unser Verstand am wirksamsten arbeitet. Ich bin allerdings *nicht* der Meinung, dass Emotionen die Vernunft ersetzen können oder dass Emotionen für uns entscheiden können. Wie jeder weiß, können emotionale Turbulenzen zu irrationalen Entscheidungen führen. Die neurologische Evidenz lässt darauf schließen, dass die selektive Abwesenheit von Emotionen ein Problem ist. Emotionen am richtigen Ort und im richtigen Maße scheinen ein Hilfssystem zu sein, ohne dass unser Vernunftgebäude ins Wanken gerät. Diese Ergebnisse und ihre Interpretation stellen die Auffassung in Frage, dass man die Emotion als Luxus, als schädlich oder als bloßes evolutionäres Überbleibsel abtun könne. Sie legen ferner den Gedanken nahe, dass die Emotion untrennbar zur Logik des Überlebens gehört.[5]“ (Hervorhebung von Damasio.) (Damasio, 2002, S. 57)

Diese Auffassung, dass körperliche Empfindungen, Emotionen, Gefühle und Denkprozesse eng miteinander verknüpft sind, ist inzwischen schon weiter verbreitet. (Siehe dazu: Luc Ciompi (1997), Daniel Goleman (1997), Harald Willenbrock (2008) und viele andere)
Es scheint sich bei dieser Verknüpfung gleichzeitig auch häufig um einen gerichteten Prozess zu handeln, an dessen Beginn meistens Wahrnehmungen und deren körperliche Äquivalenzen und am Ende die Reflexion des Gefühls und damit auch mentale Prozesse stehen. Die Richtung kann allerdings auch genau umgekehrt sein. Dann beginnt er mit einem Gedanken oder einer Vorstellung und endet schließlich bei der Wahrnehmung einer körperlichen Zustandsveränderung. Dazwischen sind alle möglichen komplexen Rückkopplungsprozesse und Schleifen denkbar und dann ist eine Richtung nicht mehr feststellbar.

Die meisten Menschen kennen diese Prozesse und letztere sind ebenfalls vielfältig in der Literatur beschrieben worden.
Luc Ciompi zitiert die folgende Geschichte, die angeblich von einem chinesischen Weisen namens LIÄ DSI stammen soll:

„Es war einmal ein Mann, der hatte seine Axt verloren. Er hatte seines Nachbars Sohn im Verdacht und beobachtete ihn. Die Art, wie er ging, war ganz die Art eines Axtdiebes; sein Gesichtsausdruck war ganz der eines Axtdiebes; aus allen seinen Bewegungen und aus seinem ganzen Wesen sprach deutlich der Axtdieb. Zufällig grub der Mann einen Graben um und fand seine Axt. Am anderen Tag sah er seinen Nachbarssohn wieder. Alle seine Bewegungen und sein ganzes Wesen hatten nichts mehr von einem Axtdieb an sich.“ (Ciompi, 1997, S. 179)

Auch Paul Watzlawick erzählt eine solche Geschichte darüber, wie Fühlen, Denken, Phantasie und Handeln miteinander verknüpft sind:

„Ein Mann will ein Bild aufhängen. Den Nagel hat er, nicht aber den Hammer. Der Nachbar hat einen. Also beschließ unser Mann, hinüberzugehen und ihn auszuborgen. Doch da kommt ihm ein Zweifel: Was, wenn der Nachbar mir den Hammer nicht leihen will? Gestern schon grüßte er mich nur so flüchtig. Vielleicht war er in Eile. Aber vielleicht war die Eile nur vorgeschützt, und er hat etwas gegen mich. Und was? Ich habe ihm nichts angetan; der bildet sich da etwas ein. Wenn jemand von mir ein Werkzeug borgen würde, *ich* gäbe es ihm sofort. Und warum er nicht? Wie kann man einem Mitmenschen einen so einfachen Gefallen abschlagen? Leute wie dieser Kerl vergiftet einem das Leben. Und dann bildet er sich noch ein, ich sei auf ihn angewiesen. Bloß weil er einen Hammer hat. Jetzt reicht`s mir wirklich. – Und so stürmt er hinüber, läutet, der Nachbar öffnet, doch noch bevor er „Guten Tag" sagen kann, schreit ihn unser Mann an: „Behalten Sie sich Ihren Hammer, Sie Rüpel!"(Hervorheb. von Watzlawick) (Watzlawick, 1983, S. 37ff)

Aber auch unser normaler Alltag ist voll von diesen Erfahrungen, immer wieder wollen wir etwas, nehmen etwas wahr, empfinden und fühlen wir etwas und beginnen, Gedanken und Phantasien dazu zu entwickeln und - darauf aufbauend - weitere Empfindungen und Gefühle in uns wahrzunehmen.

Wir sind in Eile, hetzen uns von einer Aufgabe zu anderen, und merken, wir haben etwas Entscheidendes vergessen. Der aufsteigende Ärger relativiert sich in dem Maße, in dem wir durch Nachdenken eine Lösung für das durch das Vergessen entstandene Problem finden.
Oder ein Bekannter beginnt uns in allen Einzelheiten eine Vorstellung auszumalen, die uns anekelt. Dann läuft der Prozess von Vorstellung zum Gefühl und schließlich zu körperlichen Zuständen. Uns wird übel.
Und jeder Mensch, der schon einmal eifersüchtig war, weiß, wie er sich durch bilderreiche Phantasien in immer schlimmere emotionale Zustände hineinsteigern kann. Zwischen den Gefühlen, die sich aus den Informationen der Emotionen entwickeln und den Gefühlen, die aus mentalen Vorstellungen entstehen, gibt es in Bezug auf ihre jeweilige Intensität möglicherweise nur geringe Unterschiede.
Entscheidend dabei aber bleibt, dass die erste Art von Gefühlen Informationen über die Wechselwirkung mit dem momentanen eigenen Umfeld enthält, die zweite Art nur noch Informationen über die momentanen Wechselwirkungen mit sich selbst.
So kann man, ohne dass das Gegenüber auch nur irgendeinen Anlass für Eifersucht gegeben hat, rasend eifersüchtig werden, nur weil man sich vor-

stellt, wie sich die geliebte Person zärtlich, zugewandt und lustvoll mit einer anderen Person vergnügt. Solche Gefühle, die aus den eigenen Vorstellungen entstehen, müssen von den Gefühlen unterschieden werden, die sich im eigenen Inneren aufgrund der Wechselwirkungen mit der Außenwelt entwickeln und dementsprechende Informationen enthalten. Die Eifersucht, die in dem Moment entsteht, in dem man einen geliebten Menschen bei einer wie auch immer gearteten Untreue beobachtet, erfordert einen anderen sozialen Umgang als die Eifersucht, die nur aus den eigenen Phantasien entstanden ist.
Da wir aber häufig unsere eigenen Vorstellungen für die Wahrheit halten, und dazu tendieren, unsere Phantasien für die Realität zu halten, fällt es uns manchmal schwer, differenziert mit diesen aus unterschiedlichen Quellen stammenden Gefühlen umzugehen, vor allem, wenn wir noch ungeübt sind, unsere eigenen Gefühle und ihre Hintergründe zu reflektieren.
In seinem Buch „Decartes´ Irrtum" geht Damasio ausführlich auf diese „primären " und „sekundären"Gefühle ein und beschreibt ausführlicher die neurophysiologischen Prozesse, die damit einhergehen. (Damasio, 1998, S.183 - 193)

Aber es treten noch mehr Schwierigkeiten auf, denn die meisten Zustände, die wir „Gefühle" nennen, sind nicht identisch mit den sechs interkulturell beobachtbaren Basisgefühlen wie Angst/Furcht, Ärger/Wut, Traurigkeit, Ekel, Überraschung/Schrecken und Freude/Glück.
Wir sprechen davon, dass wir uns müde, abgespannt, gelassen, unwohl, gereizt, zerrissen, angespannt, enttäuscht, empört, erleichtert, belastet, unsicher, und so weiter fühlen. Wir beschreiben damit körperliche und seelische Zustände, die unser allgemeines Befinden beeinflussen, die wir in gewisser Weise als momentane Grundlage unserer Befindlichkeit in der Welt, unserer Leistungsfähigkeit oder unseres sozialen Interaktionspotentials betrachten und durch die noch einmal deutlich wird, wie sehr wir nicht nur bewusste Wesen, sondern vor allem auch „Körper" sind. Auch hier gilt wieder eine wichtige Unterscheidung:
Treten diese Gefühle im Rahmen einer Wechselwirkung mit anderen Personen auf, dann enthalten sie auch Informationen über die Qualität dessen, was die anderen Beteiligten in die Interaktion einbringen. Fühlt sich z. B. eine Person in einem Gespräch unsicher oder klein gemacht, dann kann es durchaus sein, dass das Gegenüber Zweifel, Desinteresse, Abwehr oder ähnliches signalisiert oder sich auf Kosten der anderen Person selbst erhöht hat. Es ist in solchen Fällen oft sehr sinnvoll, die Wechselwirkung zwischen sich selbst und dem Gegenüber genau wahrzunehmen und nicht

gleich die „Ursachen“ entweder nur bei sich oder nur beim anderen zu suchen.
Denn auf Grund der selbstorganisierenden Prozesse kann man Ursache-Wirkungs-Zusammenhänge sowieso nicht mehr feststellen, es handelt sich immer um Wechselwirkungen, bei denen die Frage „Womit oder mit wem hat es angefangen?“ nicht beantwortbar ist.

Wenn dagegen solche Gefühle unabhängig von konkreten Interaktionen auftauchen, geben sie uns eher Informationen für interne Wechselwirkungen.
Wenn wir nun spüren, dass eine dieser Empfindungen – Damasio nennt sie „Hintergrundgefühle“ – unserem momentanen Zustand entspricht und uns beeinträchtigt, stellen wir uns meist die Frage „Warum“: Warum bin ich so müde, so gereizt, so angespannt usw. Leider fragen wir uns dies bisher in der Hoffnung, etwas oder jemanden zu finden, der „schuldig“ ist. Das ist nicht hilfreich.
Sinnvoller ist die Frage, was in meiner Wechselwirkung mit mir selbst gerade geschieht oder aber auch im Zusammenhang mit meiner Umwelt vor kürzerer oder längerer Zeit geschehen ist. Was ermüdet mich, wodurch werde ich unsicher, womit beschäftige ich mich gerade, was empfinde ich als belastend, was habe ich mir gewünscht und nicht bekommen, welche Beziehung habe ich gerade zu mir selbst, was geschieht zwischen mir und meiner Umwelt und so weiter. Und am wichtigsten ist dann anschließend die Frage: Wie komme ich aus dem für mich unerfreulichen Zustand wieder in einen für mich erfreulichen Zustand?

Valentino unterbricht mich und sagt: „Jetzt weiß ich genauer, warum ich dein Geschreibe über Gefühle so langweilig und überflüssig finde. Es ist das Wort „Gefühle“, so als wäre das ein Gegenstand, den man hat oder auch nicht. Für mich ist „Fühlen“ etwas ganz anderes. Mit „fühlen“ bin ich mit dir - und meiner ganzen Welt – verbunden, auch wenn ich ganz allein bin. „Fühlen“ gibt mir und allem anderen Bedeutung. „Fühlen“ zeigt mir, dass ich lebendig bin; dass ich geborgen bin, wenn ich meinen Kopf in deine Hand lege; dass ich Thunfisch liebe, während ich ihn fresse; dass ich dich vermisse, wenn du lange weg bis; dass ich mich wohl fühle, wenn ich auf deinen Pullovern im Schrank liege und döse. „Fühlen“ ist kein Gegenstand, noch nicht einmal ein Zustand, es ist etwas in Bewegung, es ist etwas, mit dem zusammen ich mich bewege, es ist etwas, was ich bin.“ Er schnurrt, streicht an meinen Beinen entlang und reibt seinen Kopf an meinen Knien.

„Ich glaube, ich wollte nicht, dass du dieses „Fühlen“ in so viele Worte zerlegst, und damit vielleicht kaputt machst, statt es einfach zu fühlen“, sagt er dann noch. „Du hast Recht, Valentino, mit Worten kann man „fühlen“ nicht ausdrücken, aber ich kann versuchen, darüber nachzudenken, wie ich damit umgehen will.“ „Ich gehe mit „fühlen“ nicht um, ich gehe damit spazieren.“, sagt Valentino. Und damit schreitet er durch die offene Gartentür von dannen.

Der Prozess des Reflektierens eines im Bewusstsein auftauchenden Gefühls ist schwierig und erfordert Übung. Eine erste Voraussetzung dafür ist immer wieder, das Verhalten eines anderen Menschen zunächst immer als Ausdruck seines Selbst zu verstehen und nicht auf sich und das eigene Selbst zu beziehen. Im Rahmen der Vorstellung, alle Lebewesen sind selbstorganisierend, ist dieses eine Selbstverständlichkeit. Wir können nichts anderes tun, als uns selbst auszudrücken und die Art, wie wir das tun, stammt aus unserem eigenen System und hat nur etwas mit unseren Wünschen an unsere Umwelt und an unser jeweiliges Gegenüber zu tun, aber nichts damit, wie unser Gegenüber für sich selbst ist.
Wenn ich mir wünsche, dass die Schranktüren immer geschlossen sein sollen, die Butter und die Milch in den Kühlschrank gestellt werden, der Müll getrennt wird, usw. und die Menschen in meiner Umwelt tun dies nicht, dann machen sie das nicht, weil sie mich ärgern wollen. Meine Wünsche haben einfach keine Priorität in ihrem System. Möglicherweise mögen sie offene Türen, weiche Butter, Milch mit Zimmertemperatur und wollen nicht soviele verschiedene Müllsammelgefäße herumstehen haben. Und wenn ich dann auf der Erfüllung meiner Wünsche bestehen würde, und vielleicht sogar die Frage, ob ich ernst genommen, wertgeschätzt werde usw., mit der Erfüllung meiner Wünsche verbinde, dann beginne ich ein Machtspiel, z. B. mit den Worten: „Wenn ich Dir wichtig wäre, dann würdest Du tun, worum ich Dich bitte.“
Dabei vergessen wir meist, dass dem Gegenüber zunächst einmal die gleichen Rechte zustehen, und dass man bei entgegengesetzten Wünschen der Beteiligten ein Problem hat, welches man besser durch gemeinsame Verhandlungen und mit einem Selbstverständnis als Problemlöser als mit Hilfe von Machtspielen lösen sollte.

Eine zweite Voraussetzung ist, dem anderen Menschen zuzugestehen, dass er für seinen Selbstausdruck eigene, für ihn bedeutsame Gründe hat. Diese Gründe können für einen selbst unverständlich sein und eventuell trotz Nachfrage auch unverständlich oder sogar inakzeptabel bleiben, aber sie sind trotzdem bestimmend für das Verhalten des Gegenübers und haben innerhalb seines Systems ihre Berechtigung.

Die dritte Voraussetzung ist, dem Gegenüber, unabhängig vom Alter, zuzugestehen, dass es ein eigenständiges Wesen mit eigenständigen Entscheidungen ist und dass Verhandlungen über Wunscherfüllungen auch scheitern können. Dann hilft nur noch, die Wünsche, die man aneinander hat, noch einmal zu überprüfen und eventuell durch andere zu ersetzen bzw. kreativ nach weiteren Möglichkeiten zur wechselseitigen Befriedigung und Befriedung zu suchen oder aber zu verzichten.
Da diese drei Voraussetzungen für ein reflektierendes Umgehen mit den eigenen Gefühlen und Wünschen jedoch unseren persönlichen und kulturellen Erfahrungen widersprechen, ist es schwierig, sich diese Kompetenzen anzueignen. Aber es ist nicht unmöglich, wie die folgende kleine Geschichte verdeutlichen kann:
Ein Sozialpädagoge kommt in den Garten und sieht, wie der elfjährige Junge, den er betreut, gerade eine brennende Zigarette auf dem Kopf einer Kröte ausdrückt. Er ist entsetzt und sagt dies auch: „Ich bin entsetzt, ich finde das grausam, warum tust du das?" Aber der Tonfall seiner Nachfrage ist zugewandt, so als er wolle er es wirklich wissen. Der Junge sagt: „Ich wollte nur mal sehen, wie sich das anfühlt." Der Sozialpädagoge stoppt den Satz, der ihm auf den Lippen liegt, und mit dem er ausgedrückt hätte, dass das wohl kein Grund sei, ein Tier zu quälen, und fragt weiter: „Und weshalb ist es dir so wichtig, zu wissen, wie sich das anfühlt?" Da sagt der Junge: „Das hat mein Vater immer mit mir gemacht, er hat mir immer die Zigaretten auf meinem Kopf ausgedrückt und ich wollte wissen, wie sich das anfühlt, warum er das gemacht hat?" Der Erwachsene war sehr betroffen, und hat das gegenüber dem Kind auch ausgedrückt und er und das Kind haben gemeinsam geweint.
Ich denke, dieser Junge trug in sich einen guten Grund für sein Tun, auch wenn er etwas getan hat, was für die Kröte schmerzhaft war und was der Betreuer zu recht grausam fand.

Solange wir nicht nachfragen, werden wir die Gründe, aus denen andere Menschen etwas tun, nicht erfahren, und da sie eigenständige Wesen sind, können wir sie auch nicht zwingen – außer vielleicht mit Gewalt und seelischer bzw. körperlicher Folter - , uns etwas zu sagen, was sie uns nicht sagen wollen. Dementsprechend hilft auch Nachfragen nicht immer und wir sind angesichts der Autonomie eines anderen Menschen hilflos, wenn wir etwas von ihm wollen und er es uns nicht geben kann oder geben will.

Leider erinnern uns Situationen, in denen wir uns hilflos fühlen, an andere Situationen, in denen wir uns auch hilflos gefühlt haben, solche Situationen sind sozusagen strukturell ähnlich; in allen taucht das Gefühl von Hilflosigkeit auf und dieses Gefühl ist für die meisten Menschen unerträglich, weil es sie an die Hilflosigkeit ihrer Kindheit erinnert.

Es ist häufig dieses Gefühl von Hilflosigkeit, welches Menschen auf verschiedene Arten vermeiden oder durch Ärger oder Wut ersetzen. Dadurch wird ein reflektierender Umgang mit diesem und anderen Gefühlen verhindert.

Aber leider können wir Gefühlen von Hilflosigkeit - gleichgültig, was wir tun oder nicht tun - nicht entgehen: Wir können niemals wissen, was in einer anderen Person vor sich geht; wir können nicht wissen, was sie will; wir können nicht wissen, was sie fühlt; wir können nicht wissen, was sie denkt; und wir können nicht wissen, was sie als nächstes tun wird, wir können es jeweils nur vermuten und dann „in Echtzeit" beobachten.

Antonio R. Damasio schreibt dazu:

> „Ich werde häufig gefragt, ob es uns mit wachsenden Erkenntnissen auf dem Gebiet der Bewusstseinsforschung wohl schließlich gelingen wird, Zugang zur geistigen Erfahrung anderer Menschen zu bekommen. Ich beantworte diese Frage seit langem mit nein, und sehe keinen Grund, meine Auffassung zu ändern. Das mag sich zunächst überraschend anhören, wenn man bedenkt, wie viele neurobiologische Daten die Forschung produziert. Doch soweit ich erkenne, kann kein Wissen über die Biologie der Vorstellungen, und sei es noch so umfangreich, im Geist dessen, der über dieses Wissen verfügt, das Äquivalent der Erfahrung schaffen, die eine einzige Vorstellung im Geist eines anderen Organismus konstituiert." (Damasio, 2002, S.365)

Und etwas später fügt er zur Verdeutlichung noch hinzu:

> „Sie und ich erleben dieselbe Landschaft, doch jeder von uns erzeugt diese Erfahrung aus seiner eigenen individuellen Perspektive. Jeder von uns hat einen eigenen Sinn für Besitzanspruch und Wirkung. Wenn Sie sich das Aktivitätsmuster in meinem Gehirn anschauen, das meiner Erfahrung der San Francisco Bay zu Grunde liegt, dann haben Sie Ihre eigene persönliche Erfahrung aller dieser neuronalen Daten, aber nicht meine Erfahrung der San Francisco Bay. Sie haben eine Erfahrung von etwas, was in hohem Maße mit meiner Erfahrung korreliert, aber es ist eine Erfahrung von etwas anderem. Wenn Sie *meine* Gehirnaktivität betrachten, sehen Sie *nicht*, was ich sehe. *Sie sehen einen Teil der Aktivität, die in meinem Gehirn stattfindet, während ich sehe, was ich sehe.* (Hervorheb. von Damasio).(Damasio, 2002, S. 366)

Damasio weist hier auf eine Grenze hin, an die alle Neurophysiologen stoßen, unabhängig, welche experimentellen Methoden sie verwenden. Es gibt zwar mehr und mehr Informationen darüber, ob und wann einzelne Neurone feuern, welche Zentren sich im Gehirn bei welchen Prozessen aktivieren

und in welcher Intensität und mit welcher Geschwindigkeit sich Bewegungsmuster im Gehirn verteilen, usw., aber welche Erlebnisqualitäten jeweils damit verknüpft sind, bleibt solange ein Geheimnis der Person, welche sie erlebt, bis diese davon berichtet. Hierbei handelt es sich um das bekannte Problem der „Qualia".
Ein Mensch kann nie die Erfahrungen - seien es Empfindungen, Gefühle , Gedanken oder Phantasien - eines anderen Menschen teilen, sondern höchstens durch Gespräche erfahren und beim Gegenüber nachfragen und damit versuchen, eigene Vorstellungen über das, was in einem anderem Menschen vor sich geht, zu entwickeln.
Das Bewusstsein eines anderen Menschen wird uns - nach dem, was wir heute wissen - verschlossen bleiben, und auch, wenn wir uns um wechselseitige Informationen über unsere jeweiligen Bewusstseinsinhalte bemühen, sind es immer noch unsere eigenen Prozesse, mit deren Hilfe wir versuchen, die Äußerungen unseres Gegenübers zu verstehen.
Wir müssen daher lernen, mit unseren eigenen Gefühlen, Gedanken und Phantasien zu leben und angemessen damit umzugehen, ohne uns von unseren Gefühlen, Gedanken oder Phantasien überwältigen zu lassen. Wenn wir denken, diese seien von den anderen erzeugt oder sogar identisch mit denen der anderen Personen, dann lassen wir uns leicht selbst von unserem eigenen Fühlen und Denken manipulieren.
Denn wenn ich etwas tun will, mich aber nicht getraue, weil ich Angst habe, die Anderen seien dann ärgerlich, würden mich ablehnen oder bestrafen, würden mich verurteilen, kritisieren, oder fallen lassen, dann weiß ich zumindest dann, wenn ich die Ergebnisse der modernen Gehirnforschung berücksichtige, dass es sich zunächst einmal nur um meine eigenen Vorstellungen handelt, die ich nur durch Nachfragen bestätigen oder entkräften kann.

Ansonsten würde ich versuchen, mich selbst zu kontrollieren, um andere zu kontrollieren und das ist nicht nur anstrengend, sondern auf Grund der neuen Erkenntnisse über das Gehirn auch zum Scheitern verurteilt.

Es geht also darum, vor allem die eigenen Gefühle - aber auch die Gedanken und Phantasien - als aus dem eigenen Inneren kommend zu akzeptieren und nicht als von anderen Menschen erzeugt zu empfinden. Dementsprechend geht es auch darum, den eigenen Sprachgebrauch zu verändern und anders mit dem Gegenüber zu reden und zu handeln.

Das wird umso leichter sein, je stärker der Teil des Gehirns, der wesentlich für die Gefühle zuständig ist (die Amygdala), mit dem Teil des Gehirns

verbunden ist, in dem vor allem rational- wertende Prozesse (der Kortex) verarbeitet werden,.
Einen interessanten Hinweis hierzu liefert LeDoux mit seiner Frage, wie sich unser Gehirn entwickeln wird:

„Wohin wird die Evolution unser Gehirn führen? Es wird so kommen, wie es kommt, das stimmt schon, doch haben wir die Gelegenheit, einen heimlichen Blick auf das zu werfen, was die Evolution vorhat. Nicht, dass die Evolution vorausdächte. Sie kennt nur nachträgliche Einsicht.[623] Doch wir selbst sind Teil der fortschreitenden Evolution, und wir können erkennen, was für Veränderungen sich möglicherweise in unserem Gehirn vollziehen werden, indem wir schauen, welche Tendenzen die Hirnevolution über mehrere verwandte Arten hinweg verrät.
Wie die Dinge heute liegen, hat die Amygdala einen größeren Einfluss auf den Kortex als der Kortex auf die Amygdala, so dass emotionale Erregung das Denken dominieren und kontrollieren kann. Bei allen Säugern sind die Bahnen von der Amygdala zum Kortex stärker ausgeprägt als die Bahnen vom Kortex zur Amygdala. Zwar ist es leicht möglich, dass Gedanken Emotionen auslösen (indem sie die Amygdala aktivieren), doch tun wir uns schwer, willentlich Emotionen abzuschalten (indem wir die Amygdala deaktivieren). Es hilft nicht viel, wenn wir uns sagen, wir sollten nicht ängstlich oder deprimiert sein.
Zugleich ist offenkundig, dass die kortikalen Verbindungen zur Amygdala bei den Primaten weit stärker sind als bei den übrigen Säugern. Das spricht für die Möglichkeit, dass, falls diese Verbindungen weiterhin zunehmen sollten, der Kortex mehr und mehr Kontrolle über die Amygdala gewinnen könnte, so dass die Menschen künftig eher imstande wären, ihre Emotionen zu beherrschen.
Doch es besteht noch eine andere Möglichkeit. Die zunehmende Konnektivität zwischen Kortex und Amygdala betrifft sowohl Fasern, die vom Kortex zur Amygdala verlaufen, als auch solche, die von der Amygdala zum Kortex verlaufen. Sollten diese Nervenfasern ein Gleichgewicht erreichen, könnte der Kampf zwischen Denken und Emotion letztlich entschieden werden, nicht im Sinne der Dominanz der kortikalen Kognitionen über die emotionalen Zentren, sondern im Sinne einer harmonischeren Integration von Vernunft und Leidenschaft. In dem Maße, wie die Konnektivität zwischen Kortex und Amygdala zunimmt, können Kognition und Emotion zusammenwirken, statt getrennt zu funktionieren."
(LeDoux, 2006, S. 325f)

Solange aber auf neuronaler Ebene diese Konnektivität noch nicht im gewünschten Maße zugenommen hat, sind wir darauf angewiesen, unsere Gefühle zumindest im Nachhinein zu reflektieren. Wir sind nicht perfekt, und wenn uns unsere Gefühle wieder einmal im Griff hatten und wir die Kinder angeschrieen, in der Klasse laut gebrüllt, den Partner mit Vorwürfen überschüttet, die Freundin angeklagt, das Geschirr an die Wand geworfen und was weiß ich noch alles im Überschwang der Gefühle getan haben, dann dürfen wir das jeweilige Gegenüber auch einfach einmal um Verzeihung bitten und ihm sagen, dass es uns leid tut, wenn das, was wir getan haben, dem Gegenüber weh getan hat.

Es geht nicht unbedingt darum, voller Reue das zurückzunehmen, was wir gesagt oder getan haben, dafür sind unsere Gefühle für uns selbst zu authentisch, sondern Mitgefühl für unser Gegenüber zu zeigen, für den Fall, dass unser Verhalten es geschmerzt hat. Wenn man allerdings den Eindruck hat, dass man sich ungerecht verhalten hat und übertriebene Anschuldigungen vorgebracht hat, dann „darf" man auch dafür um Verzeihung bitten. Wir müssen jedoch nicht sofort versuchen, wieder unschuldig zu werden, wir sind es sowieso nicht.

Da wir ununterbrochen den Fluss des Lebens mitgestalten, ununterbrochen auf die uns umgebende Umwelt einwirken, wird es immer jemanden geben, der damit nicht einverstanden sein wird, wie wir dies gerade tun, und in dessen Erleben wir diejenigen sind, die sein Schicksal bestimmen und der sich dementsprechend als unser Opfer fühlen wird.

Dasselbe gilt für jeden von uns, auch wir sind den Einwirkungen von anderen ausgesetzt, auch wenn es keine gezielten Einwirkungen gibt; auch wir werden uns möglicherweise immer wieder - auch zurecht - als die Opfer von anderen fühlen und dann möglicherweise in diesem Gefühl stecken bleiben – statt unsererseits tätig zu werden. Dabei ist es wichtig, sich immer wieder bewusst zu machen, dass die anderen einfach nur ihre Interessen gegen uns durchsetzen wollen, so wie wir auch unsere Interessen gegen andere durchsetzen möchten.

Die begleitenden Gefühle allerdings werden – wie ich immer wieder betonen möchte - jeweils in den Personen selbst erzeugt, und es ist dann die Frage, ob wir das Opfer unserer Gefühle werden und bleiben wollen oder unsere Gefühle als strukturierende Informationen über uns selbst oder unsere Wechselwirkungen mit unserer Umwelt verstehen wollen.

Ganz deutlich möchte ich an dieser Stelle sagen, dass wir jeden Tag den Konsequenzen des Handelns von anderen ausgesetzt sind und dadurch auch deren Opfer werden, genau so, wie andere von den Konsequenzen unseres Handelns betroffen sind und das möglicherweise überhaupt nicht schätzen, sondern sich ihrerseits als unser Opfer fühlen. Das sind die üblichen Folgen eines tätigen Lebens. Problematisch wird es nur, wenn damit Einstellungen, Haltungen, Fixierungen, Bevorzugungen oder Anhaftungen einhergehen, so dass man in der Opferposition oder der Täterposition verharrt. Dabei ähnelt die Mondposition der Opferposition, in der man glaubt, alle Einflüsse kämen von außen und beeinträchtigten dadurch das eigene Leben. Die Täterposition dagegen entspricht der Sonnenposition, vom Täter gehen die Aktivitäten aus und sind auf das potentielle Opfer gerichtet, – auch wenn sie dies in konkreten Situationen häufig leugnen und versuchen, sich selbst als Opfer darzustellen.

Sobald wir von den Handlungsweisen anderer auf unterschiedliche Weise betroffen oder Opfer geworden sind, können wir anschließend auf unterschiedliche Weise tätig werden und als Täter unsererseits Handlungen in Gang setzen, mit denen wir uns selbst und unsere Wünsche vertreten.
Ich denke noch einmal über Valentinos Worte nach: Über die Unterschiede zwischen „Gefühle haben", „über Gefühle nachdenken" und „Fühlen als Lebendigsein". Es sind wirklich große Unterschiede, und um das letzte überhaupt erfassen zu können, muss ich mich auf Prozesse des Fühlens einlassen. Oder ich muss mich an Prozesse des „Fühlens" erinnern und dadurch dieses Fühlen mit der Hilfe meines Körpers wieder in mir wachrufen. Ich versuche es: Ich denke an Valentino, stelle ihn mir mit allen meinen Sinnen vor und fange an zu lächeln und nach einer kurzen Weile fühle ich es, nur wie kann ich es beschreiben? Ich finde wieder nur Worte, die es nicht ausdrücken können, die die meisten Menschen aber aus ihrer eigenen Erfahrung kennen, wie: „Glücklich sein", voller Liebe sein", „Sehnsüchtig sein", „Sorge haben". Hoffentlich kommt er von seinem langen Spaziergang unbeschadet zurück, so dass ich wieder in seine goldenen Augen blicken kann, seine Bewegungen genießen, sein silbergraues Fell streicheln, seinen Duft riechen und sein zartes Miauen hören kann.
Während ich mich gerade als „sentimental" verurteilen will, erinnere ich mich an das Buch von Andreas Weber „Alles fühlt", und blättere darin herum. Ich brauche etwas Unterstützung und ich finde sie auch. Er schreibt:

> „Seit Jahrhunderten erklärt uns die Wissenschaft, dass unsere Freude an anderen Lebewesen eine sentimentale Illusion sei. Ein solcher Standpunkt ignoriert ein tiefes Empfinden der Menschen. Zu Unrecht, wie sich jetzt zeigt. Denn Forscher entdecken heute, dass gerade unsere Gefühle zu den Kernfragen der modernen Naturwissenschaft führen. Diese Botschaft ist freilich so radikal, dass sie bisher nicht immer verstanden wurde. Sie heißt nichts anderes, als dass die Welt kein fremder Ort ist, sondern in einem emphatischen Sinne Heimat. Wir teilen sie mit unzähligen anderen Organismen, die wie wir voller Gefühl sind. …
> Die Isolierung des Menschen ist nicht das tiefste Kennzeichen seiner Natur, sondern beruht auf der fälschlichen Trennung von menschlichem und anderem Leben, von Ich und Welt, von Geist und Gedicht." (Weber, 2008, S. 15ff)

Valentino kommt aus der großen weiten Welt zurück und ich bin erleichtert, Er ist allen Gefahren entkommen und zurückgekehrt. Ich würde zu gerne wissen, ob er zu mir oder zu seinem Fressnapf und seiner Katzentoilette zurückgekehrt ist. Es fällt mir schwer, dass ich dies niemals wissen werde, aber meiner Einbildungskraft sind ja solche Grenzen nicht gesetzt. Ich beschließe, das zu glauben, was mir gut tut und was mein Herz wärmt und ich sage zu ihm, wohl wissend, dass es nur mein Wunsch ist: „Gib es zu, du bist zurückgekommen, weil du Sehnsucht nach mir hattest." Und was sagt Valentino? „Gib es zu, es wurmt dich, dass du nie wissen wirst, aus welchen Gründen ich wieder nachhause komme." „Ach, Valentino", sage ich, „ich bin zufrieden, dass du „nachhause" gesagt hast, denn das ist der Ort, wo ich auch zugehöre, wo wir eben beide „zuhause" sind." Valentino grinst, wedelt zierlich mit seinem Schwanz und sagt, mit Betonung auf dem Wort „meinem": „Ich gehe jetzt zu meinem Schlafplatz und werde mich ein bisschen ausruhen." Und ich kann es nicht lassen und sage: „Du bist doch ein unabhängiges und eigenständiges Lebewesen, wieso betonst du es so oft? Fühlst du dich doch manchmal ein bisschen abhängig von mir?" Stolz hebt Valentino seinen Kopf und sagt mit sehr fester Stimme: „Wer liebt, ist abhängig", dann dreht er sich um und geht. „Das stimmt", denke ich, „leider. Aber vielleicht ist es auch gut so.

Hintergrundgefühle
Wie das Erleben durch vergangene Erfahrungen beeinflusst sein kann

Valentino schläft, auf „seinem" Schlafplatz, auf „meinen" Pullovern in „meinem" Schrank „seinen" Schlaf. Wozu sind besitzanzeigende Worte wohl wichtig. Wahrscheinlich sichern sie unser Revier, unsere Autonomie, sorgen für Ordnung und Sicherheit und bescheren uns die zugehörigen Hintergrundgefühle, wie z. B. Entspanntheit, Ruhe, Ausgeglichenheit usw.

Es lohnt sich, die von Damasio „Hintergrundgefühle" genannten Empfindungen, Emotionen, und Gefühle genauer zu betrachten, da sie einen erheblichen Einfluss auf unser alltägliches Befinden haben. Es gibt sehr verschiedene Möglichkeiten, wie sie zustande kommen können, und es lassen sich aufgrund der Verschiedenheit von Personen keine vereinfachenden Aussagen für eine Einzelperson treffen. Hier möchte ich nur Anregungen formulieren, mit deren Hilfe man sich selbst beobachten und seine eigenen Prozesse versuchen kann wahrzunehmen, um ihnen ein bisschen mehr auf die Spur zu kommen, damit man sich ihnen nicht so ausgeliefert fühlt. Dabei will ich alle diejenigen Hintergrundgefühle außer Acht lassen, die überwiegend mit somatischen Prozessen verknüpft sind, sondern nur die berücksichtigen, die durch kommunikative Wechselwirkungsprozesse in Vergangenheit und Gegenwart möglich geworden sind.

Die einfachsten Auslöser für Hintergrundgefühle können sogenannte Introjekte sein, d. h. Botschaften aus der Kindheit und Jugend, die man geglaubt hat und immer noch glaubt, und die sich in strukturell ähnlichen Situationen wieder aktivieren und dadurch bewusst werden können.
Es handelt sich dabei meist um Aussagen der Erwachsenen, mit denen sie das Kind ermutigen, disziplinieren, bestrafen, beschreiben, loben usw. Dabei können sich die Botschaften auf den Körper des Kindes beziehen, auf die Persönlichkeit, die Intelligenz, die Kreativität, die Handlungsweisen, die Umgangsformen, die Motive, die Fertigkeiten und Fähigkeiten und die vermeintlichen Stärken und Schwächen. Da Kinder die Bezugspersonen häufig idealisieren und von ihnen gemocht und wertgeschätzt werden wollen, tendieren sie dazu, alles zu glauben, was die Erwachsenen ihnen sagen. Und wenn nun eine Situation eintritt, die für die Person einen bestimmten Aufforderungscharakter besitzt, sei es, dass eine Leistung von ihr gefordert wird, sei es, dass sie ein Rendezvous hat, ein Referat halten, ein Essen kochen, eine Entscheidung treffen oder sich irgendwo vorstellen möchte, jedes Mal können sich die passenden Introjekte und damit ein entsprechendes Hintergrundgefühl aktivieren. Die Person kann sich z. B. unsicher, energie-

los, dumm, unattraktiv, dick, inkompetent, herausgefordert, gespannt oder abhängig usw. und sich damit mehr oder minder unwohl fühlen und Schwierigkeiten haben, sich aus der entsprechenden Befindlichkeit wieder zu befreien.

Die Sätze, welche die Erwachsenen - manchmal voller Absicht, manchmal unbedacht - den Kindern und Jugendlichen gegenüber aussprechen, haben häufig unheilvolle Wirkungen. Es gibt Menschen, die darunter leiden, dass sie vor jeder prüfungsähnlichen Situation Prüfungsängste entwickeln; dass sie sich in jeder Situation, in denen möglicherweise ihre Erscheinung bewertet werden könnte, unsicher fühlen; dass sie in dem Moment, in dem andere Personen Ideen von ihnen erwarten, sich vollkommen leer im Kopf fühlen und dementsprechend Ängste vor solchen Situationen entwickeln, nur weil sie als Kinder die entsprechenden Botschaften erhielten.
Häufig redet man sich die Introjekte der Vergangenheit auch noch als erwachsene Person ein und sagt zu sich selbst: „Du bist einfach nicht kreativ“, „Dir fällt sowieso nichts ein“, „Du bist nicht wichtig“, „Auf dich kommt es nicht an“, „Du bist eben nicht attraktiv“, „ Du trödelst immer nur herum“, „Du kannst dich einfach nicht konzentrieren“, „Du musst dich mehr beeilen“, „Das schaffst du nie“, usw. In manchen Fällen kommt es dann auch zur Bildung eines inneren Herrschaftssystems, von dem schon in dem Teil „Abhängigkeit oder wie lernt man Machtspiele und noch einmal im Teil „Gehorsam und Rebellion“ die Rede ist.

Die Kenntnis der eigenen verinnerlichten Botschaften ist hilfreich dabei, sich sukzessive von ihrem Einfluss zu befreien. Aber auch die Überlegung, dass man als Erwachsener solche Sätze nicht mehr ernst nähme, wenn eine andere Person sie einem sagen würde, kann helfen, sich davon zu distanzieren und sich auf den eigenen Wert und die eigenen Kompetenzen zu besinnen.

Etwas komplexere Auslöser sind in Kindheit und Jugend gelernte Muster, die ebenfalls in strukturell ähnliche Situationen wieder bewusst werden. Muster sind nicht nur einfache Botschaften, sondern Verknüpfungen von Ereignissen, Erwartungen, Bewertungen und Konsequenzen, wobei die Verknüpfung auch die Form einer Falle wie im folgenden Beispiel annehmen kann:
„Ich kann es nicht ertragen, wenn ich kritisiert werde, denn dann verliere ich den Boden unter den Füßen, weil ich Angst habe, dann nichts mehr wert zu sein. Ich möchte aber etwas wert sein, deswegen muss ich auf jeden Fall vermeiden, einen Anlass für Kritik zu geben und deshalb muss ich per-

fekt sein. Wenn ich perfekt bin, kann mich niemand kritisieren und das ist wichtig, denn ich kann Kritik nicht ertragen."
Damit ist dann der Kreis geschlossen und die Falle zugeschnappt.
Oder
„Ich muss das tun, was andere von mir erwarten, denn wenn ich es nicht tue, werden mich die anderen ablehnen und mich bestrafen oder mich verlassen. Davor habe ich Angst, denn das könnte ich nicht ertragen. Deswegen muss ich das tun, was andere von mir erwarten."
Oder
„Ich muss das tun, was andere von mir erwarten, denn dann werden mich die anderen lieben, und ich kann ohne ihre Liebe nicht leben. Ich brauche es, dass sie mich lieben und deswegen muss ich tun, was sie von mir erwarten."
Oder
„Ich darf auf keinen Fall das tun, was andere von mir wollen, denn dann würde ich mich ihnen unterwerfen und dann würden sie mit mir machen, was sie wollen. Sie würden sich dann stärker fühlen und mich für schwächer halten und sich dann trauen, mich zu zwingen, das zu tun, was sie wollen und das muss ich auf jeden Fall vermeiden und deswegen darf ich auf keinen Fall das tun, was andere von mir wollen."
Alle diese Gedankenformen sind geschlossen, das Ende führt wieder zurück zum Anfang und die Person ist solange in dem Muster gefangen, bis sie beginnt, einzelne Behauptungen ihres jeweiligen Gedankenganges anzuzweifeln bzw. aufhört, an diese zu glauben.

Solche und ähnliche Muster aktivieren sich – weil unser Gehirn offensichtlich auf der Basis von komplexitätsreduzierenden Strukturen arbeitet - in den passenden Situationen und gehen jeweils mit den sie begleitenden Hintergrundgefühlen, wie Angst, Unsicherheit, Hoffnung, Trotz, usw., einher. Die auf Introjekten oder verinnerlichten Mustern basierenden Hintergrundgefühle enthalten nur Informationen über die Person selbst und keine Informationen über die Wechselwirkungen mit der Umwelt. Die Wechselwirkungen mit der Umwelt werden aber erheblich von diesen inneren Befindlichkeiten geprägt, denn ich verhalte mich anders, wenn ich Angst habe, als wenn ich keine habe usw.

Aber auch Dynamiken, die man in Kindheit und Jugend gelernt hat und in die man sich immer wieder mit den Menschen seiner Umwelt verwickelt, können - wenn sie nicht erkannt werden und dadurch weiter wirken - zu Hintergrundgefühlen führen.

Während die Muster eher den Umgang mit sich selbst - wenn auch im Zusammenhang mit anderen – beeinflussen, strukturieren die gelernten Dynamiken vor allem den Umgang mit anderen.
Auch hier sind die Begriffe Selbstorganisation und nichtlineare dynamische Systeme und ihre theoretischen Hintergründe von großer Bedeutung, um bestimmte zwischenmenschliche Prozesse besser zu verstehen und dann auch angemessener handeln zu können.

Wenn zwei solcher Systeme zusammentreffen, dann bilden sie einerseits ein gemeinsames neues dynamisches System mit neuen „emergierenden" Eigenschaften, sie bleiben aber andererseits auch als zwei getrennte dynamische Systeme bestehen. Diese beiden Systeme bewegen sich – wenn das gemeinsame System erhalten bleiben soll – von einem Ungleichgewicht zum nächsten Ungleichgewicht um einen imaginären Gleichgewichtszustand - herum. Man spricht in diesem Fall auch von „Homöostase". Keines der beiden Systeme darf sich zu weit von diesem imaginären Gleichgewichtszustand entfernen, sonst besteht die Gefahr, dass das gemeinsame System wieder zerbricht. Entsprechende Rückkopplungsprozesse sorgen normalerweise dafür, dass keines der Systeme aus dem Spiel um dieses Gleichgewicht, der „Homöostase", ausschert.
Auf dieses Phänomen habe ich bereits im Teil „Selbstorganisation" hingewiesen, und möchte es hier noch weiter vertiefen. Die Bewegung von nicht-linearen dynamischen oder auch selbstorganisierenden Systemen um solche, nie erreichbare Gleichgewichtszustände herum ist überall zu beobachten. Es wird inzwischen immer deutlicher, dass zu starke Ungleichgewichte gefährliche Auswirkungen haben können, wie die Diskussionen um den Klimawandel, andere ökologische Katastrophen oder die sich global ausweitende Finanzkrise usw. zeigen.

Wenn es zwischen Menschen zu ähnlichen Ungleichgewichten kommt, kann es ebenfalls zu sehr destruktiven Wirkungen kommen. Die Dynamiken, von denen hier die Rede sein soll, sind solche, durch die immer wieder sehr starke Ungleichgewichte zwischen den Beteiligten entstehen können. Sie haben sich meist schon in der Kindheit entwickelt und werden im erwachsenen Alter nur fortgesetzt.

Diese Dynamiken regelten zunächst die Beziehungen des Gebens und Nehmens der verschiedensten Art zwischen den Kindern und ihren Bezugspersonen: Wer verlangt und wer erfüllt; wer nimmt Raum und Zeit und wer weicht zurück und wartet; wer befiehlt und wer gehorcht; wer redet und wer hört zu; wer macht Vorwürfe und wer fühlt sich schuldig; wer wird gewalttätig und wer wird geschlagen; wer setzt unter Druck und wer muss sich anstrengen; wer hetzt und wer muss sich beeilen; wer will geliebt werden und wer soll lieben; wer verlangt Anpassung und wer soll sich unterwerfen; wer lügt und wer glaubt; wer droht und wer bekommt Angst; wer erwartet Wirkung und wer soll auf sich einwirken lassen; wer lehrt und wer lernt, usw. Die Beziehungen zwischen Menschen sind sehr vielfältig und geraten leicht so aus dem Gleichgewicht, dass sich der Prozess nicht mehr umkehren lässt und das Spiel um das Gleichgewicht nicht mehr stattfindet. Damit wird die Wechselwirkung unterbrochen, sie findet als Wechselwirkung zwischen gleichwertigen Beteiligten nicht mehr statt, die Beteiligten geraten z. B. in eine „Täter - Opfer – Dynamik".

Anders ausgedrückt: Die Erwachsenen erzeugen mit ihren Interaktionen auf verschiedene Arten und Weisen Einseitigkeiten und sehr intensive Ungleichgewichte und damit gleichzeitig Störungen in den Wechselwirkungen mit anderen Menschen. Erwachsene können sich im Zweifelsfalle solchen Dynamiken entziehen, Kindern ist dieses wegen ihrer Abhängigkeiten von den Erwachsenen meistens nicht möglich. Deswegen wirken sich solche Ungleichgewichte besonders leicht bei Kindern auf destruktive Weise aus. Diese Störungen können dazu führen, dass sie von den beteiligten Kindern später, wenn sie erwachsen sind, ständig wieder hergestellt werden. Obwohl sie immer darunter gelitten haben, wiederholen sie die Dynamiken in ihrem nunmehr selbstständigen Leben z. B. mit ihren Partnern, als seien sie entweder mit ihren ehemaligen Tätern identifiziert oder immer noch die ihren Bezugspersonen ausgelieferten Kinder.

Beispiele gibt es viele, schwerwiegende und weniger schwerwiegende, aber sie sind nicht leicht auf vereinfachende Weise zu beschreiben, weil sehr viele unterschiedliche Faktoren an solchen Dynamiken beteiligt sind und weil es wegen der Selbstorganisation keine eineindeutigen Zusammenhänge zwischen Ursachen und Wirkungen gibt.
Ich möchte hier einige Beispiele mit fiktiven Namen in sehr vereinfachter Form vorstellen:

Rita, die inzwischen selbst eine noch sehr kleine Tochter hat, erzählt mir, dass sie Angst hat, ihre Tochter genau so zu behandeln, wie ihre Mutter sie behandelt hat, weil sie entsprechende aggressive Impulse in sich wahrnimmt. Aus ihren Erzählungen wird deutlich, dass ihre Mutter sie auf sehr grausame Weise ständig angegriffen und kritisiert hat. Gleichzeitig wurden ihr andere Kinder als Vorbilder präsentiert und ihr bedeutet, sie könne nie an diese heranreichen, außer sie würde sich ändern und sich mehr Mühe als bisher geben . Sie erhielt keinerlei Anerkennung, weder für ihr Aussehen, noch für ihre Person oder ihre Leistungen, obwohl sie sich mehr und mehr anstrengte. Übrig blieb eine große Sehnsucht nach Anerkennung. Diese erhielt sie später von anderen, weil sie als Erwachsene sehr erfolgreich wurde, schließlich hatte sie gelernt sich anzustrengen und die Erwartungen von anderen zu erfüllen. Aber diese Anerkennungen zählten nicht, auch nicht die vorbehaltlose Liebe eines Mannes, den sie kennenlernte, es muss die Anerkennung ihrer Mutter oder einer ähnlich schwierigen Person sein. Sie verliebt sich nacheinander in Männer, die ihr ähnlich wie ihre Mutter die gewünschte Liebe und Anerkennung vorenthalten und sie gleichzeitig verlocken, dass sie diese bekommen könnte, wenn sie nur mehr so wäre, wie sich diese Männer wünschten. Die Dynamik zwischen ihr und dem jeweiligen Mann war für sie ähnlich schmerzhaft und unbefriedigend wie die zwischen ihr und ihrer Mutter. Trotzdem versuchte sie es immer wieder, immer in der Hoffnung, die nächste Interaktion, der nächste Tag würde die ersehnte Botschaft, als einmalig und besonders erkannt, erwünscht und geliebt zu werden, bringen. Die junge Frau war in eine Wiederholungssituation geraten und würde, wenn sie dies nicht erkannt hätte, die zugrunde liegende Dynamik immer wieder suchen und damit wiederholen. Ihr wurde bewusst, dass sich die gewünschte Erlösung, nämlich endlich von ihrer Mutter oder einer ähnlichen Person anerkannt und geliebt zu werden, um sich dann selbst als liebenswert akzeptieren zu können, nicht mehr über die Wiederholung der früheren und als traumatisierend erlebten Dynamik mit einem anderen, sie in gleicher Weise ablehnenden Menschen zu erreichen ist.

Die einzige Möglichkeit scheint darin zu bestehen, sich die erlebte Dynamik bewusst zu machen und nach neuen Möglichkeiten zu suchen, das erlebte Ungleichgewicht und das damit verbundene Defizit auf neue und kreative Weise selbst zu kompensieren und gleichzeitig über die schmerzhafte, defizitäre Vergangenheit, die nicht mehr zu ändern ist, zu trauern.

Ein anderes Beispiel:

Anna verliebt sich nach der Trennung von einem langjährigen Partner in einen anderen Mann, mit dem sie dasselbe erlebt, wie mit dem Partner zuvor. Beide Männer haben als ausgeprägtes Verhalten, ihre eigene Wirklichkeit für die einzige zu halten. Alles, was nicht in diese Wirklichkeit passt, ist entweder irrational, eine Phantasie oder ein Missverständnis des Gegenübers oder einfach nicht existent. Beide Männer sind ausgesprochen hilfsbereit. Der neue Partner hat die Angewohnheit, ihr alles mit dem Satz „Lass mal, ich mache das schon für dich" aus der Hand zu nehmen und er liebt es, voller Stolz und Energie von sich und dem, was er gerade alles getan hat und wie zugewandt und dankbar ihm die Menschen sind, mit denen er in seinem Beruf zu tun hat, zu erzählen. Anna beobachtet bei sich, dass sie immer stiller wird, sich immer inkompetenter fühlt – beide haben den gleichen Beruf - dass sie innerlich immer kleiner wird und sich immer weiter von der Welt zurückzieht. Und sie erzählt mir gleichzeitig, dass er - während sie glaubt, langsam als Person zu verschwinden - so lebendig ist, so humorvoll, so intelligent, dass er so viel weiß und so hilfsbereit ist, die Dinge so schnell durchschaut, so gut mit seiner Familie, aber auch mit anderen Menschen umgehen kann und so viele Freunde hat. Es ist nicht zu übersehen, dass sie ihren neuen Partner über Gebühr idealisiert. Anna erinnert sich an ihren Vater, der immer alles besser wusste, der jeden Gedanken, jede Idee und jede Handlung seiner kleinen Tochter versucht hat zu vernichten, der nichts außer sich selbst gelten ließ und immer auch signalisierte, dass alles, was er sagte und tat, das einzig Richtige und nur zu ihrem Besten sei. Ein Vater, von dem sich Anna nie geliebt gefühlt hat und um dessen seltene Gunst sie auch noch mit ihren Geschwistern konkurrieren musste. Ein Vater, der seine eigene Wirklichkeit für die einzig wahre hielt und diese mit Verführung und massiven destruktiven Unterstellungen bei seinen Kindern versuchte durchzusetzen. Der neue Partner war diesem Vater auf einer strukturellen Ebene ähnlich und dementsprechend organisierte sich die Dynamik zwischen Anna und ihrem neuen Partner auf einer strukturellen Ebene ebenfalls ähnlich wie die zwischen ihr und ihrem Vater. Anna wurde wieder zu der kleinen Tochter, die sich vergeblich bemüht, mit ihrer eigenen Wirklichkeit angesichts eines übermächtig erscheinenden Gegenübers bestehen zu können. Erst die zur Zeit noch immer wieder notwendige Selbstvergewisserung, dass sie nicht mehr die kleine Tochter, der Partner nicht ihr Vater ist und sie inzwischen selbstverantwortlich für sich und ihre Wirklichkeit eintreten kann, aber auch die Trauer über einen Vater, der seine Tochter in ihrer Andersartigkeit nicht wertgeschätzt, nicht unterstützt, sondern emotional und mental missbraucht hat, sind hilfreich, sich von der Wiederholungssituation und dem Partner zu distanzieren und die zerstörerische Dynamik zu unterbrechen.

Es gibt eine Reihe von Dynamiken in Menschen, die auf den ersten Blick von außen einfach zu sein scheinen, aber ich möchte auch hier darauf hinweisen, dass sich dies von einem Beobachter nicht entscheiden lässt, sie lassen sich möglicherweise nur einfach beschreiben. Wenn man z. B. glaubt feststellen zu können, dass eine Person nie dort ist, wo man sie sucht; stets auf der Flucht vor einem selbst zu sein scheint oder immer schon da ist, wo man selbst gerade ankommt; alles schon weiß, was man ihr mitteilt; einem immer nur das Beste oder das Schlechteste unterstellt oder sich immer wieder als unberührbar zu erweisen scheint, dann hat man möglicherweise eine simple und einleuchtende Formulierung für die jeweilige vermutete Dynamik gefunden, aber das, was dahinter steht, ist meist sehr komplex. Wie bei einem Eisberg kann man nur das aus dem Wasser ragende Eis wahrnehmen, und das ist der wesentlich geringere Teil. In diesem Sinne sagen Dynamiken auch nichts über die Person selbst aus, sie sind nur abstrakte Beschreibungen von Beziehungsstrukturen und dienen - wie vieles andere Gelernte auch – der Reduktion eigener und fremder Komplexität und ursprünglich vor allem den Interessen und dem Schutz der beteiligten Person.

Wenn z. B. ein Kind durch massive laute Drohungen und körperliche Züchtigungen zum Gehorsam gezwungen wurde, dann entwickelt sich leicht eine entsprechende Dynamik des Gehorchens und sich Unterwerfens in diesem Kind, die es oft auch noch als erwachsene Person auf andere Menschen überträgt. Bei dieser Dynamik zwischen zwei Menschen braucht die eine Person nur laut zu sein oder zu drohen, manchmal sogar nur bestimmt zu sprechen und sofort beginnt sich die andere Person voller Angst zu unterwerfen. Dabei wird die eine Person immer mehr Raum einnehmen und immer mehr Unterwerfung fordern können, während die andere Person wahrscheinlich immer weiter zurückweichen und sich unterwerfen wird.

Ein weiteres Beispiel:
Wenn z. B. die Bezugspersonen eines Kindes immer wieder versuchen, diesem Kind Fehler aller Art nachzuweisen, dann kann dieses Kind eine Dynamik entwickeln, die auf seiner Seite dem Versuch entspricht, sich nicht erwischen zu lassen. Das jeweilige Gegenüber wird dann Schwierigkeiten haben, mit diesem Kind Sachverhalte zu klären, an denen das Kind beteiligt ist, denn das Kind wird möglicherweise versuchen, sich herauszureden, sich zu rechtfertigen, vom Geschehen abzulenken usw. Wahrscheinlich wird dieses Kind als erwachsene Person die gleiche Dynamik mit allen möglichen Personen inszenieren, die ihr – ihrer Meinung nach – versuchen, einen Fehler nachzuweisen.

Unser Gehirn arbeitet – nach den bisherigen Forschungsergebnissen - auf der Basis von Strukturähnlichkeiten: Ist eine Situation einer anderen ähnlich, werden die Lösungsmöglichkeiten aktiviert, die sich zuvor in einer vergangenen - aber der jetzigen ähnelnden - Situation bewährt haben. Auf diese Weise bewahren Introjekte, Muster und Dynamiken ihre Wirkungen und sind oft nur schwer in ihren Konsequenzen wieder zu reduzieren, auch wenn die jeweiligen Personen beginnen, unter ihnen zu leiden.

Obwohl das Gehirn – wie man heute weiß – lebenslang lernfähig und damit auch veränderbar ist, - man spricht in diesem Zusammenhang von der Neuroplastizität des Gehirns - haben viele Menschen trotz ihres Leidens Angst vor Veränderungen. Der Hirnforscher Gerald Hüther sagt in einem Interview dazu:

„Selbst wenn sie sich mit ihren eingefahrenen Mustern nicht wohlfühlen, wollen sie an diesen festhalten. Obwohl ihr Zustand furchtbar ist. Ihr Hirn hat sich oft durch langjährige Erfahrung an diesen Zustand und diese Verhältnisse angepasst. Und am Ende hängt man in diesem unglücklichen System fest." (Gerald Hüther, 2009, S.57)

Die Frage bleibt offen, weshalb. Selbstorganisierende Systeme sind träge – solange sie in ihrem Überleben nicht gefährdet sind. Sie haben offensichtlich die Tendenz, Irritierendes zu vernichten oder zu vereinnahmen. Niklas Luhmann spricht in diesem Zusammenhang davon, dass solche Systeme, also z. B. soziale Systeme, so funktionieren, als hätten sie ein Immunsystem, welches wie ein biologisches Immunsystem auch ohne Bewusstheit potentiell Bedrohliches annihiliert oder assimiliert. Menschen aber verfügen über die Fähigkeit bewusster Wahrnehmung, sie können meistens nicht nur spüren, dass sie sich bedroht fühlen, sondern auch, welcher Art diese Bedrohung ist und verwenden zur Abwendung des Bedrohlichen die Strategien, die sie gelernt haben.
Wenn Menschen an ihren eingefahrenen Mustern festhalten, ist dies meiner Ansicht nach meist nicht die Angst vor dem Neuen, Unbekannten, es ist oft die Angst vor den mit den alten Erfahrungen verbundenen Schmerzen. Ein Mensch, der sich innerhalb des gelernten Musters immer als schwach und als Opfer der anderen gefühlt hat und der plötzlich – in einer therapeutischen Situation – in Kontakt damit kommt, wie stark er auch ist, kann das kaum ertragen. So viel vergangene und immer wieder auftauchende Angst, so viele Unterwerfungen, so viele vergeudete Situationen, so viele Fehleinschätzungen, so viele verlorene Chancen und so große Schmerzen darüber, dass man sich selbst in seinen Stärken nicht wahrnehmen durfte und so viel Wut wegen des immer wieder unerfüllten Wunsches, sich selbst leben zu können und so große Trauer über die in einer Illusion verbrachte vergangene Zeit; das alles ist für einen Menschen nur schwer zu ertragen. Und wenn ein Mensch seine eigenen Prozesse dadurch stoppt, das er seine Muskeln anspannt und die Luft anhält, um nicht von seinen Gefühlen überwältigt zu werden, dann hat er in seinem Inneren Gründe dafür, die außer ihm niemand kennen kann und die er selbst oft auch nicht kennt.

Man kann als Beobachter auch nicht unterscheiden, ob eine Person aufgrund von Introjekten, Mustern oder Dynamiken oder aufgrund von gut überlegten Entscheidungen handelt, eine genaue Unterscheidung ist nur der betroffenen Person selbst möglich, wenn sie dies denn möchte. Aber alle sind, wenn sie durch die Strukturähnlichkeit einer Situation aktiviert werden, mit - bewussten oder unbewussten – Hintergrundgefühlen verbunden. Leider ist es nicht immer ganz leicht, die Strukturähnlichkeiten von Situationen zu erkennen, aber dabei sind wieder die wahrnehmbaren Gefühle eine Hilfe, weil man davon ausgehen kann, dass bestimmte Gefühle in bestimmten strukturähnlichen Situationen immer wieder auftauchen. Hat man in bestimmten Situationen immer wieder das gleiche Gefühl – z. B. Hilflosigkeit oder Angst – so scheint dieses auf eine Strukturähnlichkeit der Situationen hinzuweisen.

Insofern sind es auch hier wieder die Gefühle, die es uns ermöglichen, etwas über uns selbst als auch über unser Verhalten anderen Menschen gegenüber zu erfahren und zu lernen, bewusster mit uns selbst als auch mit anderen umzugehen.

Trotzdem bleiben Hintergrundgefühle oft sehr bestimmend für unsere Befindlichkeiten und wir fühlen uns ihnen oft ausgeliefert, weil wir meistens nicht verstehen, woher sie kommen und was sie ausgelöst hat. Aber wenn wir versuchen, uns bewusst zu halten, dass unsere Lernprozesse, die bereits vor der Geburt angefangen haben, unsere gesamten Erinnerungen mitsamt Empfindungen, Emotionen, Gefühlen und Hintergrundgefühlen in strukturähnliche Formen gebracht haben, die sich – wann immer wir etwas ähnlichem begegnen – aktivieren und uns mit einem entsprechenden Handlungspotential versehen, dann wird uns vielleicht auch einsichtig, dass dabei nicht immer alles klar und eindeutig verläuft.

Wenn man nun Wiederholungen von Hintergrundgefühlen beobachtet und sie nicht wirklich in Verbindung mit strukturähnlichen Situationen bringen kann, dann kann man auch einfach feststellen, dass diese Gefühle zwar im Moment da sind, man sich aber auch darauf verlassen kann, dass sie vorbeigehen. Lebendige Prozesse zeichnen sich immer durch Veränderlichkeit aus. Das gilt selbst für sehr traumatische Erfahrungen. In dem bereits erwähnten Spiegelgespräch sagt Gerald Hüther dazu:

> „Ein Trauma, das wir erlebt haben, ist fest im Gehirn verankert. Diese alten Verschaltungsmuster lassen sich kaum auflösen. Aber wir können die Bewertung immer ändern. Deshalb haben wir dieses wunderbare, flexible Frontalhirn.“. (Hüther, 2009, S. 56)

Zu einer solchen Änderung von Bewertungen allerdings gehören Prozesse, in denen man versucht, sich die eigenen Körperempfindungen, die eigenen Gefühle, Gedanken und Handlungsimpulse, die eigenen inneren Bilder und Phantasien bewusst werden zu lassen, und das bedeutet für manche Menschen oft schon, voller Angst ein ihnen bisher unbekanntes Land zu betreten und sich auf ein Abenteuer mit sich selbst einzulassen.

Eine Auswirkung dieser Hintergrundgefühle möchte ich allerdings noch erwähnen. Sie haben durch die häufig mit ihnen zusammenhängenden Introjekte, Muster und Dynamiken erheblichen Einfluss auf die eigenen Wünsche, Erwartungen und Intentionen und können sich sehr hemmend auf die eigene Intentionalität auswirken.
So erzählte Ruth, dass es in bezug auf ihre Wünsche zu Weihnachten oder zum Geburtstag immer ein makabres Spiel gab, wobei sie jedes Mal hoffte, es würde sich nicht wiederholen. So wünschte sie sich einmal eine Puppe mit langen blonden Haaren, aber sie bekam eine Puppe mit bräunlicher Haut und kurzen krausen Haaren. Dann kam das Ritual: „Du freust dich doch über die Puppe", „Sag uns, dass du dich freust", „Sag, dass es genau die richtige ist", „Zeige uns, wie sie dir gefällt", „Bedanke dich und gib uns ein Küsschen." Wenn das Ritual vorbei war und einige Zeit vergangen war, wurde sie aufgefordert, doch einmal ins Nebenzimmer zu gehen und den Karton vom Esstisch zu holen. Darin fand sie dann die Puppe mit den blonden langen Haaren. Sie erzählte mir:

„Einmal habe ich mir einen Knirps, einen ganz kleinen Schirm, gewünscht und ich bekam einen großen Bauernschirm, so einen rot – grün - blau – gelben und riesig groß und dann lief wieder ganze Ritual ab. Natürlich habe ich so getan, als würde ich mich freuen und mich bedankt, und ich habe es gehasst. Und dann – etwas später - hat meine Mutter oder mein Vater gesagt: „Nun mach doch mal den Schirm auf, damit wir ihn in voller Schönheit sehen können." Und als ich ihn aufgespannt habe, fiel der kleine Schirm heraus und alle haben gelacht. Ich habe mich jedes Mal so gedemütigt gefühlt und bis heute kann ich mir nichts wünschen."

Andere Kinder mussten ihre gesamte Aufmerksamkeit darauf richten, welche Wünsche und Erwartungen ihre Bezugspersonen hatten und ihre Anstrengungen darauf richten, diese zu erfüllen. Eigene Wünsche und Erwartungen hätten bei diesem Prozess nur gestört oder sogar zu Konflikten geführt. Oft gewöhnen sich die Kinder daran, besser gar keine eigenen Wünsche, Interesse oder Erwartungen zu haben. Dadurch sind diese aber nicht verschwunden, sie sind nur nicht mehr bewusst. Wenn diese Menschen – auch noch als Erwachsene - gefragt werden, oder sich selber fragen, was sie denn wollen, können sie oft keine Antwort geben. Statt eigener Wünsche bemerken sie in sich eine große Leere und als Hintergrundgefühl oft zittrige Angst, inneren Druck, Stress und manchen bricht auf der Stelle der kalte Schweiß aus.

Da mit Hilfe von Intentionen, Wünschen und Erwartungen, wenn sie einem denn bewusst werden, durch das - „Ich weiß, was ich will" - sofort wieder innere Klarheit herstellbar ist und dann auch die Hintergrundgefühle schwächer werden oder ganz verschwinden, ist es wichtig, sich in solchen Fällen immer wieder intensiv mit der Frage, was man denn selber will, zu beschäftigen. Deshalb soll es im nächsten Teil noch einmal vor allem um Wünsche gehen.

Valentino hat mitgelesen. „Ach, deshalb habe ich keine Hintergrundgefühle, weil ich jeweils ganz schnell spüre, was ich will. Ich habe mich schon gefragt, was Hintergrundgefühle eigentlich sein sollen, jetzt weiß ich, warum ich das nicht verstehe. Und dann fügt er hinzu:
„Ich hätte so gern auch einmal ein Hintergrundgefühl." „Du hast auch welche", sage ich, „wenn du hungrig vor einem Versteck auf eine Maus lauerst, dann ist dein Hintergrundgefühl Hunger und im Vordergrund ist gespannte Aufmerksamkeit." „Irgendwie wusste ich es doch, ich habe es nicht so mit Hintergrundgefühlen. Aufmerksamkeit ist ja ganz gut, aber Hunger? Übrigens, hast du noch etwas Feines zu essen, vielleicht eines von diesen kleinen Katzenwürstchen, ich glaube, ich möchte mein momentanes Hintergrundgefühl, welches sich gerade so in den Vordergrund drängt, befriedigen." Ich nicke und Valentino läuft mir voraus an den Schrank, wo sie drin liegen.

Wünsche

Wie Menschen damit Verbindungen zu anderen Menschen herstellen können

„Ihr Menschen wollt einfach immer zu viel", sagt Valentino. „So etwas hat meine Mutter auch immer zu mir gesagt, „Du willst einfach zu viel", hat sie gesagt." „Wenn du nichts willst, entbehrst du auch nichts und wirst auch nicht enttäuscht", sagt Valentino. „Du sagst es", stimme ich ihm zu, „es geht gar nicht um Wünsche, es geht um Entbehrung und Enttäuschung." „Ja, du hast recht", stimmt Valentino mir zu, grinst auf seine besondere Weise und fügt hinzu: „Aber wenn du weißt, wie du damit umgehen kannst, dann kannst du dir soviel wünschen, wie du willst." Er denkt weiter nach und dann sagt er plötzlich: „Lass uns spielen: Du wünscht dir etwas von mir und ich werde es dir verweigern." „Da sage ich sofort nein", sage ich, „aber ich möchte ein anderes Spiel mit dir spielen. Nacheinander wünschst sich jeder von uns etwas, und wir überlegen dann gemeinsam, was wäre, wenn uns eine Fee einmal den Wunsch erfüllt und einmal nicht. Und dann wünscht sich jeder von uns wieder etwas und wir überlegen neu." „Willst du dich in Entbehrungen und Enttäuschungen einüben?", fragt Valentino. „Nein", sage ich, „ich will üben, mir etwas zu wünschen."

In einer Kultur, in der daran geglaubt wird, dass Menschen einander manipulieren und kontrollieren können, ist es schwierig, sich einfach etwas zu wünschen. Wieso soll man sich noch etwas wünschen und sich dadurch dem Anderen schwach und abhängig zeigen, wenn man doch - wie viele glauben - dasselbe durch geschicktes, strategisches Verhalten erhalten kann.

Allerdings weisen uns die neuen Erkenntnisse der Gehirnforschung darauf hin, dass es ganz so einfach wohl doch nicht geht. Durch sie ist deutlich geworden, dass es nicht überschreitbare Grenzen des Verstehens und der Kontrolle zwischen Menschen gibt, dass jeder Mensch sich seine eigene Wirklichkeit erzeugt und damit in seinem eigenen Universum lebt.
Wir können – wie gesagt - aus den bisherigen Forschungsergebnissen schließen, dass Menschen nur das hören, was sie hören und nicht das, was vielleicht für andere zu hören ist oder was gesagt wird, Menschen können nur sehen, was sie sehen, und nicht das, was vielleicht für andere zu sehen ist oder was ein Fotoapparat aufnehmen kann. Sämtliche Informationen werden im Gehirn hergestellt. Der Körper nimmt über das Wahrnehmungs-

system nur Variationen von Materie und Energie auf, erst unser Gehirn wandelt diese in für uns bedeutungsvolle Informationen um.
Menschen haben sich im Laufe der Zeit nicht wesentlich geändert, sie zeigen – kulturabhängig - weiterhin ähnliche Verhaltensweisen, unabhängig davon, was die Wissenschaft herausfindet. Das liegt sicher unter anderem – z. B. unserer biologischen Ähnlichkeit - daran, dass die Selbstorganisation eines jeden Menschen, ebenso wie das eines jeden Lebewesens, nur offen ist für Materie und Energie, ansonsten aber geschlossen. Aber es finden ununterbrochen Wechselwirkungen mit der Umwelt statt und diese werden - da Menschen über Bewusstsein verfügen – gedeutet und als Erfahrungen gespeichert. Und diese Deutungen ändern sich, wenn sich das Wissen über das, was wir interpretieren wollen, ändert und damit ändert sich auch der Inhalt der Erfahrungen von Menschen, nicht aber unbedingt gleichzeitig ihr Wünschen und Wollen.
So werden nach wie vor Menschen andere Menschen versuchen zu überzeugen und sie dahingehend zu manipulieren, dass sie das von ihnen Gewünschte tun. Der einzige Unterschied aufgrund des neuen Wissens besteht darin, dass wir nicht mehr davon ausgehen können, dass allein der Versuch schon ausreicht, um das gewünschte Ergebnis zu erreichen.
Die neuen Forschungsergebnisse weisen darauf hin, dass die einen es versuchen und erst die anderen es gelingen oder nicht gelingen lassen, d. h. dass die Manipulation, die Verführung oder die Kontrolle nicht automatisch gelingt, sondern der - bewussten oder unbewussten – Zustimmung des Gegenübers bedarf.
Diese Unterscheidung ist gerade für den Umgang mit Wünschen wichtig, denn wenn ich eine andere Person nicht zwingen kann, dann hat sie die Entscheidung darüber, ob sie mir meinen Wunsch erfüllen will oder nicht und dann muss ich sie im Zweifelsfalle bitten und mich auch entsprechend bedanken. Wie verbreitet aber die Vorstellungen sind, man könne andere Menschen zwingen, so als seien sie unsere Marionetten, wird an den folgenden Sätzen deutlich:
„Wenn ich meinen Mann erst bitten muss, mir Blumen mitzubringen, dann will ich keine, weil er es ja nicht mehr freiwillig macht."
„Ich sage meiner Frau meist nicht, wo ich hingehe, ich lasse mich von ihr nicht kontrollieren"
„Ich kann ihm doch nicht sagen, dass ich gerne einmal mit ihm wegfahren möchte, nachher fühlt er sich gezwungen."
„Man muss doch seine Kinder im Griff haben."
„Ich muss es doch irgendwie schaffen, die Klasse zu disziplinieren."
„Sie müssen die Kinder eben motivieren."

„Man muss die Eltern dazu bringen, sich besser um ihre Kinder zu kümmern.“ Usw.

Es ist wichtig, zwischen den jeweiligen Intentionen der einen Partei und dem Verhalten der anderen Partei zu unterscheiden. Man kann versuchen zu erreichen, dass die Kinder tun, was man möchte, aber wenn die Kinder dies tun, gehört der Dank den Kindern.
Man kann versuchen, einer Klasse diszipliniertes Arbeiten beizubringen, aber wenn es der Klasse gelingt, dann ist es die Leistung der Klasse. Und wenn jemand aus der Schule sich mit den Eltern viel Mühe gegeben hat und die Eltern sich tatsächlich besser um ihre Kinder kümmern, dann ist dies die Leistung der Eltern. Der eigene Anteil ist jeweils die eigene Kompetenz, die eigene Präsenz und die eigene Mühe, die man sich gegeben hat, um die eigenen Wünsche, die eigenen Interessen oder das eigene Ziel zu verfolgen. Dabei können die eigenen Ziele eben auch sein, anderen zu helfen, andere zu unterstützen, anderen eine Freude zu machen, aber leider auch, andere zu ärgern, zu beleidigen oder ihnen Schmerz zuzufügen usw. Wie jetzt das jeweilige Gegenüber mit den Wünschen oder Zielen umgeht, ist individuell verschieden. Eine automatische Wünscherfüllung oder Zielerreichung findet nicht statt.

Aber das ist nicht alles. Die neuen Erkenntnisse der Gehirnforschung stellen alles in Frage, was wir bisher als Grundlage unseres Fühlens, Denkens und Handelns angesehen haben.
Ich möchte es an dieser Stelle wiederholen:
Bisher haben wir geglaubt, es gäbe um uns herum eine für uns alle gleiche und gemeinsame Realität, eine objektive Realität, die wir immer besser und genauer erkennen können. Wir haben geglaubt, unser Gehirn produziere ein Abbild dieser Wirklichkeit in unserem Bewusstsein, und unsere Mitmenschen besitzen mehr oder weniger die gleichen Abbilder. Wenn etwas in der Außenwelt für sie anders ist als für uns, dann zweifeln wir an ihrer oder an unserer Wahrnehmung oder denken, die anderen seien nicht ganz normal.
Daraus entstehen ganz bestimmte Wünsche, die alle dasselbe abstrakte Ziel haben, nämlich mit den Mitmenschen wieder in einer Wirklichkeit zu leben. Meistens wird um dieses Ziel sogar richtig gestritten:

„Das Essen ist viel zu salzig.“ „Das stimmt doch gar nicht, es ist genau richtig.“ Usw.

„Diese Computerspiele machen unsere Jugend kaputt". „Es sind doch nicht die Spiele, die Eltern kümmern sich einfach nicht genug." „Du kannst doch nicht alles den Eltern in die Schuhe schieben." Usw.
„So habe ich das doch gar nicht gesagt." „Doch, genau so, und dann hast du auch noch behauptet, es hätte geregnet, dabei war an dem Tag das allerbeste Wetter." Usw.

Die meisten Unterhaltungen laufen so ab, einer sagt etwas, die andere Person sieht es anders, dann beginnt der Kampf miteinander, um wieder eine Übereinstimmung zu erreichen. Keine der Beteiligten interessiert sich dafür, wieso die andere Person eine abweichende Meinung hat; Abweichung als solche scheint bedrohlich zu sein und Übereinstimmung erstrebenswert. Aber auch, wenn man sagen würde, eine solche Einstellung sei in einer immer globaler werdenden Welt, in der sich immer häufiger Menschen unterschiedlicher Kulturen begegnen, nicht mehr haltbar und heute sei man mit einer solchen Haltung einfach nicht mehr „ auf der Höhe der Zeit", würde dies noch nicht viel nützen. Menschen fürchten nach wie vor, nicht mit anderen in der gleichen Wirklichkeit zu leben. Sie leben zwar mit ihnen in derselben „Realität", aber jeder Mensch verarbeitet diese eben auf andere und teilweise sehr unterschiedliche Weise zu seiner eigenen Wirklichkeit. Trotzdem erscheint uns dies nicht als potentielle Bereicherung, sondern als potentielle Bedrohung.

Das gilt auch für die Informationen, die wir glauben, von anderen Menschen zu erhalten. Wir sehen in das Gesicht einer anderen Person und glauben zu wissen, dass sie traurig oder ärgerlich, schlechter Laune oder glücklich ist. Aber auch dieses Wissen stammt aus unserem eigenen Gehirn, es sind spezielle Neuronen, die schon erwähnten Spiegelneuronen, die in uns eine Simulation des möglichen Gefühlszustandes des Gegenübers erzeugen, und zwar aus den elektromagnetischen Wellenmustern, die bei uns von den beobachteten Einzelheiten des Gesichts der anderen Person ankommen und mit Hilfe der entsprechenden Botenstoffen in unserem Gehirn. Wir haben die Tendenz, diese Simulation für den realen Zustand unseres Gegenübers anzusehen und haben dabei den Wunsch, damit auch recht zu haben. Wir wollen möglichst eine Übereinstimmung zwischen unserem Eindruck und dem Selbstausdruck bzw. der abweichenden Selbstbeschreibung der anderen Person herzustellen. Das kann z. B. so aussehen:

„Du hast doch etwas."
„Nein, nichts."
„Du guckst aber so ärgerlich."

„Ich bin aber nicht ärgerlich."
„Du willst es nur nicht zugeben, also nun sag schon."
„Nein, wirklich, nun glaube mir doch endlich."
„Du verheimlichst mir doch etwas. Du guckst doch nicht umsonst so gequält."
„Ja, von dir, weil du nicht aufhörst."
„Du bist gemein, ich mache mir Sorgen, und du fühlst dich gequält." Usw.

Unsere kulturellen Überzeugungen unterstützen solche Interaktionen, die durch den Wunsch bestimmt werden, mit dem anderen Menschen in Übereinstimmung zu sein, zu fühlen, was er fühlt, zu denken, was er denkt und zu wollen, was er will.
Bisher haben wir - wie schon gesagt - geglaubt, wir könnten die Empfindungen und Gefühle anderer Menschen mitfühlen und wir könnten spüren, wie es ihnen geht. Wir glauben immer noch, dass sie uns mit schlechter oder guter Laune anstecken können und damit glauben wir auch, dass etwas von ihnen auf uns übergeht und dass wir in gewisser Weise das Opfer der anderen Menschen sind oder sehr schnell werden können. Allerdings glauben wir damit auch, dass auch der umgekehrte Prozess möglich ist und wir in diesem Sinne dann die Täter sind und nicht die Opfer.
Auch dadurch entstehen bestimmte Wünsche. Kommt eine Person mit für uns offensichtlich schlechter Laune in unsere Nähe, dann simulieren unsere eigenen Spiegelneurone auch in uns „schlechte Laune". Wir fühlen uns tatsächlich angesteckt. Aber diese „Ansteckung" ist gerade nicht dafür gedacht, in uns stecken zu bleiben, sondern nur dazu da, uns über den möglichen inneren Zustand unseres Gegenübers zu informieren. Und wenn wir auf Grund unserer inneren Simulation - der „Ansteckung" - den Eindruck haben, unser Gegenüber habe schlechte Laune, dann ist sicher etwas Mitgefühl und Nachfragen angebracht:

„Hast du schlechte Laune, ist irgendetwas passiert, kann ich dir irgendwie helfen?" Usw.

Nur so gehen wir meistens nicht mit den vermeintlichen Gefühlen der anderen um, über die wir durch die Simulation unserer Spiegelneurone informiert wurden, außer es handelt sich dabei um Entzücken, Freude, Amüsement oder Gelassenheit usw., durch die wir uns gerne „anstecken" lassen. Aber wenn es sich um Unzufriedenheit, schlechte Laune, Ärger, Wut, Missmut, Lustlosigkeit, Angst, Traurigkeit oder ähnliches handelt, dann haben die meisten von uns den Wunsch, dass sich diese Gefühle beim Gegenüber möglichst schnell in Luft auflösen. Das hört sich dann so ähnlich an, wie bei den folgenden Beispielen:

„Nun verbreite hier doch nicht so schlechte Laune."
„Du verdirbst uns das ganze Wochenende mit deiner Unzufriedenheit."
„Nun sei doch nicht so traurig, es kommen schon wieder bessere Zeiten."
„Du hast doch wirklich keinen Grund, Angst zu haben."
„Nun nimm dich doch mal ein bisschen zusammen und höre auf, weiter so ärgerlich zu sein." Usw.

Der Wunsch, dem Gegenüber möge es bald wieder besser gegen, ist verständlich, aber in solchen Fällen nicht die treibende Kraft. Mit den Wünschen, die andere Person möge so schnell wie möglich die uns „ansteckenden" und als unangenehm empfundenen Gefühle aus ihrem Inneren wieder entfernen, wollen wir nur die unangenehmen Gefühle in unserem eigenen Innern wieder zum Verschwinden bringen. Dieses wäre genau dann möglich, wenn wir die in unseren Simulationen enthaltenen Informationen auch als Informationen über den möglichen Zustand unseres Gegenübers nutzen würden, wie z. B. in den folgenden Beispielen:
„Bist du ärgerlich auf jemanden, möchtest du mit mir darüber reden?"
„Bedrückt dich etwas, willst du darüber sprechen?"
„Ich habe den Eindruck, dass es dir nicht gut geht. Stimmt das?"
„Du siehst aus, als sei dir etwas Schlimmes passiert. Was ist denn los?"

Statt zu fragen, kann man in manchen Fällen auch einfach zugewandt „handeln", wie z. B.:
„Setz dich erst einmal hin, ich mache dir schnell einen Tee und dann bin ich für dich da."
„Ich mache nur den Computer aus und dann setze ich mich zu dir und dann kannst du mir erzählen, was los ist, wenn du willst."
„Wenn du mit mir darüber reden willst, was dich – wie es scheint - so bedrückt, ich bin in der Küche und koche, aber ich habe in jedem Fall Zeit für dich."
In dem Moment, in dem wir die Botschaft einer Simulation verbalisieren oder sonst wie verwenden, löst sich die Simulation wieder auf und es ist Platz im eigenen Bewusstsein für etwas Neues. Die „Ansteckung" verschwindet.
Aber meistens nutzen wir die Botschaften unserer Simulationen genau so wenig, wie die Botschaften in unseren eigenen Gefühlen.
Wir wünschen uns nur, die andere Person möge aufhören, solche Gefühle zu haben und wir versuchen, diesen Wunsch auch durchzusetzen, damit wir

uns selbst wieder besser fühlen können. Wenn wir in der Lage wären, die andere Person als eigenständig zu begreifen und die Simulationen in unserem System nur als für die sozialen Beziehungen wichtige Informationen über mögliche Gefühle unseres Gegenübers zu verstehen, dann könnten wir uns vielleicht mitfühlend der anderen Person zuwenden. Dann würden wir nicht von ihr verlangen, sie möge sich von ihren eigenen Gefühlen distanzieren oder diese sonst wie loswerden.

Wir glauben also, – wie schon öfter betont - dass andere Menschen durch ihr Verhalten in uns Gefühle erzeugen können, bzw. umgekehrt, dass wir in anderen Gefühle erzeugen können. Das dies so nicht möglich ist, darauf bin ich bereits früher ausführlich eingegangen.
Hier geht es mir darum, deutlich zu machen, wie diese Illusionen darauf hinwirken, dass wir vergebliche Wünsche bzw. nicht erfüllbare Wünsche an unsere Mitmenschen haben. Solche nicht erfüllbaren „Wünsche „sind z. B. die folgenden:

„Hör endlich auf, mich so zu ärgern."
„Ich will nicht mehr so von dir verletzt werden."
„Mach mich doch nicht immer so nervös."
„Verdirb mir nicht den ganzen Tag." Usw.

Diese Art von „Wünschen" zielt darauf ab, dass die andere Person aufhören soll, Empfindungen, Stimmungen und Gefühle in der sich beklagenden Person zu erzeugen. Welche Empfindungen Stimmungen oder Gefühle in einer Person entstehen, darauf haben die Außenstehenden aber gar keinen Einfluss, weil sich die zugehörigen Prozesse, wie ärgerlich oder nervös sein, sich verletzt fühlen und lustlos werden, im Inneren der wünschenden Person abspielen. Ärger entsteht also ebenso im Inneren einer Person wie Nervosität und das Gefühl von Verletztheit, und ob einem der Tag verdorben wird, hat man nur selbst in der Hand. Wenn man nun solche „Wünsche" an sein Gegenüber richtet, hat man das Scheitern bereits unbewusst schon mit eingeplant. Denn diese Art von „Wünschen" ist Ausdruck der kulturellen Illusionen, von denen hier, in den vergangenen Kapiteln und im Folgenden immer wieder die Rede ist. Dazu kommt allerdings noch, dass solche „Wünsche" beim Gegenüber häufig als Vorwürfe ankommen.
Am wichtigsten aber scheint mir dabei zu sein, dass es sich gar nicht um echte Wünsche handelt, denn man möchte nicht etwas vom Gegenüber geschenkt bekommen, man möchte, dass die andere Person sich in ihrem Selbstausdruck reduziert, indem man deutlich sagt, dass man etwas **nicht**

möchte. Die meisten Menschen mögen es nicht, wenn man versucht, ihnen etwas zu verbieten.
Selbstverständlich kann man das trotzdem tun, aber dann ist es wichtig, sich bewusst zu machen, was man da verlangt: Man verlangt eine Zurücknahme des Selbstausdrucks einer anderen Person, eine Art Unterwerfung, einen Akt des Gehorchens. Jemand soll etwas unterlassen, was einem nicht passt. Jemand soll seine momentanen eigenen Interessen bzw. sein eigenes Handeln zugunsten von einem selbst und dem eigenen Wohlbefinden zurückstecken.
Auch das sind oft wichtige Botschaften an ein Gegenüber, geradezu unerlässlich im sozialen Miteinander, aber mir ist es wichtig, sich bewusst zu halten, dass es einen Unterschied gibt, ob ich dem anderen etwas aus meiner eigenen Fülle gebe oder ob ich mich zugunsten einer anderen Person und deren Wünschen zurücknehme oder dies von anderen verlange. Trotzdem kann man natürlich um die Unterlassung von störenden Handlungen bitten und entsprechend dankbar sein, wenn die andere Person bereit ist, sich zu beschränken.

Besonders wichtig für unseren Umgang mit Wünschen ist der bereits erwähnte und weit verbreitete Glaube, wir könnten andere zu bestimmten Handlungen zwingen, motivieren, überzeugen, manipulieren, oder sie irgendwie dazu veranlassen oder sie daran zu hindern, bestimmte Dinge zu tun. Oder daran zu glauben, andere könnten uns dazu bringen, etwas Bestimmtes zu tun oder zu lassen. Wir wollen nicht aufhören, daran zu glauben, wir seien in der Lage, andere Menschen zu verändern: D.h., wir gehen immer wieder davon aus, dass wir andere dazu bringen können, zärtlich zu sein, das Geschirr abzuwaschen, ins Bett zu gehen, nach Hause zu kommen, uns Blumen mitzubringen, Schularbeiten zu machen, liebevoll zu sein oder endlich Verständnis zu haben, usw. Die darin verborgene Hoffnung auf eine Veränderung im zwischenmenschlichen Zusammensein ist von großer Bedeutung und es ist sicher notwendig, diese nicht aufzugeben. Aber es ist wichtig, genau zu unterscheiden, wer die Hoffnung hat und wer sich ändert. Kein Mensch kann einen anderen ändern, aber er kann die Hoffnung haben, dass sich der andere ändert.

Die Vorstellungen von gezielten Einwirkungen und von möglicher Kontrolle sind nicht nur unsere persönlichen Annahmen, sondern diese sind in unserer Kultur seit vielen Jahrhunderten verankert und werden bis heute auch durch wissenschaftliche Konzepte gestützt.
Ob es das Reiz-Reaktions-Schema, das Sender-Empfänger-Modell, motivationstheoretische Ansätze oder diverse psychologische Modelle usw. sind,

in den meisten ist die Grundannahme enthalten, es gäbe diese gezielte wechselseitige Beeinflussbarkeit zwischen innen und außen, zwischen Mutter und Kind, zwischen Partnern, zwischen Freunden und zwischen Feinden bzw. zwischen Menschen überhaupt.
Um es noch einmal zu betonen, alle Gefühle, so z. B. auch das Gefühl von Ärger sind keineswegs von außen erzeugt, sondern sie entspringen inneren Bewertungen von erlebten Situationen und Handlungen.

„Findest du nicht, dass du Haare spaltest", fragt Valentino, „es ist doch nicht so wichtig, ob z. B. eine Person eine andere ärgert, oder ob eine Person einer anderen nur etwas tut, was der nicht gefällt, und die wird dann ärgerlich." „Doch, es macht einen Unterschied für mich und mein Verhalten, ob ich denke, andere können in mir Gefühle erzeugen und ich bin ihr Opfer, oder ob ich denke, meine Gefühle gehören zu mir und helfen mir, mich, meine Wünsche und meine momentanen Beziehungen zu anderen Menschen besser zu verstehen." „Es geht dir also gar nicht darum, was die Wahrheit ist?" „Nein, es geht mir darum, dass ich weiß, dass meine Gefühle nicht störend, sondern hilfreich sind." „Also ich finde es sehr hilfreich, wenn ich jemand anderen verantwortlich für meine Gefühle machen kann," sagt Valentino, „und jetzt würde ich dich sehr gern dafür verantwortlich machen, dass ich schon fast verhungert bin." „Bitte entschuldige", sage ich, „ ich bin zwar nicht verantwortlich für dein Hungergefühl, aber es stimmt, ich habe vergessen, deine Futterschüssel wieder zu füllen." „Siehst du, du bist doch schuld", beharrt Valentino, und dann streckt er sich, macht sich ganz lang, gähnt, so dass man alle seine kleinen, spitzen Zähnchen sieht, und fügt hinzu: „Es ist so schön, jemand anderem die Schuld zuzuschieben, vor allem wenn der so betreten guckt, wie du gerade." „Na warte, Valentino", sage ich. Aber er meint: „ Den Versuch war es wert. Es hätte ja sein können, dass du es glaubst, und dann hättest du mir wegen deiner Schuldgefühle noch vielleicht eines von diesen leckeren Würstchen oben drauf gegeben."
Ich bin amüsiert und sage: „Du bekommst auch eines ohne Schuldgefühle." Und dann gehe ich und hole eines von seinen Lieblingswürstchen.

In solchen Zusammenhängen, in denen es um die Verteilung von Verantwortung und Schuld geht, tauchen weitere, weit verbreitete, aber völlig sinnlose Wünsche auf. In abstrakter Form kann man sie etwa so formulieren:

Sei so, wie ich dich haben möchte.
Sei anders als du bist, ...z. B. damit es mir besser geht.

Sei so, wie ich denke, dass du bist,...z. B. damit ich mich im Recht fühlen kann.
Sei so wie ich, damit ich mich sicher fühlen kann. Usw.

Solche Wünsche sind prinzipiell nicht erfüllbar, aber diese Einschränkung schrecken manche Menschen nicht ab. Sie wollen das Unmögliche und das am liebsten sofort. Mit allen diesen Wünschen kann man sich, wenn man sie ernsthaft verfolgt, sehr unglücklich machen, denn Menschen ändern sich nicht auf Aufforderungen von außen. Niemand kann anders sein, als er oder sie gerade ist, auch wenn der Druck von außen noch so groß ist. Nur wenn es eine hohe Unterwerfungsbereitschaft bei einem Menschen gibt, die ihm meist bereits in der Kindheit antrainiert wurde, kann es sein, dass dieser Mensch sich große Mühe gibt, sich den Erwartungen eines anderen anzupassen.

Aber das größte Hindernis für einen angemessenen Umgang mit Wünschen ist der schon erwähnte Glaube an wechselseitige gezielte Beeinflussungen. In manchen Kulturen ist dieser Glaube noch viel stärker ausgeprägt als bei uns, aber auch in unserer angeblich so aufgeklärten Kultur sind solche quasi-magischen Vorstellungen weit verbreitet.

Warum aber sind wir so versessen darauf zu glauben, es seien die anderen Menschen, die unser Gefühlsleben manipulieren, die unsere Handlungen kontrollieren und unsere Wirklichkeit bestimmen, so dass wir jederzeit in der Gefahr leben, uns als ein Opfer der anderen zu fühlen.
Und wenn wir davon ausgehen, wir könnten ebenfalls das Gefühlsleben anderer Menschen manipulieren, ihre Handlungen kontrollieren und ihre Wirklichkeit bestimmen, so gehen wir davon aus, dass die anderen unsere Opfer werden können, wenn wir die entsprechende Täterrolle einnehmen.
Warum glauben wir an eine Konstruktion, die uns offensichtlich nur die Positionen „Opfer" oder „Täter" lässt?
Die Antwort liegt möglicherweise darin, dass diese Konstruktion uns darin unterstützt, an Kontrollmöglichkeiten aller Art zu glauben und uns damit Sicherheit und Macht zu verleihen scheint. Aber der Glaube an diese Konstruktion hat Konsequenzen, die sich für die Interaktionen von Menschen in ihrem sozialen Umfeld sehr destruktiv auswirken können, wie wir noch sehen werden.
Ich möchte einfach ein paar Beispiele erzählen:

Eine Mutter hat abends Gäste und möchte sich mit diesen ungestört unterhalten. Sie bemüht sich daher, ihre kleine Tochter dazu zu bringen, in ih-

rem Zimmer zu bleiben. Das Kind aber kommt immer wieder aus seinem Zimmer heraus, um bei den Erwachsenen zu sein. Es entwickelt sich ein Machtkampf zwischen Mutter und Kind, an dessen Ende ein weinendes Kind und eine erschöpfte Mutter übrigbleiben. Die Mutter glaubt, dass es ihr schließlich gelungen ist, dafür zu sorgen, dass das Kind in seinem Zimmer bleibt. Sie glaubt, sie habe gesiegt.
Die gleiche Anfangssituation hätte auch sehr friedlich ablaufen können, die Mutter redet freundlich mit dem Kind, das Kind bleibt nach dem ersten Versuch in seinem Zimmer und wieder denkt die Mutter, sie habe es geschafft, das Kind dazu zu kriegen, die Erwachsenen in Ruhe zu lassen.

In beiden Fällen irrt sich die Mutter, es ist überhaupt nicht möglich, ein Kind dazu zu bringen, im Zimmer zu bleiben, wenn das Kind es nicht will. In beiden Fällen hat letztlich das Kind die bewusste oder unbewusste Entscheidung getroffen, in seinem Zimmer zu bleiben, aber die Mutter weiß dieses nicht zu schätzen, weil sie es als ihre Leistung ansieht.
Sie kann den Wunsch an ihr Kind, es möge doch bitte in seinem Zimmer bleiben, nicht wirklich als Wunsch empfinden, weil sie gleichzeitig denkt, sie müsse als „gute" Mutter doch in der Lage sein, ihr Kind zur Ruhe und zum Schlafen zu bringen.
Oder
Eine Frau erzählt ihrer Freundin, ihr Mann habe ursprünglich nicht im Sommer mit ihr in Urlaub fahren wollen, aber sie habe ihn schließlich überzeugt. Dabei nimmt sie für sich in Anspruch, die Macht zu haben, die Gedanken und Entscheidungen ihres Mannes beeinflussen zu können. Diesen Einfluss hat sie jedoch nicht, ihr Mann hat sich entschlossen, ihre Argumente zu akzeptieren und sie könnte ihm dafür danken. Auch hier kann die Frau nicht wirklich einen Wunsch an ihren Mann richten, solange sie gleichzeitig davon ausgeht, sie könne ihren Mann überzeugen. Und dankbar muss sie ihm auch nicht sein. Aber wenn sich ihr Mann über etwas im Rahmen des Urlaubs beschwert und behauptet, sie hätte ihn schließlich zu diesem Urlaub gezwungen, dann erfordert die Logik ihres Denkens, dass sie ihm das glaubt. Damit ist die Mann-Frau-Beziehung weiterhin eine Täter-Opfer-Beziehung und für „Liebe" bleibt in solchen Beziehungen nicht viel Raum.
Solange Menschen an dieser Illusion wechselseitiger Manipulation und Kontrolle festhalten, brauchen sie sich also weder von anderen Menschen etwas zu wünschen, noch dankbar zu sein. Sie haben sich etwas genommen – zwar mit Hilfe persönlichen Einsatzes - aber sie haben nichts bekommen. Dies hat massive Auswirkungen auf die Qualität zwischenmenschlicher

Beziehungen, denn die unterschwellige Botschaft an die anderen Menschen ist eher, dass man sie nicht braucht.
Leider nehmen Menschen immer wieder für sich in Anspruch, einen anderen Menschen glücklich oder unglücklich gemacht, ihn oder sie verführt, verletzt oder verunsichert zu haben. Oder aber sie behaupten, jemand habe sie unter Druck gesetzt, an die Wand gedrückt, nähme ihnen die Luft zum Atmen, kontrolliere sie auf Schritt und Tritt, beleidige, verunsichere, demütige und kränke sie ständig usw. Und damit tragen sie dazu bei, dass der Glaube an diese Illusion erhalten bleibt und sie sich weiter entweder als Täter oder als Opfer wahrnehmen bzw. zwischen diesen beiden Positionen hin und her wechseln.
Daran zu glauben, dass man Macht über andere Menschen hat oder haben kann, ist sicher sehr verführerisch. Das Dumme dabei ist, dass der Glaube, man habe Macht über andere, gleichzeitig bedeutet zu glauben, dass andere auch Macht über einen selbst haben können.

Leider hat dieser Glauben an eigene oder fremde „magische" Kräfte erhebliche negative Auswirkungen auf alle zwischenmenschlichen Beziehungen, insbesondere weil Menschen dadurch vermeiden können, sich etwas von den anderen zu wünschen.
Es ist schon verständlich, warum sie das tun, denn wenn man sich etwas von einem anderen Menschen wünscht, muss man auch ertragen können, wenn der andere die Wunscherfüllung ablehnt. Aber der Verzicht darauf, Wünsche an andere Menschen auch als Wünsche zu äußern und sich dankbar zu zeigen, wenn die Wünsche erfüllt werden, hat schwerwiegende Folgen. Man bleibt innerlich „hungrig". Innerhalb der sozialen Gruppe, in der man lebt, gibt es nichts wirklich „Nährendes", solange man sich nichts von anderen wünscht oder von anderen etwas bekommt und sich über die „Geschenke" freut und dankbar ist und dieses auch dem Gegenüber zeigt.
Leider scheint es bisher für viele Menschen leichter zu sein, weiterhin die Illusion persönlicher Macht aufrecht zu erhalten.

Besonders destruktiv wirkt sich der Glaube an diese Illusion im Umgang mit Kindern und Jugendlichen aus.
Nicht nur dass viele Eltern in bezug auf ihre Elternrolle nicht angemessen ausgebildet sind und sich häufig als Opfer ihrer Kinder fühlen, es sind auch ErzieherInnen und LehrerInnen, die vor allem in ihren Ausbildungen lernen, diesen Glauben an persönliche Macht zu internalisieren.
D.h., sie lernen, dass sie die Verantwortung haben für die Motivation, das Sozialverhalten, die Disziplin, die Lernfortschritte und die sonstigen Kompetenzen der Kinder und Jugendlichen, die sie betreuen oder unterrichten.

Mit der Übernahme dieser Verantwortung akzeptieren die zukünftigen ErzieherInnen und LehrerInnen, dass sie die Fähigkeit haben oder haben sollten, die Kinder und Jugendlichen zu interessieren, ihnen wichtige Dinge, Prozesse, Methoden usw. beizubringen und ihr Verhalten zu kontrollieren. Wenn sie das nicht fertig bringen, dann, das lernen sie auch, sind sie einfach nicht gut genug. Und leider ist es gerade dieser Glaube, der - wegen der ständigen Überforderung und dem zugehörigen Scheitern - in vielen Fällen zu einem „Burnout-Syndrom" führt.
Selbstverständlich sollten sie den ihnen anvertrauten Kindern kompetente Angebote machen und versuchen, sich selbst immer weiter fortzubilden, aber es sollte ihnen bewusst bleiben, dass sie den Kindern und Jugendlichen nur Angebote machen können. Diese entscheiden selbst darüber, ob sie diese Angebote annehmen oder nicht.
Das gilt ebenfalls für alle Erwartungen, Forderungen, Wünsche und Bitten und auch für Anweisungen und Befehle. Auch diese sind nur mit Wünschen verbundene „Angebote", und die Kinder und Jugendlichen entscheiden selber, ob sie erstere erfüllen oder ob sie letzteren gehorchen wollen. Diese Akzeptanz der Eigenständigkeit und Autonomie der Kinder und Jugendlichen würde bedeuten, dass man jedes Entgegenkommen auch entsprechend würdigen müsste.
Man würde ihnen damit auch die Macht wieder zurückgeben, die sie tatsächlich besitzen, nämlich die Macht, „Nein" zu sagen, und man würde ihnen gleichzeitig die Bedeutung und die Wirkung zugestehen, die ebenfalls von Beginn ihrer Existenz an die ihren sind.

Konkret bedeutet dies, dass eine lehrende Person in einer Klasse nicht mit Anweisungen - „Seid bitte leise", „Hört jetzt endlich auf, solchen Krach zu machen" - ‚mit Drohungen und Erpressungsmanövern – „Wenn Ihr jetzt nicht leise seid, macht ihr das schriftlich", „Wenn Ihr Euch nicht zusammennehmt, fällt der Wandertag aus", oder mit persönlichen Beleidigungen der besonders unruhigen Schüler versuchen sollte, Ruhe in die Klasse zu bringen. Es ist ein sinnloses Unterfangen, soviel destruktive Energie in ein erwünschtes Ergebnis zu stecken, auf das man sowieso keinen Einfluss hat. Sinnvoller ist es, einen direkten Wunsch zu äußern: „Ich möchte gern, dass Ihr jetzt alle leise seid" und im Zweifelsfalle den Wunsch zu wiederholen, denn vielleicht haben nicht alle Kinder den Wunsch beim ersten Mal gehört. Aber gleich anschließend ist es meiner Ansicht nach sehr wichtig, sofort zu thematisieren, welche Gründe die Kinder haben oder haben könnten, den geäußerten Wunsch nicht zu erfüllen, wie diese „Hemmungen" zu überwinden sind, was die Kinder selber für Vorstellungen haben usw.

Entscheidend bei diesem Vorgehen ist es, den Kindern bewusst zu machen, dass nur diejenigen, die in der Klasse Dinge herumwerfen oder irgendetwas anderes tun, auch damit aufhören können. Es geht darum, dass den Kinder durch die Art, wie mit ihnen gesprochen wird, versucht wird, bewusst zu machen, dass sie erstens für ihr Verhalten selbst verantwortlich sind und sie es deshalb auch selbst bestimmen und dass zweitens ihr eigenes Verhalten auch immer Konsequenzen für ihr eigenes Leben und für andere Menschen bzw. die gesamte Umgebung hat.
Allerdings ist dabei der Erwachsene damit konfrontiert, seine eigene Hilflosigkeit in Bezug auf seine Einflussmöglichkeit gegenüber den Kindern zu akzeptieren und geduldig abzuwarten, bis die Kinder begreifen, dass selbstverantwortliches Handeln sich angenehm anfühlt und deshalb dem fremdbestimmten Handeln vorzuziehen ist. Das kann in der Arbeit mit einer Kindergruppe, die man mehrmals in der Woche sieht, manchmal mehr als zehn Wochen oder noch länger dauern.

Wenn aber die Erwachsenen glauben, sie könnten die Kinder und Jugendlichen zwingen, wenn sie nur gut genug, streng genug oder sonst wie effektiv genug sind, dann werden sie sich mit ihnen in Machtkämpfe verwickeln. Wenn z. B. Kinder in der Klasse Karten spielen und auf die Forderung, damit aufzuhören, nicht reagieren und auch die Forderung, die Karten herzugeben, ignorieren, dann gerät der Lehrer oder die Lehrerin in die Versuchung, die eigene Hilflosigkeit zu leugnen, und die resultierende Wut zu agieren und das kann z. B. bedeuten, den Kindern die Karten mit schneller Gewalt aus den Händen zu reißen.
Ob es nun Spielkarten sind oder andere Spiele, Handys oder Schnippgummis, Liebesbriefchen oder Spickzettel, miteinander flüstern oder sich gegenseitig bespucken oder treten, Schularbeiten für andere Fächer machen, mit der Nachbarin oder dem Nachbar schmusen oder sonst irgendetwas ist, was die Erwachsenen als störend empfinden und stoppen wollen, alles eignet sich zur Eröffnung eines Machtkampfes von Seiten des Erwachsenen, wenn dieser nicht akzeptieren will, dass es die Entscheidung des Gegenübers ist, ob die Handlung beendet wird oder nicht.
Ähnliches gilt selbstverständlich auch für den Umgang von Erwachsenen untereinander. Auch unter Erwachsenen entwickeln sich Machtspiele oft schneller, als den Beteiligten bewusst ist und es erfordert Aufmerksamkeit und Achtsamkeit bei allen Beteiligten, den gemeinsamen Prozess noch einmal von vorn zu beginnen, statt das Machtspiel fortzusetzen.
Es ist – wie gesagt - sinnvoller, einfach eine Bitte zu äußern und gleichzeitig deutlich zu machen, dass die Erfüllung oder Nichterfüllung die Entscheidung des Gegenübers ist. Diese Entscheidung kann allerdings - und

darauf kann man natürlich hinweisen - je nach dem, wie sie ausfällt, auch unterschiedliche Konsequenzen nach sich ziehen. Wenn man tut, was man selber will, bedeutet dies auch, mit den Konsequenzen zu leben, die das eigene Handeln nach sich zieht. Und das ist auch etwas, was Kinder möglichst früh begreifen sollten.

Solange die Erwachsenen psychisch oder physisch stärker sind als die Kinder, sind die Kinder meist klug genug, einen Machtkampf zu vermeiden, den sie im Zweifelsfalle nicht gewinnen können, und sind deshalb bereit, einzulenken. Wenn sich aber Kinder oder Jugendliche den Erwachsenen in bezug auf psychische oder physische Stärke gleichwertig oder sogar überlegen fühlen, dann können sie den Kampf auch aufnehmen.
Tatsächlich passiert dies auch ab und an, ich erinnere nur an die Beispiele im Fernsehen in der Serie „Die Supernanny". Ich denke allerdings, dass viele der Kinder und Jugendlichen nachgiebiger sind als wir denken, einfach, weil sie Zuwendung und Anerkennung brauchen und eine Bedeutung für und eine Wirkung auf andere haben wollen.

Trotz aller dieser Argumente ist es sehr schwer für Menschen, die - wie auch immer – mit kleinen und großen Menschen arbeiten, die Autonomie ihres Gegenübers zu akzeptieren und wertzuschätzen.
Wenn nun ein Mensch an persönliche Macht glaubt, geht er - wie gesagt - gleichzeitig davon aus, dass es möglich ist, andere Menschen zu kontrollieren oder selbst kontrolliert zu werden. Kontrolle und Kontrollmöglichkeiten aber spielen in unserer Kultur – wie schon oft gesagt - eine sehr große Rolle. Wir wollen alles kontrollieren: Krankheiten besiegen, den Verfall des alternden Körpers aufhalten, psychische Zustände verbessern, die Effizienz von Arbeitnehmern vergrößern, Gewinnspannen in Unternehmen erhöhen usw. Gegen solche Kontrollwünsche ist nicht zu sagen. Der Wunsch nach Kontrolle ist sehr verständlich und es gibt sicher keinen Menschen, der diesen Wunsch nicht hat. Denn alles, was wir unter Kontrolle bringen können, erhöht die Sicherheit und Effektivität unseres persönlichen Lebens. In diesem Sinne versuchen wir unter anderem auch ziemlich sichere Autos oder andere Maschinen, Häuser, Brücken usw. zu bauen und häufig gelingt uns dies auch.
Wir können dies, weil sich mechanische Gebilde in Bezug auf ihre Belastbarkeit, Dehnbarkeit, Beweglichkeit, ihre Verhaltensweisen bei verschiedenen Umweltfaktoren usw. so berechnen lassen, dass man ziemlich gute – statistisch abgesicherte - Vorhersagen in Bezug auf ihr zukünftiges Verhalten machen kann.

Ein Problem entsteht erst dann, wenn man daran glaubt, dass eine solche Kontrolle auch in Bezug auf lebendige Wesen möglich ist und sein eigenes Verhalten darauf aufbaut. Und das ist aber leider das, was – wie bereits gesagt - auf einer zwar sehr geschätzten, aber dennoch nicht mehr haltbaren Illusion beruht.

Um es noch einmal zu wiederholen: Eine Kontrolle von sich selbstorganisierenden Systemen, wie z. B. lebendigen Wesen, würde einen Eingriff in die Selbstorganisation erfordern und ist deshalb prinzipiell nicht möglich.

Selbstorganisierende Systeme, wie z. B. Menschen, sind zwar durchlässig für hohe Durchflüsse von Energie und Materie, aber für alle anderen gezielten Einflüsse aufgrund der Selbstorganisation geschlossen. Dabei werden materielle Einflüsse wie Schallwellen, Nahrung oder Medizin und energetische Einflüsse wie Wärme, Licht und andere elektromagnetische Wellen im Rahmen der persönlichen Selbstorganisation eines Menschen auf der Basis seiner bisherigen Erfahrungen intern in für ihn bedeutsame Informationen – die ihm allerdings nicht unbedingt bewusst werden – umgewandelt und diese ermöglichen ihm sowohl sein Überleben und sein Wachstum in einer sich verändernden Welt als auch, sich weitgehend an die Veränderungen seiner Umwelt anzupassen. Allerdings gibt es für diese Anpassungsprozesse biologische und individuelle Grenzen, die im Zusammenhang mit der „Epigenetik“ erforscht werden.

Verantwortlich für diese Prozesse sind unter anderem das periphere und das zentrale Nervensystem des Menschen. Diese stellen in Zusammenarbeit mit jeder Zelle des eigenen Körpers selbstorganisierend die Wirklichkeit her, in der dieser Mensch lebt.

D. h. es sind ausschließlich interne Prozesse, die uns unsere Wahrnehmung der Welt vermitteln und die uns unsere Einstellungen, Bewertungen und unser Verhalten gegenüber anderen ermöglichen. Dabei lernen Lebewesen ununterbrochen dazu. In diesem Sinne kann man sagen:

Selbstorganisierende Systeme sind lernende Systeme, die sich ununterbrochen auf der Grundlage dessen, was gerade „ist“, anpassen und weiterentwickeln.

Aber die Vorstellungen, Kontrollen der unterschiedlichsten Art seien möglich, sind in jedem von uns tief verankert, unser ganzer Sprachgebrauch drückt diese Vorstellungen aus. Wir trennen schon sprachlich nicht mehr zwischen dem Versuch und dem Ergebnis. Wir sagen: „Du machst mich glücklich“ und glauben eben auch, dass es die andere Person ist, die uns glücklich macht. Wir sagen nicht: „Ich denke, du versuchst, mich glücklich zu machen und ich fühle mich jetzt auch glücklich“. Das klingt auch wirklich zu gestelzt.

Aber wenn uns bewusst wäre, dass die andere Person sich Mühe gibt und sich wünscht, dass wir glücklich sind und wenn uns gleichzeitig bewusst wäre, dass es unsere eigene Fähigkeit ist, glücklich sein zu können, dann würden wir den aktiven Teil nicht mehr nur der anderen Person in der Interaktion zuschreiben und uns selbst den passiven Teil zuweisen oder umgekehrt, sondern wir würden davon ausgehen, dass beide Personen gleichwertig und aktiv an der Interaktion beteiligt sind. Die eine Person versucht, der anderen eine Freude zu machen und die andere Person ist auch bereit, sich zu freuen. Sich freuen zu können, ist eine persönliche Fähigkeit. Es gibt Menschen, die sich nicht freuen können oder vielleicht nur ein bisschen und Menschen, die viel Geld für Therapien ausgeben, um zu lernen, sich zu freuen.
Ebenso ist es mit allen anderen Prozessen des Wahrnehmens, des Fühlens, Denkens und Handelns, sie sind Ausdruck der persönlichen Selbstorganisation und damit von denen aller anderer Menschen verschieden.
Alles, was wir heute darüber wissen, wie wir die für uns bedeutsame innere und äußere Wirklichkeit herstellen, wie und was wir wahrnehmen, fühlen, denken, lernen, sprechen und tun, weist darauf hin, dass sich diese Prozesse im Inneren eines Menschen entwickeln. Außer der ebenfalls sehr persönlichen Verarbeitung unterschiedlicher materieller und energetischer Einflüsse und den damit einhergehenden ununterbrochenen Wechselwirkungen mit der Umwelt sind es nur unsere Wünsche und unsere Wunscherfüllungen, die uns mit der Außenwelt verbinden.
Zusammenfassend kann man sagen: Jeder Mensch lebt in seinem eigenen Universum und hat außer über die Simulationen seiner eigenen Spiegelneuronen, die ihm zumindest Vermutungen über das Universum seines Gegenübers ermöglichen, keine Verbindung zu dem Universum seines Gegenübers. Aber mit unseren Wünschen versuchen wir, einen „befriedigenden“ Kontakt zu anderen herzustellen und wenn diese uns unsere Wünsche auch erfüllen, erleben wir diesen Kontakt als „zufriedenstellend“, wobei es individuell unterschiedlich ist, was eine Person unter „befriedigend“ erlebt oder versteht.
Anders ausgedrückt, jeder Mensch ist in dieser Weise existentiell einsam, aber gleichzeitig auch auf das Miteinander existentiell angewiesen, denn inzwischen ist auch nachgewiesen worden, dass Menschen soziale Ausgrenzung und Isolierung als schmerzhaft erleben und krank werden, wenn diese länger andauern.
Wir sind also einerseits soziale Wesen und als solche aufeinander angewiesen und gleichzeitig sind wir voneinander getrennt und können keine gezielten Wirkungen aufeinander ausüben. Manche Personen haben angefangen zu weinen, als ihnen plötzlich die ganze Tragweite dieser neuen For-

schungsergebnisse bewusst wurde: „Und ich kann gar nichts dazu tun, dass mich jemand liebt" war die eine bittere persönliche Erkenntnis, und die andere, teilweise noch schmerzlichere war: „Und ich habe mir die ganzen Jahre so viel Mühe gegeben und mich so angestrengt, und jetzt begreife ich, dass ich, selbst wenn ich noch mehr getan hätte, auch nichts hätte verändern können. Ich hätte tun können, was ich wollte, es hätte nichts genutzt." Und andere haben gemeint, es fühle sich so einsam an, wenn sie nicht mehr an diese Abhängigkeit glauben. Und wieder andere haben es als Befreiung erlebt. „Wenn ich andere nicht manipulieren kann, und wenn deren Handlungen durch deren Selbstorganisation und deren Wünsche bestimmt werden, dann kann ich anfangen, mich frei zu fühlen und mehr das tun, was mir selbst wichtig ist."

Aber wenn wir Angst haben, dass unsere Wünsche immer genau dann nicht erfüllt werden, wenn wir nicht ein bestimmtes Verhalten zeigen; nicht ein bestimmtes Aussehen haben; nicht über bestimmte Fähigkeiten und Fertigkeiten oder sonstige Attribute verfügen, dann werden wir wahrscheinlich versuchen, uns den persönlichen Erwartungen anderer oder den gesellschaftlichen Erwartungen und Forderungen mehr als uns gut tut anzupassen. Und mit dem Glauben an die in dieser Angst verborgene Illusion der gezielten Beeinflussbarkeit von Menschen geben wir unsere persönliche Freiheit auf oder versuchen, die persönliche Freiheit von anderen einzuschränken.

Und es gibt natürlich gesellschaftliche Erwartungen, wie man zu sein hat, wie man aussehen muss, was man tun darf usw., um gesellschaftliche und persönliche Anerkennung und Wertschätzung zu bekommen. Aber diese gesellschaftlichen Erwartungen sind der Mode unterworfen und ändern sich, um den Interessen - insbesondere auch den finanziellen - bestimmter Personen und bestimmter Personengruppen in der Wirtschaft, in der Politik, in den Medien usw. zu dienen und die Selbstorganisation bestimmter übergeordneten Systeme gegenüber anderen Systemen aufrechtzuerhalten, wie z. B. der Industrieländer gegenüber Ländern der sogenannten Dritten Welt und so weiter. In allen Fällen ist es wichtig, sich zu entscheiden, ob man bestimmten Erwartungen nachgeben will oder nicht. Es ist immer eine Entscheidung, ob man die Erwartungen, Wünsche oder Forderungen von der anderen Seite erfüllen will oder nicht.

Und wenn man nun selbst eine Erwartung, einen Wunsch oder eine Forderung an andere hat, reicht es in vielen Fällen, diese als Wunsch einfach auszusprechen und zu hoffen, dass es die Selbstorganisation des Gegenübers ermöglicht, dass der Wunsch erfüllt wird. Mehr kann man sinnvollerweise eigentlich nicht tun.

Natürlich kann man versuchen, ein Machtspiel in Gang zu setzen und darauf zu hoffen, dass sich die andere Person unter Druck setzen oder erpressen lässt und sich aus Angst vor Liebesverlust oder vor dem Verlassenwerden usw. dazu bereit findet, den Wunsch zu erfüllen.
Aber damit strukturiert man den Prozess des Wünschens und des Wunscherfüllens wieder in einer Dynamik von Täter und Opfer.

Mir scheint es wichtig zu sein, eine Bewusstheit dafür zu entwickeln, dass jeder Mensch frei in seinen Entscheidungen ist, den Wunsch eines anderen Menschen zu erfüllen oder nicht.
Menschen sind als selbstorganisierende Systeme zwar voneinander getrennt, ohne dass es eine Möglichkeit gibt, die Grenze zwischen ihnen zu überschreiten, aber sie haben – wie gesagt - Wünsche aneinander. Und es sind genau diese Wünsche, die uns die Nähe zueinander ermöglichen, wenn wir es fertig bringen, sie auszusprechen und die Erfüllung oder Nichterfüllung unserer Wünsche abzuwarten und die jeweilige Entscheidung des Gegenübers zu akzeptieren.
Die wichtigsten Wünsche habe ich „existentielle Wünsche" genannt und sie beziehen sich alle auf die Qualität der Beziehung zu anderen Menschen. Wir wollen von anderen Menschen wahrgenommen werden und in unserer Autonomie respektiert werden, wir wollen geachtet und ernst genommen werden, wir wollen als die einzigartige Person, die wir sind, wertgeschätzt werden und wir wollen für andere eine Bedeutung haben, eine Wirkung auf sie ausüben und eine Spur bei ihnen hinterlassen.
Menschen sind soziale Wesen, Beziehungen sind das Wichtigste für Menschen, auch wenn sie dieses oft verleugnen. Menschen sind ungeheuer empfindlich in Bezug auf die Qualität ihrer zwischenmenschlichen Beziehungen, auch wenn sie versuchen, diese Empfindsamkeit abzustumpfen und solche Botschaften, mit denen ihnen die Erfüllung ihrer existentiellen Wünsche verweigert werden, möglichst nicht zur Kenntnis zu nehmen. Sonst würden sie die destruktiven Botschaften, die sie sich wechselseitig bei Machtspielen zukommen lassen, nicht mehr mitteilen, sondern sich bemühen, sich wechselseitig ihre existentiellen Bedürfnisse oder Wünsche zu erfüllen.
Diese existentiellen Wünsche haben nicht nur Menschen aneinander, jedes Lebewesen möchte sie - wenn vielleicht auch auf unterschiedliche Weise - erfüllt bekommen. Jedes Lebewesen will leben, will sich in der Welt, in der es lebt, sicher und mit den Quellen seiner Existenz verbunden fühlen, will z. B. Nahrung oder einen sicheren Unterschlupf finden, will Spuren in seiner Umwelt hinterlassen, z. B. Nachkommen zeugen oder gebären, und Wirkungen erleben, z. B. durch die erfolgreiche Nahrungsbeschaffung oder

die Aufzucht seiner Jungen. Menschen haben auch diese existentiellen Wünsche und es ist meiner Ansicht nach eine ethische Verpflichtung, die wir als Lebewesen haben, diese Wünsche unaufgefordert und so weitgehend, wie es einem möglich ist, anderen Lebewesen und damit auch Menschen gegenüber zu erfüllen. Deswegen möchte ich sie an dieser Stelle noch einmal zusammenfassen:

Jeder Mensch will als einzigartige Person wahrgenommen werden.
Jeder Mensch möchte in seiner Autonomie respektiert werden.
Jeder Mensch möchte von anderen geachtet und ernst genommen werden.
Jeder Mensch möchte für andere Menschen eine Bedeutung haben.
Jeder Mensch möchte auf andere Menschen eine Wirkung haben.
Jeder Mensch möchte eine Wechselwirkung und Kontakt mit anderen Menschen haben.
Jeder Mensch möchte bei anderen Menschen eine Spur hinterlassen.
Jeder Mensch möchte von anderen Menschen wertgeschätzt werden.
Jeder Mensch möchte von bestimmten Menschen geliebt werden

Werden uns diese existentiellen Wünsche nicht erfüllt, aktivieren sich bestimmte Neurone in unserem Gehirn, die sich auch aktivieren, wenn wir Schmerzen haben. Wir fühlen uns – darauf habe ich schon an anderer Stelle hingewiesen - verletzt und werden unglücklich und im Zweifelsfalle krank.
Aber leider verdrängen wir unsere existentiellen Wünsche meist so schnell, wie es geht, weil deren Nichterfüllung uns schmerzt, und dann erscheint es uns sicherer, diese Wünsche erst gar nicht wahrzunehmen. Stattdessen begnügen wir uns meist mit den kleineren Wünschen, deren Erfüllung wir entweder für selbstverständlich halten oder über deren Nichterfüllung wir für eine lange Zeit unzufrieden, ärgerlich oder wütend sind.
Solange wir denken, die anderen hätten uns durch ihr Verhalten unzufrieden, ärgerlich öder wütend gemacht, d. h. solange wir unsere Gefühle nicht als ein ausschließlich inneres, uns informierendes Geschehen wahrnehmen und deuten, solange können wir die enthaltenen Informationen auch nicht entschlüsseln. Unzufriedenheit, Ärger und Wut weisen uns jedoch immer auf wieder auf unerfüllte Wünsche hin.
Aber leider machen wir uns bisher die hinter den Gefühlen von Unzufriedenheit, Ärger und Wut verborgenen Wünsche meist nicht bewusst, und sprechen sie schon gar nicht aus.
Stattdessen ist häufig die dann bereits wiederholt erwähnte Illusion am Werke: „Man kann doch den anderen nicht so unter Druck setzen“, „So direkt auszusprechen, was man sich wünscht, ist unhöflich und lässt dem anderen keinen Ausweg“, usw.

Aber meist ist es die Angst davor, die Ablehnung eines Wunsches auf sich selbst zu beziehen und sich dann schlecht zu fühlen, die uns daran hindert, unsere Wünsche auszusprechen

In all diesen Fällen wird nicht berücksichtigt, dass jeder Mensch in seinem eigenen Universum lebt und alle Entscheidungen nur aus seinem Universum heraus trifft, dass alle seine Aussagen und Handlungen immer nur ein Selbstausdruck sind und es über die internen Simulationen hinaus keine Verbindung zu einem wie auch immer gearteten Gegenüber gibt. Niemand kann einen anderen Menschen zwingen, auch der Gewalt beugt man sich im Zweifelsfalle durch einen Entschluss, weil man z. B. den Wunsch hat zu überleben.
Leider ist das Aussprechen eines Wunsches keineswegs eine Garantie dafür, ihn auch erfüllt zu bekommen, und leider gibt es viele, auch viele existentielle Wünsche, die uns von bestimmten Menschen nicht erfüllt werden. Das ist hart und manchmal sehr bitter, aber es ist dann meist nicht zu ändern: Manchmal können Menschen andere eben nicht achten, oder anderen eine Wirkung zugestehen, manchmal besitzen sie nicht die Fähigkeit, empathisch zu sein, manchmal können sie einen anderen Menschen nur kritisieren, aber nicht wertschätzen, manchmal können sie nur nehmen, aber nicht geben, oder nur geben, aber nicht nehmen, usw.
Sie haben für ihre eigenen Verhaltensweisen Gründe, die in ihrem eigenen Universum liegen und die meist nicht einfach zu verstehen sind. Oft wissen die Menschen selbst nicht, warum sie bestimmte Dinge tun oder nicht tun. Wir können sie fragen und ihnen vielleicht dabei behilflich sein, sich selbst besser zu verstehen. Aber wir können sie nicht so beeinflussen, wie wir es vielleicht gerne möchten und wir können sie nicht ändern, weil es diese nicht überschreitbare Grenze zwischen uns gibt.

Nur unsere Wünsche, die wir aneinander haben, verbinden uns. Über die Wünsche aneinander knüpfen wir unsere sozialen Beziehungen und vergewissern wir uns über uns selbst. Unsere Wünsche sind die Arme, die wir in die Welt hinaus ausstrecken und die uns mit anderen Menschen verbinden.

Und je eher wir lernen, dass wir diese Arme so oft und so intensiv nach anderen ausstrecken dürfen, wie wir wollen, und das jeder Mensch frei ist, sie zu ergreifen und ein Geschenk in die offenen Hände zu legen oder aber auch nicht, desto freier und reicher wird unser Leben werden.

„Meinst du nicht, dass das ein bisschen schwülstig klingt?“, fragt Valentino. Ich stimme ihm zu. „Hast du einen besseren Vorschlag“, frage ich zu-

rück. „Nein, im Moment nicht", sagt Valentino, „aber ich werde darüber schlafen."

Denken
Wie Menschen intern ihre Erfahrungen organisieren

Valentino gähnt und streckt sich. „Es geht mir gut", sagt er, „und wie geht es dir. Du legst deine Stirn in Falten, hast du irgendetwas, was dich beschäftigt?" „Ja", sage ich, „ich denke über Denken nach und im Grunde weiß ich nicht, wie man das macht." „Es ist gar nicht so schwer, denn es macht sich von allein", sagt Valentino, „nicht du denkst, sondern es denkt dich." „Wie soll das denn gehen", frage ich, „Welches Es denkt mich?" „Du darfst das nicht so wörtlich nehmen, ich will nur sagen, das Denken geschieht in dir, ohne dass du es bist, die denkt." Ohne nachzudenken, sage ich: „Das ist vielleicht für dich so, aber in mir denkt es nicht, in mir denke ich. Ich, nur ich." Aber kaum habe ich es ausgesprochen, bin ich mir nicht mehr so sicher. „Vielleicht denke ich nur, dass ich es bin, die denkt. Vielleicht ist das Denken auch nur ein Produkt meiner Selbstorganisation, und ich glaube nur, ich sei es, die denkt", sage ich zu Valentino. „Du machst es dir aber wirklich schwer", sagt er, „weißt du, das Denken gibt es doch gar nicht allein, es gibt immer nur ein Körper- Spüren – Fühlen - Wollen - Denken -Tun, und das immer alles zusammen und in wechselnder Reihenfolge." „Valentino", sage ich, „jetzt wird es ja noch komplizierter." „Ja, aber doch nur, wenn du versucht, es in Worte zu fassen. Wenn du es einfach lebst, hast Du gar kein Problem, glaube mir."
Dann streckt er sich noch einmal, indem er seinen Schwanz senkrecht nach oben streckt und sich mit dem Oberkörper flach auf den Teppich legt und die Vorderpfoten mitsamt den Krallen ganz lang macht. Er rollt sich auf den Rücken, zeigt mir seinen weichen Bauch in voller Länge und schnurrt. „Hast du Lust, mich ein bisschen zu streicheln", fragt er mich. „Hast du Lust, ein bisschen gestreichelt zu werden", frage ich zurück. „Warum machst du es so kompliziert? Ich habe zuerst gefragt", fragt Valentino. „Du hast es kompliziert gemacht, weil du nicht gesagt hast, was du willst" sage ich. „Doch, sagt Valentino, „das habe ich gesagt. Ich wollte wissen, ob du Lust hast, mich ein bisschen zu streicheln." Dann grinst er und sagt: „Siehst du, was Denken alles anrichten kann. Es kann einem das schönste Streicheln vermiesen." Ich grinse auch ein bisschen, nähere mich mit meiner Hand seinem weichen, silbergrauen Fell und beginne, ihn zu streicheln. „Nein, nicht wirklich", sage ich.

Da die Selbstorganisation eines jeden Menschen von der eines anderen Menschen verschieden ist, diese aber alle seine Prozesse - von jedem Erlebnis, jedem Lernprozess usw. bis in die Bausteine der Zellen hinein - organisiert, und sogar die Bausteine abbaut und immer wieder neu herstellt,

mit denen alles das geschieht, muss sich auch das Denken eines jeden Menschen von dem anderer unterscheiden.
Aber viele Menschen glauben, dass ihre Mitmenschen alle auf die gleiche Art und Weise „denken“, wie sie selbst und wundern sich oder werden ärgerlich, wenn sie feststellen, dass sie nicht verstanden werden, sie eine Antwort erhalten, mit der sie nicht gerechnet haben und die ihnen nicht gefällt oder dass sie sich mit Argumenten von anderen auseinander setzen sollen, die sie selbst für uneinsichtig, vorurteilsvoll oder schlicht für dumm halten. Dabei liegt dieses zunächst meist nur daran, dass der andere Mensch einfach nur anders denkt. Er reduziert eben die Komplexität seiner eigenen Umgebung auf eine andere Art als man selbst.
Wenn ein Mensch nicht wieder in ein Restaurant gehen will, weil er dort einmal sehr lange auf sein Essen gewartet hat, die Bedienung unfreundlich war, ihm das Essen nicht geschmeckt hat oder die Gäste am Nebentisch zu laut waren, kurzum, weil er dort eine unangenehme Erfahrung gemacht hat, dann ist das für eine andere Person, die in ähnlicher Weise denkt, sofort verständlich. Sie wird dann vielleicht selbst von unangenehmen Erfahrungen berichten, auf Grund derer sie die entsprechenden Menschen, Orte, Veranstaltungen und dergleichen gemieden hat. Diese Menschen sagen Sätze, wie: „Da fahre ich nie wieder hin.“, „Die lade ich nie wieder ein.“, „Das mache ich nicht noch einmal.“, und empfinden ihre Entscheidungen als angemessen und richtig. Wenn das jeweilige Gegenüber dann anfängt zu argumentieren, ihr habe das Essen aber geschmeckt, es sei doch nicht immer so laut, die Bedienung habe vielleicht nur einen schlechten Tag gehabt, die Freundin sei nur gereizt gewesen, weil sie Zahnschmerzen gehabt habe, der Urlaubsort sei nur während der Schulferien so überlaufen, und so weiter, dann stoßen sie häufig auf taube Ohren. Eine schlechte Erfahrung bewirkt, dass die vermeintliche Ursache von da an gemieden wird und dass spätere Relativierungen an der einmal getroffenen Entscheidung nichts mehr ändern können. Menschen, die auf diese Weise Ordnung in das System ihrer Erfahrungen bringen, favorisieren ein Denken, welches als „induktives Denken“ bekannt ist. In der Mathematik kennt man es als den „Schluss von n auf n+1“ und dieser „induktive Beweis“ ist eine wichtige Methode des Schlussfolgerns.

Induktives und deduktives Denken

Induktives Denken ist in jeder Hinsicht von großer Bedeutung und ich denke, es ist diese Art des Denkens, die Kinder vor der Wiederholung gefährlicher Situationen im Alltag bewahren kann. Sie fassen meist nicht zum zweiten Mal auf eine Herdplatte oder in eine Kerze, sie steigen, wenn sie einmal heruntergefallen sind, nicht noch einmal auf den wackeligen Stuhl und sie beginnen Menschen, die ihnen unfreundlich entgegenkommen, zu meiden. Sie lernen mit Hilfe des induktiven Denkens schnell, unangenehmen, schmerzhaften oder bedrohlichen Situationen aus dem Wege zu gehen. Aber sie lernen nicht nur das, sie lernen auch, Situationen, die diesen ersten Erfahrungen strukturell ähnlich sind, zu vermeiden. Sie lernen, dass Feuer in jeder Form heiß ist, dass wackelige Gegenstände aller Art nicht zum Klettern geeignet sind, dass es Essen gibt, welches ihnen nicht schmeckt, dass spitze Gegenstände, gleichgültig, wie sie sonst aussehen, pieken können und vieles andere mehr. Favorisiert man jedoch diese Art des Denkens gegenüber den vielen anderen Möglichkeiten, auf die ich noch eingehen werde, dann besteht die Gefahr, dass die eigene Welt in ihren Möglichkeiten immer kleiner wird. Es gibt dann immer mehr Personen, mit denen man nichts mehr zu tun haben will, immer mehr Orte, die man nicht mehr aufsuchen will, immer mehr Aktivitäten, die man sich nicht mehr zumuten will und immer weniger Möglichkeiten, noch etwas dazu zu lernen.

Aber nicht nur diese, jede Art des Denkens beinhaltet Gefahren, wenn sie gegenüber anderen Möglichkeiten des Denkens bevorzugt und damit einseitig wird.

So wird „deduktives Denken“ meist in gewissem Gegensatz zum induktiven Denken gesehen. Während man beim induktiven Denken den Einzelfall verallgemeinert, schließt man beim deduktiven Denken vom Allgemeinen auf den einzelnen Fall. Dabei kann „das Allgemeine“ sowohl aus den bisherigen eigenen Erfahrungen bestehen, als auch aus „rationalen“ oder „irrationalen“ Überzeugungen oder akzeptierten Informationen aller Art zustande kommen.

Man kann davon ausgehen, weil einen noch nie ein Hund gebissen hat, dass einen dieser Hund auch nicht beißen wird, oder annehmen, weil man glaubt, dass alle rothaarigen Frauen leidenschaftlich sind, dass auch diese rothaarige Frau so sein wird. Vor-Urteile aller Art gehören zu dieser Art des Denkens. Natürlich sind auch Vor-Urteile wichtig, es gibt viele Lebenssituationen, in denen man - einfach weil nicht genug Zeit zur Verfügung steht - ein schnelles Urteil ohne besondere Prüfverfahren trifft oder treffen muss. Aber auch hier ist man gut beraten, solche Vor-Urteile nicht als Wahrheit, sondern eher wie eine Hypothese zu behandeln und mit Hilfe zum Beispiel des induktiven Denken im Einzelfall noch einmal zu überprüfen, ob man sein Vor- Urteil nicht noch einmal revidieren möchte.

Deduktives und induktives Denken - das Denken vom Allgemeinen zum Besonderen und das Denken vom Besonderen zum Allgemeinen – gehören

in diesem Sinne zusammen, jede dieser Denkweisen für sich allein kann zu Verengungen und Verzerrungen führen.
So wie induktives und deduktives Denken als zwei Pole aufgefasst werden können, zwischen denen notwendigerweise eine Wechselwirkung stattfinden sollte, um die Vielfältigkeit, die Komplexität, die Variabilität und die jeweilige Vernetzung des Lebens in all seinen Erscheinungen wenigstens ansatzweise für sich selbst zu erfassen, so bilden auch andere Denkweisen solche Pole, zwischen denen entsprechende Wechselwirkungen notwendig zu sein scheinen, will man unbefriedigende Reduktionen der Möglichkeiten des eigenen Umweltfeldes vermeiden.

Konvergentes und divergentes Denken

So kann man zwar „konvergentes Denken" - das Denken auf eine Lösung hin – bevorzugen, und das ist in unserer Kultur, unter anderem in unseren Schulen, Universitäten und anderen Ausbildungsstätten der Fall, aber damit kreative Lösungen möglich werden, braucht es die Wechselwirkung mit „divergentem Denken", mit dem nicht nach einer, sondern nach vielen Lösungen gesucht wird. In vielen Büchern, die sich mit der Entwicklung von Kreativität beschäftigen, findet man Übungen zu divergentem Denken. Z. B. wird gefragt, was man alles mit Backsteinen machen oder wie man einen gezeichneten Kreis zu verschiedenen Figuren ergänzen könne usw. Und man findet inzwischen auch im Internet entsprechende Strategien zur Unterstützung divergenter Denkprozesse, wie z. B. Brainstorming, Mind-Mapping und ähnliches. Darum geht es mir hier aber nicht. In diesem Zusammenhang ist mir vor allem wichtig, darauf hinzuweisen, dass verschiedene Menschen verschiedene Denkweisen bevorzugen und in Schwierigkeiten mit anderen Personen geraten, wenn sie erstens nicht wissen, wie sie selber denken, und zweitens irrtümlicherweise davon ausgehen, dass die Art, wie sie denken, selbstverständlich, natürlich oder normal sei und dass andere Personen genau so denken wie sie.
„Nun bleib doch mal bei einer Sache", „Das gehört doch überhaupt nicht dazu", „Spring doch nicht immer hin und her", „Du musst doch nicht gleich alle Möglichkeiten berücksichtigen", sagt ein konvergenter Denker zu einem divergenten Denker, während dieser sich durch solche Fokussierungsversuche möglicherweise eingeengt fühlt. Eine Person, die divergente Denkprozesse bevorzugt, hat vielfältige verschiedene Pläne für ihren Urlaub, kombiniert ihre Anziehsachen auf immer neue Weise, gestaltet die Wohnung immer wieder neu, liebt und produziert Abwechslungen, hat häufig sehr verschiedene Freunde mit den unterschiedlichsten Berufen und Interessen und träumt oft von den verschiedenen Möglichkeiten, die ihr das Leben - am besten gleichzeitig - bieten könnte.

Die Gefahr, die in einer Bevorzugung divergenten Denkens liegt, besteht darin, dass man sich leicht verzettelt, Prozesse nicht zu Ende führt, sich oft nur schwer entscheiden kann, was man „wirklich“ will, in Gesprächen hin und her springt und sich langweilt, wenn es darum geht, in einem längeren Überlegungsprozess etwas zu Ende zu denken. Es birgt auch die Gefahr, die Menschen, die überwiegend konvergent denken, als Langweiler und Spaßverderber anzusehen.

Ein Mensch, der konvergentes Denken bevorzugt, weiß, dass man meist nicht gleichzeitig auf Weltreise gehen und seine Karriere vorantreiben kann, außer man ist z. B. Schriftsteller, Fotograph, Feldforscher oder Journalist. Im Allgemeinen geht nur eines. Für ihn ist deutlich, dass man nicht alles haben kann und wenn er einem Menschen begegnet, der divergentes Denken bevorzugt, fühlt er sich häufig irritiert von dessen Spiel mit den Möglichkeiten. Weil er die Tendenz hat, für seine Fragen und Probleme jeweils ernsthaft eine einzige Lösung zu suchen und zu finden, kann er nicht leicht akzeptieren, dass divergentes Denken eher etwas Spielerisches hat und die Vielfalt von antizipierten Lösungsmöglichkeiten nicht bedeutet, dass sie alle realisiert werden sollen. Im Gegenteil, manchen Menschen mit einer Bevorzugung divergenten Denken reicht die spielerische Beschäftigung völlig aus und sie brauchen nicht eine einzige ihrer Phantasien in die Tat umzusetzen. Robert Musil hat in seinem Roman „Der Mann ohne Eigenschaften“ von den Möglichkeitsmenschen und den Wirklichkeitsmenschen gesprochen und diese Begriffe kann man in gewisser Weise auf die divergenten und die konvergenten Denker übertragen.
Und wenn ich ein Wirklichkeitsmensch bin und weiß, dass mein Gegenüber ein Möglichkeitsmensch ist, dann kann ich dessen phantasiereiches Spiel - wenn ich nicht befürchte, es werde alle seine Ideen so schnell wie möglich und koste es, was es wolle, realisieren – einfach genießen.
Und wenn ich ein Möglichkeitsmensch bin und weiß, dass mein Gegenüber ein Wirklichkeitsmensch ist, dann werde ich seine Einwände gegen meine Ideen besser verstehen, wenn ich ahne, dass die Vielfältigkeit und Widersprüchlichkeit meiner Ideen ihn beunruhigen. Ich kann dann mein Gegenüber versuchen wieder zu beruhigen, indem ich ihm versichere, dass es sich nur um ein Spiel mit Möglichkeiten handelt und nicht um ernsthafte und so schnell wie möglich umzusetzende Vorhaben. Und ich kann die – meist auf soliden Erfahrungen beruhenden - Einschätzungen von Realisierungschancen meiner Ideen, die mir mein Gegenüber zu bedenken gibt, als bedenkenswert ansehen und berücksichtigen, wenn ich eine der vielen Möglichkeiten doch realisieren möchte. Solange aber die Beteiligten nicht wissen, dass sie einfach verschiedene Denkweisen bevorzugen, können allein des-

halb sehr leicht Missverständnisse auftauchen, die im Zweifelsfalle in richtige Machtkämpfe ausarten können.

Spekulatives Denken kann man ebenso wie **antizipatorisches Denken** in gewisser Weise als besondere Formen des divergenten Denkens auffassen. Jemand, der spekulatives oder antizipatorisches Denken bevorzugt, liebt solche Fragen, wie „was wäre, wenn…?“, „wenn es nun ganz anders wäre, zum Beispiel….“, „wenn man es einfach einmal von einer ganz anderen Seite betrachten würde?“ usw. Menschen mit dieser Vorliebe halten sich nicht unbedingt daran- wie andere Menschen -, Daten und Fakten geordnet zu betrachten und die dadurch entstehende Ordnung und Struktur für selbstverständlich zu halten. Sie lieben es, neue Bezüge und Ordnungen zwischen „Daten und Fakten“ sowohl für die Gegenwart als auch für die Zukunft, aber auch für die Vergangenheit herzustellen, selbst wenn diese dadurch ihre vorherigen Bezüge und Bedeutungen verlieren.
Ihr Denken ist nicht unbedingt realitätsgebunden und das kann sicher einen zielorientierten und sich an das bereits Bekannte haltenden konvergenten Denker außerordentlich irritieren. Er wird vielleicht sagen: „ Kannst du dich denn nicht einfach an die Fakten halten?“ Oder: „Das ist inzwischen längst bewiesen, dass es nicht so ist, wie du denkst.“ Usw.
Die Irritation wirkt allerdings oft auch in die umgekehrte Richtung. Ein spekulativer Denker hält den sich zielorientiert auf eine Lösung hin bewegenden konvergenten Denker vielleicht für einen langweiligen Streber. Mit solchen Bewertungen verpasst man aber vielleicht entweder den Spaß am spielerischen Kombinieren oder die Freude an einem sich logisch und folgerichtig entwickelndem Prozess.

Analysierendes und synthetisierendes Denken

Analysierende und synthetisierenden Denken sind ähnlich polarisiert wie die vorhergehenden Denkarten. Auch hier führt die Bevorzugung der einen oder der anderen Art zu problematischen Unausgewogenheiten. Die Auseinandersetzung darüber, wie Kinder am besten lesen und schreiben lernen können, war dadurch geprägt. Es gab die analysierenden Verfahren, in denen – vereinfacht gesagt – vom ganzen Satz oder vom ganzen Wort ausgegangen wurde und dann die Zerlegung der Worte in Buchstaben in Vordergrund stand und die synthetisierenden Verfahren, in denen - aufbauend auf der Kenntnis der einzelnen Buchstaben - Worte - und später ganze Sätze – von den Kindern sukzessive zusammengefasst werden sollten. Es gab allerdings auch Verfahren, in denen konsequent analytisch – synthetisch gearbeitet wurde, dadurch dass ein Wort nach dem anderen mit einer langsam zunehmenden Anzahl von Buchstaben zerlegt und wieder zusammengesetzt

wurde. Erst gab es das Wort „OMI", dann „OM", dann „O" und dann wieder „OM" und schließlich wieder „OMI". Dann kam ein neuer Buchstabe, z. B. das „A" und dann das „P", hinzu, und die Kinder lernten nacheinander die Worte „OMA" und „OPA". Interessanterweise haben Untersuchungen ergeben, dass die Kinder mit der konsequent analytisch – synthetischen Methode sehr viel schneller lesen lernten als mit den anderen Verfahren. Das liegt u. a. daran, dass sie mit dem Lesen zugleich auch eine Leselernmethode lernen konnten.
Eine Reihe von Spielzeugen und Spielen enthalten Angebote in Bezug auf synthetisierendes Denken und Handeln: Bauklötze, Legosteine, Puzzles aller Art, Einzelteile, die zu Modellen von Schiffen oder Flugzeugen usw. zusammengebaut werden können, sie alle erfordern – wie viele andere Handlungen des alltäglichen Lebens auch - synthetisierendes Denken.
Synthetisierendes Denken ermöglicht uns, aus vielen Einzelheiten etwas Neues, Ganzes herzustellen, zu visualisieren oder auf andere Arten zu antizipieren. Allerdings ist dieses ohne begleitendes analysierendes Denken nicht möglich.

Auch **utopisches Denken** ist ohne die Fähigkeit, Teile zu einem Ganzen zu synthetisieren, nicht denkbar.

Analysierendes Denken dagegen ermöglicht uns, aus einem Ganzes Teile herauszulösen oder das Gesamte teilweise oder vollständig in Einzelteile zu zerlegen. Auch hier gibt es individuelle Unterschiede dahingehend, welche Art von Teilungen bevorzugt werden. Man kann etwas Ganzes in einzelne, voneinander unabhängige Teile oder **Elemente** zerlegen, aber auch in einander ergänzende **Klassen**, in Vernetzungen wiederspiegelnde Beziehungen oder **Relationen** oder aber auch in das Ganze auffächernde **Teilprobleme** beziehungsweise in als sinnvoll erachtete Kombinationen einzelner Zerlegungsarten.
Selbst wenn Menschen sich geeinigt haben, eine schwierige Situation gemeinsam zu analysieren, kann es allein wegen der unterschiedlich verwendeten Zerlegungsarten zu großen Missverständnissen und Frustrationen auf allen Seiten kommen.
Wenn z. B. Ein Lehrerteam über einen Schüler sprechen will, und der eine zerlegt die Situation in Klassen (*Verhalten des Schülers bei den verschiedenen Lehrern, in den Pausen, nach der Schule mit anderen Gleichaltrigen, zuhause mit den Geschwistern und mit den Eltern*), während ein anderer eine Zerlegung in Elemente (*sammeln einzelner Vorfälle, auflisten von Verhaltensauffälligkeiten, zusammentragen von Einzelinformationen usw.*) bevorzugt, und ein Dritter am liebsten alles in verschiedene Probleme auf-

teilt (*Wie kann man den Schüler dazu bringen, regelmäßig am Unterricht teilzunehmen, wie kann man sein Interesse am Unterricht aktivieren, wie kann man sein Sozialverhalten oder seine Sprachkenntnisse verbessern, wie kann man seine Lücken in Mathematik auffüllen usw.)*, und keiner der Beteiligten macht sich bewusst, dass jeder von ihnen einfach nur eine andere Zerlegung bevorzugt, dann wird das Gespräch wahrscheinlich für jeden Einzelnen zu einer psychischen Belastung. Möglicherweise fühlt sich keiner vom anderen unterstützt, sondern eher sabotiert und alleingelassen. Für den Schüler, der dringend Unterstützung und Hilfe braucht, bleibt dann vielleicht nicht viel übrig.

Noch schwieriger kann es werden, wenn sich die Mehrheit im Team darauf geeinigt hat, erst einmal die Situation mit diesem Schüler zu analysieren, aber einer oder mehrere der Kollegen bevorzugen synthetisierendes Denken. Sie werden dann versuchen, dass, was die einen gerade in Einzelteile – welcher Art auch immer – zerlegt haben, sofort wieder zusammenzusetzen, was bei den anderen meist eher als Widerrede ankommt.

Haben die einen bereits eine Reihe von Einzelinformationen gesammelt, wie z. B., dass Peter nicht stillsitzen kann, immer dazwischen redet, andere Kinder unvermittelt auf den Rücken schlägt, sich nicht konzentrieren kann und keine Aufgabe zu Ende führt, dann werden mögliche Überlegungen, wie man damit umgehen könnte, durch einen synthetisierenden Akt unterbrochen.

Denn wenn einer der am Gespräch beteiligten diese Einzelinformationen vielleicht so synthetisiert, dass er darauf hinweist, dass Peter wahrscheinlich ADHS habe, dann ist das sicherlich ein wichtiger Gedanke, unterbricht aber den analysierenden Prozess.

In dem Maße, in dem solche interaktiven Prozesse nicht als Ausdruck von Andersartigkeit in jeder Hinsicht – in Bezug auf Wahrnehmen, Fühlen, Denken und Produzieren eigener Wirklichkeiten – verarbeitet werden, sondern überwiegend als Störungen interpretiert werden, durch die man in seinem eigenen Selbstausdruck gehemmt wird und die verhindern, dass die eigenen Erwartungen erfüllt werden, in dem Maße wird man sich erschöpft und entmutigt aus solchen Gesprächen zurückziehen.

Es kann allerdings nicht darum gehen, sich zu jeder Zeit bewusst zu machen, auf welche Art man jetzt selbst oder das Gegenüber gerade denkt, damit würde man sich auf eine unzumutbare Art und Weise überfordern und jede lebendige Spontaneität aufgeben. Mir geht es hierbei nur darum, die Vielfältigkeit der Verarbeitung von Wahrnehmungsprozessen deutlich zu machen, und dazu anzuregen, sich wechselseitig über diese jeweiligen Andersartigkeiten auch auszutauschen und eben nicht eine andere Person

abzulehnen, nur weil sie den eigenen Vorstellungen, wie man zu denken, zu reden und wie man sich zu verhalten hat, nicht entspricht.
In diesem Sinne möchte ich hier noch ein paar weitere Möglichkeiten vorstellen, wie man die Komplexität der eigenen Wahrnehmungen mit Hilfe unterschiedlicher Denkprozesse strukturieren kann.

Relationales und isolierendes Denken
Es gibt Menschen, die überwiegend in Beziehungen bzw. Relationen denken und andere, welche die Bestandteile ihrer Denkprozesse durch die Art ihres Denkens eher von einander isolieren. Auch diese beiden Arten des Denkens kann man sich als polarisiert vorstellen und auch hier gilt wieder, dass die Wechselwirkung zwischen dem „relationalen Denken" bzw. dem „beziehungsorientierten Denken" und dem „isolierendem Denken" von großer Wichtigkeit ist und eine einseitige Bevorzugung sich durchaus als problematisch erweisen kann.
Ein Mensch, der relationales Denken bevorzugt, versucht, möglichst viel von dem, was er wahrnimmt, sowohl zueinander in Beziehung zu setzen, als auch Verknüpfungen zu bereits Erlebtem oder zu Vorstellungen, die er entwickelt hat, herzustellen. „Das sieht aus, wie....", „Das wirkt auf mich, wie...", „Das erinnert mich an..." sind Satzanfänge, welche deutlich machen, dass die sprechende Person großen Wert darauf liegt, die eigene Umwelt mit sich selbst und ihrem momentanen und ihrem vergangenen Erleben in Verbindung zu setzen.
Poetische Sprache ist meiner Ansicht nach auf diese Art des Denkens angewiesen. Aber auch in anderen Bereichen entstehen Kunstwerke, in denen durch neue und ungewöhnliche Verbindungen von Sprache, Formen, Farben und Materialien bisher unbekannte Welten entstehen.
Menschen mit einer Bevorzugung des relationalen Denkens sind häufig auch Netzwerker, sie können meist Menschen miteinander verbinden und auf diese Weise zwischenmenschliche Prozesse und Projekte konstruktiv unterstützen, weil sie z. B. bereit sind, die jeweiligen Kontexte mit einzubeziehen. Wissenschaftliche Methoden in den eher reduktionistischen Wissenschaften können allerdings diese Art des Denkens nicht gebrauchen, hier wird eher isolierendes Denken favorisiert.

Komparatives Denken ist eine besondere Form des relationalen Denkens. Mit diesem Denken werden auch Beziehungen hergestellt, diesmal aber vor allem besondere Vergleiche: Wer oder was ist größer, schöner, besser, kleiner, wichtiger usw. als jemand oder etwas anderes. Komparatives Denken ist genau so wichtig, wie alle anderen Arten des Denkens, aber auch hier gilt: Wenn man es übertreibt, wird es problematisch. Zunächst einmal kann es einen Menschen daran hindern, etwas in seiner Gesamtheit zu sehen, weil meist nur eine Kategorie aus vielen möglichen für diesen besonderen Vergleich herangezogen wird. So kann zwar eine Person vielleicht besser kochen als eine andere, aber das bedeutet noch nicht, dass sie auch warmherziger ist. Und wenn man denkt, eine bestimmte Person sei intelligenter als eine andere, verliert man vielleicht aus dem Sinn, dass diese Person gleichzeitig weniger Humor hat oder weniger Engagement zeigt als die angeblich Dümmere.

Und das komparative Denken kann sich sehr destruktiv auswirken, wenn man selbst ein Teil des Vergleichs ist und denkt, die andere Person sei klüger, attraktiver, oder in irgendeiner anderen Hinsicht besser als man selbst. Aber auch die Umkehrung ist nicht ohne Gefahren. Es mag sich zunächst durchaus gut anfühlen, wenn man im Vergleich „besser" abschneidet als ein anderer Mensch, aber es gibt „leider" immer jemand auf dieser Welt, der einem als noch „reicher", „intelligenter", „charmanter" usw. erscheint, als man sich selbst und das kann immer wieder neue Neidgefühle aktivieren.

Komparatives Denken kann sich allerdings auch ermutigend auf konkurrierendes Verhalten auswirken, aber man beginnt eventuell auch schnell zu leiden, wenn man in dem Konkurrenzkampf unterliegt. Vielleicht kommt es auch durch belastende Konkurrenzsituationen in der Kindheit – wie in einer ausgeprägten Geschwisterrivalität – zu einer Bevorzugung dieser Art des Denkens. Aber auch hier gilt: Wir brauchen dieses komparative, dieses vergleichende Denken, nur nicht in der Übertreibung.

Ohne vergleichendes Denken würde man weder Ähnlichkeiten noch Verschiedenheiten von Objekten, von Menschen oder von Situationen erkennen können. Zwar liegt der Fokus komparativen Denkens auf dem, was unterschiedlich ist, aber die Wahrnehmung des Unterschiedlichen bedingt, dass man auch wahrnimmt, was für einen selbst keine relevanten Unterschiede aufweist, damit man beides voneinander unterscheiden kann.

Ein Problem mit dem komparativen Denken kann immer dann auftreten, wenn die Flexibilität fehlt und dieses Denken durch andere Denkformen nicht mehr abgelöst wird. Menschen, die komparatives Denken zu intensiv bevorzugen, haben Schwierigkeiten, Qualität innerhalb und außerhalb von sich selbst zu erkennen, weil die Aufmerksamkeit nicht lange genug auf einem Bezugspunkt verweilen kann, sondern zwischen zweien hin und her schweift.

Das komparative Denken muss nicht immer an einen Komparativ in der Sprache festgemacht werden. Wenn z. B. Frau Müller sagt: „Meiers haben sich schon wieder ein neues Auto gekauft", dann steht komparatives Den-

ken dahinter und das begleitende Hintergrundgefühl ist wahrscheinlich Neid unter dem Motto „ Ich will das auch haben."
Bei manchen Menschen wirken sich auch die internalisierten Botschaften der Eltern oder anderer Bezugspersonen so aus, dass man glaubt, nicht so gut, so klug, so erfolgreich, so sicher, so anziehend usw. zu sein, wie andere Menschen oder dass man glaubt, unbedingt besser, stärker, kreativer usw. sein zu müssen als andere, so dass das komparative Denken ständig wieder aktiviert wird.
Das kann so weit gehen, dass das komparative Denken sich in das, was man **kritisches Denken** nennen kann, verwandelt.
Die Bedeutung der Fähigkeit, kritisch zu denken, brauche ich sicher nicht hervorzuheben. Vergleichen, Überprüfen und Bewerten sind unerlässlich dafür, eine Situation kritisch einzuschätzen und eine der jeweiligen Problemlage angemessene Entscheidung zu treffen. Manche Menschen aber benutzen kritisches Denken, um sich durch abgrenzendes und abwertendes Verhalten die Illusion einer eigenen Identität auf Kosten von anderen zu verschaffen. Sie geben anderen Menschen die Botschaft, sie hätten etwas nicht richtig eingeschätzt, nicht gut genug gestaltet, etwas Wichtiges übersehen, eine falsche Wahl getroffen usw. Sie sagen so etwas, wie z. B.: „Das kann man doch so nicht machen." „Das hätte man aber besser machen können.",„Wie kann man nur so eine Entscheidung treffen." „Denkst du eigentlich nicht nach, bevor du handelst." Und dergleichen mehr.

Dabei dienen alle diese Vorwürfe, mit denen die anderen an den eigenen Maßstäben gemessen werden, meist nur einem Ziel: Man versucht, besser, klüger, erfolgreicher usw. zu sein, als diejenigen, die man kritisiert, und damit eine vertikale Distanz zu anderen zu schaffen, die einem im Zweifelsfalle auch ermöglicht, die anderen zu verachten.
Wolfgang Schmidbauer hat sich in dem schon erwähnten Spiegel „Wissen", 1/2009 entsprechend kritisch geäußert:

„Es gibt viele pseudostarke Chefs, deren Narzissmus nicht in der Balance ist. Sie geben vor, alles im Griff zu haben, versäumen aber, die richtigen Fragen zu stellen und ihr Team kreativ arbeiten zu lassen. Dadurch entstehen grobe Fehler. ... Das Selbstgefühl solcher Chefs schreit dauernd: „Ich bin grandios, alle anderen sind Flaschen." Sie feiern mit der Abwertung der Mitarbeiter dauernd die eigene Stärke, Misserfolge werden auf die Unfähigkeit anderer reduziert, Widersprüche niedergebügelt. Solche Chefs umgeben sich gern mit Schmeichlern, die ihnen auch angesichts von Fehlern dauernd huldigen." (Schmidbauer, 2009, S.96)

Was Schmidbauer hier über die „Chefs" sagt, lässt sich in zwischenmenschlichen Beziehungen sehr häufig beobachten und ist ein Zeichen da-

für, wie viele Menschen in ihrer Kindheit nicht genügend Wertschätzung erfahren haben. Auch hier ist es wichtig, sich solche vergangenen Erfahrungen und die darauf aufbauenden gegenwärtigen inneren Prozesse bewusst zu machen, damit nicht ein inneres Defizit das eigene Verhalten bestimmt.
Ist also eine Person im Modus des kritischen Denkens und lässt andere Formen des Denkens und Verarbeitens nicht zu, dann denkt sie, – und manchmal sagt sie es auch – wie ungenügend die andere Person im Verhältnis zu ihr selbst ist, und hofft – bewusst oder unbewusst - sich dadurch selbst besser zu fühlen, obwohl dieses meistens nicht gelingt.
Die Hintergründe für die Bevorzugung kritischen Denkens anderen gegenüber können Selbstzweifel und Selbstwertprobleme sein oder auch darauf hinweisen, dass die betreffende Person Schwierigkeiten hat, etwas einfach so zu lassen, wie es ist, beziehungsweise, das, was ist, einfach zu akzeptieren. Dieses ist oft auch ein Hinweis darauf, dass die betreffende Person als Kind auch nicht so akzeptiert wurde, wie sie war und nun als Erwachsene den anderen das antut, - im Sinne des Schutz und Abwehrmechanismus´s „Identifikation mit dem Aggressor" - was ihr selbst angetan wurde.
Ich will damit deutlich sagen, dass auch ein Mensch, der ständig an anderen herumkritisiert, für sein Verhalten innere und aus seiner Geschichte verständliche Gründe für sein Verhalten hat. Niemand entwickelt Vorlieben und Abneigungen einfach nur so, sondern hat dafür durchaus eigene „gute" Gründe innerhalb seiner eigenen Selbstorganisation.
Selbstkritik und die Kritik an anderen müssen dabei durchaus nicht Hand in Hand gehen. Man kann durchaus sehr selbstkritisch sein und gleichzeitig die anderen idealisieren oder man kann andere wieder und wieder über Gebühr kritisieren, ohne sich jemals selbst in Frage zu stellen. Aber das kritische Denken in seiner übersteigerten Form ist auch ein Denken, mit dessen Hilfe Beziehungen – wenn in diesem Falle auch ungleichgewichtige – hergestellt werden können.

Eine Person, die dagegen das isolierende Denken bevorzugt, wird ein solches „in Beziehung setzen" eher vermeiden. Für sie ist alles immer anders als das, was vorher war und zwischen dem Vorher und dem Nachher gibt es außer eineindeutigen Ursache- Wirkungs-Zusammenhängen im physikalischen Sinne keine Verbindung. Stattdessen spielen „Zufälle" in dieser Art des Denkens eine große Rolle.
Ich denke, dass auch die „Wahl" dieser Art des Denkens auf bestimmte frühe kindliche Erfahrungen hinweisen kann, die es für das Kind notwendig machten, „Zusammenhänge" zwischen ihm selbst und destruktiven Verhal-

tensweisen der Bezugspersonen ihm gegenüber, sowie elterlichen Geboten, Verboten, Beschimpfungen, Drohungen und Strafen und seinem eigenen Verhalten zwar zunächst herzustellen, dann aber zu leugnen, zu verschieben oder zu verdrängen. Erinnerungen werden dadurch nicht mehr zugänglich, weil sie so schmerzhaft sind, dass man glaubt, sie vermeiden zu müssen, aber leider kann trotzdem dadurch das Gegenwärtige angstbesetzt sein. Manchmal kann man eine solche Tendenz, sich und seine Umwelt überwiegend mit isolierendem Denken zu strukturieren, auch daran erkennen, dass die Sätze, die sich an eine andere Person richten, kein „Du“ enthalten. In solchen Sätzen, wie „Ich gehe jetzt spazieren“, „Ich nehme mir mal einen Apfel“, „Ich brauche jemanden zum Tragen“, „Ich kann das nicht alles allein schaffen“, Das ist nicht mein Problem“, „Ich bin ja nicht wichtig“, fehlt überall der Adressat. Die Person wendet sich an niemanden, weil möglicherweise in ihren Vorstellungen niemand da ist, an den sie sich wenden könnte.
Sicherlich können auch andere kindliche Erfahrungen dazu führen, dass eine Bevorzugung isolierenden Denkens ausgebildet wird. Wenn Kinder beginnen nach Zusammenhängen zu fragen, „Warum kann ich da nicht raufklettern?“ „Weshalb haben Giraffen so lange Hälse?“ Warum fliegen die Flamingos im Zoo nicht weg?“ „Weshalb muss ich früher ins Bett als mein Bruder?“ „Warum hat die Frau so einen dicken Bauch?“ und so weiter, oder aber anfangen, Zusammenhänge zu vermuten, „Ist Mama böse, weil du gestern nicht zuhause warst?“ „Kaufst du mir die Schuhe nicht, weil wir arm sind?“ und dergleichen mehr, dann ist es wahrscheinlich sehr entscheidend, inwieweit diese Suche nach Zusammenhängen unterstützt oder entmutigt oder sogar mit z. B. mit Ablehnung bestraft wird.
Viele Kinder haben während dieser Suche Sätze gehört, wie „Frag doch nicht so dumm“, „Wer will schon so etwas wissen“, „Du nervst“, „Das ist doch Unsinn“, „Wie kommst du nur auf so blöde Ideen?“, bis sie begreifen, dass „Warum - Fragen“ oft nur eine Aufforderung enthalten, sich herauszureden oder einen Gegenangriff zu starten, aber meistens nicht geeignet sind, etwas über die Zusammenhänge in der Welt zu erfahren.
Andererseits ist isolierendes Denken von großer Wichtigkeit. Viele der experimentellen Untersuchungen in den Naturwissenschaften wären ohne dieses Denken nicht zustande gekommen. Reduktionistische Wissenschaft ist auf diese Art des Denkens angewiesen, denn ohne die diesem Denken innewohnende Fähigkeit, Phänomene voneinander zu isolieren und losgelöst von ihrem Umfeld zu betrachten, hätte es eine Fülle von außerordentlich wichtigen naturwissenschaftlichen Erkenntnissen nicht gegeben.
Aber nicht alle Phänomene sind geeignet, isoliert von den Wechselwirkungen mit ihrer Umwelt betrachtet zu werden. Dies gilt insbesondere für alle

Lebewesen und deren unterschiedliche Gemeinschaften, und darüber hinausgehend für alle selbstorganisierenden Systeme, wie Wetter, Meere usw., weil sie auf eine sehr komplexe Weise mit anderen Systemen bzw. ihrer Umwelt zusammenhängen. Wenn man es jedoch trotzdem tut, ist es wichtig, sich bewusst zu halten, dass die Ergebnisse allein schon durch die vorgenommenen Reduktionen unzuverlässig oder sehr begrenzt sind.
Aber auch das relationale Denken hat seine Grenzen, nicht alles ist auf jeder Ebene in emotionale oder rationale Beziehung zu etwas anderem zu setzen. So sind – wie schon gesagt – selbstorganisierende Systeme in Bezug auf ihre Organisation gegenüber anderen selbstorganisierenden Systemen geschlossen. Sie sind in ihrer Selbstorganisation, mit deren Hilfe sie ihr Überleben sichern und sich ununterbrochen selbst erschaffen, nicht gezielt von außen beeinflussbar. Wie gesagt: Es gibt zwischen solchen selbstorganisierenden Systemen, und damit auch zwischen allen Lebewesen eine - außer für Materie und Energie - nicht überschreitbare Grenze.
Wenn also eine Person mit einer Vorliebe für relationales Denken leicht annimmt, dass ihr Verhalten eine andere Person dazu gebracht hat, etwas bestimmtes zu tun oder zu lassen, oder andere für ihr Verhalten verantwortlich macht, dann leugnet sie diese Grenze und glaubt, entweder mächtiger oder ohnmächtiger zu sein, als sie ist. Relationales Denken kann sich beliebig steigern, aber es kommt an der Stelle zu Konflikten, wo andere Menschen nicht mehr glauben wollen oder können, was ihnen an Ergebnissen relationalen Denkens angeboten wird:
Wenn eine Person selbst glaubt, dass ihre Katze der Tierpsychologin erzählt habe, sie vermisse ihre verloren gegangene blaue Stoffmaus so sehr und hätte deshalb keinen Appetit, oder annimmt, der Autoschlüssel sei nur deshalb unauffindbar, weil ein Schutzengel sie wegen akuter Unfallgefahr daran hindern wolle, heute Auto zu fahren usw. und steif und fest bei solchen Behauptungen bleibt, dann wird ein Mensch mit der Tendenz zu isolierendem Denken leichte Anwandlungen entwickeln, diese Person für überkandidelt oder für ein bisschen verrückt zu halten.
In solchen Fällen ist es manchmal hilfreich, daran zu denken, dass andere Menschen ganz andere Formen entwickelt haben, mit ihrer Umwelt umzugehen als man selbst und in sich „gute“ Gründe haben, bestimmte Formen des Denkens zu bevorzugen und andere zu vermeiden. So glaubt vielleicht eine Person mit einem großen Schutzbedürfnis an Schutzengel oder Helfertiere usw. und behauptet vielleicht sogar, sie sehen und mit ihnen reden zu können, weil sie sonst von ihren eigenen - manchmal sogar noch unbewussten - Ängsten überwältigt werden würde. Damit trifft diese Person eine meiner Ansicht nach sehr sinnvolle Wahl. Ich denke, es ist besser, einen Schutzengel als ständigen Begleiter zu haben als zu hohen Blutdruck zu

entwickeln oder sich wegen einer Angst- und Panikstörung in der Psychiatrie aufzuhalten. Und niemand kann beurteilen, welche „guten" Gründe eine Person für ihre Gefühle, Gedanken, Vorstellungen, Phantasien, Prioritäten, Wünsche, Handlungen, Werte, Normen oder Entscheidungen hat, auch wenn wir sie für uns selbst nicht übernehmen wollen oder noch nicht einmal nachvollziehen können.

Auch das **analoge Denken** ist ein Spezialfall des relationalen Denkens, hierbei werden allerdings nicht nur einfach Beziehungen und Zusammenhänge, sondern besondere Beziehungen, nämlich Beziehungen zwischen Strukturen oder Systemen hergestellt. Beim analogen Denken werden Vergleiche zwischen ähnlichen, aber auch unähnlichen komplexeren Phänomenen hergestellt, wie z. B. zwischen der menschlichen Gesellschaft und einem Ameisenvolk, zwischen einem Orchester und der Belegschaft eines Unternehmens, zwischen strömenden Wasser und elektrischem Strom, zwischen physikalischen Phänomenen und psychischen Dynamiken, usw.
Analogien können die Grundlage neuer Überlegungen werden und sind sehr sinnvoll, wenn man einen neuen Blick auf etwas bereits Bekanntes werfen will. Man kann insbesondere dann, wenn man versucht, Analogien zwischen Phänomenen zu produzieren, die auf den ersten Blick keinerlei Ähnlichkeiten aufweisen, zu erstaunlichen und neuartigen Sichtweisen und Perspektiven kommen. Selbst die sich an die kurze schriftliche Beschreibung der Arbeitsweise eines Toasters in „Ich-Form" anschließende Frage, wie diese der eigenen Arbeitsweise ähnelt, kann zu überraschenden Ergebnissen führen. Plötzlich wird einem bewusst, dass man sich immer nur an das gleiche Format herantraut, dass man sich über Gebühr ärgert, wenn einem der Toast verbrennt, beziehungsweise eine Arbeit nicht auf Anhieb gelingt, dass man bei der eigenen Arbeit ähnlich wie der Toaster auf zugeführte Energie von außen angewiesen ist und das immer jemand einen Hebel drücken bzw. Druck ausüben muss, damit man überhaupt anfängt zu arbeiten.
Auch analoges Denken kann man zu weit treiben, weil man dabei leicht das Besondere der einzelnen Phänomene übersieht und eventuell in nicht ausreichender Weise die jeweiligen Unterschiede bedenkt.

Da Menschen die Tendenz haben, sich intentional und damit auch zielorientiert in ihrer Umwelt zu bewegen, habe ich zunächst solche Denkformen beschrieben, in denen ein Ziel verfolgt wird, wie z. B.: Eine oder mehrere Lösungen zu finden, etwas zu zerlegen oder zusammenzusetzen, Beziehungen herzustellen, Phänomene voneinander zu isolieren, zu vergleichen, zu bewerten, Ideen zu entwickeln oder Schlussfolgerungen zu ziehen, usw.

Das letztlich wichtige Ziel ist jedoch „Bedürfnisbefriedigung". „Denken" ist nun einmal eine sehr gute Methode, zu bekommen, was man sich wünscht.
Oder wie der Hirnforscher Ernst Pöppel in Bezug auf die Frage, was der Zweck des Denkens sei, schreibt:

„Wie zu erwarten, gab und gibt es keine einhellige Antwort auf die Frage, warum wir denken. Mir selbst habe ich eine recht einfache Antwort zurecht gelegt, die sich an dem biologischen Prinzip der Homöostase- Regelung orientiert: Denken dient dem Zweck (und letztlich nur dem Zweck), unseren Organismus in einem dynamischen Gleichgewicht zu halten. Denken steht im Dienste dieser lebenserhaltenden Funktionen. Wenn Bedürfnisse auftreten, dann wird uns damit gemeldet, daß das innere Gleichgewicht in Gefahr ist. Dann müssen die Bedürfnisse erfüllt werden, auch wenn dies nicht immer sofort geschehen kann, wenn also eine Pause (ein Hiatus, wie es Arnold Gehlen genannt hat) zwischen der mentalen Repräsentation des Bedürfnisses und seiner Befriedigung notwendig ist. Im Geiste Lösungen für eine mögliche Bedürfnisbefriedigung durchzuspielen (man mag dies Probehandeln nennen, wie es Sigmund Freud getan hat), das ist Denken. Jeder Organismus versucht ein homöostatisches Gleichgewicht zu halten und wieder herzustellen, wenn es gestört ist; beim Menschen hat sich hierfür, verglichen mit anderen Lebewesen, *eine* Fähigkeit besonders entwickelt, und die nennen wir Denken." (Hervorh. vom Verf.) (Pöppel, 2006, S. 373 ff)

Menschen können sich dieses „Ungleichgewichts" oder ihrer dadurch angezeigten Bedürfnisse und Intentionen bewusst sein oder auch nicht, sie können versuchen, sie vor ihren Mitmenschen zu verheimlichen oder vor sich selbst zu verleugnen, trotzdem werden wegen ihrer Selbstorganisation mit ziemlicher Wahrscheinlichkeit ihre emotionalen und mentalen inneren Prozesse auf die Wiederherstellung des – allerdings höchstens kurzfristig ereichbaren- homöostatischen Gleichgewichts bzw. die Bedürfnisbefriedigung hinarbeiten.

Es gibt aber auch solche Denkarten, die sich weniger durch ihre Zielorientierung, sondern eher durch den Inhalt, der sie auszeichnet, bestimmen lassen. So hätte ich hier auch Beschreibungen heranziehen können, wie Menschen ihre Umwelt mit Hilfe anderer - eher inhaltlich bestimmter - kognitiver Prozesse erfassen, wie z. B. durch **visuelles Denken, konkretes Denken, abstraktes Denken, flächenhaftes Denken, humorvolles Denken, metaphorisches Denken, beobachtendes Denken,** und dergleichen mehr. Auf einige will ich hier deshalb noch eingehen, weil sie besonders leicht– wenn sie auf andere Denkformen treffen - zu Missverständnissen führen.

Viele Menschen denken in Worten und kommen oft nicht auf die Idee, dass andere Menschen eher Bilder und ganze Filme in ihrem Inneren ablaufen

lassen, wenn sie so „vor sich hin“ denken. Wenn diese gefragt werden, was sie denn gerade denken würden, sagen sie dann meistens „Nichts.“ Dann entwickelt sich meist ein typischer Dialog:
„Wieso nichts. Irgendetwas wirst du doch denken.“
„Nein, wirklich nicht.“
„Du willst es mir nur nicht sagen.“
„Nein, bestimmt nicht.“
„Kein Mensch sitzt nur so rum, irgendetwas muss doch in deinem Kopf vor sich gehen.“
Die anschließende frustrierte Feststellung ist dann meist „Mein Mann redet nicht mehr mit mir“, während der zugehörige Mann oft gar nicht auf die Idee kommt, dass auch die Bilder und Filme, die Dialoge, die Geräusche oder die Musik in seinem Inneren eine Form des Denkens, nämlich des **„sinnlichen“ Denkens**, sind, und dass man die Prozesse und Ergebnisse solchen Denkens einem anderen Menschen beschreiben kann.
Viele Künstlerinnen und Künstler sind auf z. B. auf **visuelles Denken** oder **sinnliches Denken** bei der Produktion ihrer Werke angewiesen. Manche Schriftsteller nehmen das, was sie niederschreiben, wie einen Film wahr, der vor ihren Augen abläuft, Architekten sehen meist ihre Gebäude vor ihren Augen entstehen, noch bevor sie die erste Skizze gemacht haben und so weiter. Visuelles Denken kann man ebenso wie alle anderen Denkformen üben, weil es sich überwiegend um mentale Prozesse handelt. Aber leider werden solche Übungen meist weder in den Schulen noch in den Hochschulen angeboten, weil man darauf hofft, sie würden sich mit dem Lernen in den Fächern vermitteln. Nur hier verstellt dabei häufig der „Inhalt“ den Prozess des Denkens und dessen Struktur und die Lernenden konzentrieren sich meist nur auf den prüfungsrelevanten Inhalt. Dabei könnte es sicher bedeutsam sein, Kindern und Jugendlichen die verschiedenen Möglichkeiten beizubringen, mithilfe der unterschiedlichen Möglichkeiten des „Denkens“ eigene Wahrnehmungen und Erfahrungen zu organisieren.
Aber ich will in diesem Rahmen nicht darauf eingehen, wie man die verschiedenen Denkformen üben kann. Das wäre – wie gesagt - eigentlich Aufgabe der Schulen und der Hochschulen, aber leider finden solche differenzierten „Denkschulungen“ im Allgemeinen nicht statt. Die meisten Menschen denken über die unterschiedlichen Möglichkeiten des Denkens daher auch nicht weiter nach. Vielleicht ist dieses für die Bewältigung eines zufriedenstellenden Alltags auch nicht notwendig, wenn man bereit ist, die Andersartigkeit anderer auch in Bezug auf das „Denken“ zu berücksichtigen.
Hier geht es mir vor allem darum, darauf aufmerksam zu machen, wie wichtig es ist – weil wir alle so verschieden sind - bei einem anderen Men-

schen genau nachzufragen, was gerade in ihm vorgeht, und nicht davon auszugehen, dass es schon so ähnlich sein wird, wie bei einem selbst. Ernstgemeinte Fragen, wie z. B. „Wie meinst du das?“, „Wie kommst du darauf?“, „Wieso denkst du das so?“, „Stellst du dir gerade etwas vor?“, „Siehst du irgendwelche Bilder?“, „Weshalb sagst du das so?“ und ähnliche sind geeignet, herauszufinden, wie die andere Person etwas meint, wie sie auf etwas kommt, wie sie etwas denkt oder warum sie etwas will usw.

Natürlich gibt es noch viele Variationen, durch die deutlich werden kann, wie unterschiedlich Menschen sich selbst und ihre Umwelt wahrnehmen und strukturieren. So gibt es Menschen, für die Stetigkeit im Denken von großer Bedeutung ist. Für sie folgt eines aus dem anderen, sie haben ein großes Vertrauen in Kontinuität und der Fokus ihrer Aufmerksamkeit liegt darauf, wie sich etwas „organisch“ in etwas anderes entwickelt. Für sie ist das Leben wie eine große , immer weiter wachsende Pflanze, die zwar Verzweigungen besitzen kann, aber nirgendwo unterbrochen ist und deren vorläufige Enden nur anzeigen, dass man sich dort gerade in der Gegenwart befindet, von wo aus sich das Wachstum in die Zukunft hinein weiter fortsetzt. Klassische indische Musik hat manchmal diese sanfte, pflanzenhafte Entwicklung von einem musikalischen Ausdruck in einen anderen.

Ein Mensch mit einer unstetigen Strukturierung seiner Wahrnehmung dagegen konzentriert sich eher auf Brüche im beobachteten Geschehen, auf mögliche Unterbrechungen, Sprünge, Katastrophen oder auf Neuanfänge. **Stetiges Denken** erfordert Vertrauen darin, dass sich etwas fortsetzt und dass sich das Neue aus dem Alten entwickelt. Ein Mensch, der **unstetiges Denken** favorisiert, hat dieses Vertrauen nicht, er denkt eher in Sprüngen und in Parallelen, und das Neue beginnt für ihn als etwas, welches den Anspruch des Alten auf Allgemeingültigkeit einschränkt, relativiert oder sogar verneint. Stetige und unstetige Denker geraten unweigerlich in Streit, wenn sie sich die Verschiedenartigkeit ihres jeweiligen Ansatzes nicht bewusst machen, da diese beiden Denkarten ebenfalls - wie eine Reihe der anderen Arten – polarisiert sind.

Besonders schwer hat man es aber mit Personen, die ein Denken favorisieren, welches ich hier als **egozentrisches Denken** bezeichnen will und auf das ich wegen seiner unheilvollen Wirkungen ausführlicher eingehen möchte. Ich lehne mich hierbei an Überlegungen von Karen Horney und ihr Verständnis von „Egozentrizität“ an. Sie schreibt:

„Egozentrizität ist ein moralisches Problem, weil sie es mit sich bringt, daß man sich zur Erfüllung der eigenen Bedürfnisse anderer Menschen bedient. Statt andere als menschliche Wesen mit eigenen Rechten zu beachten und zu behandeln, werden sie lediglich als Mittel zum Zweck angesehen. Sie müssen zufriedengestellt und geliebt werden, weil man dadurch die eigene Angst beschwichtigt; sie müssen beeindruckt werden, damit die Selbstachtung sich heben kann; man muß ihnen Vorwürfe machen, weil man die Verantwortung nicht übernehmen kann; man muß sie unterwerfen, weil man das Bedürfnis zu triumphieren nicht entbehren kann, und so weiter." (Karen Horney, Unsere inneren Konflikte, München 1976, S. 141)

Solche Personen haben große Schwierigkeiten, Andersartigkeit als existent und gleichwertig zu erkennen. Die ganze Welt ist so, wie sie sie sehen. Andere Menschen sind ihre Projektionsflächen, ohne dass sie dieses wissen, und das bedeutet, dass sie stets nur sich selbst in den anderen begegnen, aber niemals wirklichen Kontakt zu einem anderen Menschen aufnehmen können, solange sie ihre eigenen Möglichkeiten nicht erweitert haben. Man sagt dazu auch treffend, solche Menschen könnten nicht über ihren eigenen „Tellerrand" gucken.
Sie verwenden gerne die Worte „normal" und „anormal" und die von ihnen für angemessen gehaltenen Normen und Werte werden von ihnen für „selbstverständlich" und für „allgemeingültig" gehalten. Sätze wie: „So etwas tut man nicht.", „So etwas denkt man nicht.", „So kann man sich nicht anziehen.", usw. zeigen diese Haltung sehr deutlich.
Aber vor allem in zwischenmenschlichen Beziehungen macht sich dieses Denken in destruktiver Weise bemerkbar, weil dadurch, dass die Andersartigkeit des jeweiligen Gegenübers nicht wahrgenommen wird, diesem Gegenüber keinerlei Achtung oder Respekt entgegengebracht wird bzw. werden kann.
Die Inhalte entsprechender Gespräche sind dabei beliebig. Diese Art des Denkens und Sprechens ist sehr verbreitet, und die davon Betroffenen leiden, wenn mit ihnen so umgegangen wird, obwohl das, was ihnen entgegengebracht wird, nichts mit ihnen, sondern nur etwas mit der sprechenden Person zu tun hat. Daher möchte ich diese Art, sich selbst auszudrücken, in mehreren Beispielen verdeutlichen. Die folgenden kleinen Dialoge zeigen eine Person X, die eine neue Brille braucht und dieses ihrem Gegenüber Y mitteilt. Diese geht mit dieser Mitteilung auf verschiedene Weise egozentrisch um.

1. „Ich brauche eine neue Brille."
„Wofür das denn?"
„Damit ich endlich wieder alles scharf sehe."
„Auf die Idee würde ich nicht kommen, ich bin froh, wenn ich alles nur undeutlich sehe."
„Aber dann kannst du doch nicht genau sehen, was auf dich zukommt."

„Das will ich ja auch nicht wissen."

In diesem ersten Beispiel wird deutlich, dass der Wunsch von X, wieder scharf zu sehen, nicht aufgegriffen, sondern durch den Wunsch von Y, lieber alles undeutlich zu sehen, ersetzt wird. Y redet nur von sich, X spielt für Y keine Rolle.

2. „Ich brauche eine neue Brille."
„Wieso denn, du siehst doch mit deiner ganz gut?"
„Aber ich mag das Gestell nicht mehr, es ist so langweilig."
„Deswegen musst du doch nicht gleich soviel Geld, wie für eine neue Brille, ausgeben."
„Es ist doch mein Geld, das kann ich doch ausgeben, wie ich will."
„Deswegen musst du es doch nicht gleich zum Fenster herausschmeißen. Mir gefällst du mit deiner bisherigen Brille."
„Aber ich mir nicht, und deswegen will ich eine neue."

In diesem Beispiel spielt der Wunsch von X, sich gut zu fühlen, für Y keine Rolle, sondern nur die Vorstellung von Y, wofür Geld ausgegeben werden darf und wofür nicht.

3. „Ich brauche eine neue Brille."
„Wieso nimmst du nicht Kontaktlinsen?"
„Die vertrage ich nicht."
„Du hast es doch noch gar nicht ausprobiert."
„Dieses Gefummel mit den kleinen Dingern ist mir einfach lästig."
„Du bist einfach zu konservativ, du konntest doch einfach einmal etwas Neues ausprobieren."
„Nun lass mich doch endlich in Ruhe mit deinen Unterstellungen, ich will einfach nur eine neue Brille."

Hier missversteht Y das eigentliche Bedürfnis von X und versucht, seine eigenen Vorstellungen durchzusetzen.

4. „Ich brauche eine neue Brille."
„Weshalb sagst du mir das?"
„Einfach nur so."
„Du sagst doch sonst die Dinge nicht einfach nur so, also was ist los?"
„Nichts, ich wollte nur sagen, das ich eine neue Brille brauche."
„Und was habe ich damit zu tun?"
„Eigentlich nichts."

„Also, weshalb sagst du es mir dann?“

Hier tut Y so, als hätte Y mit X nichts zu tun, Y greift die Information von X nicht auf und vermeidet den Kontakt mit X, aber auch X vermeidet den Kontakt mit Y und verhält sich egozentrisch.

5. „Ich brauche eine neue Brille.“
„Ich brauche auch so manches.“
„Ich rede aber nicht von dir, sondern von mir.“
„Tust du das nicht immer?“
„Nun hör aber auf.“
„Wieso ich, du willst dir doch eine neue Brille kaufen.“

Hier bringt Y den Fokus der Aufmerksamkeit sofort auf sich selbst zurück und vermeidet anschließend den weiteren Kontakt mit X.

6. „Ich brauche eine neue Brille.“
„ Ich finde schon lange, dass du eine neue Brille brauchst.“
„Ich hatte das Geld nicht übrig.“
„Du gibst es ja meist auch für Schnick-Schnack aus.“
„Das kannst du doch gar nicht beurteilen.“
„Ach, ich kenn dich doch.“

In diesem Beispiel versucht Y, die Idee von X, eine neue Brille zu kaufen, sofort zu seiner eigenen zu machen und damit X zu enteignen, um sich anschließend als der bessere Geldverwalter und als jemand hinzustellen, der X besser kennt als X sich selbst.

7. „Ich brauche eine neue Brille.“
„Du willst offensichtlich, dass ich sie bezahle.“
„Nein, ich habe genug Geld.“
„ Meines ist dir wohl nicht gut genug.“
„Nein, so ist das nicht.“
„Ständig versucht du mich ins Unrecht zu setzen.“
„Nein, bestimmt nicht.“
„Siehst du, du machst es schon wieder.“

In diesem Fall versucht Y, X zu mystifizieren, um seine eigenen Aggressionen X in die Schuhe schieben zu können. Dabei nimmt Y X als Person mit eigenen Vorstellungen gar nicht zur Kenntnis.

8. „Ich brauche eine neue Brille."
„"Bist du dir da ganz sicher?"
„Ja, ich sehe immer schlechter."
„Vielleicht bildest du dir das nur ein?"
„Vielleicht, ganz sicher bin ich mir auch nicht."
„Dann warte man noch mit der neuen Brille."

Hier verwendet Y seine eigenen Phantasien, um zu versuchen, X zu verunsichern. Die Wahrnehmung von X, selbst immer schlechter zu sehen, wird von Y einfach in Zweifel gezogen und die in diesem Zusammenhang auftretende Unsicherheit von X benutzt Y, um X zu sagen, was X tun solle.

9. „Ich brauche eine neue Brille."
„Dann kauf dir doch eine."
„Ich wollte mit dir zusammen…"
„Du wirst dir doch wohl eine Brille allein kaufen können."
„Ja, aber…"
„Eine neue Brille für dich ist doch wirklich nicht mein Problem."
„Nein, aber…"
„Jetzt hör auf, mich zu nerven."

In diesem Beispiel macht Y sehr deutlich, dass Y kein Interesse hat, sich um die Belange von X zu kümmern und verweigert den Kontakt mit X. Egozentrisches Denken führt nirgendwo hin. Die Intention, die ein Mensch mit egozentrischem Denken verfolgt, besteht im Wesentlichen darin, sich vor den als bedrohlich empfundenen Einflüssen anderer Menschen zu schützen oder den eigenen Einflussbereich auf Kosten der anderen zu erweitern und die eigenen Interessen über die von anderen zu stellen bzw. die von anderen gar nicht erst wahrzunehmen.

Von ganz anderer Art sind die nächsten beiden Dialoge.

10. „Ich brauche eine neue Brille."
„Sind deine Augen schlechter geworden?"
„Ja, ich kann gar nicht mehr gut lesen."
„Das tut mir aber leid. Hast du deine Augen untersuchen lassen?"
„Ja, sonst ist alles in Ordnung."
„ Da bin ich aber froh."

In diesem Falle bezieht sich Y auf die Aussage von X, sieht „über den Tellerrand", dadurch, dass Y sich vorstellt, wie es für X ist, schlechter als bisher zu sehen und entwickelt Mitgefühl für X.

11. „Ich brauche eine neue Brille."
„Hast du schon eine ausgesucht?"
„Nein, hast du Lust, eine mit mir zusammen zu auszusuchen."
„Ja, und ich weiß einen tollen Optiker mit richtig attraktiven Gestellen."
„Wann hast du denn Zeit, mit mir dahin zu gehen?"
„Was hältst du von morgen Nachmittag?"
„Wunderbar."

Und in diesem letzten Beispiel verhält sich Y unterstützend in Bezug auf die Wünsche von X und lässt sich auf die Wechselwirkung und auf den Kontakt mit X ein.
Nur in den beiden letzten Beispielen verhalten sich die Personen kontaktorientiert, sie unterstützen sich wechselseitig und teilen sich ihre Wünsche auf indirekte und direkte Weise mit. Sie bereichern sich durch ihre Wunscherfüllungen wechselseitig ihre persönliche Welt.

Wenn Menschen dagegen sehr egozentrisch denken und sich dementsprechend verhalten, indem sie z. B. versuchen, mit ihrem Gegenüber eine Symbiose herzustellen oder - anders gesagt – mit ihrem Gegenüber „in einem Teller" zu leben oder aber von sich fern zu halten, ist die Gefahr sehr groß, dass sich ihre Welten nicht mehr ändern, sondern so bleiben, wie sie sind und sie selbst sich nicht mehr weiterentwickeln. Die Entfaltung ihrer Persönlichkeiten ist durch ihre egozentrische Strukturierung gehemmt.
Nur die Menschen, die in der Lage sind, mit ihren Wahrnehmungen, ihren Gefühlen und ihrem Denken in Wechselwirkung und in Kontakt mit ihrem Umweltfeld und damit auch mit ihren Mitmenschen zu treten, sind auch fähig, ihr Leben lang zu lernen und sich selbst und ihre Bewusstheit zu erweitern. Nur durch den Kontakt mit unserer Umwelt und mit anderen Menschen, durch die Resonanz mit ihnen und die Spiegelungen durch sie können wir uns selbst erfahren und dadurch allmählich lernen, wer wir selbst und wer die anderen sind.

Ich halte Valentino für einen großen Denker, er sich selbst allerdings nicht. „Valentino, wie denkst denn du eigentlich?" „Du glaubst doch nicht im Ernst, dass ich mich das schon jemals gefragt habe", sagt er, „aber wenn du es unbedingt wissen willst, werde ich darüber nachdenken." Nach ungefähr zwanzig Minuten kommt er wieder, springt auf den Schreibtisch und sagt: „Jetzt weiß ich es. Ich denke ganzkörperlich, wenn du verstehst, was ich meine." Jetzt sage ich zu ihm: „Ich werde darüber nachdenken." Und je länger ich darüber nachdenke, desto mehr leuchtet es mir ein. Vielleicht denken wir alle auf irgendeine Art „ganzkörperlich", was immer das auch ist. Valentino weigert sich, genauere Erklärungen abzugeben. „Denk selber so", sagt er, „es fühlt sich gut an."

Gehorsamkeit und Rebellion
Wie Menschen lernen, ihren eigenen Willen aufzugeben

„Das, was du da schreibst, glaubt dir kein Mensch. Es gehen doch alle davon aus, dass sie andere Menschen beeinflussen können. Auf jeden Fall ein bisschen. Aber wenn du behauptest, es gäbe keinen gezielten Einfluss auf andere Menschen, sie tun nur das, was ihnen im Rahmen ihrer Selbstorganisation möglich ist, dann nimmt dir das keiner ab." Valentino guckt sehr ernst, während er mir das sagt. „Und du, was glaubst du?", frage ich ihn. „Das ist doch klar", sagt Valentino, „Ich glaube, dass es stimmt, was du sagst. Versuche doch einmal, gezielt Einfluss auf mich zu nehmen. Es wird nicht funktionieren, außer du wendest Gewalt an oder entziehst mir das Fressen, was übrigens auch Gewalt wäre." „Ich könnte versuchen, dich dazu zu bringen, dass du mit mir in der Stadt spazieren und Kaffeetrinken gehst." „Das kannst du vergessen", sagt Valentino, „niemals werde ich diese hundeverseuchte Fußgängerzone betreten. Ich werde dir höchstens hier zusehen, wenn du Kaffee trinkst und herumspazieren werde ich nur dann, wenn ich es will und wo ich will und auf jeden Fall allein." Ich nicke und sage: „Gut, also ich kann dich nicht manipulieren, aber denkst du denn, dass du das mit anderen kannst?" Und da sagt Valentino doch tatsächlich: „Natürlich kann ich das", und dann fügt er noch hinzu, „ ich kann doch glauben, was ich will. Immer wenn du das tust, was ich gern hätte: Mich füttern, streicheln, in den Garten lassen und so, dann kann ich doch daran glauben, ich hätte dich dazu gebracht." „Und warum würdest du das tun?", frage ich. Und er sagt, ganz langsam und so richtig genüsslich: „Weißt du, erstens fühlt es sich gut an, daran zu glauben, ich könnte dich dazu bringen, zu tun, was ich will und zweitens brauche ich dann für das, was du getan hast, nicht danke zu sagen. Schließlich habe ich dich ja dazu gekriegt und du hast mir nur gehorcht." „Valentino", sage ich ganz empört, „das kannst du doch nicht ernst meinen. du kannst doch nicht so tun, als sei ich deine Sklavin." „Doch, das kann ich", sagt er „und du kannst nichts dagegen machen. Ich kann denken, was ich will, und du kannst mich nicht davon abbringen. Das ist es doch, was du in deinem Buch immerzu behauptest." Wenn ein Kater kichern könnte, dann würde Valentino jetzt kichern, da bin ich mir ziemlich sicher. Jedenfalls grinst er mich auf seine besondere Art und Weise an. Ich sehe ihm in seine wunderschönen goldgelben Augen und sage zu ihm: „Valentino, es stimmt: Was immer du denkst, ich habe keinen Einfluss darauf und es ist und bleibt deine Entscheidung, was du denkst, auch wenn es mir nicht gefällt." Und dann füge ich noch hinzu: „Aber ich werde mich mit dir darüber streiten und dir wissenschaftliche Forschungsergebnisse vorlegen und versuchen, dich zu

überzeugen." „Gerne", sagt Valentino, „und können wir dabei auch ein bisschen „Katz und Maus" spielen?" „Nur wenn du zugibst, dass du mich nicht dazu zwingen kannst", sage ich. Valentino grinst immer noch. „Zwingen? Was ist das?" sagt er und ich stehe vom Schreibtisch auf und hole die kleinen Fellmäuse zum Spielen.

„Gehorsamkeit" als persönlicher Zustand scheint in zunehmenden Maße unbewusster zu werden. Menschen verhalten sich auf ihnen häufig nicht bewusste Weise gehorsam gegenüber persönlichen und gesellschaftlichen Erwartungen, dass ich teilweise darüber ganz entsetzt bin. Wenn vor rund zwanzig Jahren Irmgard Hülsemann noch ein Buch mit dem Titel „Ihm zuliebe? Abschied vom weiblichen Gehorsam" schreiben konnte, in dem sie sich mit diesem Phänomen auseinandersetzte, würden junge Frauen heute wahrscheinlich darauf bestehen, dass sie das, was sie heute tun, um sich das Begehren der Männer zu sichern, freiwillig tun. Sie lassen sich die Schamlippen operieren, Brüste vergrößern und verkleinern, Fett absaugen usw. und um für ihn „enger zu sein", lassen sie sich sogar Vaginalplastiken machen. Sie geben viel Geld aus, sofern sie es haben, um so zu erscheinen, wie es ihre Umwelt angeblich von ihnen erwartet. Auch Männer gehorchen inzwischen immer häufiger den über ihre persönliche Umwelt oder über die Medien vermittelten gesellschaftlichen Erwartungen, ohne sich bewusst zu machen, dass diese häufig nicht in ihrem persönlichen Interesse liegen oder sogar mit erheblichen persönlichen Risiken verbunden sind.
Die Ergebnisse der Hirnforschung und der Forschungen über Selbstorganisation unterstützen zwar die Behauptung, Menschen seien als selbstorganisierende Systeme nicht durch gezielte Einflussnahme von außen beeinflussbar. Warum aber scheinen so viele Menschen jeden Alters so gehorsam bemüht zu sein – ob ihnen dieses nun bewusst ist oder nicht -, die Erwartungen anderer zu erfüllen und sind voller Angst bereit, die Forderungen zu erfüllen und sich zu unterwerfen, ohne das es erkennbare Bedrohungen gibt?
Selbstverständlich gibt es auch sehr viele Menschen - ebenfalls aller Altersstufen - , die keineswegs bereit sind, Erwartungen von anderen zu erfüllen oder sich in irgendeiner Weise anderen zu unterwerfen. Insbesondere bei Kindern und Jugendlichen lassen sich in letzter Zeit solche rebellischen, aggressiven, gefühllos erscheinenden oder in anderer Weise widerständigen Verhaltensweisen verstärkt beobachten. Darauf will ich später im Zusammenhang mit der Bevorzugung symbiotischer Beziehungen von Seiten der erziehenden Personen zurückkommen.
An dieser Stelle will ich mich zunächst einmal mit den „Gehorsamen" auseinandersetzen und erst zu einem anderen Zeitpunkt mit denen beschäfti-

gen, die sich überwiegend weigern, Norm- und Wertvorstellungen der sie umgebenden Erwachsenen zu erfüllen.

Früher hat man Kinder eher mit Angst vor Strafe erzogen, wobei die „Strafen" außerordentlich vielfältig und großenteils sehr grausam waren. Darauf habe ich bereits im Teil „Täter und Opfer" im Zusammenhang mit den Forschungsergebnissen von Lloyd deMause, Philipp Aries, Alice Miller, Katharina Rutschky u.a. hingewiesen.

Vielfältige Diskussionen und Veröffentlichungen aller Art haben diese Art der Erziehung kritisiert und in zunehmenden Maße Erziehungsvorstellungen unterstützt, in denen das Kind als ein eigenständiges, im Rahmen seiner Möglichkeiten durchaus kompetentes Wesen angesehen wurde, welches in seiner Entwicklung möglichst nicht eingegrenzt und beschnitten werden sollte. Die Bezugspersonen wollten und sollten den Kindern die größtmöglichste Freiheit lassen, sie in ihre Entscheidungen mit einbeziehen und – falls dies in einem konkreten Fall nicht möglich war - ihnen ihre Entscheidungen erklären und begründen. Solange die Erwachsenen aber unterschwellig immer noch davon ausgehen, dass sie ihre Kinder zwingen können, aber freiwillig darauf verzichten, läuft manches schief.

Denn mit diesem Verzicht wollen sie die freiwillige Unterwerfung der Kinder erreichen. Die Kinder sollen die Argumente der Erwachsenen akzeptieren und dann freiwillig, „aus ihrer Einsicht heraus" den Erwartungen und Forderungen der Erwachsenen Genüge tun. Anders ausgedrückt: Sie wollen die Kinder nicht unterwerfen. Diesem - an sich lobenswertem – Entschluss liegt allerdings – wie schon gesagt - die Vorstellung zugrunde, sie könnten ihre Kinder zwingen, etwas zu tun, was diese nicht wollen. Dieses ist aber nicht der Fall. Jedes Lebewesen bestimmt selbst, was es tun will und was nicht, es kann - außer durch materielle oder energetische Einwirkungen - nicht gezwungen werden. Ein Kind, welches die Erwartungen seiner Bezugspersonen erfüllt, tut dies freiwillig, wenn auch aus „guten" Gründen, sei es aus Angst vor Strafe, vor Liebesentzug, vor Kontaktabbruch, weil es dem Erwachsenen eine Freude machen möchte oder ganz einfach Lust dazu hat, das zu tun, was der Erwachsene möchte. Ein respektvoller Umgang mit einem Kind – ebenso wie mit einem Erwachsenen – erfordert, sich diese Tatsache immer wieder bewusst zu machen.

Wenn eine Mutter – es könnte sich aber genauso gut um einen Vater oder eine andere Person handeln – z. B. zu ihrem Kind sagt: „Bitte räume vor dem Essen noch dein Zimmer auf", um entsprechende Zeit später festzu-

stellen, dass das Kind noch nicht einmal angefangen hat aufzuräumen, dann können sich in ihr verschiedene Prozesse abspielen:
Sie geht z. B. davon aus, dass das Kind die Aufforderung nicht gehört oder nicht ernst genommen hat und wiederholt sie, in der Hoffnung, dass das Kind dann tun wird, was sie will. Oder sie geht davon aus, dass das Kind nicht gehorcht, weil es sie ärgern will, wird selbst ärgerlich und beginnt, sich zu beklagen:„Nie tust du, worum ich dich bitte“, „Was soll ich bloß mit dir machen, du bist ja überhaupt nicht zu erziehen“. Oder sie beginnt, sich als Opfer zu fühlen und Vorwürfe zu machen: „Ich habe dir doch gesagt, du sollst aufräumen, ständig muss man dir alles doppelt und dreifach sagen und dann tust du es immer noch nicht“. Sie kann sich auch entscheiden, in die Täterposition zu gehen und das Kind zu bedrohen: „Wenn du nicht sofort anfängst aufzuräumen, dann .....“.
Sie geht vielleicht davon aus, dass das Kind keine Lust hat, aufzuräumen und versucht, unter Leugnung aller Grenzen zwischen sich und ihrem Kind mit manipulativen Strategien aller Art das Kind dazu zu bewegen, doch noch aufzuräumen:
„Du machst mich ganz traurig / wütend, wenn du nicht tust, was ich dir sage, also nun räume endlich auf“ oder „Es geht nicht, dass du faul im deinem Zimmer herumhängst und mich die ganze Arbeit machen lässt, los, räum jetzt endlich auf“ oder „Mit so einem unordentlichen Zimmer machst du einen ganz schlechten Eindruck auf deine Freunde“, usw.
Sie kann auch davon ausgehen, dass das Kind zu müde ist, nicht genug Energie hat, nicht genau weiß, wie es anfangen soll und ihre Hilfe anbieten: „Komm, wir machen es zusammen“ oder „Ich zeige dir, wie man ein Zimmer ganz schnell aufräumen kann.“

Alle diese Möglichkeiten können zum gewünschten Erfolg führen oder aber auch nicht. Das Problem fängt erst an der Stelle an, an der das Kind sich beharrlich weigert, aufzuräumen und dann ist es die Mutter, die das Problem hat, nicht das Kind. Wie soll sie mit den Verweigerungen des Kindes umgehen. Wenn sie annimmt, sie müsse nur gut genug oder geschickt genug sein, dann würde sie es schon hinkriegen, das Kind zum Aufräumen zu bringen, dann werden ihr wahrscheinlich ihre eigene Hilflosigkeit und ihre eigene narzisstische Kränkung, wieder einmal etwas nicht zu schaffen, große Schwierigkeiten machen. Das kann im Einzelfall soweit gehen, dass eine Mutter hemmungslos anfängt zu weinen, zu schimpfen oder das Kind sogar schlägt, weil die innere Spannung und der innere Schmerz für sie zu groß werden.

Solange man davon ausgeht, dass man ein Kind zwingen kann, endet eine solche Situation unweigerlich in einem Machtkampf. Die Mutter kann ihr inneres Problem erst lösen, wenn sie auf die Vorstellung, sie könne ihr Kind zwingen, verzichtet. Denn erst dann kann sie dem Kind die Verantwortung dafür, dass es eine Aufforderung der Mutter nicht befolgt hat, zurückgeben, und versuchen, mit dem Kind zusammen zu klären, weshalb es sich verweigert und was eine solche Entscheidung des Kindes an möglichen Konsequenzen für alle Beteiligten nach sich zieht.
Die Art und Weise, wie man das tun kann, ist abhängig vom Alter und der Vorgeschichte des Kindes. Aber Kinder wollen eine Bedeutung haben, sie wollen wichtig sein und eine Wirkung erzielen, sie wollen sich als freie Lebewesen nur nicht gerne einem anderen Menschen unterwerfen. Ihre Autonomie ist ihnen ebenso wichtig wie einem erwachsenen Menschen und sie spüren ebenfalls und das schon als Baby jeden Versuch einer Einschränkung. Wenn die Bezugspersonen daher den Kindern signalisieren, dass es immer eine freiwillige Entscheidung von ihnen ist, ob sie einer Aufforderung nachkommen oder nicht, aber dass es für alle wichtig und bedeutungsvoll ist, wenn sie dies tun und dass sie mit dem Erledigen der gestellten Aufgabe eine positive Wirkung auf die anderen beteiligten Personen erzielen, dann werden die Kinder den Erwartungen der Erwachsenen eher und wahrscheinlich auch gerne nachkommen.
Aber die meisten Erwachsenen gehen jedoch trotz neuer Erkenntnisse über Selbstorganisation und neuer Ergebnisse der Hirnforschung immer noch davon aus, sie könnten andere Menschen – insbesondere Kinder – zu etwas zwingen, aber sie wollen nicht mehr so autoritär sein, wie es vielleicht noch ihre eigenen Eltern waren. Sie haben sich vielleicht auch mit entsprechender pädagogischer Literatur beschäftig, und beschlossen, dass sie ihre Kinder nicht zu etwas zwingen wollen.
Mit der Vorstellung, sie verzichteten freiwillig darauf, ein Kind zu zwingen, können sich die Erwachsene „gut", „liebevoll" oder „großzügig" vorkommen und Selbstbestätigung daraus ziehen, dass sie ihr Kind mit „modernen" Methoden, ohne zu „autoritären" Mitteln zu greifen, erziehen. Sie versuchen möglicherweise, ihren Selbstwert dadurch zu erhöhen, dass sie ihr Kind dazu bringen wollen, „freiwillig" auf eigene Vorstellungen, Erwartungen und Wünsche zu verzichten und machen sich dabei meist nicht bewusst, dass sie ihr Kind für ihr eigenes Wohlbefinden missbrauchen. Denn mit der Haltung „Du musst das doch einsehen" können sie auf klare eigene Stellungnahmen gegenüber dem Kind verzichten, für sich selbst ein emotionales Schonprogramm auflegen und „Gutmenschen" bleiben.

Den Erwachsenen ist meist auch nicht bewusst, dass sie sich damit gleichzeitig zum Handlanger gesellschaftlicher und kultureller Konditionierungen machen. Dadurch, dass sie versuchen, die Erwartungen, die Wünsche und Vorstellungen des Kindes mit Hilfe emotionaler und verbaler Manipulationen durch ihre eigenen zu ersetzen, signalisieren sie dem Kind, dass seine eigenen Wünsche und Ideen nicht viel wert sind und das Kind deshalb keine Gestaltungskraft in seiner Umwelt entwickeln kann.
Wenn ein Kind den roten Pullover anziehen will und die Bezugsperson versucht, es dem Kind auszureden und es zu überreden, doch lieber den blauen Pullover anzuziehen, weil der besser zu den anderen Anziehsachen passt und dass Kind zieht dann auch den blauen Pullover an, hat es nicht nur gehorcht, sondern auf den Selbstausdruck seines eigenen Geschmacks zugunsten des Wunsches einer anderen Person verzichtet. Wenn sich solche Prozesse häufen, und das Kind in zunehmendem Maße auf eigene Vorstellungen zugunsten von anderen verzichtet, dann wird es lernen, zu fragen: „Was soll ich denn anziehen?“, „Was soll ich denn machen“, usw. und auf die „Mühe“, selbst herauszufinden, was es denn will, verzichten. Ein solcher Mensch wird sich als erwachsene Person dann wahrscheinlich überwiegend in der „Position des Mondes“, von der anfangs die Rede war, aufhalten und entweder den Eindruck entwickeln, alle schrieben ihm vor, was er zu tun und zu lassen habe und dagegen rebellieren oder aber einen starken Wunsch nach Orientierung durch andere entwickeln und damit manipulierbar durch andere Personen oder Orientierung gebende gesellschaftliche Gruppierungen und deren politischen oder wirtschaftlichen Interessen sein.
Es gibt leider zahlreiche Erwachsene, die in vieler Hinsicht - nicht nur in modischen Fragen – nicht wissen, was sie selbst wollen und nicht nur das anziehen, was ihnen die jeweilige Mode vorschlägt, sondern überwiegend das tun, wozu sie die Werbung, die Medien, die Wirtschaft usw. verleiten möchten. Sie sind gehorsam gegenüber gesellschaftlichen und kulturellen Erwartungen geworden und gegenüber den Personen oder Gruppen, die solche Erwartungen vertreten. In manchen Fällen suchen sie sogar die sozialen, politischen oder religiösen Gruppen, die ihnen Orientierungen und Regeln anbieten und damit Sicherheiten vermitteln können.

Günstiger für die Entwicklung des Kindes würde es sich auswirken, wenn die erwachsene Person dem Kind deutlich machen würden, dass sie sehr wohl versteht, dass das Kind zur Zeit etwas anderes möchte als es soll, dass es diese seine eigenen Vorstellungen und Wünsche durchaus vertreten kann, aber dass es zur Zeit keine Wunscherfüllung gibt, weil die erwachsene Person es so beschlossen hat und vom Kind erwartet, dass es auf die

Wunscherfüllung verzichten kann und dies auch tut, wofür der Erwachsene dem Kind gegenüber dankbar ist.
An dieser Stelle möchte ich deutlich darauf hinweisen, dass Wünsche keine Begründung brauchen. Leider sind viele Menschen als Kinder, wenn sie einen Wunsch geäußert haben, gefragt worden, warum sie sich das denn wünschen. Dies findet vor allem dann statt, wenn die Erwachsenen bereits die Absicht haben, dem Kind den Wunsch wieder auszureden. Sie zerpflücken die Gründe für den Wunsch und das Kind kann den Wunsch, wenn es nicht ganz dumm dastehen will, nicht mehr aufrechterhalten. Natürlich machen dies auch Erwachsene untereinander.
Wenn eine Frau nach vielen Anläufen wieder einmal mit ihrem Mann diskutiert, dann sieht das vielleicht etwa so aus:

„Willst du dir nicht endlich eine Brücke für die Zahnlücke machen lassen?"
„Warum willst du das denn unbedingt, man sieht sie doch kaum?"
„Es stört mich, und man sieht sie sehr wohl, und es macht keinen guten Eindruck."
„Seit wann legst du soviel Wert auf die anderen Leute, Ich denke, du liebst mich so wie ich bin." Usw.

Wenn das Gespräch so oder so ähnlich abläuft, dann kann man schon absehen, dass es nicht sehr weit führt, sondern eher in einem Streit endet.
Wenn die Frau aber zu ihrem Mann sagt: „Weißt du, was ich mir von dir zu meinem Geburtstag wünsche? Ich würde mich so freuen, wenn du dir eine Brücke für deine Zahnlücke machen lassen würdest. Das ist das größte und einzige Geschenk zum Geburtstag, was ich von dir haben möchte. Ich möchte auch nicht weiter mit dir darüber reden, bitte überlege es dir und überrasche mich mit deiner Entscheidung", dann steigen ihre Chancen für eine Wunscherfüllung. Und wenn sie diesen Wunsch wirklich nicht diskutiert, sondern einfach dabei bleibt, dass sie sich das wünscht, dann wird ihr Mann Schwierigkeiten haben, ihr den Wunsch abzuschlagen, sofern genug Geld da ist, die Zahnarztrechnung zu bezahlen und die eigene Angst die Behandlung nicht verhindert.
Menschen – wenn sie nicht schon sehr verstört sind – lieben es, anderen eine Freude zu machen, denn die Resonanz mithilfe ihrer Spiegelneurone erzeugt dann auch in ihnen ein Gefühl von Freude.
Kinder – leider muss man es manchmal deutlich sagen - sind auch Menschen, auch ihnen macht es Freude, einem anderen Menschen eine Freude zu machen, sie fühlen sich zufrieden, wenn ihnen mitgeteilt wird, dass ein anderer Mensch sich zufrieden fühlt durch das, was sie getan oder ihm gegeben haben. Aber dazu gehört – ich will es immer wieder betonen – die

wechselseitige Akzeptanz, dass kleine und große Menschen das, was sie tun, freiwillig tun.
Zum Beispiel Renate: Renate beklagt sich ständig auf verschiedene Weisen bitterlich über ihren Mann: „Nie bringt er mir mal Blumen oder irgendeine Kleinigkeit mit, es muss ja gar nichts Großes sein, es ist dic Geste, die zählt.“ Oder sie beschwert sich darüber, dass er sie, als sie in den Ferien krank mit Halsschmerzen im Bett bleiben musste, den ganzen Nachmittag allein gelassen habe und mit den Kindern an den Strand vor dem Hotel gegangen sei. „Er hätte doch wenigsten einmal zwischendurch nach mir gucken können.“ Aber sie will ihm ihre Wünsche nicht sagen. „Das sind doch alles Selbstverständlichkeiten. Ein normaler Mensch kommt doch von allein auf solche Gedanken. Ich weiß doch auch, was andere Menschen brauchen oder worüber sie sich freuen. Wenn ich ihm immer erst sagen muss, was er tun soll, dann will ich lieber gar nichts von ihm.“
Renate macht sich nicht bewusst, dass ihr Mann sehr verschieden ist von ihr. Er denkt, er zeigt ihr seine Liebe dadurch, wie er sich im Alltag verhält, wie viel er ihr ungefragt abnimmt, wie er dafür sorgt, dass sie sich ausruhen kann, wenn sie es braucht und dass er Störungen möglichst von ihr fernhält. Beide verständigen sich nicht über die Verschiedenartigkeit ihrer Wünsche, sondern gehen jeweils davon aus, dass das, was ihnen selbst gefallen würde, auch dem anderen gefallen müsste, anstatt jeweils den anderen zu fragen.
Wünsche sind von großer Bedeutung, weil Wunscherfüllungen in uns Gefühle von Zufriedenheit, Freude und Glück aktivieren. Diese Gefühle zeigen uns, dass wir gerade etwas bekommen haben, was wir uns gewünscht haben und die Tatsache, dass wir diese Gefühle als so angenehm empfinden, unterstützt uns darin, Wünsche zu entwickeln und nach Wunscherfüllungen zu streben.
Aber der Umgang der Erwachsenen mit kindlichen Wünschen ist nicht immer geeignet, dass diese ein ungetrübtes Verhältnis zu den eigenen Wünschen und zu dem Umgang mit fehlenden Wünscherfüllungen entwickeln.

Wünsche haben in unserer Kultur sehr viel mit Gehorsamkeit zu tun. Kinder werden mit Hilfe ihrer unterschiedlichen Wünsche dazu erzogen, gehorsam zu sein und ihrerseits die Wünsche der Erwachsenen zu erfüllen. Es sind zunächst einmal die existentiellen Wünsche, die Kinder an ihre Eltern haben und die ihnen von den Eltern und der weiteren Umgebung auch erfüllt werden sollten, damit sich die Kinder sicher, geborgen, akzeptiert, und als wirkungsvoll wahrnehmen können.

Viele Erwachsene aber gehen mit den existentiellen Wünschen der Kinder, wahrgenommen, geachtet und ernstgenommen zu werden, eine Bedeutung zu haben und wirkungsvoll auf ihre Umwelt einwirken zu können, nicht achtsam um. Nach wie vor erwarten Erwachsene, dass Kinder den von ihnen aufgestellten Geboten und Verboten gehorchen und berücksichtigen dabei nicht, dass ihre Gebote und Verbote nur Wünsche an die Kinder sind, die von diesen Kindern freiwillig erfüllt werden oder eben auch nicht.

Deswegen richten die Erwachsenen auch keine Wünsche an die Kinder, sondern füllen die Welt der Kinder mit Geboten und Verboten. Die Erwachsenen tauchen in den Formulierungen dieser Gebote und Verbote als Subjekt meist nicht mehr auf. Viele Kinder hören zuhause und in der Schule Sätze wie:

„Sitz still", „Fass das nicht an", „Geh da nicht hin", „Bleib hier", „Schlag das Buch auf", „Bring den Müll runter", „Mach deine Schularbeiten", Trödele nicht so herum", „Das schaffst du nicht", „Du kannst das nicht", „Iss nicht so viel", „Du bist zu dünn", „Du bist einfach zu faul", „Du machst dich nur lächerlich", „Auf dich kommt es nicht an", Kinder müssen tun, was ihnen gesagt wird", „Du musst die Sachen immer gleich erledigen", „Sei bitte freundlich zu den anderen", „Du darfst dich nicht vor jeder Aufgabe drücken", „Du sollst dich nicht immer so dumm anstellen", „Du musst dich mehr beeilen", „Lass doch den Blödsinn." Usw.

Der Inhalt der Zuschreibungen, Gebote und Verbote variieren, je nachdem, was die Erwachsenen irritiert, stört und welche Wert- und Normvorstellungen sie selber haben.

Diese Zuschreibungen, Gebote und Verbote werden im Bewusstsein gespeichert und genau dann von den Kindern - auch wenn sie schon erwachsen sind - in strukturähnlichen Situationen wieder aktiviert. Dann allerdings sagen sie diese Botschaften zu sich selbst. Damit können sie den Schmerz vermeiden können, der sich aktivieren würde, wenn andere ihnen solche Dinge sagen. Aber auch, wenn es viel leichter zu ertragen ist, sich selbst zu sagen: „Du bist einfach zu dick", oder „Du siehst beschissen aus", als solche Aussagen von anderen zu hören, es bleibt dabei, solche Sätze sind sehr unfreundliche Botschaften.

Zwar ist es einfacher, sich selbst zu sagen: „Dir fällt doch sowieso nichts ein", als sich dies später - nach einem antizipierten Scheitern – von anderen sagen zu lassen oder eine Enttäuschung nach einem vergeblichen Bemühen zu ertragen. Einerseits sind die Sätze, in denen man beginnt, sich mit „Du..." anzureden, ursprünglich als Schutz gedacht, aber sie bilden später oft im eigenen Inneren - wie schon im Teil „Abhängigkeiten" dargestellt wurde - eine Art „Herrschaftssystem", in der eine gedankliche „Stimme" einem sagt, was man zu tun und zu lassen hat, was man kann

oder nicht kann, welche guten und welche schlechten Eigenschaften man hat, und welche körperlichen Vor- und Nachteile und welche Fähigkeiten man besitzt oder nicht besitzt.
Ob ein Mensch in seinem Bewusstsein eine solche „Du – Stimme" mit sich herumträgt oder nicht, kann man –wie gesagt - oft schon an der Art erkennen, in der ein Mensch etwas von sich selbst erzählt:
Z. B.
„Und als mir der Bus direkt vor der Nase weggefahren ist, habe ich zu mir gesagt: „Jetzt ärgere dich bloß nicht auch noch darüber, dein Leben ist sowieso schon voller Stress."
Oder:
„Ich hätte so gerne etwas dazu gesagt, aber ich habe gedacht, du machst dich nur lächerlich, dich nimmt doch sowieso keiner ernst."
Oder:
„Dann habe ich das neue Kleid angezogen und gedacht, darin siehst du aber gut aus, da sieht man wenigstens deinen dicken Bauch nicht." Usw.

Diese innere Stimme kann sich in alles einmischen und manche Menschen stehen schon morgens mit ihr auf. Sie sind kaum aufgewacht, schon denken oder hören sie: „Jetzt musst du aber aufstehen, sonst kommst du zu spät." Und dann kann es so weiter gehen. „Den Schlips kannst du nicht nehmen, der hat einen Fleck", „Beeile dich, Kaffeetrinken kannst du im Büro", usw. Manche Menschen gehorchen der inneren Stimme, manche nicht. Sie bemerken die Aufforderung, z. B. aufstehen zu sollen, gehorchen und stehen auf, oder sie verweigern sich, drehen sich im Bett noch einmal um und sabotieren das, was sie tun sollen.
Viele von uns kennen solche und ähnliche Prozesse. Zum Beispiel sagt eine scheinbar vernünftige innere Stimme zu einem: „ Jetzt musst du dich aber an die Steuerklärung setzen", und sofort beginnt die Sabotage. Man macht alles Mögliche. Man telefoniert, räumt die Küche auf, macht die Wäsche, geht noch schnell etwas einkaufen, kocht sich erst noch einen Kaffee usw. Man macht alles andere, nur nicht das, was die innere Stimme von einem verlangt hat. Eine solche Art von Rebellion oder Sabotage verweist ebenso auf ein internalisiertes Herrschaftsverhältnis wie das Gehorchen. Man beherbergt – wie schon vorher beschrieben - in seinem Bewusstsein einen inneren Richter, Tyrannen oder Diktator, der einen behandelt, als sei man ein Kind, dem man immer noch sagen muss, was es tun soll, was es kann und wie es ist.
Manche dieser Richter, Tyrannen, oder Diktatoren in der Form von gedanklichen „Du – Sätzen" sind einigermaßen erträglich, sie sind in einem ausgewogenen Maße sowohl unterstützend als auch kritisierend. Es gibt

aber auch „Du – Stimmen, die ausgesprochen entwertend, beleidigend oder sogar grausam sind.
Solche sich spiralförmig auf einen emotionalen Abgrund zu bewegenden Gedankengänge können sich dann innerlich ungefähr so anhören:
„Was hast du dir bloß dabei gedacht. Hättest du nicht deinen Mund halten können. Und überhaupt, du bist immer gleich so unbeherrscht. du konntest ja noch nie diplomatisch sein. Nur dazu muss man ja nachdenken, bevor man etwas sagt. Aber Denken war ja noch nie deine Stärke. Wie dein Mann das nur aushält! Wenn du wenigstens gut aussehen würdest, aber mit deiner Figur! Du musst dringend mal wieder eine Diät machen, aber du bist ja viel zu undiszipliniert, um so etwas durchzuhalten.....Usw. "
Oder:
„Du bist immer so gehemmt. Du traust dich aber auch gar nichts. Du musst dich nicht wundern, wenn alle auf dir herum trampeln, wenn du nie den Mund aufmachst. Du bist einfach nur feige. Feige und dumm. Dir fällt ja nie etwas ein. Dann musst du es eben hinnehmen. Aber fang bloß nicht an zu weinen. Damit machst du dich nur lächerlich. Und dann hacken sie erst recht auf dir herum und das hättest du dir dann wirklich selbst zuzuschreiben.....Usw."
Oder:
„Du brauchst gar nicht erst anzufangen, dir fällt sowieso nichts ein. Du weißt ja noch nicht einmal, wie man eine anständige Gliederung macht und selbst, wenn dir einer helfen würde, wärest du ja nicht in der Lage, es zu Ende zu bringen. Du hast ja noch nie etwas bis zum Schluss gebracht, du gibst doch immer alles gleich wieder auf. Du hast eben überhaupt keinen Ehrgeiz, aber wenn man nichts will, kriegt man auch nichts. Deswegen musst du dich überhaupt nicht wundern, wenn du immer wieder scheiterst.....Usw."

Solche inneren Sätze würde man sich nicht von einer anderen Person sagen lassen, aber im eigenen Bewusstsein lässt man diese alten Botschaften ihre unheilige Wirkung entfalten und duckt sich innerlich, wie schon früher, als man den Erwachsenen noch nicht entgehen konnte.
Solche Ansprachen gibt es–wie gesagt - auch in der Ichform, und das bedeutet meist auch, dass sich im Bewusstsein der betroffenen Personen ständig selbstentwertende Aussagen befinden, die sowohl ihr Gefühlsleben als auch ihre Denkprozesse beeinflussen, so dass sie es deshalb schwer haben, ein Gefühl ihres eigenen Wertes zu entwickeln. Ihr Selbstwert ist durch solche inneren Dialoge oder Monologe ständig gefährdet.
Natürlich sind solche inneren destruktiven Ansprachen von Person zu Person verschieden, je nach dem, was diese in ihrer Kindheit und Jugend ge-

hört haben. Sie können sich auf alles beziehen, was eine Person ausmachen kann: Auf das Aussehen, auf die Intelligenz, auf die Leistungen, auf den beruflichen oder den privaten Erfolg, auf den Körper, auf den Charakter, auf die Kreativität, auf das Verhalten oder darauf, wie andere Menschen sie beurteilen. Manchmal können einzelne Menschen verschiedene Aussagen in ihren inneren Angriffen bestimmten Personen aus ihrer Vergangenheit zuordnen und das erleichtert es ihnen, langsam aber sicher den „Wahrheitsgehalt" solcher Zuschreibungen anzuzweifeln.
Die „Du – Stimme", die sich wie ein Tyrann gebärdet, hat zunächst nur eine einzige Untertanin oder einen einzigen Untertan, nämlich die Person, in deren Kopf sie sich ausbreitet. Aber wenn diese Person anderen gegenüber die Rolle des Tyrannen übernimmt, dann hat sie in ihrem eigenen System Ruhe, weil sie dann andere Menschen so behandelt, wie sonst die „Du – Stimme" sie selbst. Und wenn diese Person Kinder hat oder Kinder betreut und sie benutzt diese inneren Botschaften gegenüber diesen Kindern, dann sorgt sie dadurch dafür, dass sich solche inneren Herrschaftsverhältnisse auch in diesen Kindern etablieren.

Das verinnerlichte Herrschaftsverhältnis kann auch dazu führen, dass verschiedene Personen der Außenwelt die Position des verinnerlichten Herrschers einnehmen. Das hat dann meist die Wirkung, dass man diesen Personen gegenüber entweder besonders gehorsam oder besonders widerspenstig wird.
Viele Menschen kennen die Situation, dass sie ihren Partner um etwas bitten und sich nicht erklären können, warum er oder sie die Erfüllung ihrer Bitte immer wieder aufschiebt, sie vergisst oder bei der Erfüllung etwas Entscheidendes nicht oder falsch macht.
Susi sagt: „Wenn er doch einmal das tun würde, worum ich ihn bitte, ich würde mich so freuen, ich glaube, ich wäre ganz glücklich." Jo, ihr Freund, sagt: „Wieso erwartet sie, dass ich ihr immer sofort gehorche. Ich bin doch nicht ihr Erfüllungsgehilfe. Wenn ich etwas tue, dann will ich es so tun, wie ich es will." Hier hat sich zwischen den beiden ein Herrschaftsverhältnis etabliert. Sie ist in seinen Augen der Tyrann und er ein Untertan, der er nicht sein will und der deshalb die Wünsche des vermeintlichen Tyrannen sabotiert.
Erst wenn Jo begreift, dass er ein freier Mensch ist und deshalb auch freiwillig Wünsche und Erwartungen von anderer Menschen erfüllen kann, einfach nur, weil er ihnen eine Freude machen will, kann er eine bewusste freie Entscheidung in Bezug auf die Wünsche von anderen treffen und sie erfüllen oder aber auch nicht. Solange das nicht so ist, wird er sich, wenn andere Erwartungen an ihn haben, unter Druck gesetzt und gezwungen füh-

len und zu Rebellion und Sabotage greifen, um seine angeblich gefährdete Autonomie aufrecht zu erhalten. Und so wie ihm geht es vielen Menschen. Sie geraten in Stress, wenn andere Menschen etwas von ihnen wollen; sie sabotieren das, was sie tun sollen; sie wehren die Wünsche von anderen ab und denken, sie würden von anderen unterdrückt, ausgebeutet und benutzt und werden rebellisch. Sie gehen in die Opferposition. Sie übertragen ihre eigenen inneren Tyrannen auf andere Menschen, und gebärden sich dann wie deren schlecht behandelte Untertanen, auch wenn diese anderen Menschen nichts von einem Tyrannen an sich haben.
Wenn Erwartungen einer Person von einer anderen Person sabotiert werden, dann entwickeln sich leicht Machtspiele zwischen den betroffenen Personen und das trägt zur Frustration oder zum Unglücklichsein aller Beteiligten bei.

Das entscheidende Problem, welches Menschen mit einem durch ihre Erziehungsprozesse entstandenen inneren Herrschaftssystem haben, liegt also darin, dass sie entweder dazu tendieren, gehorsam die Erwartungen und Wünsche von sich selbst oder von anderen zu erfüllen oder dass sie gegen diese inneren oder von anderen kommenden Erwartungen und Wünsche rebellieren und sich mit Sabotage gegen Wunscherfüllungen aller Art zur Wehr setzen.

Ein zusätzliches Problem liegt vor allem darin, dass solche verinnerlichten Herrschaftssysteme die betroffenen Personen darin hemmen, herauszufinden, was sie eigentlich selber wollen. Entweder sie folgen den antizipierten oder geäußerten Wünschen von anderen, ohne sich zuvor zu fragen, ob sie dies eigentlich wollen und was ihre eigenen Wünsche sind. Oder sie rebellieren und sabotieren und vermeiden damit ebenfalls, sich selbst zu fragen, was sie denn selber wollen.
Wenn man die Steuerklärung vor sich herschiebt und dabei unter dem wachsenden Druck, sie doch endlich anzufangen, leidet, dann handelt man nicht unbedingt im eigenen Interesse. Das eigene Interesse wäre, sie möglichst bald fertig zu stellen. Aber die Rebellion des „Ich will nicht“ gegen das innere „Du musst“ verhindert ein Handeln im eigenen Interesse.
Manche Menschen, welche die Rolle des inneren Herrschaftssystems durchschaut haben und auf ihre innere „Du – Stimme“ nicht mehr hören wollen, haben erst einmal große Schwierigkeiten, neue eigene Orientierungen zu suchen und heraus zu finden, was sie selbst wollen, weil sie so ungeübt darin sind.
Aber nur diese Selbstbesinnung auf die eigenen Interessen, auf das eigene Wünschen und Wollen und auf das, was man selbst wertschätzt, ermöglicht

den Ausstieg aus dem internalisierten Herrschaftssystem und dem damit zusammenhängenden Gehorsam oder der resultierenden Rebellion. Und wenn Menschen mehr über sich selbst und die in ihrer Selbstorganisation vorhandenen und für sie erkennbaren Muster und Dynamiken begreifen, dann werden ihre Möglichkeiten wachsen, bewusst und selbstverantwortlich ihr Leben zu gestalten.

„Weißt Du, dieses Thema hat mich nicht interessiert", sagt Valentino. „Und warum nicht", frage ich zurück. „Wir Katzen sind weder gehorsam noch rebellisch. Wir gehören zu den Lebewesen, die in der Abhängigkeit unabhängig sein können und deshalb kommt beides bei Katzen nicht vor." Dann schweigt er und nimmt seinen neuen Lieblingsplatz auf dem Schubladenschrank neben meinem Schreibtisch ein. „Ich möchte hier gerne die gelbe Decke als Unterlage haben", fügt er hinzu, grinst und sagt dann noch: „Und ich hoffe, du bist jetzt nicht gerade rebellisch." „Weißt Du, ich bin jetzt auch nicht gehorsam, ich tue es einfach gerne für dich", sage ich, stehe auf und hole die gelbe Decke. Passend zusammengefaltet ist sie wirklich eine weiche Unterlage. Valentino räumt kurzfristig seinen Platz, damit ich sie hinlegen kann und rollt sich dann darauf zusammen. „Ich danke dir", sagt er noch, bevor er seine goldgelben Augen fast vollständig schließt, „das war sehr lieb von Dir." Ich glaube, er meint es ernst.

Symbiose und Autonomie
Wie Menschen mit den Grenzen zwischen sich und anderen umgehen

„Was bedeutet eigentlich Autonomie für Dich", frage ich Valentino, „ sie muss doch für Katzen etwas ganz Besonderes sein, anders als für Hunde?"
„Hunde haben mit Autonomie nicht viel im Sinn. Wie es so schön heißt: Hunde brauchen ein Herrchen oder Frauchen, Katzen brauchen Personal", sagt Valentino. „Meinst du das ernst?", frage ich zurück. „Na ja, es ist doch schön, wenn es jemanden gibt, der einen versorgt und sich um einen kümmert", sagt er und dann fügt er ganz ernst noch hinzu: „Ich glaube, es ist ein grundlegendes Missverständnis, zu glauben, dass Autonomie bedeutet, alles allein machen zu können und zu müssen. Ich liebe meine Autonomie und ich liebe es, dass du dich um mich kümmerst. Meiner Ansicht nach widerspricht sich das nicht und das gilt sicher auch für Hunde."
„Und was ist mit meiner Autonomie, wenn ich mich um dich kümmern muss." „Ich bitte dich, diesen Satz noch einmal zu überdenken, der passt so gar nicht zu dir", sagt Valentino sehr von oben herab und wohl auch ein bisschen getroffen. Ich fange an zu lachen und sage: „ Bitte entschuldige, ich weiß, ich „muss" nicht. Im Gegenteil, ich kümmere mich sehr gern um dich." Valentino ist sich noch nicht ganz sicher. „Auch, wenn du meine Katzentoilette saubermachst?" „Weißt du, wenn ich ganz ehrlich bin", „Ich bitte darum", unterbricht mich Valentino und ich rede weiter: „Das tue ich vor allem wegen mir, ich möchte selber ein gut riechendes, sauberes Bad haben." „Na, da bin ich aber erleichtert", sagt er.
„Ich glaube dir das nicht so ganz", sage ich, „ ich glaube, es ist dir nicht wichtig, ob ich deine Toilette gern oder ungern, freiwillig oder mich gezwungen fühlend sauber mache, Hauptsache, ich tue es." „Da hast du auch wieder recht", sagt Valentino und begibt sich ins Bad, um seine Toilette zu inspizieren. Dann kommt er zurück und sagt: „Das hast du aber schön gemacht, vielen Dank." Ich frage: „Kann ich mich noch in irgendeiner Weise um dich kümmern." „Ich liebe es, wenn du mich so etwas fragst", sagt Valentino, „aber ich glaube, ich werde jetzt ein bisschen dösen und meine Autonomie pflegen." Und damit rollt er sich auf seinem Lieblingsplatz zu einer Kugel zusammen und schließt seine Augen bis auf einen ganz kleinen Schlitz.

Wenn Eltern oder andere Bezugspersonen von Kindern ungefiltert und unzensiert ihren Frust und Ärger, ihre Vorstellungen und Vorurteile, ihre Enttäuschungen und Wut darüber, dass ihre Kinder ihre Wünsche, Erwartungen und Forderungen nicht erfüllen, sondern ungehorsam sind, an eben diesen Kindern auslassen, dann hat dieses zumindest eine positive Wirkung:

Die Kinder erleben sich selbst als wirkungsvoll. Die Bezugspersonen übergeben ihnen möglicherweise dabei Verantwortungen, welche die Kinder gar nicht übernehmen können, wie ich im Teil „Abhängigkeit" beschrieben habe, aber die Kinder machen dabei die Erfahrung, dass sie eine Bedeutung für diese Erwachsenen und Macht über sie haben. Damit werden zumindest drei existentielle Wünsche der Kinder erfüllt: Sie werden als existent wahrgenommen, sie sind wichtig für die Befindlichkeiten der Erwachsenen und sie haben Wirkungen auf sie und manchmal auch die Macht des Neinsagen-Könnens über sie.
Sie werden vielleicht nicht als die besondere Persönlichkeit, die sie sind, wahrgenommen, ihre eigenen Wünsche spielen vielleicht keine Rolle, sie werden vielleicht nicht ernst genommen und nicht respektiert und es werden ihnen vielleicht auch keine eigenständigen Entscheidungen zugestanden, aber sie gehören dazu und haben eine Bedeutung und eine Wirkung auf andere.

Aber wenn Eltern oder andere Bezugspersonen sehr ichbezogen sind, egozentrisches Denken bevorzugen und entsprechend auch mit ihren Kindern umgehen, dann werden die Probleme für die Kinder gravierender.
Denn die Bezugspersonen sind dann auf Grund ihrer eigenen Psychodynamik nicht in der Lage, die Kinder als von ihnen getrennte Wesen zu erfassen. Die Kinder sind für sie wie Teile ihrer selbst, weil die Kontaktstörungen der Bezugspersonen ihnen meist nur symbiotische Beziehungen ermöglichen.
Das hat erhebliche Konsequenzen, denn wenn ein kleines Kind bei seinen ersten Versuchen, Kontakt mit seiner Umwelt herzustellen, auf Abwehr, Missachtung, Ablehnung, Enteignung, Vereinnahmung oder Grausamkeit trifft und eben nicht auf zugewandte Spiegelungen von Seiten der Bezugspersonen, dann - so kann man vereinfachend sagen – wandelt sich die Kontaktgrenze um, welche zwischen dem Kind und seiner Umwelt existiert, und wird für das Kind zu einer Grenze, auf deren anderen Seite der Terror lauert. Die Kontaktgrenze wird zu einer Terrorgrenze, der sich das Kind aus Angst vor Schmerz nicht mehr nähern will.
Aber die Prozesse an der Kontaktgrenze sind diejenigen, die dem lebendigen Wachstum und der Bereicherung der Persönlichkeit dienen. Eine Person, die den Kontakt mit ihrem Umfeld vermeidet oder auf Grund ihrer traumatischen Erfahrungen Angst vor Kontakt hat, ist auch von den lebensspendenden Prozessen des Umfeldes getrennt und verarmt emotional, mental und sozial. Trotzdem können wir uns aus sozialen Beziehungen nicht lösen, auch wenn wir noch so viel Angst vor dem Kontakt mit unseren Mitmenschen haben. Und wenn die Angst vor Kontakt zu groß ist, dann

bleibt der Person für soziale Beziehungen eben nichts anderes übrig, als zu versuchen, mit anderen jeweils eine Symbiose herzustellen. In einer Symbiose verschwimmen die Unterschiede zwischen den Personen, weil der Fokus der Aufmerksamkeit überwiegend auf das gerichtet ist, was ähnlich oder gleichartig erscheint. Es müssen unbedingt Übereinstimmungen hergestellt werden, weil das Ungleiche, Unähnliche als störend, bedrohlich und damit als Aufforderung empfunden wird, an die Kontaktgrenze zu gehen. Eltern und andere Bezugspersonen, die selbst als Kinder in ihren frühen Kontaktversuchen eher traumatisierende Erfahrungen gemacht haben und für die Kontakt seitdem bedrohlich ist, werden diese Kontaktstörung an ihre Kinder weitergeben. Sie sind selbst nicht ausreichend gespiegelt worden und können auch ihre Kinder nicht spiegeln. Sie versuchen vor allem, jeden Unterschied zwischen sich und ihren Kindern so klein wie möglich zu machen.

Wie könnte das nun aber konkret aussehen?

Es gibt dabei sehr verschiedene Möglichkeiten, die hier in den folgenden Beispielen nur angedeutet werden können. Entscheidend dafür, ob eine Person mit ihrer Kommunikation ein Symbioseangebot macht oder nicht, ist allein ihre innere Haltung, und die lässt sich an den Worten nicht in jedem Fall ablesen. Gerade dieser letzte Punkt ist mir sehr wichtig, denn niemand kann durch die Beobachtung und Analyse des Verhaltens einer Person auf die inneren Prozesse dieser Person schließen. Man kann nur Vermutungen anstellen, und bei entsprechenden eigenen Erfahrungen hat man manchmal hohe Trefferquoten.

1.„Papa, kann ich nach der Schule Peter besuchen?“
„Nee, da störst du doch bloß.“
„Aber ich möchte so gern.“
„Kommt nicht in Frage.“
„Ach, bitte.“
„Nein, wir sind früher auch zuhause geblieben.“
„Kann Peter denn zu mir kommen?“
„Das will der bestimmt nicht, was soll der auch bei uns.“

Hier macht der Vater in der Art, wie er spricht, keinen Unterschied zwischen sich, seinen eigenen Erfahrungen und Gedanken und der Wirklichkeit seines Sohnes, aber es bleibt offen, was dahinter steckt. Vielleicht hat er einen Konflikt mit den Eltern von Peter, vielleicht schämt er sich wegen der Einrichtung oder der „Ordnung“ der eigenen Wohnung, vielleicht will er nicht durch ein weiteres Kind in seiner Ruhe gestört werden und benutzt die geäußerten Sätze nur als Ausrede. Entscheidend bleibt, wie der Sohn die Äußerungen seines Vaters versteht und wie er emotional damit umgehen kann. Ähnliches gilt auch für die nachfolgenden Beispiele, deshalb bleiben sie unkommentiert.

2. „Du hast zu tun, was ich dir sage."
„Ja, aber..."
„Kein aber!"
„Ich möchte doch bloß..."
„Du hast gar nichts zu wollen."

3. „Wir wollen doch immer ganz bescheiden sein."
„Ich habe doch gar nichts gesagt."
„Das ist auch gut so, wir wollen doch keinen Streit."
„Ich möchte am Wochenende gerne mit einer Freundin eine Radtour machen."
„Das müssen wir erst noch besprechen, ob wir dazu Lust haben."
„Ich wollte mit ihr alleine fahren."
„Das kannst du uns nicht antun, da wären Papa und deine Schwester nicht mit einverstanden." Usw.

Aber symbiotische Beziehungen gibt es nicht nur zwischen Eltern und Kindern, auch in vielen Beziehungen zwischen Erwachsenen gibt es die Leugnung von Unterschieden und Andersartigkeit, stattdessen beherrschen Vorstellungen von Verschmelzung und von Einheit und Einssein die Interaktionen zwischen den beteiligten Personen.

4. „Wollen wir am Wochenende irgendwohin fahren?"
„Das wäre wirklich schön."
„Wohin willst du denn?"
„Wohin du willst."
„Ich möchte aber gern, dass wir dahin fahren, wo du hin willst."
„Mir fällt gar nichts ein, Hauptsache, wir sind zusammen

5. „Wieso hast du denn gar nichts gesagt?"
„Ich habe gedacht, du willst gar nichts davon wissen."
„Aber du kennst mich doch, natürlich interessiert mich alles, was dich angeht."
„Entschuldige bitte, natürlich hätte ich dir das erzählen müssen."
„Ist doch kein Problem, ich will dich doch nicht kontrollieren."
„Das weiß ich doch, ich fühle mich auch nicht kontrolliert."

Diese kleinen Dialoge sind harmlose Beispiele für symbiotisches Verhalten, in denen die Grenze zwischen den Beteiligten nicht wahrgenommen oder geleugnet wird oder das Risiko, eigene Vorstellungen und Wünsche zu äußern, zugunsten einer Vorstellung von „Harmonie" nicht eingegangen wird.
Wird die Kontaktgrenze von einer Person nicht nur gemieden, sondern als echte Bedrohung erlebt, weil sie an eben dieser Grenze traumatisierende Erfahrungen gemacht hat, dann wird die Interaktion mit anderen Menschen oft deutlich - direkt oder indirekt - abwehrend.
Die Kontaktgrenze wird zwar nach wie vor gemieden, aber die Person kann entweder passiv im Rückzug verharren und alle Annäherungsversuche anderer Menschen vermeiden oder zurückweisen, oder aber aktiv durch zuschreibendes und aggressives Verhalten versuchen, andere Menschen von sich weg zu treiben.

In den folgenden beiden Dialogen stelle man sich jeweils ein Paar vor, welches seit geraumer Zeit zusammenlebt.
Die zurückgezogene und unterschwellig aggressive Variante könnte so aussahen:

6. „Willst du jetzt deinen Kaffee?"
„Ach, lass mich doch in Ruhe."
„Ich wollte dich doch nur fragen."
„Musst du das immer in unpassenden Augenblicken tun?"
„Ich kann das doch nicht wissen."
„So was merkt man doch."
„Bitte entschuldige."
„Na ja, wenigstens siehst du es ein."

Die aggressive und abwehrende Variante könnte so aussehen:

7. „Du kannst wohl nie etwas richtig machen."
„Was habe ich denn jetzt schon wieder verkehrt gemacht?"
„Du bist schon wieder ohne Grund sehr aggressiv."
„Du kritisierst mich ja auch ständig."
„Das bildest du dir ein, ich stelle nur Tatsachen fest."
„Warum bist du so gemein zu mir."
„Du kannst auch gehen, wenn es dir nicht passt, wie ich mit dir umgehe."

Interessanterweise fühlen sich viele Menschen, selbst wenn sie sich so aggressiv äußern, wie in dem letzten Beispiel, meistens gar nicht ärgerlich oder wütend, sondern verletzt, gekränkt, verraten, beleidigt oder im Stich gelassen. Sie fühlen sich als Opfer der anderen Person und merken oft nicht, wie sehr sie selbst in die Täter-Rolle geraten sind.

Wenn frühe Traumatisierungen an der Kontaktgrenze dazu führen, dass der Kontakt zu einem anderen Menschen als sehr bedrohlich erlebt wird, dann gibt es noch andere Möglichkeiten, sich zu schützen: Für manche Menschen scheint die einzige Rettung vor der Gefahr darin zu bestehen, sich unabhängig von anderen zu machen und anderen deutlich zu zeigen, dass man sie nicht braucht. „Autonomiebestreben" scheint eine Rettung vor dem Terror an der Kontaktgrenze zu sein. Eine andere Rettung scheint darin zu bestehen, sofort „grenzüberschreitend" zu werden. Dieses kann man auf unterschiedliche Arten und Weisen tun. Man kann positive oder negative gemeinte verbale Zuschreibungen über die andere Person, ihre Familie, ihre Herkunft, ihre Fähigkeiten usw. von sich geben, man kann sich körperlich der anderen Person so nähern, als würde man sie vereinnahmen oder dominieren wollen, oder aber auch auf der Stelle gewalttätig werden usw.
Meist sind alle diese Prozesse unbewusst, die Angst vor dem Terror ist oft verdrängt und stattdessen wird die zugehörige narzisstische Dynamik agiert.
Eine Reihe von Wissenschaftlern und Psychotherapeuten haben sich mit dem Phänomen des Narzissmus und der narzisstischen Störungen beschäftigt und eine Reihe unterschiedlicher Erklärungsmodelle entwickelt. (Siehe dazu auch: Lasch, Kohut, Kernberg, Symington, Winterhoff u.a.)

Es gibt inzwischen Einschätzungen, nach denen narzisstische Störungen bei Kindern und Jugendlichen zunehmen und deshalb ist es mir wichtig, auf die damit einhergehenden Schwierigkeiten und Empfindsamkeiten dieser Menschen einzugehen. Auch wenn die Erklärungsmodelle differieren, beschreiben die Autoren doch die wesentlichen Erscheinungsformen auf ähnliche Weise:
Menschen mit narzisstischen Störungen sind sehr empfindlich gegenüber Kritik und haben ein übersteigertes Bedürfnis nach Bestätigung, weil sie das Gefühl ihres Selbstwertes nicht stabil halten können. Manche können durch eine kritische Bemerkung das Gefühl entwickeln, sie hätten ihre gesamte Lebensenergie verloren. Ein solches Erleben verstärkt ihre Angst davor, von anderen Menschen abhängig zu sein, denn diese haben - im bewussten oder unbewussten subjektiven Erleben der narzisstisch gestörten Persönlichkeit – oft deren „Leben und Tod" in der Hand.
Der Kontakt zu anderen Menschen erscheint ihnen deshalb als potentielle Gefahr. Durch den Kontakt mit ihnen können schmerzhafte und bedrohli-

che Erinnerungen aktiviert werden und das darf nicht geschehen. Symbiotische Beziehungen zwischen Menschen dagegen sind kontaktlos, das jeweilige Gegenüber wird als ungeschieden von einem selbst erlebt und wird als mit einem selbst verschmolzen wahrgenommen. Viele Erfahrungsberichte von Psychoanalytikern und Therapeuten anderer Richtungen weisen auf diese Phänomene hin.

„Daß sie Abhängigkeit von anderen nicht ertragen können, ist überhaupt ein ganz zentrales Kennzeichen narzisstischer Persönlichkeiten. Sie haben zwar häufig irgendein Idol oder sonst eine herausragende Persönlichkeit, die sie bewundern und zu der sie in einem Verhältnis stehen, das bei oberflächlicher Betrachtung wie eine Abhängigkeitsbeziehung erscheinen mag; in Wirklichkeit aber erleben sie sich selbst als Teil dieser bewunderten Person bzw. sie erleben diese Person nur als eine Erweiterung ihrer selbst, wie die Analyse regelmäßig erweist. Erfahren sie dann von dieser Person eine Zurückweisung, so reagieren sie mit Haß, Furcht und Entwertung des früheren Idols. Sobald die bewunderte Person verschwindet oder aus irgendeinem Grunde „entthront" wird, wird sie sofort fallengelassen. Kurz gesagt: zu diesen bewunderten Personen besteht gar keine wirkliche Objektbeziehung, sondern sie werden einfach nur narzißtisch benutzt." (Kernberg, 1983, S. 271)

Diese narzisstische Besetzung anderer Menschen, die - meist unbewusste – Vorstellung, der ausgewählte andere Mensch sei ein Teil des eigenen Selbst und sei keineswegs eine eigenständige Person, wirkt sich besonders problematisch aus, wenn Kinder dem Einfluss narzisstisch gestörter Persönlichkeiten ausgesetzt sind. Wenn Eltern oder andere Bezugspersonen die Kinder als Teil ihres Selbst betrachten, sind sie nicht in der Lage, diese Kinder in ihrer Einzigartigkeit und Besonderheit zu spiegeln. Die Kinder haben dann nicht nur große Schwierigkeiten, sich selbst als eigenständig und besonders zu begreifen, sie sind eventuell auch davon betroffen, dass sie ganz plötzlich überhaupt keine Rolle mehr spielen, weil sie völlig unwichtig für ihre Bezugspersonen geworden oder der unvermittelt ausbrechenden Wut des Erwachsenen darüber ausgesetzt sind, dass sie als vermeintlicher Teil dieses Erwachsenen nicht so funktionieren, wie der Erwachsene es von einem Teil von sich selbst im Prinzip erwartet.
Kernberg weist darauf, was in solchen Fällen geschehen kann:

„Wenn z. B. ein narzisstischer Elternteil – in den meisten, aber keineswegs allen Fällen ist die Persönlichkeit der Mutter in erster Linie hierfür bedeutsam – das Kind als Teil seiner selbst betrachtet über die Phase hinaus, in der eine solche Einstellung adäquat ist, oder intensiver als optimal oder mit verwirrend einseitigen Reaktionen, dann stellt sich die unreife Psyche des Kindes übermäßig auf die Psyche der Mutter (oder des Vaters) ein. Die endgültigen Ergebnisse des Einflusses einer solchen frühen Umgebung können sehr verschieden sein. Er kann zur Entwicklung eines empfindlichen psychischen Überbaus mit ungewöhnlich großer Fähigkeit für die Wahrnehmung und Verarbeitung psychischer Prozesse bei anderen führen. Oder aber, wenn man früh übermäßiger psychischer Nähe zu exzessiv ausgesetzt ist, so kann dies im Gegenteil zu einer abwehrender Verhärtung oder Abstumpfung der wahrnehmenden Oberflächen führen, um den psychischen Apparat davor zu schützen, durch die ängstigenden Reaktionen eines pathogenen Elternteils traumatisiert zu werden." (Kernberg, 1983, S. 315)

Besonders problematisch wirkt sich im späteren Leben dieser Kinder aus, wenn es, wie Kernberg schreibt, zu einer „Abstumpfung der wahrnehmenden Oberflächen" kommt, denn dadurch reduziert sich ihre Kontaktfähigkeit noch mehr und es kommt zu den beobachtbaren Kontaktvermeidungen in der Kindergeneration. Aber alle Lebewesen sind auf Austauschprozesse mit ihrer Umwelt angewiesen und da in der Symbiose ebenfalls Austauschprozesse stattfinden - allerdings ohne eine Bewusstheit der Kontaktgrenze und der Geschiedenheit der am Prozess der Symbiose Beteiligen - wird von Menschen mit narzisstischen Störungen diese Form der Interaktion als ungefährlichste Form des wechselseitigen Austausches gewählt. Man nennt diese Kontaktvermeidung auch „Konfluenz", in Anlehnung an ein lateinische Wort für „Zusammenfließen".

Symbiose oder Konfluenz können auch sehr erstrebenswerte Zustände sein. Viele Lebewesen leben mit anderen in Symbiose zusammen, auch jede unserer Zellen lebt in Symbiose mit den sogenannten „Mitochondrien" – früheren Bakterien - , die in unseren Zellen Materie in Energie umwandeln, wie im Teil „Selbstorganisation" erwähnt wurde. Ohne immer wieder neue symbiotische Beziehungen zwischen den verschiedenen Lebensformen wäre die Evolution auf unserem Planeten sicher anders verlaufen, das heutige Ergebnis ist nur durch autonom und symbiotisch ablaufende Prozesse, durch Konkurrenz und Kooperation, zustande gekommen. Organische bzw. biologische Prozesse sind immer auch – auf die eine oder die andere Weise – symbiotische Prozesse, wobei gleichzeitig die Grenzen zwischen den einzelnen lebenden Strukturen, seien es Zellen, Bakterien, Pflanzen, Insekten oder Säugetiere, ununterbrochen bzw. immer wieder neu hergestellt werden. Problematisch wird Symbiose erst auf den Ebenen der Existenz, die sich von den rein biologischen unterscheiden. Während sich dort, z. B. auf der Ebene unserer Zellen, die Grenzen immer wieder neu und von alleine herstellen, müssen wir auf den emotionalen und mentalen Ebenen unseres Bewusstseins uns die Grenzen immer wieder aktiv bewusst machen. Meiner Ansicht nach ist dieser Unterschied zwischen den sich von selbst – außer bei Krankheiten - immer wieder herstellenden Grenzen auf der biologisch-organischen Ebene und den Grenzen auf der Ebene von emotional-mentalen Prozessen, die sich eben nicht von selbst, sondern bei vielen inneren Prozessen bewusst - vom „Ich“ oder vom „Selbst“ - wieder neu hergestellt werden müssen, bisher sträflich vernachlässigt worden.

Wir müssen von dem Moment an, in dem wir über Bewusstsein verfügen, zusätzlich etwas lernen: Wir sind nicht nur in Bezug auf unsere Identitätsentwicklung von einander abhängig und können uns nur miteinander entwickeln, wir sind auch immer voneinander getrennte Lebewesen, für die es von großer Bedeutung für ihr Überleben ist, sich als anders als ihre Umwelt und als besonders zu empfinden und sich dieser Differenz bewusst zu sein bzw. diese sich immer wieder neu bewusst zu machen. Und das müssen wir meist erst lernen. Zwar können symbiotische Zustände einen großen Reiz entwickeln und Menschen aller Kulturen versuchen, solche Zustände mit Hilfe von Ritualen, Tänzen, Übungen unterschiedlicher Art oder Drogen zu erreichen, um die Wahrnehmung des Getrennt-Seins zugunsten des sich „Eins-Fühlens“ aufzugeben.

Auch der Zustand, den man „Romantische Liebe“ nennt, scheint - solange er andauert - ein symbiotischer Zustand zu sein und bei einer sogenannten „ozeanischen Ekstase“ erlebt man ein Einsgefühl mit der gesamten Umwelt. Problematisch wird es allerdings, wenn das Streben nach Symbiose der unbewussten Vermeidung von Kontakt dient.
Es gibt weitere Formen von Interaktionen, in denen ebenfalls der Kontakt zu dem jeweiligen Gegenüber gemieden wird und auch diese sind weit verbreitet. Die bekannteste von ihnen ist sicher die Projektion, mit der man – sehr vereinfacht gesagt - seine eigenen Vorstellungen und Wünsche über anderen Menschen ausbreitet, ohne dass einem bewusst ist, dass es die eigenen Phantasien sind. Denn selbst, wenn man dabei eine hohe Trefferquote erzielt, bleiben es die eigenen Vorstellungen, die im eigenen Inneren entstehen und deshalb in Bezug auf die andere Person erst einmal nur hypothetischen Charakter haben. Erst durch Nachfragen bei der anderen Person, ob das, was man sich vorgestellt hat, auch zutrifft, kann man die eigenen Hypothesen bestätigen.
Die folgenden kleinen Dialoge zeigen, wie die Person Y auf die Person X projiziert und wie X auf verschiedene Arten und Weisen damit umgehen kann:

1. „Du bist doch nur neidisch auf deine Schwester.“
„ Das stimmt überhaupt nicht, ich will sie nur warnen.“
„Du hast dich doch selbst in diesen Mann verguckt.“
„Nein, aber ich habe ihn neulich ganz vertraut mit ihrer besten Freundin gesehen.“

„Jetzt bist du auch noch auf die Freundin neidisch."
„Nein, ich bin überhaupt auf niemanden neidisch."

Hier versucht X, Y zu widersprechen. Dabei bleibt sie abhängig davon, ob Y ihren Widerspruch akzeptiert oder nicht.

2. „Du bist doch nur neidisch auf deine Schwester."
„Du spinnst ja."
„Na ja, ich weiß, du konntest die Wahrheit noch nie ertragen."
„Du bist wirklich unverschämt."
„Aber wenigstens ehrlich."
„Du bist viel zu überheblich, um erträglich zu sein."

Hier schreiben sich Y und X – projizierend - wechselseitig ihnen selbst unangenehme Eigenschaften zu und wehren jeweils die Zuschreibungen der anderen Person ab.

3. „Du bist nur neidisch auf Deine Schwester."
„Ich weiß, ich wäre gern wie sie."
„Du hast eben einfach kein Selbstvertrauen."
„Du hast so Recht, ich traue mir immer zu wenig zu."
„Wenigstens überschätzt du dich nicht so wie deine Schwester."
„Aber sie ist doch immer so erfolgreich."
„Sie setzt einfach nur ihre Sexualität ein."

Hier versucht Y, X seine eigenen Vorstellungen über X einzureden und X stimmt mehr oder weniger den Zuschreibungen von Y zu.

4. „Du bist nur neidisch auf deine Schwester."
„Wie kommst du denn auf die Idee?"
„Ich habe dich beobachtet und deine gierigen Blicke gesehen."
„Und wie ist dir das aufgefallen."
„Du hast ihn die ganze Zeit gemustert."
„Stimmt, ich bin ihm gegenüber misstrauisch."

Nur in diesem letzten Dialog reagiert X auf die Zuschreibungen von Y mit Neugier und fragt nach. Damit behandelt X die Vorstellungen von Y als das, was sie sind, nämlich als einen Selbstausdruck von Y und will wissen, was Y zu seinen Gedanken veranlasst hat.

Ich möchte an dieser Stelle ganz deutlich sagen, dass unsere eigenen Vorstellungen über andere Menschen für unseren Umgang mit ihnen meist sehr wichtig sind. Sie stellen den Schatz unserer Erfahrungen dar, der im Umgang mit anderen Menschen unbedingt gebraucht wird, aber es sind eben unsere eigenen Erfahrungen. Die der anderen Menschen sind uns nur über deren Mitteilungen zugänglich.
Probleme tauchen erst auf, wenn man seine eigenen Vorstellungen über einen anderen Menschen für wahr hält und sich nicht darum kümmert, was die andere Person wirklich fühlt, denkt oder will.
Wenn eine Person die Zuschreibungen von anderen einfach übernimmt - ohne zu überprüfen, ob diese projizierten Vorstellungen auf sie selbst zutreffen – dann spricht man von Introjektion. Die Zuschreibung wird dabei meist ohne Kontakt zu sich selbst oder zum Gegenüber einfach übernommen. Die „Du-Botschaften" des internen Herrschaftssystems im Teil „Gehorsamkeit und Rebellion" sind darauf zurückzuführen, dass die Zuschreibungen der Bezugspersonen von den Kindern „introjiziert" wurden.
Auch die Introjektion ist ein im Prinzip wichtiger Prozess. Lernprozesse, in denen es um neues Wissen geht, sind ohne die Bereitschaft, das Neue zunächst einmal zu introjizieren, nicht möglich. Aber auch hier geht es darum, zu überprüfen, ob man das neue Wissen wirklich verinnerlichen will oder lieber nur als Information speichern will, ohne sie zu übernehmen.

Eine weitere Art der Kontaktunterbrechung liegt dann vor, wenn man den Impuls einer eigenen Handlung unterbricht und ihn wieder zurücknimmt. Läuft dieser Prozess bei einer Person unbewusst ab, dann wird auch die zugehörige Initiative unbewusst gehemmt. Der Prozess kann allerdings, auch wenn er bewusst abläuft, die gleiche hemmende Wirkung haben.
Wenn man z. B. den Impuls verspürt, seine Arbeit zu unterbrechen, um etwas zu trinken, dem Impuls aber nicht nachgibt, sondern auf später verschiebt, dann hat man diesen Impuls „retroflektiert". Oder wenn man den Impuls hat, einer anderen Person zu sagen, dass man ihr Ansinnen ablehnt, aber es aus Angst vor einem Wutausbruch des Gegenübers nicht wagt zu sagen, dann hat man diesen Impuls retroflektiert und die damit verbundene Handlung gestoppt.
Auch solche „Retroflexionen" sind von großer Bedeutung, es gäbe sonst keine Selbstkontrolle aggressiven Verhaltens und keine Frustrationstoleranz, keine Selbstkritik und kein diplomatisches Verhandeln usw.
Bei allen Kontaktunterbrechungen und Kontaktvermeidungen geht es darum, ob sie als solche der Bewusstheit zugänglich und von bewussten Entscheidungen begleitet sind oder ob sie weitere Unbewusstheit unterstützen und dazu dienen, Verdrängungen aufrecht zu erhalten und zu stabilisieren.

Solange sie aber der Bewusstheit nicht zugänglich sind, sondern schlicht als geeignete Grundlagen für das eigene Verhalten angesehen werden, können sie für die Beteiligten sehr problematische Folgen haben.
Welche Probleme Projektionen von Seiten der Eltern und anderer Bezugspersonen in Bezug auf die Kinder und Introjektionen auf der Seiten der Kinder nach sich ziehen, habe ich in vergangenen Kapiteln versucht, deutlich zu machen. Hier geht es mir um die Wirkungen der Kontaktvermeidungen durch Konfluenz bzw. Symbiose.

Diese Kontaktvermeidung kann sich katastrophal auf Kinder auswirken und ich will versuchen, dies mit Hilfe einiger Beispiele zwischen Eltern bzw. anderen Bezugspersonen und Kindern deutlich zu machen.
1. Beispiel
Ein dreijähriges Kind sitzt auf dem Schoß seiner Mutter, so dass es das Gesicht der Mutter sehen kann. Es tritt ihr mit seinen Schuhen an beide Schienbeine, zieht ihr an den Haaren, reißt an ihrer Halskette und haut ihr ab und an mit der rechten Faust auf den linken Oberarm, wobei die Mutter keine Miene verzieht. Die Mutter unterbricht ab und an für einen kurzen Moment ihr Gespräch mit ihrer Freundin und sagt, ohne das Kind dabei anzusehen, mit leiser und freundlicher Stimme Sätze wie: „Ach Schätzchen, lass das doch.“, „Nun hör doch mal damit auf.“, „Nun warte doch mal, gleich bin ich wieder für Dich da.“ Sie merkt selbst offensichtlich nicht, dass das Kind ihr wehtut oder sie ignoriert den Schmerz. Sie interpretiert möglicherweise das Verhalten als Ungeduld und den Wunsch, sie möge sich dem Kind wieder vollständig zuwenden und da ihr vermutlich dieser Wunsch schmeichelt, sieht sie keine Veranlassung, dem Verhalten des Kindes Einhalt zu bieten. Ihre eigene narzisstische Störung und die damit einhergehende Selbstwertproblematik und ihre Bedürftigkeit bringen sie dazu, das Verhalten ihres Kindes als Zuwendung zu interpretieren, die eigenen Schmerzen an den Schienbeinen, am Kopf usw. zu ignorieren und das Kind als eigenständige Persönlichkeit mit einem momentan nicht zu übersehenden unangemessenen Verhalten zu ignorieren und ihm auch keine Grenzen zu setzen.
Das Kind wird in seinem Verhalten nicht gespiegelt, sondern für die Bedürfnisbefriedigung des Erwachsenen missbraucht. Gleichzeitig lernt das Kind nicht, dass sein Verhalten Wirkungen hat, sondern dass es etwas tun kann und tut, was einem anderen Menschen Schmerzen bereitet. Möglicherweise wird auch dieses nicht bewusst, so dass das Kind gar nicht erlebt, dass es einem anderen wehtut.
Wenn Eltern oder andere Erwachsene mit kleinen Kindern über längere Zeiträume so umgehen, dann machen sie es dem Kind unmöglich, für die

psychische Entwicklung entscheidende Fähigkeiten wie z. B. Empathie, Frustrationstoleranz und Selbstverantwortung zu lernen.
Unter der Voraussetzung, dass die Mutter wahrnehmen kann, wie ihr Kind ihr weh tut, wäre es sehr viel sinnvoller, wenn sie sich dem Kind zuwenden und es direkt ansprechen würde. Wichtig ist dabei, dass die Mutter sowohl deutlich macht, was und warum ihr etwas weh tut als auch, dass dieser Schmerz direkt mit dem Handeln des Kindes in Zusammenhang steht und - als Spiegelung – dem Kind ebenfalls bewusst macht, dass es dem Kind auch weh tun würde, wenn sie dasselbe mit dem Kind machen würde. Die Forderung, dass das Kind sofort mit seinem Handeln aufhören solle, ist dann neben der Erwartung, sich empathisch zu verhalten, eine logische Konsequenz der ethischen Forderung, dass man einem anderen Lebewesen nicht mit Absicht weh tut.

2. Beispiel
Eine Lehrerin sagt zu einem in der Klasse herumrennenden Drittklässler, er möge sich bitte hinsetzen. Der Junge reagiert nicht und die Lehrerin wiederholt ihre Bitte weiterhin mehrmals, ohne jeden Effekt. Der Junge rennt weiter herum und sie gibt resignierend auf.
Auch in diesem Falle gibt es keinerlei Spiegelung. Der Junge erlebt, dass er ohne ihn wirklich tangierende oder berührende Konsequenzen etwas tun kann, was ein anderer Mensch nicht möchte. Die Lehrerin gesteht dem Schüler ihrerseits keine Wirkung auf sich zu, sie verhält sich so, als würde es ihr nichts ausmachen, dass sie das Kind um etwas bittet und dieses erfüllt die Bitte einfach nicht. Sie verhält sich dem Kind gegenüber ebenfalls als unberührbar. Das Kind vermeidet den Kontakt zu der Lehrerin und diese vermeidet den Kontakt zu sich selbst und zu dem Kind. Sonst würde sie eventuell feststellen, dass sie auf das Kind ärgerlich wird, weil dieses nicht tut, was sie verlangt und damit umgehen. So aber bleibt, wie im ersten Beispiel, das Verhalten des Kindes ohne jede Wirkung.
Auch hier ist es sinnvoller, sich dem Kind sofort zuzuwenden und z. B. – wenn es denn so sein sollte - zu sagen: „Ich bin ärgerlich auf Dich, weil Du nicht tust, um was ich Dich bitte." Dann kann die Lehrerin entweder die Vermutung äußern, dass das Kind auch ärgerlich würde, wenn es nicht bekommt, was es will oder danach fragen, und dann versuchen, sich mit dem Kind dahingehend zu einigen, dass sich beide wechselseitig Wünsche erfüllen.
Sie kann auch sofort mit der ganzen Klasse ein Gespräch über gemeinsame Regeln des Zusammenarbeitens beginnen und das herumrennende Kind mit einbeziehen.

Sie kann aber auch, wenn sie sich nicht ärgerlich fühlt, einfach nur neugierig nachfragen, weshalb es dem Kind so wichtig sei, trotz der Aufforderung, sich hinzusetzen, weiterhin in der Klasse herumzurennen, unter dem Aspekt, dass auch ein Kind – wie jedes Lebewesen – „gute" Gründe für jede seiner Verhaltensweisen hat.

Statt eines weiteren Beispiels möchte ich aus Michael Winterhoff´s Buch „Warum unsere Kinder Tyrannen werden" zitieren:

„So kommt es zu Fällen wie der vierjährigen Sonja, die auf Empfehlung ihrer Kindergarten-Erzieherin bei mir in der Praxis landete. Grund: Sonja spiele überwiegend in einer Ecke mit sich alleine, suche wenig bis gar nicht den Kontakt mit anderen Kindern. Da die Erzieherin sich nach eigener Aussage Sorgen um das Kind mache, rate sie dringend zu einer psychotherapeutischen Behandlung, nachdem sie auch bereits in Elterngesprächen versucht habe, die Gründe für das Verhalten des Kindes zu erforschen. Elterngespräch, Therapieempfehlung, nur scheinbar fährt die Erzieherin das ganze ihr zur Verfügung stehende Instrumentarium auf. Denn auf die naheliegendste Idee kommt sie nicht, die noch vor zehn bis fünfzehn Jahren die normale Reaktion gewesen wäre: das Kind aus der Ecke herauszuholen, es zum Spielen mit den anderen Kindern anzuhalten und dabei auch anzuleiten." (Winterhoff, 2008, S. 103)

Michael Winterhoff schildert in seinem Buch eine beunruhigende Veränderung im Erziehungsverhalten von Eltern und anderen an der Erziehung beteiligten Personen, die schließlich darin gipfelt, dass Kinder - statt in ihrer psychischen Entwicklung unterstützt und gefördert zu werden - durch massive Vernachlässigung aufgrund des symbiotischen Verhaltens der Bezugspersonen schweren Schaden leiden.
Er schreibt:

„Kinder, deren Eltern von der Ebene der Projektion auf die Ebene der Symbiose geraten sind, werden von diesen Eltern psychisch genauso verarbeitet, als wenn es sich um einen eigenen Körperteil handeln würde. Erkennen die Eltern bei den Kindern eine vermeintliche Fehlfunktion, kommt es zu einer Reaktion, die ausschließlich darauf ausgelegt ist, diese Fehlfunktion abzustellen und den gewünschten „Voll–Funktionszustand" wiederherzustellen." (Winterhoff, 2008, S. 140)

Und dann weist er auf eine wichtige Unterscheidung hin:

„Wenn ein Impuls von außen auf unseren Körper einwirkt, kann man hinsichtlich der Verarbeitung im Gehirn grundsätzlich zwischen Eigenimpulsen und Fremdimpulsen unterscheiden. Der Unterschied ist recht simpel, für die symbiotische Reaktion aufs Kind jedoch entscheidend. Beim Eigenimpuls handelt es sich um eine automatisierte Handlung. Wenn ich mich beispielsweise während eines Gespräches auf Grund eines plötzlichen Juckreizes am Arm kratze, registriere ich diesen aus meinem eigenen Körper kommenden Impuls kaum, er ist für mich so unwichtig, dass ich ihn auch nicht abspei-

chere. Fragt mich also einige Minuten später jemand danach, werde ich ihm nicht mehr sagen können, ob ich mich gekratzt habe oder nicht.
Anders beim Fremdimpuls. Würde jemand anders auf die Idee kommen, mich – aus welchem Grund auch immer – am Arm zu kratzen, würde ich das sehr wohl registrieren, auch im Gehirn abspeichern und es würde mich aggressiv machen und meinerseits eine angemessene Abwehrreaktion herausfordern." (Winterhoff, 2008, S. 141f)

Menschen reagieren auf Eigenimpulse häufig, wie Winterhoff betont, „unreflektiert und reflexartig" und solange Eltern symbiotisch mit ihren Kindern sind, reagieren sie meist genau so. (Winterhoff, 2008, S. 146)
Sie behandeln ihre Kinder nicht wie eigenständige Lebewesen, sondern eher wie nicht getrennt von ihrem eigenen Selbst oder wie Gegenstände, die keinen eigenen Willen haben, und genau das lernen ihre Kinder. Auch sie haben durch die fehlende Resonanz und Spiegelung von Seiten ihrer Eltern kein Vorbild für zwischenmenschliches Verhalten und behandeln andere Menschen ebenfalls eher wie Gegenstände, mit denen man machen kann, was man will.
Setzen sich nun solche Umgangsformen im Kindergarten und in der Schule fort dadurch, dass auch da die Kinder nicht als eigenständige Wesen wahrgenommen, sondern als Empfänger von Erwartungen, Aufforderungen, Geboten und Verboten angesehen werden, die sie zu erfüllen bzw. denen sie zu gehorchen haben, dann können sie auch dort nicht das lernen, was sie bisher zuhause nicht lernen konnten.
Denn viele mit Kindern arbeitende Menschen lassen sich von diesen genau so wenig emotional berühren wie von anderen Menschen in ihrer näheren Umgebung, sie zeigen meist anderen Menschen nicht, was sie empfinden und fühlen. Sie sind noch als Erwachsene oft voller Angst, wenn sie daran denken, wie die anderen eventuell mit ihnen umgehen und was sie von ihnen halten werden, wenn sie sich selbst in ihrer ganzen Empfindlichkeit und ihrer Emotionalität zeigen.
Sie sagen deshalb solche Sätze, wie:
„Ich lasse mich doch von den Schülern nicht provozieren, denen zeige ich nicht, dass mir ihr Verhalten etwas ausmacht."
„Ich bin nur froh, dass ich nicht in Tränen ausgebrochen bin, als die Kinder überhaupt nicht mehr gemacht haben, was sie sollten."
„Wenn die Kinder nicht gehorchen, dann schalte ich einfach auf stur."
„Ich zeige anderen Menschen generell nicht, wenn ich mich getroffen fühle, die schlagen ja dann nur noch einmal zu."
„Diese Schüler, sie können mich mal, wenn die mich blöd anmachen, reagiere ich überhaupt nicht mehr."
„Also, ich lasse so etwas einfach an mir ablaufen." Usw.

Die Unberührbarkeit, die diese Menschen gegenüber anderen an den Tag legen, entspricht genau der Unberührbarkeit, durch die sie sich selbst, allerdings ohne es zu zeigen, so verletzt fühlen.
Im Umgang mit durch symbiotische Beziehungen geschädigten Kindern aber ist eine persönliche, emotional authentische Beziehungsaufnahme dringend erforderlich, durch die der Erwachsene deutlich zeigt, wie es ihm emotional geht und dass er sich von dem Kind etwas wünscht, was ihm wichtig ist. Erst dann können die Kinder begreifen, dass sie eine Wirkung auf und eine Bedeutung für andere Menschen haben, auch wenn sie das dem Gegenüber möglicherweise zunächst nicht zugestehen.
Aber leider sind solche Verhaltensweisen von Erwachsenen gegenüber Kindern keineswegs eine Selbstverständlichkeit:

„Häufig neigen pädagogisch tätige Menschen heute dazu, zu beobachten und zu diagnostizieren, anstatt Kinder in ihren Verhaltensweisen zu spiegeln und zu maßregeln, obwohl gerade letzteres eigentlich das Entscheidende wäre, um der unreifen Psyche des kleinen Kindes durch stetige Wiederholung die Möglichkeit zu geben, Reifeprozesse ständig neu zu durchlaufen und damit psychische Funktionen zu bilden. Nur so liegt der Schwerpunkt auf einer Weiterentwicklung des Kindes. Anders gesagt: Die Ursachenforschung bei kindlichem Fehlverhalten darf nicht vorrangig sein. Trotzdem kann es selbstverständlich gut sein, wenn Erzieher überlegen, woran konkret dieses Verhalten liegen könnte. Ein aggressives Kind jedoch, das mit Stühlen durch die Gegend schmeißt, muss zunächst einmal in seiner Verhaltensweise gespiegelt werden. Zu häufig wird stattdessen im Umfeld des Kindes nach Problemen gesucht: Eifersucht auf ein neues Geschwisterkind vielleicht oder mögliche Paarprobleme der Eltern. Ist die entsprechende Diagnose dann gestellt, erfolgt die Überstellung an den entsprechenden Therapeuten, das Problem wird in diesen Fällen nicht gesehen und gelöst, sondern delegiert." (Winterhoff, 2008, S. 102)

Solche Delegationen weisen in vielen Fällen darauf hin, dass kein Kontakt zu den beteiligten Kindern aufgenommen wird, und dies ist wahrscheinlich verbreiteter, als wir bisher annehmen, auch zwischen Eltern und Kindern.
Winterhoff weist an anderer Stelle daraufhin, dass auch viele gesunde und beziehungsfähige Eltern Kinder haben, die „auf Grund der psychischen Fixierung im frühkindlichen Narzissmus nicht beziehungsfähig sind." Und er schreibt weiter:

„Diese Kinder sind in keiner Weise mehr lern – und leistungsbereit, sie agieren vielmehr vollkommen lustorientiert. Es besteht die reale Gefahr, dass diese Kinder sich im Jugendalter zunehmend aus der Schule fernhalten werden, und sich statt dessen beispielsweise auf ihr Zimmer zurückziehen und dort lustorientiert Computerspiele spielen oder Fernsehen schauen. ...Sobald sie jedoch auf irgendeine Weise gefordert werden oder aber Computer und TV nicht mehr funktionieren, ist die Wahrscheinlichkeit von verbalen oder auch körperlich aggressiven Schüben gegenüber den Bezugspersonen oder auch Gegenständen sehr hoch. Letztlich reagieren diese Kinder wie ein Kleinkind, das auf sofortiger Lusterfüllung beharrt und dem diese verwehrt wird. Da diese Kinder das Gegenüber psychisch nicht realisieren, versagen alle pädagogischen Konzepte und das Scheitern in Schule und Gesellschaft ist über kurz oder lang vorprogrammiert." (Winterhoff, 2008, S. 189f)

Für dieses von Winterhoff beschriebene Phänomen von „gesunden und beziehungsfähigen Eltern mit narzisstisch gestörten Kindern" gibt es sicher weiteren Forschungsbedarf. Möglicherweise gibt es noch eine Reihe anderer Faktoren, die zu den von Winterhoff beschriebenen Verhaltensweisen von Kindern solcher Eltern führen, die wir noch nicht kennen. Aber das ändert nichts daran, dass seine Beobachtungen über die problematischen Folgen symbiotischer Eltern–Kind–Beziehungen sehr bedenkenswert sind.
Wegen der negativen Konsequenzen symbiotischer Beziehungen für die betroffenen Kinder ist es von außerordentlicher Bedeutung, dass sich insbesondere die mit Kindern und Jugendlichen arbeitenden Erwachsenen bewusst halten, dass jedes Lebewesen auf seine ganz persönliche Weise autonom ist und in seiner Autonomie respektiert werden will.
Durch die neuen Erkenntnisse über die Selbstorganisation von Lebewesen werden sowohl die wechselseitige Abhängigkeit von Menschen für Prozesse des Wachsens und Lernens und für die Entwicklung der eigenen bewussten Identität in Abgrenzung zu der von anderen und vieles andere mehr immer wieder betont, als auch deutlich gemacht, dass es nicht überschreitbare Grenzen zwischen Lebewesen gibt. Jeder Mensch lebt durch und in seiner persönlichen Wirklichkeit, welche sich mit Hilfe seiner Selbstorganisation in Wechselwirkung mit seinem Umfeld ununterbrochen selbst herstellt und in dieser Wirklichkeit verfügt er, soweit es ihm seine Selbstorganisation gestattet, über eine gewisse Autonomie, ob ihm diese nun bewusst ist oder nicht. Aber um so etwas wie eine eigene Identität entwickeln zu können, braucht er das Erleben des Miteinanders mit anderen Menschen ebenso wie sein Erleben des Getrenntseins von anderen. Der Hirnforscher Ernst Pöppel schreibt:

„Immer wieder stellt sich mir die Frage nach der eigenen Identität: Gibt es überhaupt etwas, das nur „ich aus mir selbst heraus" ist? Bin „ich" nicht immer bezogen auf andere, so dass man eigentlich sagen müßte: „Ich als Rolle", oder sogar in der Mehrzahl: „Ich als Rollen"? Ich meine, nur so können wir über uns selber denken, daß auch die eigene Identität durch „Komplementarität als generatives Prinzip" erklärbar wird: Identität ist bestimmt durch das Ineinanderverwobensein meiner Erinnerungen, der inszenierten Bilder meiner eigenen Vergangenheit, gebunden an mein leibliches Selbst, und der Bezüge zu den anderen, die meinen seelischen Raum bevölkern und die aus meiner erlebten Gegenwart heraus mein zukünftiges Handeln bestimmen. Eigene Identität wird also erzeugt aus Vergangenheit und Zukunft, aus der eigenen Leiblichkeit und den der anderen. Ich kann „nur für mich selbst" oder „nur aus mir selbst heraus erzeugt" gar nicht vorkommen. Auch wenn meine körperliche Existenz den Anschein erweckt, als sei ich ein von anderen getrenntes Selbst, so bestimmt sich dieses Selbst über seine körperlichen Grenzen hinweg durch die anderen." (Pöppel, 2006, S.423)

Die Frage, die sich hier anschließt, ist allerdings, wie weit unser Selbst tatsächlich durch die anderen „bestimmt" wird und was das bedeutet? Selbstverständlich finden zwischen Menschen untereinander ununterbrochen Lernprozesse statt, und jeder Lernprozess bewirkt eine interne Veränderung. Wie intensiv diese sind, kann wahrscheinlich nur jede einzelne Person für sich selbst beantworten und in vielen Fällen ist uns sicher nicht einmal bewusst, wie weitgehend wir uns jeweils durch solche Lernprozesse verändern und in diesem Sinne durch das Verhalten von anderen „mit – bestimmt" sind. Wir sind sozial lebende Wesen und wollen viele verschiedene Wünsche von unseren Mitmenschen erfüllt bekommen. Und wir sind bereit, dafür auch einiges an Anpassung zu leisten, Erwartungen von anderen zu erfüllen und sogar für andere etwas zu tun, ohne dass wir im Vorfeld wissen, ob diese das auch wollen. Und mit Hilfe der Simulationen unserer Spiegelneurone erhalten wir sogar Informationen über die möglichen inneren Zustände anderer Menschen.
Trotzdem bleibt die Bewusstheit für die eigene Autonomie, dafür, dass wir auch getrennte, jeweils für uns selbst verantwortliche Lebewesen sind, außerordentlich wichtig und in diesem Sinne sind wir nicht von anderen bestimmbar.

Auch Menschen, die in Symbiose mit einem anderen Menschen leben, können durchaus den Eindruck haben, autonom bzw. unabhängig zu sein. Das geht genau dann, wenn die Person, mit der sie sich in einer symbiotischen Beziehung befinden, sich ihnen unterworfen hat und sie dadurch die Wirklichkeit dieser anderen Person entscheidend bestimmen können. Das geht zwar nur, wenn die andere Person dies auch zulässt, aber eine Reihe von Menschen tut dies, weil sie zu große Angst haben, sonst nicht geliebt, verlassen oder sogar bestraft zu werden.
In diesem Sinne ist der persönliche Eindruck, man sei autonom oder man sei abhängig, oder der Eindruck, man sei ein Opfer oder der andere sei ein Täter, von einem Beobachter nicht immer feststellbar. Es sind zumeist subjektabhängige Kategorien, die jeweils nur für die Person zutreffend erscheinen, die dieses oder jenes von sich behauptet und braucht nicht für die ebenfalls betroffene andere Person zu gelten.
Einschränkend will ich an dieser Stelle deutlich sagen, dass es selbstverständlich auch Situationen gibt, in denen man eindeutig feststellen kann und muss, wer das Opfer und wer der Täter ist. Opfer von Gewaltverbrechen, Raub, Diebstahl und Betrügereien aller Art, Opfer sexuellen Missbrauchs und körperlicher Gewalt sind und bleiben Opfer und die zugehöri-

gen Täter bleiben Täter, aber das jeweilige Bewusstsein von den Ereignissen kann bei den Beteiligten davon abweichen.
In jedem Fall ist es wichtig, sich sowohl bewusst zu machen, dass wir Menschen genau wie jedes andere Lebewesen abhängig sind von den Wechselwirkungen mit unserer Umwelt, als auch, dass wir in Bezug darauf, wie wir diese Wechselwirkungen in unserer persönlichen Wirklichkeit verarbeiten, unabhängig von anderen **sind**. Nur **fühlen** wir uns bei dieser Verarbeitung der Wechselwirkungen meistens nicht unabhängig von den anderen, sondern im Gegenteil, sehr abhängig. Denn die anderen entscheiden darüber, ob und wie sie unsere Wünsche erfüllen. Und da wir – wie gesagt - viele Wünsche an unsere Mitmenschen – an Kinder, Jugendliche, Erwachsene, wer gerade da ist – haben, glauben wir oft, sie entscheiden mit der Wünscherfüllung auch über unser Wohlbefinden und manchmal über unser gesamtes „Sein".

Die narzisstisch gestörten Kinder und Jugendlichen jedoch werden mit ziemlicher Wahrscheinlichkeit die Wünsche der betreuenden und anderer Bezugspersonen nicht so einfach erfüllen und diese dadurch mit ihrer eigenen Hilflosigkeit konfrontieren. Das ist für in pädagogischen Berufen arbeitende Menschen ein großes Problem, welches viele nicht ohne weiteres bewältigen können. In solchen Fällen wären unterstützende Therapien oder Supervisionen notwendig, denn Frühpensionierung auf Grund eines psychischen Überforderungs - bzw. eines Burnout-Syndroms kann keine Lösung für Menschen sein, dic ihre Arbeit einmal sehr geschätzt und viel dafür gearbeitet haben.
Aber ist es eine Frage der persönlichen Erfahrung, wie man mit der eigenen Hilflosigkeit umgehen kann und will, in die man dadurch gerät, dass Kinder oder Jugendliche nicht das tun, was man selbst für angemessen und richtig hält. Kann man diese Hilflosigkeit als reale Information über die eigene momentane Situation akzeptieren, weil man einen anderen Menschen außer mit körperlicher Gewalt nicht zwingen kann, und kann man dann auf der Basis dieser Akzeptanz relativ autonom handeln?
Wird man dem Gegenüber dessen Autonomie zugestehen, oder wird man selbst unreflektiert und reflexartig reagieren und damit das wiederholen, was diese einem anvertrauten Kinder schon kennen, nämlich das Erwachsene die Kinder als erweiterte Teile des eigenen Selbst zu benutzen, die sich dem eigenen Willen zu unterwerfen haben?

Die Lernprozesse in unserer Kultur erschweren es uns, anderen Menschen – insbesondere Kindern - diese Autonomie zuzugestehen. Wir können es nur schwer ertragen, wenn sich andere unserer Macht und Kontrolle entziehen und ihre eigenen Interessen verfolgen, statt zu tun, was wir von ihnen erwarten.

Ich möchte an dieser Stelle aber ausdrücklich darauf hinweisen, dass das nicht bedeutet, dass man kleinen Kindern Entscheidungen über Prozesse überlässt, die sie gar nicht überschauen können. Das würde einer massiven Überforderung kleiner Kinder entsprechen. Die Eltern sind nach wie vor ebenso wie andere erziehende und lehrende Personen aufgefordert, Entscheidungen für solche Prozesse auch für die zu treffen, für die sie auf die eine oder andere Weise verantwortlich sind. Natürlich kann man je nach dem, um was es sich handelt und wer das jeweilige Gegenüber ist, solche Entscheidungen auch besprechen und dann gemeinsam treffen. Aber wenn man die Entscheidung bereits getroffen hat und Diskussionen darüber nur der Reduktion von Widerstand und der freiwilligen Unterwerfung dienen sollen, dann kann man die Diskussion auch bleiben lassen und gleich sagen, was man will. Wichtig dabei bleibt, dass man in solchen Fällen dazu steht, dass man mit solchen Entscheidungen die Autonomie des Gegenübers einschränkt und auch bereit ist, dieses dem Gegenüber deutlich zu sagen und nicht zu verschleiern.

Auch wenn man genau weiß, dass man niemanden außer mit körperlicher Gewalt zu etwas zwingen kann, gibt es viele Situationen, in denen man als Erwachsener sinnvollerweise Entscheidungen trifft, von denen andere Menschen betroffen sind.
So kann man z. B. entscheiden, welche Regeln beim gemeinsamen Aufenthalt auf dem Spielplatz gelten sollen, welche Essensangebote die Kinder bekommen und welche Kompetenzen von den Kindern in welcher Reihenfolge gelernt werden sollen, wie viel Zeit die Kinder vor dem Fernseher oder dem Computer verbringen sollen usw., aber Erwachsene stoßen dabei immer wieder an Grenzen. Es ist die Entscheidung der Kinder, ob sie die Regeln einhalten, die Kompetenzen lernen, das Essen essen und sich auch bei Abwesenheit der Erwachsenen an Vereinbarungen halten oder nicht. Und wenn sie dieses tun, dann dürfen die Erwachsenen das nicht, wie in symbiotischen Beziehungen, für selbstverständlich halten. Im Gegenteil, dann ist es außerordentlich bedeutsam, dass die Erwachsenen ein solches Verhalten der Kinder anerkennend und dankbar entgegennehmen und dieses den Kindern auch deutlich mitteilen.
Nur so können Menschen lernen, dass sie als von anderen getrennte Wesen sowohl abhängig von anderen als auch autonom und damit selbstverantwortlich für ihre Entscheidungen sind.

„Mit Symbiose hast Du sicher auch nicht viel im Sinn", sage ich zu Valentino. „Ach, ich weiß nicht, vielleicht doch. Wenn ich so an die redselige Siamesin denke."
„Verwechselst Du da nicht etwas?" frage ich ihn. „Grenzt Du da nicht eine wunderbare Erfahrung von Einssein aus?" fragt er zurück.
Wie immer hat er Recht.

Konflikte und Konfliktlösungen

Wie Menschen destruktiv und konstruktiv miteinander umgehen können

„Hast du schon einmal einen Konflikt mit mir gehabt?", fragt mich Valentino. Ich werde nachdenklich. „Nein, ich glaube nicht", sage ich. „Können wir denn nicht mal einen haben?", fragt mich Valentino, „ich wüsste so gerne, wie das geht und was du dann machst."

„Wenn du etwas willst und etwas tust oder androhst zu tun, wenn ich deinen Wunsch nicht erfülle und ich will mich darauf nicht einlassen, dann kann sich das zu einem Konflikt entwickeln", sage ich. „Bis jetzt hast du ja immer alles getan, was ich wollte", sagt Valentino. „Aber du doch auch", sage ich. Wir denken beide nach. Nach einer Weile sagt Valentino: „Damit wir einen Konflikt kriegen können, müssten wir das ändern, aber ich weiß nicht, wie?"

„Ich habe eine Idee", sagt er plötzlich, „Ich werde dich von jetzt an jeden Morgen, sowie es hell wird, wecken, und wenn du nicht gleich aufsteht, dann kratze ich dich." „Wehe dir, wenn du dich traust, das zu machen", sage ich. „Siehst du, es klappt, du fängst schon an, mir zu drohen." „Entschuldige bitte, ich hätte dich erst einmal bitten können, das nicht zu tun."

„Aber was machst du, wenn ich es trotzdem tue?" fragt Valentino mit einem sehr zufrieden scheinenden Gesichtsausdruck. „Das macht dir wohl Spaß?", frage ich ihn. Und ich bin nicht erstaunt, als er sagt: „Weißt du, ich fühle mich auf einmal so mächtig dir gegenüber, ich kann etwas tun, was du nicht willst und du kannst gar nichts machen. Du schläfst und ich schleiche mich heimlich an und dann kratze ich dich schon mal zum Aufwachen und dann immer weiter, bis du aufstehst. Ich habe die Kontrolle und die Macht und beides fühlt sich richtig gut an." „Das meinst du nicht ernst, oder?" Ich bin ganz erschrocken und denke, er könnte das wirklich tun. „Aber so kenne ich dich gar nicht, du bist doch immer so freundlich und so rücksichtsvoll. Du hast mich noch nie geweckt, du bist immer erst an mein Bett gekommen, wenn ich schon wach war und dann haben wir oft erst noch ein bisschen geschmust, bevor ich aufgestanden bin." „Ja, aber das heißt nicht, dass es so bleiben muss, vor allem dann nicht, wenn du mein Verhalten für so selbstverständlich hältst, nur weil du denkst, ich sei freundlich und rücksichtsvoll sozusagen von Natur aus. Ich kann auch ganz anders, und ich finde, du könntest ein bisschen dankbarer sein dafür, dass ich dich jeden Morgen solange schlafen lasse, wie du willst, auch wenn mir in dieser Zeit langweilig ist", sagt Valentino. „Valentino, du hast recht und ich bin dir sehr dankbar dafür, dass du so rücksichtsvoll mit mir umgehst", sage ich.

„Aber was würdest du denn machen, wenn ich dich wirklich jeden Morgen wecken und kratzen würde?“ Ich gucke ihn so böse an, wie ich nur kann und sage: „Valentino, das willst du nicht wirklich wissen!“ Valentino grinst und sagt: „Du schaffst es ja gar nicht, mir etwas Böses anzutun, dafür hast du mich viel zu gern.“ Ich sage gar nichts und denke nur: „Wo er recht hat, hat er recht. Wer liebt, hat schlechte Karten in Konflikten.“

Konflikte gehören zum menschlichen Leben dazu. Wir sind alle so verschieden und haben so unterschiedliche Interessen, die wir – oft auch gegen die Interessen der anderen – durchsetzen wollen, so dass es darüber zu Konflikten mit anderen kommen kann.

Jeder Mensch möchte, dass seine eigenen Wünsche erfüllt werden, und da die eigenen Wünsche oft im Widerspruch zu denen von anderen Menschen stehen, und mögliche Wunscherfüllungen nicht immer zu den eigenen Gunsten ausfallen, ist die entscheidende Frage, wie man damit umgehen will, wenn die eigenen Wünsche nicht erfüllt werden.

Meistens sagen Menschen dann, sie hätten einen Konflikt mit dem Menschen, der ihnen ihre Wünsche nicht erfüllt.

Wünsche können nun ebenfalls außerordentlich verschieden sein. Sie können sich auf die eigenen existentiellen Bedürfnisse, wahrgenommen und geachtet, respektiert und wertgeschätzt zu werden, eine Bedeutung und eine Wirkung zu haben, richten. Sie können sich auf materielle Dinge, wie Geld, Auto, Wohnung, Möbel, Haus usw. beziehen, aber auch Erlebnisqualitäten, wie Reisen, Abenteuer, Spaß, sportliche Herausforderungen usw., sowie die Realisierungen von Liebe und Glück, beruflichen Erfolgen, gesellschaftlicher Anerkennung usw. umfassen.

Nun kann man Wünschen gegenüber – wie schon gesagt - auch noch unterschiedliche Haltungen einnehmen.

Manche Menschen denken, die Welt sei ihnen die Wunscherfüllungen schuldig und die Konflikte, von denen sie meinen, sie hätten sie, beruhen darauf, dass die anderen Menschen ihnen ihre Wünsche nicht erfüllen.

Andere Menschen dagegen denken, sie hätten keinerlei Rechte in Bezug auf Wunscherfüllungen. Selbst wenn Menschen ihnen direkt anbieten, ihnen zu helfen, sie zu unterstützen und ihnen Wünsche aller Art zu erfüllen, lehnen sie ab. „Ach lass man, ist nicht nötig, ich brauche das nicht, auf mich kommt es nicht an, ich bin nicht so wichtig, Hauptsache du...“ sind die Botschaften, mit denen sie die Angebote anderer Menschen ablehnen.

Und wieder andere Menschen äußern zwar, dass sie etwas wollen, aber sie tun dies so, dass sie sich eher etwas nehmen als sich etwas geben zu lassen.

„Es ist dir doch recht, wenn ich dir Samstag die Kinder bringe. Du weißt ja, ich habe diesen Workshop und brauche jemand, der auf sie aufpasst."
„Du hast doch sicher nichts dagegen, wenn ich mir morgen früh dein Auto ausleihe."
„Ich nehme mir mal `ne Zigarette."Usw.
Solche und ähnliche Formulierungen zeigen, dass die nehmende Person versucht, das Risiko, dass ihr eine Bitte abgeschlagen wird, zu reduzieren und oft auch glaubt, sich nicht wirklich bedanken zu müssen, weil sie ja eigentlich keine Bitte geäußert hat.
Manchmal geht eine Person, die etwas will, noch einen Schritt weiter. Sie tut so, als ob die andere Person selbst den Wunsch hat, das zu tun, was sie will oder braucht, wie in dem folgenden Beispiel.
„Du wolltest doch immer einmal ausprobieren, wie es ist, einen Hund zu haben. Ich fahre in der nächsten Woche auf eine Tagung und da darfst du mal eine ganze Woche mit meinem Liebling Erfahrungen sammeln. Ich bringe dir den Hund dann – bevor ich fahre - am Sonntagabend um acht, da bist du ja sicher zu Hause."
Solche Arten von Unterstellungen kann man häufig beobachten. So sagt z. B. jemand, der selbst lieber im Auto hinten sitzt, zu dem Mitfahrer: „Du willst doch sicher lieber vorne sitzen, ich setze mich dann nach hinten." Wer selbst hungrig ist, unterstellt dem Gegenüber, es wolle sicher doch erst einmal etwas essen, wer eine Pause braucht, schlägt der anderen Person vor, sich jetzt doch erst einmal auszuruhen und so weiter. Diese Verhaltensweise hat Anlass zu manchen Witzen und Geschichten gegeben und diese Art von Behauptungen kann sich immer dann wiederholen, wenn Menschen verschleiern, was sie selbst wollen und ihre Wünsche anderen unterstellen.
Manche Menschen leiden und geraten regelrecht in Verzweiflung, wenn ihre Wünsche nicht erfüllt werden und versuchen dann, ihre Mitmenschen massiv unter Druck zu setzen, damit sie bekommen, was sie wollen. Sie tun dieses in einer Reihe von Fällen aber nicht, weil sie so verwöhnt sind und die Ablehnung ihrer Wünsche nicht ertragen können, sondern aus einem ganz anderen Grund. Sie haben als Kinder Situationen erlebt, durch die sie so bedrohlicher Hilflosigkeit und damit einhergehenden Gefühlen von Angst, Schmerz und Entsetzen ausgesetzt waren, dass sie auch in ihrem erwachsenen Leben das Gefühl von Hilflosigkeit auf jeden Fall vermeiden „müssen", damit die begleitenden Gefühle nicht aktiviert werden. Deswegen wird jede Ablehnung ihrer Wünsche für sie unerträglich, sie fürchten – meist unbewusst - die dadurch entstehende Hilflosigkeit und die in diesem Zusammenhang auslösbaren bedrohlichen Gefühle. Hinweis für diesen inneren Prozess kann manchmal die Art der Wünsche sein.

Wenn man nicht ertragen kann, dass die Bushaltestelle genau unter dem Fenster des eigenen Schlafzimmers liegt; dass es abends dunkel wird; Haustüren von anderen abgeschlossen werden; der Freund sich verspätet; die Freundin keine Zeit hat; die Handwerker nicht kommen; der Nachbar Musik hört; der Kollege absagt – alles Wünsche, deren Nichterfüllung für viele andere Menschen keine existenziell bedrohliche Bedeutung hat - , dann kann man davon ausgehen, dass Hilflosigkeit aus den geschilderten Gründen auf jeden Fall vermieden werden soll. Gleichzeitig wird allerdings auch deutlich - das zeigt die Auswahl der Wünsche - , dass die wünschende Person ein großes Problem hat. Denn mit der Auswahl eines Teils ihrer Wünsche erzeugt sie selbst das, was sie unbewusst am meisten fürchtet: Das Gefühl von Hilflosigkeit.

Solange es um mehr oder minder bewusste und mehr oder minder ausgesprochene Wünsche geht, ist die Situation noch relativ einfach. Es gibt eine Wunscherfüllung oder es gibt keine. Auch wenn letzteres dazu führt, das man sowohl hilflos als auch enttäuscht, traurig, empört oder wütend darüber wird, handelt es sich immer noch um relativ eindeutige Situationen. Man kann sogar so weit gehen, eine solche Art von Wünschen und die deshalb nicht mögliche Wunscherfüllung als einen – unbewussten – Heilungsversuch anzusehen: Zu lernen, das zu akzeptieren, was man nicht ändern kann.

Aber besonders schwierig wird es, wenn nicht nur eine Person, sondern alle Beteiligten alles daran setzen, zu verschleiern, was sie eigentlich wirklich wollen oder eigene unbewusste Muster agieren, wie dies häufig bei Machtspielen der Fall ist.

Trotzdem gilt: Was ein Mensch als „Konflikt“ empfindet, entscheidet sich in seinem eigenen Inneren. Für das jeweilige Gegenüber muss das nicht zutreffen. Das Gegenüber kann sogar erstaunt darüber sein, dass es gerade zu einem Konfliktpartner geworden ist und weiß gar nicht, wie ihm geschieht. Dieses ist besonders häufig dann der Fall, wenn eine Person geheime Erwartungen an eine andere hat und, obwohl die andere Person diese gar nicht wissen kann, es trotzdem übel nimmt, wenn ihre Erwartungen nicht erfüllt werden.

Ein Konflikt kann auch dadurch entstehen, dass ein Mensch etwas auslebt, was sich der andere Mensch – bewusst oder unbewusst – verbietet.
Wenn eine Person laut und heftig ihren Gefühlen Ausdruck gibt, und ihr Gegenüber sich dies niemals gestatten würde, dann ist es häufig so, dass

die sich beherrschende Person die andere ablehnt und versucht, ihr den lautstarken Selbstausdruck zu verbieten, unter dem Motto, sie wolle nicht angeschrien werden. Schon kann es einen Konflikt geben.
Oder hat man z. B. gelernt, dass Eigenlob stinkt, dann wird einem eine Person meist nicht gefallen, die ganz ungeniert darüber redet, wie gut sie aussieht, wie toll ihr ihre Kleidung steht, wie erfolgreich sie ist oder wie klug sie eine schwierige Situation gemeistert hat.
Es ist schwierig, zuzusehen, wie jemand anderes etwas tut, was man sich selbst nicht getrauen würde oder sich aus den unterschiedlichsten Gründen nicht gestattet.
Für die Person, die sich etwas verbietet, ist es meist unerträglich, einer Person zuzusehen, welche ihr die nicht selbst gelebten Möglichkeiten vorführt und sie lehnt dementsprechend diese Person häufig ab. Manchmal beginnt sie auch irgendwelche Auseinandersetzungen, um das z. B. als aufreizend oder irritierend empfundene Verhalten der anderen Person zu stoppen. Und das führt dann leicht zu „Konflikten“, obwohl man in solchen Fällen meist nicht genau weiß, worin er besteht.
Man kann allerdings von einer Person, die etwas tut, was man sich selbst nicht zugesteht, auch etwas lernen. Und wenn man zum ersten Mal z. B. etwas Anerkennendes von sich selbst sagt, ist man vielleicht überrascht, was so ein Satz, wie z. B. „Ich finde, ich habe das gut gemacht“ oder „Ich bin sehr kreativ“ oder „Ich finde, ich sehe richtig gut aus“ an Gefühlen in einem selbst auslöst.

Noch schwieriger wird es, wenn Muster im Spiel sind. Und es sind bereits die kulturell erworbenen Muster, die für Konflikte sorgen können. Die angeblich gemeinsame Wirklichkeit, in Bezug auf die man sich um die „Wahrheit“ streitet, ist nur einer dieser „Grundsätze“ oder Muster, die zu Auseinandersetzungen führen können. Dazu kommen weitere Überzeugungen, wie z. B. dass man eine Meinung haben muss und dass es richtige und falsche Meinungen und Standpunkte gibt. Solche und ähnliche Überzeugungen führen leicht zu Missverständnissen und zu Streit. Die hinter diesen Streitereien verborgenen Wünsche sind häufig direkt mit dem Problem der Anerkennung des eigenen Wertes verbunden.
Menschen kämpfen in diesen Streits um Bestätigungen dafür, dass sie auch akzeptiert und angenommen werden, wenn sie eine Situation oder ein Verhalten anders wahrnehmen als ihr Gegenüber, wie in dem folgenden Beispiel deutlich wird:

„Du hast doch als erster davon angefangen.“
„Nein , das warst du.“

„Das stimmt nicht, du wolltest doch, dass wir das noch einmal besprechen."
„Ich doch nicht, du hast doch die ganze Zeit davon geredet, dass dir das alles nicht passt."
„Ist überhaupt nicht wahr."

Inhaltlich geht es um gar nichts, aber keiner der Beteiligten will als aggressiv gelten oder als jemand, der einen Konflikt anzettelt und gibt immer alles an das Gegenüber zurück.
Bei solchen und ähnlichen Auseinandersetzungen berücksichtigen die meisten Menschen nicht, dass ihr Gehirn eine Auswahl trifft, was sie überhaupt wahrnehmen und dass sich Gedächtnisinhalte innerhalb kurzer Zeit verändern können. Auf jeden Fall sind solche Streitereien um eine vermeintliche Wahrheit völlig sinnlos. Die existentiellen Wünsche nach Zugehörigkeit und Akzeptanz, nach Anerkennung und Wertschätzung, die oft dahinter stehen, bleiben meistens verborgen.
Und der vermeintlichen Wahrheit, wer was wie, wann, wo und warum gesagt hat, kommt man, wenn man kein Aufnahmegerät dazwischengeschaltet hat, welches man noch einmal abhören kann, um keinen Schritt näher. Und selbst wenn man das Gespräch aufgezeichnet hat, kann man beim Abhören das, worum es den Beteiligten innerlich geht, keineswegs herausfinden. Das Einzige, was man danach weiß, ist, wer was gesagt hat. Die Bedeutungen sind oft nicht einmal den Beteiligten voll bewusst und sie erschließen sich auch nicht aus den Worten, sondern sowohl aus den Empfindungen und Gefühlen, die man z. B. in Bezug auf die Mimik, Gestik und den „Tonfall" des jeweils anderen während der Interaktion hatte und die beim Abhören einer Aufnahme schon Vergangenheit sind. Gerade die jeweils beobachtete Körpersprache des Gegenübers und die zugehörigen eigenen - häufig unbewusst bleibenden – Interpretationen, u. a. aufgrund der im eigenen Inneren ablaufenden Simulationen mithilfe der eigenen Spiegelneurone haben oft einen großen Einfluss auf die eigenen Reaktionen.
Menschen wollen auch akzeptiert werden, wenn sie zu einer Situation oder einem Verhalten eine andere Sichtweise oder Deutung haben und streiten sich, weil sie mit ihrem Gegenüber eine Übereinstimmung herstellen wollen und weil sie – aufgrund ihrer Schwierigkeiten mit Andersartigkeit und Unterschiedlichkeit - darunter leiden, wenn dies nicht möglich erscheint, wie z. B. im folgenden Beispiel:

„Du hast doch bestimmt damit sagen wollen, dass ich das hätte anders machen sollen."
„Nein, ich meine nur, ich hätte es von vorneherein anders angefangen."

„Das ist es doch, was ich sage."
„Überhaupt nicht, ich möchte nur, dass du so etwas in Zukunft mit mir besprichst."
„Du machst es immer schlimmer, du traust mir wohl überhaupt nichts Eigenständiges zu."
„Das stimmt doch nicht, ich will dir doch nur helfen."

Hier fühlt sich die eine Person in ihren Kompetenzen angezweifelt und die andere Person sieht nur sich und ihr eigenes Motiv, und geht auf die Unterstellung ihres Gegenübers („Du traust mir wohl überhaupt nichts Eigenständiges zu.") – statt nachzufragen – nur abwehrend ein.
Aber auch, wenn eine Person für eine Situation oder ein Verhalten eine andere Entwicklung und andere Konsequenzen vorhersieht als ihr Gegenüber, kommt es wegen des Wunsches nach Akzeptanz der eigenen Sichtweise oder des Wunsches nach Übereinstimmung leicht zu Streitereien, wie folgender Dialog deutlich machen soll:

„Ich glaube nicht, dass das gut gehen wird."
„Aber da kann doch gar nichts schief gehen."
„Es kann immer etwas passieren, es sind einfach zu viele Unsicherheiten."
„Die sind doch alle berücksichtigt und abgesichert."
„Du schätzt das einfach falsch ein."
„Nein, ich bin überzeugt, dass alles glatt geht."

Auch hier geht es beiden Personen nur darum, Recht zu haben. Sie befragen sich nicht wechselseitig, weshalb die eine so sicher ist, dass alles gut gehen wird, und die andere ein Scheitern befürchtet. Sie erfahren dadurch auch nichts über die unterschiedlichen Lebenseinstellungen und wodurch sie so verschieden geworden sind: Warum die eine Person sich in dieser Welt sicher und geborgen fühlen kann, während die andere von Katastrophenphantasien heimgesucht wird. Aber es ist schwer, sich die Andersartigkeit des jeweiligen Gegenübers immer wieder bewusst zu machen und seine eigenen Interpretationen nicht gleich für eine Wahrheit zu halten, welche auch für die andere Person gilt. Unsere eigenen existentiellen Wünsche sind uns dabei sehr oft im Wege. Wir wollen erst einmal unsere eigenen Wünsche erfüllt bekommen und eben nicht – und schon gar nicht als erste – die existentiellen Wünsche anderer erfüllen. Wir wollen aus Angst vor den antizipierten Risiken nicht wahrhaben, dass ein solches Handeln – zuerst die existentiellen Wünsche anderer zu erfüllen - nicht nur kurzfristig, sondern auch langfristig besser als andere Vorgehensweisen geeignet ist, die eigenen Wünsche erfüllt zu bekommen.

Wenn man eine andere Person in ihrer Eigenart, in ihrer Arbeitsleistung, in ihrer Ausstrahlung usw. wahrnimmt und ihr dieses in anerkennender Weise mitteilt, ist sie in einer Reihe von Situationen bereit, sich konstruktiv zu verhalten. Anstatt Menschen anzugreifen, sollte man ihnen daher bereits im Vorfeld das Beste, was einem zu ihnen einfällt, „unterstellen". In vielen Fällen bemühen sich Menschen darum, der signalisierten „positiven Erwartung" auch zu entsprechen. Dabei ist es nicht so wichtig, um welche Art von Botschaften oder Erwartungen es sich handelt, von Bedeutung ist, dass darin eine ehrlich gemeinte Akzeptanz der anderen Person authentisch ausgedrückt wird. Z.B.:

„Wenn du lachst, bekomme ich immer gute Laune."
„Jedes Mal, wenn ich an daran denke, wie zugewandt und hilfsbereit du dich verhältst, freue ich mich."
„Wo findest du immer diese aparten Anziehsachen? Du siehst hinreißend darin aus."
„Sie machen einen so klugen Eindruck, ich bin mir sicher, Sie finden eine solche Lösung für diesen Konflikt, mit der alle leben können."
„ Ich kenne Sie doch als besonnenen und kompetenten Menschen und ich denke, Sie können diese Fähigkeiten doch auch hier einsetzen."
„Sie kennen sich in diesem Bereich doch am besten aus. Ich denke, Sie könnten bei der Bearbeitung des Problems sehr behilflich sein." Usw.

Mit dieser Art von Botschaften an andere Menschen erfüllt man bereits einen Teil ihrer existentiellen Wünsche. Entscheidend dabei ist allerdings, dass man dabei sehr ehrlich und authentisch ist. Menschen spüren, wenn man es mit dem, was man sagt, nicht ernst meint und das ist oft schlimmer, als wenn man gar nichts gesagt hätte.
Alle Bedürfnisse und Wünsche - unabhängig davon, ob sie kultureller Art sind oder allein aus dem persönlichen Leben stammen – sind persönliche Wünsche geworden und haben damit eine große Bedeutung für die betreffende Person. Es ist verständlich, dass fehlende Wunscherfüllung zu Konflikten führen kann, nur ist es offensichtlich in den meisten Fällen so, dass die Beteiligten gar nicht so genau wissen, welches eigentlich ihre Wünsche sind.
Aber – wie schon gesagt – Menschen, ob groß oder klein, wollen in ihrer Besonderheit akzeptiert und wertgeschätzt werden und vieles mehr. Deshalb kann man wahrscheinlich sagen: Alle Konflikte lassen sich auf nicht oder noch nicht befriedigte – unbewusste oder bewusste - Wünsche zurückführen.

Es gibt nun zusätzlich noch eine besondere Art von Wünschen. Diese beziehen sich auf die Balance innerhalb von und zwischen selbstorganisierenden Systemen. Selbstorganisierende Systeme sind - wie schon gesagt - offene Systeme mit einem hohen Durchfluss an Materie und Energie und bewegen sich ständig um einen nicht erreichbaren Gleichgewichtszustand herum, um ihre Selbstorganisation aufrecht zu erhalten. Wenn sie den Gleichgewichtszustand erreichten, wären sie tot. Als lebendige Systeme müssen sie sich immer in verschiedenen Arten des Ungleichgewichts befinden. Aber es darf auch keine zu große Auslenkung und eine zu große Entfernung des einen oder anderen Systems vom gedachten Gleichgewicht geben, da dann im Zweifelsfalle das Überleben des jeweiligen Systems gefährdet ist. Menschen ersticken, wenn sie nicht genug Sauerstoff erhalten, sie verdursten, wenn sie nicht genug zu trinken bekommen und verhungern, wenn es nichts zu essen für sie gibt, usw.
Ständige sogenannte „positive und negative Rückkopplungen“ melden dem Lebewesen, wie es um seine momentane Situation bestellt ist und im Rahmen der Selbstorganisation werden genau die Prozesse in Gang gesetzt, die für das Spiel um das Gleichgewicht oder besser für ein neues angemessenes Ungleichgewicht erforderlich sind.

Alle Lebewesen und damit auch Menschen haben ein außerordentlich feines Gespür für sowohl diese innere Balance, als auch für die Balance zwischen ihnen selbst und anderen Wesen bzw. ihrer Umwelt. In Bezug auf die inneren Balancierungen brauchen sich Menschen meistens keine besonderen Gedanken zu machen. Menschen wissen, wenn sie müde, hungrig oder durstig sind, sie wissen, wenn sie krank sind oder sich unwohl fühlen, was ihnen gut tut und was nicht, solange dieses innere Wissen nicht durch hemmende Erlebnisse blockiert worden ist und damit ihnen nicht mehr zur Verfügung steht. Zusätzlich verlaufen die meisten Prozesse, mit denen Balancen der verschiedenen Art intern immer wieder hergestellt werden, sowieso unbewusst.
Mit Hilfe von sogenannten „negativen Rückkopplungen“ werden die entstehenden Ungleichgewichte wieder ausgeglichen, wobei zeitgleich neue Ungleichgewichte entstehen, die dann ebenfalls wieder durch neue Ungleichgewichte ausgeglichen werden müssen, damit das System überleben kann.

Menschen haben jedoch dadurch, dass sie über ein Bewusstsein verfügen und außerordentlich lernfähig sind, auch die Möglichkeit, die Botschaften aus ihrem eigenen Inneren zu übergehen.

Kinder, die ihren Teller, den sie sich noch nicht einmal selbst haben füllen dürfen, leer essen müssen, lernen wahrscheinlich, ihr Empfinden, satt zu sein, zu übergehen.
Kinder, die immer dann Süßigkeiten oder andere materielle Zuwendungen erhalten, wenn sie traurig oder unzufrieden sind, lernen möglicherweise, dass man sich mit solchen Dingen trösten kann. Und Kinder, denen man immer wieder ,wenn ihnen etwas weh tut, sagt, sie sollen sich nicht anstellen, lernen vielleicht, so weit es geht, ihre Schmerzen zu unterdrücken. Es gibt viele Möglichkeiten, mit Hilfe von erzieherischen Maßnahmen aller Art zu lernen, Signale aus dem eigenen Inneren zu ignorieren und manchmal kann ein Mensch erst mit Hilfe von Therapie wieder lernen, die eigenen Empfindungen, Gefühle und Wünsche wieder wahrzunehmen und zu entschlüsseln.
Aber Menschen sind nicht nur für sich selbst, sondern auch dafür, ob die Balance zwischen ihnen und anderen Menschen einigermaßen ausgeglichen ist, ziemlich empfindsam und merken es, wenn der eine oder andere Mitmensch mehr oder weniger in das gemeinsame System investiert und wenn ein Ungleichgewicht entsteht.
Im Rahmen der Experimentellen Ökonomie haben Wissenschaftler eine Reihe von Experimenten, z. B. die „Public Good Games" entwickelt, durch die langfristig politisch bedeutsame Konsequenzen deutlich werden: Menschen haben offensichtlich eine deutliche negative Gefühlsreaktion gegenüber den „Eigennützigen", und eine entsprechende gefühlsmäßige Befriedigung bei deren Bestrafung." (Nörretranders, 2004, S. 22f)
Und weiter heißt es:

„Wir sind, mit anderen Worten, bereit, dafür zu bezahlen, andere Menschen zu erziehen. Wir wollen in das gute Verhalten unserer Nächsten investieren, wir sind bereit, dafür zu bezahlen, dass Leute sich ordentlich benehmen. Wir investieren in soziales Verhalten. Wir sind weit davon entfernt, rein effiziente, vernunftgesteuerte Vorteilsnehmer zu sein. Wir sind soziale Wesen. Wir haben Gefühle füreinander." (Nörretranders, 2004, S. 24) (Siehe dazu auch Bauer, 2007)

Menschen sind also empfindsam gegenüber Ungleichgewichten in einem gemeinsamen System mit anderen, sie wollen, dass sich alle an dem Herstellen von Ausgewogenheiten beteiligen.

Wenn eine Person im Rahmen einer Freundschaft einer anderen immer wieder hilft, mit Zeit, mit Zuhören, mit Überlegungen und Empfehlungen, sie mit Geld oder anderen Vorteilen ausstattet, aber wenig Dank und Freude, und auch sonst nicht viel zurück erhält, dann gerät das gemeinsame System sehr weit aus der Balance. Die Freundschaft wird wahrscheinlich

an dem entstandenen Ungleichgewicht zerbrechen, wenn nicht frühzeitig genug eine „negative Rückkopplung", - z. B. durch ein Gespräch und nachfolgenden Wiedergutmachungen– für eine Reduzierung des entstandenen Ungleichgewichts sorgt.
Und dazu gehören also keineswegs nur materielle Güter. Menschen sind soziale Wesen und gehen mit anderen Menschen Beziehungen ein, das bedeutet, sie haben Wünsche an die anderen, die sich auf die Qualität dieser Beziehungen richten: Sie möchten - wie schon oft wiederholt wurde - von anderen wahrgenommen, ernst genommen, geachtet und wertgeschätzt werden, sie möchten Bedeutungen für und Wirkungen auf andere haben und einiges mehr. Wenn diese Wünsche nicht erfüllt werden, hat dies erhebliche destruktive Konsequenzen, wie im Zusammenhang mit den Wirkungen von Mobbing nachgewiesen wurde.
Die immer wieder notwendige Wiederherstellung der Ausgewogenheit auf den verschiedensten Ebenen erfordert die schon erwähnten Prozesse negativer Rückkopplungen.
Um es hier noch einmal zu wiederholen: Der Begriff „negative Rückkopplung" enthält keine Wertung, das Wort „negativ" bezeichnet in diesem Zusammenhang nur eine Richtung. „Negativ" bedeutet nur, dass die neue Richtung der bisherigen Richtung der Prozesse des Systems entgegengesetzt ist, so dass es zu einer Reduzierung der bisherigen Prozesse kommt. Dagegen bedeutet „positive Rückkopplung", dass die bisherigen Prozesse des Systems weiter verstärkt werden.
Wenn ich auf Gewalt noch gewalttätiger – also mit einer positiven Rückkopplung - reagiere, eskaliere ich den Prozess und das kann im Zweifelsfalle mit dem Tode enden.

Die Empfindung, „Satt zu sein" entspricht einer negativen Rückkopplung in Bezug auf die Nahrungsaufnahme, sie stoppt die Person darin, weiter zu essen. Ebenso entspricht die Empfindung „hungrig zu sein" einer negativen Rückkopplung, sie kann, wenn die Person daraufhin etwas isst, ein weiteres Absinken des Blutzuckerspiegels stoppen usw.
Negative Rückkopplungen verhindern, dass sich ein selbstorganisierendes System zu weit von seinen angemessenen „Ungleichgewichtszuständen" entfernt. Das Überleben eines selbstorganisierenden Systems ist abhängig vom Vorhandensein negativer Rückkopplungsprozesse.
Es gibt noch mehrere solcher grundsätzlicher Prozesse, die alle gleichzeitig wirken und sich wechselseitig unterstützen müssen, um das Überleben selbstorganisierender Systeme zu gewährleisten. Vester hat acht solcher grundsätzlicher Prozesse oder „Prinzipien" zusammengestellt und spricht in

Bezug auf deren Zusammenwirken von einem „Regelknoten". (Vester, 1995, S. 86)
Auf einige dieser Prinzipien im Zusammenhang mit zwischenmenschlichen Prozessen bin ich im Teil „Mehr über Selbstorganisation" eingegangen. Hier möchte ich zunächst deutlich machen, welche Bedeutung negative Rückkopplungen in zwischenmenschlichen Interaktionen haben und wie man mit deren Hilfe versuchen kann, zu groß gewordene Ungleichgewichte wieder auszugleichen.
Leider sind unsere kommunikativen Gewohnheiten eher geeignet, die Situationen zwischen Menschen, aber oft auch zwischen Kulturen oder politischen Gemeinschaften eskalieren zu lassen. Der Lernbedarf ist noch sehr hoch.
In ökologischen Systemen sind dagegen die Notwendigkeiten solcher negativen Rückkopplungsprozesse immer wieder zu beobachten. So weiß man, dass die Geburtenrate bestimmter Tiere vom Nahrungsangebot abhängt, dass das Verhältnis von Beutetieren und Jägern sich über die Jahre selbst reguliert usw.
Aber es ist auch bekannt, dass menschliches Eingreifen in solche selbstorganisierenden ökologischen Systeme diese häufig in große Schwierigkeiten bringen und unvorhergesehene Zerstörungen anrichten kann. Inzwischen sind viele Beispiele bekannt und die Medien berichten in zunehmendem Maße über dadurch ausgelöste ökologische Katastrophen.

Was aber bringt das System zwischen zwei oder mehr Menschen immer wieder aus der jeweils neu anzustrebenden Balance?
Es gibt bestimmte Dynamiken zwischen Personen, die - ohne negative Rückkopplung – fast automatisch in die Eskalation und zur Zerstörung des gemeinsamen Systems führen.
Diese Dynamiken lassen sich bei allen Lebewesen beobachten, sie sind in gewisser Weise Bestandteil evolutionärer Prozesse. Ich möchte hier vier solcher Prozesse - ohne Anspruch auf Vollständigkeit – vorstellen:

1. Ein Lebewesen nimmt und ein Lebewesen gibt, ohne Grenzen zu setzen.
2. Ein Lebewesen beansprucht immer mehr Raum und das andere Lebewesen weicht zurück, ohne sich zu widersetzen.
3. Ein Lebewesen dominiert und das andere Lebewesen unterwirft sich
4. Ein Lebewesen verbraucht die energetischen und materiellen Ressourcen der gemeinsamen Umwelt und das andere Lebewesen lässt dieses zu.

Diese Prozesse wirken sich zerstörerisch auf das gemeinsame System und auf das ausgebeutete Teilsystem aus. Wenn das ausbeuterische System kei-

nen Wert auf die Aufrechterhaltung des gemeinsamen Systems und die Unversehrtheit des Teilsystems legt, sondern dessen Zerstörung in Kauf nimmt, dann wird dieses System sein Verhalten fortsetzen und weiterhin andere Lebewesen und die gemeinsamen Ressourcen für die eigenen Interessen ausbeuten.
Allerdings übersieht man dabei ein weiteres Problem: Weil alle selbstorganisierenden Systeme miteinander zusammenhängen und negative und positive Rückkopplungsprozesse zwischen allen diesen Systemen dazu gehören, gibt es auch negative und positive Rückkopplungsprozesse dafür, dass man nur das eigene Interesse verfolgt hat oder verfolgt. Das bedeutet, dass auch das Zerbrechen bisheriger Gesamtsysteme und die Schädigung von Teilsystemen negative oder positive Rückkopplungsprozesse zur Folge haben, deren Folgen wegen der Unberechenbarkeit solcher Systeme im Einzelfall nicht berechenbar, und auch mit Hilfe von Wahrscheinlichkeiten nicht abschätzbar sind – weil es sich bei diesen Systemen um nicht lineare Systeme handelt. Der weltweite Zusammenbruch der Finanzmärkte hat gezeigt, wie solche unberechenbaren Prozesse ablaufen können. Das bedeutet, dass die Ausbeutung auch den Ausbeuter zerstören kann.

Denn es gibt in diesen nicht linearen dynamischen Systemen keine eineindeutigen Kausalbeziehungen mehr und deshalb lassen sich die genauen Wirkungen der jeweiligen und ununterbrochen ablaufenden Rückkopplungsprozesse nicht berechnen, sondern nur in Echtzeit beobachten. Und leider kommt es bei diesen selbstorganisierenden oder nicht linearen Systemen wie Menschen, Gruppen, Wetter, Ökosystemen, Aktienmärkten usw. immer wieder zu „Schwarzen Schwänen", wie Nassim Nicholas Taleb sie nennt. Damit meint er Ereignisse „von geringer Vorhersagbarkeit und starken Auswirkungen" (Taleb, 2008, S. 2).
Auf solche schwarzen Schwäne bzw. unvorhersehbaren Ereignisse und unseren Umgang mit ihnen will ich hier nicht im Einzelnen zu sprechen kommen. Hier will ich nur darauf hinweisen, dass ihre Existenz unsere Vorstellungen über die Kontrollierbarkeit unserer Umwelt erschüttert.

Negative Rückkopplungen sind deshalb so wichtig, damit es möglichst nicht zu den beschriebenen zu starken Ungleichgewichten kommt.
Aber oft wird nur gestritten, die „Konflikte" eskalieren. Die beteiligten Menschen spüren, dass etwas nicht stimmt, dass sie mit den anderen einen Konflikt haben, aber meisten ist ihnen nicht bewusst, dass der „Konflikt" in einem zu groß gewordenen Ungleichgewicht besteht. Dieses Ungleichgewicht kann nur mit gezielten „negativen Rückkopplungen" wieder aufgelöst werden.

Solche Ungleichgewichte sind vielfältig und zwischen vielen Menschen beobachtbar und die folgenden Beispiele sollen die bereits erwähnten Ungleichgewichte verdeutlichen:

So ist z. B. Nele, eine alleinerziehende Mutter von vier Töchtern, sehr fürsorglich und hilfsbereit. Sie ist berufstätig, versucht aber, ihre Töchter möglichst wenig in die Arbeit des Fünfpersonenhaushaltes mit einzubeziehen, damit sich diese um Schule und Ausbildung kümmern können. Zwei der Töchter nehmen die Fürsorge dankbar entgegen und helfen freiwillig beim Einkaufen und Saubermachen der gemeinsamen Wohnung. Die beiden anderen Töchter dagegen haben angeblich zu viel für die Schule zu tun, um mit zu helfen. Beide haben aber auch sehr hohe Handyrechnungen, die sie nicht vom ihren Taschengeld bezahlen können. Sie rechnen damit, dass ihre Mutter schon zahlen wird. Sie gehen am Wochenende in die Disco, schlafen dann lange aus und kümmern sich nicht um die Belange der anderen. Erst als Nele beginnt, ihren Kindern sehr deutlich ihre Erwartungen und ihre Grenzen mitzuteilen, zusammen mit den Konsequenzen für sie, wenn sie diese nicht einhalten, beginnen beide ihr Verhalten zu ändern.
Langsam hat sich dadurch das vorher zu groß gewordene Ungleichgewicht wieder reduziert und balanciert sich, je nach den Belastungen und in Abhängigkeit wechselseitiger deutlicher Botschaften der fünf Menschen immer wieder neu aus.

Uli und Anna geben ein gutes Beispiel für ein Ungleichgewicht in Bezug auf die Nutzung des gemeinsamen Raumes. Beide sind schon länger ein Paar, leben zusammen in einer Wohnung und arbeiten sowohl außerhalb als auch zuhause. Uli breitet sich mit seinen Anziehsachen, seinen Papieren, Büchern und diversen wechselnden Kleinigkeiten immer wieder in der gesamten Wohnung aus, und Anna räumt hinter ihm her, macht Vorwürfe und ist mit der Situation unzufrieden.
Letztlich hat Uli seinen zweiten Computer, den er für den Kontakt mit seiner Firma braucht und der die meiste Zeit angeschaltet ist, auf Annas kleinen Schreibtisch im Wohnzimmer deponiert. Der Boden des gemeinsamen Wohnzimmers ist wieder einmal mit – allerdings wohlgeordneten – Papierstapeln zugedeckt und Uli versichert, er würde demnächst alles wieder wegräumen. Diese Versprechen sind – wie Anna weiß – nicht viel wert. Anna zieht sich mit ihrem Laptop und ihren Papieren in die Küche zurück und ist wütend. Sie fragt sich, warum sie sich das gefallen lässt, und das Chaos, welches trotz ihres Aufräumens immer wieder entsteht, erträgt. Nie würde sie seine Sachen in einen Müllsack stecken und ihm in sein Arbeitszimmer - Uli hat im Gegensatz zu Anna ein Arbeitszimmer – stellen, nie

würde sie seine vielen Häufchen von Papieren einfach stapeln und in sein Zimmer legen. Nie würde sie ihm die Bitte abschlagen, seinen Zweitcomputer auf ihren Schreibtisch zu stellen. Und sie ahnt, warum nicht. Sie hat Angst, dass er sie - wenn sie nicht alles erträgt – verlassen würde.
Uli breitet sich aus und Anna weicht zurück und dies wird solange weitergehen, wie Anna sich dies gefallen lässt.
Ob ein Mensch einem anderen realen Raum entzieht, oder Raum im metaphorischen Sinne, stets tauchen ähnliche Probleme auf. Menschen sind in Bezug auf entstehende Ungleichgewichte sehr empfindlich. Viele kennen die Situation, dass man eine Geschichte beginnt zu erzählen und der Partner unterbricht, sagt: „Nein, so war es nicht", und erzählt weiter. Oder jemand feiert in der Nachbarschaft eine Party und beschallt dabei das ganze Mietshaus.
Räume sind von anderen Menschen leicht besetzbar und sie bleiben meistens besetzt, wenn die jeweiligen Betroffenen keine negativen Rückkopplungsprozesse in Gang setzen.

Auch wenn Menschen versuchen, andere dadurch zu beherrschen, dass sie definieren, was „wirklich", „vernünftig" oder „irrational" ist, können sie sich nur dann damit durchsetzen, wenn es keine negativen Rückkopplungsprozesse gibt, weil sich die davon Betroffenen unterwerfen. Eine solche „Besetzung" der emotionalen und mentalen Landschaften anderer Menschen findet auch häufig sehr schleichend – und oft den Beteiligten nicht bewusst - in Paarbeziehungen statt und der „Besetzer" des „fremden Landes" wundert sich, wenn die Person, die sich für vielleicht viele Jahre ohne Widerworte - einfach nur durch Zustimmung unterworfen hat, plötzlich die Beziehung mit den Worten aufkündigt, sie müsse erst einmal wieder zu sich selbst kommen.
Auch für die Variante, dass ein Mensch die Ressourcen einer anderen Person für sich verbraucht, gibt es viele Beispiele.
Der Politiker, der sich seine Reden von seiner Frau schreiben lässt, ohne sie je zu erwähnen, der Wissenschaftler, der die Forschungsergebnisse seiner Assistenten und Studenten unter seinem Namen veröffentlicht, der spielsüchtige Ehemann und die kaufsüchtige Ehefrau, die das gemeinsame Vermögen verspielen oder ausgeben, aber auch die Entscheidungsträger von Wirtschaftsunternehmen und anderen Institutionen, die zulassen, dass Menschen und ihre Umwelt ausgebeutet und zerstört zurückgelassen werden, und viele andere mehr, sie alle haben offensichtlich wenig Skrupel, die Ressourcen anderer für sich zu verwenden.

Solche Prozesse finden zwischen einzelnen Personen, aber auch zwischen Gruppierungen aller Art, Institutionen, Wirtschaftsunternehmen usw. und Kulturen statt.
Wissenschaftliche oder politische Richtungen sind häufig durch solche Prozesse gekennzeichnet und es kann manchmal eine lange Zeit dauern, bis Veränderungen in bezug auf die bisherigen Festlegungen eintreten können. So entsprechen z. B. die neuen Erkenntnisse in Bezug auf „Selbstorganisation" nicht den bisher herrschenden Alltagstheorien und den zugehörigen kulturellen Vorstellungen, aber es finden in letzter Zeit - besonders in den Medien - negative Rückkopplungsprozesse statt, durch die deutlich wird, dass der Alleinherrschaftsanspruch der bisherigen Grundannahmen sich allmählich reduziert.

Interessanterweise zeigt sich auch bei diesen Rückkopplungsprozessen deutlich, worauf es bei „negativer Rückkopplung" ankommt: Die bisherige Situation muss als existent akzeptiert und als Basis für neue Prozesse genutzt werden. In diesem Falle bedeutet es, dass die neuen Erkenntnisse darauf verweisen, dass in vielen Bereichen keine Trennung zwischen dem Beobachter und dem Beobachteten möglich ist. Die subjektabhängigen Wirklichkeiten erhalten dadurch eine besondere Bedeutung. Sie können nicht mehr einfach geleugnet, sondern müssen akzeptiert werden und als Basis für weitere, darauf aufbauende Überlegungen oder Handlungen genutzt werden.
Das sind wir in unserer Kultur nicht gewohnt, wir lieben es - um einer angeblichen Wahrheit willen - zu widersprechen. Das aber verursacht in zwischenmenschlichen Beziehungen eher das, was man „positive Rückkopplungen" nennt, und diese bewirken eine Verstärkung der bisherigen Prozesse.
„Negative Rückkopplung" beginnt mit der Akzeptanz des emotionalen Ausdrucks, der Aussage, der Einstellung, des Verhaltens oder was auch immer des jeweiligen Gegenübers, unter dem Aspekt, dass man deren Existenz nicht anzweifelt, sondern anerkennt und ihm eine – aus dem Inneren der anderen Person kommenden – Berechtigung zuweist.

Nele beginnt ihre negative Rückkopplung in Bezug auf ihre Töchter damit, dass sie ausdrückt, sie könne verstehen, dass die Mädchen keine Lust haben, aufzuräumen, sauberzumachen, einzukaufen usw., dann fühlen sich ihre Töchter nicht sofort abgelehnt, sondern in ihrem Tun erst einmal „akzeptierend" angenommen. Dann können sie eventuell auch die zweite Botschaft ihrer Mutter hören, in der sie deutlich macht, dass es aber nicht um Lust, sondern um Fairness geht. Und vielleicht können sie sich auch emotional auf eine Spiegelung einlassen, dadurch, dass sie nachempfinden und sich dabei bewusst machen, dass sie selbst auch gerne fair behandelt werden möchten und dass ihre Mutter ebenso wie sie sowohl fair als auch unfair handeln kann.

Auch Anna bleibt zunächst nichts anderes übrig, als sich bewusst zu machen und damit zu akzeptieren, dass Uli so ist, wie er ist. Er ist raumgreifend und nimmt auf die Wünsche von Anna nach eigenem, selbstgestalteten Raum keine Rücksicht. Das Wort „akzeptieren" bezieht sich hier wie auch im Folgenden ausschließlich darauf, dass die Existenz des Verhaltens nicht geleugnet und nicht sofort mit Hilfe eigener Vorstellungen bekämpft, sondern als Basis für anschließende Überlegungen benutzt wird, wie der entstandene Konflikt bewusst gemacht und gelöst werden kann. In dem Moment, indem Anna sich nicht nur von ihrem Ärger und ihren Ängsten beherrschen lässt, sondern sich bewusst macht, dass Uli so ist, wie er ist, wird ihr möglicherweise auch bewusst, dass sie weder weiß, weshalb Uli sich in der ganzen Wohnung ausbreitet, noch weiß, ob Uli sie wirklich verlassen würde, wenn sie anfinge, sich zur Wehr zu setzen und versuchen würde, seine Ausbreitungstendenzen zu begrenzen. An diesem Punkt ihrer Erkenntnis wird sie vielleicht neugierig werden und nachfragen und vielleicht beginnt ein wechselseitiger Prozess von Bewusstheit. Allerdings ist es wichtig, dass Anna beginnt, ernsthaft ihre Wünsche zu äußern und auch über die Konsequenzen zu sprechen, die sie realisieren wird, wenn Uli nicht bereit ist, seinen Raumbedarf zu Gunsten von Annas Bedürfnissen einzuschränken.

In manchen Fällen entstehen Ungleichgewichte zwischen Partnern aufgrund ihrer Unterschiedlichkeit. Diese war vielleicht zu Beginn der Beziehung anziehend oder sogar faszinierend und entwickelt sich erst im Laufe der Zeit zu einer Belastung.
Als Jan und Suse sich kennenlernten, war sie glücklich darüber, einen Mann gefunden zu haben, der ihre Anregungen annahm und das tat, was sie wollte. Jan verhielt sich auf eine Weise, die sie nicht kannte. Sie war als Kind und Jugendliche nur eingeschränkt worden, musste tun, was ihre Mutter von ihr erwartete und alles was sie selbst wollte, spielte keine Rolle. Und nun hatte sie einen Mann getroffen, der ihr jede Freiheit ließ. Aber nach zehn Jahren war diese Freiheit eine Last geworden. „Immer bleibt alles an mir hängen, von ihm kommt keinerlei Anregung, wenn es nach ihm ginge, säßen wir abends nur vor dem Fernseher, er tut gar nichts für unser gemeinsames Leben." Erst wenn Suse begreift, dass zwar sie über die Fähigkeiten verfügt, Anregungen und Lebendigkeit in ihr Leben zu tragen, er

aber ein Mensch ist, der in seiner Intentionalität gehemmt ist und das, was sie kann, gerade nicht kann, kann sie sich vielleicht dazu entschließen, ihm ihre Fähigkeiten – ohne zu klagen – zur Verfügung zu stellen, ihre Kompetenzen als ihre eigenen und seine Kompetenzen als seine eigenen in ihrer Unterschiedlichkeit wertzuschätzen.
In anderen Lebenssituationen haben wir damit oft keine Probleme: Wenn wir z. B. mit jemanden in ein fremdes Land reisen und die andere Person versteht die dortige Sprache im Gegensatz zu uns nicht, haben wir im Allgemeinen keine Schwierigkeiten, der anderen Person unsere sprachlichen Kompetenzen zur Verfügung zu stellen. Wir erwarten nicht, dass sie eine Sprache versteht, die sie nicht kennt und auch nicht, dass sie in einer Sprache spricht, die sie nicht sprechen kann. Aber bei vielen anderen Kompetenzen, über die wir selber verfügen, gehen wir davon aus, dass auch die anderen diese Fähigkeiten besitzen, anstatt uns bewusst zu machen, dass es unsere Kompetenzen sind und die anderen – aufgrund ihrer Andersartigkeit – nicht dieselben, dafür aber andere Fähigkeiten haben.

Es würde den Rahmen dieses Buches sprengen, Konflikte, die auf der Grundlage solcher Dynamiken entstehen, hier wörtlich in Form von Dialogen so vorzustellen, dass deutlich wird, wie man versuchen kann , die Balance wieder herzustellen.

Ich möchte im Folgenden deshalb nur ein paar einfache Beispieldialoge vorstellen, in denen sowohl die Eskalation eines Konflikts durch positive Rückkopplung als auch die De-Eskalation desselben Konfliktes durch negative Rückkopplung gezeigt werden sollen. Dabei möchte ich noch einmal ganz deutlich machen, dass es subjektabhängig ist, ob eine Situation oder ein Verhalten als konfliktträchtig erlebt wird oder nicht. Bei den folgenden Beispielen wird immer vorausgesetzt, dass mindestens eine der beteiligten Personen die Situation als konfliktträchtig erlebt.

Erstes Beispiel:
„Das Papier, was Sie geschrieben haben, ist absolut dilettantisch und stellt alles völlig verzerrt dar."
Eine eskalierende Antwort würde darin bestehen, eine solche Behauptung als falsch, unverschämt, billig, überheblich oder inkompetent zurückzuweisen. Ein de-eskalierendes Verhalten könnt zum Einen darin bestehen, den Kritiker für sich arbeiten zu lassen, dadurch, dass man genau nachfragt, was die Person im Einzelnen für verbesserungswürdig hält und welche Daten und Fakten übernommen werden sollten, um eine in ihren Augen aus-

geglichene Beschreibung zu erreichen. Dieses ist der Weg über die Neugier, z. B.:
„Sie scheinen ganz ärgerlich auf den Inhalt dieses Papiers zu sein, und es interessiert mich, weshalb. Ich werde gern auf die Ihrer Ansicht nach kritischen Aspekte noch einmal eingehen, wenn Sie mir genauer sagen, welche das sind."

Zum anderen gibt es den Weg über die „Akzeptanz" und eine anschließende „Neu-orientierung" oder „Re- Definition". Das könnte z. B. so aussehen:
„Ich kann verstehen, dass Sie mit dem Papier nicht einverstanden sind. Es enthält eine Reihe bisher nicht sehr bekannter neuer Informationen, durch die das bisherige Bild tatsächlich verändert wird. Es handelt sich daher wirklich um ein neues Modell, welches mit den bisherigen Vorstellungen nicht mehr in Übereinstimmung zu bringen ist."

Man kann aber auch einfach die eigene persönliche Wahrheit, zu der auch das gehört, was man sich wünscht, sagen. Das könnte etwa so aussehen:
„Ich bin ärgerlich auf Sie, dass Sie die geistige Arbeit von Kollegen als dilettantisch bezeichnen, Sie möchten auch nicht, dass man Ihre Arbeiten so abqualifiziert. Wenn Sie sich kritisch äußern wollen, und ich lege durchaus Wert auf begründete Kritik, dann erwarte ich von Ihnen, dass Sie sich inhaltlich und auf das Papier bezogen äußern. Und ich möchte, dass es Ihnen leid tut, mich so angegriffen zu haben und erwarte eine Entschuldigung."

Gerade bei Beschimpfungen aller Art ist der Ausdruck des momentanen persönlichen Empfindens oder Gefühls und die anschließende Spiegelung („Du möchtest auch nicht.../ Sie möchten auch nicht so angesprochen, so behandelt, so vom Tisch gewischt, usw., sondern ernst genommen und freundlich behandelt werden.") die effektivste Methode, zu versuchen, das momentane emotionale Ungleichgewicht wieder herzustellen.

Selbstverständlich gibt es nicht nur die vier oben in abstrakter Form angeführten Dynamiken, durch die Ungleichgewichte entstehen. Im Alltag hat man es ununterbrochen mit dem Entstehen von Ungleichgewichten und den Versuchen, die Balancen wieder herzustellen, zu tun. Wie gesagt, Menschen sind gegenüber Ungleichgewichten außerordentlich empfindlich.
Ungleichgewichte können darüber entstehen, wer was im Haushalt tut, wer sich um die Kinder kümmert, wer Geld verdient und wer es wofür ausgibt, wer wem Komplimente oder Geschenke macht, wer Ideen für die Freizeit entwickelt, wer aktiv und wer passiv ist, wer Entscheidungen trifft, wessen Wünsche erfüllt werden, wer zärtlich ist und wer dem anderen sein Begeh-

ren zeigt usw. Alle diese Handlungen bzw. deren Vermeidungen, die potentiell zu Ungleichgewichten führen, können Auslöser für Konflikte werden.

Zweites Beispiel:
„Ich habe den Eindruck, ich bedeute dir überhaupt nichts mehr."
„Das ist doch überhaupt nicht wahr, du reagierst einfach viel zu empfindlich und für mich hast du in letzter Zeit ja auch nur noch Vorwürfe übrig."

Eine solche abwehrende Antwort führt nur zu weiterer Eskalation und ist in jedem Falle ineffektiv.

Sinnvoller ist sicher, nachzufragen und sich dafür zu interessieren, wie das Gegenüber zu einer solchen Einschätzung kommt.
„Wie kommst du denn darauf, was tue ich denn oder unterlasse ich, dass du diesen Eindruck hast."

Aber wenn man sich bewusst macht, dass die Person, die Angst hat, ihrem Gegenüber nichts mehr zu bedeuten, wirklich leidet, dann ist eine andere – mitfühlende - Reaktion notwendig.
„Das tut mir aber leid, das fühlt sich sicher schrecklich an. Natürlich bist du mir wichtig, sehr wichtig. Wie kann ich diesen Eindruck bei dir bloß wieder gut machen?"
Hierbei versucht die eine Person, auf einer emotionalen Ebene zu verstehen, wie es der anderen Person geht und äußert sich mitfühlend in Bezug auf deren Ängste.

Drittes Beispiel:
„Das Kleid steht dir gar nicht, Du bist in letzter Zeit richtig dick geworden. Du musst unbedingt mehr Sport machen, sonst passt du bald nicht mehr durch die Tür."
Eskalierend wäre z. B. die folgende Antwort:
„Ich finde, du bist unverschämt, du bist auch nicht die Schlankste und es steht dir überhaupt nicht zu, mich so zu kritisieren."

De-eskalierend wäre eine Antwort, in der die Aussage sowohl als gerade geäußert und nicht mehr änderbar akzeptiert und gleichzeitig dadurch redefiniert wird, dass dem Gegenüber ein positives Motiv unterstellt wird. Positive Unterstellungen haben meistens auch positive Wirkungen, weil Menschen gern von anderen als Personen mit positiven Eigenschaften und Verhaltensweisen gesehen werden. In diesem Sinne könnte man z. B. sagen:

„Danke, dass du dir Sorgen um mich machst und ein bisschen Sport wäre sicher nicht schlecht. Ich werde darüber nachdenken."
Eine solche de-eskalierende Antwort ist sicher bei Menschen angebracht, die häufiger ihre Mitmenschen mit spitzer Zunge angreifen und dabei denken, sie seien besonders humorvoll. Man kann sie nicht ändern. Sich selbst in freundlichere Menschen zu verwandeln, sehen sie meistens nicht ein und es lohnt sich nicht, immer wieder neu auf Menschen ärgerlich zu werden, die - bewusst oder unbewusst - ihre eigenen Schwierigkeiten an anderen auslassen. Sie können nicht respektvoll sein, es gehört nicht zu ihrem Verhaltenspotential.
Man würde ja auch nicht von einem Menschen, der die japanische Sprache nicht beherrscht, immer wieder erwarten, dass er etwas aus dem Japanischen übersetzt.

Fühlt man sich aber wirklich getroffen und verletzt, dann ist es wichtig, dies auch zum Ausdruck zu bringen, damit man nicht gute Miene zum bösen Spiel macht, sondern sich selbst authentisch ausdrückt. Dann könnte man z. B. sagen:
„Es tut mir weh, wenn du so mit mir redest. Ich weiß selbst, dass ich abnehmen muss. Und ich möchte, dass du mir sagst, dass es dir leid tut, dass du das mit der Tür gesagt hast."
Das heißt natürlich noch nicht, dass die andere Person tatsächlich um Verzeihung bittet. Vielleicht macht sie sogar noch eine weitere unangemessene Bemerkung, wie z. B. „Na, du bist aber empfindlich."
In solchem Falle empfiehlt es sich, sofort zuzustimmen. In Bezug auf Angriffe und in Bezug auf Ungleichgewichte sind wir alle sehr empfindlich. Allerdings ist es in diesem Zusammenhang auch wichtig, sich bewusst zu halten, dass man in unserer Kultur – in der sich Schadenfreude großer Beliebtheit erfreut – Mitgefühl nicht einfach so bekommt, nur weil man leidet, etwas einem weh tut, oder einem ein Unrecht geschehen ist. Mitgefühl muss man sich heute oft einfordern, mit einem deutlichen Hinweis an das Gegenüber, wie das Gegenüber sein Mitgefühl äußern könnte, z. B.: „Ich möchte von Dir hören, dass es Dir leid tut, wie es mir damit geht."

Viertes Beispiel:
Aber auch, wenn uns jemand anderes nicht nur kritisiert, sondern begründet aggressiv angreift, sind eskalierende Maßnahmen, z. B. in der Form von Gegenangriffen oder Rechtfertigungen, nicht sinnvoll. Auch hier geht es darum, die Botschaften des Gegenübers als existent zu akzeptieren. Eine Re-definition ist in einem solchen Falle oft auch nicht sinnvoll, stattdessen

sind ein ernstgemeintes Bedauern und eine Entschuldigung angemessen. Wenn man z. B. auf folgende Weise angegriffen wird:

„Es ist einfach unverschämt von dir, in meiner Abwesenheit einfach mein Auto zu nehmen. Ich fühle mich von dir übergangen und nicht ernst genommen."

Dann würde eine Rechtfertigung in etwa so aussehen können:
„Ich konnte dich doch nicht fragen, und es war eine Notsituation, ich habe gedacht, dass du in so einem Fall bestimmt nichts dagegen hättest."
Wenn man so antwortet, geht man auf die Beziehungsbotschaft des Gegenübers, sich übergangen und nicht ernst genommen zu fühlen, überhaupt nicht ein. Die Situation zwischen den Beteiligten wird wahrscheinlich eskalieren. Die Beziehungsbotschaft aber ist immer die wichtigste Botschaft, nicht der sachlich erfassbare Inhalt, auf den wir normalerweise reagieren.

Deswegen ist nur eine Reaktion auf die emotionale Verfassung deeskalierend. Diese könnte z. B. so aussehen:
„Es tut mir so leid und ich kann es verstehen, dass du dich übergangen und nicht ernst genommen fühlst, weil ich mich nicht danach gerichtet habe, was du wolltest. Bitte entschuldige mich. Ich habe mich nicht richtig verhalten. Ich würde dir aber gern noch die Gründe sagen, warum ich deine Bitte missachtet habe. ..."
Für manche Menschen ist die Vorstellung, solche Sätze zu benutzen, sehr befremdlich, sie finden sie albern, gestelzt und unecht. Das ist nicht verwunderlich. Solange sie noch nicht in den eigenen Sprachgebrauch übergegangen sind, empfindet man sie als gekünstelt. Aber die eskalierenden Sprechweisen in Form von Gegenangriffen, Vorwürfen, Beschimpfungen usw. sind auch gelernt und keineswegs durch Spontaneität geadelt. Sie kommen uns nur natürlich vor, weil wir sie schon so oft gebraucht haben.
De-eskalierende kommunikative Prozesse sind für viele Menschen ungewohnt und müssen erst eingeübt werden. Dafür ist allerdings grundlegend, sich gegen Eskalationen und für einen de-eskalierenden Sprachgebrauch zu entscheiden, um Ungleichgewichte in sich selbst und zwischen sich und anderen Menschen nicht zu groß werden zu lassen. Damit kann man das Risiko, dass Beziehungen wieder zerbrechen, etwas reduzieren. Sicherheit oder Kontrolle gewinnt man aber auch damit nicht. Beziehungen können sich auch aus uns völlig unerfindlichen Gründen wieder auflösen.
Dieselbe Entscheidung gegen eskalierende Prozesse ist auch notwendig zwischen Gruppen aller Art, Parteien, Wirtschaftsunternehmen, Religionsgemeinschaften, Kulturen, Völkern, Nationen usw. Leider gibt es immer

noch zu wenig Menschen in den verschiedensten gesellschaftlichen Bereichen, die sich um De-eskalation bemühen und zu viele Unbelehrbare, die auch noch als Erwachsene ihre kindlichen Konflikte unreflektiert agieren und in manchen Fällen den Tod vieler Menschen in Kauf nehmen.
Gegen „Terror“ in seinen verschiedensten Formen kann man nicht ankämpfen - das eskaliert nur die bereits bestehenden Konflikte – man kann ihm nur die Grundlagen entziehen, dadurch, dass man versucht, zu große Unterschiede zu verringern. Soziale Ungerechtigkeit ist weit verbreitet, und es gibt in vielen Ländern der Erde bei einem Teil der Bevölkerung ungenügende Nahrungsangebote, zu wenig sauberes Wasser, fehlende Bildung, zu geringe Bildungschancen, zu wenig Arbeitsmöglichkeiten, zu große Unterschiede in den Rechten von Männern, Frauen und Kindern und vieles andere mehr. Die entstehenden Ungleichgewichte zwischen den davon betroffenen Menschen und denjenigen, für die alles, was sie brauchen oder wollen, zur Verfügung steht, können schnell zu eskalierenden Prozessen führen. Mit eskalierenden Methoden potentiell eskalierende Dynamiken bekämpfen zu wollen, hat ähnliche Wirkungen wie Versuche, ein Feuer mit Benzin löschen zu wollen.
Auch hier gilt das Prinzip, welches für alle selbstorganisierende Systeme gilt: Zu große Ungleichgewichte innerhalb des Gesamtsystems können zu der Zerstörung des Gesamtsystems führen.
Sowie man eskalierende Interaktionen, die zu immer größer werdenden Ungleichgewichten führen, bevorzugt, muss man mit den entsprechenden Konsequenzen, nämlich einem immer größer werdenden Konfliktpotential, rechnen.

Valentino bewegt seinen Kopf ebenso wie seinen Schwanz von einer Seite zur anderen. „Das ist doch nicht immer so, oder hast du schon einmal nach einem harten Kampf um die Schönen der Nacht einen toten Kater gefunden? Der Kampf zwischen zwei Katern eskaliert und eskaliert, aber bevor er tödlich endet, zieht sich einer der Kämpfenden zurück. Alles andere wäre doch wirklich zu unvernünftig.“ „Ja, wenn früh genug das, was man eine negative Rückkopplung nennt, einsetzt“, sage ich, „aber stell dir vor, es würde keiner aufhören, keiner nachgeben, keiner bereit sein, nach einer anderen Lösung als der bisherigen zu suchen.“ „Das wäre aber sehr dumm. Bei uns Tieren kommt das- bis auf wenige Ausnahmen - im Allgemeinen nicht vor. Nur ihr Menschen seid da ein schlechtes Beispiel, Ihr liebt offensichtlich das, was man eine positive Rückkopplung nennt“, sagt Valentino ein bisschen ironisch und fährt fort: „Und ich habe bis heute nicht verstanden, warum Menschen sich so verhalten. Mir kommt das ziemlich kindisch vor, dieses um jeden Preis „Besser, stärker, klüger ,reicher,

mächtiger sein wollen als andere" und dieses „Tust du mir was, tue ich dir auch was, aber schlimmer" und eben nicht nur drohen, sondern es tatsächlich auch tun."
„Ich weiß auch nicht genau, warum wir Menschen immer wieder dazu neigen zu eskalieren. Ich weiß nur, dass wir damit aufhören müssen", sage ich, „ich weiß nur nicht, wie."
Wir schweigen beide etwas bedrückt. „Hast du nicht geschrieben, dass es keine gezielten Eingriffe in selbstorganisierende Systeme gibt und dass sie sich nicht von außen kontrollieren lassen?", fragt Valentino und fügt hinzu: „Dann können wir doch alle beide gar nichts machen." Ich nicke mit dem Kopf und fühle mich entmutigt. „Du musst aber nicht gleich den Kopf hängen lassen und aufgeben", sagt er, reckt sich hoch und tippt mich mit seiner linken Pfote mehrmals auf meinen rechten Arm, „versuchen kann man es immer und wir können es doch gemeinsam versuchen." Er sieht mich mit seinen goldgelben Augen an und ich lächele zurück. Ich merke, dass mir das Lächeln gut tut, erzähle es Valentino und da sagt er: „Siehst du, bei gedrückter Stimmung ist Lächeln eine negative Rückkopplung, solltest du einfach öfter machen". Und dann sagt er noch ganz stolz: „Ich finde, ich habe das mit der negativen Rückkopplung und der De-eskalation sehr gut begriffen. Würdest du jetzt vielleicht so nett sein und mir eine negative Rückkopplung in Bezug auf mein Hungergefühl mit Hilfe einer kleinen Dose Thunfisch ermöglichen?" „Valentino", sage ich, „ ich finde dich wunderbar und es ist tatsächlich noch eine Dose Thunfisch da."

Konkurrenz und Kooperation

Wie Menschen ihr Handeln motivieren

Valentino sitzt nachdenklich auf meinem Schreibtisch und guckt in die Ferne. Nach einer Weile sagt er: „Ich denke nach. Ich denke darüber nach, ob und wann ich mit jemandem konkurriere. Und da ist mir Fou-Fou eingefallen." Fou Fou ist eine Pudel-Terrier-Hündin und gehört zu meiner Freundin Gisela. „Weißt du, wenn Fou Fou Leckerchen bekommt, will ich auch welche. Aber Fou-Fou ist dabei richtig aufdringlich, ich sitze einfach nur da und warte darauf, dass es gerecht zugeht." „Wieso findest du sie aufdringlich", frage ich ihn. „Weil sie so heftig mit dem Schwanz wedelt, ich finde das richtig aggressiv", sagt er. „Aber Valentino, Hunde wedeln mit dem Schwanz, wenn sie sich freuen." „Und woher weißt du das, hat sie dir das gesagt?" Es stimmt, genau weiß ich es nicht, ich nehme es nur an. „Und sie springt von hinten auf mich darauf, da versucht sie auch, die Oberhand zu gewinnen, und ich kann es überhaupt nicht leiden." „Das kann ich gut verstehen. Immerhin versucht sie, es anschließend wieder gut zu machen, wenn Du sie dann anfauchst."

„Ja, dann hält sie mir ihr kleines Hinterteil vor das Gesicht, damit ich daran riechen kann. Wie kommt sie nur darauf, dass mir das Vergnügen machen könnte?" Valentino wundert sich. „Na ja, manchmal klappt es nicht so ganz mit der Verständigung", sage ich, „aber immerhin könnt ihr miteinander Verstecken und Fangen spielen, und das offensichtlich zum Vergnügen für Euch beide. Und ich habe Euch auch schon eng nebeneinander auf dem Bett liegen sehen, als es so kalt war."

„Also, gut", sagt Valentino, „dann gibt es eben nicht nur Konkurrenz, sondern auch Kooperation zwischen Fou-Fou und mir." Dann guckt er mich noch einmal intensiv und lange mit seinen goldgelben Augen an und sagt: „Ich bin sehr froh, dass es zwischen uns beiden nur Kooperation gibt." Und während er von dannen geht, sage ich noch hinter ihm her: „Ich bin mir da nicht so sicher." Aber er dreht sich nicht um. Na ja, mir ist Kooperation auch lieber.

Plötzlich kommt Valentino noch einmal aus dem anderen Zimmer zurück. „Eines will ich dir noch sagen, bevor ich mich endgültig für ein, zwei Stündchen zurückziehe: Kooperation fühlt sich einfach gut an, irgendwie so geborgen, so ganz und gar ungefährlich, eher warm ums Herz, wenn du verstehst, was ich meine." „Ich glaube, ja", sage ich und dann frage ich ihn, ob ich ihn ein bisschen streicheln kann und er schnurrt und fängt schon einmal damit an, dadurch, dass er seinen Kopf an meiner Hand reibt.

In der gesamten Natur sind sowohl Konkurrenz als auch Kooperation verbreitet. Konkurriert wird um alles, was Lebewesen zum Leben brauchen, Nahrung, Reviere, Partner, Schutz, Kontaktmöglichkeiten, und was ein Lebewesen so im Einzelnen noch zusätzlich braucht oder will. Und bei Kooperation geht es um die gleiche Sicherung der zum Überleben des Einzelnen - und damit auch der Art - notwendigen Bedingungen, diesmal aber unter dem Aspekt der wechselseitigen Unterstützung. Beide Prozesse sind in ungestörten ökologischen „Nischen" eng miteinander vernetzt. Sowie Menschen aber beginnen, in solche Bereiche einzugreifen, beginnt häufig die Konkurrenz gegenüber der Kooperation zu überwiegen. In gewisser Weise kann man konkurrierende Verhaltensweisen als eskalierende Handlungen und kooperierende als de-eskalierende Handlungen begreifen. Da es bei konkurrierenden Verhaltensweisen darauf ankommt, andere immer wieder zu übertrumpfen, werden Grenzen von den Konkurrenten – insbesondere von Menschen - im Allgemeinen nicht akzeptiert. Und damit sind Grenzen aller Art gemeint: Grenzen der physischen und psychischen Belastbarkeit, Grenzen zwischen verschiedenen Gruppen, unterschiedlichen Kulturen, Grenzen der Ausnutzung von Ressourcen usw. Ob es sich dabei um Einzel- oder Gruppen-Leistungen im Sport, in der Wissenschaft, in der Kunst usw. handelt, ob es sich darum dreht, welche Partei, welche Religion, welche Kultur die besseren Vorstellungen in Bezug auf das „richtige Leben" oder die „richtigen Lösungen" hat, oder ob es um die Fragen geht, wer den größeren Einfluss, das größere Wirtschaftsunternehmen, das meiste Geld, die wichtigsten Freunde und die größte Macht hat. Ob es sich um die Verschönerung oder sonstige Gestaltung der Körper, das Hinausschieben der Alterserscheinungen, den Sieg über Krankheiten und letztlich über den Tod oder anderes handelt, Grenzen sind für konkurrierende Menschen dazu da, überwunden zu werden. Grenzen sind für sie wie nicht existent und selbst, wenn sich die Existenz von Grenzen in den Vordergrund der Bewusstheit drängt, sollten Grenzen so schnell wie möglich wieder zum Verschwinden gebracht werden, im Zweifelsfalle auch durch Leugnung, Betrug oder andere kriminelle Machenschaften. Konkurrierende Menschen haben meist keine Bewusstheit davon haben, wie wichtig diese Grenzen sind und wie notwendig es ist, immer wieder über negative Rückkopplungsprozesse Balancen herzustellen,

Selbstorganisierende Systeme sind – obwohl sie in vielfältiger Weise miteinander zusammenhängen - durch Grenzen gekennzeichnet. So ist z. B. ihr Wachstum beschränkt. Sie können nicht beliebig wachsen, ohne selbst Schaden zu nehmen oder soviel Schaden in ihrer Umwelt anzurichten, dass sie sich selbst über kurz oder lang die Grundlagen ihres eigenen Lebens entziehen. Frederic Vester hat eindrücklich auf dieses Prinzip aufmerksam gemacht und auf weitere hingewiesen, die möglichst alle erfüllt sein müssen, damit ein selbstorganisierendes System überleben kann. (Vester, 1995, S. 81ff).

Wie sehr z. B. das eigene Überleben durch unkontrolliertes Wachstum gefährdet werden kann, wird sehr deutlich am Beispiel von extrem dicken Menschen. Allerdings kann man selbstorganisierenden Systemen auch nicht den notwendigen Durchfluss an Materie und Energie entziehen, wie eine andere Krankheit, Anorexia nervosa, zeigt.
Es gilt also, dass selbstorganisierende Systeme trotz des hohen Durchflusses an Materie und Energie in Bezug auf ihr Mengenwachstum begrenzt sind oder sich begrenzen müssen, wenn sie überleben wollen. Und das gilt daher nicht nur für einzelne selbstorganisierende Systeme, sondern auch für Zusammenschlüsse solcher Systeme, also auch für unterschiedliche Gruppierungen von Menschen, wie Freundeskreise, Internetgruppen, Wirtschaftsunternehmen, Religionsgemeinschaften, Nationalitäten usw.
Mit zunehmender Größe wird es irgendwann u. a. auf Grund der wachsenden Anzahl nicht mehr möglich sein, zufriedenstellende interne Beziehungen für die beteiligten Menschen herzustellen, geschweige denn aufrecht zu erhalten.
Viele Menschen versuchen trotzdem, in verschiedener Hinsicht ein Mengenwachstum in Gang zu setzen: Mehr Freunde, mehr Geld, mehr Status und gesellschaftliches Ansehen, schnellere Autos, teureren Schmuck, größeres Haus, mehrere Häuser, usw.
Unsere ganze Gesellschaft macht - wie schon gesagt - mit in diesem Spiel. Ob in der Wissenschaft oder im Sport, in den Medien oder in der Wirtschaft, in der Politik oder im Finanzwesen, überall geht es um Steigerungen, um Wachstum, um Fortschritt, um das Verschieben und Erweitern von Grenzen. Ein Bewusstsein darüber, dass es nicht überschreitbare Grenzen gibt und dass der ständige Wunsch, diese Grenzen zu leugnen, zerstörerisch wirkt, ist nicht in ausreichendem Maße vorhanden. Allerdings sprechen sich diese Erkenntnisse – vor allem dann, wenn deren Nichtbeachtung wieder einmal eine Katastrophe ausgelöst hat – langsam herum und werden auch von den Medien verstärkt immer wieder ins Gespräch gebracht.
Im Stern 40/2008 (S. 30 – 38) wurde ein Artikel von Jan Christoph Wiechmann über die hereinbrechende Finanzkrise mit dem Titel „Gier und Größenwahn“ veröffentlicht. Er schreibt:

„Ihren Erfolg messen die Hedgefonds-Manager der Wall Street einzig am Endjahresbonus, an Ferraris und Villen. Selbst Neuanfänger können das Fünf – bis Zehnfache ihres Basisgehalts von 300 000 Dollar verdienen und tun alles, um sich gegenseitig zu überbieten. Manager wie Ralph Cioffi behielten 20 Prozent der Profite und strichen jährlich

zweifache Millionenbeträge ein, andere Stars wie Eddie Lambert kommen auf mehrere Milliarden Dollar. Sie haben kein Problem damit, dass sie mehrere Hundert Mal so viel verdienen wie der durchschnittliche Arbeiter. Sie verweisen auf das Risiko. Auf Zeiten wie diese.
Sie haben sich ihren eigenen Kosmos geschaffen. Draußen in Greenwich, Connecticut, kaufen sie sich Villen mit 25 Garagenplätzen, die so groß sind wie Industriehallen, so prächtig wie Taj Mahal oder der Buckingham Palace, mit Eisbahn und Parkanlagen, deren Bewirtschaftung allein eine halbe Million Dollar im Jahr kostet.
Selbst in diesen dunklen Wochen machen einige Manager, die auf das Platzen der Hypothekenblase setzten, Milliardengewinne. Ansonsten schwankt die Stimmung an der Wall Street zwischen Entsetzen, tiefer Sorge und Neuaufbruch. Ein Merill–Lynch–Angestellter mit zwei Kindern hat Tränen in den Augen, als er sagt: „Meine Lebensrente ist in einem halben Monat vernichtet worden. Ich kann einpacken." Ein Manager des Versicherungskonzerns AIG, der für den Informationsfluss seines Unternehmens zuständig ist, sagt über seine Chefs: „Sie gehören in den Knast. Die hatten noch am vergangenen Donnerstag keine Ahnung, dass wir auch nur irgendwelche Verluste hatten. Wir haben 4500 Unterfirmen bei AIG und keine Übersicht über die Zahlen, das ist kriminell."
Der Kollaps des Versicherungsriesen AIG ist der wohl abenteuerlichste der letzten Woche. Erst am Sonntag merkte der Vorstandvorsitzende Robert Willumstad, dass man 20 Milliarden Dollar zur Deckung der Verluste brauchte. Am Abend benötigte man schon 60 Milliarden. Am Montagmorgen waren es 70 Milliarden, und am Mittag rechneten alle noch mal nach und kamen auf etwa 80 Milliarden. Der Staat stieg schließlich mit 85 Milliarden ein." (Wiechmann, 2008, S. 38)

Die Gier und der Größenwahn, von denen in diesem Artikel die Rede ist, sind – wenn sie hier von den Verantwortlichen auch massiv übertrieben worden sind – ansonsten normale Bestandteile unserer kulturellen Ideen. Die Vorstellungen „Alles ist machbar" und „Alles ist kontrollierbar" durchziehen die meisten Gedanken und Handlungen von Menschen, die in irgendeiner Weise Einfluss auf ihre Umwelt nehmen können.
Das heißt aber keineswegs, dass dem auch so ist. Trotzdem entwickeln Überzeugungen dieser Art eine starke Eigendynamik.

„Die Annahme, Menschen seien grundsätzlich auf ihren eigenen Vorteil bedacht und bereit, sich dazu jedes erlaubten (und vielleicht auch nicht erlaubten) Mittels zu bedienen, wird einen Vorgesetzten nicht nur in einer konkreten Situation auf Mitarbeiter reagieren lassen, die ihm zum Beispiel Probleme bereitet haben, sondern sie wird den gesamten Verhaltens – oder Führungsstil an diesem Arbeitsplatz bestimmen. Bei näherer Betrachtung kann sich dabei zeigen, dass der Stil des Umgangs mit Menschen manchmal die Kraft einer sich selbst erfüllenden Prophezeiung hat." (Bauer, 2007, S.10)

Menschen setzen sich seit vielen Jahrhunderten immer wieder mit der Frage auseinander, was den Menschen eher auszeichnet –Konkurrenz oder Kooperation -, aber erst die Ergebnisse neurophysiologischer Forschung

scheinen eine eindeutige Sichtweise in Richtung Kooperation vorzubereiten.
Aber auch, wenn ein eher negatives Menschenbild vorherrschend war, haben Menschen versucht, ethische Grundsätze für zwischenmenschliches Verhalten zu entwickeln.
Bereits in der Bibel steht im Zusammenhang mit der „Feindesliebe" sinngemäß: Was du willst, dass man dir tut, das füge anderen zu. In der Lutherbibel von 1912 heißt es:„Und wie ihr wollt, daß Euch die Menschen tun sollen, tut auch ihr ihnen gleicherweise." (Matthäus 7.12)
Bei Immanuel Kant hat diese Aufforderung eine etwas andere Form: „Handle so, daß die Maxime deines Willens jederzeit zugleich als Prinzip einer allgemeinen Gesetzgebung gelten könne" (Immanuel Kant, 1788, S. 436)

Nur ist es nicht so leicht, sich nach dem Bibelzitat oder diesem „kategorischen Imperativ" von Kant zu richten, vor allem, wenn konkurrierendes und aggressives Verhalten nicht nur gesellschaftlich toleriert, sondern oft insgeheim oder manchmal sogar offen honoriert und bewundert werden.
„Tolerierte Täter" heißt der Artikel von Caroline Fetscher im Tagesspiegel vom 15. 1. 2008, S. 21 und er beginnt mit den Worten:

„Ja, hier im Land herrscht eine skandalöse Toleranz gegenüber Gewalttätern. ... Hunderttausende brechen bei uns tagtäglich das Gesetz. Sie schlagen zu mit Gürteln, Stöcken und Ruten, mit hölzernen Teigrollstäben, mit den Sohlen von Schuhen, mit Kleiderbügeln, mit bloßen Handflächen oder mit der Faust. Manche prügeln spontan, erratisch, eruptiv, andere systematisch, rituell und gewohnheitsmäßig. Ihre Taten finden im Verborgenen statt, im privaten Raum....Die Geschlagenen sind jung, es sind Minderjährige: Kleinkinder, Kindergartenkinder, Schulkinder. ...Die Täter sind Väter und Mütter, mitunter auch Onkel oder Großeltern. Die Tatsachen sind bekannt und statistisch erfasst. ...
Dabei bringen schlagende Eltern den Kindern bei, dass die Missachtung des Anderen akzeptabel ist. Gewalttätige Eltern verstoßen aktiv gegen Paragraph 1631 Absatz 2 des Bürgerlichen Gesetzbuches, dessen Neufassung gegen Jahrzehnte des massiven Widerstands aus konservativen Parteien im November 2000 unter Rot – Grün verabschiedet wurde.
Der volle Text lautet: „Kinder haben das Recht auf gewaltfreie Erziehung. Körperliche Bestrafungen, seelische Verletzungen und andere entwürdigende Maßnahmen sind unzulässig." Warum fehlt bei uns eine offene Dauerkampagne für Sinn und Inhalt dieses Gesetzes. Warum gibt es keine gezielte Aufklärung darüber, auch auf Russisch, Türkisch, Arabisch, Bosnisch, Serbisch? Warum wird toleriert, dass Eltern das Gesetz missachten? ...
Was sich da vor unseren Augen und Ohren ereignet, ist ein kulturpolitisches, ein rechtspolitisches Fiasko. Woher die absurde Scheu davor, konsequent und kompromisslos prügelnde Eltern zu kriminalisieren, ihnen - und den Kindern! – Sinn und Inhalt des geltenden Gesetzes nahe zu bringen? Geschützt werden durch solche „Rücksicht" vor

allem die Politiker und Helfer, die sich vor der aggressiven Konfrontation mit den Eltern fürchten.
Doch die Gesellschaft wird um diese Konfrontation nicht herumkommen, will sie ALLEN Kindern und Jugendlichen echte Chancen geben, Rechte und Menschenwürde."

Der engagierte Artikel von Caroline Fetscher weist auf eine sehr problematische, weit verbreitete Haltung hin: die Haltung, Ziele mit Gewalt und ohne Mitgefühl zu verfolgen.
In dieser Weise um Kontrolle und Macht über die Menschen in der eigenen – privaten, beruflichen oder sonstigen – Umwelt zu kämpfen, nimmt einerseits auf bedrohliche Weise zu, es gibt andererseits aber auch mehr und mehr Initiativen, stattdessen konstruktive und kooperative Verhaltensweisen zu fördern. Aber zwischen diesen beiden Bestrebungen, der Gier nach Geld, Ruhm, Macht, Einfluss und Kontrolle und dem Wunsch nach maßvoller Ausgewogenheit zwischen allen an den Prozessen Beteiligten, nach Kooperation, wechselseitiger Unterstützung in Bezug auf lebenswichtige Interessen besteht nach wie vor ein gewaltiger Unterschied: Während die Gier überall zu beobachten ist, findet man die kooperativen Prozesse in lokalen und globalen Bereichen bisher doch eher nur vereinzelt an. Es besteht auch hier ein Ungleichgewicht, welches dringend mit Hilfe negativer Rückkopplungsprozesse wieder in eine Balance gebracht werden sollte.

Dass dieses Ungleichgewicht so groß ist, ist vor allem deshalb erstaunlich, weil eine Reihe von Forschungsergebnissen inzwischen darauf hinzuweisen scheint, dass Menschen im Grunde eher auf Kooperation setzen als auf Konkurrenz, dass es den sogenannten „homo oeconomicus", der auf der Basis rationaler Überlegungen ausschließlich versucht, seinen Vorteil zu suchen und seinen Interessen nachzugehen, gar nicht gibt. Wahrscheinlicher scheint zu sein, dass auch der Mensch, ebenso wie andere selbstorganisierende Systeme, tendenziell eher kooperiert als konkurriert, also eher ein „homo generosus" ist, wie Tor Nörretranders ihn in seinem gleichnamigen Buch nennt. Auch Joachim Bauer – der sich in seinem Buch „Prinzip Menschlichkeit" teilweise auf ähnliche Forschungsergebnisse bezieht, weist darauf hin, dass Menschen offensichtlich eine Tendenz dazu haben zu kooperieren und dieses auch von ihren Mitmenschen erwarten.

Eine Antwort auf die Frage, warum dieses so ist, ermöglichen die neurobiologischen Forschungsergebnisse in Bezug auf die Motivationssysteme oder Belohnungssysteme von Lebewesen. Diese sind bei Säugetieren und Menschen ähnlich und basieren im Wesentlichen auf der Wirkung von unterschiedlichen Botenstoffen, wie Dopamin, endogenen Opioiden und Oxitocin. Joachim Bauer schreibt dazu:

„Die Aufdeckung dessen, was die Motivationssysteme aus neurobiologischer Sicht eigentlich „wollen“ und wohin sie das Verhalten des Individuums lenken, gelang erst im Laufe der letzten Jahre. Das Ergebnis verblüffte selbst die Fachwelt. ....Für den Menschen bedeutet dies: *Kern aller Motivation ist es, zwischenmenschliche Anerkennung, Wertschätzung, Zuwendung oder Zuneigung zu finden und zu geben.* Wir sind – aus *neurobiologischer* Sicht – auf soziale Resonanz und Kooperation angelegte Wesen.“ (Hervorh. von Bauer) (Bauer, 2007, S. 34)

Wichtig im Zusammenhang mit der psychosozialen Entwicklung von Kindern sind weitere Forschungsergebnisse, auf die Joachim Bauer ebenfalls in seinem Buch „Prinzip Menschlichkeit“ hinweist:

„Die Einsicht, dass Akzeptanz und Anerkennung, die wir bei anderen finden, der tiefste Grund aller Motivation ist, ergab sich erst in den letzten fünf bis zehn Jahren und ist das Ergebnis einer Serie von teilweise überaus aufwendigen Untersuchungen. Entdeckt wurde dabei: Die Motivationssysteme schalten ab, wenn keine Chance auf soziale Zuwendung besteht, und sie springen an, wenn das Gegenteil der Fall ist, wenn also Anerkennung oder Liebe im Spiel ist. Unabhängig von neurobiologischen Studien ist aus Verhaltensbeobachtungen und psychologischen Untersuchungen seit längerem bekannt, dass soziale Isolation oder Ausgrenzung, wenn sie über lange Zeit anhält, zu Apathie und zum Zusammenbruch jeglicher Motivation führt.“ (Bauer, 2007, S. 35)
(Siehe dazu auch Bauer, 2005, S.105 -128)

Das lässt sich so verstehen, dass Menschen mit ungenügenden oder sogar quälenden sozialen Beziehungen so unter Stress geraten können, dass sie motivationslos und krank werden. An all diesen Prozessen sind nicht nur die schon erwähnten Botenstoffe oder ihr Fehlen beteiligt, sondern auch das gesamte System der Spiegelneurone, die durch innere Simulationen ein empathisches Verstehen anderer Lebewesen ermöglichen und die dem Individuum „Schmerz“ signalisieren, wenn es sich von seiner Umwelt ausgegrenzt und abgelehnt fühlt. Es erklärt aber auch das Verhalten vieler Kinder und Jugendlicher, die weder regelmäßig zur Schule gehen, noch sich motiviert fühlen, ihre Ausbildung abzuschließen und die statt dessen Gleichgültigkeit und Desinteresse signalisieren, denn das System der Spiegelneurone und die auf ihrer Aktivität beruhenden Motivations- und Belohnungssysteme sind sehr leicht störbar.

„Nicht nur der Mensch, auch eine Reihe von Tierarten besitzt mit diesen Zellen ein neurobiologisches System, das eine intuitive wechselseitige soziale Einstimmung ermöglicht. Das System dieser besonderen Zellen sorgt dafür, dass ein Individuum das, was es bei einem anderen Individuum der gleichen Art wahrnimmt, im eigenen Organismus – im Sinne einer stillen inneren Simulation – nacherlebt ... .Im Falle des Menschen ermöglichen Spiegelnervenzellen eine besondere Form sozialer Verbundenheit: Mitgefühl, Empathie. Bei den Spiegelzellen verhält es sich wie bei den Motivationssystemen und den biologischen Stresssystemen: Sie funktionieren nur dann, wenn Menschen in der Prägungsphase ihres Lebens hinreichend gute Beziehungserfahrungen machen konnten und wenn spätere Traumatisierungen nicht zu einer psychischen und neurobiologischen Beschädigung dieser Systeme geführt haben." (Bauer, 2007, S. 70ff) (Siehe dazu u. a. auch Frans de Waal, 2008, S.19-93)

Durch die neuen Forschungsergebnisse wird deutlich, welche massiven destruktiven Folgen kontaktlose und missachtende Interaktionen zwischen Erwachsenen, Kindern und Jugendlichen haben. Es muss sich dringend etwas ändern, denn mit der Qualität der zwischenmenschlichen Beziehungen insbesondere zwischen Erwachsenen und Kindern steht es bisher in unserer Gesellschaft nicht zum Besten.

Es gibt noch andere Forschungen, die eher aus den Bereichen der Verhaltenspsychologie, der Soziologie und der Ökonomie stammen und in denen untersucht wurde, inwieweit Menschen bereit sind, in Gewinn - oder Verlustspielen mit anderen Mitspielern zu kooperieren, von ihren Gewinnen anderen etwas abzugeben oder andere zu betrügen und wie sie - statistisch gesehen – mit Betrügern umgehen. Sowohl Nörretranders (2004) als auch Bauer (2007) berichten ausführlich über die Ergebnisse.
Auch in diesen Versuchen wurde immer wieder festgestellt, dass Menschen eher auf Zusammenarbeit und wechselseitige Unterstützung hoffen, und bereit sind, sich selbst so zu verhalten, vorausgesetzt, sie werden nicht enttäuscht.
Weshalb ist dann trotzdem konkurrierendes Verhalten, häufig sogar mit einer übersteigerten Form von Gier, so verbreitet? Warum wollen so viele Menschen reicher, schöner, besser, mächtiger usw. als andere sein?
In gewisser Weise ist Konkurrenz ein genau so wichtiges Verhalten zwischen Lebewesen wie Kooperation. Die „Evolution" hat Lebewesen sicher nicht umsonst mit beiden Fähigkeiten ausgestattet. Man kann sagen: **Lebewesen leben sowohl von einander , als auch für einander.** Je mehr wir durch entsprechende Forschung von unserer Umwelt erfahren, umso deutlicher werden diese wechselseitigen Verflechtungen.
Die Biologin Lynn Margulis schreibt dazu:

„Jedes Lebewesen muß entweder fressen oder durch Photosynthese beziehungsweise Chemosynthese seine eigenen Nährstoffe herstellen. Alle Lebewesen produzieren Abfälle. Der zweite Hauptsatz der Thermodynamik spricht in dieser Hinsicht eine klare Sprache: Damit die Organisation eines Körpers aufrechterhalten wird, muß Energie aufgewandt werden, die als Wärme verloren geht. Kein Organismus kann sich von seinen eigenen Abfällen ernähren. Gaia, die lebende Erde, geht weit über jeden einzelnen Organismus und auch über jede einzelne Population hinaus. Die Abfälle des einen Lebewesens sind die Nahrung des anderen. Das Gaia–System unterscheidet nicht zwischen

der Nahrung des einen und den Abfällen des anderen, sondern führt Materie auf globaler Ebene der Wiederverwertung zu. Das System Gaia erwächst aus mindestens zehn, vielleicht auch mehr als 30 Millionen untereinander verbundener, lebender Arten, die seinen unaufhörlich aktiven Körper bilden. Und das irdische Leben ist keineswegs empfindlich oder bewußt wehleidig, sondern höchst widerstandsfähig.
Sämtliche Lebewesen gehorchen, ohne es zu wissen, dem zweiten Hauptsatz der Thermodynamik: Alle suchen nach Quellen für Energie und Nahrung, alle produzieren nutzlose Wärme und chemische Abfälle. Das ist ihr biologisches Gebot. Jeder Organismus wächst und setzt dabei viele andere in seiner Umgebung unter Druck. Gaia, die Summe des Lebens auf der Erde, läßt eine Physiologie erkennen, die wir als Umweltregulation bezeichnen. Gaia selbst ist kein Lebewesen, das durch unmittelbare Selektion gegenüber vielen anderen bevorzugt wurde, sondern eine sich entwickelnde Eigenschaft, die aus den Wechselbeziehungen zwischen den Lebewesen, dem kugelförmigen Planeten, auf dem sie zuhause sind, und der Sonne als Energiequelle erwächst.“ (Lynn Margulis, 1999, S.148 ff)

Wie effektiv diese Selbstregulation ist, von der Lynn Margulis schreibt , oder die Selbstorganisation, wie sie auch genannt wird, beschreibt Frederic Vester:

„Die Biosphäre, dieses Supersystem aus Mikroben, Algen, Plankton, verletzlichen Tieren und zarten Pflänzchen, macht immerhin einen Jahresumsatz von 200 Milliarden Tonnen Kohlenstoff und organischem Material. Es produziert über seine subtilen Funktionsformen allein 100 Milliarden Tonnen Sauerstoff und verarbeitet selbst an Schwer- und Leichtmetallen wie Eisen, Vanadium und Kobalt, Magnesium, Natrium und Kalium Jahr für Jahr zusammengenommen viele Milliarden Tonnen, ohne je Rohstoff- oder Abfallsorgen zu kennen.
So haben wir es auf der einen Seite mit einem Energie- und Stoffumsatz gewaltigen Ausmaßes zu tun, auf der anderen Seite jedoch mit einem System, das mit einem traumhaften Wirkungsgrad von bis zu 98 Prozent arbeitet, das trotz dieses Umsatzes weder Energie- noch Abfallsorgen hat (Für jedes Abfallprodukt stehen Organismen und Enzyme bereit, die es gleich wieder in ein neues Ausgangsprodukt verwandeln), ein System, das eine wahre Fundgrube an technischen Raffinessen, an energiesparenden Tricks und eleganten Kombinationen der verschiedenartigsten Technologien darstellt.
Wollte der Mensch mit seiner heutigen Technik die Funktionen dieser globalen Superfabrik voll ersetzen, so brauchte er dazu sicher ein Tausendfaches der von ihr verbrauchten Energie und maschinell wahrscheinlich mehr Platz, als auf allen Planeten unseres Sonnensystems zusammengenommen vorhanden ist.“ (Vester, 1983, zit. nach: Vester 1995, S. 87)

Allein die ungeheure Effektivität der notwendigerweise miteinander kooperierenden Lebewesen, die sich in Millionen von Jahren in stetiger Wechselwirkung entwickelt hat, macht deutlich, dass es um Konkurrenz allein nicht gehen kann, sondern dass Kooperation und Symbiose unerlässlich sind, um das Überleben der aufeinander angewiesenen Lebewesen sicherzustellen.

In Vesters Buch „Neuland des Denkens“ findet sich eine Fülle von Beispielen für selbstorganisierende Vernetzungen, und auch für deren Störanfälligkeiten durch die Eingriffe von Menschen. Die Widerstandsfähigkeit aber, von der Lynn Margulis schreibt, gilt meiner Ansicht nach leider nicht mehr in den Bereichen, in denen der Mensch gedankenlos, rücksichtslos und gierig die Grundlagen des Überlebens anderer Lebewesen - sowie auch die seines eigenen - zerstört.
In von Menschen ungestörten Biotopen konkurrieren Lebewesen auf sehr unterschiedliche und teilweise sehr ausgefallene Arten und Weisen um Nahrung, Lebensraum, Fortpflanzungsmöglichkeiten usw. und kooperieren auf ebenso vielfältige Weise darum, sich Nahrung, Lebensraum und Fortpflanzungsmöglichkeiten mit Hilfe anderer Lebewesen zu sichern. Nur kann man bei Menschen konkurrierendes Verhalten auch dann beobachten, wenn es nicht ums Überleben geht, sondern es beginnt häufig schon - für die Wahrnehmung und die Bewertung einer außen stehenden Person - bei sehr geringfügigen Anlässen und kann sich zu sehr aggressiven und destruktiven Verhaltensweisen steigern und mit intensiven Gefühlen von Neid und Missgunst einhergehen.

Es bleibt also die Frage offen, warum Menschen mehr als andere Lebewesen Energie und Kreativität darauf verwenden, sich ohne Not auf Kosten anderer Menschen Vorteile für sich selbst zu beschaffen und warum andere Menschen sich dieses ohne weitere Gegenwehr gefallen lassen, obwohl Menschen neurobiologisch gesehen eher auf Kooperation ausgerichtet sind.

Es scheint etwas damit zu tun zu haben, wie Babys, Kinder und Jugendliche in ihre Umwelt hineinwachsen, welche Erfahrungen sie in den Wechselwirkungen mit den Menschen ihrer Umwelt machen und welche Entwicklungen dabei jeweils für das eigene System der Spiegelneurone, das eigene innere Motivationssystem und das eigene Stresssystem möglich waren oder sind.
Wenn diese Erfahrungen es dem sich entwickelnden Kind nicht ermöglichen, das eigene „Selbst“ und ein Gefühl des eigenen Wertes in angemessener Weise zu entwickeln, kann es zu inneren Dynamiken kommen, die man mit dem Begriff „Narzissmus“ oder als „narzisstische Störungen“ oder auch „narzisstische Persönlichkeitsstörungen“ bezeichnen kann, auf die ich bereits in dem Teil über Symbiose und Autonomie eingegangen bin.
Es gibt viele Modelle, die von Psychoanalytikern, Psychotherapeuten und andere Expertinnen und Experten in Bezug auf menschliches Verhalten entwickelt wurden und mit deren Hilfe versucht werden kann, Erklärungen für unterschiedliche Tendenzen von Menschen zu finden. Modelle sind wie

Landkarten, sie strukturieren und stellen etwas dar. Dabei ist das, was mit ihnen strukturiert und dargestellt wird, auf keinen Fall mit dem Dargestellten zu verwechseln. Zwischen dem Land und der Landkarte besteht immer ein nicht zu überwindender Unterschied.

Die meisten dieser Modelle sind ziemlich kompliziert. Und in den zugehörigen wissenschaftlichen Veröffentlichungen werden die jeweiligen Unterschiede und Ähnlichkeiten dieser Modelle auch ausführlich diskutiert. Auf eine solche Diskussion möchte ich hier verzichten, weil es mir in diesem Zusammenhang nur darum geht, Anregungen dafür zu geben, mit sich selbst und mit anderen, sowie mit der eigenen Umwelt auf eine neue und achtungsvolle Art und Weise umzugehen. Und dazu gehört meiner Ansicht auch, sich um ein Verstehen zu bemühen, warum manche Menschen sich möglicherweise auf so rücksichtslose, egoistische, gierige oder auch grausame Weise verhalten. Das bedeutet nicht, dass man ihr Verhalten akzeptiert, im Gegenteil, es bedeutet nur, zu akzeptieren, dass es in ihrer Person Gründe gibt, die sie so haben werden lassen. Denn erst dann könnte es gelingen, mit diesen Menschen so in Kontakt zu kommen, dass sie selbst vielleicht ihre destruktiven Verhaltensweisen unterbrechen können.

Und deshalb möchte ich hier nur ein stark vereinfachtes Modell vorstellen, in das die Erfahrungen von vielen dieser Experten eingegangen sind. Vor allem beziehe ich mich auf die Modelle von Neville Symington, Otto F. Kernberg, Heinz Kohut und anderen und auf meine eigenen Erfahrungen während meiner Arbeit mit Menschen, ohne allerdings – wie gesagt - auf die jeweiligen theoretischen Begründungen oder deren Unterschiede einzugehen.
Es gibt noch einen weiteren Grund, weshalb ich es für wichtig halte, sich selbst ein gewisses Verständnis für diese Dynamiken zu ermöglichen, so dass konstruktive Umgangsformen mit Menschen, die solche Störungen haben, möglich werden. Menschen mit diesen Störungen werden immer zahlreicher und ihre teilweise außerordentlich irritierenden Verhaltensweisen wirken sich auf ihre jeweilige Umwelt dann - wenn die Betroffenen die Hintergründe nicht verstehen - noch destruktiver aus.
Denn narzisstisch gestörte Menschen sind meist nicht in der Lage, Beziehungen zu anderen Menschen einzugehen. Kontakt macht ihnen Angst, weil dann die Gefahr besteht, dass sich Prozesse mit dem jeweiligen Gegenüber wiederholen könnten, die der betreffende Mensch schon in seiner Kindheit als bedrohlich oder sogar als traumatisierend erlebt hat.
Kernberg beschreibt dies mit folgenden Worten:

„Narzisstische Patienten erleben ihre Beziehungen zu anderen häufig als reines Ausnutzungsverhältnis – „wie man eine Zitrone ausquetscht und den Rest wegwirft". Das heißt: andere Menschen gehören entweder zur Kategorie derer, die noch etwas an „Nahrung" zu enthalten scheinen, was man aus ihnen herausquetschen kann, oder sie sind bereits ausgequetscht und daher wertlos. Manchmal jedoch scheinen diese nur mehr schattenhaften äußeren Objekte plötzlich sehr mächtige und bedrohliche Züge anzunehmen, nämlich dann, wenn der Patient auf andere Personen die primitiven seines Über–Ichs und seine eigenen ausbeuterischen Tendenzen projiziert. Seine Einstellung anderen Menschen gegenüber ist also von zweierlei Art: entweder verächtlich – er hat die anderen ausgenutzt, soweit er sie brauchte, und jetzt sind sie ihm nur noch lästig – oder aber ängstlich: die anderen könnten ihn angreifen, ausnutzen, ihn mit Gewalt von sich abhängig machen wollen. Am Grunde dieser beiden Beziehungsversionen liegt, tief abgewehrt, noch eine andere Vorstellung von Beziehungen, nämlich genau diejenige, gegen die der Patient alle diese anderen pathologischen Beziehungsstrukturen hat aufrichten müssen: es ist das Bild eines ausgehungerten, wütenden, innerlich leeren Selbst in seinem ohnmächtigen Zorn über die ihm zugefügten Frustrationen und in ständiger Furcht vor der Welt der anderen, die der Patient als genauso haßerfüllt und rachsüchtig empfindet wie sich selbst." (Kernberg, 1975 und 1983, S.268)

Kleinkinder, die sich der Welt zunächst vertrauensvoll zuwenden und an der Kontaktgrenze zur Umwelt Ablehnung, Vernachlässigung, körperliches Unbehagen oder körperliche Schmerzen, beziehungslose Leere oder andere Bedrohungen vorfinden und keineswegs Gefühle von Geborgenheit und Wohlbehagen erleben, welches die meisten Lebewesen eigentlich vom Kontakt mit der Welt erwarten, für diese Kinder wird die Kontaktgrenze - wie schon gesagt - zu einer Terrorgrenze. Der Kontakt zur Umwelt wird gefährlich und diese Kinder werden – um ihr Überleben zu sichern – lernen, mit der Umwelt möglichst ohne Kontakt zu interagieren.
Aber auch der Kontakt zu sich selbst, vor allem zu ihrem eigenen Motivations- oder Belohnungssystem, ist gestört. Menschen mit einer solchen Störung brauchen die Anerkennung und Bewunderung anderer Menschen, um sich motiviert zu fühlen, das zu tun, was sie eigentlich tun wollen, aber ohne eine solche Unterstützung oft nicht tun können, weil ihr eigenes Motivationssystem sehr leicht - z. B. durch Kritik - gestört werden kann.
Sie haben ein „entwertetes Selbstkonzept" (Kernberg, 1975/1983, S.271) und haben trotz ihrer Wünsche nach vielseitiger Bestätigung eine große Angst davor, sich abhängig von anderen Menschen zu fühlen. Aber die Bestätigungen halten nicht lange vor, sie werden vom inneren Erleben ferngehalten, da sonst durch sie die früher erlebten Schmerzen aufgrund der erlebten Entwertung, Vernachlässigung usw. wieder aktiviert werden. Und so brauchen sie immer mehr. Mehr an Bewunderung, mehr an Status, mehr an Macht, mehr an Geld, mehr an Besitz, mehr an, was auch immer. Nichts ist wirklich ausreichend, die innere Leere auszufüllen.

Es ist sehr wichtig, dass bestimmte narzisstisch gestörte Persönlichkeiten, die sehr rücksichtslos agieren können, möglichst daran gehindert werden, politische oder wirtschaftliche Machtpositionen einzunehmen. Die über die Besetzung solcher Stellen entscheidenden Gremien sollten sich bei ihren Entscheidungen ihrer entsprechenden gesellschaftlichen Verantwortung bewusst sein.

Es gibt natürlich sehr verschiedene Ausformungen narzisstischer Störungen und diese sind häufig sehr belastend sowohl für die Betroffenen und als auch für die Menschen, die mit diesen Menschen zu tun haben.
Leider begeben sich die meisten Personen mit einer narzisstischen Störung - unter anderem wegen ihrer Angst vor Abhängigkeit - nicht in Therapie. Wenn aber Menschen sich mit dieser Störung nicht auskennen und gar nicht verstehen können, warum sich ein Mensch so zerstörerisch verhalten kann, dann können sich die kontrollierenden, ausnutzenden und destruktiven Verhaltensweisen dieses Menschen noch viel zerstörerischer auf soziale Beziehungen auswirken.

Denn die narzisstisch gestörte Persönlichkeit hat sich - um die Wiederholung von Schmerzen zu vermeiden – davon getrennt, sich mit ihrer Umwelt in Beziehung zu setzen, und damit hat sie sich auch von den Aspekten getrennt, mit denen sie sich innerlich in Beziehung zur Welt setzt.
Aber Menschen sind existentiell auf Beziehungen angewiesen sind, sie brauchen Beziehungen zueinander, zu anderen Lebewesen und zu ihrer gesamten Welt, wenn sie gesund bleiben und sich entwickeln wollen. Denn alle wichtigen Lernprozesse erfordern, sich in Beziehung zu setzen, die Grenze zwischen sich und dem Gegenüber als existent zu akzeptieren und Kontakt zu dem Gegenüber, welches man kennen lernen will, aufzunehmen. Dabei kann man die Kontaktgrenze als „das Organ des Wachstums“ verstehen, denn ohne Kontakt mit seiner Umwelt kann ein Lebewesen sein Potenzial nicht entfalten.
Narzisstische Störungen, zu deren Kennzeichen Kontaktlosigkeit, die Leugnung von Grenzen und damit eben auch Beziehungslosigkeit gehören, scheinen zuzunehmen und von Eltern und anderen Erwachsenen an die nachfolgende Generation weitergereicht zu werden, wenn nicht versucht wird, diesen Prozess zu unterbrechen. Leider reagieren die meisten Personen auf Menschen mit narzisstischen Störungen eher mit Versuchen, diese Menschen irgendwie zu befriedigen, sie zu besänftigen und sich ihren Wünschen und Erwartungen anzupassen. Damit tragen sie zu einer Verstärkung der ausbeuterischen dynamischen Prozesse zwischen ihnen und den narzisstisch gestörten Persönlichkeiten bei. Dadurch, dass sie sich zu

viel gefallen lassen, leugnen sie ihre eigenen Grenzen und vermeiden nicht nur den Kontakt zum Gegenüber, sondern auch den Kontakt zu sich selbst. Aber narzisstisch gestörte Menschen brauchen ein authentisches, mit sich selbst in Kontakt lebendes und sie spiegelndes Gegenüber, dass sie sowohl mit ihrem Verhalten konfrontiert als auch in ihrer Not akzeptiert.
Wenn Jugendliche sich einem anderen Menschen gegenüber missachtend und bedrohend äußern, fällt es sicher schwer, deutlich zu sagen: „Es tut mir weh, wenn Du so mit mir umgehst, ich möchte freundlich von dir behandelt werden. Weshalb redest Du so mit mir? Sag es mir." Die meisten Erwachsenen werden sich eher anders oder gar nicht äußern und damit die Vorstellung dieser Jugendlichen verstärken, sie seien sowieso wirkungslos und es sei sowieso gleichgültig, wie sie sich verhalten.
Auch wenn Erwachsene Kinder und Jugendliche dabei beobachten, dass sie sich untereinander „schlecht" behandeln, haben sie meisten die Tendenz, den Kindern solches Verhalten zu untersagen: „Redet nicht so miteinander", „Müsst Ihr Euch denn immer streiten?", „Nun vertragt Euch wieder", „Jetzt ist aber Schluss, jetzt seid Ihr aber mal stille", usw. Solche Reaktionen sind wirkungslos, weil der Erwachsene selbst keinerlei Wirkung zeigt. Man kann keine Wirkung bei anderen erzielen, wenn man Wirkungen bei sich selbst leugnet. Wir sind soziale Wesen, es macht uns etwas aus, wenn wir anwesend sind, wenn andere sich streiten oder sonst wie „schlecht" behandeln. Wir sind aufgrund der Simulationen unserer Spiegelneuronen involviert, ob wir es wollen oder nicht. Wir erleben eine Wirkung, ob wir sie uns bewusst machen oder verdrängen. Und es ist entscheidend für die Qualität unserer zwischenmenschlichen Beziehungen, ob wir unserem Gegenüber diese Wirkung mitteilen oder nicht. Auch wenn wir nur Beobachter sind, sind wir involviert. Aber wir haben gelernt, uns nicht einzumischen. Wir glauben, wie andere Menschen miteinander umgehen, ist nicht unser Problem. Aber das ist eine Selbsttäuschung. Über die Simulationen unserer Spiegelneuronen hat schon das Beobachten „unerfreulicher" Szenen eine Wirkung auf uns.
Wenn wir uns also nicht einmischen, wenn wir über uns selbst und das Geschehen in unserer Anwesenheit hinweggehen, wenn wir so tun, als ginge uns das alles nichts an, schließlich sind es die anderen, die sich streiten, die Konflikte miteinander auf unfaire Weise austragen, dann werden wir „Mittäter" im Rahmen des Geschehens. Und damit tragen wir dazu bei, dass sich die Qualität zwischenmenschlicher Beziehungen weiter verschlechtert.

Aber es mangelt möglicherweise an Menschen, die zu dieser Art von konstruktiver Konfrontation in der Lage sind, obwohl es dringend erforderlich

wäre, sowohl im Umgang mit Kindern und ihren Eltern, als auch mit Kollegen und Vorgesetzen und vielleicht auch mit sich selbst.
Es wird schon lange von dieser Störung – diesem Mangel an Empathie und Mitgefühl - berichtet, sie gehört wahrscheinlich als eine Variante des Menschseins zu uns und es geht darum, dass wir lernen, wenn sie uns begegnet, damit angemessen und in de-eskalierender Weise umzugehen.
Christopher Lasch´ s Buch „Das Zeitalter des Narzissmus" erschien bereits 1980 und enthält eine Fülle von Hinweise in Bezug auf die gesellschaftlichen Auswirkungen dieser Persönlichkeitsstörung. Er schreibt:

„Der Narzißmus scheint praktisch die beste Art und Weise zu sein, sich den Spannungen und Ängsten des modernen Lebens gewachsen zu zeigen, und die herrschenden gesellschaftlichen Umstände bringen deshalb die narzißtischen Charaktereigenschaften deutlich zum Vorschein, die in unterschiedlichem Grade bei jedem einzelnen anzutreffen sind. Von einer Gesellschaft, die fürchtet, daß sie keine Zukunft hat, steht nicht zu erwarten, daß sie den Bedürfnissen der nächsten Generation allzuviel Aufmerksamkeit schenkt, und das allgegenwärtige Gefühl mangelnder historischer Kontinuität – der Fluch unserer Gesellschaft – befällt mit besonders verheerenden Auswirkungen die Familie." (Lasch, 1980, S. 84)

Und an anderer Stelle schreibt er:

„Das dichte interpersonelle Umfeld der modernen Bürokratie scheint eine narzißtische Reaktion hervorzurufen und zu belohnen – eine ängstliche Fixierung auf den Eindruck, den man auf andere macht, eine Tendenz, andere als Spiegel des eigenen Selbst zu behandeln. Die Überfülle der visuellen Bilder und visuell–auditiven Inszenierungen in einer „Zurschaustellungsgesellschaft", wie sie beschrieben wurde, förderte eine ähnliche Fixierung auf das Selbst. Menschen reagierten auf andere Menschen so, als würden ihre Handlungen aufgezeichnet und simultan an ein unsichtbares Publikum übertragen oder archiviert, zur späteren, genaueren Überprüfung. Die herrschenden gesellschaftlichen Bedingungen brachten also narzißtische Persönlichkeitszüge zum Vorschein, die, in unterschiedlichen Gradabstufungen, in jedem Menschen vorhanden waren: eine gewisse, dem Selbstschutz dienende Oberflächlichkeit, Angst vor bindenden Verpflichtungen, die Bereitschaft, alles hinter sich zu lassen, sobald sich das Bedürfnis danach einstellt, den Wunsch, sich alle Optionen offenzuhalten, Abneigung gegen Abhängigkeit von anderen, Unfähigkeit zu Loyalität oder Dankbarkeit." (Lasch, 1980,S. 334)

In gewisser Weise ist das Leben von narzisstisch gestörten Menschen von widersprüchlichen Intentionen bestimmt. Einerseits ist ihnen eigene Autonomie außerordentlich wichtig und sie verteidigen sie meist vehement gegen jeden Versuch von anderen, sie einzuschränken, andererseits brauchen sie die Anerkennung und Bewunderung von anderen, um genug Energie zu entwickeln, ihre eigenen Ziele zu verfolgen.
Symington spricht davon, dass Menschen mit narzisstischen Störungen ihre „Handlungsquelle", wie er sie nennt (Symington, 2002, S. 77) nicht, wie

die anderen, in ihrem Inneren haben, sondern auf ihrer Oberfläche. Damit ist gemeint, dass die Intentionalität - das eigene Wollen - sich nicht aus dem eigenen Inneren speist, sondern durch Impulse von außen - wie Bewunderung oder Botschaften in Bezug auf die eigene Einzigartigkeit, Hinweise auf die besonderen eigenen Fähigkeiten oder Fertigkeiten und dergleichen mehr - immer wieder angeregt werden muss, um der Person zur Verfügung zu stehen. Dies bedingt eine extreme Abhängigkeit von anderen, die sich auch in der besonderen Empfindlichkeit gegenüber jeder Art von Kritik äußert.

Im Umgang mit diesen Menschen besteht die Gefahr, den Kontakt genau so zu vermeiden wie diese es tun. Sie wollen keine Kritik, also halten sich die anderen mit ihrer Kritik zurück, sie wollen sich um jeden Preis durchsetzen; sie wollen auf Kosten von anderen nach vorn und nach oben, und die anderen wollen nicht unbedingt in diesen Konkurrenzkampf eintreten und weichen zurück; sie werten sich auf, indem sie andere abwerten und die anderen fühlen sich verletzt und hilflos; sie spielen auf unfaire Weise Machtspiele jeder Art und wer mit ihnen glaubt mitspielen zu können, kann auf keinen Fall gewinnen, wenn sie es nicht wollen.

Die einzige Chance im Umgang mit narzisstisch gestörten Menschen besteht darin, sich selbst gegenüber sehr aufmerksam zu sein, die eigenen Empfindungen, Gefühle, Gedanken und Handlungsimpulse wahrzunehmen, sie nicht zu agieren, sondern so authentisch, wie es einem möglich ist, der narzisstische gestörten Person gegenüber auszudrücken.

Damit macht man selbst sehr deutlich, dass die narzisstisch gestörte Person mit ihrem Verhalten eine Wirkung auf einen selbst und die gemeinsame Umgebung hat.

Dieses ist deshalb so wichtig, weil Menschen mit einer solchen Störung überraschenderweise oft überhaupt nicht bemerken, dass sie mit ihren Worten und ihrem Verhalten etwas im Gegenüber bewirken. Sie haben aufgrund ihrer Beziehungslosigkeit und ihrer Kontaktvermeidung meistens nicht die Erfahrung machen können, dass es auf der anderen Seite der Kontaktgrenze ein fühlendes und mitdenkendes Lebewesen gibt, welches genau wie sie Schmerzen erleiden kann und wahrgenommen, ernst genommen und wertgeschätzt werden möchte.

Erst durch ein Gegenüber, welches sehr deutlich macht, was es fühlt und dass es bemerkt und geachtet werden möchte und welches konkrete Forderungen an das Verhalten der narzisstisch gestörten Person stellt, kann sich vielleicht die notwendige Irritation in eben dieser Person herstellen. Durch Wiederholungen solcher Situationen kann es eventuell bei der narzisstisch gestörten Person zu einer Neubewertung der bisher bedrohlich erscheinenden Kontaktgrenze kommen.

Sich solche de-eskalierenden Umgangsweisen abzuringen, ist sehr schwierig, wenn man sich persönlich übergangen, angegriffen, fallengelassen, verletzt, hilflos und ohnmächtig fühlt. Dann fällt es schwer, solche Verhaltensweisen als persönlichen Selbstausdruck einer verletzten anderen Person zu interpretieren, der mit einem selbst nichts zu tun hat.
Ich kenne niemanden, dem dieses auf Anhieb oder immer gelingt. Aber ich denke, wenn man sich Zeit nimmt, sich sowohl die eigene Befindlichkeit bewusst zu machen als auch die verborgene Dynamik der anderen Person für ihr Verhalten zu bedenken, dann ist es leichter, sich anschließend so ehrlich und authentisch wie möglich zu äußern, um der anderen Person deutlich zu machen, wie es einem mit deren Verhalten geht und was man von ihr stattdessen erwartet. Dann wird es vielleicht möglich, ihr gegenüber immer wieder darauf zu bestehen, dass man selbst nicht ein Anhängsel, sondern eine eigenständige Persönlichkeit ist. Dabei ist es nicht entscheidend, sofort zu reagieren. Man kann auch noch Tage oder Wochen später auf eine kritische Situation zurückkommen und dem anderen mitteilen, wie man sich gefühlt hat und was man in Zukunft stattdessen erwartet.

Da aber andererseits narzisstisch gestörte Persönlichkeiten oft über großen Charme und vielfaltiges Manipulationspotential verfügen, setzen sie diese häufig ein, um zu versuchen, andere Menschen von sich abhängig zu machen, um sich die Zufuhr von Bestätigung Anerkennung und Bewunderung zu sichern und um selbst in Führungspositionen zu gelangen. Dort können sie dann – wie schon gesagt - großes Unheil anrichten, sowohl für die Personen, die ihnen anvertraut sind, als auch in den Bereichen, für die sie Entscheidungsbefugnisse haben, denn meist sind ihnen Skrupel fremd, durch die manch andere sich in ihren Handlungen hemmen lassen.
Kernberg schreibt:

> „Die mitmenschlichen Beziehungen solcher Patienten haben im allgemeinen einen eindeutig ausbeuterischen und zuweilen sogar parasitären Charakter; narzißtische Persönlichkeiten nehmen gewissermaßen für sich das Recht in Anspruch, über andere Menschen ohne jegliche Schuldgefühle zu verfügen, sie zu beherrschen und auszunutzen; hinter einer oft recht charmanten und gewinnenden Fassade spürt man etwas Kaltes, Unerbittliches. Häufig werden solche Patienten als „sehr abhängig" angesehen, weil sie so stark auf Bewunderung und Bestätigungen durch andere angewiesen sind, aber im Grunde sind sie völlig außerstande, eine echte Abhängigkeit zu entwickeln, d. h. sich auf einen anderen Menschen wirklich zu verlassen und zu vertrauen, weil sie zutiefst mißtrauisch sind und andere verachten." (Kernberg, 1975/1983, S. 262)

Leider kann man - öfter als einem lieb sein kann - an vielen Entwicklungen in der Wirtschaft; an der Höhe der Gelder, die sich Manager, Wirtschaftbosse, Vorstandsmitglieder, Banker usw. genehmigen; an der Rücksichtslosigkeit, mit der Arbeitskräfte und andere Ressourcen materieller und energetischer Art ausgebeutet werden, und daran, wie Umweltzerstörungen zugunsten höherer Gewinne in Kauf genommen werden, ablesen, wie groß die Anzahl narzisstisch gestörter Personen mit Entscheidungsbefugnissen in Wirtschaft und Politik, aber auch in den Medien sein muss. Man muss also mit ihnen rechnen und versuchen, das Beste für alle Beteiligten und die gemeinsame Umwelt daraus zu machen.

Ein humorvolles Buch über den konstruktiven und teilweise leider gleichzeitig konfliktvermeidenden Umgang mit narzisstisch gestörten Personen in Führungspositionen hat Stanley Bing geschrieben. Es hat den Titel „Zen und die Kunst einen Elefanten zu führen“ und darin werden die großen Grauen auf durchaus liebevolle Weise beschrieben. So gibt es z. B. eine Auswahl- Liste darüber, was einen Elefanten traurig macht und wie man damit umgehen kann, sowie diverse Hinweise über den Umgang mit anderen Zuständen von Elefanten und über die jeweiligen Aufgaben eines Elefantenführers.

Da es sich bei den Elefanten um „Bosse“ oder „Chefs“ aller Art handelt, ist ein menschlich angemessener Umgang mit ihnen sozusagen egoistische Pflicht, vorausgesetzt, man möchte seinen Arbeitsplatz behalten. Man kann in einer solchen abhängigen Situation nicht einfach seine eigenen Gefühle von Enttäuschung, Ohnmacht, Schmerz, Wut oder Verzweiflung usw. agieren und den Chef anschreien, beschimpfen oder sogar schlagen, wie man es vielleicht mit dem Lebenspartner, der Frau, dem Mann oder den Kindern tun würde.

Stattdessen ist es wichtig, die eigenen Prozesse als eigene wahrzunehmen und die Verantwortung dafür zu übernehmen, die Verhaltensweisen des Elefanten als die des Elefanten zu akzeptieren, über beide nachzudenken und konstruktive Alternativen zu entwickeln. In diesem Sinne eignet sich dieses Buch auch als Anregung für einen konfliktvermeidenden Umgang mit Kindern und Jugendlichen oder solchen Menschen, die zwar nicht der eigene Chef sind, zu denen man aber aus anderen Gründen eine Beziehung hat, die man nicht so einfach aufkündigen will oder kann. Es ist durchaus sinnvoll, die anderen Menschen auch einmal einfach als Elefanten zu betrachten. Auf jeden Fall kommt man dann nicht auf die Idee, sie einfach so mit Worten oder Handeln herum zu schubsen oder sonstwie schlecht zu behandeln. Elefanten werden von den meisten Menschen mit Respekt behandelt, einfach weil sie so groß und so schwer sind, auch wenn sie meist das tun, was sie selber wollen. Dennoch ist es nach wie vor wichtig, sich selbst als eigenständige Person mit eigenen Gefühlen, Gedanken und Wünschen dem jeweiligen Gegenüber – auch dem „Elefanten“ – zu präsentieren, und sozial- und umweltverträgliches Handeln einzufordern.

Problematisch für die gesamtgesellschaftliche Entwicklung sind aber nicht nur diejenigen, die die Entscheidungen treffen und diejenigen, die sie in ihren Entscheidungen auf alle möglichen Weisen unterstützen, sondern insbesondere auch diejenigen, die von diesen Entscheidungen betroffen sind und die – auf Grund ihrer ähnlichen Struktur - ähnlich beziehungs- und skrupellos handeln können: Die Kinder und Jugendlichen, die auf Grund mangelnder Zuwendung und Unterstützung, sowie zu geringer Spiegelung und fehlendem Kontakt ihr Selbst nicht genügend entwickeln können und stattdessen ebenfalls unter einer narzisstischen Störung leiden.
Jede Person, die auf die eine oder andere Weise Kinder und Jugendliche betreut, mit ihnen arbeitet und ihnen versucht, etwas beizubringen oder ihnen einfach nur begegnet, hat die Chance und die Möglichkeit, diesen etwas Konstruktives, Zugewandtes, Authentisches entgegenzubringen und damit zu versuchen, die destruktiven Auswirkungen dieser Störung zu reduzieren.
Leider aber reagieren die meisten Menschen, wenn sie einer Person mit einer narzisstischen Dynamik begegnen, oft ähnlich beziehungslos und aggressiv wie diese, so dass sich die narzisstisch gestörte Person meist in ihrer Einschätzung anderer Menschen bestätigt fühlt.
Aber wie geht z. B. eine Lehrerin damit um, wenn ein Schüler eine „unflätige“ Bemerkung in ihrer Gegenwart über sie macht, oder ein Lehrer, dem ein Schüler sagt, er hätte eben keinen Bock und er solle aufhören zu nerven. Was macht eine Mutter, der die Tochter sagt, es sei ihr alles scheißegal und sie mache sowieso, was sie wolle oder ein Vater, wenn der Sohn meint, Komasaufen sei geil.
Zunächst einmal sind alle diese Erwachsenen mit ihrer eigenen Hilflosigkeit konfrontiert. Wenn sie diese Kinder und Jugendlichen nicht fesseln und knebeln, oder sonstwie durch Gewalt in die Unterwerfung zwingen wollen, dann können sie nichts anderes tun, als diese Hilflosigkeit zunächst einmal sich selbst und dann auch den Kindern und Jugendlichen gegenüber zuzugeben. Sie signalisieren damit, dass sie diese als eigenständige Lebewesen begreifen und eben nicht als Verlängerung von sich selbst, wie es leider immer öfter zu beobachten ist. Alle weiteren Schritte sind dann davon geprägt, dass man sich selbst auch als ein eigenständiges Wesen mit Empfindlichkeiten und Wünschen begreift und diese dem Gegenüber mitteilt, so dass wirklich deutlich wird, dass sich zwei eigenständige Menschen mit jeweils eigenen Verletzlichkeiten gegenüber stehen und eben nicht ein Täter und ein Opfer, welches sich blitzartig ebenfalls in einen Täter verwandelt.

Gehorsam und Rebellion, Symbiose und Autonomie, Konkurrenz und Kooperation sind menschliche Verhaltensweisen, die häufig in Bezug auf ihre Ausprägungen in einer Person miteinander eng verflochten sind und sehr komplexe Auswirkungen haben können. Dadurch wird das Gelingen von Kommunikationsprozessen und von zwischenmenschlichem Verstehen noch einmal sehr erschwert. Aber man kann sich trotzdem darum bemühen und aus dem eventuellem Scheitern versuchen, etwas für das nächste Mal zu lernen. Dann haben auch kooperative Verhaltensweisen größere Chancen, sich in der Gesellschaft auszubreiten.
Darauf, wie dieses konkret aussehen kann, will ich in den Teilen „Selbstverantwortung" und „Zwischenmenschliche Kommunikation" eingehen.

Selbstverantwortung
Wie Menschen ihr eigenes Selbst entdecken können

„Meinst du wirklich, dass man nur für sich selbst verantwortlich sein kann?", fragt Valentino. „Ja", sage ich, „ es ist so, wie die alte Bauernregel sagt: Man kann das Pferd zum Wasser führen, trinken muss es von allein. Das gilt auch für dich und mich: Du hast keine Verantwortung dafür, was ich tue, oder was ich fühle und denke, du hast ja gar keinen gezielten Einfluss auf mich. Und ich natürlich auch nicht auf dich."
„Ach so", sagt Valentino und dann schweigt er. Nach einer Weile sagt er: „Ich bin nicht sicher, dass mir das gefällt. Damit, dass du mich nicht gezielt beeinflussen kannst, könnte ich mich ja noch anfreunden. Aber dass ich dich nicht gezielt beeinflussen kann, ich glaube, das gefällt mir gar nicht."
Nach einer Weile fährt er - etwas bedrückt – fort: „Irgendetwas verstehe ich daran nicht wirklich. Heißt das nun, du kannst gar keine Verantwortung für jemand anderen oder für mich übernehmen?" Er wirkt etwas besorgt. „Doch schon, im Sinne von sich kümmern, jemanden umsorgen, jemandem helfen und unterstützen, kann ich das jederzeit", sage ich, „und das werde ich immer gerne für dich tun." „Da bin ich aber froh", meint Valentino, „ich habe schon gedacht, du willst beweisen, dass du dich nicht mehr um mich kümmern kannst." „Aber nein, Valentino, es tut mir richtig leid, dass du das gedacht hast."
„Wirklich geglaubt habe ich es nicht", sagt er und fügt hinzu: „Weißt du, ich kümmere mich auch gerne um dich. Ich schlafe zu deinen Füßen, damit du es warm hast; ich schnurre, damit du dich wohl fühlst; ich zeige dir, dass ich hungrig bin, damit du dich gebraucht fühlen kannst; und ich schmuse mit dir, damit du dich gemocht fühlst und weißt, dass ich dich gerne habe." „Ich danke dir, Valentino, du kümmerst dich wirklich ganz wunderbar um mich und wie gut, dass Deine Bedürfnisse zu gut zu meinen passen." „Ja, so jemanden wie mich findest du nicht noch einmal", sagt er ganz stolz und dann schreitet er mit hoch erhobenem Schwanz von dannen.

Der Begriff „Selbstverantwortung" gibt in mehrerer Hinsicht Anlass zu Diskussion. Forschungsergebnisse in Bezug auf vorbereitende Prozesse im Gehirn, bevor die zugehörige Person auch nur einen bewussten Entschluss gefasst hat, werfen die Frage auf, wer eigentlich wen steuert. Und die Antwort scheint auf der Basis des zurzeit vorhandenen Wissens ziemlich klar zu sein: Es ist die häufig die Selbstorganisation eines Lebewesen, durch die „Entscheidungen" getroffen werden. Und die Wissenschaftler fragen - teil-

weise entsetzt – wo denn der freie Wille bleibt, wenn man einer solchen Aussage zustimmt.
Aber es scheint wesentlich komplizierter zu sein und es besteht noch ein großer Forschungsbedarf. Mit einiger Sicherheit kann man heute sagen, dass Menschen in der Lage sind, ihr Verhalten zu stoppen. Auch das ist möglicherweise bereits durch entsprechende Aktivierungen im Gehirn vorbereitet, bevor es uns bewusst wird. Wir sind zum Beispiel in der Lage, blitzschnell, und ohne Nachzudenken ein Kind vor einem herannahenden Auto wegzureißen und – auch bei erheblicher eigener Gefährdung – damit zu retten. Manche Wissenschaftler sprechen dabei davon, dass das Selbst eines Menschen umfassender ist als das bewusste Ich und auch ohne bewusste Entschlüsse handeln kann. Im Grunde scheint es mir sehr einleuchtend zu sein, dass es im menschlichen Gehirn handlungsvorbereitende Prozesse gibt, die uns ein blitzschnelles Handeln ohne Bewusstheit ermöglichen. Denn in schmerzhaften, gefährlichen oder lebensbedrohlichen Situationen, in denen ein schnelles Handeln erforderlich ist, dauert es viel zu lange, über mögliche Schritte zur eigenen „Rettung“ erst noch nachzudenken.

Aber haben wir für solche Prozesse, in denen wir ohne Bewusstheit gehandelt haben, eine Verantwortung? Ich möchte diese Frage mit einem eindeutigen „Ja“ beantworten und hinzufügen: „Wer denn sonst?“
Aber ich habe Schwierigkeiten, dieses „Ja“ zu begründen.
Die einfachste Begründung liegt darin, dass alles, was ein Mensch empfindet, fühlt, denkt, will und tut, im Rahmen seiner Selbstorganisation stattfindet und auf der Basis der sich in seiner Selbstorganisation abspielenden Prozesse. Es gibt also zunächst niemanden, dem man für diese Prozesse irgendeine „Schuld“ in die Schuhe schieben könnte. Es geht auch meist überhaupt nicht um Schuld, außer jemand entschließt sich mit voller Absicht, einer anderen Person zu schaden und macht sich damit schuldig. Es geht um Selbstverantwortung, um eine Verantwortung, die man nur allein für sich hat, die man niemand anderem zuschieben kann, auch wenn es noch so viel Wechselwirkung mit den Lebewesen der eigenen Umwelt gibt. Natürlich brauchen wir unsere Umwelt, kein Lebewesen lebt für sich allein. Jedes Lebewesen hat bestimmte Bedürfnisse, die es sich nur mit Hilfe seiner Umwelt erfüllen kann. Menschen brauchen feste und flüssige Nahrung, sie brauchen Schutz und Rückzugsräume und - entsprechend ihren biologischen Uhren – Schlaf. Sie brauchen abwechselnd Ruhe und eine anregende Umwelt ebenso wie körperliche und seelische Bewegung. Sie brauchen die Wahrnehmung, dass es um sie herum andere lebende Wesen gibt, mit denen sie sich verbunden fühlen und vieles andere mehr. Und Menschen sind

sozial lebende Wesen und haben dementsprechende Erwartungen und Wünsche an die anderen Menschen in ihrer Umwelt und reagieren empfindlich darauf, ob diese erfüllt werden oder nicht.
Anders ausgedrückt: Die Nichterfüllung von menschlichen Bedürfnissen, von Erwartungen und Wünschen hat erhebliche Auswirkungen auf die Befindlichkeit eines Menschen, auf sein Lebensgefühl, seine Gesundheit, seine Art der Verarbeitung der zugehörigen Enttäuschungen und Schmerzen und seine kurzfristige und langfristige Frustrationstoleranz. An der Grenze, an der sich - vereinfacht gesagt – Wünsche und Wunscherfüllungen begegnen, hat meist keiner der beteiligten Menschen ein Problem. Sie können sich einfach freuen - auch an der Freude des Gegenübers über die Wunscherfüllung - und dankbar sein.
Aber wer hat die Verantwortung für die oft fatalen Wirkungen fehlender Wunscherfüllung? Haben diejenigen, welche ihre Wünsche nicht frühzeitig an die „realen“ Verhältnisse anpassen und im Zweifelsfalle rechtzeitig auf die Wunscherfüllung verzichten, die Verantwortung für diese Wirkungen oder diejenigen, welche die Wunscherfüllungen verweigern, oder beide?
Bei dieser Frage ist jeder einzelne Mensch gefragt. Zu seiner Selbstverantwortung gehören nicht nur die Verantwortung für seine eigenen Empfindungen und Gefühle, die er niemandem mehr in die Schuhe schieben kann; nicht nur die Verantwortung für die Art und die Inhalte seiner Denkprozesse, die sich nur in seinem Gehirn abspielen und nicht in dem anderer Menschen, auch wenn er von ihnen gelernt hat. Zu seiner Selbstverantwortung gehört auch, wie er in bestimmten Situationen handelt und was er mit den Konsequenzen seines Handelns macht. Und nicht zuletzt gehört zu seiner Selbstverantwortung, wie er mit den Erwartungen, Forderungen und Wünschen, insbesondere mit den existentiellen Wünschen anderer Menschen umgeht, insbesondere wenn er weiß, dass fehlende lebenserhaltende Bedürfnisbefriedigung tödlich sein kann und das Erleben der Nichterfüllung existentieller Wünsche für die Betroffenen schmerzhaft ist
Aber was bedeutet das im Einzelnen und konkret, wenn doch inzwischen bekannt ist, dass alle diese Prozesse im Rahmen der Selbstorganisation der Person vorbereitet und organisiert werden, und der bewussten Kontrolle offensichtlich nur sehr eingeschränkt unterliegen. Ich möchte diese Prozesse daraufhin noch einmal im Einzelnen betrachten, obwohl sie im Entstehen und im Erleben der jeweiligen Person nicht getrennt sind.
So können wir uns möglicherweise entscheiden, ob wir unsere Aufmerksamkeit auf unsere Empfindungen und Gefühle richten wollen oder nicht. Wenn wir es - aufgrund unserer Entwicklungsgeschichte – noch nicht können, gibt es die Möglichkeit, es lernen zu wollen. Mit dem Wahrnehmen allein ist es jedoch nicht getan. Es liegt in unserer Verantwortung, ob wir

die Botschaft, die in ihnen verborgen ist, entschlüsseln wollen oder ob wir das, was wir empfinden und fühlen, ignorieren oder einfach agieren und an anderen Menschen auslassen.
Es kann sein, dass uns dieser Entschlüsselungsprozess nicht gelingt, obwohl wir uns darum bemühen. Und es kann sein, dass wir die andere Person als vermeintlichen Täter angreifen oder uns als vermeintliches Opfer präsentieren und Schuldzuweisungen aussprechen, weil wir uns von unseren eigenen Prozessen überwältigt fühlen. Und wir können Verhaltensweisen an den Tag legen, über die wir uns im Nachhinein wundern, für die wir uns schämen und die wir bereuen. Wir sind nicht perfekt und werden es niemals sein können. Unsere eigenen Grenzen – sofern es nicht die Grenzen unserer Selbstorganisation sind - können wir zwar im Verlaufe unseres Lebens durch Lernprozesse verschiedener Art erweitern, aber nicht überschreiten. Dazu kommt, dass wir alles, was bereits geschehen ist, nicht mehr ändern können, aber wir können – nach einer uns unangemessen erscheinenden Handlung - unser Gegenüber um Verzeihung bitten.
Im Zweifelsfalle müssen wir einen sozialverträglichen Umgang mit unseren eher emotionalen Aspekten neu lernen, aber da wir als selbstorganisierende Systeme vor allem auch lernende Systeme sind, ist dieses meist nicht all zu schwer. Solche Lernprozesse sind schon immer im Zusammenhang mit kulturellen Veränderungsprozessen notwendig gewesen und um einen solchen Veränderungsprozess geht es auch heute. Es geht darum, sich um mehr Bewusstheit zu bemühen, sowohl im Umgang mit sich selbst und anderen, aber auch in Bezug auf das Umweltfeld, in dem und durch das wir leben.
Es sind vor allem zunächst unsere körperlichen Prozesse, die uns einen Zugang zu uns selbst ermöglichen. Und es ist spannend zu erfahren, welche Botschaften unser Körper uns über Empfindungen und Gefühle zur Verfügung stellt. Es gibt eine Reihe von sprachlichen Formulierungen, in denen solche Informationen deutlich werden, wie zum Beispiel:

Das ist ihm an die Nieren gegangen.
Das sitzt ihr schon lange im Nacken.
Da habe ich wirklich weiche Knie bekommen.
Das hat ihm das Herz gebrochen.
Ich habe mich wie gelähmt gefühlt.
Ich habe furchtbare Kopfschmerzen.
Das ist mir auf den Magen geschlagen.
Ihr ist etwas über die Leber gelaufen.
Da war sie sprachlos.
Er war ziemlich verschnupft über das Verhalten.

Sie hat die Nase ziemlich voll.
Ich habe mir den ganzen Tag darüber den Kopf zerbrochen.
Ich habe so einen dicken Hals.
Das hat ihm das Rückgrat gebrochen.
Das geht mir unter die Haut.
Ich hatte einen ganz trockenen Mund.
Da zittern mir heute noch die Knie. Usw.

Es gibt noch eine Reihe anderer Umschreibungen: Der Schreck ist mir in die Glieder gefahren, das ist mir eiskalt den Rücken hochgekrochen, da standen mir die Haare zu Berge, ich war wie vor den Kopf geschlagen, da fiel mir der Unterkiefer herunter, das ging mir auf die Nerven, das ist mir auf die Stimme geschlagen, ich habe einen Kloß im Hals, usw.

Alan und Barbara Pease haben in ihrem Buch „Die kalte Schulter und der warme Hände druck" eine Fülle von unterschiedlichen Signalen und ihren möglichen Bedeutungen zusammengetragen und ihre vielen Beispiele aus den verschiedensten Lebensbereichen bieten eine Menge an Anregungen für die Selbstbeobachtung. Vorsicht ist allerdings notwendig, wenn die eigenen Interpretationen in Bezug auf andere Menschen für die Wahrheit gehalten werden. Andere sind anders und haben möglicherweise in ähnlichen Situationen andere Körpersignale. In diesem Sinne ist es wichtig, auch die Interpretationen von Alan und Barbara Pease nicht einfach auf andere Menschen zu übertragen, sondern nur als Möglichkeiten zu behandeln, die im Einzelnen zu überprüfen sind.

Aber selbst, wenn man etwas dergleichen spürt, weiß man noch nicht, wer oder was einem im Nacken sitzt, oder welche Gedanken man vielleicht nicht denken kann oder will, die einem aber trotzdem den Kopf zerbrechen bzw. Kopfschmerzen bereiten und man weiß dann auch noch nicht, wie man damit umgehen will. Man weiß oft nicht genau, weshalb man die Nase voll hat, was einem an die Nieren gegangen oder auf den Magen geschlagen ist. Meist braucht man Zeit, um es herauszufinden und dann braucht man noch einmal Zeit, um darüber nachzudenken und eventuell zu überlegen, was man mit seinen Erkenntnissen anfangen möchte.
Je öfter man solche und ähnliche Überlegungen anstellt, desto größer werden die Möglichkeiten, die Verantwortlichkeit für sich selbst auch zu leben. Die Kopfschmerztablette kann man immer noch nehmen, wenn sich keine Aha- Erlebnisse eingestellt haben und sie während des Wahrnehmungs- und Überlegungsprozesses nicht weggegangen sind. Oft findet man zunächst keine Antworten: Erstens sind die meisten Prozesse sehr komplex

und zweitens braucht man Übung, die man sich erst im Verlauf der Zeit und vielleicht mit der Hilfe von Freunden oder entsprechenden Experten aneignen kann.
Leider sind wir durch die moderne Medizin meist überhaupt nicht mehr geübt, die Botschaften unseres Körpers zu entschlüsseln, wir interpretieren sie nicht als momentanen Ausdruck unserer Selbstorganisation, stattdessen wollen wir die sich unangenehm anfühlenden Signale mit entsprechenden Arzneimitteln und anderen Verfahren nur schnell beseitigen, um möglichst bald wieder zu funktionieren.

Aber auch unsere Handlungsimpulse bedürfen unserer Überlegungen, weil es sich als sehr problematisch herausstellen kann, einfach alles zu sagen oder zu tun, was einem im ersten Moment einfällt. Denn unsere Handlungsimpulse stammen - zumindest in Stresssituationen – häufig aus dem Repertoire der Aggressoren unserer Kindheit, mit denen wir uns zu leicht in solchen Situationen identifizieren. Und wenn wir dann das gleiche machen wie sie früher, tun wir damit anderen das an, was uns selbst angetan wurde und setzen damit die Aggressionen der Vergangenheit in der Gegenwart fort.

Leider haben wir durch die erlebten Aggressionen überwiegend solche Handlungsimpulse gelernt, durch die eskalierende Prozesse in Gang gesetzt werden, und die sind nur in den wenigsten Situationen hilfreich. Deeskalierende Prozesse sind in einer multikulturellen, komplexen und häufig konfliktgeladenen Welt sehr viel sinnvoller, vor allem, wenn es darum geht, kooperative Prozesse zu unterstützen.
Anweisungen, Befehle, abfällige, spöttische oder hämische Bemerkungen, diskriminierende Zuschreibungen, Schuldzuweisungen, Unterstellungen, Beleidigungen, Beschimpfungen, drohende Mimik und Gestik, Schubsen, Spucken, Handgreiflichkeiten und Gewalttätigkeiten aller Art sind bei vielen Menschen aller Altersgruppen an der Tagesordnung, wenn sie sich irritiert, gestört, ärgerlich oder verletzt fühlen oder den Eindruck haben, sie müssten sich irgendwie zur Wehr setzen.
Da unter anderem auch nach meiner Einschätzung die narzisstischen Störungen und damit auch die Empfindlichkeiten der Betroffenen zunehmen werden, wird es zunehmend wichtiger, sich nicht mehr auf die einschüchternden Wirkungen eskalierender Verhaltensweisen zu verlassen, sondern sich um de-eskalierende Verhaltensweisen zu bemühen.
In Kurt Singers Buch „Die Schulkatastrophe“ finden sich vielfältige Beispiele und Anregungen für neue Strukturen und neue Umgangsweisen in Schule und Ausbildung, in denen de-eskalierende Verhaltensweisen Grund-

lage für ein gutes Lernklima und angemessenes zwischenmenschliches Miteinander sein können. Die Fähigkeit zur Selbstverantwortung entwickelt sich nicht – wie manche Entscheidungsträger glauben - dadurch, dass z. B. in Schulen neue Organisationsformen und entsprechende finanzielle Möglichkeiten zur Verfügung gestellt werden, mit denen selbstverantwortliches Lehren und Lernen erleichtert werden kann, obwohl auch diese sehr wichtig sind.

Selbstverantwortung auf Seiten der pädagogisch tätigen Menschen erfordert deren Selbstwahrnehmung und Selbstreflexion und einem darauf basierendem bewussten – potentielle Konsequenzen mitreflektierendem - Sprechen und Handeln. Wir können – wenn wir wissen, dass die innere Dynamik unseres Gegenübers eine auf die eine oder andere Weise darauf abgestimmte innere Dynamik bei uns selbst aktiviert – die in uns auftauchenden Impulse nicht mehr einfach nur agieren, es ist wichtig zu lernen, sie zu reflektieren.

Hilfreich bei diesen Überlegungen kann es sein, sich bewusst zu halten, dass es – abstrakt und in Variationen formuliert – im Umgang mit anderen Menschen meist nur jeweils zwei Richtungen gibt: Abwehr oder Akzeptanz; Aggression oder Berührtheit; Intensivierung oder Abschwächung; Eliminierung oder Annahme; positive oder negative Rückkopplung; Eskalation oder De-eskalation. Die Richtungen der Impulse sind dabei jeweils entgegensetzt.

Verhält sich beispielsweise ein Gegenüber - in der eigenen Wahrnehmung - einem selbst gegenüber zugewandt und aufmerksam, interessiert und neugierig, hilfreich und unterstützend, hat man die Tendenz, damit akzeptierend und eher verstärkend – im Sinne positiver Rückkopplungen - umzugehen. Aber auch das gilt nicht für jeden Fall. Manche Menschen werden misstrauisch, wenn man ihnen freundlich entgegenkommt, weil sie es für unecht halten.

Ist das Gegenüber dagegen - in der eigenen Wahrnehmung - einem selbst gegenüber aggressiv, abwehrend, übergriffig, dominierend, usw., dann hat man meist den Impuls, dieses Verhalten zu reduzieren oder zu eliminieren, also eher im Sinne negativer Rückkopplungen damit umzugehen, auch wenn aus „Gewohnheit" in solchen Fällen häufig – auf positiver Rückkopplung beruhende - Strategien gewählt werden, durch die der Prozess zwischen den Beteiligten eskaliert und eben keineswegs - wie erhofft – de-eskaliert.

Aber selbst wenn man in der Lage ist, sich de-eskalierend zu verhaltend, bedeutet dieses noch nicht, dass es sich im Einzelfall um ein angemessenes Verhalten handelt. Es gibt für die komplexen Interaktionen zwischen Menschen – gleichgültig welchen Alters – keine regelhaft „richtigen" oder „falschen" Handlungsweisen. In jedem einzelnen Fall ist es entscheidend, die Besonderheiten zu beachten.

So kann es bei einem gehorsamen Kind – obwohl sein Verhalten für den Erwachsenen angenehm sein kann – nicht unbedingt darum gehen, sein gehorsames Verhalten noch zu verstärken, sondern – im Gegenteil – darum gehen, seine Fähigkeit, auch einmal Widerstand zu leisten, zu unterstützen. Es kann aber auch sein, dass der betreffende Erwachsene ein Kind, welches sich in seinen Augen nicht nur gehorsam, sondern geradezu unterwürfig verhält, insgeheim verachtet und links liegen lässt oder sogar durch Provokationen versucht, es aus dieser Haltung zu vertreiben. Damit würde die eigentlich ergänzende Dynamik – dem Kind die ihm fehlende Aktivität und Aggressivität zu ermöglichen und auf konstruktive Weise zu unterstützen - unbewusst und auf unangemessene Weise agiert. Der Erwachsene spürt die in ihm auftauchende Aggression, interpretiert sie aber nicht als Information darüber, was seinem Gegenüber fehlt und kann sie deshalb auch nicht kooperativ nutzen, sondern lässt sie an dem Kind aus.

Ein ungehorsames, widerspenstiges Kind kann bei einem Erwachsenen ebenfalls den – vielleicht unbewussten – Wunsch aktivieren, dieses Verhalten zu unterstützen. Dieses Kind traut sich vielleicht etwas, was der Erwachsene insgeheim bewundert. Aber es kann auch sein, dass der Erwachsene den „Ungehorsam" des Kindes genau so massiv oder grausam unterdrückt, wie dies die Bezugspersonen des Erwachsenen in dessen Kindheit getan haben.

Unsere eigene Vergangenheit und unsere persönlichen Wünsche strukturieren zunächst einmal unsere Impulse in der Gegenwart und damit auch unser Verhalten gegenüber anderen Menschen, zumindest solange wir unsere Impulse nicht noch einmal reflektieren. Aber da wir über Bewusstsein verfügen, haben wir damit auch Verpflichtungen geerbt.

Wir müssen uns aktiv und immer wieder unserer Grenzen bewusst werden. Wir müssen uns aktiv und immer wieder unsere Intentionen bewusst machen und uns kritisch befragen, wo sie herkommen, welche Motive vielleicht noch dahinterstecken und ob und wie wir damit unser Umweltfeld gestalten wollen. Und wir müssen gleichzeitig immer wieder davon ausgehen, dass unser Umweltfeld auch die Grundlage unseres Überlebens ist.

Jedes Kind, welches wir kalt, ironisch, herabwürdigend, ablehnend, strafend oder in irgendeiner Weise grausam behandeln, bleibt Teil unseres Umweltfeldes und wird seinerseits auf der Grundlage seiner Erfahrungen in Wechselwirkung mit eben diesem Feld treten. Und dasselbe gilt für alle Menschen, für Gruppen, Nationen, Kulturen, aber auch für ökonomische und für ökologische Systeme, für das Klima und alle anderen Arten von nicht linearen dynamischen und selbstorganisierenden Systemen. Und in vielen Fällen wirkt sogar in der Gegenwart in eskalierender Weise nach, was die „Vorfahren“ in früheren Zeiten anderen angetan haben.

Menschen haben sehr verschiedene Intentionen. Manchmal möchte man einen anderen Menschen bestrafen oder ihm etwas heimzahlen, man möchte ihm etwas wegnehmen oder etwas, was ihm gehört, zerstören. Man möchte einen anderen Menschen ausnutzen oder missbrauchen, ihn schlagen oder sogar töten. Solche Intentionen sind weit verbreitet, fast jeder Mensch beobachtet solche Impulse ab und an bei sich oder bei anderen. Aber es besteht ein großer Unterschied, ob man solche Impulse bei sich selbst erkennen, benennen und auch darüber sprechen kann, oder ob man sich ihnen ausgeliefert fühlt, weil man nicht gelernt hat, die eigenen Impulse zu stoppen - sozusagen zu retroflektieren - , und sie ohne sich zu hemmen, an anderen Menschen ausagiert. In beiden Fällen ist man für sein eigenes Verhalten verantwortlich. „Selbstverantwortung“ bedeutet für mich vor allem, dass man die Verantwortung für sein eigenes Handeln und den Umgang mit den Konsequenzen des eigenen Handelns nicht an andere delegiert, sondern bei sich belässt.
Es bedeutet zusätzlich, dass man akzeptiert, das man nicht nur mit anderen Menschen, sondern vor allem mit sich selbst zusammenlebt und nicht nur darauf achtet, die Qualität der Beziehungen zu seinen Mitmenschen, sondern auch in Bezug auf sich selbst sukzessive zu verbessern. Und das bedeutet - im Umgang mit anderen Menschen und im Umgang mit sich selbst - die im eigenen Inneren auftauchenden Impulse, bevor man ihnen nachgibt, noch einmal kritisch zu reflektieren, bevor man sie in seinen Selbstausdruck übernimmt.

Dies wird tatsächlich umso leichter, je bewusster man sich macht, dass die Veränderungen der eigenen Zustände nicht von außen, sondern von innen kommen, und man in diesem Sinne – nämlich was die eigenen inneren Zustände anbetrifft - nie das Opfer der anderen ist. Es kann sein, dass die anderen Menschen einem die Erfüllung der eigenen Wünsche verweigern und dieses kann sich sehr schlimm oder schmerzhaft auswirken, aber sonst – außer dass sie einem die Wunscherfüllungen verweigern – können sie einem nichts tun, wenn sie nicht gerade gewalttätig werden oder auf andere Weise versuchen, einem die Grundlagen zum Überleben entziehen.
Natürlich gibt es Wünsche, deren Verweigerungen grundlegende, belastende und schmerzhafte Veränderungen im eigenen Leben hervorrufen, wie z. B. den eigenen Arbeitsplatz, den Lebenspartner, die Lebenspartnerin, die bisherige Wohnung, das gewohnte Einkommen usw. behalten zu wollen und nicht zu können, aber meistens sind auch in solchen Situationen eska-

lierende Maßnahmen nicht hilfreich oder wegen rechtlicher Bestimmungen eventuell sogar schädlich für einen selbst, so dass es sinnvoll ist, sich vor allzu eskalierenden Schritten zurückzuhalten. Und natürlich gibt es Situationen, in denen Menschen der Willkür anderer Menschen – auch ohne dass diese persönlich gewalttätig werden – ausgeliefert sind, nur weil letztere aufgrund ihrer persönlichen Bedingungen Herrschaftsbefugnisse besitzen, und es aufgrund der gesellschaftlichen und wirtschaftlichen Verhältnisse für die Betroffenen keine Möglichkeiten gibt, sich effektiv zur Wehr setzen zu können, um ihre missliche Lage zu ändern. Die resultierende Hilflosigkeit ist in solchen Situationen nur selten aufzulösen, aber trotzdem entscheidet jede einzelne Person, wie sie mit dieser Hilflosigkeit umgehen will.
Es ist in solchen Fällen emotional verständlich, wenn Menschen auf eine solche Situation mit eskalierenden Maßnahmen reagieren, aber mit solchen Eskalationen können nur diejenigen – kurzfristig – gewinnen, die erstens über die notwendigen Mittel verfügen und zweitens skrupellos und rücksichtslos genug sind.
Vielleicht kommt es deshalb bei Arbeitskampfmaßnahmen nach einer Reihe von positiven Rückkopplungen schließlich doch zu negativen Rückkopplungsmaßnahmen, so dass ab einem bestimmten Zeitpunkt nicht weiter eskaliert wird und die beteiligten Parteien sich um einen Kompromiss bemühen.

Selbstverantwortung aber heißt nun nicht, sich sukzessive in eine immer perfektere, immer beherrschtere, nur noch de-eskalierende Verhaltensweisen bevorzugende Person zu verwandeln. Es geht vor allem darum, die eigenen Prozesse – unabhängig davon, wie man sie selbst oder wie andere sie bewerten – einfach als existent und von einem selbst in die Welt gesetzt zu begreifen.

Bin ich ärgerlich, dann bin ich ärgerlich, bin ich ängstlich, dann eben auch das. Beobachte ich mich dabei, wie ich kleinlich, unkonzentriert, eifersüchtig, ungerecht, großzügig, blauäugig, abhängig, autonom, empfindsam, labil, herrschsüchtig, rechthaberisch oder was auch immer bin, dann bin ich das eben zu diesem Augenblick. Immer gilt: Was ist, ist und es ist sinnlos das zu leugnen, was ist. Denn das, was ist, ist für selbstorganisierende Systeme, wie auch Menschen es sind, die Basis für das Nächste, das Neue. Und das, was jeweils ist, geht eben damit auch in die Beziehung zu anderen Menschen ein, nur wie es dabei gestaltet wird, ist von unseren bewussten Entscheidungen abhängig. Das klingt so banal, ist aber für Menschen mit unserer kulturellen Prägung in alltäglichen Situationen schwer zu akzeptieren und zu realisieren. Wichtig in diesem Zusammenhang ist allerdings, sich bewusst zu halten, dass dieses „Was ist, ist" von Person zu Person verschieden sein kann. Trotzdem ist es jeweils die Basis für die nachfolgenden Prozesse in diesen Personen.

Sowie man im Umgang mit anderen Menschen das, was gerade ist und geschieht, – innerhalb der eigenen Person oder zwischen einem selbst und einem Gegenüber - leugnet, und die anderen Menschen die Leugnung nicht akzeptieren, kommt es zu eskalierenden Auseinandersetzungen beziehungsweise zu Machtspielen aller Art. Wenn man in solchen Interaktionen den Kontakt mit sich und anderen vermeidet, vermeidet man auch den Kontakt mit den nährenden Prozessen der Welt. Der Hunger nach Zuneigung und Anerkennung, nach Wirkung und Anregung, nach bereicherndem Austausch und danach, sich auf unterschiedliche Weise berührt zu fühlen, wird durch den fehlenden Kontakt mit der Vielfältigkeit der umgebenden Welt immer größer.

Selbstverantwortung bedeutet, dass eine Person - im Prozess der ständigen Veränderung von sich selbst und ihrer Umwelt - dazu steht, wie sie jeweils fühlt, denkt, was sie will und was sie tut. Aber oft reicht dies noch nicht aus, in vielen Fällen ist es auch wichtig, dieses jeweilige Sein und Tun in den Kontaktprozess einzubringen.

Wenn ein Lehrer einen Schüler darum bittet, etwas vorzulesen und der Schüler weigert sich, dann ist die emotionale Verfassung des Lehrers häufig „Ärger". Was fängt er damit an? Er kann sich beherrschen, aber langfristig macht ein solches, sich wiederholendes Unterdrücken der eigenen Gefühle wahrscheinlich krank. Er kann ihn noch einmal bitten oder einen anderen Schüler auffordern. Er kann aber auch - statt seine Bitte zu wiederholen - seine emotionale Verfassung in die Interaktion mit dem Schüler einbringen und sagen: „Ich bin ärgerlich auf dich, weshalb tust du nicht, um was ich dich bitte, ich möchte wirklich gern, dass du jetzt weiter liest." Und wenn der Lehrer das Verhalten des Schülers anschließend spiegelt, wird dieser vielleicht verstehen, warum der Lehrer ärgerlich ist, er ist sicher selber oft genug ärgerlich. Und der Lehrer macht in diesem Fall auch deutlich, dass Ärger und fehlende Wunscherfüllung miteinander Hand in Hand gehen. Aber Aufforderungen mehrmals zu wiederholen und damit wieder und wieder zu scheitern, ist sinnlos und führt nur in einen Machtkampf, den man nicht gewinnen kann, wenn das Gegenüber es nicht will.

Wenn z. B. eine Lehrerin den Schülerinnen und Schülern einer zwölften Klasse selbsthergestelltes und aufwendig farbig gestaltetes Übungsmaterial für die Differential – und Integralrechnung als Vorbereitung für deren Abitur zur Verfügung stellt und nach einer Woche feststellt, dass diese das Material nicht einmal angesehen haben, dann ist ihre emotionale Verfassung wahrscheinlich Ärger und Enttäuschung. Sie hat die Wahl, sich zu beherrschen und innerlich zu beschließen, nie wieder soviel Mühe und soviel Arbeitszeit in irgendwelche Schüler zu investieren. Oder aber sie sagt der Klasse, wie sehr sie darüber ärgerlich und enttäuscht ist, dass niemand sich die Mühe gemacht hat, die Papiere durchzuarbeiten, während sie sich soviel Zeit und Mühe mit der Herstellung gegeben hat. Vielleicht aber sagt ihr eine Schülerin oder ein Schüler auch so etwas wie: „Es ist unser Abitur und damit unsere Entscheidung, ob wir die Papiere durcharbeiten oder nicht." Dann wird deutlich, dass es die Entscheidung der Lehrerin ist, für die Klasse dieses zusätzliche Material herzustellen und die Entscheidung der Schülerinnen und Schüler, dieses Material zu benutzen. Und das Eine zieht keine Verpflichtung in bezug auf das Andere nach sich. Natürlich kann die Lehrerin ihren Wunsch, die Klasse möge doch bitte das Material durcharbeiten, wiederholen und auch ihren Ärger und ihrer Enttäuschung mitteilen, wenn dies nicht geschieht, aber es gibt keine Garantie für eine Wunscherfüllung.

Wenn z. B. eine Frau mit ihrer besten Freundin verabredet, gemeinsam mit ihr in Urlaub zu fahren und dann erfährt, dass diese es sich doch anders überlegt hat und schon eine andere Reise mit ihrem neuen Freund gebucht hat, dann fühlt sie sich wahrscheinlich sehr getroffen, verletzt und vielleicht auch enttäuscht und wütend. Eine Möglichkeit ist, eine solche Mitteilung beherrscht und distanziert zur Kenntnis zu nehmen, eine andere, in Tränen auszubrechen und deutlich zu machen, wie verletzt und fallengelassen sie sich fühlt, wie enttäuscht und alleingelassen und wütend. Und wenn die Freundin dann anfängt, sich zu rechtfertigen und zu erklären, dann kann sie sehr deutlich machen, dass sie das nicht gebrauchen kann, sondern nur Mitgefühl und die Versicherung braucht, trotz alledem noch wichtig und bedeutungsvoll für die Freundin zu sein. Für die weitere Entwicklung der Beziehung zwischen den beiden ist dann entscheidend, ob die Freundin in der Lage ist, wirklich authentisch ihr Bedauern darüber auszudrücken , es nicht früher besprochen zu haben, und ihr Mitgefühl darüber zu zeigen, dass es der Freundin mit ihrer plötzlichen Entscheidung für die Reise mit ihrem neuen Freund schlecht geht.

Mitgefühl aber bekommt man – wie gesagt - heute nicht einfach so. Es gehört nach Arno Gruen neben dem Gefühl von Hilflosigkeit zu den am besten verdrängten Gefühlen des letzten Jahrhunderts und hat auch in diesem Jahrhundert noch nicht wieder an Bedeutung für den zwischenmenschlichen Umgang gewonnen.
Arno Gruen schreibt in seinem Buch „Der Verlust des Mitgefühls" dazu:

„Wenn das Leiden an unserem frühen Opfersein unterdrückt werden muss, so wird das Mitgefühl zum nächsten Opfer. ... Die Geschichte unserer Kindheit ist deshalb nicht nur die Geschichte der Verleugnung unserer Kinder, sondern auch die Geschichte der Weitergabe des Hasses auf den eigenen Schmerz, auf das Opfer in uns, das uns wertlos macht. Da unser Sein von Hass auf unser Opfersein wesentlich bestimmt wird, ist die Geschichte unseres Menschseins über die vergangenen sechstausend Jahre hinweg eigentlich die Geschichte der Unterdrückung des Mitgefühls. Aus der Unterdrückung des Mitgefühls entwickelt sich aber jenes Bewusstsein, das Gewalt und Zerstörung legitimiert." (Gruen, 2001, S.32)

Wenn die Einschätzung von Arno Gruen zutreffend ist, dann ist Mitgefühl etwas Kostbares geworden und manchmal bedarf es der nachdrücklicher Unterstützung von Seiten der bedürftigen Person, damit diese das Mitgefühl auch erhalten kann.

Einem Kind, welches darüber weint, eine ungenügende Klassenarbeit geschrieben zu haben, ist nicht damit geholfen, dass man versucht, es dadurch zu „trösten", dass man ihm sagt, beim nächsten Mal würde es sicher eine bessere Arbeit schreiben. Es braucht Mitgefühl, es braucht Akzeptanz und Unterstützung in seinem Gefühl von Trauer und damit eher die verbale Botschaft, man könne es verstehen; es sei meist traurig, wenn man sich etwas erhofft hat und dann erfüllt sich die Hoffnung nicht. Es geht darum, als erwachsene Person mitfühlend präsent zu sein, so dass das Kind sich in seiner Trauer und mit seinen Tränen akzeptiert fühlen kann.

Eine Freundin, die blass und mit Tränen in den Augen bei einem auftaucht, weil sie gerade von ihrem Freund verlassen wurde, kann möglicherweise auch nicht die Versicherung gebrauchen, er sei sowieso ein Mistkerl gewesen, der ihre Liebe gar nicht zu schätzen wusste, und sie könne sich freuen, ihn los geworden zu sein. Vielleicht braucht sie erst einmal Mitgefühl und damit die Akzeptanz, dass sie sich fallengelassen, allein gelassen, wertlos, austauschbar, hässlich und nicht mehr begehrenswert und ganz traurig und elend fühlt. Vielleicht braucht sie erst einmal durch das entgegengebrachte Mitgefühl die „Erlaubnis" zu trauern, zu weinen, zu hadern und zu klagen.

Ich könnte hier noch viele Beispiele anführen, aber ich denke, jeder Mensch kennt diesen Mangel an Mitgefühl aus eigener Erfahrung, sei es, dass er es nicht bekommen hat, sei es, dass er es anderen – aus welchen Gründen auch immer – verweigert hat und lieber gleich angefangen hat zu trösten.

Viele Menschen bemühen sich im Umgang mit anderen darum, keine Anlässe für Mitgefühl zu bieten. Sie nehmen sich zusammen, beherrschen sich und sagen, es sei nichts, es sei alles nicht so schlimm, sie würden schon damit fertig, die anderen sollten sich keine Sorgen machen usw. Sie zeigen ihre Enttäuschung, ihre Hilflosigkeit, ihre Schmerzen, ihre Hoffnungslosigkeit, ihre Trauer oder ihr Entsetzen nicht mehr.

Denn wegen dieses häufigen Fehlens von Mitgefühl wird eine solche Offenheit, eine solche Bereitschaft, sich mit seiner Empfindsamkeit, seiner Bedürftigkeit und seiner Verletzlichkeit einem anderen Menschen zu zeigen, nicht immer honoriert und manchmal sogar zum Anlass genommen, erst recht aggressiv darauf zu reagieren. Das bedeutet aber zunächst einmal nur, dass die Person, die darauf so aggressiv und abwehrend reagiert, mit einer solchen Offenheit nicht umgehen kann und an ihre eigenen Grenzen stößt. Trotzdem tut es weh, von anderen abgewehrt zu werden.

Selbstverantwortung zu leben ist ein lebenslanger Prozess, weil wir auch für uns selbst und nicht nur die anderen immer unbekanntes Land bleiben werden. Letztlich geht es wieder und wieder nur darum, sich zu bemühen und zu akzeptieren, dass man immer wieder - auch an der eigenen Vergangenheit – scheitert und darüber etwas Neues über sich und andere lernen kann. Kurz gesagt: Wir können lernen, die Verantwortung für uns selbst bewusst zu übernehmen und dieser Lernprozess dauert meist ein ganzes Leben.

Aber die Verantwortung für andere, deren Empfindungen und Gefühle, für deren Gedanken und Handlungsimpulse, für deren Handlungen und wie sie mit den Konsequenzen ihres eigenen Handelns umgehen, und welche Wünsche sie anderen Menschen erfüllen und welche nicht, eine solche Verantwortung können wir nicht übernehmen, weil wir keinen Einfluss auf diese Prozesse bei anderen haben. Wir können uns zwar um andere kümmern und uns um sie sorgen, wir können aufpassen, dass ihnen möglichst nichts geschieht und uns darum bemühen, dass es ihnen gut geht, wir können sie spiegeln und konfrontieren und wir können uns ihnen zumuten, aber das ist immer eine Gradwanderung zwischen eigenen Wünschen und den Wünschen der anderen, dem Wunsch, über andere bestimmen zu wollen und dem Respekt für ihre Autonomie.

Zwischenmenschliche Kommunikation
Wie Menschen versuchen, geliebt zu werden und einander zu lieben

„Findest du nicht, dass du schrecklich viele Worte machst, für etwas, was doch ganz einfach ist?“, fragt Valentino. „Wieso findest du es einfach, mit jemand anderem zu reden?“, frage ich zurück. „Ich muss ihn doch nur mögen.“, meint er. „Menschen geht es aber meist mehr um das Gemochtwerden, und dann wird es schon komplizierter.“ „Das verstehe ich nicht, das kommt doch auf dasselbe heraus. Wenn man sich gegenseitig mag, dann wird man doch auch gemocht. Wo ist denn das Problem?“ „Aber Valentino, Menschen sind anders. Auch wenn sie andere mögen, glauben sie doch meist nicht daran, dass sie gemocht werden. Und dann verstehen sie oft das, was andere sagen, so, als würden sie abgelehnt, abgewertet, missachtet oder sonst wie schlecht behandelt oder zumindest nicht genügend wahrgenommen und wertgeschätzt.“ Valentino guckt ganz mitleidig. „Das ist ja furchtbar“, sagt er und schweigt erst einmal. Nach einer Weile redet er weiter: „Aber wenn ich ganz ehrlich bin, ich mag auch nicht alle, die mich mögen. Und mich mögen ja viele“, fügt er noch hinzu. „Das freut mich für dich“, sage ich. Valentino setzt sich aufrecht hin und sagt: „Ich bin so froh, dass ich mich so gern allein beschäftige, so lange schlafe und so viele Stunden am Tage döse, dadurch fühle ich mich meistens ziemlich unabhängig davon, ob andere mich mögen oder nicht.“ Ich stimme ihm zu. „Du bist ein Kater, Valentino, das hat viele Vorteile.“ Und insgeheim denke ich, ich wäre auch gern öfter wie eine Katze.

Nach allem, was inzwischen hier und an anderen Stellen an Schwierigkeiten des Verstehens zusammengetragen wurde, wirkt es nachgerade wie ein Wunder, dass Menschen sich überhaupt untereinander verständigen können. Der Schlüssel des Verstehens liegt meiner Ansicht nach in den Wünschen von Menschen aneinander und den unter anderem auch in den Wünschen verborgenen, wechselseitigen Abhängigkeiten.

Und hier tun sich nun weitere Probleme auf, denn es gibt Wünsche – z. B. von Frauen an Männer, von Männern an Frauen usw., die aufgrund der unterschiedlichen biologischen Ausstattung und der verschiedenen Geschlechtstypisierungen oder anderer Lernprozesse vom jeweiligen Gegenüber entweder nur sehr schwer verstanden oder aber als nicht ernst zu nehmende Wünsche eingestuft werden.

So ist zum Beispiel die Frage, wer ist der Größere, der Stärkere, der Mächtigere, der Einflussreichste usw. und wer hat wem etwas zu „sagen“, für

Männer oft wichtiger als für Frauen. Status in diesem Sinne ist für viele Frauen meist bedeutungsloser als für Männer, sie konkurrieren eher um persönliche und gesellschaftliche Anerkennung und Wertschätzung und in diesem Zusammenhang untereinander häufig auch darum, wer anziehender, attraktiver, schöner, begehrenswerter, klüger, liebenswerter oder bewundernswerter usw. ist. Trotzdem ist Statusdenken oder konkurrierendes Verhalten nicht auf das eine oder das andere Geschlecht beschränkt.
Ein Mensch, bei dem Status - oder Konkurrenzdenken im Vordergrund seines Bewusstseins ist, wird sein eigenes verbales Verhalten dementsprechend ausrichten und gleichzeitig die Botschaften anderer Menschen darauf hin prüfen, ob er sie als Bedrohung oder Erhöhung des eigenen Status interpretieren kann oder ob das jeweilige Gegenüber als Konkurrenz zu bewerten ist oder nicht. Je nachdem, wie diese Einschätzung ausfällt, wird die entsprechende Person auch ihre anschließende Kommunikation gestalten. Ein Mensch mit dieser Dynamik im Vordergrund seines Bewusstseins wird häufig selbst einfache Bitten oder Aufforderungen als Befehle interpretieren und sich entweder weigern zu „gehorchen" oder ihnen mit dem Gefühl folgen, er würde sich unterwerfen und seine Autonomie zugunsten der anderen Person aufgeben. Interaktionen, wie die folgenden, sind für diesen Prozess typisch:

„Ich habe dir den Einkaufszettel auf den Küchentisch gelegt."
„Als ob ich nicht selber wüsste, was einzukaufen ist."

„Könntest du noch Brötchen vom Bäcker mitbringen."
„Wieso muss ich immer ausbaden, wenn du etwas vergessen hast einzukaufen."

„Nimm besser einen Schirm mit, es soll heute noch regnen."
„Warum kümmerst du dich nicht um deine Sachen?"

Zum eigenen Status oder zum eigenen Revier können auch die Bereiche der eigenen Kompetenz, der eigenen Entscheidungsbereiche, der eigene Körper und vieles andere mehr gehören. Alles, was der eigenen emotionalen Entscheidung nach geeignet ist, die eigene Selbstbestimmung und möglicherweise auch Fremdbestimmung einzuschränken, wird dementsprechend interpretiert und löst dann auch die dazu passenden Aktionen aus.

„Kannst du bitte das Wohnzimmer saugen?"
„Warum soll ich eigentlich immer tun, was du willst."
„Wenn ich es nicht sage, tust du doch gar nichts."

„Und wenn du mir immer alles vorschreibst, habe ich auch keine Lust.“

Auch hier greift die bekannte Täter–Opfer–Strukturierung und wird dazu benutzt, Wünsche und Fragen anderer abzuwehren, statt den Wunsch einfach zu erfüllen oder wegen eigener anderer Pläne abzulehnen. Mit dieser Strukturierung fällt es den betroffenen Menschen schwer, eine Bitte als Bitte und eine Frage als Frage wahrzunehmen. Sie reagieren abwehrend sowohl auf das eigene Gefühl von Angst vor Autonomie- und Selbstwertverlust als auch auf die Fragen, Bitten und Wünsche anderer, durch die sie sich gefährdet fühlen. Erst wenn man für sich selbst erkennt und akzeptiert, dass man mit einer solchen abwehrenden Tendenz auf die kommunikativen Angebote und Erwartungen anderer reagiert, kann man mit den eigenen Bedrohungen und Ängsten konstruktiv umgehen und sich akzeptierend verhalten. Dafür ist es notwendig zu überprüfen, ob es sich wirklich um eine Einschränkung und Gefährdung der eigenen Autonomie handelt, oder ob es sich aufgrund struktureller Ähnlichkeiten mit vergangenen Situationen nur so anfühlt.
Wenn eine Person aufgrund ihrer Erlebnisse in Kindheit und Jugend Angst vor Autonomie- oder Kontrollverlust hat, kann sie selbst es zunächst nicht ändern. Jede strukturähnliche Situation ist geeignet, ihre alten Ängste zu aktivieren und dementsprechende Abwehrreaktionen hervorzurufen, solange sie sich dieses eigene Verhaltensmuster nicht bewusst macht. Erst neue Erfahrungen derart, dass sie nicht gezwungen wird, sondern sich entscheiden kann, ob sie die Wünsche und Erwartungen anderer erfüllen will oder nicht und die Erkenntnis, dass diese Entscheidungen auf der Basis der eigenen Autonomie getroffen werden, lassen diese Ängste im günstigen Fall allmählich in den Hintergrund treten. Auch die Erfahrungen, dass der eigene Wert nicht durch Einschätzungen von anderen gemindert oder erhöht werden kann, tragen zu einer Reduzierung der alten Ängste bei.
Auch hier gibt es – statistisch gesehen - Unterschiede zwischen Männern und Frauen. Während sich Frauen eher bemühen, die Erwartungen von anderen zu erfüllen, weil sie ihren Selbstwert häufig an die Akzeptanz von eben diesen anderen knüpfen, fühlen sich viele Männer in ihrem Selbstwert meist bestätigt, wenn es genau umgekehrt ist, wenn andere ihre Erwartungen erfüllen. Insofern ergänzen sich Männer und Frauen in vielen Fällen, aber trotzdem muss die jeweilige Beziehung in Bezug auf Geben und Nehmen ausgeglichen sein, wenn sie erhalten bleiben soll.
Ich kenne jedoch viele Männer, die nicht auf eine solche Ausgewogenheit achten, sondern dafür zu oft auf die Wünsche und Erwartungen ihrer Partnerinnen abwehrend reagieren. „Ich bin doch nicht ihr Sklave“, sagte mir einer dieser Männer, während seine Partnerin sich wünschte, er möge doch

wenigstens einmal einfach – freundlich zustimmend und ohne weitere Bemerkungen – tun, worum sie ihn bittet. Erst als er begriff, dass er als erwachsene Person nicht mehr so einfach das Opfer eines anderen Menschen werden kann, dass er stattdessen in der Lage ist, Entscheidungen zu treffen und „Ja" oder „Nein" zu den Erwartungen von anderen zu sagen, fühlte er sich frei genug, Wünsche seiner Partnerin zu erfüllen.

Zu abwehrendem Verhalten in Bezug auf kommunikative Angebote führen auch andere innere Muster. Hat ein Mensch in seiner Kindheit und Jugend häufig erlebt, dass seine körperlichen und seelischen Grenzen durch die Übergriffe anderer Menschen missachtet worden, dann ist dieser Mensch empfindlich gegenüber Aktionen von anderen, die er als Wiederholungen von Grenzüberschreitungen wahrnimmt. Sollten andere Menschen etwas sagen, was diesem Menschen zu nahe kommt und von ihm als Grenzüberschreitung interpretiert wird, dann wird er abwehrend reagieren, völlig unabhängig, ob die Aussage des Gegenübers interpretierend, bevormundend, befehlend, bewertend oder verurteilend gemeint war oder nicht.
Die folgenden Interaktionen zeigen, wie sich verschiedene Muster auswirken können:

„Kommst du heute mit mir einkaufen."
„Muss das sein?"
„Nein, ich kann das auch allein machen."
„Gut, dann bleibe ich hier."

In solchen Fällen geht es meist nicht nur darum, Hilfe beim Einkaufen zu haben, es geht der fragenden Person oft auch darum, ob die gefragte Person signalisiert, dass er oder sie gerne mit der fragenden Person zusammen ist oder gerne etwas mit der fragenden Person unternimmt. Die Beziehungsbotschaft, die hinter einer solchen Frage steht, wird hier nicht gehört und es wird auch nicht auf sie reagiert. Dieses Beispiel ist verallgemeinerbar. Dabei kann „Einkauf" ersetzt werden durch „Museumsbesuch", „Spaziergang", „Essen gehen", „Kino", „Theater", „Essenkochen", „Freunde besuchen", „Aufräumen", „Staubsaugen" oder irgendwelche anderen Tätigkeiten oder Annehmlichkeiten. Die Botschaft: „Ich möchte etwas mit Dir zusammen machen" wird erwidert mit „Ich will nicht, mach es allein."
Meistens kommt dies nicht gut an. Die fragende Person fühlt sich mit ihrem Wunsch nicht ernst genommen und allein gelassen. Sie hat sich zugewendet und die andere Person hat sich abgewandt. Ein Versuch, sich wechselseitig Bedeutung zu geben und Zuneigung zu zeigen, ist gescheitert. Zurück bleibt vielleicht bei der fragenden Person der Eindruck, sie würde

nicht oder nicht mehr geliebt. In manchen Fällen führt das abwehrende Verhalten der einen Person zu Versuchen von Grenzüberschreitungen auf Seiten der anderen Person, die damit versucht, das abwehrende Verhalten zu reduzieren oder zu durchbrechen. Meistens eskalieren die kommunikativen Prozesse dann zwischen den Beteiligten.

Oder:
„Ich habe mich doch gestern mit Inge getroffen, und sie hat mir etwas ganz Furchtbares erzählt."
„Was Inge für Probleme hat, interessiert mich nun wirklich nicht."
„Ich würde aber gerne mit dir darüber sprechen."
„Lass mich bloß mit dieser Inge in Ruhe."

Auch dieses Beispiel ist verallgemeinerbar. Die eine Person versucht, der anderen ihre inneren Prozesse mitzuteilen, die andere will nichts darüber hören. Auch hier kann alles, was „Inge" in diesem Beispiel bedeutet, durch etwas anderes ersetzt werden, wie z. B. „ein Buch", „eine Fernsehsendung", „eine Befürchtung", „Träume ", „Empfindungen", „Gefühle", „quälende Gedanken" usw.
Wenn ein Mensch erlebt, dass ein anderer nicht oder nicht mehr neugierig auf seine Erlebnisse und seine inneren Prozesse ist, dann fühlt sich dieser Mensch nicht mehr wertgeschätzt, geschweige denn geliebt.

Oder:
„Wieso lässt du dir das gefallen?"
„Du musst mir gerade sagen, wie ich mich verhalten soll. Du tust ja gerade so, als könnte ich mich nicht wehren."

Auch diese kleine Interaktion ist verallgemeinerbar: Eine Person sagt etwas, und die andere interpretiert dies als Angriff auf ihre Kompetenz. Weitere Beispiele sind:

„Die Wäsche musst du mit 30° waschen."
„Ich weiß doch wohl, wie man Wäsche wäscht."
oder
„Wir haben noch Zeit, die Uhr geht vor."
„Als ob ich das nicht wüsste."
Ein in der entsprechenden Literatur (siehe dazu u. a. Schulz von Thun, 2000) viel zitiertes Beispiel ist:
„Die Ampel ist rot."
„Du denkst wohl, ich bin ein schlechter Autofahrer."

Der vermeintliche Angriff auf die eigene Kompetenz wird in diesen Beispielen mit einem Gegenangriff beantwortet, obwohl es sich dabei meist bloß um eine Unterstützung, einen Hinweis oder um eine im Zweifelsfall „überflüssige" Bemerkung gehandelt hat. Das aber wird von der anderen Person nicht so verstanden. Es ist eben entscheidend, wie die Aussagen der einen Person von der anderen Person interpretiert werden. Wenn nun aber in einer Beziehung ein Mensch - von ihm aus gesehen - unterstützende oder einfach nur redundante Bemerkungen macht und wird dafür von der anderen Person angegriffen, wird sie sich missverstanden fühlen. Sie wird den Eindruck haben, dass sie nicht als die Person, die sie ist, wahrgenommen wird und sich deshalb auch nicht oder nicht mehr geliebt fühlen.

Oder:
Du hast doch heute noch gar nichts gegessen und deshalb habe ich dir ein halbes gegrilltes Hähnchen mitgebracht."
„Du denkst wohl, ich kann nicht für mich selber sorgen. Und du hättest mich wenigstens fragen können, bevor du einfach was mitbringst."

In diesem Beispiel interpretiert die eine Person das fürsorgliche Verhalten der anderen als Angriff auf ihre Autonomie und wehrt dieses dann entsprechend ab. Auch diese Interaktion weist eine strukturelle Ähnlichkeit mit vielen anderen auf. Denn was auch immer Inhalt des fürsorglichen Aktes ist (ein Mitbringsel, ein Rat, ein Hinweis usw.), stets kann man eine Interpretation finden, die daraus einen Versuch macht, die andere Person zu dominieren.
Wenn sich ein Mensch dadurch missverstanden fühlt, dass seine Bemühungen als aggressive Akte uminterpretiert werden, dann wird es schwer für ihn, sich noch wertgeschätzt oder sogar geliebt zu fühlen. Sein Versuch, seine Fürsorge, sein sich Kümmern oder seine Liebe zu zeigen, ist in einem solchen Fall misslungen.
Aber nicht nur abwehrendes Verhalten gegenüber den verbalen Äußerungen eines anderen Menschen kann sich zum Problem ausweiten. Auch ein akzeptierendes Umgehen mit dem, was ein anderer verbal von sich gibt, kann – wenn auch meist erst längerfristig - zu großen Problemen führen. Angenommen, ein Mensch geht unfreundlich, diskriminierend, verächtlich, beleidigend usw. mit einer anderen Person um. Wenn nun diese in dem Sinne, dass sie dazu schweigt, oder sich sogar entschuldigt beziehungsweise rechtfertigt, akzeptierend mit den verbalen Äußerungen ihres Gegenübers umgeht, dann kann sie dieses nur dadurch, dass sie ihren eigenen Gefühle von Ärger, Wut, Frustration oder Schmerz keinen Raum gibt, sei es,

dass sie die Zähne zusammenbeißt und versucht, sich zu beherrschen, sei es, dass sie die eigenen Empfindungen und Gefühle unterdrückt, leugnet, verdrängt oder auf andere Weise aus der eigenen Wahrnehmung entfernt. Das bedeutet jedoch nicht, dass diese Gefühle und die zugehörigen Handlungsimpulse verschwunden sind. Sie entfalten weiterhin ihre Wirkung – nur sind sie möglicherweise der betroffenen Person nicht mehr oder noch nicht bewusst.
Eine Person, die von dem anderen, „geliebten" Menschen Sätze hört wie:
„Rede doch nicht solch einen Unsinn."
„Musst Du immer so trödeln."
„Du sieht richtig fett aus."
„Bring mir endlich mal ein Bier." Usw.,
ist darüber sicher nicht begeistert, sondern fühlt sich getroffen. Aber das heißt noch nicht, dass sie darauf reagiert. Es kann auch sein, dass sie solche Aussagen einfach übergeht, keine persönliche Grenze formuliert und damit der anderen Person eine Wirkung verweigert.

Jedes Mal, wenn eine Person sich missachtet oder auf andere Weise verletzt fühlt und nichts dafür tut, dass der andere Mensch mitfühlend mit ihrem Schmerz umgeht, damit es ihr besser geht, lässt diese Person sich selbst im Stich. Dabei ist nicht entscheidend, ob sie von der anderen Person wirklich missachtet oder sonst wie schlecht behandelt wurde; es ist in diesem Zusammenhang nur bedeutungsvoll, dass sich ein Mensch verletzt fühlt und Mitgefühl braucht. Das bedeutet kein Schuldeingeständnis auf der anderen Seite, denn - wie schon oft gesagt – Gefühle entstehen auf der Basis der persönlichen Erfahrungen im Inneren einer Person und enthalten Informationen nur für diese Person. Wodurch sich die eine Person verletzt fühlt, wird von einer anderen vielleicht nur als Scherz oder als Aufforderung, eine wechselseitige „Frotzelei" zu beginnen, empfunden.
Nur wenn sich eine Person verletzt, ärgerlich, wütend oder frustriert fühlt und nicht aktiv abwehrend, sondern akzeptierend, unterwürfig, sich entschuldigend und sich rechtfertigend damit umgeht, dann tut sie dies auch aus gutem Grund. Meistens haben diese Menschen Angst, nicht mehr geliebt, gemocht, abgelehnt oder verlassen zu werden, wenn sie sich wehren würden. Sie glauben, sich alles sich gefallen lassen zu müssen, damit die andere Person sie nicht fallen lässt, verstößt oder sich von ihr abwendet. Sie sind – mehr oder weniger stark – „beziehungsorientiert", so möchte ich diese Abhängigkeit von der Präsenz und Akzeptanz anderer Menschen nennen. Menschen, die übergroße Angst haben, den für sie wichtigen anderen Menschen zu verlieren, versuchen meistens auch, oft ohne dazu aufge-

fordert worden zu sein, die vermeintlichen Erwartungen des anderen zu erfüllen.

„Möchtest du noch etwas Tee?",
„Hast du Lust, heute ins Kino zu gehen?"
„Wolltest du nicht die Müllers mal wieder einladen?"

Sie haben oft Schwierigkeiten, zu sagen, was sie selber wollen und manchmal wissen sie es auch nicht, weil ihre ganze Aufmerksamkeit darauf gerichtet ist, herauszufinden, was die anderen wollen. Ein solches Verhalten bedeutet, dass die Person den Kontakt zu sich selbst zugunsten einer symbiotischen Beziehung mit dem Gegenüber aufgibt. Sie wird symbiotisch bzw. konfluent mit ihrem Gegenüber und verliert das Gewahrsein der Grenzen zwischen sich und anderen.
Es gibt viele Beispiele aus dem alltäglichen Leben. Viele Frauen kümmern sich häufig intensiv um die Bedürfnisse ihrer Partner und wundern sich, wenn diese dies umgekehrt nicht tun. Sie fragen ihren Partner beim Einkaufen von Anziehsachen – seinen Anziehsachen - , ob er zwischendurch eine Pause machen und einen Kaffee trinken wolle und sind enttäuscht, dass er nur ablehnt, sie aber nicht gefragt werden, ob sie vielleicht eine Pause machen wollen. Sie fragen, ob sie ihm etwas zu Essen machen können, einen Tee kochen, Theaterkarten oder einen Tisch für ein romantisches Essen zu zweit im Restaurant bestellen sollen und wundern sich, das er solche Fragen so behandelt, als hätten sie gefragt, ob es regnet oder wie viel sieben mal acht ist.
Sie sind „beziehungsorientiert", sie wollen geliebt werden und unter Verzicht der Erfüllung ihrer eigenen Bedürfnisse diejenigen ihrer Partner erfüllen, um diese Liebe zu gewinnen oder sich diese Liebe zu erhalten. Aber dadurch, dass sie – meist unbewusst – Angst haben, diese Liebe zu verlieren, prüfen sie häufig durch die Art, wie sie mit ihrem Partner sprechen, ob er sie noch liebt, und immer dann, wenn er sich nicht so verhält, wie sich ein liebender Partner verhalten sollte – nämlich so wie sie – beginnen sie , an seiner Liebe zu zweifeln und geraten unter Stress.

Ein solches beziehungsorientiertes kommunikatives Verhalten wird ebenso wie alle anderen schon früh gelernt. Deborah Tannen, die sich seit vielen Jahren mit kommunikativen Prozessen auseinandersetzt, schreibt:

„Wir lernen unseren Sprachgebrauch in der Kindheit – und Kinder, die in unterschiedlichen Teilen des Landes, mit unterschiedlichem ethnischen oder religiösen Hintergrund, in unterschiedlichen Gesellschaftsschichten oder einfach als Mann und Frau aufwachsen, entwickeln unterschiedliche Sprechweisen, die ich als Gesprächsstil bezeichne.

Und subtile Unterschiede im Gesprächsstil führen zu für sich genommen kleinen, aber in der Summe überwältigenden Missverständnissen und Enttäuschungen." (Tannen, 1994, S. 12)

Meiner Ansicht nach sind es nicht nur die gelernten Sprechweisen, sondern zusätzlich noch persönliche und oft schmerzhafte oder sogar traumatische Erfahrungen, die zu psychischen Mustern und Dynamiken in einer Person führen, mit deren Hilfe diese immer wieder ihre ganz persönliche Wirklichkeit herstellt, unter der sie eventuell auch immer wieder leidet.

Es scheint so zu sein, dass es für ein Kleinstkind von außerordentlicher Bedeutung zu sein, ob es zuverlässig in Bezug auf alle seine Bedürfnisse versorgt wird, denn ohne entsprechende Fürsorge würde es sterben. Findet bei einem Kleinstkind eine solche Versorgung nicht regelmäßig statt, kann das Kind nach diesem Modell eine Angst vor Vernichtung entwickeln und sich auch im späteren Leben immer wieder allein und verlassen und voller Angst fühlen, vernichtet zu werden. Findet diese Versorgung jedoch regelmäßig statt, dann wandelt sich die Angst vor der Vernichtung um in eine Angst, die regelmäßige Versorgung könne aufhören, beziehungsweise die Person, die dieses gewährleistet, könne verschwinden. Finden in dieser Phase der kindlichen Entwicklung Störungen in Bezug auf das Kommen und Gehen der versorgenden Person statt, kann dieser Mensch in seinem späteren Leben eine Angst davor entwickeln, verlassen zu werden und in Bezug auf das „Versorgtwerden" zu kurz zu kommen. Wird jedoch auch diese Phase ohne weitere Irritationen durchlebt, wandelt sich die Angst vor dem Verlassenwerden um in die Angst, die Liebe der versorgenden Person zu verlieren.

Es macht grundlegende Unterschiede in der Strukturierung der eigenen Wirklichkeit und damit auch sowohl in der Interpretation des verbalen Verhaltens von anderen Menschen als auch in Bezug auf die eigenen Verhaltensweisen, ob man eher davon ausgeht, in der Welt allein und verlassen zu sein und auf die eine oder andere Weise vernichtet zu werden, oder so wieso zu kurz zu kommen und früher oder später verlassen zu werden oder aber die Liebe von anderen über kurz oder lang wieder zu verlieren.
Der „Gesprächsstil", von dem Deborah Tannen spricht, ist dann vor allem die Art und Weise, wie man solche existentiellen Erfahrungen und Ängste auf unterschiedliche Arten und Weisen in Worte fasst, wobei die Interpretationen der Worte, die man hört, für den dabei entstehenden Selbstausdruck eine bedeutsame Rolle spielen.
Habe ich z. B. aufgrund meiner frühkindlichen Erfahrungen Angst vor „Vernichtung", dann werde ich wahrscheinlich Schwierigkeiten haben,

mich bei schlechter Behandlung durch andere zur Wehr zu setzen, weil meine Angst vor den möglichen Konsequenzen zu groß ist. Wegen der oft unbewussten Angst vor Vernichtung werde ich mir alles Mögliche gefallen lassen. Dies mag auch der Grund dafür sein, dass manche Menschen sich aus einer für sie schmerzhaften und sie sehr belastenden Beziehung nicht oder nur unter großen Schwierigkeiten lösen können.
Wenn ich dagegen Angst davor habe, verlassen zu werden, dann kann ich mich schon eher zur Wehr setzen. Lieblosigkeit ist nicht so schlimm, das kenne ich schon aus meiner frühesten Kindheit, aber ich muss darauf aufpassen, nicht verlassen zu werden.
Ganz anders ist es, wenn ich Angst habe, nicht mehr „geliebt" zu werden. Dann bin ich nicht nur sehr aufmerksam gegenüber „Lieblosigkeiten", sondern auch gegenüber allen Aussagen und Verhaltensweisen, die in meinen Ohren und Augen „Beziehungsbotschaften" enthalten könnten und prüfe diese „Botschaften" genau auf das meiner Ansicht nach darin „enthaltene" bzw. vermutete Gefühl.
„Du hast die ganze Zeit nicht einmal zu mir geguckt."
„Warum hast Du mich nicht gefragt, ob ich mitkommen möchte?"
„Interessiert es Dich nicht, was ich da gemacht habe?"

Um es noch einmal sehr vereinfacht und übersteigert zu sagen:
Menschen mit der Angst, die Liebe der anderen Person zu verlieren, brauchen sehr viel Vergewisserung, dass sie weiterhin geliebt werden.
Menschen mit der Angst, verlassen zu werden, brauchen eher so etwas wie die Sicherheit, dass die andere Person bei ihnen bleibt; wie sie sich ihnen gegenüber verhält, kommt erst an zweiter Stelle. Dagegen gehen Menschen mit der Angst vor Vernichtung gar nicht erst davon aus, dass jemand für sie da ist oder dass sie von jemandem geliebt werden. Sie fühlen sich sozusagen sowieso schon verlassen, weil niemand da ist und sie halten es für ausgeschlossen, dass es auf dieser Welt jemanden geben könnte, der sie liebt. Sie haben Angst davor, verlassen zu sein und Angst davor, wenn ihnen jemand zu nahe kommt, weil sie vermuten, dass ihre Vernichtung droht, wenn sie wieder verlassen werden. Wenn sie den Eindruck haben, dass sich Menschen für sie interessieren, dann tun diese das ihrer Ansicht nur deshalb, weil sie sich davon irgendeinen Nutzen versprechen.
Diese drei Grundängste – natürlich gibt es noch viel mehr – können das eigene Denken und den eigenen Sprachgebrauch sehr beeinflussen und zu sehr unterschiedlichen Gesprächsstilen führen

Leider können verschiedene Gesprächsstile zu schwerwiegenden Missverständnissen zwischen Menschen führen, darauf weist Deborah Tannen in

ihren verschiedenen Untersuchungen immer wieder hin, während sie gleichzeitig versucht, ihren Lesern die Hintergründe verschiedener Gesprächsstile deutlich zu machen und mehr Verständnis für diese Unterschiede zu wecken.
Sie schreibt:

„Nur wenn wir den Gesprächsstil des anderen und die uns zur Verfügung stehenden Möglichkeiten verstehen, können wir anfangen, unser Potential zu nutzen, und dem Gefängnis einer monolithischen Gesprächsnorm entkommen.
Unterschiede im Gesprächsverhalten erklären nicht alle Probleme, die in Beziehungen zwischen Männern und Frauen auftauchen. Beziehungen werden manchmal durch psychische Probleme, durch tatsächliche Liebes–oder Fürsorgedefizite, echten Egoismus und reale Auswirkungen politischer und wirtschaftlicher Ungerechtigkeit bedroht. Aber es gibt auch unzählige Situationen, in denen derartige Vorwürfe grundlos erhoben werden, einfach, weil Partner ihre Gedanken und Gefühle und ihre Ansichten darüber, wie man kommunizieren sollte, anders ausdrücken. Wenn wir die Schwierigkeiten, die mit einem unterschiedlichen Gesprächsverhalten zu tun haben, aussortieren könnten, wären wir eher in der Lage, uns mit wahren Interessenkonflikten auseinanderzusetzen – und eine gemeinsame Sprache zu finden, in der wir darüber verhandeln könnten.“ (Tannen, 1991, S. 17ff)

Allerdings gibt es in dem Modell, welches ich hier vorstelle, im Unterschied zu der gerade zitierten Aussage von Deborah Tannen keine „grundlos“ erhobenen Vorwürfe, denn nach meiner Ansicht gibt es für jede Verhaltensweise einer Person immer innere Gründe, nur dass diese nicht immer bewusst, offensichtlich oder leicht erkennbar sind. Und diese Gründe aus dem eigenen Inneren sind diejenigen, die wesentlich an unserem Interpretieren der Worte der anderen und an unserem eigenen Sprechen und Handeln beteiligt sind.

Insofern ist es zunächst erst einmal wichtig, die eigene Innenwelt so gut wie möglich kennen zu lernen, da diese Innenwelt bestimmt, wie die Angebote der Umwelt interpretiert werden und wie damit umgegangen wird. Bei dieser Art der Betrachtung ist von großer Bedeutung, in jedem Falle eine individuelle Pathologisierung des kommunikativen Verhaltens – sowohl von sich selbst als auch von anderen - zu vermeiden, dennoch sind es oft die persönlichen Muster und Dynamiken, die prägend in die gelernten eigenen „Gesprächsstile“ und in die Interpretationen des jeweils Gehörten eingehen.
Im Unterschied zu Deborah Tannen´s Ziel, Kenntnisse über die Gesprächsstile der anderen zu gewinnen, möchte ich betonen, dass es mir hier vor allem darum geht, den eigenen Gesprächsstil und die darin verborgenen Ängste, Vermeidungen, Erwartungen und Wünsche kennen zu lernen, da-

mit man das vorher Verborgene nicht mehr auf andere Menschen überträgt, sondern die Verantwortung dafür selbst übernehmen kann.
Natürlich kann es nicht nur nicht schaden, sondern ist außerordentlich hilfreich, sich mit den beobachtbaren sprachlichen, mimischen und gestischen Mustern und Dynamiken anderer Menschen auseinander zu setzen und zu versuchen, möglichst viel darüber herauszufinden, wie Deborah Tannen vorschlägt, aber mir geht es hier vor allem um das Bemühen, die eigenen kommunikativen Muster zu erkennen, mit denen wir anderen Menschen ein Kontaktangebot machen oder mit denen wir den Kontakt mit ihnen schwierig gestalten, verweigern oder abbrechen.
Mir ist es deshalb so wichtig, sich vor allem die eigenen kommunikativen Strukturen bewusst zu machen und selbstverantwortlich mit den eigenen verbalen Äußerungen umzugehen, weil wir durch unsere kulturelle Tradition uns eher dazu aufgefordert fühlen, entweder den jeweiligen Anderen für ein Scheitern der Kommunikation schuldig zu sprechen oder selbst die Schuld dafür auf uns zu nehmen. Beides finde ich nicht angemessen. Jede Person drückt sich so aus, wie ihre Selbstorganisation sowie die Produktion und die Strukturierung ihrer Wirklichkeit es ihr in diesem Moment ihres Lebens ermöglichen. Und an diesen Moment schließen sich weitere an, die wir nutzen können, um unsere Unbewusstheit zu verkleinern und damit unseren jeweiligen Zustand entweder zu stabilisieren oder um etwas dazu zu lernen.

Solange man bei Missverständnissen die individuellen Verantwortlichkeiten nicht auch individuell –sozusagen intrapersonal– betrachtet, sondern als interpersonales Verständigungsproblem ansieht, solange bleibt es möglicherweise bei wechselseitigen Anpassungen oder Anschuldigungen, aber es kommt meist nicht zu persönlichen Lernprozessen.

Und solange man die Aufmerksamkeit darauf richtet, welche Interaktionsform das Gegenüber bevorzugt und wie diese zu ändern sei, damit es einem selbst besser geht, solange besteht auch die Gefahr, dass sich die Beteiligten in ein Machtspiel verwickeln.

„Kannst du denn nicht einfach einmal klar sagen, was du willst?“
oder
„Sei doch nicht immer gleich so begeistert?“
oder
„Hör doch endlich mal damit auf, immer alles schwarz zu sehen.“
oder
„So naiv wie du kann man doch nicht sein.“ Usw.

Jedes Mal, wenn eine Person einer anderen signalisiert, die andere solle sich ändern, eröffnet sie ein Machtspiel, welches mit hoher Wahrscheinlichkeit nicht zu gewinnen ist. Menschen wollen so akzeptiert werden, wie sie sich selbst empfinden und setzen Änderungswünschen von anderen – bewusst oder unbewusst– meist großen Widerstand entgegen.

In „Andere Worte, andere Welten" weist Deborah Tannen selber darauf hin, dass es nicht ausreichend sei, unbefriedigende Kommunikation lediglich als Missverständnisse zu interpretieren. Häufig seien solche Kommunikationsprozesse auch Ausdruck von Dominanzstreben oder diskriminierenden Vorurteilen, wobei diese den jeweiligen Sprechern nicht unbedingt bewusst sind. Sie schreibt:

„....denn alle diese WissenschaftlerInnen, wie auch ich, erklären ganz explizit, daß sich die Folgen von Unterschieden im Gesprächsstil nachteilig für Mitglieder von Gruppen auswirken, die in unserer Gesellschaft stigmatisiert werden, und vorteilhaft für diejenigen, die die Macht haben, ihren Auslegungen Geltung zu verschaffen." (Tannen, 1999, S. 18)

Insofern sind in den individuellen kommunikativen Mustern des Sprechens, Hörens und Interpretierens sowohl kulturelle als auch Gruppeninteressen mit einem eventuell dazugehörenden Dominanzstreben enthalten.
Allerdings gilt auch hier ebenso wie in den anderen Bereichen zwischenmenschlicher Interaktion, dass nur die einzelne Person weiß, was ihre eigenen Motive und Impulse sind und wie sie etwas, was sie gesagt hat, gemeint hat. Und ebenso gilt, dass alles, was eine Person in das von anderen Gesagte hineinlegt, eigene Interpretationen sind, die aus dem eigenen Inneren stammen. Dabei kann es selbstverständlich zu Übereinstimmungen kommen, in dem Sinne, dass das Gesagte so verstanden wird, wie es gemeint war. Aber man kann sich auch wechselseitig anlügen und sonst wie ausweichen, um zu verbergen, wie man etwas gemeint hat.
Allerdings haben bestimmte Gesellschaftsschichten oder kulturelle Gruppen Übereinkünfte in Bezug auf bestimmte Interaktionsformen entwickelt, die sich zum Teil erheblich unterscheiden. So darf im Allgemeinen eine Frau nicht so reden wie ein Mann, wenn sie nicht Irritationen und Ablehnungen durch ihre Umwelt in Kauf nehmen will.

Trotzdem könnte man folgendes sagen: Wenn eine Person mit einer anderen beginnt zu reden, dann ist – bis auf die geschlechtstypisierten, gesellschaftlichen und kulturellen Vorentscheidungen und die Frage, wer die

Macht hat und wer von wem was will – äußerlich zunächst nichts weiter vorgegeben.
Jede Person bringt sich in die Interaktion mit ihrer gesamten Vorgeschichte und ihren momentanen Wünschen und Hoffnungen ein und ist abhängig davon, wie ihr Gegenüber damit umgeht. Und damit Menschen ihre Liebe zu anderen zeigen oder spüren können, dass ein anderer Mensch sie liebt, braucht es viel Aufmerksamkeit, Neugier und liebevolle Akzeptanz, die nicht nur jeweils im eigenen Inneren verborgen bleiben können, sondern die sich die Beteiligten im Prozess der Interaktionen auch wechselseitig mitteilen sollten.
Mehr oder weniger häufig stellt sich in der entstehenden Wechselwirkung eine – meist unbewusste - Dynamik zwischen den beteiligten Personen her, durch die dann für eine gewisse Zeit der weitere Verlauf der Interaktion bestimmt wird und die sich konstruktiv, aber auch destruktiv auswirken kann.
Letzteres kann meist nur dadurch durchbrochen werden, dass wenigstens eine der beteiligten Personen sich ihrer eigenen Dynamik bewusst wird und bereit ist, sie im Zweifelsfalle zu unterbrechen, wie im folgenden Beispiel:

Britt ist eine Frau, welche die Verhaltensweisen und Aussagen anderer Menschen leicht als Ablehnung interpretiert und sie weiß es. Am Tag vor ihrem Geburtstag fragt sie Anne, eine Freundin, die im gleichen Haus wohnt, wann sie am nächsten Tag aus der Schule käme. Anne sagt, sie käme erst sehr spät nach Hause. Britt wollte Anne eigentlich bitten, die vorbestellten Brötchen für die Feier am Abend vom Bäcker abzuholen, interpretiert aber Annes Antwort als Botschaft, sie habe keine Zeit und keine Lust, ihr zu helfen. Sie fühlt sich getroffen und verletzt und wird ärgerlich darüber, dass Anne ihr noch nicht einmal gesagt hat, zu welcher Uhrzeit sie aus der Schule käme. Aber da sie ihr Muster kennt, fragt sie Anne, wie sie den Satz, sie käme erst sehr spät, gemeint habe. Und Anne sagt ihr, sie habe die ganze Zeit darüber nachgedacht, wie sie es bewerkstelligen könnte, bei den Vorbereitungen zu helfen, aber sie wäre immer wieder bei dem Gedanken hängen geblieben, dass sie einfach zu spät aus der Schule käme, um noch eine wirkliche Hilfe zu sein, deswegen hätte sie das so gesagt. Sie hätte Britt so gerne geholfen. Britt kamen die Tränen vor Erleichterung und Rührung; ihre schnelle Interpretation aufgrund ihrer eigenen frühen Erfahrungen, allein und ohne Unterstützung im Leben zurechtkommen zu müssen, traf in diesem Falle nicht zu. Britt hätte dieses aber nicht herausgefunden, wäre sie nicht bereit gewesen, die Verantwortung für ihre eigene Dynamik zu übernehmen und bei der Freundin noch einmal nachzufragen.

Ohne dieses Nachfragen wäre die nachfolgende Interaktion wahrscheinlich ziemlich schief gelaufen. Wenn zum Beispiel Britt mit entsprechender Betonung gesagt hätte: „Wenn du so spät kommst, meinst du, dass du dann überhaupt noch Zeit hast, zu meiner Party zu kommen?" oder „Für alles andere hast du Zeit, aber wenn eine Freundin dich wirklich braucht, ist dir alles andere wichtiger." oder „Macht gar nichts, ich kriege meine Sachen für die Party auch ohne dich organisiert.", beziehungsweise etwas ähnliches, dann könnte Anne entsprechend irritiert, frustriert oder ärgerlich reagieren.

Natürlich könnte auch Anne versuchen, anschließend dass offensichtliche Missverständnis aufzuklären, aber das erforderte Britts Bereitschaft, ihr zuzuhören. Aber auch für Anne wäre dieses schwierig, denn weil Anne überhaupt nicht damit rechnet, dass Britt auf ihren Satz, sie käme erst ziemlich spät aus der Schule, aggressiv reagiert, könnte sie entsprechend irritiert oder ärgerlich sein. Ihr Wunsch, sich freundlich in bezug auf die Vorbereitungen für die Party auszutauschen, wäre nicht erfüllt worden.

Deborah Tann schreibt in Bezug auf die Wirkungen solcher unerwünschten eskalierenden Interaktionen:

> „Ein perfekt verlaufendes, harmonisches Gespräch hat etwas mit unseren Vorstellungen von Normalität und geistiger Gesundheit zu tun – es ist eine Bestätigung unserer individuellen Menschlichkeit und unseres Platzes in der Welt. Und nichts ist so tief beunruhigend wie ein Gespräch, das in die Irre geht: Wenn wir merken, dass unsere Worte ganz anders aufgefasst werden, als wir sie meinen; wenn wir hilfsbereit sein wollen und für aufdringlich gehalten werden; wenn wir rücksichtsvoll sein möchten und man uns kalt nennt; wenn wir versuchen, dem Gespräch einen angenehmen Rhythmus zu geben, damit es mühelos dahingleiten kann, nur um uns dann wie ein Gesprächstrampel zu fühlen, das den Takt nicht halten kann – solche Fehlschläge im Gespräch untergraben das Vertrauen in die eigenen Fähigkeiten und den Glauben, ein netter, normaler Mensch zu sein. Wenn das ständig passiert, kann es unser seelisches Gleichgewicht schwer erschüttern." (Tannen, 1994, S. 19ff)

Würden Britt und Anne sich öfter missverstehen, denn auch Anne hat ihre eigenen persönlichen Dynamiken, die ihr Sprachverhalten beeinflussen, dann wäre ihre Freundschaft möglicherweise bald beendet. Anne weiß zum Beispiel von sich, dass ihre eigenen Vorstellungen und Wünsche stärker in ihre Interaktionen eingehen als die von ihr gehörten Fragen und Aussagen ihres Gegenübers. Und ein bestimmter Wunsch ist bei ihr häufig im Vordergrund ihres Bewusstseins, sie will helfen. Sie ist eine Problemlöserin. Sie ist im Zweifelsfalle sogar bereit, Probleme eines Menschen zu lösen, von denen dieser noch gar nichts ahnt. Und weil sie dieses weiß, hat sie sich angewöhnt, nicht sofort eine Problemlösung anzubieten, sondern im Zweifelsfalle bei der anderen Person nachzufragen, warum diese etwas fragt oder sagt oder was diese von ihr möchte.

Nun könnte man ja annehmen, dass Menschen, wenn sie längere Zeit miteinander zu tun haben, allmählich erkennen, welches die Muster oder Dynamiken der anderen sind, und sich darauf einstellen, so dass es nicht mehr zu gravierenden Missverständnissen beziehungsweise zu belastenden psychischen Verfassungen der Gesprächsteilnehmer kommt. Aber das scheint nicht der Fall zu sein.
Deborah Tannen schreibt dazu:

„Wir denken oft, dass Paare, die zusammenleben und einander lieben, schließlich den Gesprächsstil der/des jeweils anderen verstehen müssen. Die Forschung hat allerdings gezeigt, dass wiederholte Interaktion nicht auch unbedingt zum besseren Verständnis führen muß. Im Gegenteil, sie kann verkennende Urteile über die Absichten der/des anderen verstärken und die Erwartungen erhöhen, dass die andere Person sich wieder so verhalten wird. Wenn sich unterscheidende Stile schon früher zu dem Eindruck geführt haben, dass die/der PartnerIn stur, unvernünftig oder unkooperativ ist, wird auch weiterhin ein ähnliches Verhalten erwartet." (Tannen, 1999, S. 204)

Dieses Forschungsergebnis macht noch einmal deutlich, dass es offensichtlich von großer Bedeutung ist, sich mit den eigenen Mustern, den eigenen Dynamiken und dem eigenen Sprachverhalten auseinander zu setzen. Der Fokus auf den Sprachstilen von anderen, die man als störend, belastend oder ungenügend erlebt, aktiviert zunächst nur die eigene Unzufriedenheit und verfestigt häufig bereits vorhandene negative Vorurteile. Trotzdem bleibt die Frage interessant, warum dies so ist.
Es gibt sicher eine Reihe von möglichen Gründen. Neben fehlender Wunscherfüllung könnte einer der Gründe die von den meisten Menschen in unserer Kultur verinnerlichte „Täter-Opfer-Struktur" sein, mit deren Hilfe wir unsere Wirklichkeit so strukturieren können, dass wir uns in Konfliktsituationen als passiv, unschuldig und gut und die Anderen als aktiv, schuldig und böse einordnen können und uns gleichzeitig im Rechthaben üben.
Doch bei kommunikativen Prozessen handelt es sich – außer es gibt zwischen den Beteiligten Herrschaftsverhältnisse unterschiedlicher Art – um Wechselwirkungsprozesse, an denen alle Interaktionspartner in gleicher Weise selbstverantwortlich beteiligt sind.

Und es sind nicht nur die Worte, die in kommunikativen Prozessen eine Rolle spielen. Es scheint so zu sein, dass Mimik, Gestik, Stimmhöhe und

Sprachmelodie usw. zu mehr als zwei Dritteln am Prozess des „Verstehens“ beteiligt sind, die verbalen Aussagen machen dagegen weniger als ein Drittel dessen aus, was für die einzelnen Gesprächspartner in Interaktionen bedeutsam ist.

Das bedeutet jedoch, dass es nicht ausreicht, sich nur die eigenen emotionalen und mentalen Muster und Dynamiken bewusst zu machen, sondern auch den damit einhergehenden eigenen körperlichen Ausdruck wahrzunehmen: Wie und mit welchem Gesichtsausdruck sieht man die andere Person beim Sprechen an, wie gestikuliert und mit welcher Körperhaltung redet man, und wie fühlt und hört sich die eigene Stimme an usw.. Man kann nicht mit ausgestreckten Beinen und im Sessel zurückgelehnt seinem Gegenüber eine Liebeserklärung machen; man kann nicht mit nach oben gebogenen Füßen und Zehen und nach außen gestreckten Handflächen dem Gegenüber sagen, man freue sich auf einen gemeinsamen Urlaub. Menschen sind sehr sensibel in bezug auf die mimischen und sonstigen körperlichen Signale und in Bezug auf die Töne, die Melodie, die Disharmonien und die Lautstärke von Stimmen. Die Qualität von Stimmen und die subjektiv empfundene Bedeutung von Geräuschen der menschlichen Stimme werden zusammen mit ihren emotionalen Botschaften schon in sehr frühem Alter gespeichert und entfalten ihre Wirkungen – solange sie nicht noch einmal reflektiert werden – manchmal bis in hohe Alter.

Solange wir allerdings nicht gelernt haben, dass uns das Innenleben der anderen Menschen für immer verschlossen bleibt und wir nur raten können, was in einer anderen Person vor sich geht, solange werden wir die verbalen und nonverbalen Signale anderer Menschen interpretieren und denken, es sei die Wahrheit, anstatt nachzufragen, und uns dementsprechend häufig irren.

Als meine Kinder noch sehr klein waren, sahen mich beide eines Tages an und meine Tochter fragte: „Was guckst Du denn immer so böse?“ Mir war nicht bewusst, dass ich so guckte. „Ich bin nicht böse, ich denke nur an Geld“, antwortete ich, „weil ich mir Sorgen mache.“ Von da an fragten mich meine Kinder, wann immer ich meine Augenbrauen zusammenzog, „Denkst Du wieder an Geld?“ Allmählich lernten sie, dass es viele Gründe gibt, die Augenbrauen zusammenzuziehen oder die Stirn zu runzeln. Die Signale können sich ähneln, aber die damit ausgedrückten Empfindungen, Impulse, Intentionen und Gedanken sind meistens von Person zu Person verschieden. Unabsichtliche und absichtliche Missverständnisse, destruktiv wirkende Interaktionen und einseitige Versuche, das jeweilige Gegenüber zu dominieren, zu beleidigen oder zu missachten usw. wird es wahrscheinlich immer geben, aber wir haben es in der Hand, wie wir mit solchen Versuchen anderer umgehen wollen. Dazu gehört – wie gesagt – eine bewusste

Wahrnehmung der eigenen inneren Prozesse und der eigenen körperlichen Signale, die man im Zusammenhang mit zwischenmenschlichen Interaktionen aussendet. Das ist keine leichte Aufgabe, aber leichter zu bewältigen als das Raten innerer Prozesse des Gegenübers.

Valentino sagt mit ernster Stimme: „Du erwartest viel zu viel. Akzeptanz von Andersartigkeit, Bewusstheit der eigenen inneren Prozesse, Leben mit Unbestimmtheit und Neugier und all das. Zuviel, einfach zuviel." Irgendwie hat er recht. Ich suche nach einem Beispiel, bei dem ein solcher Prozess der wechselseitigen Akzeptanz von Unterschiedlichkeit usw. funktioniert hat. „Weißt du", sage ich zu Valentino, „es gibt ein System, in dem es wenigstens einigermaßen möglich war, unterschiedliche Wahrheiten zuzulassen und neugierig weiter darüber zu diskutieren und zu forschen, um herauszufinden, welche der verschiedenen Wirklichkeiten das beste Potential hat, Probleme der Welt zu lösen." Valentino ist immer noch sehr skeptisch. „Ich kann es kaum glauben, wer hat denn das hingekriegt?" „Die Wissenschaftler", sage ich, „und die Wissenschaftlerinnen", füge ich schnell noch hinzu. „Sie sind immer wieder dabei, innerhalb eines Rahmens Regeln und Verfahren, Experimente und Kontrollmöglichkeiten zu entwickeln, um die Wahrheitsgehalte ihrer Aussagen in ihrem Modell zu überprüfen. Und für wahr wird etwas dann von allen gehalten, wenn alle die Möglichkeiten haben, die Behauptungen innerhalb und in Bezug auf die verwendeten Modelle zu prüfen. Wissenschaft ist ein System mit einer bestimmten Ethik und diese Ethik enthält die Aufforderung, unterschiedlichen Wirklichkeiten oder Modellen erst einmal und manchmal für lange Zeit ein Recht auf Existenz zuzugestehen, selbst wenn sie sich widersprechen." Valentino ist nicht überzeugt. „Dafür habe ich aber einige Wissenschaftler ganz schön streiten gehört und nach dem, was du mir erzählt hat, glauben viele fest daran, dass nur sie recht haben und die anderen unrecht und waren nicht bereit, - hast du selbst erzählt - , anderen eine eigene wissenschaftliche Wirklichkeit zuzugestehen. Aber wenn du noch andere kennst, für die diese Einschränkung nicht gilt, dass würde mich freuen."
Und dann fügt er - mit ganz böser, ziemlich grollender Stimme – hinzu: „Ich nehme an, du weißt, das Wissenschaftler viele der neurophysiologischen Untersuchungen an Katzen machen. Sie bohren ihnen den Kopf auf und untersuchen die Aktivitäten einzelner Nervenzellen, von den ganzen anderen Tierversuchen an Affen, Ratten und vielen anderen Lebewesen will ich jetzt gar nicht reden. Das sind deine Wissenschaftler und ihre Ethik."
Ich bin ganz betroffen. „Es tut mir so leid", sage ich und streichele seinen Kopf, „Du hast Recht, die Ethik der Wissenschaft bezieht – wenigstens zur Zeit – die Achtung vor anderen Lebewesen noch nicht immer mit ein. Aber

es gibt neue Ansätze, und im Prinzip ist das international verbreitete System der Wissenschaft ein ganz guter Ansatz dafür, wie man mit Andersartigkeit, mit Differenzen und unterschiedlichen Wirklichkeiten von Menschen konstruktiv umgehen kann."
„Ich glaube nicht daran, dass Menschen es lernen können, andere Menschen zu akzeptieren, deren Wirklichkeiten ganz anders sind als ihre eigene. Sie hatten viele Jahrhunderte dazu Zeit und haben es nicht gelernt", sagt Valentino
„Aber es gab immer wieder Menschen, die es konnten oder die es gelernt haben", widerspreche ich ihm, „und ich denke, in einer globalen Welt mit so vielen verschiedenen Kulturen und Religionen müssen wir es lernen, wenn wir miteinander in Frieden leben wollen." „Ja, meinst du denn im Ernst, dass solche Notwendigkeiten irgendetwas bewirken können", fragt Valentino. „Wenn ich ehrlich bin",... „Ich bitte darum", unterbricht mich Valentino. Und ich rede weiter: „Also, wenn ich ehrlich bin, dann habe ich auch ganz große Zweifel, dass wir Menschen dazu in der Lage sein werden. Aber es wäre gut, wenn wir es lernen würden."
„Das wäre wirklich wunderbar", meint Valentino, aber er klingt traurig und skeptisch. Ich bin es auch. Wir schweigen beide eine lange Zeit. Und dann frage ich ihn, ob er Lust hat, ein bisschen mit mir zu spielen? Empört sagt er: „Du willst im Ernst diese Fellmaus an einer Strippe vor mir auf und abtanzen lassen und ich soll dann springen und versuchen sie zu fangen? Mach dich doch nicht lächerlich, ich weigere mich." Aber dann spielt er doch mit mir.

Selbstorganisierende dynamische Entwicklungen in kommunikativen Prozessen

Wie Menschen sich oft unbewusst ergänzen und helfen wollen

Valentino liegt in der Fensterbank in der Nähe meines Schreibtisches und guckt mich an, zwischendurch schließt er – ebenso wie ich – langsam die Augen und öffnet sie dann wieder, ebenso langsam. Innerlich fühlt sich das für mich ganz zärtlich an.

„Valentino, ich bin so froh, dass du so bist, wie du bist. Du sprichst nur, wenn du mir etwas sagen willst und nicht, um einfach nur Kontakt zu haben, weil du dich einsam fühlst, wie deine Freundin, die redselige Siamesin. Du gehst achtsam mit allem um, was dich umgibt. Du machst mir sehr deutlich, was du willst und ich muss nicht herumraten. Du tust, was du willst und dadurch ist es auch für mich leichter, zu tun, was ich will. Du bist aufmerksam und zärtlich ...“ „Ist schon gut“, unterbricht er mich, „ich weiß, ich bin einmalig. Aber die Frage ist doch, warum? Warum bin ich einmalig, warum bist du einmalig, warum ist jedes Lebewesen einmalig und anders als jedes andere. Das muss doch einen Sinn haben?“

„Ich weiß es nicht. Ich weiß noch nicht einmal, ob es überhaupt so etwas wie Sinn in unserer Welt gibt. Aber du kannst dir selbstverständlich jeden Sinn ausdenken, den du möchtest. Vielleicht sind alle so verschieden, damit du dich nicht langweilst, oder Geschichten hören kannst, die dir neu sind, oder damit dir jemand einen Witz erzählen kann, den du noch nicht kennst, oder damit dich andere auf die Dinge aufmerksam machen können, die dir nicht aufgefallen sind, ...“ „Hör auf“, unterbricht mich mit Valentino, „ Du verhältst dich ja schon so wie die redselige Siamesin. Also weißt du es nun oder weißt du es nicht?“

„Nein, ich weiß es nicht, ich vermute nur etwas“, sage ich. Valentino sieht mich an und gähnt ausgiebig. „Und du möchtest, dass ich mir deine Vermutung anhöre, darüber nachdenke und mir dir darüber rede“, fragt er mich und ich bestätige ihm, dass ich das richtig gut fände. Valentino erhebt sich und sagt beim Weggehen: „Erst einmal will ich mich ein bisschen draußen im Garten ausruhen und vielleicht auch ein bisschen schlafen. Danach tue ich vielleicht, was du möchtest. Wenn ich das dann auch möchte“, fügt er noch hinzu. „Selbstverständlich nur dann“, sage ich und betrachte Valentino, wie er von dannen schreitet.

Die Selbstorganisation ist auch in Interaktionen von großer Bedeutung, ohne dass es den Menschen unbedingt bewusst ist. Dabei spielen vor allem zwei Prozesse ein Rolle: Wechselseitige Ergänzung und wechselseitige Bekämpfung, zwei Prozesse, die als Kooperation und Konkurrenz in der

Evolution eine bedeutsame Rolle spielen, die aber im Umgang von Menschen miteinander ohne angemessene Bewusstheit zu Missverständnissen führen und großen Schaden anrichten können.
In kooperativen oder auch symbiotischen Prozessen stellen Lebewesen sich wechselseitig das zur Verfügung, was sie zum Leben brauchen. Ähnliches geschieht auch in vielen kommunikativen Dynamiken zwischen Menschen, nur werden die dabei ablaufenden Prozesse in vielen Fällen anders interpretiert.

Wir haben ebenso wie andere Lebewesen offensichtlich eine Tendenz, Prozesse zu vervollständigen oder – anders ausgedrückt – Gestalten zu schließen, denn wenn wir nicht ein inneres Bestreben hätten, angefangene Aufgaben auch zu Ende zu führen, wäre unser Überleben in Gefahr. Wir haben sowohl die Tendenz, Prozesse bei anderen zu beenden, das unterstützt zunächst - sofern wir dieses nicht missverstehen – kooperatives Verhalten, als auch eigene Prozesse bei uns selbst zu beenden und das kann konkurrenzorientiertes Verhalten unterstützen. Mit konkurrenzorientiertem Verhalten kennen wir in unsrer Kultur gut aus, es gibt nichts, um das wir nicht konkurrieren könnten. Schwieriger ist es mit kooperativem Verhalten, also wenn es darum geht, Prozesse bei anderen zu ergänzen und zu vervollständigen. Diese missverstehen wir häufig ebenfalls als eine Aufforderung, mit unserem Gegenüber in Konkurrenz zu treten oder es auf eine andere Weise zu bekämpfen. Aber auch hier geht es darum, etwas dazu zu lernen und in solchen Situationen die Notwendigkeit zu kooperieren nicht nur zu erkennen, sondern auch danach zu handeln. Dabei ist allerdings zusätzlich entscheidend, auf welche Weise dieses geschieht, denn sowohl Kooperation als auch Konkurrenz können eskalierende Prozesse zur Folge haben. Deswegen ist im Einzelfall immer die Besonderheit der entstehende Dynamik zu beachten und welche Prozesse eskalierend und welche de-eskalierend auf sie wirken.
So schließt ein Tier, welches seine Nachkommen versorgt, die offene Gestalt des Hungrigseins bei seinen Jungen. Eines, welches mit seinem Jagdverhalten dem Rudel hilft, Beute zu machen, hilft im wahrsten Sinne des Wortes, die Lücke zu schließen, durch die die Beute flüchten könnte.
Anders ausgedrückt, kooperatives Verhalten dient dazu, die angefangenen Prozesse von anderen zu vollenden. Das Gegenüber hat Hunger, es wird gefüttert, die von anderen gejagte Beute wird an der Flucht gehindert, die Gruppe hat Durst, das wissende Leittier führt sie zu einer Wasserquelle usw. Es gibt viele Beispiele kooperativen Verhalten überall im Tier - und Pflanzenreich, selbst bei Kleinstlebewesen, Bakterien und Zellen kann man sie finden, und sie alle helfen den an der Kooperation beteiligten Lebewe-

sen zu überleben. Auch in der Wissenschaft ist man verstärkt auf die Bedeutung von Kooperation und Symbiose zwischen Lebewesen aufmerksam geworden, und einige WissenschaftlerInnen glauben inzwischen, dass Kooperation und Symbiose die treibenden Kräfte der Evolution sind und eine sehr viel stärkere Wirkung hatten und haben, als die zeitweise von Darwin und anderen favorisierte mit Hilfe von Mutationen mögliche werdende natürliche Auslese im Sinne des „Survivals of the fittest". Auch bei sich selbst kann man offene Gestalten durch „kooperatives Verhalten sich selbst gegenüber" schließen. Man bemerkt, dass man hungrig, durstig oder müde ist und sorgt dafür, dass man etwas isst, trinkt oder sich ausruht. Mit solchen Handlungen schließt man die eigenen offenen Gestalten. Auch die in einem selbst entstehenden Gefühle, wie Ärger, Wut, Angst, Verzweiflung, usw. können als offene Gestalten betrachtet und mit Hilfe von Realitätsprüfungen (Gibt es momentan ernst zu nehmende Gründe für Ängste? Was habe ich bekommen und was will ich haben und kann ich auf eine Wunscherfüllung verzichten? Bin ich vollständig hilflos oder finde ich doch noch eine Idee für eine neue Lösung des mir im Moment unlösbar erscheinenden Problems?) und mit Hilfe von Verzicht und Trauer über die nicht erfüllten oder erfüllbaren Wünsche geschlossen werden.
Wenn ich immer wieder mit einem Schicksalsschlag, einer Krankheit, einem Betrug oder mit dem Verhalten von anderen Personen hadere, wenn ich bestimmten Gefühlen, wie Eifersucht, Neid, Schmerz und Trauer aufgrund vergangener Ereignisse immer wieder Raum in mir gebe, dann bin ich nicht bereit, die zugehörige Gestalt zu schließen. Ich schließe den Prozess nicht ab, ich akzeptiere nicht, dass etwas so war, wie es war oder so ist, wie es ist. Stattdessen halte ich die Gestalt offen und leide weiter. Auch dafür - nämlich die Verbindung zur „Vergangenheit" zu verfestigen und den Blick nicht in die Gegenwart und Zukunft zu richten - können Menschen „gute" Gründe in sich tragen, nur lassen sich diese häufig nur schwer herausfinden.
Bin ich dagegen bereit, die offene Gestalt zu schließen, kann ich mich wieder den gegenwärtigen und den zukünftigen Möglichkeiten zuwenden.

Man kann Gestalten mit und ohne die Mithilfe von anderen und auch gegen die Interessen anderer Lebewesen schließen: Z.B. andere von der Beute zu verjagen, um sie für sich selbst zu behalten, unerwünschte Mitesser aus dem Nest zu werfen, um Reviere zu kämpfen, oder die Nachkommen anderer zugunsten eigenen Nachwuchses zu töten usw., kurz gesagt, mit anderen Lebewesen um Ressourcen aller Art zugunsten eigener Interessen zu „konkurrieren". Dabei kann man solche Prozesse nicht nur bei Pflanzen und Tieren, sondern auch bei Menschen beobachten.

Nun kann man im Grunde bei Lebewesen, deren Handlungen mit großer Wahrscheinlichkeit nicht bewusst gesteuert werden, nicht von Kooperation oder Konkurrenz sprechen. Ich tue dies hier nur, um auf beobachtbare strukturelle Ähnlichkeiten hinzuweisen, deren Bedeutung wir für menschliches - in Grenzen bewusst steuerbares – Verhalten neu interpretieren sollten.

Die meisten Menschen kennen die Faszination von Rätseln oder Denksportaufgaben, sie stellen offene Gestalten dar und wir wollen sie schließen. Manche Menschen können ihr Denken von der sie faszinierenden Aufgabe kaum wieder ablösen, sie haften an ihr – wie Buddhisten sagen würden – und haben oft große Schwierigkeiten, diese Anhaftung wieder los zu werden, damit ihnen der Vordergrund ihres Bewusstsein wieder für neue Aufgaben zur Verfügung steht. Manchmal kann der Sog einer von anderen erzeugten offenen Gestalt so groß werden, dass Menschen ihr Leben dafür opfern, nur um sie zu schließen. Es gibt Menschen, die nur mit Mühe einem versuchten Mord entgangen sind, die sich irgendwann später selbst töten und vielleicht so die vom Mörder angefangene Gestalt schließen. Und „Mord" kann man hier in einem sehr umfassenden Sinne verstehen: Auch Menschen, denen von anderen das Recht auf ihr ganz persönliches Leben auf unterschiedliche Weise negiert worden ist, entwickeln häufig eine Tendenz, sich selbst umzubringen. Natürlich kann man einwenden, eine solche Erklärung sei viel zu einfach, aber eines hat die Auseinandersetzung mit nicht linearen dynamischen Systemen ergeben: Sehr einfache Prinzipien oder Bildungsgesetze können zu sehr unterschiedlichen und höchst komplexen Ergebnissen führen. Und deswegen möchte ich das Prinzip, um das es mir hier geht, noch einmal wiederholen: Menschen haben die Tendenz, angefangene Prozesse oder offene Gestalten oder Lücken, denen sie begegnen, durch ihre eigenen Handlungen zu schließen. Die dadurch mögliche Kooperation tritt allerdings nur dann ein, wenn diese Handlungen nicht dazu führen, dass eines der beteiligten Systeme benachteiligt wird und wenn es nicht – wegen fehlender negativer Rückkopplung - zu großen Ungleichgewichten kommt, an denen das entstandene Gesamtsystem wieder zerbricht. Denn wenn der Prozess zu Benachteiligungen oder starken Ungleichgewichten zwischen den ursprünglichen Systemen führt, handelt es sich nicht mehr um Kooperation, sondern um Konkurrenz und das Gesamtsystem geht kaputt und zerfällt wieder in die Einzelsysteme.

Wünsche, Probleme oder andere offene Gestalten sind die Voraussetzungen für das Entstehen von Kooperation und von Konkurrenz.

Wenn ich nichts über Prozentrechnung weiß und nun jemanden treffe, für den das Rechnen in Prozenten kein Problem ist, dann habe ich jemanden gefunden, der diese Lücke bei mir schließen kann. Damit es dazu kommt,

sind mehrere Schritte notwendig: Erstens brauche ich für mich die innere Bereitschaft, diese Lücke schließen zu wollen und zweitens muss ich die andere Person fragen, ob sie bereit ist, mir dabei zu helfen. Diese darf nun – wenn sie kooperieren möchte - nicht die Gelegenheit benutzen und den Versuch machen, sich über mich zu stellen, mich auszulachen oder zu demütigen oder mir mitzuteilen, so was müsse man eigentlich können und mit mir zu konkurrieren. Stattdessen kann sie entweder versuchen, mit mir dadurch zu kooperieren, dass sie sich bemüht, mir das Rechnen mit Prozenten beizubringen oder sie kann mir diesen Wunsch – wie und aus welchen Gründen auch immer – abschlagen. Dann werde ich jemand anderen finden müssen, der mir die Prozentrechnung erklärt, wenn ich diese Gestalt schließen will.
Derselbe Prozess gilt für viele Beispiele des täglichen Lebens. Jemand weiß den Weg nicht; jemand ist unsicher, wie er etwas erfolgreich zu Ende bringen kann; jemand will etwas einkaufen oder seine Wohnung einrichten; seinen Beruf wechseln oder einen Konflikt mit seinen Kindern, seinem Chef oder seinen Freunden lösen, usw., stets gibt es für andere die Möglichkeit, sich kooperativ in Bezug auf das Schließen dieser Gestalten zu verhalten oder sie als Konkurrenzsituation zu interpretieren und für die eigenen Interessen auszubeuten.
Die zugehörigen kommunikativen Prozesse sind jeweils sehr verschieden.

„So kannst Du doch mit Deinem Kind nicht umgehen, Du bist viel zu inkonsequent. Ich habe meinen Kindern schon früh beigebracht, dass sie gehorchen müssen."

„Du musst Dich nicht wundern, dass Dein Auto schon wieder kaputt ist, Du hättest Dir, so wie ich, gleich ein neues kaufen sollen."

„Das war doch zu erwarten, dass Du die Prüfung nicht bestehst. Du hast Dich einfach falsch vorbereitet. Man muss doch nicht alles verstehen. Ich habe einfach die wichtigsten Sachen auswendig gelernt."

Mit solchen Sätzen sagt man ganz deutlich, dass man etwas besser kann als das Gegenüber und wertet sich auf Kosten des Gegenübers auf. Man versucht, in einer Konkurrenzsituation zu gewinnen und in vielen Fällen gelingt dies auch.

Kooperation sieht anders aus. Zu Kooperation muss man allerdings in der Lage sein: zum Beispiel wirklich etwas davon verstehen, wie man Kinder angemessen fördert; wie man auch bei gebrauchten Autos erkennen kann, ob sie in Ordnung sind und wie man dafür sorgen kann, dass ein kaputtes Auto preiswert repariert wird oder wie man sich erfolgreich auf eine Prüfung vorbereitet. Man kann jeden beliebigen Satz eines anderen Menschen dazu benutzen, um konkurrenzorientiert darauf zu reagieren. Kooperativ mit dem umzugehen, was ein anderer Mensch sagt, ist schon sehr viel schwerer. Aber es geht mir hier um ganz bestimmte Dynamiken zwischen Menschen, und zwar solche, die sich dadurch entwickeln, dass in den beteiligten Personen Anziehungs- oder Abstoßungskräfte entstehen, denen diese nur schwer widerstehen können.

Hat ein Mensch zum Beispiel als Kind die Erfahrung gemacht, von anderen Menschen beherrscht und kontrolliert worden zu sein und will er als Erwachsener auf jeden Fall verhindern, dass ihm dieses wieder geschieht, so kann er das besonders effektiv dadurch machen, dass er selbst versucht, andere Menschen zu dominieren oder zu kontrollieren. Trifft ein solcher Mensch mit seinem Wunsch, andere zu beherrschen oder zu kontrollieren, nun auf einen anderen, der sich unsicher fühlt, der nie lernen konnte, eigene Orientierungen zu entwickeln und seine eigenen Interessen zu vertreten, so entwickelt sich zwischen diesen beiden meist eine Dynamik, in der die eine Person die andere dominiert oder kontrolliert und die andere sich unterwirft. Sie findet sich häufig zwischen Mann und Frau, weil sie durch eine entsprechende Geschlechtstypisierung unterstützt wird.
Je dominanter ein Partner in der Dynamik auftritt, desto größer wird oft die Angst bei dem anderen Partner und umso geringer werden die Chancen, sich gegen die versuchte Fremdherrschaft oder die Kontrollwünsche aufzulehnen. Wenn man sich nun die Partner dieser Dynamik genauer betrachtet, so hat jeder der Beteiligten etwas, was dem anderen fehlt: Die eine Person weiß, was sie will und kann sich durchsetzen. Die andere Person weiß nicht, was sie will, braucht Orientierung von anderen und hat Angst davor, sich aufzulehnen oder glaubt vielleicht sogar, sie könne durch Unterwerfung die Zuneigung der sie dominierenden oder kontrollierenden Person bekommen.
Die Dynamik „Dominanz/Kontrolle – Unterwerfung" ist eine, die über kurz oder lang zerbricht, weil Menschen den Verlust ihrer Autonomie im Grunde nicht ertragen können und unterschwellig und irgendwann vielleicht auch direkt aggressiv gegenüber den Personen werden, die ihnen ihre Eigenständigkeit streitig machen wollen. Wenn aber das kooperative Potential dieser Dynamik genutzt würde, könnte die „dominierende" Person von der anderen lernen, wie man nachgibt und Kompromisse schließt, während die sich „unterwerfende" Person von der dominierenden lernen könnte, wie man seine eigenen Intentionen versuchen kann zu realisieren und wie man

gestaltend in seine Umwelt eingreifen kann. Dazu aber müssten die Beteiligten die zwischen ihnen herrschende Dynamik erkennen und begreifen, dass sie voneinander unterschiedliche, aber für jeden von beiden wichtige Fähigkeiten lernen können. „Kooperation“ heißt hier also nicht, einfach die wechselseitigen Bedürfnisse zu erfüllen - dieses würde sich durch die damit einhergehenden positiven Rückkopplungen auf unterschiedliche Weise problematisch für die beteiligten Personen auswirken – sondern „Kooperation“ bedeutet, der jeweils anderen Person das zur Verfügung zu stellen, was der anderen Person zur Vervollständigung des eigenen Selbst fehlt.

Ähnlich ist es mit der Dynamik, in der eine Person – aus welchen Gründen auch immer - versucht, möglichst unabhängig von anderen zu sein und zu bleiben und niemanden brauchen will, während die andere Person sich abhängig und bedürftig fühlt und eventuell sogar glaubt, ohne die andere Person nicht leben zu können und sich gleichzeitig dringend wünscht, auch von der anderen Person gebraucht zu werden.
Bei dieser Dynamik „Unabhängigkeit - Abhängigkeit“ oder der Dynamik „Distanz - Verbundenheit“ werden bereits einige Aspekte der darin verborgenden Chancen für kooperatives Verhalten deutlich, weil hier häufig die abhängige Person – wenn sie nicht nur leidet - gegen den Widerstand der sich distanziert haltenden Person darum kämpft, dass die sich unabhängig gebärdende Person endlich einräumt, dass auch sie andere Menschen braucht und dass sie sich mit der Betonung der eigenen Autonomie selber etwas vormacht. Auch hier könnten beide etwas voneinander lernen: Die „distanzierte“ Person könnte lernen, wie man auch in Situationen, in denen man sich abhängig fühlt, autonom bleiben kann und dementsprechend zu seiner eigenen Abhängigkeit zu stehen. Die „bedürftige“ Person könnte lernen, wie man überleben kann, wenn man allein ist und die eigenen Wünsche nach Verschmelzung oder Symbiose nicht erfüllt werden. Aber meistens kommt es nicht zu wechselseitigen Lernprozessen, sondern eher zu frustrierenden Auseinandersetzungen, zu Vorwürfen, Rückzügen, Resignation und Gefühlen von Einsamkeit und Verlassenheit. Auch hier kann es erst dann zu wechselseitigen Lernprozessen kommen, wenn die Beteiligten die zwischen ihnen herrschende Dynamik begreifen und ihnen bewusst wird, dass das jeweilige Gegenüber nicht nur defizitär ist, sondern über Kompetenzen verfügt, die gerade für einen selbst wichtig sind.
Eine der „beliebtesten“ Dynamiken ist die mit den beiden Polen „Schuldig – Unschuldig“ oder „Täter – Opfer“. Diese Dynamik kann sich als gefährlich erweisen, sowohl für das „Opfer“ als auch für den „Täter“ und in manchen Fällen bis zu Mord und Totschlag führen. Auch hier gilt, dass es sich bei den zugehörigen Zuschreibungen um subjektive Vorstellungen

handelt, die nur dann von einem Beobachter objektiviert werden können, wenn der Beobachter die Bewertung, wer das „Opfer“ und wer der „Täter“ ist, auf der Grundlage bestimmter Kategorien festlegt. Dabei kann eine solche Festlegung von außen von der jeweiligen Selbstbeschreibung der Beteiligten erheblich abweichen.
Mit dieser Dynamik setzen sich Haim Omer, Nahi Alon und Arist von Schlippe in ihrem Buch „Feindbilder“ auseinander und bezeichnen den Prozess, in dem sich sukzessive „Opfer“ und „Täter“ herauskristallisieren, als einen Prozess der Dämonisierung. Bei diesem Prozess versucht eine Partei sich selbst als „unschuldiges Opfer“ und die andere Partei als „schuldigen Täter“, sowohl im eigenen Erleben und als auch in der Wahrnehmung von anderen, festzulegen. Solche Prozesse von Dämonisierungen haben nach Ansicht der Autoren eine lange kulturhistorische Tradition mit problematischen Grundannahmen und mit häufig fatalen Folgen. Eine der entscheidenden Grundannahmen dieses Modells ist dabei nach Ansicht der Autoren die Existenz von etwas Bösem, welches das Verhalten von einzelnen oder mehreren anderen Menschen bestimmt und - damit man nicht selbst zugrunde geht - vernichtet werden muss. (Omer u.a., 2007, S.61).
Menschen glauben dann ernsthaft an solche Botschaften, wie die folgenden:

„Du bist schuld, dass ich mein Leben nicht in den Griff kriege.“
„Du bist verantwortlich dafür, dass ich niemanden finde, der mich wirklich liebt.“
„Du hast mich und mein Leben zerstört.“ Usw.

Wenn es etwas „Böses“ in einem selbst gibt, welches man für die eigenen Schwierigkeiten und Probleme verantwortlich macht, dann sprechen die Autoren von einem Prozess der „Selbstdämonisierung“. (Omer u. a., 2007, S.106)
Das hört sich dann z. B. so an:

„Ich schaffe es nicht, mit dem Trinken aufzuhören. Es ist diese verfluchte Abhängigkeit, die mich fertig macht.“
„Ich bin einfach zu schwach und zu faul, ich kriege diese Arbeit nicht hin.“
„Jedes Mal, wenn ich mich an meine Steuerklärung setzen will, kann ich mich einfach nicht mehr konzentrieren. Irgendetwas muss mit mir los sein, was mich daran hindert.“ Usw.

Werden solche und andere Botschaften innerlich oder anderen gegenüber in immer neuen Variationen wiederholt und wiederholt, so entwickeln sich

eskalierende Prozesse. Es gibt keine negativen Rückkopplungen in Form von Relativierungen oder anderen Formen von Begrenzungen, sondern nur positive Rückkopplungen, durch die die begonnenen Prozesse von Verantwortungsdelegationen, Schuldzuschreibungen und Angriffen alle Art weiter verstärkt werden.
Die Autoren weisen in ihrem Buch immer wieder auf Alternativen zu solchen dämonisierenden Sichtweisen hin. Dabei ist nach ihrer Ansicht eine akzeptierende Haltung gegenüber den vielfältigen Prozessen des Lebens eine Grundvoraussetzung, dämonisierende Zuschreibungen und deren in der Regel destruktiven Wirkungen zu vermeiden.
Die Autoren enthalten sich einer Wertung in Bezug auf die dämonisierende und die tragisch – akzeptierende Sichtweise, wie sie diese nennen und in der Selbstverantwortung eine große Bedeutung hat. Sie schreiben:

„Auf eine Gefahr soll an dieser Stelle hingewiesen werden. Es geht uns weder darum, einen neuen Gegensatz aufzubauen, in dem eine tragisch-akzeptierende Sichtweise „richtig“ und eine dämonische „falsch“ ist, noch darum, eine dämonische Sichtweise unsererseits zu dämonisieren. Immerhin könnte es gelegentlich so scheinen, wenn wir einen Unterschied besonders akzentuieren. Doch weder wollen wir die von uns kritisierten Autoren in die Nähe von Hexenverfolgung rücken, noch liegt uns daran, das dämonische Denken als die Wurzel allen Übels zu beschreiben. Wir möchten für die Prämissen unseres Denkens sensibilisieren und die Wahrnehmung dafür schärfen, wie sie an der Eskalation von Konflikten beteiligt sind. Wir hoffen, dass dies uns ohne Polemik gelingen wird.“ (Omer u. a., 2007, S. 47)

Ich möchte an dieser Stelle betonen, dass ich im Gegensatz zu den Autoren sehr deutlich machen möchte, dass wir uns in unserer heutigen Zeit eine dämonisierende Sichtweise nicht mehr leisten können, obwohl sie leider häufig zu beobachten ist. Sie hat zu gefährliche Auswirkungen und wir sollten alle möglichen Anstrengungen unternehmen, um in Familien, in Kindergärten, in Schulen und Ausbildungsstätten, in Arbeitszusammenhängen, sowie allen möglichen anderen gesellschaftlichen Bereichen und in interkulturellen Dialogen solche Sichtweisen auf eine konstruktive Weise zu begrenzen. Das bedeutet allerdings, dass man selbstverständlich auch einer Person mit einer solchen Sichtweise zugesteht, dass sie eigene innere „gute“ Gründe“ hat, eine solche Sichtweise entwickelt zu haben oder zu vertreten und dass man sowohl akzeptierend als auch konfrontierend damit umgeht.

Dementsprechend bevorzuge ich es, den Begriff der „Dämonisierung“ nicht zu verwenden, sondern bei dem Begriff „Täter – Opfer – Dynamik“ zu bleiben, wobei ich hier noch einmal deutlich machen möchte, dass es eine eindeutige Trennung zwischen „Täter“ und „Opfer“ meistens nicht gibt,

auch wenn bei der dämonisierenden Sichtweise ein Teil der Beteiligten sich lieber ausschließlich als Opfer und nur die jeweils anderen als Täter sehen.
Bei der Täter–Opfer-Dynamik müssen alle Beteiligten etwas dazu lernen. Während die eine Person sich möglicherweise „grenzüberschreitend" verhält, weist die andere Person vielleicht nicht darauf hin, dass sie Schwierigkeiten mit dem Verhalten ihres Gegenübers hat. Beide Personen haben innere „gute" Gründe für ihr Verhalten, auch wenn diese dem Gegenüber oder einem Beobachter als nicht akzeptabel erscheinen.
Für die Personen, die sich in solchen „Täter–Opfer" Dynamiken befinden, geht es vor allem darum, sich der eigenen Grenzen bewusst zu werden und zu lernen, selbstverantwortlich mit sich selbst und anderen umzugehen.
Denn auch für die „Täter–Opfer–Dynamik" gilt in der Regel, was für alle dieser interpersonalen Dynamiken gilt: Jede der beteiligten Personen verfügt über Kompetenzen, die der anderen Person fehlen und die in der gemeinsamen Wechselwirkung von einander gelernt werden können. Ein Mensch, der sich als ein Opfer eines anderen fühlt und leidet, weiß, wie sich Schmerzen anfühlen, das Gegenüber aber hat möglicherweise ein zu geringes Einfühlungsvermögen, und könnte von seinem „Opfer" lernen, wie schlimm sich Hilflosigkeit und Schmerzen anfühlen, wenn man sie nicht mehr verdrängen kann.
Ein Mensch, der sich anderen gegenüber als „Täter" durchsetzt, verfügt über die Fähigkeit, die eigenen Interessen wahrzunehmen und gegen Widerstände auf ihnen zu beharren, das Gegenüber - welches sich als sein Opfer fühlt – hat diese Kompetenzen möglicherweise nicht und könnte einiges dazulernen.
Viele Dynamiken entstehen zwischen Menschen, die sich einfach nur begegnen und sich wieder trennen, und die dann wieder auf andere Menschen zu treffen, um mit diesen ihnen bereits bekannte oder neue Dynamiken zu entwickeln.
Es gibt nun auch solche Dynamiken, die zumindest für einen der Beteiligten eine so starke Wirkung haben, dass er oder sie sich in diese Dynamik eingebunden fühlen und zunächst keinen Ausweg daraus findet. Für solche Dynamiken gilt, dass die eine Person über etwas verfügt, was die andere Person glaubt– bewusst oder unbewusst –zur Vervollständigung ihres Selbst zu brauchen.
Ein Mensch mit Dominanzstreben braucht Hingabe, Dankbarkeit und Berührbarkeit und damit die Wiederherstellung seiner Kontaktfähigkeit, um sich entwickeln zu können und sich zu vervollständigen. Ein Mensch mit der Tendenz, nachzugeben und sich zu unterwerfen, braucht das Gefühl, ein Recht darauf zu haben, zu leben, die Person zu sein, die sie ist und die Wünsche zu vertreten, die sie hat, um sich als ganze Person wahrzu-

nehmen. Beide Personen brauchen dringend etwas, was die andere Person ausmacht, um sich jeweils zu vervollständigen.
Die sich distanzierende Person hat ebenfalls eine offene Gestalt. Sie braucht eine Wiederherstellung ihrer Kontaktfähigkeit, um sich auf das Leben und auf andere Menschen wieder einlassen zu können. Ihre Angst, andere könnten Macht über sie gewinnen, ist sehr groß. Die abhängigen, beziehungsorientierten Menschen bieten oft den distanzierten Menschen an, Einfluss und Macht über sie zu haben und daher können sich die sich distanzierenden Menschen leichter auf Interaktionen mit beziehungsorientierten Menschen einlassen.
„Verbundenheit“ wird dadurch etwas weniger gefährlich für das eigene Autonomiestreben. Sich eher distanzierende Personen fühlen sich oft von beziehungsorientierten Personen fasziniert, sie können sich aber auf diese trotzdem erst dann einlassen, wenn sie bereit sind, sich – zumindest gegenüber ausgewählten Personen - das, was ihnen zuvor fehlte, nämlich Vertrauen, wieder anzueignen.

Das meist unbewusste Wissen, dass die andere Person etwas besitzt oder vertritt, was man ganz dringend für sich braucht, was man vielleicht auch in dem Anderen bewundert oder in ihm hasst, bindet die Partner der Dynamik aneinander, obwohl sie oft aneinander leiden.
Aber weil das so ist, lassen sich keine verallgemeinerbaren Regeln formulieren, wann es zu einer solchen, die jeweiligen Partner zunächst einmal aneinander bindende Dynamik kommen kann. Nicht jeder ist von einem rebellischen jungen Mann fasziniert, der jede Autorität in Frage stellt und nicht bereit ist, auch nur irgendeine Verpflichtung einzugehen, aber eine Person, die sich durch die vielen Erwartungen, die sie verinnerlicht hat, wie im einem Käfig fühlt und den Eindruck hat, vor lauter Pflichten keinen Raum und keine Zeit mehr für ein eigenes Leben zu haben, fühlt sich möglicherweise sehr von diesem Menschen angezogen. Wenn diese beiden dann zusammenleben, läuft dann häufig ein wechselseitiges Erziehungsprogramm, in dem jeder dem anderen etwas beibringen möchte. Das ist leider fast immer ein Scheiterprogramm, man kann Menschen von außen nicht ändern, weder durch Wünsche und ernsthafte Gespräche, noch durch Vorwürfe oder Szenen aller Art. Man kann es zwar versuchen, und es ist durchaus wichtig, das Verhalten des anderen zu spiegeln, aber letztlich kann man nur selber etwas für sich lernen. Dabei kann man sich den anderen Menschen – auch wenn man oft ärgerlich bzw. wütend auf ihn ist oder sich enttäuscht fühlt – durchaus als Vorbild nehmen. Die Person mit dem sie belastenden Pflichtgefühl kann sich ein bisschen von der Rebellion abgucken und die rebellische Person kann lernen, zuverlässig zu werden und

Pflichten zu übernehmen. Anders ausgedrückt: Man kann nicht die andere Person sich selbst ähnlich machen, aber man kann versuchen, sich selbst der anderen Person anzunähern und versuchen, etwas von ihr zu lernen

Es gibt viele solche polarisiert auftretenden persönlichen Dynamiken, zwischen denen eine solche Anziehung entstehen kann. So kann eine Person, welche die Tendenz hat, sehr direkt und offen auszusprechen, wie es ihr geht und was sie möchte, eine große Anziehung auf eine andere Person ausüben, die Schwierigkeiten hat, zu wissen, was sie will und auszusprechen, wie es ihr geht und was sie sich wünscht und eher einen indirekten Sprachgebrauch gelernt hat.

Eine Person, die sich selber immer wieder durch Ängste und Katastrophenphantasien und ähnlichem von der Eroberung ihrer näheren und ferneren Umwelt abhält, so dass ihre eigene Welt immer kleiner wird, ist vielleicht von einem Menschen angezogen, der ständig dabei ist, seine eigene Welt zu erweitern und für den die Welt der Möglichkeiten vielleicht faszinierender ist als das Naheliegende. Sie kann allerdings auch Ängste vor einer solchen Person entwickeln.

Ein Mensch, der in seiner Welt immer nur auf das achtet, welches dem, was er schon kennt, ähnlich ist, und dem die Wahrnehmung des Andersartigen, des Fremden, des Ungewöhnlichen irgendwie abhanden gekommen ist, kann sich vielleicht einem Menschen, dessen Aufmerksamkeit gerade auf das bisher Unbekannte gerichtet ist, gar nicht entziehen, auch wenn er sich gleichzeitig bedroht fühlt.

Solche wechselseitigen Attraktionen enthalten eine Gefahr. Besteht bereits zu Anfang ein – wenn auch kleines – Ungleichgewicht, kann sich dieses leicht verstärken und es kann zu ausbeuterischen und missbrauchenden Beziehungen kommen. Eine Person kann glauben, Macht über die andere zu haben, und dementsprechend spricht man in der Literatur auch häufig von „Macht" und „Machtmissbrauch". Nach meiner Ansicht missbraucht ein solcher Mensch nicht seine Macht, sondern er missbraucht sein Gegenüber. Einen ähnlichen Sprachgebrauch findet man immer wieder: Jemand missbraucht seine Stellung, jemand missbraucht seinen Einfluss, seine professionelle, politische oder wirtschaftliche „Macht". Wenn man sich sprachlich so ausdrückt, fallen die „Opfer" sprachlich nicht mehr auf. Sie kommen sozusagen nicht mehr vor. In unserer Sprache gibt es häufiger das Phänomen, das handelnde oder behandelte Personen aus den Sätzen verschwinden. Wir sagen: „Macht korrumpiert" oder „Geld verdirbt den Charakter", wir sprechen von „häuslicher“ oder „struktureller“ Gewalt usw. Aber mir ist es wichtig, sich bewusst zu bleiben, dass es immer Menschen sind, die mit anderen Menschen umgehen und in dem gemeinsamen Umweltfeld handeln, und sie bleiben verantwortlich dafür, wie sie dieses tun, ob es ihnen bewusst ist oder nicht. Die sogenannte „Schuldfrage“ möchte ich an dieser Stelle allerdings ausklammern.

Das jeweilige Gegenüber für die eigenen Interessen zu „benutzen“, wird dann problematisch, wenn dieses auf Kosten des Gegenübers geht, selbst wenn dieses damit einverstanden zu sein scheint. Es gibt eine Reihe von Gefahren, die in den entstehenden Dynamiken zwischen einer oder mehreren Personen liegen können und sie entstehen aus Bedürftigkeit, Angst und Unbewusstheit. Wenn ich ein instabiles Selbstwertgefühl habe, kann ich dieses mit Hilfe von mich bewundernden Personen versuchen zu stabilisieren, ohne mich jemals damit auseinanderzusetzen, geschweige denn zu akzeptieren, dass ich einfach ein nicht sehr stabiles Selbstwertgefühl habe. Aber es gilt: Nicht jeder Mensch muss von sich überzeugt sein. Menschen, die in der Lage sind, an sich zu zweifeln, sind flexibel und lernfähig, sie sind nicht rechthaberisch und können abweichende Sichtweisen von anderen leichter akzeptieren.
Wenn meine eigene subjektive Wirklichkeit leicht erschütterbar ist, dann kann ich versuchen, sie mit Hilfe einer anderen Person zu stabilisieren. Wenn diese jedoch versucht, ihre eigene Wirklichkeit gegen meine Wirklichkeit durchzusetzen, dann glaube ich vielleicht wieder einmal, im Unrecht zu sein und gerate meinerseits in innere Schwierigkeiten. Eventuell erlebe ich dieselbe Verunsicherungen wieder, die ich schon als Kind erlebt habe. Die erhoffte Stabilisierung meiner subjektiven Wirklichkeit findet nicht statt.
Prozesse der wechselseitigen Ergänzung oder Bekämpfung finden ständig zwischen Menschen statt und durch beide Prozesse können schmerzhafte Irritationen entstehen, je nach dem, wie das jeweilige Gegenüber diese Prozesse erlebt und interpretiert. Aus diesem Grunde ist die Bewusstheit der eigenen Bedürftigkeit, der eigenen Wünsche an andere, der eigenen Ängste und der potentiellen Konsequenzen des eigenen Sprechens und Handelns und sowie die Fähigkeit und die Bereitschaft, auch auf Wunscherfüllungen verzichten zu können, von so großer Bedeutung. Dabei handelt es sich sozusagen um ein spannendes lebenslanges Forschungs- und Lernprojekt, wobei man Forscher, Lernender und Beforschtes in einer Person ist, aber auch andere Forscher braucht, um die eigenen Beobachtungen aus einer anderen Perspektive und auf der Basis anderer Bewertungen zu ergänzen und um seinem eigenen Leben Fülle zu verleihen. Und wenn in einer sich

zwischen Menschen entwickelnden Dynamik alle Beteiligten sich an diesem Forschungsprojekt beteiligen, dann steigen die Chancen dafür, dass sich sowohl zwischen ihnen eine intensive nahe Beziehung entwickelt als auch dass jede der beteiligten Personen beginnt, innerlich zu wachsen und sich in ihren Möglichkeiten zu erweitern.
In therapeutischen Beziehungen sind solche Prozesse als Übertragung und Gegenübertragung oder einfacher als Übertragungsphänomene bekannt und der Umgang mit ihnen erfordert Selbstverantwortung und Bewusstheit. Sicher kann man sagen, Therapeuten besäßen dafür die nötige Kompetenz und Professionalität und hoffen, dass dieses auch zutrifft. Aber da solche Prozesse auch im alltäglichen Leben in allen möglichen Situationen auftreten, bleibt den jeweiligen Personen nichts anderes übrig, als sich damit ebenfalls auf eine konstruktive Weise auseinander zu setzen und die notwendigen „Forschungsprojekte" bei sich selbst und miteinander zu beginnen.

Natürlich kommt es zwischen Menschen mit polarisierten beziehungsweise sich wechselseitig ergänzenden persönlichen Dynamiken auch zu spontanen Ablehnungen, die sich auf unterschiedliche Weise ausdrücken können und die eine Auseinanderbewegung bewirken. In solchen Fällen kommt es meist erst gar nicht zu einer gemeinsamen Dynamik, deswegen will ich in diesem Zusammenhang auch nicht weiter darauf eingehen. Hier interessiert mich eher der Prozess, der sich zwischen den Personen in einer neuen gemeinsamen Dynamik entwickeln kann.

Häufig sieht zunächst alles harmonisch aus. Die Partner scheinen sich auf wundersame Weise zu ergänzen: Eine Person bestimmt, die andere gehorcht; eine schreit herum und braust auf, die andere ist leise und besänftigend; Eine ist ärgerlich und vorwurfsvoll, die andere entschuldigend und rechtfertigend; eine ist eher schweigsam, die andere Person unterhaltsam und redselig; eine Person ist von sich überzeugt und kann sich gut darstellen, die andere eher schüchtern und unsicher, eine Person ist konfliktfreudig und streitlustig, die andere zurückweichend und nachgiebig; eine Person zieht sich immer wieder in sich selbst zurück, die andere versucht, sie aus der Isolation wieder herauszuholen; die eine ist konfrontierend, die andere sucht die Symbiose; die eine Person gibt, was auch immer – Liebe, Anregung, Zärtlichkeit, Geld, Fürsorge und dergleichen - , und die andere Person nimmt. Die Aufzählung könnte noch ziemlich lange weitergehen.
Die oberflächliche wechselseitige Ergänzung kann jedoch nur bis zu dem Zeitpunkt funktionieren, an dem das Ungleichgewicht zwischen den Personen zu groß geworden ist. Dabei ist es nicht wichtig, ob es ein Vorwurf

oder eine Rechtfertigung zu viel war; eine dominante Geste oder eine Unterwerfung oder eine attraktiv erscheinende Alternative in der näheren Umwelt den Anlass gibt, das bisher gemeinsame System aufzukündigen oder zumindest das herrschende Ungleichgewicht zu erkennen.

„Oft gehen wir ganz selbstverständlich davon aus, dass es normal ist, selbst mehr Aufmerksamkeit und Liebe zu investieren als zurückzubekommen. Wir erwarten schon gar keine Gegenseitigkeit mehr. Viele sind in einer Art Mitleidsfalle gefangen, das heißt sie beugen sich dem Anspruch, den Partner emotional zu unterstützen und ihn zu bestätigen, auch wenn sie deshalb ihre eigenen individuellen Bedürfnisse hinanstellen müssen."(Peg Grymes, 2001, S. 24ff)

Manchem Menschen wird erst im Nachhinein bewusst, warum eine andere Person eine solche Anziehungskraft auf ihn ausgeübt hat. So schreibt Peg Grymes

„Als Gloria Steinem zu analysieren versuchte, warum sie sich zu einem für sie absolut unpassenden Mann hingezogen fühlte, folgerte sie: „Wenn ich auf einen Mann abfahre, der sich nur um seine eigenen Dinge kümmert, passiert das vielleicht, weil ich selbst etwas brauche, von dem ich besessen bin...Wenn mir plötzlich etwas an simplen Vergnügungen und Tanzveranstaltungen liegt, muss ich vielleicht einmal aus meiner Tretmühle heraus und mich der revolutionären Frage stellen, was mir eigentlich wirklich Spaß macht." Ihre Selbstanalyse veranlaßte sie, sich Zeit zu nehmen für Dinge , die ihr am Herzen lagen. Und letztlich konnte sie sich aus dieser Liebesgeschichte herauslösen, weil sie das Muster, nach dem sie funktionierte, verstanden hatte: „Ich weiß jetzt, dass ich mir jemanden gesucht habe, der das Gegenteil von mir ist und der mir gezeigt hat, was ich in mir selbst vermisse." (Peg Grymes, 2001, S. 63) (siehe dazu auch Gloria Steinem, 1993, S. 312)

Aber leider gibt es diese Lernprozesse nur selten, häufig trennen sich die Menschen und es gibt Streit, heftige Kämpfe und sich entwickelnde - manchmal lebenslange – Feindschaften, wenn nicht Schlimmeres. Das liegt vor allem daran, dass das kooperative Potential nicht genutzt wird, sondern konkurrenzorientierte Interpretationen des Verhaltens der beteiligten Personen überwiegen.
Die „Opfer" klagen oft darüber, dass das Gegenüber sie unterdrückt, dass sie allein gelassen, schlecht behandelt, angegriffen, nicht wahrgenommen, nicht ernstgenommen, missachtet, ausgebeutet, benutzt, übergangen, an die Wand gedrückt werden, usw. Solange sie in dieser Weise klagen, erkennen sie die Lernchancen nicht, die in ihrem ernst zu nehmenden Leiden enthalten sind. Wenn ein Mensch sich unterdrückt fühlt, reicht es nicht aus, nur zu klagen, denn dann ist das eigene Leiden zwar unangenehm, aber noch nicht „unerträglich". Wenn die eigene Unterdrückung kaum noch zu ertragen ist, wird man sich wahrscheinlich bemühen zu lernen, sich zu wehren

und versuchen, Grenzen deutlich zu machen und sich selbst durchzusetzen. Manchmal reicht es, erst einmal damit zu beginnen, „Nein“ zu sagen. Wenn man sich nicht ernst genommen fühlt, bedeutet dieses nicht, dass man nicht ernst zu nehmen ist. Man hat nur einen Menschen getroffen, welcher Schwierigkeiten hat, andere Menschen ernst zu nehmen. Ähnliches gilt für alle anderen Klagen der sich als „Opfer“ fühlenden Menschen. Das, was sie sich von diesen bestimmten anderen Menschen wünschen, wollen oder können ihnen eben diese nicht geben, auch sie müssen erst lernen, andere wahrzunehmen, zu achten, in ihrer Besonderheit wertzuschätzen, nicht nur zu nehmen, sondern anderen auch etwas zu geben, usw. Und es ist wichtig, dass Menschen sich dieses wechselseitig mitteilen, denn oft wissen viele gar nicht, was sie in der Wahrnehmung der anderen tun und wie ihr Verhalten von anderen interpretiert wird, geschweige denn, welche emotionalen Wirkungen ihr Handeln auf die anderen hat, auch wenn diese es deutlich sagen. Manche wissen oft noch nicht einmal, was die anderen Menschen eigentlich von ihnen wollen oder was sie selbst sich von ihnen wünschen.

Es geht in der Interaktion mit dem jeweiligen Gegenüber immer wieder um Spiegelungen, es geht darum, dass der eine Mensch das Verhalten des anderen spiegelt und ihm die Wirkung dieses Verhalten mitteilt, ohne dass es dabei zu Schuldzuschreibungen kommt. Jeder Mensch lebt in seiner eigenen Wirklichkeit, die er gleichzeitig ununterbrochen selber unter Einbeziehung seiner Erfahrungen mit anderen erzeugt.

Und jede dieser Wirklichkeiten der verschiedenen Menschen trägt zum Reichtum unserer gemeinsamen Welt bei, denn jede gehört dazu, hat ihre eigenen Berechtigungen in sich selbst und hilft uns, von einander zu lernen.

„Findest du nicht, dass du zu viel erwartest, das ist viel zu schwer. Menschen können das nicht lernen, und was hätten sie auch davon?“ Valentino scheint unzufrieden mit mir zu sein. „Also, wenn mich jemand versucht zu beleidigen, dann kann ich leichter damit umgehen, wenn ich genau weiß, dass ich das auch kann, mich aber entscheide, es nicht zu tun. Und wie man versuchen kann, jemand zu beleidigen, kann man nur von jemandem lernen, der das kann.“

„Du nimmst nicht ernst, was ich sage“, beklagt sich Valentino. „Entschuldige bitte, du hast Recht. Ich möchte einfach gern, dass Menschen begreifen, dass sie auch von denen etwas lernen können, die sie als ihre Feinde begreifen, dann würden sie sich nicht sofort und oft so schrecklich bekämpfen“, sage ich und bin ziemlich entmutigt. „Hast du es denn gelernt?“, fragt mich Valentino. Ich denke nach und zögere. „Ich lerne es immer noch“, sage ich. „Ja, aber dann brauchst du doch nicht so zu zweifeln. Was

du versuchen kannst, können andere auch versuchen", Valentino streicht an meinen Beinen entlang und dann springt er auf meinen Schreibtisch, guckt mich mit seinen goldenen Augen an und spricht mit ernster Stimme: „Und du hast es selbst immer wieder gesagt, man kann nur Vorschläge und Angebote an andere Menschen machen und ihnen sagen, was man sich von ihnen wünscht. Was sie damit anfangen und ob sie die Wünsche erfüllen, entscheiden sie selber." „Ja, ich weiß, Valentino, und weder du noch ich können das ändern." Wir schweigen beide und dann meint Valentino: „Wer weiß, wofür das gut ist, dass es so ist, wie es ist."

Literatur

Aamodt, Sandra / Wang, Samuel: Welcome to Your Brain. Ein respektloser Führer durch die Welt unseres Gehirns, München 2008

Alberts, Bruce et al: Lehrbuch der molekularen Zellbiologie, Weinheim 2001

Ariely, Dan: Denken hilft zwar, nützt aber nichts. Warum wir immer wieder unvernünftige Entscheidungen treffen, München 2008

Ariès, Philippe: Geschichte der Kindheit, München 1979 und 2003

Arzt, Volker: Kluge Pflanzen. Wie sie locken und lügen, sich warnen und wehren und Hilfe holen bei Gefahr, München 2009

Asper, Kathrin: Verlassenheit und Selbstentfremdung. Neue Zugänge zum therapeutischen Verständnis, München 2003

Baer, Udo/Frick-Baer, Gabriele: Das ABC der Gefühle, Weinheim und Basel 2008

Bateson, Gregory: Ökologie des Geistes. Anthropologische, psychologische, biologische und epistemologische Perspektiven, Frankfurt am Main 1983

Bateson, Gregory/Jackson, Don D./Laing, Ronald D. u. a.: Schizophrenie und Familie, Frankfurt am Main 1969

(Siehe dazu auch: Bateson, Gregory / Jackson, Don. D. / Haley, Jay / Weakland, John. H. John. H.: Auf dem Wege zu einer Schizophrenie- Theorie in: Bateson u.a.: Schizophrenie und Familie, Frankfurt am Main 1969

Bauer, Joachim: Warum ich fühle, was Du fühlst. Intuitive Kommunikation und das Geheimnis der Spiegelneurone, Hamburg 2005

Bauer, Joachim: Lob der Schule. Sieben Perspektiven für Schüler, Lehrer und Eltern, Hamburg 2008

Bauer, Joachim: Prinzip Menschlichkeit, Hamburg 2007

Bauer, Joachim: Das Gedächtnis des Körpers, Frankfurt am Main 2002

Benjamin, Jessica: Die Fesseln der Liebe, Frankfurt am Main 1993

Bergmann, Wolfgang: Kleine Jungs – große Not. Wie wir ihnen Halt geben, Weinheim und Basel 2008

Bergmann, Wolfgang / Hüther, Gerald: Computersüchtig. Kinder im Sog der modernen Medien, Weinheim und Basel 2008

Berne, Eric: Spiele der Erwachsenen, Reinbek bei Hamburg 1967

Bing, Stanley: Zen und die Kunst einen Elefanten zu führen: so managen Sie Ihren Chef, Kreuzlingen / München 2002

Bohm, David: Die implizite Ordnung. Grundlagen eines dynamischen Holimus, München 1987

Briggs, John und Peat, F. David: Looking Glass Universe. The Emerging Science of Wholeness. The new revolution in physics, mathematics, chemistry, biology and neurophysiology, Glasgow 1984

Briggs, John und Peat, F. David: Die Entdeckung des Chaos, München 1993

Briggs, John: Chaos – Neue Expeditionen in fraktale Welten, München 1993

Brizendine, Louann: Das weibliche Gehirn. Warum Frauen anders sind als Männer, Hamburg 2007

Brocher, Tobias: Kulturkritische Perspektiven der Psychoanalyse in Vergangenheit und Gegenwart, in Rohde- Dachser, Christa, a. a. O., S. 32 – 46

Brown, Guy: The Energy of Life, London 2000

Brumlik, Micha (Hrsg.): Ab nach Sibirien. Wie gefährlich ist unsere Jugend?, Weinheim und Basel 2008

Bruns, Tissy: Parlament bedauert Heimkinder – Leid, Artikel im Tagesspiegel vom 26. 11. 2008, S. 4

Bruns, Tissy: In aller Härte, Artikel im Tagesspiegel vom 28. 11. 2008, S. 8

Brown, Guy: The Energy of Life, London 2000

Bryson, Bill: Eine kurze Geschichte von fast allem, Hamburg 2003

Buchanan, Mark: Das Sandkorn, das die Erde zum Beben brachte, Frankfurt am Main, 2001

Calvin, William H.: Wie das Gehirn denkt. Die Evolution der Intelligenz. Heidelberg Berlin 1998

Calvin, William H.: Die Symphonie des Denkens. Wie aus Neuronen das Denken entsteht, München Wien 1993

Cameron-Bandler, Leslie / Lebeau, Michael: Die Intelligenz der Gefühle. Grundlagen der "Imperative Self Analysis", Paderborn 1991

Capra, Fritjof: Verborgene Zusammenhänge. Vernetzt denken und handeln–in Wirtschaft, Politik, Wissenschaft und Gesellschaft, Bern München Wien 2002

Capra, Fritjof: Wendezeit. Bausteine für ein neues Weltbild, Bern München Wien 1983

Cartwright, Nancy: Nature´s Capacities, Oxford 1990

Ciompi, Luc: Die emotionalen Grundlagen des Denkens. Entwurf einer fraktalen Affektlogik, Göttingen 1997

Cornwell, John: Nature`s Imagination. The frontiers of scientific vision, Oxford New York Melbourne 1995 (Mit Beiträgen von Freeman Dyson, Roger Penrose, John Barrow, Gerald Edelman, Oliver Sacks und anderen)

Damasio, Antonio R.: Ich fühle, also bin ich – Die Entschlüsselung des Bewusstseins, München 2002

Damasio, Antonio R.: Descartes´ Irrtum – Fühlen, Denken und das menschliche Gehirn, München 1998

Damasio, Antonio R.: Der Spinoza- Effekt – Wie Gefühle unser Leben bestimmen, Berlin 2007

deMause, Lloyd: Hört ihr die Kinder weinen, München 1979

de Waal, Frans: Primaten und Philosophen. Wie die Evolution die Moral hervorbrachte, München 2008

Dörner, Dietrich: Die Logik des Misslingens. Strategisches Denken in komplexen Situationen, Reinbek bei Hamburg 1993

Dreitzel, Peter: Emotionales Gewahrsein. Psychologische und gesellschaftliche Perspektiven in der Gestalttherapie, München 1998

Eisenberger,N., Liebermann, M. D., Williams, K. D.: Does rejection hurt? An fMRI study of social exclusion. Science 302:290-292, 2003

Erziehungsprogramme: Triple P, STEP : Im Internet unter „Pädagogik – Verzeichnis" / Link: Elterntrainings / Erziehungsprogramme / etc.

Falardeau, Waltraud: Das Schweigen der Kinder. Sexueller Missbrauch an Kindern. Die Opfer, die Täter und was wir tun können, Stuttgart 1998

Fetscher, Caroline: Die Würde des Kindes ist unantastbar, Artikel im Tagesspiegel, 7. 12. 2008, S. 8

Ferris,Timothy: Das intelligente Universum – Ein Blick zurück auf die Erde, München 1995

Freud, Anna: Das Ich und die Abwehrmechanismen, München 1964, S.85f

Freud, Sigmund: Hemmung, Symptom und Angst,(1926) in: Studienausgabe, Bd.6, S. 227ff und in Studienausgabe Bd.1, S. 447ff)

Gallese, Vittorio: The „Shared Manifold" Hypothesis: from mirror neurons to empathy. In: Journal of Consciousness Studies 8 (5-7): S. 33 -50

Gell- Mann, Murray,: Das Quark und der Jaguar - Vom Einfachen zum Komplexen. Die Suche nach einer neuen Erklärung der Welt, München 1995

Gleick, James: Chaos - die Ordnung des Universums, München 1990

Goffman, Erving: Stigma – Über Techniken der Bewältigung beschädigter Identität, Frankfurt am Main 1967

Goffman, Erving: Rahmenanalyse, Frankfurt am Main 1977

Goleman, Daniel: Emotionale Intelligenz, München 1997

Goodwin, Brian: Der Leopard, der seine Flecken verliert. Evolution und Komplexität, München 1997

Grawe, Klaus: Neuropsychotherapie, Göttingen- Bern- Toronto- Seattle - Oxford- Prag, 2004

Greschik, Stefan: Das Chaos und seine Ordnung, München 1999

Griffin, Susan: Frau und Natur, Frankfurt am Main 1987

Gruen, Arno: Der Verlust des Mitgefühls – Über die Politik der Gleichgültigkeit, München 2001

Gruen, Arno: Der Verrat am Selbst. Die Angst vor Autonomie bei Mann und Frau. München 1986

Gruen, Arno: Falsche Götter. Über Liebe, Haß und die Schwierigkeiten des Friedens, München 1993

Gruen, Arno: Der Fremde in uns, Stuttgart 2001

Grymes, Peg: Die Romantikfalle – und wie Frauen sich daraus befreien, Frankfurt am Main 2001)

Habeck, Robert: Verwirrte Väter. Oder: Wann ist der Mann ein Mann, München 2008

Haken, Hermann: Erfolgsgeheimnisse der Natur: Synergetik: Die Lehre vom Zusammenwirken, Stuttgart 1981

Haraway, Donna: Primatologie ist Politik mit anderen Mitteln. Wissenschaft und das Erzählen von Geschichten, in: Orland, Barbara / Scheich, Elvira: Das Geschlecht der Natur, Frankfurt am Main 1995

Hartmann, Hans-Peter / Milch, Wolfgang E. (Hg.): Übertragung und Gegenübertragung. Weiterentwicklungen der psychoanalytischen Selbstpsychologie, Gießen 2000

Havener, Thorsten: Ich weiss, was du denkst. Das Geheimnis, Gedanken zu lesen, Reinbek bei Hamburg 2009

Heinemann, Evelyn / Rauchfleisch, Udo / Grüttner, Tilo : Gewalttätige Kinder - Psychoanalyse und Pädagogik in Schule, Heim und Therapie, Frankfurt am Main, 1993,

Honoré, Carl: Kinder unter Druck. Rettet die Kindheit vor Schule und Übereltern, Köln 2008

Horgan, John: Der menschliche Geist. Wie die Wissenschaften versuchen, die Psyche zu verstehen. Frankfurt am Main 2001

Hülsemann, Irmgard: Ihm zuliebe? Abschied vom weiblichen Gehorsam, Frankfurt am Main 1991

Hüther, Gerald: Die Evolution der Liebe. Was Darwin bereits ahnte und die Darwinisten nicht wahrhaben wollen, Göttingen 2007

Hüther, Gerald: Das Gehirn ist eine Baustelle, Spiegel Gespräch in: Der Spiegel, Wissen: Mein Ich. Das Geheimnis einer besonderen Beziehung,", Nr. 1/2009, S.52-57)

Hüther, Gerald: Wie man sein Gehirn optimal nutzt, Vortrag/Workshop auf dem Kongress „Die Kraft von Imaginationen und Visionen", Heidelberg, Mai 2008, 2 CDs Auditorium Netzwerk 2008

Humphrey, Nicholas: Seeing Red. Die Entstehung des Selbst – Von der Empfindung zum Bewusstsein, Oberstdorf 2008

Izard, Caroll E.: Die Emotionen des Menschen. Eine Einführung in die Grundlagen der Emotionspsychologie, Weinheim 1981

Jantsch, Erich: Die Selbstorganisation des Universums, München Wien 1992

Johnstone, Keith: Improvisation und Theater, Berlin 1997

Jung, C. G. (aufgezeichnet und herausgegeben von Aniela Jaffé): Erinnerungen, Träume, Gedanken von C. G. Jung, Olten und Freiburg im Breisgau, 1979

Jung, C. G.: Archetypen, München 1995

Jung, C. G.: Zur Psychologie der Tricksterfigur (1954), in: Archetypen, S. 159-175,

Jung, C. G.: Archetyp und Unbewusstes, Augsburg, 2000

Kant, Immanuel: Kant`s Werke, Band II, 1788, Kritik der praktischen Vernunft, § 7, Berlin und Leibzig

Kauffman, Stuart: Der Öltropfen im Wasser – Chaos, Komplexität, Selbstorganisation in Natur und Gesellschaft", München-Zürich 1996

Kauffman, Stuart: Reinventing the Sacred. A New View of Science, Reason and Religion. Finding God in Complexity, New York 2008

Keller, Evelyn Fox: Liebe, Macht und Erkenntnis, München 1986

Kernberg, Otto F.: Borderlinestörungen und pathologischer Narzissmus, Frankfurt am Main 1983

Kernberg, Otto F.: Innere Welt und äußere Realität. Anwendungen der Objektbeziehungstheorie, München – Wien 1988

Klein, Melanie: Neid und Dankbarkeit. In: Das Seelenleben des Kleinkindes, Reinbek 1972

Klein, Melanie : Über das Seelenleben des Kleinkindes. In: Das Seelenleben des Kleinkindes, Reinbek 1972

Kohut, Heinz.: Narzissmus, Frankfurt am Main 1976

Kucklick, Christoph: Der schwierige Balanceakt. Auf der Suche nach der idealen Erziehung,, in: Geo kompakt Nr.17, „Kindheit", S. 130 - 141)

Kullmann, Kerstin: Kinder der Angst, in: Der Spiegel 32 / 3. 8. 2006, S. 38-48

Laing, Ronald D.: Mystifizierung, Konfusion und Konflikt, in: Bateson / Jackson / Laing /

Lasch, Christopher: Das Zeitalter des Narzissmus, München 1980

LeDoux, Joseph: Das Netz der Gefühle, München 2006

Lewin, Roger: Die Komplexitätstheorie. Wissenschaft nach der Chaosforschung, Hamburg 1993

Lidz / Wynne u.a., „Schizophrenie und Familie", Frankfurt a. M. 1969

Lloyd, Genevieve: Das Patriarchat der Vernunft. „Männlich" und „Weiblich" in der westlichen Philosophie, Bielefeld 1985

Longino, Helen E.:Science as Social Knowledge, Princeton 1990

Lorenz, Edward: "Predictability: Does the Flap of a Butterfly's wings in Brazil Set Off a Tornado in Texas?" Ansprache vor dem Jahreskongress der American Association for the Advancement of Science in Washington, 29. Dezember 1979)

Lovelock, Jim E.: Gaia. A new Look at life on earth, Oxford New York (1979), 1989

Luhmann, Niklas: Soziale Systeme, Frankfurt am Main 1987

Luhmann, Niklas: Ökologische Kommunikation Opladen1988

Mainzer, Klaus: Thinking in Complexity. The Complex Dynamics of Matter, Mind, and Mankind, Berlin Heidelberg New York 1996

Margulis, Lynn: Die andere Evolution, Heidelberg Berlin, 1999, S.148 ff)

Maturana, Humberto R.: Erkennen: Die Organisation und Verkörperung von Wirklichkeit, Braunschweig/Wiesbaden 1985

Maturana, Humberto R./Varela, Francisco J.: Der Baum der Erkenntnis. Wie wir die Welt durch unsere Wahrnehmung erschaffen – die biologischen Wurzeln des menschlichen Erkennens, Bern, München, Wien 1987

Merchant, Carolyn: Der Tod der Natur. Ökologie, Frauen und neuzeitliche Naturwissenschaften, München 1987

Miller, Alice: Das Drama des begabten Kindes, Frankfurt am Main 1970

Miller, Alice: Am Anfang war Erziehung, Frankfurt am Main 1980

Miller, Alice: Du sollst nicht merken, Frankfurt am Main 1981)

Miller, Alice: Evas Erwachen – Über die Auflösung emotionaler Blindheit, Frankfurt am Main 2001

Mitchell, Sandra: Komplexitäten. Warum wir erst anfangen, die Welt zu verstehen, Frankfurt am Main 2008

Moskowitz, Michael: Gedankenlesen. Erkennen, was andere denken und fühlen, München und Zürich 2008

Musil, Robert: Der Mann ohne Eigenschaften, in: Gesammelte Werke Bd.1, Reinbek bei Hamburg 1978

Nörretranders, Tor: Spüre die Welt – Die Wissenschaft des Bewusstseins, Reinbek bei Hamburg 1997

Nörretrandes, Tor: Homo generosus – Warum wir Schönes lieben und Gutes tun, Reinbek bei Hamburg 2004

Omer, Haim / Alon, Nahi / von Schlippe, Arist: Feindbilder. Psychologie der Dämonisierung, Göttingen 2007:

Pearson,Carol S. Der Held in uns. Die sechs Archetypen: Magier, Krieger, Märtyreer, Wanderer, Unschuldiger, Waise, München 1990

Pease, Alan und Barbara: Die kalte Schulter und der warme Händedruck, Berlin 2006

Perls, Frederick S./ Hefferline, Ralph F./ Goodman, Paul: Gestalttherapie – Wiederbelebung des Selbst. Gestalttherapie – Lebensfreude und Persönlichkeitsentfaltung, 2 Bdc., Stuttgart 1979

Petermann, Frank: Zur Dynamik narzißtischer Beziehungsstruktur, Gestalttherapie 2(1), 1988, S. 31-41

Pöppel, Ernst: Der Rahmen. Ein Blick des Gehirns auf unser Ich, München Wien 2006

Popper, Karl R. / Eccles, John C.: Das Ich und sein Gehirn, München Zürich 1977

Powers, Richard: Das Echo der Erinnerung, Frankfurt am Main 2006

Precht, Richard David: Wer bin ich und wenn ja, wie viele? Eine philosophische Reise, München 2007

Prigogine, Ilya / Stengers, Isabelle: Order out of Chaos – Man´s new Dialogue with Nature, London 1985

Prigogine, Ilya: Vom Sein zum Werden, München, Zürich 1992

Prigogine, Ilya: Die Gesetze des Chaos, Frankfurt am Main 1998

Ramachandran, Vilaynur. S. / Blakeslee, Sandra: Die blinde Frau, die sehen kann. Rätselhafte Phänomene unseres Bewusstseins, Reinbek bei Hamburg 2007

Riedl, Rupert: Evolution und Erkenntnis. Antworten auf Fragen aus unserer Zeit, München 1990 (1. Auflage 1982)

Ringer, Robert: Winning Through Intimidation, New York 1974

Rizzolatti, Giacomo / Sinigaglia, Corrado: Empathie und Spiegelneurone. Die biologische Basis des Mitgefühls, Frankfurt am Main 2008

Rohde-Dachser,Christa (Hg): Zerstörter Spiegel – Psychoanalytische Zeitdiagnosen, Göttingen 1992

Roth, Gerhard: Das Gehirn und seine Wirklichkeit, Frankfurt am Main 1995

Roth, Gerhard:. Fühlen, Denken, Handeln. Wie das Gehirn unser Verhalten steuert, Frankfurt am Main 2003

Rutschky, Katharina: Schwarze Pädagogik, Berlin 1977

Rutschky, Katharina: Kinder–Chronik. Wunsch- und Schreckensbilder aus vier Jahrhunderten, Zürich 1984

Sacks, Oliver: Eine Anthropologin auf dem Mars, Reinbek bei Hamburg 2008

Sacks, Oliver: Der Mann, der seine Frau mit seinem Hut verwechselte, Reinbek bei Hamburg 1987

Sauer-Sachtleben, Monika (Hrsg.): Kooperation mit der Evolution. Das kreative Zusammenspiel von Mensch und Kosmos, München 1999 (Mit Beiträgen von Hans-Peter Dürr, F. David Peat, Fritjof Capra und vielen anderen)

Schatzmann, Morton: Die Angst vor dem Vater, Reinbek 1978

Schellenbaum, Peter: Die Wunde der Ungeliebten. Blockierung und Verlebendigung der Liebe, München 2000

Singer, Kurt: Die Schulkatastrophe. Schüler brauchen Lernfreude statt Furcht, Zwang und Auslese, Weinheim und Basel 2009

Schmidbauer, Wolfgang: Die hilflosen Helfer, Reinbek 1977, München 2000

Schmidbauer, Wolfgang: „Ich bin grandios, alle anderen sind Flaschen“, Spiegel Gespräch in: Der Spiegel, Wissen: Mein Ich. Das Geheimnis einer besonderen Beziehung,“, Nr. 1/2009, S. 96-97

Schnabel, Ulrich / Sentker, Andreas: Wie kommt die Welt in den Kopf – Reise durch die Werkstätten der Bewusstseinsforschung, Reinbek bei Hamburg 1997

Schulz von Thun, Friedemann: Miteinander reden, 3Bde., Augsburg 2000

Senge, Peter M.: Die fünfte Disziplin – Kunst und Praxis der lernenden Organisation, Klett-Cotta, Stuttgart, 1996, Vierte Auflage 1997 (Im Text mit „I“ abgekürzt) Titel der amerikanischen Ausgabe: The fifth discipline - The art and practice of the learning organisation, New York, 1990

Senge Peter M. / Kleiner, Art / Smith, Bryan / Roberts, Charlotte / Ross, Richard: Das Fieldbook zur fünften Disziplin, Klett Cotta, Stuttgart 1996 (Im Text mit „II“ abgekürzt). Titel der amerikanischen Ausgabe: The fifth discipline – Fieldbook, New York, 1994

Servan-Schreiber, David: Die neue Medizin der Emotionen. Stress, Angst, Depression: Gesund werden ohne Medikamente, München 2004

Singer, Kurt: Die Schulkatastrophe. Schüler brauchen Lernfreude statt Furcht, Zwang und Auslese

Singer, Wolf: Der Beobachter im Gehirn, Frankfurt am Main 2002

Speck, Otto: Hirnforschung und Erziehung. Eine pädagogische Auseinandersetzung mit neurobiologischen Erkenntnissen, München 2008

Spitzer, Manfred: Geist im Netz. Modelle für Lernen, Denken und Handeln, Heidelberg Berlin Oxford 1996

Steiner, Claude M.: The other side of power, New York 1981

Steiner, Claude M.: Emotionale Kompetenz, München 2000

Steinem, Gloria: Revolution from within, (Corgi) 1993

STEP: im Internet unter: „Pädagogik-Verzeichnis“. Link: Elterntrainings / Erziehungsprogramme / etc. (www. Pädagogik-Verzeichnis. de)

Symington, Neville: Narzissmus, Gießen 1999

Taleb, Nassim Nicholas: Der Schwarze Schwan. Die Macht höchst unwahrscheinlicher Ereignisse, München 2008

Tannen, Deborah: Du kannst mich einfach nicht verstehen. Warum Männer und Frauen aneinander vorbeireden, Hamburg 1991

Tannen, Deborah: Das hab´ich nicht gesagt! Kommunikationsprobleme im Alltag, München 1994

Tannen, Deborah: Andere Worte, andere Welten. Kommunikation zwischen Frauen und Männern, München 1999

Tannen, Deborah: Ich mein´s doch nur gut. Wie Menschen in Familien aneinander vorbeireden, München 2002

Thompson, Caroline: Die Tyrannei der Liebe. Wenn Eltern zu sehr lieben: Perfekte Erziehung und die Ambivalenz unserer Gefühle, München 2008

Triple P: im Internet unter „Pädagogik-Verzeichnis". Link: Elterntrainings / Erziehungsprogramme / etc

Vester, Frederic: Ballungsgebiete in der Krise – eine Unesco Studie, München 1983

Vester, Frederic: Neuland des Denkens. Vom technokratischen zum kybernetischen Zeitalter, München 1995

Waldrop, M. Mitchell: Inseln im Chaos. Die Erforschung komplexer Systeme.Reinbek bei Hamburg 1996

Watzlawick, Paul/ Beavin, Janet H. /Jackson, Don D.: Menschliche Kommunikation – Formen, Störungen, Paradoxien, Stuttgart 1990

Watzlawick, Paul: Anleitung zum Unglücklichsein, München 1983, S. 37ff)

Weakland, John H.: Double-Bind" – Hypothese und Dreierbeziehung, beide in: Bateson/Jackson / Laing u.a.:Schizophrenie und Familie, Frankfurt am Main, 1969, S. 11 ff und S. 221ff)

Weber, Andreas: „Alles fühlt" – Mensch, Natur und die Revolution der Lebenswissenschaften, Berlin 2008

Wensierski, Peter: Schläge im Namen des Herrn, München 2006

Wiechmann, Jan Christoph: Gier und Größenwahn, Stern 40/2008, S. 30 – 38

Willenbrock, Harald: Das Geheimnis der guten Wahl, Geo 08 /2008, S. 138 – 152

Wilson, Edward O.: Der Wert der Vielfalt. Die Bedrohung des Artenreichtums und das Überleben des Menschen, München Zürich 1997

Winterhoff, Michael: Warum unsere Kinder Tyrannen werden. Oder: Die Abschaffung der Kindheit, Gütersloh 2008

Winterhoff, Michael: Tyrannen müssen nicht sein. Warum Erziehung allein nicht reicht – Auswege, München 2009

Zaboura, Nadia: Das empathische Gehirn. Spiegelneurone als Grundlage menschlicher Kommunikation, Wiesbaden 2009

Zimmer, Dieter E.:Die Vernunft der Gefühle. Ursprung, Natur und Sinn der menschlichen Emotion, München 1984